Schriftenreihe
der Juristischen Schulung

Band 75

Die ZPO-Klausur

Eine Anleitung zur Lösung von Fällen aus dem Erkenntnisverfahren und der Zwangsvollstreckung

Hinweise zur Bearbeitung der Hauptprobleme des Zivilprozessrechts

von

Ekkehard Schumann

Dr. jur. Dr. jur. h.c. (Athen)
Professor an der Universität Regensburg

3. neu bearbeitete Auflage

Verlag C.H.Beck München 2006

Verlag C.H.Beck im Internet:
beck.de

ISBN 3406541933

Wilhelmstraße 9, 80801 München
Druck und Bindung: Nomos Verlagsgesellschaft
In den Lissen 12, 76547 Sinzheim

Satz: Druckerei C.H.Beck, Nördlingen

Gedruckt auf säurefreiem, alterungsbeständigem Papier
(hergestellt aus chorfrei gebleichtem Zellstoff)

Vorwort zur 3. Auflage

Dieses Buch stellt das Zivilprozeßrecht fallbezogen dar. Es versucht hierbei, die Hauptprobleme des Erkenntnisverfahrens und der Zwangsvollstreckung aus der Sicht desjenigen zu behandeln, der in Studium, Examen oder Praxis einen Fall zu lösen hat. Von besonderer Bedeutung sind daher die Hinweise auf Schwierigkeiten und Fehler, die bei der Fallbearbeitung immer wieder auftreten.

Wer sich frühzeitig mit der Lösung prozessualer Fälle beschäftigen will, kann das Buch bereits zu Beginn seiner prozeßrechtlichen Studien zur Hand nehmen. Das Buch ist aber auch für den fortgeschrittenen Leser geschrieben, der im Rahmen seiner weiteren Ausbildung oder praktischen Tätigkeit Prozeßrechtsfälle zu bearbeiten hat und sein prozessuales Wissen wiederholen oder vertiefen will.

Die *Literatur* wird in den Fußnoten nur abgekürzt zitiert. Nähere Literaturangaben finden sich zunächst in den Übersichten, die den einzelnen Paragraphen des Buches vorangestellt sind. Sehr häufig zitierte Literatur ist in dem „Verzeichnis der abgekürzt zitierten Literatur" (S. XXIII) enthalten; wenn eine Literaturstelle nicht in der Übersicht des jeweiligen Paragraphen zu finden ist, kann sie diesem allgemeinen Verzeichnis entnommen werden. – Die *Abkürzungen* entsprechen dem Abkürzungsverzeichnis der Zeitschrift „Juristische Schulung".

Das Buch ist aus den Aufsatzreihen „Die Zivilprozeßrechtsklausur" und „Examensprobleme der örtlichen Zuständigkeit im Zivilprozeß" hervorgegangen, die ich in der „Juristischen Schulung" veröffentlicht habe. Diese Aufsatzreihen und die drei Auflagen des Buches beruhen auf dem „Prozeßrechtskurs", den ich seit vielen Jahren für Examenskandidaten halte. Vor allem in ihm habe ich die typischen Schwierigkeiten und Fehler kennengelernt, mit denen Studenten zu kämpfen haben, wenn sie sich mit dem Prozeßrecht befassen. Ohne die Diskussionen im „Prozeßrechtskurs" über den richtigen Lösungsweg und über die Fallmethodik oder Darstellungsweise wäre das Buch in seiner jetzigen Form nicht denkbar. So kann ich es nicht vorlegen, ohne allen meinen Hörern für ihre stets intensive Mitarbeit zu danken. Viele Verbesserungen beruhen auch auf Hinweisen der Leser der vorhergehenden Auflagen. Daß die Leser dieser dritten Auflage mir nicht weniger schreiben, wenn sie auf Fehler, Unklarheiten, Lücken oder Überflüssiges stoßen, hoffe ich sehr.

Die jetzt vorgelegte dritte Auflage hat an der didaktischen Konzeption des Buches nichts geändert. Die zahlreichen Änderungen der letzten Jahre in Gesetzgebung, Rechtsprechung und Wissenschaft haben mich wiederum gezwungen, das Buch erheblich zu überarbeiten.

Seitdem ich vor vielen Jahren zum ersten Mal den „Prozeßrechtskurs" gehalten habe, sind meine Mitarbeiter immer wieder von neuem mit der Thematik der prozessualen Fallbearbeitung befaßt gewesen. Ihnen allen auch hier noch einmal für die stets unermüdliche Hilfe zu danken, ist selbstverständlich; sie sämtlich hier zu nennen, unmöglich. Erwähnen kann ich nur den Mitarbeiterstab, der mich in der letzten Zeit in Wissenschaft und Praxis vielfältig unterstützte. Mein herzlicher Dank für Kritik, Diskussion, Rat und Hilfe bei der Vorbereitung der dritten Auflage gilt vor allem Assessor *Michael Schick* sowie den Rechtsreferendarinnen *Stephanie Haufe* und *Petra Wech* sowie Rechtsanwalt *Dr. Tim Bretschneider.*

Regensburg, im August 2005 *Ekkehard Schumann*

Inhaltsverzeichnis

2. Teil. Hinweise zur Bearbeitung der Hauptprobleme des Erkenntnisverfahrens

1. Kapitel. Antragsgrundsatz und Dispositionsmaxime

2. Kapitel. Klagearten

3. Kapitel. Der Gegenstand des Rechtsstreits: Der Streitgegenstand

6. Kapitel. Streitverkündung, Nebenintervention

7. Kapitel. Rechtsweg

8. Kapitel. Verfahrensarten

9. Kapitel. Klageerhebung und Vorbereitung des Haupttermins

3. Unterkapitel. Arbeitstechnik

11. Kapitel. Prozeßhandlungen

17. Kapitel. Versäumnisverfahren

3. Kapitel. Voraussetzungen und Arten der Zwangsvollstreckung

4. Kapitel. Die Bearbeitung der Vollstreckung nach dem Dritten Abschnitt des Achten Buches der ZPO: Herausgabe von Sachen und Erwirkungen von Handlungen oder Unterlassungen (Individualvollstreckung)

Verzeichnis der abgekürzt zitierten Literatur

Baumbach/Lauterbach/Albers/Hartmann	*Adolf Baumbach – Wolfgang Lauterbach – Jan Albers – Peter Hartmann:* Zivilprozeßordnung, 63. Aufl., München 2005
Baumgärtel/Laumen/Prütting, ZPR-Fall	*Gottfried Baumgärtel – Hans-Willi Laumen – Hanns Prütting:* Der Zivilprozeßrechtsfall, 8. Aufl., Köln 1995
Baur/Stürner, Fälle	*Fritz Baur – Rolf Stürner:* Fälle und Lösungen nach höchstrichterlichen Entscheidungen, Zwangsvollstreckung-, Konkurs- und Vergleichsrecht, 6. Aufl., Heidelberg 1989
Baur/Stürner, Sachenrecht	*Fritz Baur – Jürgen F. Baur – Rolf Stürner:* Lehrbuch des Sachenrechts, 17. Aufl., München 1999
Baur/Stürner, ZwVR	*Fritz Baur – Rolf Stürner:* Zwangsvollstreckungs-, Konkurs- und Vergleichsrecht, 12. Aufl., Heidelberg 1995
BGH-Festgabe	50 Jahre Bundesgerichtshof, Festgabe aus der Wissenschaft, herausgegeben von *Claus-Wilhelm Canaris, Andreas Heldrich* u. a., Band III Zivilprozeß, Insolvenz, Öffentliches Recht, herausgegeben von *Karsten Schmidt,* München 2000
Blomeyer	*Arwed Blomeyer:* Zivilprozeßrecht, Erkenntnisverfahren, 2. Aufl., Berlin 1985
Brox/Walker	*Hans Brox – Wolf-Dieter Walker:* Zwangsvollstreckungsrecht, 7. Aufl., Köln 2003
Diederichsen/Wagner	*Uwe Diederichsen – Gerhard Wagner:* Die BGB-Klausur, 9. Aufl., München 1998
Gerhardt, Fälle	*Walter Gerhardt:* Fälle und Lösungen nach höchstrichterlichen Entscheidungen, Zivilprozeßrecht, 6. Aufl., Heidelberg 2000
Gerhardt, VR	*Walter Gerhardt:* Vollstreckungsrecht, 2. Aufl., Berlin 1982
Jauernig, ZPR	*Othmar Jauernig:* Zivilprozeßrecht, 28. Aufl., München 2003
Jauernig, ZwVR	*Othmar Jauernig:* Zwangsvollstreckungs- und Insolvenzrecht, 21. Aufl.,München 1999
Lippross	*Otto-Gerd Lippross:* Vollstreckungsrecht, 9. Aufl., Neuwied 2003
Lüke	*Gerhard Lüke:* Fälle zum Zivilverfahrensrecht, Erkenntnis- und Vollstreckungsverfahren der ZPO, 2. Aufl., München 1993
Lüke, ZPR	*Gerhard Lüke:* Zivilprozeßrecht, 8. Aufl., München 2003
Medicus	*Dieter Medicus:* Bürgerliches Recht, 20. Aufl., Köln-Berlin-München 2004
Münchener Kommentar ZPO/Bearbeiter	*Gerhard Lüke – Peter Wax:* Münchener Kommentar zur Zivilprozeßordnung, 4. Aufl., München 2000 ff.
Musielak	*Hans-Joachim Musielak:* Grundkurs ZPO, 7. Aufl., München 2004

Palandt/(Bearbeiter) ..... *Otto Palandt:* Bürgerliches Gesetzbuch, 63. Aufl., München 2005

Paulus ..... *Christoph G. Paulus:* Zivilprozeßrecht, 3. Auflage, Berlin-Heidelberg 2004

Rosenberg/Gaul/Schilken ..... *Leo Rosenberg – Hans Friedhelm Gaul – Eberhard Schilken:* Zwangsvollstreckungsrecht, 11. Aufl., München 1997

Rosenberg/Schwab/Gottwald ..... *Leo Rosenberg – Karl Heinz Schwab – Peter Gottwald:* Zivilprozeßrecht, 16. Aufl., München 2004

Schönfelder ..... *Heinrich Schönfelder:* Deutsche Gesetze, Stand Juni 2005

Stein/Jonas/(Bearbeiter) *Friedrich Stein – Martin Jonas – Christian Berger – Reinhard Bork – Wofgang Brehm – Wolfgang Grunsky – Dieter Leipold – Wolfgang Münzberg – Paul Oberhammer – Herbert Roth – Peter Schlosser – Ekkehard Schumann – Gerhard Wagner:* Zivilprozeßordnung, 22. Aufl., Tübingen 2002 ff., Einleitung: 21. Aufl., Tübingen 1993 ff.; Einleitung: 20. Aufl., Tübingen 1984

Thomas/Putzo ..... *Heinz Thomas – Hans Putzo – Rainer Hüßtege – Klaus Reichold:* Zivilprozeßordnung, 26. Aufl., München 2004

Zöller/(Bearbeiter) ..... *Richard Zöller – Reinhold Geimer – Reinhard Greger – Peter Gummer – Kurt Herget – Hans-Joachim Heßler – Peter Philippi – Kurt Stöber – Max Vollkommer:* Zivilprozeßordnung, 25. Aufl., Köln 2005

§ 1. Einleitung

I. Die „spröde" Materie Zivilprozeßrecht

Das Zivilprozeßrecht – wie jedes Prozeßrecht – löst beim Studenten häufig Furcht und Schrecken aus. Dies steht in einem merkwürdigen Widerspruch zur Freude an Verfahrensfragen und am Prozeß, die bei Jurist und Nichtjurist, in und außerhalb der Universität zu beobachten ist. Wer zum ersten Mal eine studentische Versammlung besucht, ist erstaunt über die Kenntnisse in Verfahrensfragen („zur Geschäftsordnung") und über die häufigen Diskussionen um diese Fragen. Er merkt, wie bedeutsam den Beteiligten ein geordnetes Verfahren ist („Was sagt denn die Geschäftsordnung?") und mit welcher Genauigkeit solchen Fragen nachgegangen wird („Was ist der weitergehende Antrag? Sind wir noch beschlußfähig? Ist die Ladungsfrist eingehalten?"). Film, Funk oder Fernsehen bedienen sich Woche für Woche des Mittels des Prozesses, um eine Dramatik zu gestalten („Streit um Drei", „Zeugin der Anklage", „Richterin Barbara Salesch", „Das königlich-bayerische Amtsgericht", „Ehen vor Gericht", „Das Fernsehgericht tagt", „Wie würden Sie entscheiden?", „Das Verkehrsgericht"). Ein Blick in die Weltliteratur zeigt, welche Anziehungskraft für Dramatiker wie Epiker die Form des Prozesses seit Jahrhunderten geboten hat[1]. 1

Ein großes Mißverständnis ist deshalb die Vorstellung, Prozeß und Prozeßrecht seien eine lebensfremde und wenig anschauliche Materie. Sehr schnell merkt schon der Anfänger des Prozeßrechts, daß „die – sehr zu Unrecht – als spröde und trocken verschrieene Materie" (*Wilhelm Kisch,* Praktikum des Zivilprozeßrechts, Leipzig 1909, S. IV) außerordentlich anregend ist und von ganz besonderem Reiz sein kann. Nicht zuletzt deshalb sind die Moot-Courts immer beliebter, in denen Studenten die Rolle der Prozeßbeteiligten übernehmen.

II. Das Pflichtfach Zivilprozeßrecht

Das Zivilprozeßrecht gehört zu den *Pflichtfächern* im Sinn der Ausbildungs- und Prüfungsordnungen für Juristen. Beim Blick in „seine" Prüfungsordnung findet der Student etwa folgenden Prüfungsstoff[2]: 2

---

[1] Empfehlenswert: *H. Emmel,* Das Gericht in der deutschen Literatur des 20. Jh., 1963; vgl. auch z. B. *V. Boehme-Neßler,* Recht als Theater?, ZRP 2003, 123 ff. und *M. Steiner,* Das Bild der Justiz in Gerichtsshows, ZRP 2003, 245.

[2] Z. B. § 18 II Nr. 7 BayJAPO: Pflichtfach der Ersten Juristischen Staatsprüfung.

„Aus dem Prozeßrecht:
a) Rechtswege; Zuständigkeiten im Zivil-, Straf-, Verfassungs- und Verwaltungsprozeß;
b) aus dem Zivilprozeßrecht:
Verfahrensgrundsätze; in Grundzügen: Klagearten, allgemeine Verfahrensvorschriften und Verfahren im ersten Rechtszug ohne Beweiswürdigung, Wirkungen gerichtlicher Entscheidungen, gütliche Streitbeilegung, Arten und Voraussetzungen der Rechtsbehelfe, Zwangsvollstreckung der Zivilprozeßordnung (nur allgemeine Vollstreckungsvoraussetzungen, Arten der Zwangsvollstreckung, Rechtsbehelfe) und vorläufiger Rechtsschutz;"

Die vorliegende Schrift befaßt sich mit diesen *zivilprozessualen* Aspekten der juristischen Ausbildung.

III. Hilfsmittel

3 Wer aus den folgenden Ausführungen einen Nutzen ziehen will, sollte bei jeder zitierten Bestimmung sogleich den Gesetzestext, in der Regel die ZPO, zur Hand nehmen. Selbst der „Kenner" kommt ohne den ständigen Blick in das Gesetz nicht aus. Dem Studenten muß aber auch bewußt sein, daß sich das Zivilprozeßrecht – genauso wenig wie andere Rechtsgebiete – ohne *Lehrbücher, Kommentare, Aufsätze* und *Entscheidungen* weder erlernen noch auch später richtig anwenden läßt. Die Frage ist nur, *wann* der richtige Zeitpunkt gekommen ist, sich diesem Schrifttum zuzuwenden. Die vorliegende Darstellung überläßt es dem Leser, den Zeitpunkt für sich *individuell* zu wählen. Sie ist deshalb „autonom" in dem Sinne, daß sie aus sich heraus verständlich sein will. Lediglich der *Gesetzestext* ist immer wieder zur Hand zu nehmen. Das Ziel des Buches soll aber auch sein, den Einstieg in das Studium der vielfältigen Literatur und Rechtsprechung zum Prozeßrecht zu erleichtern.

IV. Zur Funktion der Fußnoten

4 Über die Fußnoten der vorliegenden Darstellung findet der Leser den Weg in Wissenschaft und Praxis. Die Funktion der Fußnoten ist *nicht* – wie sonst bei wissenschaftlichen Veröffentlichungen – der Beleg und die Einzeldiskussion. Auf zwei Wegen, je nach Geschmack, nach dem vorhandenen Wissen und nach der verfügbaren Zeit, kann der Leser zum Ziel kommen: Er kann den Spazierweg gehen und die Fußnoten-Wegweiser unberücksichtigt lassen. In einem zweiten „Durchgang" fängt er wieder von vorn an und spürt nunmehr den anstrengenderen Seitenwegen nach. Der Leser kann aber auch von vornherein allen Nachweisen folgen. Welche Methode er bevorzugt, bleibt ihm überlassen.

1. Teil. Klausurarten und Bearbeitungstechnik

§ 2. Allgemeine Arbeitshinweise für den Prozeßrechtsfall

Literatur: Verzeichnis der abgekürzt zitierten Literatur (S. XXIII) sowie *M. R. Deckert/D. Middelschulte,* Hinweise zur Klausurtechnik im Zivilrecht, JuS 1997, L 65–69; *M. Dühn,* Die „10 Gebote" der Klausurbearbeitung, JA 2000, 765–770; *K. Fischer,* Vom „Lesen" einer Zivilrechtsklausur, JuS 2003, 375–380; *R. D. Herzberg,* Kritische Überlegungen zur Methodik der Fallbearbeitung, JuS 1990, 728–732, 810–816; *K. Hopt,* Fallösungstechnik für Beginner, Jura 1992, 225–231; *T. Körber,* 20 Regeln für die zivilrechtliche Fallbearbeitung, JuS 1998, L 65–67 und L 73–77; *P. Oestmann,* Die prozessuale Zusatzfrage in der BGB-Klausur, JuS 2003, 870–872; *G. Wolf,* Bemerkungen zum Gutachtenstil, JuS 1996, 30–39; *H. Zuck,* Das Anfertigen von Übungsarbeiten – Praktische Hinweise für Anfänger-, Fortgeschrittenen- und Examensarbeiten, JuS 1990, 905–912.

I. Der Bearbeitervermerk

Bei keiner anderen Fallbearbeitung ist die genaue Beachtung des Bear- 5
beitervermerks so wichtig wie bei der Prozeßrechtsaufgabe. Dies hängt damit zusammen, daß ein Prozeßrechtsfall häufig erst dann anschaulich wird, wenn er auch unwichtige Dinge im Sachverhalt enthält. Damit sich der Bearbeiter nicht in der Prüfung von Nebensächlichkeiten verliert, ist beim Prozeßrechtsfall meist ein präziser Bearbeitervermerk vorhanden. Auch wenn dieser Vermerk beim ersten Lesen nicht aus sich heraus verständlich ist, sollte er vom Bearbeiter *zuerst* gelesen werden[1]. Er weiß dann nämlich schon, ob seine Arbeit eine gerichtliche Entscheidung (Richterklausur, zu ihr näher Rn. 21) oder ein anwaltschaftliches Vorgehen (Anwaltsklausur, zu ihr Rn. 20) verlangt, und kann sich bei der nachfolgenden Lektüre des Aufgabentextes auf die Fragestellung einrichten. Um sich bei der Bearbeitung auf den Vermerk zu fixieren, hat es sich bewährt, ihn mit Bunt- oder Transparentstift im Text der Aufgabe gleich zu Beginn der Lektüre deutlich zu kennzeichnen.

Die aus dem Bearbeitervermerk ersichtliche Fragestellung gibt dem Bearbeiter ein gutes Kontrollinstrument in die Hand, die Erforderlichkeit seiner Ausführungen für die Klausurlösung zu prüfen: Er muß sich stets fragen, ob seine Ausführungen die Beantwortung der gestellten Frage

---

[1] Was in einem Prozeßrechtsfall nebensächlich ist, wird vor allem vom Bearbeitervermerk bestimmt. Nebensächlich können etwa Terminbestimmungen, Ladungen, Zustellungen, die Einhaltung von Formen und Fristen sein – aber dieselben Fragen sind möglicherweise in einem *anderen* Fall von zentraler Bedeutung. Gerade weil es keinen Katalog an sich nebensächlicher Probleme gibt, muß strikt auf den Bearbeitervermerk geachtet werden; hierzu auch *Oestmann,* JuS 2003, 871.

fördern. Ist das nicht der Fall, sind die betreffenden Ausführungen überflüssig und damit in der Lösung fehl am Platz. *Überflüssige Ausführungen werden als Fehler gewertet.*

II. Stoff- oder Merkzettel

6 Nach der Lektüre des Bearbeitervermerks beginnt das Durcharbeiten des Aufgabentextes. Zweckmäßigerweise hat der Bearbeiter ein Konzeptpapier neben sich liegen, auf dem er *sofort* alle ihm einfallenden Probleme kurz notiert[2].

Beispiel 1: In einer Unfallklausur geht es darum, daß der Journalist *Arm* von *Schnell* beim Überqueren des Fußgängerüberwegs angefahren wurde. Der Wagen gehört *Reich,* der bei der *Insolventia AG* haftpflichtversichert ist. *Arm* ist verletzt worden; sein Anzug und sein Fahrrad, das er schob, sind unbrauchbar. Sein Rechtsanwalt erhebt Klage gegen *Schnell, Reich* und die *Insolventia AG* auf Zahlung von Schadenersatz für den Anzug und für das Fahrrad, auf Verdienstausfall, auf Ersatz der ärztlichen Behandlungskosten und auf Schmerzensgeld.

Auf dem Merkzettel wird der Bearbeiter *untereinander*[3] und *einseitig beschrieben* folgende Bestimmungen oder Begriffe aufnotieren, die ihm bereits bei der kurzen Lektüre eingefallen sind:

„§§ 7, 18 StVG, § 823 I BGB, § 823 II BGB und Schutzgesetz (StVO?), § 253 II BGB, direkte Klage gegen Versicherer, Entgeltfortzahlungsgesetz?, § 116 SGB X?, Streitgenossenschaft, § 62 ZPO?"

Ein solcher Stoff- und Merkzettel soll die später gefundene Lösung noch einmal kontrollieren helfen, bevor sie niedergeschrieben wird. Möglicherweise übersieht nämlich der Bearbeiter in der „Hitze des Gefechts" einen Gesichtspunkt, der ihm am Anfang eingefallen war. Deshalb wird dieser Zettel nach Abschluß des Konzepts (hierzu sogleich Rn. 10) durchgesehen. Alle erledigten oder als irrelevant erkannten Punkte sind durchzustreichen, so daß sich schnell zeigt, was etwa vergessen wurde.

Zwei Hinweise dürfen aber bei der Verwendung eines solchen Zettels nicht unbeachtet bleiben:

Erstens darf er keinesfalls mit der Lösung abgegeben werden (sofern nicht die Prüfungsordnung auch die Ablieferung solcher Blätter vorschreibt). Auf dem Zettel stehen ja rein „assoziativ" notierte Dinge, die dem Bearbeiter „so gerade bei der ersten Lektüre" eingefallen sind. Beim späteren systematischen Durcharbeiten erweist sich manches notierte Problem als ganz fernliegend und weitere Vorschriften sind offensichtlich doch nicht einschlägig. Wenn ein Prüfer diesen „Assoziations-Katalog" liest, ist er vielleicht doch erstaunt über die „abseitigen" Probleme und bringt sein Erstaunen dann (freilich unzulässigerweise) in die Bewertung der Lösung ein.

---

[2] Dies soll er im übrigen auch bei anderen Fallbearbeitungen – nicht nur beim Prozeßrechtsfall – tun (vgl. *Diederichsen/Wagner,* S. 21).

[3] Damit *daneben* noch ergänzende Überlegungen notiert werden können.

Zweitens ist nichts gefährlicher, als sich in einem Prozeßrechtsfall aufgrund dieses Zettels ein „vorläufiges Ergebnis" zu bilden. Solche „gefühlsmäßig" getroffenen Ergebnisse stimmen häufig nicht, ja oft ist der Fall gerade darauf angelegt, zu einem erstaunlichen, weil auf den ersten Blick nicht sichtbaren Resultat zu kommen. Der Bearbeiter darf sich durch einen Merkkatalog *nicht einengen* lassen und etwa nur die dort aufnotierten Probleme oder Normen untersuchen, ohne sich zu überlegen, ob nicht andere Fragen eine Rolle spielen. Der Stoffzettel soll den Blick für Probleme offenhalten, nicht aber eingrenzen.

III. Das Markieren des Aufgabentextes

Beim Durchlesen des Aufgabentextes sollen wichtige Angaben – am be- 7
sten mit Transparentstift – markiert werden. Dies betrifft vor allem die *Personen,* weil *sie* es sind, die klagen oder verklagt werden; ferner sind zu kennzeichnen die von den Parteien gestellten *Anträge,* da über *sie* in der Regel zu bestimmen ist. Wichtig sind vielfach *Zeitangaben* und *Geldbeträge,* aber auch *Vorgänge im Prozeß* (z.B. ein Anerkenntnis des Beklagten, sein rügeloses Einlassen oder sein sonstiges Schweigen). Solche Markierungen haben aber nur einen Sinn, wenn sie sparsam verwendet werden. Deshalb sollte der Bearbeiter beim ersten Durchlesen sehr zurückhaltend mit dem Markieren sein und erst beim zweiten Durchgang systematisch vorgehen.

IV. Die Prozeßskizze („Prozeßzeichnung")

Erst wenn der Bearbeiter den Aufgabentext *mindestens das zweite Mal* 8
durchgelesen hat und sich mit dem Fall vertraut machen konnte, beginnt die systematische Lösungsarbeit. Nur selten kann er hierbei ohne eine Skizze (Zeichnung) auskommen. Für die Skizze wird ein eigener Zettel angelegt: Links wird die Klägerseite, rechts die Beklagtenseite aufgeführt. In dieser Skizze werden die prozessualen Anträge der Parteien – am besten durch Pfeile –, die Veränderungen während des Prozesses und eventuell auch – bei einer gemischten Klausur – die materiell-rechtlichen Rechtsbeziehungen untergebracht. Erst durch eine solche Skizze wird der Prozeßrechtsfall strukturiert und auf die wesentlichen Vorgänge reduziert.

Im *Beispiel 1* (Rn. 6) wird daher auf der *linken* Seite des Blattes *„Arm"* stehen. Die Personen, gegen die sich sein Vorgehen wendet, sind *rechts* vermerkt: *„Schnell"*, *„Reich"* und die *„Insolventia AG"*, und zwar *untereinander* und mit *ausreichendem Zwischenraum* (sonst läßt sich zwischen den Namen nichts mehr unterbringen). Die Namen der Personen werden *eingekreist,* so daß aus der Skizze klar hervorgeht, wer die beteiligten Personen sind. Nunmehr werden die verschiedenen *Streitgegenstände* in die Skizze eingetragen; zum Unterschied zu den Personen stehen sie in einem *Kästchen.* In dem *Beispiel 1* müßten in die Skizze eingefügt werden: Anzug, Fahrrad, Verdienstausfall, Behandlungskosten, Schmerzensgeld. Denn diese fünf Schadensposten sind zu berücksichtigen.

V. Die Zeittabelle (Reihenfolge der Ereignisse)

9 Seltener ist es notwendig, sich außerdem eine Tabelle über die „Reihenfolge der Ereignisse[4]" anzulegen. Fälle aus dem Zwangsvollstreckungsrecht, wo der Zeitpunkt der Pfändung häufig über den Erfolg der Vollstreckung entscheidet, und Aufgaben aus dem Sachen- und Insolvenzrecht erfordern zumeist die Erstellung einer derartigen Übersicht. Sie anzulegen sollte man sich nicht scheuen, sobald man sieht, daß die Zeit in der Aufgabe eine Rolle zu spielen scheint. Der Gewinn durch solche Zeittabellen ist regelmäßig weit größer als der Aufwand für ihre Herstellung.

VI. Die Konzepterarbeitung

10 Ohne ein schriftliches Konzept läßt sich ein Prozeßrechtsfall kaum lösen. Aber die Herstellung des Konzepts darf nicht zu Lasten der Lösungsniederschrift („Reinschrift") gehen. Der wichtigste Grundsatz ist deshalb: *Das Konzept darf niemals ein wörtlicher Entwurf sein.* Im Konzept stehen vielmehr lediglich die maßgeblichen Gesichtspunkte (die gedankliche „Konzeption") in systematischer Reihenfolge mit Stichworten und Paragraphen: Es ist ein Gliederungskonzept, sozusagen ein detailliertes Inhaltsverzeichnis. *Die wörtliche Ausarbeitung geschieht nur einmal und zwar erst und nur bei der Reinschrift!*

Dieser Grundsatz wird im Examen so häufig mißachtet, daß eine eindringliche Warnung notwendig ist. Der Korrektor bemerkt die Abfassung eines „Entwurfes" immer daran, daß die Lösung plötzlich abbricht. Der Schlußausruf „Zeitnot" steht am Ende und danach finden sich dann weitere vom Kandidaten abgegebene Blätter, die sich als Entwurf herausstellen. Hier findet sich dann *wortwörtlich (!)* die Lösung: Wie bei einem Bewerbungsschreiben hat der Bearbeiter alles fein im Konzept ausgefeilt, um es dann abzuschreiben. Er braucht sich nicht zu wundern, daß er in Zeitnot gerät: Prüfungsleistung ist nicht das Abschreiben von Texten, sondern die Fähigkeit, aus einer klaren gedanklichen Konzeption *sofort* die treffende Formulierung zu finden.

Der Examenskandidat muß die Technik gelernt haben, unmittelbar „ins Reine" zu formulieren, wenn er den Gedankengang klar erkannt und überprüft hat. Daß er sich bei der Niederschrift oft vergreift und deshalb ungeschickte Sätze durchstreicht oder das falsche Wort durch einen besseren Ausdruck erst später ersetzt, wird ihm niemand übelnehmen. Jeder Prüfer hat hierfür Verständnis, weil er selbst in seiner praktischen oder wissenschaftlichen Arbeit täglich erfährt, daß es immer wieder eine bessere Argumentation oder eine geschmeidigere Formulierung gibt.

Die Technik, aus dem Konzept ins Reine zu schreiben, *kann nur durch Routine* erworben werden. Wer nicht mehrere Dutzend Klausuren auf solche Weise geschrieben hat, sollte nicht ins Examen gehen. Sonst wird er zunächst in Zeitnot und dann in Nervosität, vielleicht sogar in Panik geraten, die sich unversehens auf die sachliche Qualität der Arbeit auswirkt. Fälle zu lösen ist auch Trainingsfrage.

---

[4] Vgl. Diederichsen/*Wagner*, S. 22.

VII. Die Gestaltung des Konzepts

1. „Rückseitenverbot"

Die Konzeptseiten sollten nur *einseitig* beschrieben werden. Zwei Gründe sind hierfür maßgebend: 11

Erstens läßt sich ein neuer Gedanke in das Konzept später mühelos einfügen: Der Bearbeiter braucht es nur zu zertrennen, um die Änderung zwischen die zertrennten Teile (wie bei einer Loseblattsammlung) einzufügen. Er muß dann nicht zwischen lauter Verweisungen hin- und herwandern, gar noch Rückseiten lesen und dauernd umblättern. Vor allem zerstört er beim Zertrennen des einseitigen Konzepts keine Ausführungen auf der Rückseite. *Zweitens* übersieht man in der Eile der späteren Ausarbeitung immer wieder eine beschriebene Rückseite.

2. Systematischer Aufbau

Das Lösungskonzept muß im *Aufbau* genauso wie die endgültige Lösung gestaltet sein. Da auch in der Prozeßrechtsklausur eine historische Lösung unzulässig ist (näher unten Rn. 40), hat schon die Lösungskonzeption einen *systematischen Aufbau* zu beachten. An der Spitze des Konzepts steht demgemäß die zu untersuchende Rechtsfolge, fast immer also ein Antrag. 12

3. Trennungsgrundsatz

Das Konzept sollte bei der gemischten Klausur die Zulässigkeitsprobleme und die materiell-rechtlichen Begründetheitsfragen auf *getrennten* Seiten unterbringen. Ob dann zuerst die Zulässigkeit oder die Begründetheit enthalten ist, richtet sich nach der Klausurart und dem Bearbeitervermerk[5]. 13

Sind *mehrere Kläger* oder *Beklagte* in den Prozeß verwickelt, muß auch hier eine deutliche Trennung im Konzept erfolgen, damit der Bearbeiter nicht vergißt, bei jedem einzelnen Prozeßbeteiligten die Sachurteilsvoraussetzungen zu prüfen.

Werden *mehrere* Streitgegenstände geltend gemacht, empfiehlt sich abermals für jeden einzelnen prozessualen Antrag eine eigene Seite. Dies zwingt zur Trennung der Streitgegenstände und damit auch zu der notwendigen, gesonderten Prüfung der Zulässigkeit für jeden einzelnen Streitgegenstand.

Beispiel 2: Der Verfasser des Konzepts im *Beispiel 1* (Rn. 6) trennt die drei verschiedenen Prozeßrechtsverhältnisse und legt dementsprechend auf drei verschiedenen Blättern an: *„Arm* gegen *Schnell"*, *„Arm* gegen *Reich"* und *„Arm* gegen *Insolventia AG"*. Auf diese Weise ist schon sichergestellt, daß der Bearbeiter die einzelnen Prozeßrechtsverhältnisse nicht durcheinanderbringt. Jetzt wendet sich der Blick auf die *Streitgegenstände.* Der Bearbeiter erkennt die fünf unterschiedlichen Streitgegenstände (Anzug, Fahrrad, Verdienstausfall, Behandlungskosten, Schmerzensgeld). Am sichersten geht er jetzt vor, wenn er für jeden einzelnen Streitgegenstand ein eigenes

---

[5] Näher unten Rn. 20ff.

Blatt anlegt, das er kurz mit dem Streitgegenstand bezeichnet (z. B. „Anzug"). Daß er in diesem Fall 15 Blätter verbraucht, mag erschrecken; aber tatsächlich enthält dieser einfache Fall 15 unterschiedliche Streitgegenstände, die möglicherweise prozessual und materiell-rechtlich sehr verschieden zu behandeln sind.

4. „Personen vor Sachen"

14 An diesem *Beispiel 2* wird auch deutlich, daß der Bearbeiter zunächst die Prozeßrechtsverhältnisse trennen muß und anschließend innerhalb der Prozeßrechtsverhältnisse die Streitgegenstände. Es ist zwar nicht falsch, die Gliederung zunächst nach den Streitgegenständen (z. B. „Schadensersatz wegen des beschädigten Anzugs") vorzunehmen und dann erst nach den Prozeßrechtsverhältnissen zu trennen (z. B. „Arm gegen Schnell") – aber ein solcher Aufbau verleitet fast immer zum Übersehen der prozessualen Besonderheiten und ist im Zweiten Staatsexamen unbrauchbar, weil sich die dort meist geforderte gerichtliche Entscheidung nach Personen gliedert. Deshalb sollte das Aufbauprinzip heißen: *„Prozeßrechtsverhältnisse vor Streitgegenständen"* oder *„Personen vor Sachen"*.

5. „Anträge vor Ansprüchen"

15 Damit sind die Aufbauprobleme nicht abgehandelt. Jetzt fragt es sich, wie innerhalb der Prozeßrechtsverhältnisse zu gliedern ist. Die richtige Antwort zeigt das soeben gebildete *Beispiel 2*: Es ist nunmehr nach Streitgegenständen (Anträgen) zu gliedern und innerhalb der Streitgegenstände nach den Anspruchsgrundlagen zu unterteilen. Somit gilt jetzt der Satz: *„Streitgegenstände vor Anspruchsgrundlagen"* oder *„Anträge vor Ansprüchen"*.

Im Rahmen des Prozeßrechtsverhältnisses *„Arm gegen Schnell"* des *Beispiels 2* ist also der Antrag auf Schadensersatz wegen des ruinierten Anzugs (der Streitgegenstand „Anzug") der erste Untergliederungspunkt. *Innerhalb* dieses Untergliederungspunktes werden jetzt die einzelnen Anspruchsgrundlagen systematisch behandelt, also §§ 18, 7 StVG, § 823 I BGB und sodann § 823 II BGB in Verbindung mit einem Schutzgesetz.

VIII. Die Reinschrift

16 Mit der Reinschrift sollte möglichst früh begonnen werden. Erfahrungsgemäß bemerkt man häufig erst beim Ausformulieren, daß etwas noch nicht „stimmt". Es sollte also genügend Zeit bleiben, notfalls noch Überlegungen ohne Hast vorzunehmen. Die Hälfte der Zeit ist im allgemeinen für die Reinschrift notwendig. Die Reinschrift muß lesbar, aber kein kalligraphisches Meisterstück sein. Eines sollte der Bearbeiter jedoch niemals übersehen: *Eine gut lesbare, gut gegliederte, übersichtliche und nicht zu lange Lösung ist der unordentlichen, schwer zu entziffernden und langatmigen Bearbeitung überlegen.* Der Jurist soll klar, verständlich und kurz schreiben.

Eine *Gliederung* voranzustellen, ist überflüssig. Vielmehr soll die Reinschrift so gut und übersichtlich gegliedert sein, daß die Gliederung von selbst auffällt. Deshalb sind *Überschriften* und *Zwischenüberschriften* sehr zu empfehlen. Als Gliederungspunkte sind Kennzeichnungen mit Zahlen und Buchstaben üblich: I., A., 1., a), aa).

Die Reinschrift soll *nur einseitig* beschrieben sein, um notfalls Ergänzungen vornehmen oder Seiten auswechseln zu können, ohne die Rückseite zerstören zu müssen. Gerade um dieses Auswechseln der Seiten leicht zu ermöglichen, empfiehlt sich ein *breiter Rand* (und zwar auf der *linken Seite,* sofern nicht das Prüfungsamt Papier mit Rand stellt) – dann muß nicht allzuviel von den richtigen Gedanken erneut geschrieben werden, wenn man eine beschriebene Seite ersetzt. Die *Seitenzahlen* werden erst einmal mit Bleistift eingesetzt, um Änderungen zu ermöglichen. Erst am Schluß wird endgültig durchnumeriert.

Im ersten juristischen Staatsexamen wird kaum ein Entscheidungsent- **17**
wurf gefordert, sondern meist ein *Gutachten,* das die gestellte Frage beantwortet. Im Gutachten wird zunächst eine mögliche Antwort auf die gestellte Frage genannt. Dann wird dargelegt, welche Voraussetzungen erfüllt sein müssen, damit die genannte Antwort zutrifft, und im Anschluß daran wird untersucht, ob die Voraussetzungen nach dem Sachverhalt gegeben sind. Dieser *Gutachtenstil*[6] braucht aber nicht durchgehend verwendet zu werden. Er wirkt dort ungeschickt und erfordert unnötige Schreibarbeit, wo die Antwort auf eine Frage keiner eingehenden Begründung bedarf, da sie völlig unproblematisch ist. In einem solchen Fall sollte man daher sogleich das festgestellte Ergebnis mitteilen und die Begründung, sofern deren Mitteilung überhaupt sinnvoll erscheint, in einem Nebensatz anfügen[7]. Für das Gutachten über einen Prozeßrechtsfall gelten also dieselben Grundsätze wie für das materiellrechtliche oder ein sonstiges juristisches Gutachten. Die Eigenheit des Prozeßrechtsfalls ist im Inhalt, nicht in der Darstellungsweise begründet.

IX. „Technische" Ausrüstung

Wer prozessuale Klausuren schreibt, soll „technisch" genauso ausgerü- **18**
stet sein, wie bei allen anderen Klausuren. *Sämtliche* von den jeweiligen Prüfungsämtern zugelassenen *Hilfsmittel* muß der Bearbeiter bei sich haben. Dies gilt insbesondere auch für *Gesetzesausgaben,* so etwa für den Sartorius und für bei den Prüfungen zugelassene landesrechtliche Textsammlungen. Gerade die zivilprozessuale Klausur macht es häufig erforderlich, auf öffentlich-rechtliche Vorschriften einzugehen oder etwa landesrechtliche Ausführungsgesetze hinzuzuziehen.

---

6 Zum Gutachtenstil vgl. *Diederichsen/Wagner,* S. 206f., *Wolf,* JuS 1996, 30ff.

7 Diese Darstellungsform wird als *Urteilsstil* bezeichnet.

Beispiel 3: In einer Unfallklausur war ausgeführt, daß der Taxifahrer mit seinem Kunden einen Haftungsausschluß vereinbart hatte. Es kam durch Verschulden des Taxifahrers zu einem Verkehrsunfall, bei dem der Kunde verletzt wurde. Im Prozeß berief sich der beklagte Taxifahrer auf den vereinbarten Haftungsausschluß. Wer den *Sartorius* dabei hatte, fand über dessen Stichwortverzeichnis das Personenbeförderungsgesetz (Nr. 950), das in § 23 nur einen Haftungsausschluß für Sachschäden bis 1000,– € vorsieht, jedoch nicht für Personenschäden.

19 Außer mit allen zugelassenen Gesetzestexten sollte der Bearbeiter aber auch mit allen für das Klausurschreiben sonstigen technischen Hilfsmitteln ausgestattet sein. Hierzu gehören zur Markierung der Klausurangabe *Transparent-* und *Buntstifte.* Zahlreiche *Lesezeichen* aus festem Karton sollten in den Gesetzestexten bereitliegen, um bei dem vielfältigen „Hin und Her" zwischen den anzuwendenden Gesetzen oder innerhalb der Gesetze jeweils gleich an der richtigen Stelle ein Lesezeichen einfügen zu können. Soweit die Prüfungsämter dies nicht verbieten, sollte der Bearbeiter mindestens vom laufenden Jahr einen *Kalender* zur Hand haben; bei der Berechnung von Fristen, die nun einmal im Prozeßrecht immer wieder eine Rolle spielen, werden dadurch unnötige Fehler verhindert.

Da die Reinschrift nur einseitig beschrieben werden soll (o. Rn. 16), können überflüssige oder falsche Ausführungen vom übrigen Text leicht getrennt werden. Hier hat es sich bewährt, eine *Schere* mit sich zu führen und einen *Klebestift* zu besitzen, mit dem der weiterhin gültige Text aufgeklebt werden kann, während die abgeschnittenen Teile vernichtet werden können, sofern nicht die Prüfungsordnungen verbieten, beschriebene Seiten wegzuwerfen. Diese Trenntechnik bewährt sich auch, wenn sich während der Herstellung der Reinschrift zeigt, daß der Aufbau geändert werden muß oder wenn Einfügungen notwendig werden. Wie bei der Loseblattechnik kann dann die Reinschrift auch äußerlich makellos und fortlaufend hergestellt werden und der Prüfer sieht nicht die ursprüngliche, jedoch falsche, überflüssige oder unvollständige Fassung. Deshalb werden auch die *Seiten* der *Reinschrift* erst kurz vor der Abgabe beziffert; vorher genügen Seitenzahlen *mit Bleistift,* die bei einer Änderung der Reihenfolge der Blätter leicht wegradiert werden können.

Da der äußere Eindruck der Reinschrift von sehr großer Bedeutung ist und sich deshalb Überschriften empfehlen, sollte zur Klausurausrüstung auch ein *Lineal* gehören, um die betreffenden Überschriften sauber zu unterstreichen.

§ 3. Die Klausurarten

Literatur: Verzeichnis der abgekürzt zitierten Literatur (S. XXIII) und die bei § 2 angegebenen Fundstellen sowie zusätzlich *J. Braun,* Der praktische Fall – Bürgerliches Recht und Zivilprozeßrecht: Forderungspfändung und Mehrfachzahlung, JuS 1997, 1005–1010; *T. Dreier/A. Buhrow,* Referendarexamensklausur – Bürgerliches Recht: Provisionsanspruch des Immobilienmäklers trotz Rücktritts vom Vertrag, JuS 2004,

137–140; *T. Gergen,* Referendarexamensklausur – Bürgerliches Recht: Neues Miet- und Schuldrecht, JuS 2004, 890–894; *C. Hagspiel,* Die Bearbeitung der kautelarjuristischen Klausur im Zweiten Juristischen Staatsexamen, JuS 2003, 482–486; *M. Hecker/ M. Temmen,* Die zivilrechtliche Anwaltsklausur im Zweiten Juristischen Staatsexamen, JuS 2000, 693–698, 794–799; *H. Koch,* Prozeßrechtslehre aus Anwaltssicht – Ein Plädoyer für den Perspektivenwechsel in der Juristenausbildung, JuS 2000, 320–327; *H. Leßmann/J. Blinne,* Übungsklausur Zivilrecht – Ärger mit dem neuen Firmenwagen, Jura 2000, 85–92; *H.-J. Musielak,* Der praktische Fall – Bürgerliches Recht und Zivilprozeßrecht: Gläubigerstreit um die Ladeneinrichtung, JuS 1999, 881–887; *ders.,* Referendarexamensklausur – Bürgerliches Recht: Probleme der Rechtsscheinhaftung, JuS 2004, 1081–1085; *U. Noack,* Das gepflegte Stundenhotel, Jura 1994, 537–542; *G. Pape,* Die geschundene Ehefrau (Fallbesprechung), JuS 1995, 538–543; *E. Schumann,* Zivilprozeßrecht: Die abredewidrige Erledigungserklärung, JuS 1966, 26–33; *C. Scharpf,* Vertragsgestaltung im Zivilrecht: Die Wahl des sicheren Weges bei der Vertragsgestaltung, JuS 2002, 878–883; *M. Vollkommer,* Der Streit um den rückständigen Unterhalt und seinen Ersatz, JuS 1993, 931–935; *E. Wagner,* Die voreilige Kündigung (Fallbesprechung), JuS 1995, 796–801; *F. Werner,* Der praktische Fall – Zivilrecht: Tod in den Bergen, JuS 2000, 779–786.

I. Die Anwaltsklausur

Als „*Anwaltsklausur*" ist diejenige Klausurart zu bezeichnen, die vom Bearbeiter verlangt, ähnlich wie ein Anwalt vorzugehen. Es handelt sich bei diesen prozessualen Fallbearbeitungen insbesondere um solche Klausuren, die eine materiell-rechtliche Ausgangslage schildern und vom Bearbeiter nunmehr fordern, die notwendigen *prozessualen* Schritte zu überlegen und darzustellen. Es geht also bei der Lösung vor allem um die Antwort auf die Frage, welche prozessualen Schritte einer Partei – regelmäßig durch deren Anwalt zu raten sind[1]. 20

Beispiel 4: Aus dem Beispiel 1 (oben Rn. 6) läßt sich etwa folgende Anwaltsklausur bilden:

„Der freiberuflich tätige und nicht sozialversicherte Journalist *Arm* ist von *Schnell* beim Überqueren des Fußgängerüberwegs angefahren worden. Halter des Wagens ist *Reich.* Eine Haftpflichtversicherung für den Wagen besteht bei der *Insolventia AG. Arm* hat schwere Verletzungen erlitten und bleibt zu 100% erwerbsunfähig; Vermögen hat er keines.

Bearbeitervermerk: Sie sind Rechtsanwalt *Klug* und sollen für *Arm* das Beste erreichen, nachdem freiwillige Zahlungen von *Reich, Schnell* und der *Insolventia AG* abgelehnt wurden. Was werden Sie tun?"

Lösungsweg: *RA Klug* wird zunächst die materiell-rechtliche Situation klären und zum Ergebnis kommen, daß *Arm* gemäß § 7 I StVG, § 253 II BGB von *Reich* (Halter) Schadensersatz und Schmerzensgeld, gemäß § 18 I StVG, §§ 823 I, II, 253 II BGB von *Schnell* (Fahrer) Schadensersatz und Schmerzensgeld sowie über § 3 Nr. 1 PflVersG von der Versicherung Schadensersatz und Schmerzensgeld verlangen kann. Fälle der

---

[1] Beispiele für Anwaltsklausuren: *Baumgärtel/Laumen/Prütting,* ZPR-Fall, S. 149 (Nr. 1), S. 154f. (Nr. 8); *Lüke,* Fall 6, 2. Variante, S. 68 (S. 72ff.) und Fall 11, 2. Variante, S. 126 (S. 132ff.); *Noack,* Jura 1994, 537ff.; *Braun,* JuS 1997, 1005ff. sowie die Beispiele unten Rn. 22 Fn. 11 und Rn. 23 Fn. 12.

cessio legis nach § 116 SGB X und nach § 6 EFZG liegen nicht vor[2]. Prozessual wird sich *RA Klug* auf jeden Fall zu einer Klage beim LG[3] entschließen, dabei wird er mindestens die Versicherung verklagen[4], möglicherweise auch *Schnell* und *Reich*[5]. Neben der Klage wird *RA Klug* auch eine einstweilige Verfügung beantragen, um schon jetzt eine Rente für seinen Mandanten zu erhalten[6]. Da Klage und Antrag auf Erlaß einer einstweiligen Verfügung zulässig und begründet sind – also volle Erfolgsaussichten haben –, wird *RA Klug* für seinen mittellosen Mandanten für beide Verfahren (Klage und einstweilige Verfügung) Prozeßkostenhilfe beantragen[7]. Zeitlich wird *RA Klug* dabei so vorgehen, daß er zunächst nur das Gesuch um Prozeßkostenhilfe stellt und erst nach der Bewilligung der Prozeßkostenhilfe die beiden Verfahren einleitet[8].

---

2 Auch diese für den Unfallprozeß wichtigen Vorschriften werden im Beispiel 22 (u. Rn. 50) noch eingehender behandelt, wenn dort davon ausgegangen wird, *Arm* sei Arbeiter und daher sozialversichert.

3 Für Klagen aus Unfallprozessen ist sachlich entweder das *AG* oder das *LG* zuständig. Hohe Streitwerte gehören zum *LG*, näher u. Rn. 172ff. Angesichts der schweren Verletzungen des *Arm* ist hier die *landgerichtliche* Streitwertgrenze offenkundig erreicht.

4 In Fällen der Kfz-Haftpflicht wird häufig die Haftung des Versicherers (der Versicherung) *direkt gegenüber dem Geschädigten* übersehen. Wie sich aus § 1 PflVersG ergibt, ist auch der Fahrer durch die Versicherung des Halters geschützt. Wenn *Schnell* hier den Unfall verursacht hat, so haftet auch in diesem Fall die Versicherung des *Reich*. Zwar hat der Geschädigte *(Arm)* keinerlei vertragliche Beziehungen zur Versicherung des Fahrzeughalters *(Reich)*, und auch deliktische Ansprüche scheiden aus; denn nicht die Versicherung, sondern *Schnell* hat den Geschädigten angefahren. Trotzdem gibt es einen direkten Anspruch des Geschädigten gegen die Versicherung des Halters (§ 3 Nr. 1 PflVersG). Dieser direkte Anspruch hat in der Praxis eine große Bedeutung erlangt und muß deshalb dem Examenskandidaten bekannt sein. Der Direktanspruch soll vor allem das Risiko der Vermögenslosigkeit oder des Vermögensverfalls (das sog. „Insolvenzrisiko") des Schädigers *(Schnell)* oder des Versicherungsnehmers *(Reich)* dem Geschädigten *(Arm)* nehmen. *Beispiel:* Die Haftpflichtversicherung überweist an den Versicherungsnehmer *Reich* die Schadenssumme, die *Arm* geltend gemacht hat. *Reich* hebt das Geld ab, übergibt es aber nicht dem *Arm*, sondern macht damit eine Mittelmeerreise. Wenn er „insolvent" ist, ginge *Arm* trotz seines vorhandenen Anspruchs leer aus. Diese Probleme werden vermieden, wenn *Arm* den Schaden innerhalb von 2 Wochen (§ 3 Nr. 7 Satz 1 PflVersG) der Versicherung schriftlich anzeigt und sich dann direkt an sie hält, evtl. sie sogar verklagt.

5 Werden mehrere Personen gemeinschaftlich verklagt, so liegt eine *Streitgenossenschaft* vor (§§ 59ff. ZPO), wie die „Mehrheit" von Personen auf der Kläger- oder auf der Beklagtenseite genannt wird. Ob eine *notwendige* Streitgenossenschaft vorliegt, ist hier noch nicht zu entscheiden; näher hierzu u. Rn. 91–96.

6 Es handelt sich hierbei um eine „Leistungsverfügung" oder „Befriedigungsverfügung"; hierzu u. Rn. 120.

7 §§ 114–127a ZPO regeln die Prozeßkostenhilfe (u. Rn. 123).

8 Das Abwarten der Entscheidung über den Antrag auf Bewilligung der Prozeßkostenhilfe ist geboten, um zu vermeiden, daß *Arm* im Falle der Klageerhebung den Kostenvorschuß an das Gericht (§§ 6, 12 I GKG [Schönfelder Nr. 115]) und den Anwalt (§ 9 RVG [Schönfelder Nr. 117]) zu zahlen hat. Wird der Antrag auf Bewilligung der Prozeßkostenhilfe abgelehnt, kann sich *Arm* immer noch überlegen, ob er trotzdem Klage erheben will. Die Prozeßkostenhilfe wird vom Gericht bewilligt, wenn eine Partei die Kosten der Prozeßführung nicht aufbringen kann (vgl. § 114 Satz 1 ZPO) *und* wenn die beabsichtigte Rechtsverfolgung (oder Verteidigung)

Bereits diese skizzierte Lösung zeigt, welche Chancen der Bearbeiter hat, der im Prozeßrecht einigermaßen bewandert ist: Er kann sowohl das Hauptsacheverfahren als auch das summarische Verfahren der einstweiligen Verfügung und deren Verhältnis zueinander darlegen und ferner auf den Sinn der Prozeßkostenhilfe eingehen. Außerdem tauchen auf: Probleme des Streitgegenstands (Klage *neben* Antrag auf einstweilige Verfügung) und der Streitgenossenschaft (wenn *RA Klug* auch *Reich* und *Schnell* verklagt). In große Schwierigkeiten gerät aber jeder Bearbeiter, der noch nie eine Anwaltsklausur gelöst hat und dem deshalb auch das praktische Verständnis für die anwaltschaftliche Arbeitsweise fehlt. Mit Sicherheit wird er etwa die Möglichkeit der Leistungsverfügung und der Prozeßkostenhilfe übersehen.

II. Die Richterklausur

Als eine einfachere Klausurart wird von Examenskandidaten die „*Richterklausur*" angesehen. Bei derartigen Klausuren und Hausarbeiten wird vom Bearbeiter eine richterliche Arbeitsweise verlangt[9]: Der Prozeß hat schon begonnen, ein bestimmtes Gericht ist mit einem Antrag angerufen worden, und es gilt, die gerichtliche Entscheidung zu finden[10]. Bei der Richterklausur wird der Bearbeiter im Gegensatz zur Anwaltsklausur viel deutlicher auf die zu untersuchenden prozessualen und materiellen Rechtsfolgen hingewiesen. Die Thematik ist umgrenzter, und dem Aufgabentext lassen sich leichter „Fingerzeige" auf die richtige Antwort entnehmen. 21

Beispiel 5: Das Beispiel 4 (oben Rn. 20) läßt sich als Richterklausur etwa folgendermaßen formulieren:

„Rechtsanwalt *Klug* hat im Namen seines Mandanten *Arm* beim *LG* Antrag auf Bewilligung der Prozeßkostenhilfe für eine Klage gegen die *Insolventia AG* und für einen Antrag auf Erlaß einer einstweiligen Verfügung zur Zahlung einer monatlichen Rente gegen diese Versicherung gestellt. Erklärung und Belege gemäß § 117 II ZPO,

---

„hinreichende Aussicht auf Erfolg bietet und nicht mutwillig erscheint" (§ 114 Satz 1 a.E. ZPO). Eine Erhebung der Klage unter der „Bedingung" der Gewährung von Prozeßkostenhilfe ist unzulässig, da Prozeßhandlungen bedingungsfeindlich sind; hierzu u. Rn. 241.

[9] Beispiele für Richterklausuren: *Baumgärtel/Laumen/Prütting,* ZPR-Fall, S. 44, 80, 151 f. (Nr. 4, 5), 153 f. (Nr. 7); *Dreier/Buhrow,* JuS 2004, 137 ff.; *Gerhardt,* Fälle, S. 8, 49, 102, 121; *Lüke,* Fälle 1, 2, 3, 4, 5, 6 (1. Variante), 7, 8, 9, 10, 11 (1. Variante), 14 und 15 (1. Variante); *Musielak,* JuS 2004, 1081 ff.; *Schumann,* JuS 1966, 26 ff.

[10] Im 1. Staatsexamen wird der Vorschlag einer gerichtlichen Entscheidung kaum gefordert. Es ist vielmehr ein *Gutachten* darüber zu erstellen, wie das Gericht entscheiden wird. Im 2. Staatsexamen wird vom Bearbeiter einer Richterklausur meistens der Entwurf einer gerichtlichen Entscheidung einschließlich der notwendigen Formalien gefordert (z.B. Rubrum gemäß § 313 I Nr. 1, 2 und 3 ZPO, Urteilstenor mit Kostenentscheidung und Entscheidung über die vorläufige Vollstreckbarkeit sowie – das hängt von den Anforderungen der jeweiligen Ausbildungsordnung ab – Tatbestand und Entscheidungsgründe).

aus denen sich ergibt, daß *Arm* die Kosten der Prozeßführung nicht aufbringen kann, liegen bei. Ferner sind beigefügt je ein Entwurf der Klageschrift und der Antragsschrift, in denen ausgeführt ist, daß *Arm* von *Schnell* auf einem Fußgängerüberweg schuldhaft angefahren worden sei; Halter des Kraftfahrzeugs sei *Reich*, die *Insolventia AG* sei dessen Haftpflichtversicherer.

Bearbeitervermerk: Wie wird das Gericht entscheiden, wenn die *Insolventia AG* die tatsächlichen Behauptungen des Antragstellers nicht bestreitet?

Lösungsweg: Da die Mittellosigkeit des *Arm* feststeht, kommt es lediglich (o. Fn. 8) auf die Erfolgsaussichten der beiden beabsichtigten Verfahren an. Ist die Klage erfolgversprechend und der Antrag auf Erlaß einer einstweiligen Verfügung aussichtsreich, wird die Prozeßkostenhilfe bewilligt. Deshalb sind zunächst die Zulässigkeit und Begründetheit der beabsichtigten Klage, sodann die Erfolgsaussichten einer einstweiligen Verfügung zu prüfen. Da diese Prüfung positiv ausfällt, wird der Bearbeiter darlegen, daß das Gericht die Prozeßkostenhilfe bewilligen wird.

An diesem Beispiel wird deutlich, weshalb die Bearbeiter eine Richterklausur regelmäßig für „leichter" als eine Anwaltsklausur halten. Weil das Gericht nur über die von den Prozeßparteien *gestellten Anträge* zu entscheiden hat, ist der Bearbeitung ein fester Rahmen vorgegeben, innerhalb dessen der Verfasser die Klausur aufzubauen hat. Überflüssige Ausführungen lassen sich hier leichter vermeiden, sofern sich der Bearbeiter nur streng an die Anträge der Parteien hält.

22 Richterklausur und Anwaltsklausur sind allerdings keine sich ausschließenden Grundsätze. Beide Aufgabentypen können in einer Klausur oder Hausarbeit verbunden werden, wenn nämlich einerseits nach der gerichtlichen Entscheidung gefragt ist, andererseits die Frage gestellt wird, welche Schritte einer Partei anzuraten sind[11].

Beispiel 6: Eine Aufgabe ist wie im Beispiel 5 (oben Rn. 21) abgefaßt. Der Bearbeitervermerk lautet aber nicht nur „*Frage 1:* Wie wird das Gericht entscheiden?", sondern enthält auch eine „*Frage 2:* Was wird Rechtsanwalt *Klug* tun, wenn sein Antrag auf Bewilligung der Prozeßkostenhilfe erfolgreich ist?"

Hier muß der Bearbeiter *nach* der Beantwortung der Frage 1 jetzt im Rahmen der Antwort auf die Frage 2 eine *Lösung* geben wie bei einer Anwaltsklausur. Er wird etwa ausführen, daß Rechtsanwalt *Klug* die Klage erheben und die einstweilige Verfügung beantragen wird (vgl. o. Fn. 8).

III. Der Rechtsmittelfall (Rechtsbehelfsfall)

23 Zahlreiche Prozeßrechtsfälle behandeln das *erstinstanzliche Verfahren,* sei es, daß die Vorbereitung und Durchführung des Prozesses erster Instanz (als Anwaltsklausur) zu erörtern ist, sei es, daß die abschließende Entscheidung (in der Richterklausur) dargestellt werden soll.

Häufig werden aber auch *Rechtsmittelfälle* gestellt, die sich als eigene Aufgabenart herausgebildet haben. Im Mittelpunkt des Rechtsmittelfalles steht die Frage nach den Erfolgsaussichten eines Rechtsbehelfs gegen

---

[11] Eine solche Mischung beider Klausurarten findet sich z.B. bei *Baumgärtel/Laumen/Prütting,* ZPR-Fall, S. 152f. (Nr. 6) und *Lüke,* S. 126 (Fall 11).

eine gerichtliche Entscheidung[12]. Die Schwierigkeit der Rechtsmittelklausur liegt insbesondere im Aufbau, da der Bearbeiter zunächst die Voraussetzungen des Rechtsbehelfs, nämlich Statthaftigkeit, Form und Frist zu bedenken hat. Erst wenn dies geschehen ist, kann auf die Sachurteilsfragen eingegangen werden (vgl. u. Rn. 148). Der Rechtsmittelfall kann eine *anwaltliche* oder *richterliche* Arbeitsweise erfordern.

Beispiel 7: Im Prozeß des *Arm* gegen *Schnell, Reich* und die *Insolventia AG* (o. Beispiel 1, Rn. 6) ist im frühen ersten Termin für die Beklagtenseite niemand erschienen. Auf Antrag von *RA Klug* ergeht Versäumnisurteil.

Frage: Haben die Beklagten gegen das Versäumnisurteil einen Rechtsbehelf?

Antwort: Gegen das Versäumnisurteil steht *Schnell, Reich* und der *Insolventia AG* der Einspruch (§ 338 ZPO) zur Verfügung.

IV. Der Rechtslagenfall

Seltener sind im Prozeßrecht *Rechtslagenfälle,* bei denen der Bearbeitervermerk nur die Frage nach der Rechtslage aufwirft[13]. Sie bieten besondere Schwierigkeiten, weil die Bearbeiter häufig die Probleme, die behandelt werden müssen, nicht erkennen. Es werden dann oft nur Selbstverständlichkeiten erörtert, und die eigentliche Thematik wird völlig verfehlt. 24

Beispiel 8: Im Namen des *Arm* klagt Rechtsanwalt *Klug* gegen *Schnell.* Er erhebt Klage zum *LG* und beantragt die Zahlung von Schadensersatz und Schmerzensgeld wegen eines von *Schnell* verschuldeten Verkehrsunfalls (Überfahren des *Arm* auf dem Fußgängerüberweg). Im frühen ersten Termin erscheinen weder *Schnell* noch sein Rechtsanwalt.

Bearbeitervermerk: Wie ist die Rechtslage?

Lösungsweg: Der Bearbeiter muß darlegen, daß *Schnell* säumig ist. Deshalb kann gegen ihn Versäumnisurteil (§ 331 ZPO) ergehen, sofern *Arm* es beantragt. Bei einem Versäumnisurteil gegen den Beklagten muß ferner wegen § 331 II ZPO die Schlüssigkeit der Klage vorliegen (zum Versäumnisverfahren näher u. Rn. 297–328).

Der Rechtslagenfall kann Elemente der Richterklausur und der Anwaltsklausur vereinigen. Da im Gegensatz zur Anwaltsklausur ein bestimmtes Ziel eines anwaltlichen Vorgehens nicht angegeben wird, ist die Bearbeitung eines Rechtslagenfalls meist besonders schwierig. Als *Arbeitsrichtlinien* empfehlen sich für die Bearbeitung eines Rechtslagenfalls *zwei Regeln:*

(1) Der Bearbeiter sollte sich überlegen, welche gerichtliche Entscheidung in dieser konkreten Prozeßsituation zu ergehen hat; er muß hierbei genau die gestellten Anträge untersuchen.

---

[12] Solche Rechtsmittelfälle sind z. B. *Baumgärtel/Laumen/Prütting,* ZPR-Fall, S. 124, S. 149 f. (Nr. 2); *Gerhardt,* Fälle, S. 121, 144. Speziell aus der Sicht des Anwalts: *Baumgärtel/Laumen/Prütting,* ZPR-Fall, S. 154 f. (Nr. 8) und *Lüke,* Fälle, S. 103 (Fall 9); *Werner,* JuS 2000, 779 ff.

[13] Rechtslagenfälle bringen *Baumgärtel/Laumen/Prütting,* ZPR-Fall, S. 150 f. (Nr. 3); *Gerhardt,* Fälle, S. 1, 33, 136; *Lüke,* Fälle, S. 152 (Fall 13).

(2) Der Bearbeiter darf niemals die Frage übersehen, durch welche Handlungen der Parteien oder des Gerichts der Rechtsstreit einer Entscheidung zugeführt werden kann. Möglicherweise erfordert die Beachtung der zweiten Regel ein Darlegen der prozessualen Möglichkeiten *beider* Parteien.

Beispiel 9: Im Beispiel 8 kann man darlegen, daß dem Kläger anzuraten ist, den Erlaß eines Versäumnisurteils zu beantragen. Ohne diesen Antrag kann das Versäumnisurteil nicht ergehen.

V. Der Kautelarfall

25 Ratschläge zum Verhalten beider Parteien müssen auch im *Kautelarfall* gegeben werden[14]. Bei ihm steht zur Beantwortung, in welcher Weise durch ein gleichgerichtetes oder vertragsmäßiges Verhalten beider Parteien ein bestimmter Erfolg erreicht wird. Im Examen ist er selten. Die Leistung des Bearbeiters besteht hierbei in erster Linie in dem Herausarbeiten des angestrebten Zieles, in zweiter Linie in dem Darstellen des einzuschlagenden rechtlichen Weges.

Beispiel 10: Im Namen des *Arm* hat Rechtsanwalt *Klug* vor dem *LG München I* die *Insolventia AG, Schnell* und *Reich* verklagt. Bei der Beweisaufnahme zeigt sich, daß *Arm* die geltend gemachten Ansprüche voll zustehen. Nach der mündlichen Verhandlung (vgl. § 370 ZPO) sind sich die Anwälte aller Beteiligten einig, daß der Prozeß möglichst schnell beendigt werden sollte: Die *Insolventia AG* will die Ansprüche erfüllen und die gesamten Prozeßkosten übernehmen.

Bearbeitervermerk: Welche prozessualen Schritte werden die Parteien erwägen und welche Vereinbarungen sind ihnen zu empfehlen?

Die *Lösung* wird eine Reihe verschiedener prozessualer Möglichkeiten untersuchen, etwa einen außergerichtlichen Vergleich verbunden mit einem Klagezurücknahmeversprechen des *Arm* und der vorherigen Zustimmung der drei Beklagten zur Klagezurücknahme sowie den Abschluß eines Prozeßvergleichs oder die gemeinsame (beiderseitige, übereinstimmende) Erklärung der Erledigung der Hauptsache in einem neuen Termin. Vor- und Nachteile dieser verschiedenen Prozeßinstitute für die Parteien müßten dargelegt und eine Empfehlung über die abzuschließenden Vereinbarungen oder die vorzunehmenden Schritte ausgesprochen werden. Hierbei wird man sich davon leiten lassen, daß eine gerichtliche Entscheidung *zur Sache* wegen der außergerichtlichen Einigung nicht mehr nötig ist und daß – wenn überhaupt – eine Kostenentscheidung erfolgt, die der außergerichtlichen Einigung entspricht[15].

---

[14] Zum materiellen Recht vgl. *Scharpf*, JuS 2002, 878ff; lehrreich für kautelarjuristische Klausuren auch *Hagspiel*, JuS 2003, 482ff.

[15] Auf die einzelnen im Text angesprochenen Prozeßinstitute wird im folgenden noch eingegangen werden. Am zweckmäßigsten wäre im vorliegenden Beispiel ein *außergerichtlicher Vergleich*, in dem sich der Kläger zur *Klagezurücknahme* (u. Rn. 330) verpflichtet, die Beklagten ihre Zustimmung zu der Klagezurücknahme erklären und sich die Versicherung verpflichtet, die Prozeßkosten und die geltend gemachten Beträge zu zahlen, verbunden mit dem Verzicht des Klägers auf die Geltendmachung weiterer Ansprüche. Bei einer solchen Vereinbarung ist kein neuer Termin notwendig, weil die Klagezurücknahme und die gegnerische Zustimmung schriftsätzlich erklärt werden können (§ 269 II ZPO). – Nur wenn *Arm* das Risiko der ihn treffenden Kostenlast zu groß ist – er müßte gemäß § 269 III 2 ZPO die Kosten des Rechtsstreits tragen (Ausnahme: § 269 III 3 ZPO) und diese dann möglicherweise

Schon an diesen Lösungsgedanken wird verständlich, weshalb der prozessuale Kautelarfall als sehr schwierig gilt. Er verlangt vom Bearbeiter ein besonderes praktisches prozessuales Verständnis. Andererseits ist gerade der Kautelarfall geeignet, den Studenten auf die zukünftige prozessuale Praxis vorzubereiten und ihm klarzumachen, daß die Kenntnis des Prozeßrechts nicht im Einlernen zum Teil jahrzehntealter Theorien besteht, sondern aus einer gesunden Mischung zivilprozessualer Kenntnisse mit einer Vorstellung über Prozeßablauf und Prozeßbetrieb und nicht zuletzt verbunden mit prozessualer Phantasie – nämlich der Gabe, sich die zukünftige Prozeßsituation vorzustellen und in die gegenwärtigen Erwägungen einzubeziehen.

VI. Die gemischte Klausur

1. Begriff und Schwierigkeiten der gemischten Klausur

Als *„gemischte Fälle“* bezeichnet man diejenigen Aufgaben, die materi- 26
ell-rechtliche Fragen mit Prozeßproblemen verbinden[16]. In der späteren Praxis wird dem Juristen in der Regel eine solche gemischte Fragenstellung begegnen, und deshalb ist sie bereits im ersten Staatsexamen sehr häufig. Freilich steht dies in einem Gegensatz zu den Übungen und Kursen an den Universitäten, in denen den Studenten überwiegend „reine“ Prozeßrechtsfälle[17] oder „reine“ materiell-rechtliche Hausarbeiten und Klausuren gestellt werden.

Besonders der Aufbau bereitet Examenskandidaten Schwierigkeiten. Sie wissen nicht, ob sie die Zulässigkeit der Klage (die Prozeßprobleme) *vor* der Erörterung der materiell-rechtlichen Fragen behandeln sollen oder ob es besser ist, umgekehrt zu verfahren. Verwirrend ist hierbei ein in Examenskreisen immer wieder kolportiertes Dogma vom „Vorrang prozessualer Fragen“. Viele Bearbeiter halten sich an dieses „Dogma“ und merken zu spät, daß es gerade für ihren Fall nicht zutrifft. Zu einer Umkehr ist es dann oft zu spät.

2. Der Aufbau des gemischten Falles in einer Anwaltsklausur

Bei dieser Art eines gemischten Falles steht das materielle Recht *vor* 27
dem Prozeßrecht. Erst wenn der Anwalt weiß, welche Rechtsfolgen das

---

erneut von der Versicherung einklagen –, wäre ein *Prozeßvergleich* (u. Rn. 331 ff.) in einem neuen Termin zu empfehlen. In ihm würde die Versicherung die Prozeßkosten übernehmen. – Ungünstig und nicht zu empfehlen ist schließlich eine *Erledigungserklärung* (u. Rn. 341) durch den Kläger. Auch wenn die Gegenseite zustimmt, bliebe die Kostenfrage anhängig und der Kläger hätte keinerlei Sicherheit, daß das Gericht sämtliche Kosten der Gegenseite auferlegt (§ 91 a ZPO).

[16] Eine Klausur dieser Art besprechen z.B. *Leßmann/Blinne,* Jura 2000, 85; *Gergen,* JuS 2004, 890 ff.

[17] Vgl. *Baumgärtel/Laumen/Prütting,* ZPR-Fall, S. 44 ff.; *Gerhardt,* Fälle, S. 49, 61, 69, 85, 102; *Lüke* (alle Fälle behandeln prozessuale Themen); *Schumann,* JuS 1966, 26 ff.

materielle Recht vorsieht, ist er in der Lage, den richtigen prozessualen Weg einzuschlagen.

Beispiel 11: Der von *Schnell* angefahrene *Arm* möchte Schmerzensgeld (§ 253 II BGB) verlangen. Sein Rechtsanwalt *Klug* wird sich also – genauso wie der Bearbeiter einer entsprechenden Klausur – fragen müssen, ob für die Rechtsfolge des § 253 II BGB die Voraussetzungen der §§ 7 I, 18 I, 11 S. 2 StVG gegeben sind. Zeigt es sich, daß *Schnell* sich nach § 18 I 2 StVG exkulpieren kann und mangels Verschuldens auch nicht aus unerlaubter Handlung haftet, wird eine Klage auf Schmerzensgeld gegen *Schnell* nicht anzuraten sein. Ist ihm jedoch die Exkulpation nicht möglich oder liegt sogar ein beweisbares Verschulden des *Schnell* vor, wird *Arm* den Klageantrag stellen. Der Klageerhebung ist also die materiell-rechtliche Frage *vor*gelagert. Diese Frage muß daher im Gutachten *vor* den prozessualen Problemen behandelt werden.

Zu unlösbaren Problemen kommt der Bearbeiter, wenn er das „Dogma" vom steten Vorrang der Prozeßfragen bei einem Fall mit mehreren möglichen Beklagten und alternativen Rechtsfolgen beachten will:

Beispiel 12: *Klein* hat Frau *Herz* einen Rasenmäher geliehen. Deren Putzfrau *Saubermann* bringt den Mäher nicht zurück, sondern verkauft ihn an den gutgläubigen *Sanft,* der ihn seinem Sohn zum Geburtstag schenkt. Sohn *Sanft* verweigert *Klein* die Herausgabe, die anderen Beteiligten bestreiten jegliche Haftung.

Bearbeitungsvermerk: Welche prozessualen Schritte sind *Klein* zu raten?

Lösungsweg: Hier muß selbstverständlich erst die materielle Rechtslage geprüft werden, ehe der Ratschlag erfolgt, gegen wen und mit welchem Antrag Klage zu erheben ist[18].

Als Faustregel für die gemischte Anwaltsklausur gilt deshalb: „BGB vor ZPO".

3. Der Aufbau des gemischten Falles in einer Richterklausur

28 Da bei dieser Art einer Klausur richterliches Arbeiten verlangt wird, folgt die Lösung der Arbeitsweise des Richters. Der Aufbau beginnt mit den prozessualen Fragen, also in der Regel mit der Zulässigkeit der Klage, erst danach wird die Begründetheit der Klage, d.h. die materielle Seite, untersucht.

Dieses Prinzip ist selbstverständlich, wenn man sich überlegt hat, wie die Praxis vorgeht: Dort wird der Richter den Antrag erst auf die Einhaltung der prozessualen Voraussetzungen hin prüfen. Ist das angerufene Gericht nicht zuständig, wird es sich

---

[18] Zur Auffrischung die Lösung in Stichworten: Sohn *Sanft* ist nicht Eigentümer: Unfreiwilliger Besitzverlust von Frau *Herz* als der unmittelbaren Besitzerin (§ 935 I 2 BGB); Frau *Saubermann* hatte keinen Besitz (§ 855 BGB). Guter Glaube an Eigentum (§ 932 BGB) hilft weder *Sanft* noch dessen Sohn. Gegen Sohn *Sanft* also § 985 BGB. Aber *Klein* kann nach § 185 II 1, 1. Variante BGB das schwebend unwirksame Rechtsgeschäft zwischen *Saubermann* und *Sanft* genehmigen. Rechtsfolge: § 816 I 1 BGB. Dies wird er unter zwei Voraussetzungen tun: Wenn der Rasenmäher weniger wert als der Erlös ist (Frau *Saubermann* hat geschickt verhandelt und den *Sanft* „übers Ohr gehauen") *und* wenn er bei Frau *Saubermann* zu seinem Geld kommt. Erst nach diesen Überlegungen steht fest: Entweder Herausgabeklage gegen Sohn *Sanft* oder Zahlungsklage (Erlös) gegen Frau *Saubermann.*

nicht um die Frage kümmern, ob z.B. überhaupt ein Rücktritt des Vorbehaltsverkäufers vorliegt. Wird vom Bearbeiter die „Entscheidung des Gerichts" in solch einem Fall verlangt, wird er sich auf die Feststellung der Unzuständigkeit des Gerichts beschränken. Ob er daneben noch auf die materiell-rechtlichen Fragen einzugehen hat, hängt vom Bearbeitervermerk (der Fragestellung) ab. Regelmäßig sind sie in einem *Hilfsgutachten* zu bearbeiten.

Das Prinzip des Vorrangs der Zulässigkeitsfrage bei der Richterklausur sollte nicht verabsolutiert werden. Es gibt Bearbeitervermerke, die schon erkennen lassen, daß eine andere Reihenfolge gewünscht wird, etwa wenn in dieser Reihenfolge gefragt ist: Ist die Klage begründet? Ergeben sich gegen die Zulässigkeit Bedenken?

Als Faustregel für die gemischte Richterklausur sollte der Bearbeiter aber von der Formel ausgehen: „ZPO vor BGB".

§ 4. Die Bearbeitungstechnik prozessualer Fälle

Literatur: Verzeichnis der abgekürzt zitierten Literatur (S. XXIII) sowie *R. J. Brauner,* Streitige Rechtsfragen in der Fallbearbeitung, Jura 1992, 15–17; *M. R. Deckert,* Zur Theorie der juristischen Argumentation – Juristisches Argumentieren am Beispiel Robert Alexys, JA 1995, 523–527; *A. Günther,* Juristische Lernprogramme, Jura 1991, 403–410; *H. Schlehofer,* Juristische Methodologie und Methodik der Fallbearbeitung, JuS 1992, 572–578, 659–664.

Gegenüber dem „BGB-Fall" bieten weder der „reine" Prozeßrechtsfall **29** noch der gemischte Fall (o. Rn. 26) grundlegende Unterschiede. Aufgabe des Bearbeiters ist es, wie in einem „reinen" BGB-Fall, eine Rechtsfolge zu untersuchen. Bei einem Prozeßrechtsfall sind etwa die Fragen zu bearbeiten, ob eine vom Kläger begehrte Rechtsfolge (der Klageantrag) zutrifft (Richterklausur) oder ob das Gericht richtig gehandelt hat, als es den Beklagten verurteilte (Rechtsbehelfsklausur) oder welche Rechtsfolge der Kläger zweckmäßigerweise beantragen sollte, wenn er ein Ziel erreichen will (Anwaltsklausur). Die Arbeitstechnik bei prozessualen Fällen unterscheidet sich in der juristischen Methode nicht von materiell-rechtlichen Aufgaben. Deshalb sind die Hinweise auf die richtige juristische Arbeitsweise in den Anleitungsbüchern des materiellen Rechts von größtem Nutzen auch für die Bearbeitung einer Prozeßklausur, und die Erfahrungen bei der Korrektur von Übungs- und Examensarbeiten zeigen immer wieder, daß diejenigen Bearbeiter, die eine BGB-Frage richtig anpacken können, keine *methodischen* Schwierigkeiten bei der Erfassung eines ZPO-Falles haben.

I. Die Sachverhaltsproblematik

Wer auch nur ein wenig Ahnung vom Zivilprozeß hat, weiß allerdings, **30** daß im Prozeß eine Dimension eine Rolle spielt, die im „normalen" BGB-Fall keine Bedeutung hat: *der Streit um die Tatsachen.* Die Aufgaben aus dem Zivilrecht, die in den Anfänger- und Vorgerückten-Übungen und auch meistens im Examen gegeben werden, sind „unstreitige Sachverhalte". Der Aufgabentext berichtet über das vergangene Geschehen sozusagen aus der Sicht des allwissenden Betrachters: Alles wird so dargestellt, wie es tatsächlich geschehen ist. Nur in der *Rechtsfrage* sind die Meinungen kontrovers.

1. Unklarheit über die Tatsachenlage

31 Die Prozeßpraxis sieht freilich anders aus. Gerade die Unklarheit über die *Tatsachenlage* kennzeichnet manchen Prozeß: „Hat der beklagte Gebrauchtwagenhändler gewußt, daß der Motor 150.000 km statt der angegebenen 50.000 km Fahrleistung aufweist oder nicht?" Das ist nicht selten *die* Frage in einem Prozeß. Kann der Käufer dieses Wissen des Beklagten beweisen und hat er den Kaufvertrag rechtzeitig angefochten (§ 124 I, II BGB), so wird er mit einer Klage auf Rückzahlung des Kaufpreises Erfolg haben.

Wenn eine Universitätsausbildung auf die Prozeßpraxis vorbereiten will, muß sie diesen wichtigen prozessualen Aspekt betonen und ihn auch in die Prüfung einführen. Aus diesem Grunde können im Rahmen eines Prozeßrechtsfalles Probleme der Beweislast, des Beweises des ersten Anscheins (des prima-facie-Beweises) und auch der Behauptungslast eine Rolle spielen[1].

Beispiel 13: *Frosch* hat von Uhrmacher *Zeiger* eine Uhr gekauft und dabei behauptet, in Vollmacht des *Schön* zu handeln. Einen Restkaufpreis von 50,– € blieb er schuldig. Nachdem *Schön* auf eine Mahnung *Zeigers* geantwortet hat, er könne sich nicht erinnern, dem *Frosch* Vollmacht erteilt zu haben, verklagt *Zeiger* den *Frosch* auf Zahlung von 50,– €[2]. *Frosch* behauptet wiederum, Vollmacht gehabt zu haben, was *Zeiger* bestreitet.

Frage 1: Wie wird das Gericht entscheiden?

Frage 2: Wie wird das Gericht entscheiden, wenn auf Antrag des *Frosch* der *Schön* als Zeuge aussagt, er könne weder eine Vollmachterteilung ausschließen noch bejahen, und er wisse auch nicht, ob *Frosch* die fehlende Vertretungsmacht kannte oder nicht; wegen eines inzwischen erlittenen Verkehrsunfalls fehle ihm die Erinnerung an diese Zeit?

Bei der Beantwortung der *Frage 1* wird der Bearbeiter sich fragen müssen, wer die Beweislast für die Vollmacht trägt. Da sie bei *Frosch* liegt (§ 179 I BGB) und dieser keinen Beweis anbietet[3], ist *Frosch* antragsmäßig zu verurteilen. Bei der *Frage 2* hat

---

[1] Im einzelnen wird auf die Beweisfragen in Rn. 288 ff. eingegangen.

[2] Anspruchsgrundlage: § 179 I, 1. Alternative BGB (Erfüllung) in Verbindung mit § 433 II BGB.

[3] Da im Bereich des Verhandlungsgrundsatzes der Zeugenbeweis nur *auf Antrag* erhoben wird (§ 373 ZPO), hätte der verklagte *Frosch* wenigstens *Schön* als Zeugen benennen sollen. Im Fall der *Frage 1* hat er dies unterlassen. Der Kläger *Zeiger* hat seinerseits keinen Anlaß, den *Schön* als Zeugen zu benennen, da *er* für die Tatsache der fehlenden Vollmacht nicht die Beweislast trägt (§ 179 I BGB argumentum e contrario). Im Gegenteil wäre es sogar töricht, *Schön* zu benennen, weil dieser das Vorliegen der Vollmacht bestätigen könnte und dann die Klage abgewiesen werden müßte – letztlich nur deshalb, weil der Kläger übersehen hat, daß er hier keine Beweislast trägt! Nach deutschem Beweisrecht bildet sich nämlich der Richter seine

Frosch den Beweis zwar angetreten, aber die von ihm behauptete Tatsache nicht beweisen können. Wegen des „non liquet“[4], das nunmehr vorliegt, wird er wiederum zur Erfüllung verurteilt[5].

2. Wahre Tatsachenlage anders als prozessuale Tatsachensituation

Noch deutlicher wird die Eigenheit des Prozeßrechtsfalls, wenn der im 32
Prozeß vorgetragene Sachverhalt nicht dem wirklichen Geschehen entspricht[6] und dies im Aufgabentext mitgeteilt wird. Der Bearbeiter wird dann zu einem Rückgriff auf das wahre Geschehen verleitet, obwohl (vor allem mit Rücksicht auf den Verhandlungsgrundsatz, zu ihm unten Rn. 289) für das Gericht und damit auch für die vom Bearbeiter zu findende Lösung *allein der vorgetragene Sachverhalt* maßgebend ist.

Beispiel 14: Wenn man das Beispiel 13 etwas ergänzt, lassen sich diese Schwierigkeiten zeigen: Im Aufgabentext ist zunächst der Sachverhalt aus der Sicht des allwissenden Betrachters dargestellt: *Schön* hat *Frosch* bevollmächtigt, für ihn bei *Zeiger* eine Uhr zu kaufen. Nach seinem Verkehrsunfall antwortet *Schön* dem *Zeiger*, daß er sich an nichts mehr erinnern könne. *Zeiger* verklagt *Frosch*. *Schön* macht seine Zeugenaussage wie im Beispiel 13: er könne sich an nichts mehr erinnern.

Bearbeitervermerk: Wie wird das Gericht entscheiden?

Für die **Lösung** kommt allein die Tatsachensituation in Betracht, die dem *Gericht* vorliegt. Daß der Bearbeiter durch den Aufgabentext über das wahre Geschehen informiert wurde, ändert nichts daran, daß vor Gericht *Frosch* die Vollmachterteilung nicht beweisen konnte und deshalb zu behandeln ist, als ob er keine Vollmacht gehabt habe[7].

Überzeugung auch durch solche Beweismittel (also etwa Zeugen), die von einer Partei benannt wurden, die hierzu nicht verpflichtet war. *Voreilige Beweisangebote können also die eigene Prozeßstellung untergraben!* – Zu beachten ist hier allerdings, daß das Gericht gemäß § 139 I ZPO gehalten ist, darauf hinzuwirken, daß die Parteien die Beweismittel bezeichnen. Bietet also eine Partei für die von ihr zu beweisenden Tatsachen keine Beweismittel an, so muß das Gericht die Partei auf ihre Beweisführungslast aufmerksam machen. Das Gericht darf also, wenn es einen Verfahrensverstoß vermeiden will, eine Partei erst dann als beweisfällig behandeln, wenn diese die Anregung des Gerichts nicht aufgreift.

4 „*Non liquet*“ = „Die Sache ist nicht klar“ bedeutet, daß das Vorliegen eines Tatbestandsmerkmals einer Rechtsnorm weder bewiesen noch widerlegt ist. Die Beweislastnormen regeln, wer die Folgen dieser Unaufklärbarkeit des Sachverhalts trägt. Sie sind häufig in Spezialnormen des *materiellen* Rechts enthalten (z. B. in §§ 280 I 2, 932 I 1 BGB), näher u. Rn. 295.

5 Der beklagte *Frosch* ist in dem Prozeß durch zwei Beweislastnormen beschwert: Nach § 179 I BGB trägt er im Falle der Unaufklärbarkeit das Risiko des Mangels seiner Vertretungsmacht. Die unklare Aussage des *Schön* geht zu seinen Lasten. Aber auch die günstigere Vorschrift des § 179 II BGB hilft ihm nicht, weil er seine Gutgläubigkeit nicht beweisen kann und auch für sie die Beweislast trägt; abermals wirkt sich die unklare Tatsachenlage ungünstig für ihn aus. Er wird wie ein vorsätzlich ohne Vertretungsmacht Handelnder beurteilt, obwohl er möglicherweise Vertretungsmacht hatte!

6 Grund: Die Parteien sind nicht vollständig informiert oder verbergen (möglicherweise einverständlich) die Wahrheit.

7 Es wäre also ein schwerer Fehler, wenn der Bearbeiter die Klage abweisen würde, weil *Frosch* bevollmächtigt gewesen sei. Die Entscheidung des Gerichts darf sich al-

II. Die Dauer des Prozesses

33 Zu den weiteren Besonderheiten des Prozeßrechts und damit auch des Prozeßrechtsfalls gehört die Betrachtung der Dauer eines Prozesses. Er ist nicht punktuell wie ein Vertragsschluß oder ein Verkehrsunfall, sondern schreitet von der Vorbereitung des Rechtsstreits über Zustellungen, Termine, Fristen, gerichtliche Entscheidungen bis hin zur Rechtskraft der Entscheidung. Eine Vielzahl von prozessualen Entwicklungen kann eintreten. Zahlreiche Prozeßinstitute sind nur aus dieser Dauer des Prozesses her zu begreifen: So muß das Prozeßrecht einkalkulieren, daß der Kläger oder der Beklagte stirbt; es muß also ein „prozessuales Erbrecht" geben, das bestimmt, ob überhaupt und unter welchen Personen der Prozeß fortgesetzt wird[8]. Das Prozeßrecht muß ferner den Veränderungen hinsichtlich der materiellen Rechtsinhaberschaft während des Verfahrens Rechnung tragen: Denn nur, weil ein Prozeß über sein Grundstück anhängig ist, kann man dem Eigentümer nicht den Verkauf und die Übereignung seines Grundstücks verbieten: Hier muß geregelt sein, wer den Prozeß um das Grundstück weiterführt[9]. Ebenso muß das Prozeßrecht regeln, welche Rechtsfolgen eintreten, falls der Beklagte während des Verfahrens seine Verpflichtungen erfüllt oder wenn sich erst durch die Beweisaufnahme zeigt, daß der geltend gemachte Anspruch nicht besteht, dafür aber ein anderer Anspruch gegeben ist.

Beispiel 15: *Klein* verlangt von Sohn *Sanft* die Herausgabe des Rasenmähers (vgl. Beispiel 12, o. Rn. 27). Während des Prozesses gibt Sohn *Sanft* freiwillig den Rasenmäher an *Klein* zurück.

Frage: Welche Schritte sind *Klein* anzuraten?

Beispiel 16: *Klein* verlangt von Sohn *Sanft* Herausgabe des Rasenmähers. Bei der Beweisaufnahme stellt sich heraus, daß Sohn *Sanft* den Rasenmäher während des Prozesses in einem Wutanfall zerstört hat. Daraufhin ändert *Klein* den Klageantrag auf Schadensersatz. Der Änderung widerspricht Sohn *Sanft.*

Frage: Wie wird das Gericht entscheiden?

Die **Lösung beider Fälle** wird jedem Bearbeiter schwerfallen, der nicht erkennt, daß hier mit speziellen prozessualen Instituten auf außerprozessuale Veränderungen reagiert werden muß. Im Beispiel 15 wird die Empfehlung auf eine Erledigungserklärung lauten, die letztlich dazu führt, daß die Kosten des Rechtsstreits dem Sohn *Sanft* auferlegt werden[10]. Im Beispiel 16 lautet die Entscheidung des Gerichts auf Verurteilung des Sohnes *Sanft* zum Schadensersatz, und in der Lösung muß ausgeführt werden, daß wegen § 264 Nr. 3 ZPO keine Klageänderung gegeben ist, so daß es weder der Zu-

---

lein auf die vorgetragenen Tatsachen und das im Sachverhalt mitgeteilte Beweisergebnis gründen. Durch die unklare Zeugenaussage *Schöns* ist die Vollmachterteilung aber nicht nachgewiesen worden.

[8] Die Rechtsinstitute des automatischen Stillstands des Prozesses (Unterbrechung) oder des Anhaltens durch das Gericht (Aussetzung) sind in §§ 239ff. ZPO sowie für besondere Situationen in §§ 148ff. ZPO geregelt.

[9] Vgl. § 265 und § 266 ZPO.

[10] Die hier in Betracht kommende einseitige Erledigungserklärung wird in Rn. 341 behandelt.

stimmung des Beklagten noch einer Sachdienlicherklärung durch das Gericht (§ 263 ZPO) bedurfte, nachdem *Klein* den Antrag geändert hatte (zur Klageänderung u. Rn. 243 ff.).

III. Prozessuale Überholung

Häufigster und zugleich gefährlichster Aufbaufehler bei einem Prozeß- 34
rechtsfall ist die Nichtbeachtung des Grundsatzes der *prozessualen Überholung.* Dieser Fehler ist deshalb so häufig, weil der zeitliche Ablauf jedes Prozesses eine Fülle von Vorgängen mit sich bringt, die in einem späteren Zeitpunkt nicht mehr relevant („überholt") sind. Besonders der Unerfahrene glaubt, jeder bisherige Vorgang sei wichtig und deshalb untersuchungswürdig.

Beispiel 17: Im Namen des *Arm* klagt Rechtsanwalt *Klug* gegen *Schnell.* Er erhebt Klage zum *AG* und beantragt die Zahlung von Schadensersatz und Schmerzensgeld wegen des von *Schnell* verschuldeten Verkehrsunfalls. Der Richter belehrt den *Schnell* über die fehlende sachliche Zuständigkeit des *AG* (o. Beispiel 4, Rn. 20 Fn. 3). *Schnell* erklärt, zur Sache verhandeln zu wollen und bestreitet sein Verschulden, „weil der Fußgängerüberweg schlecht ausgeleuchtet gewesen sei".

Frage: Wie wird das Gericht entscheiden?

Bei der **Lösung** dieser „gemischten" Klausur darf der Bearbeiter nur in aller Kürze auf die an sich nicht gegebene sachliche Zuständigkeit des *AG* eingehen. Durch das rügelose Einlassen des *Schnell* ist nämlich das *AG* sachlich zuständig geworden, da auch eine Belehrung nach § 504 ZPO erfolgt ist (§ 39 ZPO). Die Frage der Unzuständigkeit ist somit „prozessual überholt"[11].

Um die Erörterung prozessual überholter Dinge zu vermeiden, muß der Bearbeiter die „Standardvorschriften" kennen, die eine prozessuale Überholung bewirken. Dies sind außer dem soeben genannten § 39 ZPO die §§ 267, 282 III, 295 ZPO. Hier tritt die prozessuale Überholung durch *Untätigkeit der Partei* ein. Aber auch durch *positives Tun* kann ein prozessualer Mangel beseitigt werden, oder sonst eine solche „Verfestigung" der Prozeßrechtslage eintreten, so daß auf die frühere Situation nicht mehr eingegangen werden darf: Bei zahlreichen Prozeßvoraussetzungen ist dem Kläger die Möglichkeit eingeräumt worden, Mängel zu

[11] Der Lösungsschwerpunkt liegt hier im Beweisrecht: Da im Rahmen der Gefährdungshaftung des StVG Schmerzensgeld verlangt werden kann, kommt es nicht darauf an, ob auch eine unerlaubte Handlung und damit ein Verschulden des *Schnell* vorliegt. Im Gegensatz zur vermuteten Verschuldenshaftung des Fahrers nach § 18 I StVG braucht sich *Schnell* bei §§ 823 ff. BGB nicht zu entlasten, sondern *Arm* muß den Verschuldensbeweis führen. Allerdings hat er diesen Beweis nach den Grundsätzen des *prima facie-Beweises* (des *Anscheinsbeweises*) dadurch geführt, daß er das Überfahren auf dem Fußgängerüberweg bewiesen hat: Dieser Kausalablauf führt „prima facie" – es handelt sich um einen typischen Geschehensablauf – zum Beweis des Verschuldens des *Schnell.* Da der Beweis geführt worden ist, kommt es überhaupt nicht zur „non liquet"-Situation. Sie wäre nur gegeben, wenn das Gericht nicht feststellen könnte, ob *Schnell* ein Verschulden trifft oder nicht. Zum Anscheinsbeweis u. Rn. 296 Fn. 24.

beseitigen. Die Bearbeitung geht dann nur äußerst kurz auf den ehemals bestehenden Mangel ein und führt lediglich aus, daß er bis zur letzten mündlichen Verhandlung – dem für die meisten Sachurteilsvoraussetzungen maßgeblichen Zeitpunkt – ausgeräumt wurde.

So können das Fehlen der Vollmacht (u. Rn. 159) durch nachträgliche Vollmachtserteilung, der Mangel der Prozeßfähigkeit (u. Rn. 158) durch Auftreten eines Prozeßfähigen oder durch Genehmigung der Prozeßführung durch den gesetzlichen Vertreter, das Fehlen der Prozeßführungsbefugnis (u. Rn. 160ff.) durch Erteilung dieser Befugnis durch den Berechtigten geheilt werden. Hat die falsche Partei geklagt, kann durch eine Parteiänderung (u. Rn. 262ff.) auf die richtige Partei eine Heilung eintreten. Wenn der Kläger den unrichtigen Klageantrag gestellt hat, kann er mittels einer Klageänderung den Fehler korrigieren[12].

Schließlich können sich *Parteiverhalten* und *Gerichtstätigkeit* verbinden, um eine verfestigte Prozeßsituation eintreten zu lassen, etwa bei der Verweisung an das sachlich oder örtlich zuständige Gericht oder in den anderen Rechtsweg. Dann tritt für das Gericht, an das verwiesen wurde, eine Bindungswirkung selbst dann ein, wenn sich das verweisende Gericht geirrt hat[13].

Um das Erörtern prozessual überholter Probleme zu vermeiden, empfiehlt es sich, stets folgende Fragen zu überdenken: Ist eine stabile Prozeßlage entstanden: durch Parteiuntätigkeit? durch sonstiges Parteiverhalten? durch die Tätigkeit des Gerichts?

IV. Das Weiterverfolgen der Aufgabe in die Zukunft

35 Mit dem Prinzip der prozessualen Überholung und mit der Vielfalt der Heilungs- und Stabilisierungsmöglichkeiten hängt ein weiterer Bearbeitungsgrundsatz für den Prozeßrechtsfall zusammen, der häufig auch von guten Bearbeitern übersehen wird: Sie bleiben bei der Feststellung eines bestimmten prozessualen Mangels oder einer Prozeßsituation stehen, obwohl bei prozeßgerechtem Verhalten der Prozeß vorangetrieben und der Mangel geheilt werden könnte.

Im ersten juristischen Staatsexamen taucht diese Thematik immer wieder auf, besonders bei den genannten „gemischten Aufgaben"[14]. Im Anschluß an Fragen aus dem Sachenrecht heißt es etwa: „Welche prozessualen Schritte sind X anzuraten, um wieder in den Besitz seines PKW zu kommen?" In dieser prozessualen Fragestellung wird auch ein wichtiger Unterschied zum materiell-rechtlichen (BGB-)Fall sichtbar. Vom Bearbeiter wird nämlich nicht (nur) die Begutachtung eines vor ihm liegenden („statischen") Sachverhalts gefordert, sondern er muß – wie bei einem Planspiel – nunmehr den BGB-Fall oder andere materiellrechtliche Aufgaben in den Prozeß („dynamisch", „final") „verlängern".

---

[12] Auf diese Heilungsmöglichkeiten wird in Rn. 262 und vor allem in Rn. 243–251 nochmals eingegangen werden. Der Leser soll hier nur allgemein über den Grundsatz der Heilung und der prozessualen Überholung informiert werden.

[13] Einzelheiten hierzu u. Rn. 219.

[14] Vgl. o. Rn. 26ff.

Zwar sind auch beim reinen materiell-rechtlichen Fall solche Fragen möglich[15], aber sie sind seltener. Im Prozeßrecht ist diese Frageform sehr häufig[16]. Ihre Bearbeitung verlangt planendes, systematisches Vorausdenken und damit auch Phantasie. Es müssen die möglichen prozessualen Situationen und die eventuellen Reaktionen des Prozeßgegners überlegt und in die Prozeßtaktik einbezogen werden.

Besonders beim Fehlen einer Sachurteilsvoraussetzung (zu ihnen näher unter Rn. 146–229) muß der Bearbeiter an die Möglichkeit einer Heilung des Fehlers denken[17], etwa durch Verweisung des Rechtsstreits an das zuständige Gericht (§ 281 ZPO, u. Rn. 219). Ein weiteres Beispiel wurde schon oben beim Rechtslagenfall genannt (Beispiel 8, Rn. 24). Es ist nicht nur unvollständig, sondern falsch, das Gutachten in diesem Beispiel mit dem Ergebnis enden zu lassen, daß der *Beklagte* säumig ist. Der Bearbeiter muß vielmehr ausführen, daß bei vernünftiger Prozeßführung vom Kläger ein Antrag auf Erlaß eines Versäumnisurteils gestellt werden wird und damit der Weg für eine Verurteilung des *Schnell* frei ist.

Freilich verlangt die „Verlängerungstechnik“ ein gewisses Geschick des **36**
Bearbeiters. Denn auch für die Prozeßrechtsklausur gilt das *Verbot der Unterstellung*[18] – ja häufig steht sogar im Bearbeitervermerk, daß dem Verfasser Unterstellungen verboten sind. Es ist deshalb falsch, wenn man in der Lösung des soeben genannten Beispiels 8 etwa ausführt, „es wird unterstellt, daß der Kläger den Antrag auf Erlaß eines Versäumnisurteils gestellt hat“. Im Gutachten muß vielmehr zunächst dargelegt werden, wie die konkrete Prozeßsituation zu beurteilen ist[19]. Sodann ist

---

[15] Etwa die Frage, ob bei Verzug des Vorbehaltskäufers dem Verkäufer zu raten ist, vom Vertrag zurückzutreten oder Schadensersatz statt der Leistung (§ 281 I BGB) zu verlangen oder/und die Vorbehaltssache zurückzuverlangen. Im Erbrecht taucht häufig die Frage auf, ob es dem überlebenden Ehegatten anzuraten ist, die Erbschaft auszuschlagen und statt dessen Zugewinn und Pflichtteil zu verlangen.

[16] *Baumgärtel/Laumen/Prütting,* ZPR-Fall, S. 27 ff.

[17] Zutreffend *Medicus,* Rn. 22.

[18] Vor einer „Verbiegung des Sachverhalts“ muß beim ZPO-Fall genauso gewarnt werden wie beim BGB-Fall, vgl. *Diederichsen/Wagner,* S. 22 f.

[19] Vgl. dazu auch *Medicus,* Rn. 22 (anders noch in älteren Auflagen). Der Grund für eine derartige Arbeitsweise liegt in der Besonderheit des Prozeßrechts: Bei zahlreichen prozessualen Mängeln gibt es *verschiedene* Heilungsmöglichkeiten: Der Mangel der Unzuständigkeit des Gerichts kann durch Prorogation (u. Rn. 213 ff.), durch Verweisung (u. Rn. 219), aber auch durch Klagezurücknahme (u. Rn. 330) und neue Klage beim zuständigen Gericht beseitigt werden. Der Einwand der Rechtshängigkeit (u. Rn. 71) fällt durch Zurücknahme der zweiten oder aber auch der ersten Klage weg. Fehlt einem notwendigen Streitgenossen (u. Rn. 94 ff.) die Prozeßführungsbefugnis (u. Rn. 160 ff.) für die Einzelklage, kann Parteibeitritt (u. Rn. 265) des anderen Prozeßführungsberechtigten oder u. U. die Zustimmung dieses Prozeßführungsbefugten zur Prozeßführung des Einzelklägers helfen. Der Einwand der Rechtskraft (u. Rn. 74) kann durch Klagezurücknahme oder auch durch Klageänderung (u. Rn. 243 ff.) auf einen nicht bereits rechtskräftig entschiedenen Streitgegenstand beantwortet werden. – Wählt bei solchen unterschiedlichen Wegen der Verfasser *eine* der Möglichkeiten, indem er einfach eine Unterstellung vornimmt, bringt er sich um die Chance, die verschiedenen Lösungen miteinander zu vergleichen und auf deren Vor- und Nachteile hin zu untersuchen. Im übrigen haftet einer Unter-

auszuführen, daß bei Erfüllung der richterlichen Hinweispflicht (§ 139 I ZPO)[20] oder bei vernünftiger Prozeßführung der Mangel geheilt werden könnte. Nach dieser Feststellung ist dann darzulegen, wie aufgrund der Prozeßhandlung, durch die der Mangel geheilt wird, zu entscheiden ist.

Falsch also: „Angesichts der notwendigen Prozeßabweisung wird unterstellt, daß der Kläger einen Verweisungsantrag gemäß § 281 ZPO gestellt hat. Diesem Antrag wird das *AG* entsprechen und den Rechtsstreit an das *LG* verweisen."

Richtig vielmehr: „Ohne einen Verweisungsantrag des Klägers müßte die Klage als unzulässig abgewiesen werden. In der Praxis wird es allerdings zu einem solchen Ergebnis kaum kommen. Vielmehr wird der Kläger versuchen, die Klageabweisung dadurch zu vermeiden, daß er neben dem Klageantrag hilfsweise den Antrag auf Verweisung an das *LG* stellt[21]. Ihm wird das *AG* entsprechen und den Rechtsstreit an das *LG* verweisen."

37 Wichtig ist bei einer solchen *„Verlängerung der Aufgabe in die Zukunft"*, daß der Verfasser niemals vergißt, diejenige Prozeßsituation darzulegen, die *ohne* die Verlängerung entstehen würde. Gerade bei einer Richterklausur darf er über diese Situation keine Unklarheit aufkommen lassen, da es stets zur Lösung des Falls gehört, wie das Gericht in der vorgegebenen Situation zu entscheiden hat. Denn auch das künftige Prozeßgeschehen hängt von der richtigen Beurteilung der jetzigen Lage ab. Erst in einem deutlich zu trennenden zusätzlichen Teil bringt der Bearbeiter sein praktisches Prozeßverständnis ein und zeigt die möglichen Lösungswege.

In zwei Fällen ist eine solche Verlängerung aber *nicht zulässig:*

1. Sie darf dann nicht vorgenommen werden, wenn aus dem Aufgabentext ersichtlich ist, daß die Parteien oder das Gericht die bestehenden Heilungsmöglichkeiten nicht nutzen wollen.

---

stellung immer die Gefahr an, daß der Bearbeiter nicht deutlich genug sagt, wie die gerichtliche Entscheidung aussieht, *ohne* daß eine Tatsache unterstellt worden ist – ja nicht selten ist die „Flucht in die Unterstellung" der Notausgang aus der Unwissenheit, wie die jetzige Prozeßsituation zu beantworten ist. Schon um nicht in den Verdacht solcher „Flucht" zu kommen, sollte die Unterstellungstechnik beim Prozeßrechtsfall nicht gewählt werden.

[20] § 139 I, II ZPO kommt in diesem Zusammenhang besondere Bedeutung zu, weil diese Vorschriften das Gericht verpflichten, auf eine sachgerechte Prozeßführung durch die Parteien hinzuwirken. Entscheidet das Gericht, ohne seiner Hinweispflicht genügt zu haben, so beruht seine Entscheidung auf einem Verfahrensverstoß, der möglicherweise eine Berufung (§§ 511, 513 I, 520 III 2 Nr. 2 ZPO) und sogar die Revision (§§ 542, 546, 551 III 1 Nr. 2b ZPO) gegen das Urteil begründet. Ohne Anwendung der hier empfohlenen Verlängerungstechnik müßte daher in Fällen, in denen das Gericht gemäß § 139 I ZPO zu verfahren hat, in einer Richterklausur als Entscheidung der nach der Sachlage gebotene aufklärende Hinweis des Gerichts (Ansprechen der Frage in der mündlichen Verhandlung oder sog. Aufklärungsverfügung) vorgeschlagen werden.

[21] Daß ein Kläger auf der von ihm gewählten Zuständigkeit beharrt (also trotz richterlicher Belehrung *keinen* Verweisungsantrag stellt) und die Zuständigkeitsfrage im Instanzenzug klären läßt, kommt in der Praxis selten vor.

2. Fehlerhaft ist es ferner, die Aufgabe dadurch zu verändern, daß man ein nach dem Aufgabentext vorliegendes, prozessual aber verfehltes Verhalten als nicht geschehen unterstellt und damit ein „alternatives Prozeßverhalten" annimmt.

Beispiel 18: *Klein* klagt im Beispiel 12 (o. Rn. 27) auf Herausgabe seines Rasenmähers sowohl gegen Vater *Sanft* als auch gegen den in einer anderen Gemeinde wohnenden Sohn *Sanft*. *Lösungshinweis:* Bei Bearbeitung der Klagen des *Klein* gegen *beide* Personen erkennt man sehr schnell, daß das Vorgehen des Klägers fehlerhaft ist (der Herausgabeanspruch aus § 985 BGB ist nur gegen den Besitzer gegeben). Der Besitz kann nur *einem* der beiden hier verklagten Personen zustehen und folglich muß *eine* der beiden Klagen als unbegründet abgewiesen werden. Der Bearbeiter darf nun nicht davon ausgehen, daß *Klein* nur gegen den Besitzer Klage erhoben hat, und dadurch das Prozeßgeschehen besserwissend korrigieren. Vielmehr muß er darlegen, daß die Klage gegen den nicht besitzenden Beklagten abzuweisen ist.

Eine Verlängerung der gestellten Aufgabe ist also nur dann zulässig, wenn auf der Grundlage des Aufgabentextes der Prozeß durch sachgerechte prozessuale Maßnahmen weiterentwickelt wird.

V. Das Prinzip prozeßordnungsgemäßen Verhaltens

Der Bearbeiter muß auch als eine Grundregel der prozessualen Fallbe- 38
arbeitung beachten, *im Zweifel* den *Aufgabentext so zu interpretieren, daß von den Parteien und dem Gericht keine Fehler begangen wurden.* Wenn der Text also über bestimmte Fragen keinerlei Angaben enthält, hat der Bearbeiter ein prozeßordnungsgemäßes Vorgehen anzunehmen; er muß z.B. beim Schweigen über die Prozeßfähigkeit, über die Zuständigkeit oder über eine ordnungsgemäße Ladung davon ausgehen, daß diese Umstände ohne weiteres vorliegen. *Die Vermutung spricht deshalb stets für eine fehlerfreie Abwicklung des Prozesses.*

Wenn in einer Klausur gesagt ist, daß *Arm* „Klage zum Landgericht erhoben hat", darf der Bearbeiter sich nicht in dieser wörtlichen Formulierung verbeißen. Es ist ein prozeßordnungsgemäßes Vorgehen des *Arm* anzunehmen. Der Bearbeiter muß also davon ausgehen, daß wegen des beim Landgericht bestehenden Anwaltszwangs (§ 78 ZPO) diese Klage durch einen *Rechtsanwalt* eingereicht wurde.

Anders ist es hingegen, wenn der Aufgabentext tatsächlich darauf hindeutet, daß *Arm selbst* die Klage verfaßt und auch selbst, ohne Anwalt zu sein, beim Landgericht eingereicht hat. Dann müßte etwa im Aufgabentext stehen, daß *Arm* die Klageschrift selbst verfaßt, unterschrieben und beim Landgericht abgegeben hat.

VI. Die Klausurtaktik bei kontroversen Meinungen

Vielfach bereitet selbst sehr guten Bearbeitern die Frage erhebliche 39
Schwierigkeiten, welcher Meinung sie folgen sollen, wenn ein Problem in Wissenschaft und Praxis kontrovers gelöst wird. So gibt es im Zivilprozeßrecht eine Reihe von Bereichen, in denen sehr unterschiedliche

Ansichten bestehen, etwa bei der einseitigen Erklärung der Erledigung der Hauptsache, bei der Parteiänderung oder beim Streitgegenstand. Bei derartigen und bei allen anderen kontroversen Rechtsansichten kann der Ratschlag nur lauten, daß es sehr gefährlich ist, als „Anhänger" einer bestimmten Meinung ins Feld zu ziehen. Richtig ist es vielmehr, jeweils derjenigen Ansicht zu folgen, die in der *konkreten* Klausur eine abgerundete Lösung garantiert. Für den Prüfungskandidaten sollte der Anwalt Vorbild sein, der sich in seiner Tätigkeit auch nicht auf *eine* Lehre festlegt, sondern für jeden einzelnen Rechtsstreit diejenige Lehrmeinung, Rechtsprechung oder Theorie heraussucht, die für seinen Mandanten am günstigsten ist. So wird er bei einem Arbeitsrechtsstreit, den er für einen Arbeitnehmer führt, natürlich ganz anders argumentieren, als in dem anschließenden Prozeß, bei dem er die Arbeitgeberseite vertritt: Was er um 9 Uhr als einzig richtige Ansicht gepriesen hat, muß er unter Umständen vor demselben Gericht in einem anderen Verfahren um 11 Uhr als für den jetzt verhandelten Fall nicht zutreffende oder nicht haltbare Theorie ablehnen. Da es sich bei Klausuren ohnehin nur um gedachte Sachverhalte handelt, soll sich der Kandidat von Klausur zu Klausur entscheiden, welcher Lehre er folgt, und er braucht sich nicht zu scheuen, einmal der *einen* Theorie und vielleicht in der nächsten Klausur oder in der Hausarbeit der gegensätzlichen *anderen* Ansicht den Vorzug zu geben. Der Prüfungskandidat sollte sich überall dort, wo der Theorienstreit noch nicht ausgetragen ist, in seiner Meinung „offen" halten und im konkreten Fall dann derjenigen Ansicht folgen, die ihm klausur*technisch* die beste Möglichkeit gibt, sein Wissen in einer abgerundeten Lösung darzulegen und etwaige Wissenslücken zu verbergen.

Solch eine Arbeitstechnik setzt freilich voraus, daß man die Argumente der verschiedenen Lehren einigermaßen kennt. Hier wird im übrigen auch deutlich, weshalb es sehr sinnvoll ist, bei umstrittenen Rechtsfragen die verschiedenen Antworten zu wissen, um dann – genauso wie der Anwalt – jeweils die günstigste Meinung zur Lösung des Falles zugrundezulegen.

VII. Das Verbot des historischen Aufbaus

40 Auch beim Prozeßrechtsfall ist ein historischer Aufbau unzulässig. Unter einem solchen Aufbau versteht man die Gliederung des juristischen Gutachtens in Anlehnung an den historischen Ablauf des im Sachverhalt (in der „Angabe") geschilderten Vorgangs.

Eine historische Gliederung würde bedeuten, daß sich die prozessuale Bearbeitung nach der Prozeßgeschichte richtet. Schon weil die Prozeßgeschichte z.T. unwesentliche, vor allem aber immer wieder prozessual überholte Dinge enthält (zur prozessualen Überholung bereits oben Rn. 34), ist ein *historischer Aufbau unzulässig.* Wer ihm folgt, bringt keine brauchbare Lösung.

Der Grund für einen rein *systematischen Aufbau* liegt trotz des „historischen" Ablaufs eines Prozesses in der an der Rechts*folge* ausgerichteten Fragestellung der Prozeßrechtsklausur. Es gilt bei ihr zu untersuchen, ob eine bestimmte rechtliche Folge vorliegt oder welche Maßnahmen zu ergreifen sind, damit eine solche Rechtsfolge eintritt.

Obwohl in der BGB-Klausur ebenfalls der historische Aufbau unzulässig ist, glauben viele Bearbeiter bei der ZPO-Klausur und auch bei gemischten Fällen immer wieder, historisch vorgehen zu müssen. Die Versuchung zu einem solchen Vorgehen ist vor allem dann sehr groß, wenn die Prozeßgeschichte eingehend geschildert ist, und sie steigert sich, wenn der Verfasser eine Fülle von Fragen erkennt, die er schnell beantworten kann (etwa die Zuständigkeit, Prozeßfähigkeit, den unbestimmten Klageantrag).

Gerade aber, weil die Versuchung so groß ist, kann nicht genug vor dem historischen Aufbau gewarnt werden. Seine größte Gefahr liegt nämlich in der Erörterung überflüssiger oder prozessual überholter Fragen.

Wenn überhaupt die Prozeßgeschichte die Gliederung beeinflußt, dann gerade im „Krebsgang". In aller Regel ist für die prozessuale Untersuchung der *jüngste* prozessuale Vorgang am interessantesten; häufig muß deshalb gerade mit ihm begonnen werden. Dies gilt insbesondere bei der Rechtsmittelklausur (zu ihr o. Rn. 23). Hier steht die soeben erlassene gerichtliche Entscheidung und das mögliche Rechtsmittel dagegen im Vordergrund, während die historische Entwicklung bis zu der Entscheidung vielleicht auch bedeutsam ist, aber nur dann erörtert werden darf, wenn sich überhaupt ein Rechtsmittel als statthaft erweist. Falls also ein Versäumnisurteil ergangen ist, interessiert in erster Linie, ob dagegen der Einspruch (§ 338 ZPO) zulässig ist. Hat die Prozeßpartei die Einspruchsfrist (§ 339 I ZPO) versäumt, dann ist das Versäumnisurteil rechtskräftig geworden und es interessiert nicht mehr, ob das Gericht überhaupt zuständig war, ja ob das Versäumnisurteil gesetzmäßig erlassen wurde. Völlig verfehlt wäre es hingegen, in der Lösung der Klausur historisch mit dem Beginn des Prozesses anzufangen.

VIII. Die Beachtung prozessualer Regelungen in Sondergesetzen

In zahlreichen Spezialgesetzen finden sich immer wieder prozessuale **41**
Regelungen. Dies hat sich bereits in Beispiel 4 (o. Rn. 20) gezeigt, als bei der Klage gegen die *Insolventia AG* § 3 Nr. 1 PflVersG eine wichtige Rolle spielte. Gerichtsstandsregelungen enthalten § 20 StVG, § 14 HPflG (näher u. Rn. 191). Wichtige verfahrensrechtliche Regelungen sind ferner in §§ 1 ff. UKlaG enthalten. Sobald in einer Klausur ein Spezialgesetz eingreift, sollte sich der Bearbeiter deshalb einschärfen zu prüfen, ob dort nicht auch prozessuale Sonderregelungen bestehen.

2. Teil. Hinweise zur Bearbeitung der Hauptprobleme des Erkenntnisverfahrens

§ 5. Der Einfluß der Sachprobleme auf die Klausurmethodik

Wie in anderen anwendungsbezogenen Wissenschaften bleiben auch in der Jurisprudenz alle Hinweise über Arbeitsmethoden blutleer und alle Ratschläge über Lösungsstrategien leblos, wenn sie nicht im Zusammenhang mit einem Sachproblem dargelegt werden. Besonders in dem praktisch orientierten Prozeßrecht lassen sich Bearbeitungshinweise nur an der konkreten Verfahrensfrage entwickeln. Drei Ziele verfolgt dieser Teil mit seiner „problembezogenen Methodik" des Zivilprozeßrechtsfalles: 42

In *erster* Linie soll dem Leser gezeigt werden, wie die immer wiederkehrenden Prozeßprobleme am besten „angepackt" werden; hierbei geht es vor allem um Arbeitsanleitungen, Aufbauhinweise und um die Technik der Argumentation.

Zweitens werden die typischen Fehler dargelegt, die in Prüfung und Praxis bei den einzelnen Fragen häufig begangen werden. Wie etwa auch im Straßenverkehr ist die Kenntnis von typischen Gefahrenquellen der beste Schutz vor eigenen Fehlern.

Drittens will dieser Teil den im Prozeßrecht nicht selten gepflegten „Schemata-Kult" bekämpfen. Denn nicht das Kennen von Aufbauschablonen und Formeln über die Prüfungsreihenfolge führt zum richtigen Ergebnis. *Nur die Kenntnis der einzelnen Prozeßprobleme garantiert die sachgemäße Lösung.* Die hierbei auftauchenden Aufbau-, Reihenfolge- und Gliederungsfragen hängen jeweils von dem einzelnen Prozeßproblem ab. Die Antworten auf solche Fragen ergeben sich aus der gesetzlichen Regelung und nicht aus abstrakten Lehrsätzen. Eine prozessuale Fallmethodik muß deshalb auf diese Prozeßprobleme durchgreifen, es sei denn, sie begnügt sich mit ganz allgemeinen Arbeitshinweisen, wie sie bereits im *Ersten* Teil dieses Buches dargestellt wurden.

1. Kapitel. Antragsgrundsatz und Dispositionsmaxime

§ 6. Die Bedeutung des Klageantrags

Bei den Hinweisen zur Gestaltung des Konzepts (o. Rn. 11) wurde deutlich, welche Bedeutung der Klageantrag besitzt. Er umreißt den prozessualen Streitstoff und strukturiert das Prozeßgeschehen. Bei der *Anwaltsklausur* (o. Rn. 20) besteht die Leistung des Bearbeiters im Finden des richtigen Klagebegehrens. Dabei wird in der 1. juristischen Prüfung nur selten die genaue Formulierung des Klageantrags verlangt. Aber bei den zu empfehlenden prozessualen Schritten muß die Lösung 43 sehr häufig angeben, was Gegenstand des Streits sein soll und wer als Kläger bei welchem Gericht und in welcher Verfahrensart gegen welchen Beklagten den *Prozeß* einzuleiten hat. In der *Richterklausur* (o. Rn. 21) ist der Bearbeiter insofern günstiger gestellt, als der Klageantrag schon vorliegt; Fehler ergeben sich hier jedoch regelmäßig, wenn sich der Bearbeiter nicht strikt am Klageantrag orientiert und etwa Rechtsfolgen behandelt, die nicht beantragt worden sind, oder – umgekehrt – den Klageantrag nicht erschöpft, also Probleme zu behandeln vergißt.

Die Klage eines Eigentümers aus § 985 BGB muß auf *„Herausgabe"* einer *ganz genau bestimmten* Sache lauten und sich gegen den *Besitzer* wenden. Hat der frühere Besitzer die Sache an einen Dritten veräußert, so darf bei einer Klage gegen den früheren Besitzer nicht die *Herausgabe der Sache* beantragt werden: Der Antrag geht vielmehr *auf Zahlung einer Geldsumme (Herausgabe des Erlöses* [§ 816 I 1 BGB] oder *Schadensersatz* [§§ 989, 990, 992, 823 I, II BGB in Verbindung mit z. B. § 858 BGB oder §§ 242, 249 StGB]). Ist der Dritte nicht Eigentümer geworden, so ist für einen dinglichen Herausgabeantrag dieser *Dritte* (er ist ja der Besitzer!) die zu verklagende Partei.

44 Bei der prozessualen Fallbearbeitung muß sich der Bearbeiter bewußt sein, daß der Klageantrag drei Aussagen des Klägers enthält:

Aussage 1: Ich will eine Entscheidung des Gerichts. – Hier wird der Antragsgrundsatz (ein Ausfluß der Dispositionsmaxime) bedeutsam.

Aussage 2: Gegenstand der Entscheidung soll die Rechtsfolge X sein (z. B. Herausgabe des PKW oder Zahlung von Schadensersatz in Höhe von 2000,– €). Dies bestimmt den „Streitgegenstand" des Prozesses (zu ihm näher unten Rn. 69–83).

Aussage 3: Mein Gegner soll Y sein. – Dies betrifft die Frage nach der Prozeßpartei (zu ihr unten Rn. 84–96).

§ 7. „Wo kein Kläger, da kein Richter"

Literatur: Verzeichnis der abgekürzt zitierten Literatur (S. XXIII).

45 In der Klageschrift fordert der Kläger eine gerichtliche Entscheidung. Von Amts wegen findet grundsätzlich kein Prozeß statt. Diese alte prozessuale Weisheit schlägt sich in vielen Rechtssprichwörtern nieder: „Wo kein Kläger, da ist auch kein Richter". „Nemo judex sine actore". „Ne procedat judex ex officio". Man nennt dies *Antragsgrundsatz* oder – allgemeiner – *Dispositionsmaxime.* Der Gegensatz ist die Offizialmaxime: Sie bedeutet richterliche Tätigkeit ohne Antrag. Im Zivilprozeß gilt im allgemeinen die Dispositionsmaxime[1].

Beispiel 19: Richter am Amtsgericht *Eifrig* hört beim Kegeln, daß der Untermieter *Aloys Gammler* seit drei Monaten der Witwe *Bolte* die Miete nicht gezahlt hat. Witwe *Bolte* will aber mit den Gerichten nichts zu tun haben und klagt deshalb nicht. *Eifrig* darf nicht „von Amts wegen" einen Prozeß gegen *Gammler* einleiten: *„Invitus agere nemo cogitur".*

---

[1] Wichtige *Ausnahmen* werden u. Rn. 56 f. behandelt.

Die *Dispositionsmaxime* ist Ausdruck zweier wichtiger Überlegungen: Erstens soll es dem einzelnen Bürger überlassen bleiben, ob und wie er Rechtsschutz haben will; sie ist Ausdruck einer *freiheitlichen Prozeßvorstellung*[2]. Zweitens soll der Richter neutral und unparteiisch sein, was er nicht mehr ist, wenn er über ein von ihm *selbst* begonnenes Verfahren entscheidet; die Dispositionsmaxime ist deshalb der Ausdruck einer *unparteilichen Rechtspflege.*

§ 8. „Ne eat iudex ultra petita partium“: § 308 I ZPO

Literatur: Verzeichnis der abgekürzt zitierten Literatur (S. XXIII) sowie *E. Peters,* Zur Ablehnung eines Richters wegen Besorgnis der Befangenheit aufgrund eines richterlichen Hinweises, FamRZ 1990, 1007; *E. Schneider,* Problemfälle aus der Prozeßpraxis – Richterliche Hinweispflicht und Präklusion, MDR 1991, 707–708; *ders.,* Die Sackgasse der Befangenheitsablehnung im Zivilprozeß, NJW 1997, 1832–1833; *E. Schumann,* Einheit der Prozeßrechtsordnung oder Befreiung des Verfassungsprozeßrechts vom prozessualen Denken?, JZ 1973, 484–488; *M. Wolf,* Zur Aufklärungspflicht und Hinweispflicht gem. §§ 278 Abs. 3, 139 ZPO, ZZP 103 (1990), 79–84.

Die Dispositionsmaxime gilt nicht nur für die Einleitung des Verfah- **46**
rens, sondern auch für dessen Durchführung und besonders auch für fast *jede einzelne vom Gericht ausgesprochene Rechtsfolge* („ne eat iudex ultra petita partium“). Während kaum ein Examenskandidat auf die Idee kommt, ein Gericht ohne Klage entscheiden zu lassen, wird häufig die Dispositionsmaxime übersehen, wenn der Prozeß nur irgendwie begonnen hat. Eine der *wichtigsten Vorschriften des deutschen Prozeßrechts,* § 308 I ZPO, scheint oft unbekannt zu sein: Nach geltendem Prozeßrecht darf der Richter nicht über die Anträge der Parteien (*„ultra petita partium“)* hinausgehen. § 308 ZPO hat eine überragende Bedeutung für die richtige Bearbeitung einer ZPO-Aufgabe. Wird er übersehen, sind meist Ergebnis und Begründung falsch.

I. § 308 ZPO in der Anwaltsklausur

Die Leistung des Bearbeiters liegt hier im Finden des richtigen prozes- **47**
sualen Weges. Von ihm wird also ein *anwaltschaftliches* Vorgehen verlangt. So wie er später seinem Mandanten den richtigen Weg durch den Prozeß aufzeigen soll, hat er jetzt in seinem Gutachten die einzelnen prozessualen Schritte darzulegen. Weil aber das Gericht wegen § 308 I ZPO nur das Beantragte zusprechen kann, muß er den *richtigen* Antrag stellen. Dieser Antrag hängt seinerseits von der Rechtsfolge ab, die das Prozeßrecht oder das materielle Recht vorsieht. Da es sich meist um eine materiell-rechtliche Rechtsfolge handeln wird („gemischte Klau-

---

[2] Die Dispositionsmaxime läßt ferner erkennen, daß der Zweck des Zivilprozesses vor allem im Schutz subjektiver (individueller) Rechte liegt. Zur Vertiefung: Stein/Jonas/*Leipold,* Rn. 138–145 vor § 128.

sur", o. Rn. 26), muß regelmäßig vor dem Prozeßrecht das materielle Recht geprüft werden (näher o. Rn. 27).

II. § 308 ZPO in der Richterklausur

48 Hier wird vom Bearbeiter *richterliches* Denken verlangt. Wegen § 308 I ZPO muß er sich an die gestellten Anträge halten. „Ne ultra petita partium" bedeutet die strenge Bindung an den Willen des Klägers. In der Hitze des Examens übersehen viele Bearbeiter diesen bedeutsamen Unterschied zur materiell-rechtlichen Klausur. Sie prüfen ohne Ziel und Richtung die materielle Rechtslage, wo sie die *Anträge* zu untersuchen hätten. Oberstes Prinzip bei der Richterklausur ist deshalb das *Ausrichten des Aufbaus und des Gedankengangs am Antrag.*

a) Erste Regel: Was nicht beantragt ist, wird nicht behandelt.

49 **Beispiel 20:** Rechtsanwalt *Klug* macht in seiner Klage für den bei einem Verkehrsunfall verletzten *Arm kein* Schmerzensgeld geltend. Auch wenn der Bearbeiter im Gegensatz zur Rechtsansicht von Rechtsanwalt *Klug* zum Ergebnis kommt, der verklagte *Schnell* hafte, darf er nicht zu einer Entscheidung über ein Schmerzensgeld kommen.

Diese prozessuale „Enthaltsamkeit" fällt ganz besonders dort schwer, wo der Bearbeiter erkennt, wie der Antrag eigentlich richtig lauten müßte. Manche Aufgaben wollen aber gerade durch nicht (ganz) richtige oder bewußt unvollständige Anträge den Bearbeiter testen, ob ihm die strikte Einhaltung des Antragsgrundsatzes geläufig ist. Der Bearbeiter muß sich deshalb darüber im klaren sein, daß er (ebenso wie der Richter[1]) nicht der Vormund der Partei ist. Es ist *deren* Prozeß, nicht sein eigener[2].

Beispiel 21: *Klein* verklagt im Beispiel 12 (o. Rn. 27) den Sohn *Sanft* auf Herausgabe des Rasenmähers. Bei der Zeugenaussage der Frau *Saubermann* stellt sich heraus, daß sie außerdem noch einen Schubkarren und weiteres Gartengerät, das der Eigentümer *Klein* verliehen hatte, an *Sanft* veräußerte, der es ebenfalls seinem Sohn schenkte. Der Bearbeiter darf sich in der Freude über die richtige Lösung nicht auch noch auf diese Gegenstände stürzen und Sohn *Sanft* zusätzlich noch zu deren Herausgabe verurteilen. Blinder Eifer schadet nur und führt zum Fehlurteil!

---

[1] Daß auch in der Praxis § 308 ZPO nicht immer beachtet wird, belegt *BGH* NJW 2001, 157.

[2] Wenn auch der Richter nicht der Anwalt und schon gar nicht der „Vormund" der Parteien ist, so trifft ihn doch nach § 139 I ZPO die Pflicht, auf die Stellung „sachdienlicher Anträge" hinzuwirken (hierzu schon Rn. 36 Fn. 20). Zu dieser Pflicht und zu den anderen Verpflichtungen des Gerichts lesenswert: *BGHZ* 7, 208. Die richterliche Hinweispflicht kann zu Konflikten einerseits mit dem Antragsgrundsatz, andererseits mit der richterlichen Neutralität führen. Was geschieht, wenn ein Richter einer Partei empfiehlt, einen anderen Antrag zu stellen? Der Richter kann wegen Befangenheit abgelehnt werden: §§ 42 ff. ZPO. Zur Vertiefung: *Schumann,* JZ 1973, 484 ff.; *Schneider,* NJW 1997, 1832 f.

b) Zweite Regel: Was beantragt ist, muß vollständig behandelt („verbeschieden“, „abgeurteilt“) werden.

Auch gegen diesen Grundsatz wird häufig verstoßen. Die Parteien haben einen Anspruch darauf, daß *alle* gestellten Anträge *erschöpfend* behandelt werden. Besonders in der schadensersatzrechtlichen Klausur verwirren die zahlreichen Schadensposten den Bearbeiter. Er muß sich hier zu größter Genauigkeit erziehen, sonst vergißt er die Krankenhauskosten oder den Verdienstausfall, den Nutzungsausfall oder den merkantilen Minderwert. 50

Hinweis: Um dies zu vermeiden, ist es am besten, für jeden einzelnen materiellrechtlichen Anspruch eine eigene Konzeptseite zu verwenden. Oben steht der Antrag (z.B. Verdienstausfall: 125,– €). Dann wird die Zulässigkeit, schließlich die Begründetheit geprüft. Auf diese Weise wird nicht nur jeder Antrag „verbeschieden“, sondern er wird auch, wie vorgeschrieben, für sich gesondert behandelt[3].

Der häufigste Verstoß gegen das Gebot vollständiger Entscheidung liegt im Vergessen einer Aussage über das Schicksal unzulässiger oder unbegründeter Anträge oder eines Antragsteils:

Beispiel 22: *Arm* hat durch Rechtsanwalt *Klug* gegen *Schnell* 3000,– € geltend gemacht, nämlich 1250,– € für häusliche Pflegekosten, für Reparatur eines Fahrrads und für den Ersatz des beschädigten Anzugs und des zerrissenen Mantels. Hiervon sind nach Ansicht des Gerichts 1000,– € begründet. Daneben begehrt *Arm* Zahlung von 1000,– € Krankenhauskosten und Ersatz des Verdienstausfalles in Höhe von 750,– €. Bei den Krankenhauskosten fehlt nach Ansicht des Gerichts die Aktivlegitimation des *Arm*, weil der Anspruch auf die Krankenkasse übergangen sei[4]. Den geltend gemachten Verdienstausfall sieht das Gericht nur in Höhe von 500,– € als gegeben an[5].

Folge: Es genügt nicht, den für begründet erachteten Teil zuzusprechen und im übrigen von der Unbegründetheit der Klage hinsichtlich der genannten Schadensposten zu reden. Wenn nach der Entscheidung des Gerichts gefragt ist, muß die Lösung genau

---

[3] Liegen bei einzelnen Ansprüchen mehrere umstrittene Fragen vor (z.B. cessio legis oder Abtretung, Mitverschulden, Vorteilsausgleich, Verjährung oder – aus dem Prozeßrecht – Unzulässigkeit des Zivilrechtswegs, Rechtskraft, Prozeßfähigkeit des Klägers), ist sogar dringend zu empfehlen, für *jeden* einzelnen Gesichtspunkt eine eigene Konzeptseite (einseitig beschreiben – sonst verliert man die Übersicht oder vergißt die Rückseite) anzulegen. Steht der richtige Aufbau der „Reinschrift“ fest, werden die Seiten in der zutreffenden Reihenfolge geordnet und sodann kann die Niederschrift der endgültigen Lösung beginnen (vgl. auch o. Rn. 11).

[4] In den bisherigen Beispielen über den Unfallprozeß des *Arm* wurde davon ausgegangen, daß *Arm* freiberuflich tätig und nicht sozialversichert ist (vgl. Beispiel 4, o. Rn. 20). In der überwiegenden Zahl von Unfallprozessen ist jedoch der Geschädigte sozialversichert sowie Arbeitnehmer oder Beamter. In Abwandlung der bisherigen Beispiele wird daher von jetzt an angenommen, daß *Arm* sozialversicherter Arbeiter ist. Hinsichtlich seiner Krankenhauskosten greift deshalb § 116 SGB X ein. Diese Bestimmung wird häufig übersehen, obwohl sie einen der wichtigsten Fälle einer cessio legis enthält. § 116 SGB X ist im *Schönfelder* in den Fußnoten zu § 823 BGB abgedruckt.

[5] Etwa wegen § 6 EFZG, der eingreift, wenn *Arm* Arbeitnehmer ist. Diese cessio legis wird im Examen noch häufiger übersehen als § 116 SGB X!

angeben, was mit denjenigen Anträgen geschehen soll, die nicht oder nur zum Teil begründet sind. Sie sind *„im übrigen abzuweisen"*.

c) Dritte Regel: Das Abweisen der Klage oder eines Teils der Klage setzt einen entsprechenden Antrag des Beklagten nicht voraus.

51 Im Gegensatz zum Kläger wird vom Beklagten kein Antrag gefordert. Andererseits verlangt die ZPO eine irgendwie geartete Verteidigung, will der Beklagte nicht in die Gefahr geraten, nach § 333 ZPO als „säumig" behandelt zu werden (zum Versäumnisverfahren u. Rn. 297ff.). In der Praxis stellt deshalb der Beklagte regelmäßig den Antrag auf Klageabweisung, wenn er sich gegen die Klage verteidigt.

d) Vierte Regel: Dem Kläger weniger zuzusprechen, als er beantragt hat, verbietet § 308 I ZPO dem Gericht nicht.

52 Weniger zuzusprechen, ist dann geboten, wenn der Klageantrag nicht in vollem Umfang gerechtfertigt ist. 150 Euro statt der geforderten 250 Euro Schadensersatz darf das Gericht, weil weniger *(minus),* zuerkennen. Eine beliebte Examensfrage zielt auf die Wirkung der *Einrede des nichterfüllten Vertrages* (§ 320 BGB) oder der Geltendmachung eines *Zurückbehaltungsrechtes* (§ 273 BGB). In diesen Fällen wird die Klage nicht etwa abgewiesen, sondern – wie § 274 I BGB und § 322 BGB anordnen – der Beklagte *Zug-um-Zug* gegen die Leistung des Klägers verurteilt. Da dies *kein aliud,* sondern ein *minus* ist, steht § 308 I ZPO nicht entgegen. Soweit der Kläger nicht selbst schon die Zug-um-Zug-Leistung angeboten, sondern die uneingeschränkte Verurteilung des Beklagten begehrt hat, ist seine Klage nicht voll erfolgreich. Der Bearbeiter darf deshalb nicht übersehen, daß die Klage – auch im Tenor des Urteils – *teilweise (d. h. „im übrigen") abgewiesen* werden muß. Für die Zwangsvollstreckung ist dann § 756 ZPO zu beachten: Der Gerichtsvollzieher muß dem Vollstreckungsschuldner (Beklagten) die ihm gebührende Leistung in einer den Annahmeverzug begründenden Weise anbieten.

In solchen Zusammenhängen ist häufig auch der Unterschied zwischen dem *Zurückbehaltungsrecht* des § 273 BGB und der *Aufrechnung* bedeutsam. Voraussetzung für das Zurückbehaltungsrecht sind die Gegenseitigkeit der Ansprüche, ein wirksamer und fälliger Gegenanspruch und die Konnexität der Ansprüche. Damit unterscheidet es sich von der Aufrechnung nach §§ 387ff. BGB, die eine Konnexität nicht erfordern. Das im Prozeß geltend gemachte Zurückbehaltungsrecht führt zu der beschriebenen Zug-um-Zug-Verurteilung des Beklagten. Die Aufrechnung hingegen ist ein viel stärkeres Verteidigungsmittel, da sie schuldtilgende Wirkung hat. Zur Prozeßaufrechnung eingehend u. Rn. 252ff.; im übrigen zum Zurückbehaltungsrecht auch u. Rn. 321.

e) Fünfte Regel: Der Aufbau folgt der Prüfungsfolge des Richters: Zulässigkeit vor Begründetheit.

53 Dieser Aufbaugrundsatz ist bereits bei der Darstellung der gemischten Klausur behandelt und begründet worden (o. Rn. 28).

§ 9. Grenzen des Antragsgrundsatzes

Literatur: Verzeichnis der abgekürzt zitierten Literatur (S. XXIII) sowie *W. Henckel*, Prozeßrecht und materielles Recht, 1970.

Wer sich mit dem Zivilprozeßrecht beschäftigt, ist in der Ausbildung so weit, daß ihm schon längst geläufig ist: „Keine Regel ohne Ausnahme." Diese Relativität juristischer Prinzipien begegnet ihm auch bei der Dispositionsmaxime (dem Antragsgrundsatz)[1]. Zwar kennt das deutsche Zivilprozeßrecht keine Verfahrens*einleitung* ohne Antrag; insoweit gilt diese „Prozeßmaxime" uneingeschränkt. Hat aber das Verfahren begonnen, gibt es gesetzliche oder durch die Interpretation des § 308 I ZPO entwickelte Begrenzungen. **54**

I. Kostenentscheidung, vorläufige Vollstreckbarkeit

Die ZPO kennt Entscheidungen ohne Antrag über die *Prozeßkosten*[2] in § 308 II ZPO und über die *vorläufige Vollstreckbarkeit*[3] in §§ 708, 709 ZPO; in diesen Fällen ist das Gericht verpflichtet, eine Rechtsfolge auszusprechen, ohne daß sie der Kläger beantragt hat. **55**

Im 1. Examen werden diese Vorschriften kaum bedeutsam sein. Im 2. Examen spielt aber die Kostenentscheidung und die vorläufige Vollstreckbarkeit eine große Rolle. Auch der Student sollte davon gehört haben. Er darf aber keinesfalls vergessen, daß für *materiell-rechtliche* Nebenentscheidungen das *Antragsprinzip* sogar ausdrücklich in der ZPO betont ist (§ 308 I 2 ZPO: Früchte, Zinsen und andere Nebenforderungen!).

II. § 308a ZPO – Soziales Mietprozeßrecht

Rechtspolitisch und rechtsdogmatisch interessant ist die Ausnahme des § 308a ZPO, die im Zusammenhang mit dem *„sozialen Mietrecht"* in die ZPO aufgenommen worden ist. Diese Ausnahme darf vor allem bei **56**

---

[1] Dem näher interessierten Leser wird eindringlich empfohlen: *Henckel*, S. 118–125, wo weitere Einschränkungen der Dispositionsmaxime dargelegt werden.

[2] Aber nicht alle Kostenentscheidungen sind antragslos! Wenn der Kläger seine Klage zurücknimmt, tritt die Fiktion des § 269 III 1 ZPO ein, daß „der Rechtsstreit nicht anhängig" war. Einer gerichtlichen Entscheidung bedarf es deshalb nicht. Will der Beklagte seine Kosten festgesetzt erhalten, muß er jetzt den Antrag stellen (§ 269 IV ZPO).

[3] Die dort vorgesehene *„vorläufige Vollstreckbarkeit"* hat den Sinn, aus einer *noch nicht rechtskräftigen* Entscheidung bereits vollstrecken zu können. Wo die Entscheidung *mit der Verkündung rechtskräftig* wird, weil gegen sie kein Rechtsmittel möglich ist oder wirksam darauf verzichtet wurde (§ 515, § 565 ZPO), ist für den Ausspruch der vorläufigen Vollstreckbarkeit *keinerlei* Raum. Ebenso fällt das Problem der vorläufigen Vollstreckbarkeit weg, wenn das Urteil mangels Anfechtung mit einem Rechtsmittel endgültig rechtskräftig wird. Dann kann vom Ablauf der Rechtsmittelfrist an aus ihm vollstreckt werden.

einem gemischten Fall aus dem Mietrecht und Mietprozeßrecht nicht übersehen werden. § 308a ZPO eröffnet dem Gericht folgende Entscheidungsmöglichkeiten: Neben der *Abweisung*[4] der Räumungsklage des Vermieters (Klägers) spricht das Gericht ohne Widerklage, ohne sonstigen Antrag oder sonstige Erklärungen des Beklagten *von Amts wegen* aus, wie lange der Mieter (Beklagte) noch in der Wohnung (mindestens) wohnen darf. Der Mieter soll nicht das Damoklesschwert einer sofortigen neuen Räumungsklage über sich schweben haben[5].

III. § 623 I 3 und III ZPO – Scheidungsprozeß

57 Im *Scheidungsprozeß* sind die Ausnahmen der § 623 I 3, III ZPO zu beachten: Die Entscheidungen über den Versorgungsausgleich sowie über die Übertragung der elterlichen Sorge wegen Gefährdung des Kindeswohls erfolgen *ohne Antrag.* Zwar handelt es sich hierbei um Familiensachen, die dem FGG unterliegen (§ 621a I 1 i.V. mit § 621 I Nr. 1 und 6 ZPO). Da sie aber im *Entscheidungsverbund* mit der Scheidungssache stehen (§ 623 I, III ZPO), sollte ihre Sonderstellung nicht unbekannt sein.

§ 10. Sonderformen des Antrags

Literatur: Verzeichnis der abgekürzt zitierten Literatur (S. XXIII) sowie *J. Bernreuther,* Die Stufenklage und ihre Erledigung, JA 2001, 490–494; *H. Butzer,* Prozessuale und kostenrechtliche Probleme beim unbezifferten Klageantrag, MDR 1992, 539–543; *K. G. Deubner,* Aktuelles Zivilprozeßrecht, JuS 2000, 271–276; *J. von Gerlach,* Die prozessuale Behandlung von Schmerzensgeldansprüchen, VersR 2000, 525–532; *W. Lüke,* Die Stufenklage, JuS 1995, 143–147; *F. Röttger,* Die Bindung des Gerichts an den unbezifferten Zahlungsantrag, NJW 1994, 368f.; *K. Schmidt,* Beschwer bei unbestimmtem Klageantrag, JuS 1992, 521f.

I. Die Stufenklage

58 Der Antrag muß gemäß § 253 II Nr. 2 ZPO bestimmt sein. In einigen Fällen wird bei Geldansprüchen auf die Bezifferung zeitweilig oder vollständig verzichtet. Die in § 254 ZPO geregelte Stufenklage ermöglicht es dem Kläger, *zunächst* mit einem unbezifferten Klageantrag vorzugehen, bis er vom Beklagten die erforderlichen Auskünfte erhalten hat[1]. Das Gesetz läßt diese Ausnahme zu, weil die Unkenntnis des Klä-

---

[4] Also *nicht* beim *Erfolg der Räumungsklage* (was häufig übersehen wird). § 308a ZPO hat deshalb auch nichts mit der Räumungsfrist des § 721 ZPO zu tun, die gerade den Erfolg der Räumungsklage voraussetzt!

[5] § 308a ZPO ist eine sehr umstrittene Regelung. Instruktiv: Zöller/*Vollkommer,* § 308a Rn. 1; *Thomas/Putzo,* § 308a Rn. 1; Stein/Jonas/*Leipold,* § 308a Rn. 2 („Ausgleich sozialer Spannungen").

[1] Ohne diese Regelung müßte der Kläger mehrere Prozesse führen, z.B. erst auf Auskunft, dann auf eidesstattliche Versicherung, dann auf Zahlung! § 254 ZPO ermöglicht also ein gleichzeitiges Anhängigmachen mehrerer Streitgegenstände (§ 260 ZPO), von denen der Zahlungsanspruch zunächst noch *unbeziffert* ist.

gers über die zu fordernde Summe nur vom Beklagten beseitigt werden kann[2].

II. Der unbezifferte Klageantrag

Ausgehend vom Gedanken des § 254 ZPO wird der Kläger in Ausnahmefällen überhaupt (nicht nur zeitweilig) von der Stellung eines bezifferten Klageantrags befreit, wenn die genaue Festlegung der Klageforderung nicht möglich oder unzumutbar ist (etwa bei Unterhalts- oder Schmerzensgeldansprüchen). Die fehlende Bezifferung des Antrags darf aber nicht dazu führen, daß der Beklagte in seiner Verteidigung behindert wird, weil er sich über Höhe und Grund des Klagebegehrens im Unklaren ist. Deshalb muß der Kläger *erstens* die genauen tatsächlichen Angaben vortragen, aus denen er seinen Anspruch ableitet (z.B. beim Schmerzensgeldanspruch: Art und Schwere der Verletzung, Dauer des Krankenhausaufenthaltes, Zahl, Art und Schwere der Operationen, Heilungsaussichten, Dauerschäden), und *zweitens* die ungefähre Größenordnung des geforderten Betrages angeben[3]. 59

III. Haupt- und Hilfsantrag (Prinzipal- und Eventualantrag)

Der Kläger kann einen Antrag auch nur für den Fall in den Prozeß einführen, daß eine bestimmte innerprozessuale Voraussetzung (nicht) gegeben ist. Der Kläger begehrt z.B. Erfüllung und für den Fall, daß diese unmöglich ist, Schadensersatz. Das in *erster* Linie *(„principaliter")* gestellte Begehren, der *Hauptantrag,* muß in diesen Fällen beschieden werden, ehe man auf den *weiteren* Antrag, den *Hilfsantrag,* eingehen 60

---

[2] Zu den „Stufen" dieser Klage wichtig: *Thomas/Putzo,* § 254 Rn. 2ff. und *Rosenberg/Schwab/Gottwald,* § 94 Rn. 30ff. Am Ende des Prozesses (auf der letzten Stufe) muß ein bestimmter Leistungsantrag gestellt werden. Der Kläger ist also nur *zeitweilig* vom Antragszwang befreit und darf nicht vergessen, rechtzeitig die Bestimmtheit herbeizuführen! Anderenfalls müßte seine Klage als unzulässig abgewiesen werden. Zu den Anforderungen an das Auskunftsbegehren im Rahmen einer Stufenklage: *BGH,* NJW 2000, 1645.

[3] Zur Vertiefung Stein/Jonas/*Schumann,* § 253 Rn. 81–107. Zur Erforderlichkeit der *Angabe der Größenordnung des Schmerzensgeldanspruchs* wichtig: *BGH* Warn. 1977, 462 (Nr. 132) und *BGH* NJW 1970, 281 und NJW 1982, 340. Vielfach wird der unbezifferte Klageantrag auch aus § 287 ZPO abgeleitet. Die Analogie ist jedoch nur zu rechtfertigen, wenn man die Regelung des § 254 ZPO heranzieht, der eine Klage ohne bezifferten Antrag in Ausnahmefällen zuläßt.
Poblematisch ist der unbezifferte Klageantrag für das Rechtsmittelverfahren, weil eine Partei, die alles erhalten hat, kein Rechtsmittel eingeräumt erhält – sie ist ja nicht beschwert. Wenn aber eine Partei nicht sagt, was „alles" ist, kann auch ihre *Beschwer* nicht festgestellt werden (zur Beschwer u. Rn. 305 Fn. 11). Empfehlenswert ist deshalb stets die Angabe eines *Mindestbetrages,* vgl. hierzu Stein/Jonas/*Schumann,* § 253 Rn. 93; *BGH* NJW 2002, 3769; MDR 1992, 519f.; *BGHZ* 140, 335. Unterschreitet das Urteil diesen Mindestbetrag, ist der Kläger (insoweit) erkennbar beschwert.

darf, der nur hilfsweise *(„eventualiter")* gestellt ist. Greift dagegen der Hauptantrag durch, so wird der Hilfsantrag als nicht gestellt behandelt. Er darf also, wenn nicht die Fragestellung dazu zwingt („Wie wäre zu entscheiden, wenn der Hauptantrag unbegründet ist?"), auch in einer Klausur nicht behandelt werden.

Das soeben dargestellte Grundmodell des Haupt- und Hilfsantrags darf nicht den Blick dafür verstellen, daß der Wunsch der Partei, einen Antrag nur *hilfsweise* zu erheben, auch von anderen Voraussetzungen als der Unbegründetheit eines Hauptantrags abhängig gemacht werden kann. So wird z.B. der Prozeßantrag auf Verweisung des Rechtsstreits an ein anderes Gericht (§ 281 I 1 ZPO) häufig hilfsweise gestellt. In diesem Fall ist die Verweisung nicht für den Fall der *Unbegründetheit* des Hauptantrags gewollt – ein solcher Wunsch wäre sinnwidrig –, sondern für den Fall, daß das angerufene Gericht zu dem Ergebnis gelangt, es sei *nicht zuständig.* (Einzelheiten zu solchen *„bedingten" Anträgen* werden unten in Rn. 241 erörtert).

2. Kapitel. Klagearten

§ 11. Die Klagearten und ihre Bedeutung

Literatur: Verzeichnis der abgekürzt zitierten Literatur (S. XXIII) sowie *H.-E. Henke,* Die Lehre von den Klagetypen der ZPO, JA 1987, 225–232; *ders.,* Die Leistungsklage der ZPO, JA 1987, 281–289; *ders.,* Die Unterlassungsklage der ZPO, JA 1987, 350–357; *ders.,* Die Feststellungsklage der ZPO: Weiterführende Erkenntnisse, JA 1987, 465–471, 529–535; *W. F. Lindacher,* Konfliktregulierung durch Musterprozeß, JA 1984, 404–407; *P. Macke,* Aufeinandertreffen von negativer und positiver Feststellungsklage im Schadensersatzprozeß, NJW 1990, 1651; *H.-J. Musielak,* Rechtskraftprobleme bei Nachforderungsklagen, FS E. Schumann, 2001, 295–308; *K. Schmidt,* Grundfälle zum Gestaltungsprozeß, JuS 1986, 35–41; *ders.,* Rechtskraftumfang bei Abweisung einer negativen Feststellungsklage, JuS 1995, 838 f.; *A. Zeuner,* Überlegungen zum Begriff des Rechtsverhältnisses i. S. von § 256 ZPO, FS E. Schumann, 2001, 595–611.

Besonders in der Anwaltsklausur spielt die richtige Wahl unter den Klagearten[1] eine Rolle. Drei Arten von Klagen gibt es: Leistungsklage, Feststellungsklage und Gestaltungsklage. Diese Einteilung geht von der beantragten gerichtlichen Rechtsschutzhandlung aus, die ein Leistungsurteil, Feststellungsurteil oder Gestaltungsurteil sein kann. 61

Allerdings ist schon jetzt das Mißverständnis zu beseitigen, der Prozeß müsse immer mit dem Urteil der beantragten Art enden. Die Klassifizierung geht vom *Antrag* des Klägers aus, der aber möglicherweise unzulässig[2] oder unbegründet[3] ist oder nur teilweise Erfolg haben kann[4].

---

[1] Die Prüfungsordnungen zählen die Klagearten als Prüfungsstoff häufig sogar besonders auf, vgl. oben Rn. 2.

[2] **Beispiel:** Der Klage steht der Einwand der Rechtskraft (u. Rn. 74) entgegen. Dann erfolgt *Prozeß*abweisung („Die Klage wird abgewiesen"). Dies ist ein *Feststellungsurteil,* auch wenn eine Leistung beantragt war. Enthält das Feststellungsurteil, wie regelmäßig, eine Kostenentscheidung, ist dieser Teil („Die Kosten des Rechtsstreits trägt der Kläger") eine Verurteilung, d. h. *insoweit* ist das Urteil auch ein Leistungsbefehl.

[3] **Beispiel:** Der in der Klage geltend gemachte Kaufpreisanspruch besteht nicht. Dann erfolgt *Sach*abweisung („Die Klage wird abgewiesen"). Wegen desselben Tenors der gerichtlichen Entscheidung bei Prozeß- und Sachabweisung muß man auf die Entscheidungsgründe zurückgreifen, um festzustellen, aus welchem Grunde die Klage abgewiesen wurde. Die Sachabweisung ist ebenfalls ein Feststellungsurteil (auch wenn Leistung oder Gestaltung beantragt war), das regelmäßig mit der Kostenentscheidung und damit mit einem „Leistungsbefehl" verbunden ist.

[4] **Beispiel:** Der Kläger hat 1000,– € Kaufpreis nebst Prozeßzinsen gefordert (Klageerhebung am 19. Januar); der Anspruch besteht nur in Höhe von 500,– €. Dann erfolgt *teilweise* eine Verurteilung und *teilweise* eine Abweisung:
„I. Der Beklagte wird verurteilt, an den Kläger 500,– € nebst Zinsen hieraus in Höhe von 5 Prozentpunkten über dem Basiszinssatz seit 20. Januar (Tag nach Datum der Klageerhebung) zu zahlen. Im übrigen wird die Klage abgewiesen.

I. Die Leistungsklage

62 Leistungsklage ist die auf ein Tun, Dulden oder Unterlassen des Beklagten gerichtete Klage[5].

Die Leistungsklage ist uns schon in mehreren Beispielen dieses Buches begegnet: Die Zahlungsklage des *Arm* gegen *Schnell* (*Beispiel 1,* Rn. 6), die Herausgabeklage des *Klein* gegen Sohn *Sanft* (*Beispiel 12,* Rn. 27) oder die Klage auf den Erlös gegen Frau *Saubermann* (ebenfalls im *Beispiel 12*), sind sämtlich Leistungsklagen (Verurteilung zu einem Tun).

Beispiel 23: Konzertmeister *Geiger* wird durch die täglichen Schlagzeugübungen seines Nachbarn, des Amateurmusikers *Laut,* gestört. Er klagt deshalb gegen *Laut* auf Unterlassung (Leistungsklage).

Beispiel 24: Landwirt *Bauer* kann eines seiner Felder nur über den Privatweg des Geflügelfarminhabers *Vogel* erreichen. Eines Tages sperrt *Vogel* den Weg. *Bauer* klagt gegen *Vogel* auf *Duldung* der Durchfahrt (Leistungsklage).

Merke: Bei Unterlassungs- und Duldungsansprüchen liegt es sehr häufig nahe, auch die einstweilige Verfügung zu prüfen[6]!

Besondere prozessuale Schwierigkeiten bietet die Leistungsklage nicht. Wichtig ist, daß der Bearbeiter bei den *vor Fälligkeit zulässigen* Leistungsklagen (den *„Zukunftsklagen“* der §§ 257, 258, 259 ZPO) den geltend gemachten materiell-rechtlichen Anspruch nicht an der derzeit noch fehlenden Fälligkeit scheitern lassen darf[7]; es erfolgt vielmehr Verurteilung *zum Tage der Fälligkeit,* wenn die Voraussetzungen der §§ 257ff. ZPO erfüllt sind[8]. Fehlen diese prozessualen Voraussetzungen,

---

II. Die Kosten des Rechtsstreits tragen der Kläger und der Beklagte je zur Hälfte.“ Dieses „Endurteil“ ist hinsichtlich der Verurteilung in der *Hauptsache* und der *Nebenforderung* sowie bezüglich der *Kosten* ein Leistungsurteil, hinsichtlich der Sachabweisung wiederum ein Feststellungsurteil. Für die Qualifizierung in der Sprache der Praxis ist regelmäßig die *Hauptsacheentscheidung* maßgeblich, nicht die Kostenentscheidung. Man spricht deshalb bei einem Urteil mit einer Feststellung oder Gestaltung in der *Hauptsache* (trotz vorhandener Kostenentscheidung) nur von einem „Feststellungsurteil“ oder „Gestaltungsurteil“. – Der Beginn der Verzinsung ergibt sich im hier gewählten Beispiel aus § 291 BGB *(„Prozeßzinsen“)* in Verbindung mit § 261 I, § 253 I ZPO, § 187 I BGB analog.

[5] *Thomas/Putzo,* Rn. 3 vor § 253; *Stein/Jonas/Schumann,* Rn. 5–26 vor § 253.

[6] Der in der Praxis äußerst wichtige einstweilige Rechtsschutz wird unten in Rn. 110 behandelt. Die Empfehlung, einstweiligen Rechtsschutz zu beantragen, kann freilich nur in der Anwaltsklausur oder in einer Klausur, in der nach Fehlern des Anwalts gefragt wird, behandelt werden. Ein Richter darf nicht den Rat erteilen, auch noch eine einstweilige Verfügung zu beantragen. Zur richterlichen Hinweispflicht o. Rn. 49 Fn. 2.

[7] Instruktiv: *Rosenberg/Schwab/Gottwald,* § 89 Rn. 14ff.

[8] § 257 ZPO wird in der Eile des Examens häufig falsch gelesen. Der dort genannte „Raum, der anderen als Wohnzwecken dient“, meint: die anderen *Zwecken* als Wohnzwecken gewidmete Räumlichkeit. Nicht ist der Raum gemeint, der anderen *Personen* zum Wohnzweck dient. § 257 ZPO betrifft also nicht den Wohnraum. Auf Räumung eines Wohnraums darf vor Fälligkeit nur über die Besorgnisklage des § 259 ZPO geklagt werden!

erfolgt *Prozeß*abweisung wegen Unzulässigkeit. Zur *Sach*abweisung kommt es, wenn die nach §§ 257ff. ZPO zulässige Zukunftsklage einen *materiell-rechtlichen* Anspruch geltend gemacht hat, der nicht besteht.

II. Die Feststellungsklage

Die in § 256 ZPO geregelte Feststellungsklage ist eine besondere pro- **63**
zessuale Möglichkeit, eine richterliche Entscheidung über das Bestehen oder Nichtbestehen eines Rechtsverhältnisses zu erhalten[9], ohne daß mit ihr ein Anspruch auf ein Tun, Dulden oder Unterlassen geltend gemacht wird. Solch ein Anspruch kann zwar Gegenstand der Feststellungsklage sein (Feststellung des Bestehens eines Schadensersatzanspruchs), muß es aber nicht (Feststellung des Bestehens eines Vertrages). Angesichts der Vielzahl von Rechtsverhältnissen kann das Prozeßrecht freilich diese Klageart nur dann zulassen, wenn die richterliche Entscheidung einerseits *notwendig* und andererseits *geeignet* ist, eine Rechtsunsicherheit zu beseitigen[10].

Beispiel 25: Hauseigentümer *Häuslein* und die Mieterin Witwe *Bolte* sind sich einig, daß ein Mietvertrag besteht; beide Vertragsparteien erfüllen ihre Verpflichtungen korrekt. Deshalb besteht kein Grund für ein Feststellungsurteil, so daß eine Feststellungsklage des *Häuslein* gegen die Witwe oder eine Feststellungsklage der Witwe gegen *Häuslein* auf Feststellung des Bestehens eines Mietvertrags unzulässig ist. Einer solchen Klage fehlt das in § 256 I ZPO ausdrücklich geforderte „rechtliche Interesse"[11].

1. Klausurschwierigkeiten

Im prozessualen Teil der Feststellungsklage bieten das Feststellungsin- **64**
teresse und bisweilen die Voraussetzung eines Rechtsverhältnisses[12] gewisse Schwierigkeiten. Der materiell-rechtliche Teil wird dagegen oft nur schwer bewältigt. Das von den Bearbeitern häufig kritiklos angewandte Denken „in Anspruchsgrundlagen" muß bei der „Feststellungsklausur"[13] versagen, weil kein Anspruch *geltend* gemacht wird, auch dann nicht, wenn ein Anspruch streitbefangen ist. Vielfach geht es aber nicht einmal um Ansprüche (sondern z.B. um die Feststellung des Eigentums oder des Nichtbestehens eines Mietvertrages). Die Verfasser

---

9 *Thomas/Putzo,* Rn. 4 vor § 253; Stein/Jonas/*Schumann,* Rn. 31–34 vor § 253.

10 Judikatur und Lehre zum Feststellungsinteresse sind vielfältig. Der Bearbeiter muß vor allem den Streit um das Verhältnis von Feststellungsklage zur Leistungsklage kennen. Die „Konkurrenz" zwischen Feststellungs- und Leistungsklage wird in der Regel dahin gelöst, daß die Möglichkeit der Leistungsklage die Feststellungsklage ausschließt: Stein/Jonas/*Schumann,* § 256 Rn. 87–92; *Thomas/Putzo,* § 256 Rn. 18f.

11 Sie ist nicht „notwendig" für die Rechtsbeziehungen der Parteien.

12 Nur bei der Urkunde kann auf die Feststellung einer Tatsache („Echtheit") geklagt werden (§ 256 I ZPO). Eine Klage auf *Tatsachenfeststellung* (z.B. über die Wahrheit einer Behauptung) ist im übrigen nicht zulässig.

13 Ausdruck von *Diederichsen/Wagner,* S. 32.

müssen bei solchen gemischten Klausuren den materiell-rechtlichen Teil von der festzustellenden Rechtsbeziehung her aufbauen, etwa die Klage auf Feststellung des Eigentums von der Frage her bearbeiten, ob der Kläger Eigentum erworben und es möglicherweise durch gutgläubigen Erwerb des Beklagten verloren hat.

2. Negative Feststellungsklage – negative Feststellungswiderklage

65 Daß die Feststellungsklage als *positive oder* als *negative Feststellungsklage* auftritt, ist nichts Besonderes. Die negative Feststellungsklage dient vor allem dazu, daß großspurige „Berühmen" eines Anspruchs zu unterbinden, etwa indem man die gerichtliche Feststellung erwirkt, man schulde dem Gegner nichts. In der Praxis tritt die negative Feststellungsklage häufig als negative *Feststellungswiderklage* des Beklagten gegen den Kläger auf (§ 256 I, § 33 ZPO), wenn der Kläger nur einen „Teil" des Anspruchs geltend macht, und der Beklagte dieses Vorbehalten weiterer Ansprüche damit „kontert", daß er mit Widerklage die Feststellung begehrt, der Beklagte schulde nichts mehr[14].

3. Zwischenfeststellungsklage

66 Schließlich darf nicht übersehen werden, daß § 256 II ZPO einen eigenen Feststellungsantrag ermöglicht, der von Anfang an[15] (also sogleich in der Klageschrift) oder später ohne das Vorliegen eines besonderen Feststellungsinteresses erhoben werden darf. Nicht selten läßt sich eine mangels Feststellungsinteresses unzulässige Klage in diese *Zwischenfeststellungsklage* nach § 256 II ZPO umdeuten[16].

---

[14] Besonders „pfiffige" Kläger glauben, durch solche Teilklagen ohne großes Risiko zum Erfolg zu kommen: Bei einem möglichen Gesamtschaden eines Verkehrsunfalls von 50.000,– € klagen sie 1000,– € als *Teil* ein und behalten sich weitere Forderungen vor. Dann werden der genaue Unfallhergang und das Bestehen einer Haftpflicht im Prozeß geklärt. Verlieren sie, haben sie Kosten nur aus einem Streitwert von 1000,– € zu tragen. Gewinnen sie, können sie erwarten, auch den Restbetrag – soweit die *Höhe* unstreitig ist – zu erhalten, ohne insoweit auch nur ein Risiko eingegangen zu sein. Dieser Taktik kann man mit der *negativen Feststellungswiderklage* begegnen (u. Rn. 283). An sie muß bei jedem Fall gedacht werden, in dem eine Teilklage erhoben oder erwogen wird. In dieser Situation setzt eine Kautelarfrage (o. Rn. 25) ein: Wie kann man eine Teilklage erheben, ohne zu riskieren, daß eine Feststellungswiderklage erhoben wird? Den Weg hierzu bietet die *Musterprozeßvereinbarung* zwischen Kläger und Beklagtem, meist verbunden mit einer Honorarvereinbarung zwischen Partei und jeweiligem RA (§ 4 I RVG) in der Höhe des *gesamten Streitwerts. Folge:* Einsparung der erhöhten Gerichtskosten und Vermeidung von Nachfolgeprozessen ohne Honorareinbuße der Anwälte. Zum Musterprozeß lesenswert: *Lindacher,* JA 1984, 404 ff. Vertiefend zu Rechtskraftproblemen bei Teilklagen: *Musielak,* FS Schumann, S. 295 ff.

[15] Der Gesetzestext scheint das Gegenteil zu sagen.

[16] Dies wird im Examen oft übersehen! Voraussetzung ist allerdings die Anhängigkeit anderer Rechtsstreitigkeiten, für die die Feststellung *vorgreiflich* ist, vgl. *Thomas/Putzo,* § 256 Rn. 26 ff. Im Examen ist wichtig zu betonen, daß die Regelung der

III. Die Gestaltungsklage

Die Gestaltungsklage unterscheidet sich von den soeben behandelten Klagen durch ihr *konstitutives* Ziel: Während die Feststellungs- und die Leistungsklagen auf ein Urteil zielen, das den Rechtszustand, so wie er besteht, *(deklaratorisch)* ausspricht, ist die Gestaltungsklage ein Mittel der *Rechtsänderung*. 67

Beispiel 26: *Siegfried* ist mit *Xanthippe* verheiratet. *Xanthippe* überrascht den *Siegfried* eines Tages mit der Ansicht, die Ehe zwischen beiden sei „verjährt", da sie schon drei Jahre verheiratet seien. Darauf packt sie die Koffer und fährt zu ihrem Freund *Plato*. – Will *Siegfried* die Rechtslage gerichtlich bestätigen lassen, steht ihm die *Feststellungsklage* auf Bestehen der Ehe zur Verfügung[17] (§§ 632, 256 ZPO). Mit dem Feststellungsurteil erhält er die Rechtsgewißheit, daß seine Ehe besteht. – Den materiell-rechtlichen Anspruch auf eheliche Lebensgemeinschaft (§ 1353 BGB) kann er nur durch eine *Leistungsklage* geltend machen, d. h. durch eine Klage gegen *Xanthippe* auf „Herstellung des ehelichen Lebens" (§§ 606, 608 ZPO), die mit dem Leistungsurteil endet, das *Xanthippe* zur Herstellung der ehelichen Lebensgemeinschaft verurteilt[18]. Beide Urteile – Feststellungs- und Leistungsurteil – kommen zu Rechtsfolgen, die auch ohne Richterspruch bestehen. Hier ist der Prozeß nur die „ultima ratio", um eine schon im materiellen Recht enthaltene Rechtsfolge auszusprechen. Anders ist es, wenn sich *Siegfried* zum *Scheidungsantrag*[19] entschließt. Dieser Antrag zielt auf eine *Gestaltung* der Rechtslage ab. Mit der Rechtskraft des Scheidungsurteils entsteht eine neue Rechtslage: *Siegfried* und *Xanthippe* sind jetzt nicht mehr verheiratet (§ 1564 Satz 2 BGB).

Die vorprozessuale Wahl zwischen Leistungs- und Gestaltungsklage ist also danach zu treffen, ob der Kläger eine Rechtsänderung will. Der Bearbeiter darf sich bei dieser Frage nicht dadurch verwirren lassen, daß

Vorgreiflichkeit das Feststellungsinteresse ersetzt. Selbst manchen Prüfern ist unbekannt, daß § 256 II ZPO gerade *kein* zusätzliches Feststellungsinteresse erfordert! Dieses wird durch die Vorgreiflichkeit ersetzt, vgl. *Thomas/Putzo*, § 256 Rn. 32. Es ist lediglich an das allgemeine Rechtsschutzbedürfnis (zu ihm u. Rn. 223 mit Fn. 9) zu denken, das aber nur im Extremfall fehlt. In der schriftlichen Lösung ist dieses allgemeine Rechtsschutzbedürfnis nur in den seltensten Fällen erwähnenswert!

[17] In der Praxis sind es natürlich nicht solche absurden Fälle, sondern Unklarheiten über die Rechtmäßigkeit der Eheschließung oder der ausländischen Ehescheidungen. Wenn in der Praxis *Siegfried* gegen *Xanthippe* auf Feststellung mit der im Beispiel 26 angegebenen Begründung klagen würde, ist anzunehmen, daß das Familiengericht das Feststellungsinteresse (§ 256 ZPO) für die Feststellungsklage verneinen würde, weil jedermann weiß, daß die Ehe nicht verjährt.

[18] Besonderheit dieses Leistungsrechts? Es kann nicht vollstreckt werden: § 888 III ZPO.

[19] Seit der Reform des Scheidungsrechts durch das 1. EheRG aus dem Jahr 1976 wird das Scheidungsverfahren nicht mehr durch eine Klage, sondern durch Einreichung einer *Antragsschrift* beim Familiengericht (Amtsgericht!, § 23 a Nr. 4, § 23 b I 2 Nr. 1 GVG) anhängig gemacht (§ 622 I, § 606 I ZPO). Diese Umbenennung wird mit der Besonderheit des Scheidungsprozesses gegenüber anderen Verfahren begründet, die u. a. darin bestehen kann, daß der Scheidungsantrag von *beiden* Parteien gestellt werden darf (§ 630 I Nr. 1 ZPO). Lesenswert: *Thomas/Putzo*, § 622 Rn. 1–4; *Rosenberg/Schwab/Gottwald*, § 164 Rn. 1–10.

als Voraussetzung für eine Rechtsänderung im jeweiligen Gesetz genaue Tatbestände vorgeschrieben sind. Das Vorliegen dieser Tatbestände ist die Voraussetzung dafür, daß das Gestaltungsurteil ergehen darf.

Beispiel 27: Der von *Siegfried* gegen *Xanthippe* erhobene Ehescheidungsantrag hat nur dann Erfolg, wenn die Ehe gescheitert ist (§ 1565 I 1 BGB). Mit seinem Scheidungsantrag will *Siegfried* nicht „Ansprüche" gegen *Xanthippe* durchsetzen, sondern eine Rechtsänderung erreichen. Eine solche Rechtsänderung durch das Gericht setzt voraus, daß „die Lebensgemeinschaft der Ehegatten nicht mehr besteht und nicht erwartet werden kann, daß die Ehegatten sie wiederherstellen" (§ 1565 I 2 BGB).

Bei der Bearbeitung von Fällen mit Gestaltungsklagen ergeben sich immer „typische" Fehler. Häufig wird übersehen, daß eine Gestaltungsklage nur zulässig ist, wenn sie im Gesetz ausdrücklich vorgesehen ist *(„numerus clausus der Gestaltungsklagen")*[20]. Andere Fehler ergeben sich aus der Vermengung von materiell-rechtlichem Gestaltungsrecht und dem *prozessualen* Recht zur Gestaltungsklage („Gestaltungsklagerecht"); zum Eintritt der Rechtsfolgen eines materiell-rechtlichen Gestaltungsrechts bedarf es lediglich der Ausübung des Rechts in einer Gestaltungserklärung (z.B. § 143 BGB); auch ohne Prozeß tritt die Gestaltung ein (z.B. § 142 I BGB). Hingegen bedarf das „Gestaltungsklagerecht" eines Prozesses, weil die Rechtsordnung die gerichtliche Entscheidung vorschreibt[21]. Der Bearbeiter erkennt eine Gestaltungsklage immer daran, daß sie auf eine Rechtsänderung abzielt, die eines Richterspruchs bedarf. Häufig ist aber auch der Gesetzestext hilfreich; denn die Bezeichnung als *„Aufhebungsklage"* oder ähnliche Ausdrücke („aufheben" und ähnlich) lassen die Gestaltungsklage erkennen (z.B. §§ 1059, 631 ZPO, §§ 1447, 1495 BGB).

---

[20] *Rosenberg/Schwab/Gottwald,* § 91 Rn. 1; *Schmidt,* JuS 1986, 35ff. Beispiele: § 1313 BGB, § 631 ZPO *(Eheaufhebung),* §§ 1600ff. BGB *(Vaterschaftsanfechtung);* §§ 2342ff. BGB *(Erbunwürdigkeit),* §§ 1447ff., 1469, 1495 BGB *(Gütergemeinschaftsaufhebung),* §§ 131 I Nr. 4, 133 HGB *(OHG-Auflösung),* § 140 HGB *(Gesellschafterausschluß).* Weitere Beispiele bei Stein/Jonas/*Schumann,* Rn. 49–57 vor § 253.

[21] Man muß unterscheiden: Gestaltungsklagen, bei denen den Parteien verwehrt ist, die Rechtsänderung selbst herbeizuführen, von solchen Gestaltungsklagen, die nur eröffnet sind, *wenn* sich die Parteien nicht auf eine Rechtsfolge einigen (das sind vor allem handelsrechtliche Gestaltungsklagen). Im ersten Fall fehlt den Beteiligten die Gestaltungsmacht (z.B. Ehescheidung), im zweiten Fall haben sie sie zwar, können sich aber nicht auf eine Rechtsänderung einigen. Ferner trennt man die *prozessualen Gestaltungsklagen* z.B. die *Vollstreckungsabwehrklage* des § 767 ZPO, u. Rn. 441, und die *Drittwiderspruchsklage* des § 771 ZPO, u. Rn. 444, von den *materiellrechtlichen Gestaltungsklagen* (z.B. die Klagen auf Aufhebung oder Scheidung der Ehe gemäß § 606 ZPO sowie die handelsrechtlichen Klagen auf Entziehung der Geschäftsführerbefugnis, auf Auflösung oder Ausschluß gemäß §§ 117, 133, 140 HGB). Gestaltungsklagen lassen sich ferner von den Rechtswirkungen her unterscheiden: Entweder zielen sie auf Rechtsänderung für die Zukunft *(ex nunc,* z.B. Ehescheidungsantrag) oder auf rückwirkende Änderung *(ex tunc,* z.B. Erbunwürdigkeitsklage, § 2342 BGB).

§ 12. Klageart und Vollstreckbarkeit

Die Wahl zwischen den verschiedenen Klagearten muß bei einer Fallbearbeitung auch unter dem Gesichtspunkt der Vollstreckbarkeit gesehen werden. Oft kommt der Gläubiger erst durch Vollstreckungsmaßnahmen zur Durchsetzung seines materiell-rechtlichen Anspruchs. Voraussetzung hierfür ist jedoch ein vollstreckungsfähiges Urteil. Vollstreckungsfähig sind nur die Leistungsurteile[1], so daß überall dort, wo Vollstreckungsmaßnahmen möglicherweise notwendig sind, nur zur Leistungsklage geraten werden darf[2]. 68

Es ist also falsch, bei Fällen wie in den Beispielen 23 und 24 (o. Rn. 62) den Rat zu erteilen, *Geiger* oder *Bauer* sollten Feststellungsklage erheben. Aus einem Feststellungsurteil könnten sie nicht vollstrecken.

Bei der Wahl des Antrags im Rahmen der Leistungsklage ist wiederum zu beachten, daß sich die Art der Zwangsvollstreckung nach dem Inhalt des im Urteil enthaltenen Leistungsbefehls richtet, der durch den Antrag bestimmt wird.

Insbesondere beim Abzahlungskauf muß sich der Verkäufer klar werden, ob er seine gelieferte Sache zurückhaben will *(Klage auf Herausgabe)* oder ob er den Kaufpreis geltend machen möchte *(Klage auf Zahlung).* Mit dem Herausgabeurteil kann er nämlich nicht den Kaufpreis eintreiben lassen, mit dem Zahlungsurteil vermag er nicht die Herausgabe durchzusetzen. Näheres hierzu im Rahmen des Zwangsvollstreckungsrechts unten Rn. 359, Beispiel 120 („Lösungsweg") und Rn. 423.

---

[1] *Rechtskräftige* Leistungsurteile und die Leistungsaussprüche oder -befehle (Kostenentscheidungen, vgl. o. Rn. 61 Fn. 2–4) *rechtskräftiger* Feststellungs- und Gestaltungsurteile sind ohne weiteres vollstreckbar. Fehlt die Rechtskraft, tritt die Frage *vorläufiger Vollstreckbarkeit* auf, die schon in Rn. 55 Fn. 3 behandelt ist. Zu beachten ist § 704 II ZPO: Urteile in Ehe- und Kindschaftssachen dürfen nicht für vorläufig vollstreckbar erklärt werden.

[2] Selbst wo *ausnahmsweise* trotz der Möglichkeit einer Leistungsklage ein Feststellungsinteresse für eine Feststellungsklage bejaht wird (o. Rn. 63 Fn. 10: Paradefall ist die Klage gegen den Staat, vgl. Stein/Jonas/*Schumann,* § 256 Rn. 89), darf nicht übersehen werden: Vollstreckt werden kann immer nur aus einem Leistungsurteil.

3. Kapitel. Der Gegenstand des Rechtsstreits: Der Streitgegenstand

Literatur zu §§ 13–17: Verzeichnis der abgekürzt zitierten Literatur (S. XXIII) sowie *K. E. Beys,* Zum Problem des Streitgegenstandes im Zivilprozeß und den (gegebenenfalls national) zu ziehenden Folgerungen, insbesondere für die Rechtskraft, ZZP 105 (1992), 145–181; *W. Brehm,* Freiwillige Gerichtsbarkeit, 3. Aufl. 2002; *U. Gottwald,* Die Klageänderung im Zivilprozeß, JA 1998, 219–225; *W. J. Habscheid,* Die neuere Entwicklung der Lehre vom Streitgegenstand im Zivilprozeß, FS K. H. Schwab, 1990, 181–195; *W. Henckel,* Prozeßrecht und materielles Recht, 1970; *L. Horn,* Die Lehre vom Streitgegenstand, JuS 1992, 680–685; *K. Larenz/M. Wolf,* Allgemeiner Teil des Bürgerlichen Rechts, 9. Aufl. 2004; *G. Lüke,* Die Bindungswirkung im Zivilprozeß, JuS 2000, 1042–1046; *H.-J. Musielak,* Der rechtskräftig entschiedene Lebenssachverhalt, NJW 2000, 3593–3599; *K. H. Schwab,* Noch einmal – Bemerkungen zum Streitgegenstand, FS G. Lüke, 1997, 793–807.

69 Die bisherige Darstellung hat gezeigt, daß der Kläger mit seinem Antrag den Gegenstand des Rechtsstreits bestimmt[1]. Was *er* will, wird zum Streitgegenstand – mag sein Antrag auch unvollständig sein (er übersieht den Schmerzensgeldantrag[2]) oder sogar der Rechtslage widersprechen (er verlangt vom Nicht-mehr-Besitzer Herausgabe statt Schadensersatz oder Erlös[3]). Dieser vom Kläger gewählte Streitgegenstand ist in mehrfacher Beziehung für den weiteren Verfahrensablauf wichtig[4].

§ 13. Die fünf Bedeutungen des Streitgegenstands

I. Die erste Bedeutung des Streitgegenstands: für Rechtsweg und Zuständigkeit

70 Auch der Nicht-Jurist weiß, daß ein *Sozialgericht* kein Strafurteil fällen darf und daß die *Finanzgerichte* keine Ehen scheiden. Wenn man diesen „quivis ex populo" fragt, wonach sich wohl die Abgrenzung richtet, wird er antworten: „nach der Sache". Tatsächlich ist der Streitgegenstand für Rechtsweg und Zuständigkeit der Gerichte bedeutsam[1].

---

[1] Oben Rn. 44 Aussage 2.

[2] Oben die Beispiele 20 und 21 in Rn. 49.

[3] Etwa wenn im Beispiel 12 (o. Rn. 27) *Klein* gegen Frau *Saubermann* auf Herausgabe des Rasenmähers geklagt hat, statt – wie richtig – auf Herausgabe des Erlöses.

[4] Lesenswert: *Horn,* JuS 1992, 680 sub I; zur Vertiefung: Stein/Jonas/*Schumann,* Einl. Rn. 267–283.

[1] Daneben hat auch die Einteilung in Gerichtsbezirke („Gerichtssprengel") eine große Bedeutung: Dies ist die *örtliche* Zuständigkeit. Die Zuständigkeit der Gerichte richtet sich also nach „Sache und Ort". Einzelfragen von Rechtsweg, örtlicher und sachlicher Zuständigkeit werden unten Rn. 152 f., 171–229 behandelt.

Beispiel 28: *Polizist P* hat *Vergeßlichs* Wagen „beschlagnahmt", weil dieser seinen Führerschein zu Hause gelassen hatte. Als *Vergeßlich* am nächsten Tag den Führerschein vorweist, erklärt *P,* daß die Beschlagnahme „zur Strafe" 14 Tage andauere. *Vergeßlich* muß einen Mietwagen nehmen, um seinen Geschäften nachzugehen. Er will Schadensersatz (Mietwagenkosten) sowie die Aufhebung der „Beschlagnahme". Der Streitgegenstand bei einer Staatshaftungsklage (Art. 34 GG, § 839 BGB) ist ein anderer als bei einer Klage auf Aufhebung der „Beschlagnahme" des Wagens (Folgenbeseitigungsanspruch). Je nach dem Gegenstand des Begehrens ist das ordentliche Gericht oder das Verwaltungsgericht zuständig.

II. Die zweite Bedeutung des Streitgegenstands: für die Rechtshängigkeit

Durch die Erhebung der Klage (§ 253 I ZPO) wird die Rechtshängigkeit 71
begründet (§ 261 I ZPO). Sie hat zur Folge, daß zwischen denselben Parteien[2] dieselbe „Streitsache" nicht mehr anhängig gemacht werden darf (§ 261 III Nr. 1 ZPO)[3]. Wird sie trotzdem anhängig gemacht, ist die spätere Klage unzulässig. Diese Regelung ist wichtig, weil sonst der Gläubiger den Schuldner zugleich an mehreren Gerichten oder sogar vor demselben Gericht mit mehreren Klagen überziehen und damit den Schuldner (Beklagten) zu einem „Mehrfrontenkrieg" zwingen könnte. Auch wäre es sonst möglich, daß der verklagte Schuldner seinerseits „zum Angriff übergeht" und in einem weiteren Prozeß nunmehr als Kläger auftritt. Bei solchen Doppelprozessen über denselben Streitgegenstand könnten widersprechende Urteile ergehen, und statt der vom Prozeß erwarteten Ordnungsherstellung wären Unsicherheit und Unklarheit die Folge[4].

---

[2] Die Rechtshängigkeit verbietet auch das zweite Anhängigmachen derselben Sache in vertauschter Parteirolle: *Beispiel:* Sofort nachdem *Klein* gegen Sohn *Sanft* Herausgabeklage erhoben hat, verklagt Sohn *Sanft* den *Klein* auf Feststellung (§ 256 I ZPO), daß er nicht zur Herausgabe verpflichtet sei. Dies ist eine „negative Feststellungsklage" (zu ihr o. Rn. 65). Die zweite Klage ist als gegenüber der ersten Klage *kontradiktorisches* Begehren unzulässig, da sie denselben Streitgegenstand hat. Die Leistungsklage verhindert die negative Feststellungsklage des Gegners, die den Antrag verfolgt festzustellen, er sei nicht zur Leistung verpflichtet. Damit bindet die Rechtshängigkeit auch den Beklagten, was manchmal übersehen wird. Zur Vertiefung: Stein/Jonas/*Schumann,* § 261 Rn. 62.

[3] Der Beklagte kann die anderweitige Rechtshängigkeit *durch Zulässigkeitsrüge* geltend machen. Als Prozeßhindernis ist die Rechtshängigkeit aber auch *von Amts wegen* zu berücksichtigen, soweit das Gericht hiervon Kenntnis erlangt. Geschieht dies ausnahmsweise nicht und ergehen in derselben Sache zwei rechtskräftige Urteile, so ist das spätere Urteil nicht etwa nichtig, sondern mit der Restitutionsklage gemäß § 580 Nr. 7a ZPO vernichtbar. Zur Vertiefung: *Rosenberg/Schwab/Gottwald,* § 97 Rn. 18ff.

[4] Zur Rechtshängigkeit: *Jauernig,* ZPR, § 40.

III. Die dritte Bedeutung des Streitgegenstands: für die Klageänderung

72 Die im Erfordernis eines bestimmten Antrags liegende Fixierung des Rechtsstreits auf einen Streitgegenstand ist besonders für den Beklagten wichtig, weil er seine Prozeßführung auf dieses klägerische Streitprogramm einrichtet.

Beispiel 29: Wenn der Kläger *X* die Übereignung eines Grundstücks will, weiß der Beklagte, daß es um den „Lebenssachverhalt" aus dem notariellen Vertrag vom 1. August geht und nicht um die kürzliche Karambolage, als er auf den Wagen des Klägers fuhr.

Dem „Privileg" des Klägers, den Streitgegenstand zu bestimmen, entspricht die „Last", an diesem Begehren während der Dauer des Prozesses festgehalten zu werden. Nur in engen Grenzen ist deshalb eine Klageänderung (§§ 263ff. ZPO) oder Klagezurücknahme (§ 269 ZPO) ohne Zustimmung des Beklagten zulässig[5], so daß im soeben gebrachten Beispiel 29 der Beklagte sicher sein kann, daß nicht plötzlich statt um das Grundstück um den Unfall prozessiert wird.

IV. Die vierte Bedeutung des Streitgegenstands: für die Anspruchshäufung (Klagenhäufung)

73 Der Kläger kann, um im Beispiel 29 zu bleiben, *zunächst* über den Grundstücksfall und in einem *späteren* (anderen) Prozeß wegen des Unfalls prozessieren. Statt solcher sukzessiver „Prozessiererei" kann er auch in zwei getrennten Prozessen mit zwei verschiedenen Klagen gleichzeitig (parallel) seine beiden Verfahrensziele verfolgen[6]. Daneben ermöglicht § 260 ZPO auch die Verbindung mehrerer Streitgegenstände

[5] Die **Klageänderung** wird unten in Rn. 243–251, die *Klagezurücknahme* unten Rn. 330 behandelt. Hier ist nur wichtig, daß der Kläger nicht irgendeinen Antrag „aufs Geratewohl" stellen sollte. Er riskiert, an diesem Antrag festgehalten zu werden, auch wenn er dessen Erfolglosigkeit längst erkannt hat. Der Beklagte hat nämlich vom Beginn *seiner* mündlichen Verhandlung zur Hauptsache an ebenso wie der Kläger einen Anspruch auf gerichtliche Entscheidung. Zu dieser Rechtsstellung des Beklagten u. Rn. 150 Fn. 16 und 19 a. E.
Frage: Wie geht der Prozeß weiter, wenn der Kläger nach der Beweisaufnahme seine Klage zurücknimmt, der Beklagte *nicht* einwilligt (§ 269 I ZPO) und der Kläger keinen Klageantrag mehr stellt? **Antwort:** Entweder Versäumnisurteil gegen den Kläger (§ 330 ZPO) oder Aktenlageentscheidung (§ 331a ZPO) wegen Nichtverhandelns (§ 333 ZPO) *oder* Sachabweisung durch kontradiktorisches Urteil. Maßgeblich ist, ob der Kläger schon Anträge in *diesem* Termin stellte oder sonst zur Sache verhandelte. Ist dies nicht der Fall (z.B. neuer Termin!), dann liegt § 333 ZPO vor. Näher zum Versäumnisverfahren u. Rn. 297ff.

[6] Häufig wird bei zwei parallelen Prozessen die Möglichkeit der Verbindung nach § 147 ZPO übersehen, die das Gericht anordnen kann. Im Beispiel 29 liegen die Voraussetzungen der Verbindung aber nicht vor.

(„Ansprüche") in einer einzigen Klage[7] und zwar regelmäßig als *ursprüngliche* Anspruchshäufung[8]. Aber auch in der Form der *nachträglichen* Anspruchshäufung tritt die Verbindung mehrerer Streitgegenstände auf, wenn neben den ursprünglichen Anspruch später (im Laufe des Rechtsstreits) ein weiterer Streitgegenstand gestellt wird[9].

Dem Wortlaut des § 260 ZPO folgend, sollte der Bearbeiter stets von „Anspruchshäufung" und nicht von „Klagenhäufung" sprechen. Mit dieser Wortwahl vermeidet er den Irrtum, es liege hier eine Mehrheit von „Klagen" vor. Im Gegenteil zeigt § 260 ZPO deutlich, daß nur *eine* Klage, wohl aber mehrere Ansprüche (Streitgegenstände) gegeben sind.

V. Die fünfte Bedeutung des Streitgegenstands: für die materielle Rechtskraft

Jeder Prozeß zielt auf eine *endgültige* Klärung. Diese prozessuale Kategorie ist jedermann als „Rechtskraft" bekannt. Sie *versperrt das nochmalige Prozessieren,* aber auch nur „insoweit", als „über den durch die Klage oder durch die Widerklage erhobenen Anspruch entschieden ist" (§ 322 I ZPO). Mit „Anspruch" ist hier (wie in § 260 ZPO) der Streitgegenstand gemeint: Nur das, was Gegenstand des Streits war, steht am Prozeßende für die Parteien fest oder – wie es das Gesetz sagt – „wirkt für und gegen die Parteien" (§ 325 I ZPO)[10]. 74

---

[7] In Abwandlung von *Beispiel 12* (o. Rn. 27) begehrt *Klein* von Sohn *Sanft* nicht nur die Herausgabe des Rasenmähers, sondern er will auch eine Verurteilung des Sohnes *Sanft* zur Herausgabe eines geliehenen Fahrrads sowie zur Rückzahlung eines Darlehens. All diese Ansprüche kann er in *einem* Prozeß geltend machen. – Zur Anspruchshäufung: *Blomeyer,* § 42; *Rosenberg/Schwab/Gottwald,* § 96; *Thomas/Putzo,* § 260 Rn. 1–20.

[8] **Beispiel:** *X* klagt unter Abwandlung des Beispiels 29 von *vornherein* auf Übereignung des Grundstücks *und* auf Schadensersatz wegen des Verkehrsunfalls.

[9] **Beispiel:** *X* hatte zunächst auf Übereignung des Grundstücks geklagt und will jetzt (noch *während* des Prozesses) *auch* den Schadensersatz geltend machen. Dies ist eine Kombination von Klageänderung und Anspruchshäufung. Eine Klageänderung liegt deshalb vor, weil der Prozeß einen anderen (weiteren) Streitgegenstand erhält (in der Wissenschaft wird dies allerdings teilweise nicht als Klageänderung angesehen, vgl. Stein/Jonas/*Schumann,* § 264 Rn. 11). Im Aufbau ist bei solchen Fällen erst zu prüfen, ob die *Klageänderung zulässig* ist (§§ 263, 264, 267 ZPO). Wenn nicht, wird der neue Antrag als unzulässig abgewiesen. Wenn ja, muß geprüft werden, ob die *Anspruchshäufung zulässig* ist (§ 260 ZPO). Wenn nicht: Abtrennung nach § 145 ZPO. Erst wenn Klageänderung *und* Anspruchshäufung als zulässig angesehen worden sind, kann jetzt die Zulässigkeit des prozessualen Begehrens (Sachurteilsvoraussetzungen) und seine Begründetheit (hier: Schadensersatz) geprüft werden. Jeder andere Aufbau ist fehlerhaft und führt fast regelmäßig zu falschen Entscheidungen! Zur nachträglichen Klageänderung: *Gottwald,* JA 1998, 219ff.

[10] Vgl. dazu *Lüke,* JuS 2000, 1042 (1044f.).

§ 14. Der uneinheitliche Sprachgebrauch beim Streitgegenstand der ZPO

75 Die ZPO hat einen sehr uneinheitlichen Sprachgebrauch. Obwohl sie immer dasselbe (den Streitgegenstand) meint, spricht sie in § 253 II Nr. 2, §§ 254, 257ff., 260, § 261 I, II, III Nr. 1, §§ 263, 264 teils von „Klage", teils von geforderter „Leistung", teils von „Anspruch", teils von „Streitsache"[1]. Im Gegensatz zum *BGB* mit seiner meist einheitlichen Terminologie ist die Sprache der ZPO häufig unklar und nicht selten inkonsequent[2]. Dies muß bei einer ZPO-Fallbearbeitung ganz allgemein – nicht nur beim Streitgegenstand – berücksichtigt werden. Zweierlei ist zu beachten:

(1) Eine *automatische* Übernahme von Begriffen des BGB ins Prozeßrecht ist fehlerhaft[3].

(2) Derselbe Begriff innerhalb der ZPO muß nicht immer dasselbe meinen (sog. *Relativität der Rechtsbegriffe)*, verschiedene Begriffe können aber auch dasselbe bedeuten[4].

Nur wer Sinn und Zweck der prozessualen Regelung kennt, ermittelt jeweils den zutreffenden Gehalt eines Gesetzesbegriffs der ZPO.

§ 15. Der Streitgegenstand als prozessualer Anspruch

76 Der Streitgegenstand stellt sich somit als der „prozessuale" Anspruch dar. Vielfach spricht man auch vom prozessualen Begehren[1], vom Verfahrensgegenstand[2] oder – bezogen auf die ergangene Entscheidung –

---

[1] Zur Vertiefung: *Rosenberg/Schwab/Gottwald,* § 92 Rn. 1 ff. oder Stein/Jonas/*Schumann,* Einleitung Rn. 264 und 265 sowie Rn. 53–55.

[2] Näheres: Stein/Jonas/*Schumann,* Einleitung Rn. 53–55.

[3] **Beispiele:** Die *Verfügung* des BGB hat nichts mit der einstweiligen Verfügung nach §§ 935 ff. ZPO und diese wiederum nichts mit den gerichtlichen Verfügungen nach § 160 III Nr. 6, § 329 I, II ZPO zu tun. BGB-*Verzicht* (z.B. § 1165 BGB oder § 1614 I BGB) ist nicht gleich ZPO-Verzicht (§ 306 ZPO). Der *Widerspruch* in § 899 I BGB (gegen die Richtigkeit des Grundbuchs) ist etwas anderes als der Widerspruch in § 694 I ZPO (gegen den Mahnbescheid). Die schon im BGB unterschiedliche *Anfechtung* (einerseits Willenserklärung: §§ 119 f. BGB, andererseits Klageform: §§ 1600 ff. BGB) kehrt im Prozeß wieder als Rechtsbehelf (§ 99 ZPO), als die im BGB vorgesehene Klageform (§ 640 II Nr. 2 ZPO) oder als besondere Form des Gläubigerschutzes (§§ 1 ff. AnfG, §§ 129 ff. InsO).

[4] Dasselbe meinen z.B. § 308 I 2 ZPO mit „Nebenforderung" und § 321 I ZPO mit „Nebenanspruch". Etwas Verschiedenes je nach Verfahrenslage bedeutet der Begriff der „Hauptsache" *(Rosenberg/Schwab/Gottwald,* § 7 sub II 1).

[1] Z.B. *Baumgärtel/Laumen/Prütting,* ZPR-Fall, S. 6, 11 u. ö. Der Vorteil dieses Ausdrucks liegt im deutlichen Hinweis auf den gestellten Antrag („Begehren").

[2] Z.B. in der freiwilligen Gerichtsbarkeit, so *Brehm,* FGG, Rn. 453 f. Der Vorteil dieses Ausdrucks liegt im Hinweis, daß der Prozeß nicht immer einen „Streit" zwischen den Parteien voraussetzt, etwa bei einverständlichen Gestaltungsklagen (z.B. Einverständliche Scheidung: § 1565 in Verbindung mit § 1566 I BGB, § 630 ZPO).

vom Urteilsgegenstand[3]. Wenn der Streitgegenstand als „prozessualer" Anspruch bezeichnet wird, muß er – so schließt man sogleich – etwas anderes sein als der „materielle" Anspruch.

Beispiel 30: *Klein* klagt (im Beispiel 12, o. Rn. 27) gegen Frau *Herz* auf Herausgabe des Rasenmähers. Das Gericht weist die Klage zutreffend als unbegründet ab, weil Frau *Herz* weder schuldrechtlich, noch dinglich zur Herausgabe verpflichtet ist. Die Erfüllung der Rückgabepflicht ist ihr unmöglich geworden, und sie ist nicht Besitzerin. Das Gericht führt aus: „Der Kläger hat keinen Anspruch gegen die Beklagte." Gäbe es nur einen „materiellen" Anspruch, müßte man jetzt feststellen, daß der Prozeß eigentlich „keinen Streitgegenstand" gehabt hat, da der geltendgemachte materiell-rechtliche Anspruch nicht besteht. Ein solches Ergebnis wäre grotesk[4].

„Prozessualer Anspruch" bedeutet also lediglich die *Behauptung* oder das *Begehren* einer Rechtsfolge[5]. Um Verwechslungen mit dem materiellen Anspruchsbegriff zu vermeiden, empfiehlt es sich deshalb, immer vom „Streitgegenstand" zu sprechen.

§ 16. Der Streit um den Streitgegenstand

I. Streitgegenstand als Schlüsselbegriff

Stellt sich der Streitgegenstand als ein Schlüsselbegriff des Prozeßrechts dar, so verwundert es nicht, wenn sich um ihn eine Fülle von Problemen ranken: Über den Inhalt des Streitgegenstandsbegriffs scheinen sich die Prozeßrechtler kaum einig zu sein. Mehrere Habilitationsschriften, begleitet von weiterer Literatur, untersuchen den Streitgegenstand[1]. Der Student braucht wegen dieser wissenschaftlichen Kontroversen aber nicht zu verzweifeln. Einzelfragen muß er nicht beantworten können. Die Grundkenntnis der wissenschaftlichen Kontroverse ist jedoch unumgänglich[2], um Prozesse (als Anwalt) richtig zu führen und (als Richter) zutreffend beurteilen zu können. 77

[3] Wichtig hierzu Stein/Jonas/*Schumann*, Einleitung Rn. 283. Urteilsgegenstand und Streitgegenstand sind nicht notwendigerweise identisch. Dies zeigten die *Beispiele 20 und 21* (o. Rn. 49). Wenn der Richter (unter Verletzung des § 308 I ZPO) mehr oder etwas anderes zuspricht, als Streitgegenstand war, ist der Urteilsgegenstand *anders* als der Streitgegenstand. Für den Bearbeiter ist aufgrund der bisherigen Ausführungen schon deutlich, daß bei Divergenzen zwischen Urteils- und Streitgegenstand ein Fehler des *Gerichts* vorliegt: entweder hat es über zu viel oder zu wenig entschieden!

[4] Vgl. *Horn,* JuS 1992, 681 sub II 1.

[5] Selten findet der Prozeß um *prozessuale* Rechtsfolgen statt, es ist aber immerhin möglich. Lesenswert: *BGH* JuS 1973, 185 Nr. 7 = NJW 1972, 2268 (Klage auf Feststellung des Urteilsinhalts).

[1] Vgl. die Literaturhinweise in: Stein/Jonas/*Schumann,* Einl. Rn. 263 Fn. 1.

[2] Zur „Einstimmung" empfehlenswert: *Thomas/Putzo,* Einl. II und zur Vertiefung *Horn,* JuS 1992, 680ff.; zur weiteren Vertiefung: Stein/Jonas/*Schumann,* Einleitung Rn. 267–283.

II. Extremfälle

78 Aus der Sicht von Prüfung und Praxis sind die Extremfälle wieder einmal unproblematisch:

Beispiel 31: *Kleins* Klage gegen Sohn *Sanft* (Beispiel 12, o. Rn. 27) auf Herausgabe des Rasenmähers ist mit der Begründung abgewiesen worden, daß Sohn *Sanft* Eigentümer sei; die Sache sei *Klein* nicht abhanden gekommen. *Klein* legt kein Rechtsmittel ein. Nach dem Ablauf der Rechtsmittelfrist entnimmt *Klein* einem BGB-Kommentar, daß das Gericht die Frage falsch entschieden hat. Er klagt nochmals. Sohn *Sanft* hat den Sieg in der Tasche: Es erfolgt Klageabweisung (als unzulässig) wegen Rechtskraft: „Eadem res inter easdem partes"!

Beispiel 32: *Arms* Klage gegen *Schnell* (Beispiel 1, o. Rn. 6) auf Schmerzensgeldzahlung ist rechtskräftig abgewiesen worden. Kurz nach dem Prozeß sieht *Schnell* den *Arm* am Straßenrand stehen. Aus Wut über diesen „Querulanten" fährt *Schnell* den *Arm* um. *Arm* klagt abermals auf Schmerzensgeld. Derselbe Streitgegenstand? Sicher nicht: Trotz „derselben Rechtsfolge" und trotz „derselben Parteien" liegt ein *anderer Streitgegenstand* vor.

III. Problemfälle

Zwischen beiden Extremfällen liegen die Schwierigkeiten der Streitgegenstandsfragen im Examen.

a) Erster Problemkreis: Die nachträglichen Argumente

79 Wird der gestellte *Antrag*[3] nicht geändert, muß von der Faustregel ausgegangen werden, daß nachträgliche Argumente den Streitgegenstand nicht verändern. Dabei spielt es in der Regel keine Rolle, ob es sich um neue Tatsachen, neue Rechtsargumente oder neue materiell-rechtliche Ansprüche handelt, wenn nur durch das „Nachschieben" von Tatsachen oder Gründen nicht der *„Lebenssachverhalt"*[4] verändert wird.

Beispiel 33: Im Fall der Klage *Kleins* gegen Sohn *Sanft* (Beispiel 12, o. Rn. 27) trägt *Klein* erst während des Prozesses vor:

(a) daß Frau *Saubermann,* und nicht Frau *Herz,* mit Vater *Sanft* kontrahiert habe;
(b) daß Frau *Saubermann* Besitzdienerin (§ 855 BGB) gewesen sei;
(c) daß er den Herausgabeanspruch nicht nur auf §§ 812ff. BGB, sondern auch auf § 985 BGB stütze.

Anderer Streitgegenstand? Nein: Antrag und Lebenssachverhalt sind durch die nachträglichen Argumente nicht geändert worden.

---

[3] Diese Betonung ist äußerst wichtig. Die *Antragsänderung* ist *immer Streitgegenstandsänderung,* aber nicht umgekehrt!

[4] „Lebenssachverhalt" ist das tatsächliche Geschehen, das dem Klageantrag zugrundeliegt. Er umfaßt den gesamten Bereich, der bei natürlicher Betrachtungsweise und nach der Verkehrsauffassung zu einem vergangenen („historischen") Vorgang gehört. Es empfiehlt sich, nicht vom „Sachverhalt" zu sprechen, da dies sowohl mit dem Tatbestand des Urteils (§ 313 I Nr. 5, II ZPO) als auch mit dem Text der Aufgabe verwechselt werden könnte. Wem der Ausdruck „Lebenssachverhalt" nicht gefällt, kann „Tatsachenkomplex", „historischer Vorgang" oder „Lebensvorgang" sagen.

b) *Zweiter Problemkreis: Der andere Antrag*

Umgekehrt sind diejenigen Fälle zu lösen, in denen zwar *derselbe* Lebenssachverhalt beurteilt werden soll, aber ein *anderer* Antrag vorliegt. Hier ist davon auszugehen, daß verschiedene Streitgegenstände vorliegen, wenn eine andere Rechtsfolge begehrt wird. 80

Beispiel 34: Im vorigen Fall ist die Klage *Kleins* auf Herausgabe des Rasenmähers abgewiesen worden. Nunmehr klagt er auf Feststellung seines Eigentums. Derselbe Streitgegenstand? Nein: Herausgabe ist etwas anderes als Feststellung. Nicht jeder Eigentümer kann jederzeit Herausgabe vom Besitzer verlangen (§ 986 BGB!), nicht jeder Herausgabeanspruch beruht auf dem Eigentum (§§ 812, 823, 861, 1007 BGB!)[5].

c) *Dritter Problemkreis: Präjudizialität („Vorgreiflichkeit")*

Im Examen machen Fälle der Präjudizialität Schwierigkeiten. Die Bearbeiter meinen, eine Klage abweisen zu müssen, wenn für sie eine rechtskräftige Entscheidung präjudiziell („vorgreiflich") ist. Das Gegenteil ist richtig! 81

Beispiel 35: Im vorigen Beispiel ist *Klein* den umgekehrten Weg gegangen: Er hat gegen Sohn *Sanft* auf Feststellung geklagt, daß der Rasenmäher sein Eigentum sei. Die Klage war erfolgreich; das Urteil ist rechtskräftig. Nachdem Sohn *Sanft* auch jetzt nicht den Rasenmäher herausgibt, erhebt *Klein* Herausgabeklage. Sohn *Sanft* hält sie für unzulässig, weil die Eigentumsfrage schon rechtskräftig geklärt sei. Der Kläger *Klein* könne nicht dieselbe Rechtsfolge noch einmal geltend machen. *Klein* ist gegenteiliger Ansicht.

Frage: Wer hat recht?

Antwort: *Klein* hat recht. Erstens liegt ein anderer Antrag vor (Herausgabe gegenüber Feststellung, o. Beispiel 34), zweitens war es ja gerade Sinn und Zweck der Feststellungsklage, die streitige Rechtsbeziehung zwischen *Klein* und Sohn *Sanft* zu klären: Das Feststellungsurteil ist präjudiziell für den Herausgabeantrag, und zwar mit der Folge, daß im zweiten Verfahren wegen der Bindungswirkung des Feststellungsurteils das Eigentum von *Klein* nicht mehr in Zweifel gezogen werden kann[6].

d) *Vierter Problemkreis: Konkurrierende materiell-rechtliche Ansprüche*

Die eigentlichen Schwierigkeiten in Prüfung und Praxis ergeben sich, wenn dieselbe Rechtsfolge auf unterschiedliche materiell-rechtliche Grundlagen gestützt wird oder gestützt werden kann. Dies sind die Fälle der Anspruchskonkurrenz, der Mehrheit der Anspruchsgrundlagen („Anspruchsnormenkonkurrenz") sowie der Gesetzeskonkurrenz[7]. Besonders bei der Anspruchskonkurrenz beantworten die verschiedenen Streitgegenstandslehren das Prozeßgeschehen unterschiedlich. 82

Beispiel 36: Uhrmacher *Zeiger* klagt gegen *Frosch* auf Zahlung des Kaufpreises in Höhe von 250,– € aufgrund des am 1. März abgeschlossenen Kaufvertrags über eine Uhr.

---

[5] Zum Sonderfall der Grundbuchberichtigungsklage und zu den Rechtskraftfragen bei Herausgabeklagen: *Henckel*, S. 180–191.

[6] Zur Präjudizialität: *Blomeyer*, § 89 V, § 91 II; *Rosenberg/Schwab/Gottwald*, § 150 Rn. 15, § 152 Rn. 13 f.; *Thomas/Putzo*, § 322 Rn. 9 f.

[7] Zu diesen Konkurrenzen *Larenz/Wolf*, § 18 III.

Wenig später erhebt er eine weitere Klage gegen *Frosch* auf abermals 250,– € und trägt hierzu vor, daß er aus einem von *Frosch* am 1. April akzeptierten Wechsel klage; dem Wechsel liege die Forderung aus dem Kaufvertrag vom 1. März zugrunde.

Frage: Ist die zweite Klage wegen anderweitiger Rechtshängigkeit unzulässig?

Die *Antwort* hängt davon ab, ob Kaufpreisklage und Wechselklage denselben Streitgegenstand betreffen. Für die Vertreter des *„eingliedrigen"* Streitgegenstandsbegriffs[8] ist dies zu bejahen, weil die Anträge identisch sind. Für die Vertreter des *„zweigliedrigen"* Streitgegenstandsbegriffs[9] ist die Frage zu verneinen, weil zwar ein identischer Antrag gegeben ist, aber ein unterschiedlicher „Lebenssachverhalt" vorliegt: Der Vorgang „Kauf" ist hier vom Geschehen „Wechselakzept" deutlich getrennt[10].

§ 17. Die Klausurtaktik beim ein- und beim zweigliedrigen Streitgegenstandsbegriff

83 Für den Bearbeiter eines Prozeßrechtsfalls erhebt sich damit von selbst die Frage, welcher Streitgegenstandslehre er im Examen folgen soll. Der Ratschlag hierzu kann auch hier nur lauten, daß es sehr gefährlich ist, als „Anhänger" einer bestimmten Meinung ins Feld zu ziehen. Richtig ist es vielmehr, jeweils derjenigen Ansicht zu folgen, die im konkreten Fall eine abgerundete Lösung garantiert. Deshalb soll der Kandidat sich von Klausur zu Klausur entscheiden, welcher Lehre er folgt[1]. Solch eine Arbeitstechnik setzt freilich voraus, daß man die Argumente der verschiedenen Lehren einigermaßen kennt.

Für die Wahl zwischen den beiden Streitgegenstandslehren lassen sich folgende Hinweise geben: Der *„eingliedrige"* Streitgegenstandsbegriff ist umfassender, so daß die Wirkungen der Rechtshängigkeit und der Rechtskraft für einen anderen Rechtsstreit bereits dann vorliegen, wenn dort der identische Antrag gestellt wird. Andererseits liegt in der Veränderung des Lebenssachverhalts[2] keine Klageänderung und keine An-

---

[8] Hiernach ist allein der Klageantrag für die Bestimmung des Streitgegenstandes bedeutend.

[9] Danach ergibt sich der Streitgegenstand aus dem Klageantrag und dem zugrundeliegenden Lebenssachverhalt

[10] Hierzu: *Horn,* JuS 1992, 682 sub II 2 und Stein/Jonas/*Schumann,* Einleitung Rn. 272.

[1] Dieser Hinweis gilt für alle kontroversen Rechtsfragen, näher o. Rn. 39.

[2] Erinnert sei hier an den ersten Problemkreis der „nachträglichen Argumente" (o. Rn. 79). Werden etwa vom Kläger Tatsachen nachgeschoben, die eine Veränderung des Lebenssachverhalts bedeuten, ohne daß der Antrag geändert wurde, kommt man zu unterschiedlichen Ergebnissen, je danach, ob man den *„eingliedrigen"* Begriff oder den *„zweigliedrigen"* Begriff für richtig hält. Der Bearbeiter muß sich in einem solchen Fall überlegen, ob es besser ist, eine Klageänderung zu bejahen (beim „zweigliedrigen" Begriff) oder nicht (beim „eingliedrigen" Begriff). Dies hängt etwa auch davon ab, ob der Beklagte sich nach § 267 ZPO rügelos einließ oder nicht (wie unten in Fn. 4). Ist § 267 ZPO anwendbar, spielt die Streitgegenstandsdiskussion keine Rolle, weil entweder keine Klageänderung vorliegt (beim „eingliedrigen" Begriff) oder die vorhandene Klageänderung wegen § 267 ZPO zulässig ist. Jedenfalls geht bei solcher Verfahrensgestaltung der Prozeß unter Einbeziehung der nachgeschobenen Tatsachen weiter.

spruchshäufung. Die Wahl des *eingliedrigen* Begriffs ist also klausurtechnisch immer dann günstig, wenn man ein zweites Verfahren an Rechtshängigkeit oder Rechtskraft scheitern lassen will[3] oder wenn man den anhängigen Prozeß umfassend entscheiden möchte[4]. Den *„zweigliedrigen"* Streitgegenstandsbegriff wird man in einer Klausur wählen, wenn man dadurch den Einwand der Rechtshängigkeit oder der Rechtskraft gegenüber einem zweiten Prozeß ausräumt[5] und damit weitere Prozeßprobleme dieses Rechtsstreits oder vielleicht sogar materiell-rechtliche Fragen behandeln kann[6].

---

3 Eine derartige Klausur könnte nach dem Beispiel 36 (o. Rn. 82) gebildet sein. Durch Anwendung des umfassenden „eingliedrigen" Streitgegenstandsbegriffs besteht dann gegen das zweite Verfahren des Uhrmachers *Zeiger* der Einwand der Rechtshängigkeit.

4 Man könnte das *Beispiel 36* (o. Rn. 82) so abwandeln, daß *Zeiger* den Wechselanspruch nachträglich in den Prozeß einführt. Wenn dann *Frosch* dagegen unzulässige Klageänderung einwendet und das Gericht keine Sachdienlichkeit nach § 263 ZPO annimmt, steht der Bearbeiter vor der Frage, ob er mit Hilfe des *„eingliedrigen"* Streitgegenstandsbegriffs das Vorliegen einer Veränderung des Streitgegenstands und damit einer Klageänderung verneint. Dies würde ihm etwa die Möglichkeit geben, den materiell-rechtlichen (wechselrechtlichen) Fragen nachzugehen, ohne hierüber ein Hilfsgutachten anfertigen zu müssen. Eine solche Lösung kann abgerundeter sein.

5 Im Beispiel 36 (o. Rn. 82) ist *Zeigers* Klage rechtskräftig abgewiesen. Jetzt klagt er aus dem Wechsel vom 1. April gegen *Frosch*. Hier ist die Lösung sicher eleganter, die unter Anwendung des *„zweigliedrigen"* Begriffs eine Identität der Streitgegenstände verneint und den Einwand der Rechtskraft nicht durchgreifen läßt. Die Wechselklage ist dann zulässig und die Prüfung des Wechselanspruchs ist nicht in ein Hilfsgutachten zu verweisen.

6 Ganz allgemein läßt sich sagen, daß *nach Prozeßbeendigung* für den Sieger der *„eingliedrige"*, für den Unterlegenen der *„zweigliedrige"* Streitgegenstandsbegriff günstiger ist. *Während des Prozesses* gibt der *„eingliedrige"* Begriff dem Kläger im anhängigen Verfahren eine breitere Angriffsfront, verwehrt ihm aber den Mehrfrontenkrieg durch zusätzliche Klagen. Der Beklagte ist beim *„zweigliedrigen"* Streitgegenstandsbegriff insofern besser gestellt, als er im anhängigen Prozeß einen stärkeren Einfluß hat (Zustimmung zur Klageänderung oder zur Klagezurücknahme), schlechter gestellt jedoch, als er Parallelprozesse befürchten muß. Zur Vertiefung: Stein/Jonas/*Schumann*, Einleitung Rn. 291–294.

4. Kapitel. Die Prozeßparteien

§ 18. Die Trennung von Streitgegenstand und Prozeßpartei

84 Streitgegenstand und Partei sind scharf zu trennen. *Dieselben* Parteien können über höchst *unterschiedliche* Streitgegenstände Prozesse führen.

Beispiel 37: Jeder kennt die Vielfalt von Streitgegenständen zwischen denselben Parteien, wenn er einmal eine „streitige" Ehescheidung beobachtet hat. Im *Entscheidungsverbund* (§ 623 I ZPO) mit dem Scheidungsverfahren muß das Familiengericht die *Scheidungsfolgesachen* (Legaldefinition in § 623 I 1, II 1, III 1 ZPO) beurteilen, z.B. die Regelung der elterlichen Sorge für gemeinschaftliche Kinder der Parteien (§ 621 I Nr. 1 ZPO), die Regelung des persönlichen Umgangs mit einem Kinde (§ 621 I Nr. 2 ZPO), die Herausgabe des Kindes an den anderen Elternteil (§ 621 I Nr. 3 ZPO), die gesetzliche Unterhaltspflicht gegenüber einem gemeinschaftlichen Kind (§ 621 I Nr. 4 ZPO) oder zwischen den Ehegatten (§ 621 I Nr. 5 ZPO), die Wohnungs- und Hausratsverteilung (§ 621 I Nr. 7 ZPO), güterrechtliche Ansprüche (§ 621 I Nr. 8 ZPO) oder – *ohne daß es hierzu eines Antrags bedürfte* (o. Rn. 57) – den Versorgungsausgleich (§ 621 I Nr. 6 ZPO) sowie das Kindesschutzverfahren (§ 623 III 1 ZPO). Daneben – oder auch nach Abschluß des Scheidungsverfahrens – können die Parteien vor dem zuständigen Prozeßgericht den Streit über weitere Fragen anhängig machen, z.B. die Auseinandersetzung einer OHG, die Fortführung des gemeinsamen Bausparvertrags, über das Eigentum an einer Briefmarkensammlung und – etwa auf Widerklage – über das Eigentum an einem Gemälde[1]. Der Streit zwischen den Ehegatten kann sich ferner auf die gemeinsam begonnenen Prozesse gegen Dritte, etwa gegen den Architekten oder das Finanzamt, auswirken.

Ein Rechtsstreit über *denselben* Streitgegenstand kann andererseits auch zwischen *verschiedenen* Personen anhängig sein.

Beispiel 38: *Klein* klagt im Beispiel 12 (o. Rn. 27) auf Herausgabe (§ 985 BGB) des Rasenmähers erst gegen Frau *Herz,* dann gegen den Vater *Sanft* und schließlich gegen Sohn *Sanft.* Erst in diesem Prozeß bekommt er recht.

Schließlich können zwischen *verschiedenen* Personen viele *unterschiedliche* Streitgegenstände in *einem* Prozeß dem Gericht unterbreitet sein.

Ein Prozeßrechtsfall mit mehreren Streitgegenständen und mit mehreren Parteien kann nur dann richtig gelöst werden, wenn der Bearbeiter schon bei der *Prozeßskizze* (o. Rn. 8), sodann beim *Konzept* (o. Rn. 10) und schließlich auch in der *Lösung* peinlich genau die Streitgegenstände von den Parteien unterscheidet. Eine richtige Zuordnung der einzelnen Streitgegenstände zu den Prozeßparteien ist nur möglich, wenn vorher die Streitgegenstände erst einmal für sich – losgelöst von den Prozeßparteien – betrachtet werden („Trennungsgrundsatz", o. Rn. 13).

---

[1] Dabei ist zu beachten, daß für Ansprüche aus persönlichem Eigentum das Prozeßgericht zuständig bleibt. Auch aus § 23b I 2 Nr. 8 GVG ergibt sich regelmäßig keine Zuständigkeit des Familiengerichts, da solche Gegenstände im Normalfall nicht zum Hausrat gehören.

§ 19. Wer ist Partei?

Die Frage nach der Partei beantwortet sich wegen der Geltung des Antragsgrundsatzes *nach dem Willen des Klägers.* Wie es der *Kläger* ist, der den Streitgegenstand bestimmt, ist er es auch, der die Prozeßparteien festlegt. *Kläger* ist demnach derjenige, der eine gerichtliche Entscheidung haben will; gegen seinen Willen kann niemand Kläger sein[1]. *Beklagter* ist derjenige, den der Kläger als Prozeßgegner bezeichnet; keinem Kläger kann ein Beklagter aufgezwungen werden: niemand hat zum Beklagten, wen er nicht haben will[2]. 85

§ 20. Die unrichtige Parteibezeichnung

Literatur: Verzeichnis der abgekürzt zitierten Literatur (S. XXIII).

Unrichtige Parteibezeichnungen kommen in Prüfung und Praxis nicht selten vor: „*Meyer*" statt richtig „*Meier*", „*Schmidt*" statt „*Schmied*". Vielfach sind die Vornamen falsch, die Handelsfirma stimmt nicht oder die Anschrift ist lückenhaft oder doppeldeutig. Im 1. juristischen Staatsexamen sollte der Kandidat die Grundfragen dieses Problemkreises kennen[1]. 86

a) Trotz seiner sonstigen Formenstrenge läßt es das Prozeßrecht zu, daß die Klageschrift aus ihrem Gesamtzusammenhang interpretiert wird. Läßt sich dadurch die Partei feststellen, ist sie Prozeßpartei geworden, auch wenn Unrichtigkeiten vorliegen. Entscheidend ist jedoch, was *objektiv erklärt* ist. Auf einen nicht erkennbaren inneren Willen des Klägers kommt es nicht an. Ist durch eine derartige Auslegung die richtige (d.h. die vom Kläger gemeinte) Prozeßpartei ermittelt worden, empfiehlt sich aber trotzdem immer eine *Berichtigung* oder *Klarstellung,* damit im Rubrum des Urteils (§ 313 I Nr. 1–3 ZPO) eine zweifelsfreie Parteibezeichnung enthalten ist. Solche „Nachbesserungen" von Angaben sind jederzeit möglich.

b) Ist jedoch aufgrund der fehlerhaften Bezeichnung eine andere Person Partei geworden (Herr *Schmidt* – wie in der Klageschrift geschrieben – in der Gartenstraße 5 statt des vom Rechtsanwalt gemeinten Herrn *Schmied* in demselben Haus), kann mit der Parteiberichtigung nicht mehr geholfen werden. Den Herrn *Schmidt* bekommt man nur im Wege der *Parteiänderung* aus dem Prozeßrechtsverhältnis heraus und damit den Herrn *Schmied* in den Prozeß hinein[2].

c) *Unmaßgeblich für die Parteistellung ist jeweils die Zustellung*[3]. Wird dem Herrn *Schmidt* die Klage zugestellt, obwohl in der Klage Herr *Schmied* genannt ist, liegt eine fehlerhafte Zustellung vor. Partei ist aber Herr *Schmied,* wie in der Klage genannt. Mit anderen Worten: Die unrichtige Zustellung hat auf die Parteistellung keinerlei Einfluß. Entscheidend ist immer nur die Bezeichnung in der Klageschrift.

---

[1] „*Invitus agere nemo cogitur*", so schon Beispiel 19 (o. Rn. 45).
[2] Der *Beklagte* kann sich dagegen den *Kläger* nicht aussuchen.
[1] Zur Vertiefung: Stein/Jonas/*Bork,* Rn. 8f. vor § 50; *Thomas/Putzo,* Rn. 3–7 vor § 50.
[2] Zur Parteiänderung ausführlich u. Rn. 262ff.
[3] Näheres: Stein/Jonas/*Bork,* Rn. 10–12 vor § 50.

§ 21. Partei ist nicht gleichzusetzen mit Parteifähigkeit

87 Mit der Frage, wer Partei ist, wird häufig die Frage der Parteifähigkeit[1] vermengt. Dies ist ein schwerer Fehler, weil Partei auch jemand sein kann, der nicht parteifähig ist. Bei der Vorbereitung der Klage ist von Bedeutung, ob das Subjekt, das klagt oder verklagt wird, auch parteifähig ist (§ 50 ZPO). Wenn der Rechtsstreit schon anhängig ist, muß zunächst geprüft werden, wer Kläger und wer Beklagter ist. Erst wenn dies feststeht, wird bei *beiden* untersucht, ob die Parteifähigkeit vorliegt – fehlt sie auch nur auf einer Seite, ist die Klage unzulässig und wird durch Prozeßurteil abgewiesen.

§ 22. Der „formelle" Parteibegriff

Literatur: Verzeichnis der abgekürzt zitierten Literatur (S. XXIII) sowie *K. Schreiber,* Parteibegriff und Folgen falscher Zustellung im Zivilprozeß, Jura 1990, 162–164.

I. „Formelle" – „materielle" Gesichtspunkte

88 Nach den Ausführungen über den „prozessualen" Anspruchsbegriff (o. Rn. 76) verwundert es selbst den Anfänger nicht mehr, daß auch der Parteibegriff „formell" (d.h. prozessual, prozeßrechtlich) gebildet wird. Unerheblich sind deshalb die materiell-rechtlichen Gesichtspunkte, ob der Kläger Inhaber des materiellen Rechts und ob der Beklagte der wahre Verpflichtete ist. Diese materiell-rechtlichen – „materiellen" – Parteibegriffe erlangen erst Bedeutung, wenn es zur Sachprüfung kommt.

Beispiel 39: *Arm* macht in seiner Klage gegen *Schnell* auch Forderungen geltend, die auf die Krankenkasse[1] oder auf den Arbeitgeber[2] übergegangen sind.

Hinsichtlich dieser Forderungen fehlt ihm die „Aktivlegitimation" („Sachlegitimation", „Sachbefugnis")[3]. Im Rahmen der Begründetheitsprüfung wird dies festgestellt und die Klage insoweit als *unbegründet* abgewiesen[4]. Weder Krankenkasse, noch Arbeitgeber sind Parteien des Rechtsstreits, obwohl sie durch die gesetzlichen Forderungsübergänge „Beteiligte" am Schuldverhältnis (Gläubiger des *Schnell)* geworden sind.

---

1 Zur Parteifähigkeit u. Rn. 157.

1 Zu § 116 SGB X o. Rn. 50 Fn. 4.

2 Zu § 6 EFZG o. Rn. 50 Fn. 5.

3 Diese Begriffe werden häufig mit Fragen der Zulässigkeit durcheinandergeworfen. Dies ist ein schwerer Fehler!

4 Hierzu schon Beispiel 22 (oben Rn. 50).

II. In der Richterklausur

In der Richterklausur[5] darf sich der Bearbeiter nicht zum Vormund der Partei aufschwingen und statt der prozessual Beteiligten die materiell richtigen Parteien in den Prozeß aufnehmen[6]. Es mag zwar meist ein Fehler des Anwalts sein, wenn die tatsächliche Prozeßpartei von der materiell richtigen Partei abweicht. Aber gerade solche „pathologischen“ Fälle kommen vor und sind ein beliebtes Klausurthema. 89

Beispiel 40: Wenn *Vergeßlich* gegen den Polizisten *P,* der seinen Wagen „beschlagnahmte“, klagt (Beispiel 28, o. Rn. 70), darf der Bearbeiter nicht besserwissend ausführen, „eigentlich“ meine *Vergeßlich* doch den Staat als Träger der öffentlichen Gewalt.

III. In der Anwaltsklausur

Gerade dieses Beispiel zeigt wiederum die andere Arbeitsweise in der Anwaltsklausur (o. Rn. 20). Hier fragt sich der Bearbeiter, wer materiell-rechtlich die richtige Partei ist. Weiß er dies, macht er diese „materielle“ Partei auch zur Prozeßpartei, indem er sie als Klägerin oder Beklagte benennt[7]. Im Beispiel 39 (o. Rn. 88) wird der Anwalt also *Arm, Arbeitgeber* und *Krankenkasse* als Kläger auftreten lassen. 90

---

[5] Zu diesem Klausurentyp o. Rn. 21. In der Praxis hilft bisweilen die *richterliche Hinweispflicht* (o. Rn. 36 Fn. 20, Rn. 49 Fn. 2). In der Fallbearbeitung darf der Verfasser aber nicht einfach den richterlichen Hinweis und schon gar nicht Antragsänderungen der Parteien unterstellen.

[6] Etwa im soeben genannten Beispiel 39 einfach Krankenkasse und Arbeitgeber in den Prozeß hineinnehmen.

[7] Zum formellen Parteibegriff: *Rosenberg/Schwab/Gottwald,* § 40 Rn. 1 ff.; *Schreiber,* Jura 1990, 162 ff.

5. Kapitel. Die Mehrheit von Parteien: Die Streitgenossenschaft

§ 23. Der Begriff der Streitgenossenschaft

91 Genauso wie es mehrere Streitgegenstände zwischen denselben Parteien geben kann (*Anspruchshäufung*, o. Rn. 73), können in einer Klage auch mehrere Personen klagen oder verklagt werden. Dann liegt eine *Streitgenossenschaft* vor.

Beispiel 41: Rechtsanwalt *Klug* entschließt sich zur Klage gegen *Schnell* und dessen Versicherung (Streitgenossenschaft auf der Beklagtenseite). Um eine Abweisung der Klage hinsichtlich der gesetzlichen Forderungsübergänge (Beispiel 39, o. Rn. 88) zu vermeiden, läßt er sich von Krankenkasse und Arbeitgeber bevollmächtigen, auch deren Ansprüche gleichzeitig mit geltend zu machen. Kläger sind dann *Arm, Krankenkasse* und *Arbeitgeber* (Streitgenossenschaft auf der Klägerseite).

Hinweis: Um eine teilweise Abweisung mangels Aktivlegitimation zu verhindern, dürfen die *Krankenkasse* nur die 750,– € Krankenhauskosten, der *Arbeitgeber* nur die 125,– € fortgezahlten Lohn und *Arm* nur 1125,– € (1050,– € Pflegekosten und Sachschadensersatz + 75,– € Verdienstausfall = 1125,– €) geltend machen (näher: Beispiel 22, o. Rn. 50).

§ 24. Der Grundsatz der Trennung der einzelnen Prozeßrechtsverhältnisse (Trennungsgrundsatz)

Fünf Arbeitshinweise

Literatur: Verzeichnis der abgekürzt zitierten Literatur (S. XXIII) sowie *E. Schumann,* Der Zivilprozeß als Rechtsverhältnis, JA 1976, 637–646.

92 Die Streitgenossenschaft bietet bei der Fallbearbeitung keine Schwierigkeiten, wenn man sich zum Prinzip *absoluter Trennung der einzelnen Prozeßrechtsverhältnisse*[1] entschließt. Dieses Prinzip gilt genauso für die Streitgenossenschaft wie für die Anspruchshäufung[2]. Letztlich ist ja auch die Streitgenossenschaft eine Art „Anspruchshäufung", so daß man sie auch als *„subjektive"* Anspruchshäufung (Mehrheit von Prozeßsubjekten) bezeichnet[3] – im Gegensatz zur *„objektiven"* Anspruchshäufung des § 260 ZPO (Mehrheit von Objekten des Prozesses, d.h. von Streitgegenständen).

93 a) *Erster Hinweis:* Streitgenossenschaft bedeutet die Mehrheit von Prozeßparteien. Wer also als Prozeßbeteiligter nicht *Partei* ist, nimmt am

---

[1] Zum Begriff des Prozeßverhältnisses näher: *Schumann,* JA 1976, 637ff. Zur Vertiefung: Stein/Jonas/*Schumann,* Einleitung Rn. 228–262.

[2] Oben Rn. 13 und Rn. 84 a.E.

[3] *Rosenberg/Schwab/Gottwald,* § 48 Rn. 1; *Blomeyer,* § 108 vor 1.

Verfahren nach anderen Vorschriften teil, etwa als Streitverkündungsempfänger[4], als Nebenintervenient[5], als streitgenössischer Nebenintervenient[6], als Zeuge, Sachverständiger oder als Anwalt. Die erste Frage richtet sich also danach, ob die betreffenden Subjekte Prozeß*parteien* sind.

b) *Zweiter Hinweis:* Vorliegen und Zulässigkeit der Streitgenossenschaft sind strikt zu trennen. Auch dort, wo eine Streitgenossenschaft *unzulässig* ist, liegt sie (zunächst einmal) vor, sofern nur mehrere Personen Prozeß*parteien* sind.

c) *Dritter Hinweis:* Besteht eine Streitgenossenschaft, müssen zunächst *für jedes einzelne Prozeßrechtsverhältnis* gesondert die *Sachurteilsvoraussetzungen* geprüft werden[7].

Beispiel 42: *Klein* verklagt vor dem *AG* Frau *Herz* und Frau *Saubermann* auf Zahlung, Vater *Sanft* und Sohn *Sanft* auf Herausgabe des Rasenmähers. Für *jeden* einzelnen Streitgenossen wird die Zulässigkeit der Klage geprüft. Es kann sich dann herausstellen, daß Frau *Herz* nicht prozeßfähig ist. Bei der Klage gegen Frau *Saubermann* kann die örtliche Zuständigkeit fehlen. Vater *Sanft* wendet entgegenstehende Rechtskraft ein, weil *Klein* schon früher dasselbe Begehren gegen ihn erfolglos verfolgt habe. Sohn *Sanft* rügt die sachliche Unzuständigkeit des angegangenen *AG;* er habe mit *Klein* nach dem Entstehen des Streits (§ 38 III Nr. 1 ZPO) schriftlich vereinbart, daß – da es zu einem Prozeß komme – vor dem *LG* prozessiert werden soll. So kann es geschehen, daß *Klein* mit seiner Klage gegen alle Streitgenossen prozessual erfolglos ist – aber aus ganz verschiedenen Gründen.

d) *Vierter Hinweis:* Sind die Sachurteilsvoraussetzungen für die einzelnen Prozeßrechtsverhältnisse jeweils gegeben, müssen die Voraussetzungen der Streitgenossenschaft geprüft werden. Wenn sie fehlen, sind die Prozesse genauso zu trennen (§ 145 ZPO), wie wenn mehrere Streitgegenstände unzulässig in einer Klage verbunden sind[8].

Beispiel 43: Autohändler *Beule* hat im Januar an *X*, im Februar an *Y* einen Wagen verkauft, *X* und *Y* kennen sich nicht; zwischen ihnen bestehen keine Rechtsbeziehungen. Als sie sich mit unterschiedlichen Begründungen gegen die Zahlung des Kaufpreises wehren, verklagt sie *Beule* in einer einzigen Klageschrift gemeinsam. Die Verbindung ist unzulässig, weil die Voraussetzungen der §§ 59f. ZPO nicht vorliegen.

Folge: Trennung der prozessualen Ansprüche (§ 145 ZPO).

---

[4] Unten Rn. 97.

[5] Unten Rn. 101.

[6] Unten Rn. 102.

[7] „Gesonderte" Prüfung heißt nicht, daß bei einer gemischten Klausur erst einmal sämtliche Prozeßrechtsverhältnisse prozessual zu prüfen sind und dann erst die Begründetheit untersucht wird. So *kann* man aufbauen, wenn dies günstig ist – besonders bei objektiver Anspruchshäufung (§ 260 ZPO) –, muß es aber nicht; z.B. nicht bei der Streitgenossenschaft (§§ 59ff. ZPO), wo es sich bei sehr unterschiedlichen Streitgegenständen sogar empfiehlt, jedes Prozeßrechtsverhältnis prozessual *und* materiell hintereinander (zusammenhängend) zu behandeln. Im Urteil wird allerdings ganz überwiegend der erstgenannte Aufbau gewählt.

[8] Zur Trennung bei unzulässiger objektiver Anspruchshäufung o. Rn. 73 Fn. 9.

Falsch: Abweisung der Klage als unzulässig.

Beispiel 44: Im Beispiel 26 (o. Rn. 67) beantragt *Siegfried,* seine Ehe mit *Xanthippe* zu scheiden und den *Plato* zur Herausgabe seiner Briefmarkensammlung zu verurteilen. Die Verbindung beider Ansprüche ist wegen § 610 II 1 ZPO unzulässig.

Folge: Trennung der prozessualen Ansprüche (§ 145 ZPO).

Falsch: Abweisung der Klage als unzulässig.

e) *Fünfter Hinweis:* Bei der Streitgenossenschaft empfiehlt es sich – wie bei der Anspruchshäufung – für jedes einzelne Prozeßrechtsverhältnis ein eigenes Konzeptblatt anzulegen[9].

§ 25. Die notwendige Streitgenossenschaft

Literatur: Verzeichnis der abgekürzt zitierten Literatur (S. XXIII) sowie *E. Wieser,* Notwendige Streitgenossenschaft, NJW 2000, 1163–1165.

94 Schwierigkeiten besonderer Art bietet die notwendige Streitgenossenschaft des § 62 ZPO. Auch hier hilft die Kenntnis von Rechtsprechung und Lehre[1]. Die prozessual Unerfahrenen wissen mit § 62 ZPO nichts anzufangen, wenn er ihnen zum ersten Mal begegnet. Vielfach übersehen sie bereits, daß auch bei der notwendigen Streitgenossenschaft eine Mehrheit von Prozeßparteien und Prozeßrechtsverhältnissen besteht, so daß vor allem die soeben behandelten fünf Hinweise bei ihr genauso zu beachten sind.

Bei der Fallbearbeitung muß sich der Verfasser erst einmal klar werden, welche Variante der notwendigen Streitgenossenschaft vorliegt. § 62 I ZPO regelt nämlich zwei verschiedene Arten der notwendigen Streitgenossenschaft.

I. Zwang zu gemeinsamer Klage von mehreren oder gegen mehrere (2. Alternative des § 62 I ZPO) – Verbot der Einzelklage

95 Wenn die Fallgruppe der 2. *Alternative* des § 62 I ZPO einschlägig ist, in der nur mehrere gleichzeitig klagen dürfen oder verklagt werden müssen, hat sich der Bearbeiter zu fragen, ob sämtliche Streitgenossen, die aus *materiell-rechtlichen* Gründen oder auch wegen *prozessualer* Vorschriften (z.B. § 631 III ZPO) notwendige Streitgenossen sind, geklagt haben oder verklagt werden. Wenn ja, ist insoweit prozessual nichts zu beanstanden. Wenn nein, muß die Klage des Einzelklägers oder gegen den Einzelbeklagten als *unzulässig* abgewiesen werden[2]. Da-

---

[9] Oben Rn. 84 a.E.

[1] Empfehlenswert: *Rosenberg/Schwab/Gottwald,* § 49; *Blomeyer* § 108 III; ferner *BGHZ* 63, 51 und 92, 351.

[2] Es fehlt dem *Einzelkläger* oder dem *Einzelbeklagten* die *Prozeßführungsbefugnis!* Sie kann sowohl auf der Klägerseite, als auch auf der Beklagtenseite fehlen, so daß möglicherweise auf beiden Seiten die Problematik zu untersuchen ist. Wie schon im Text ausgeführt, kann das Verbot der Einzelklage nicht nur auf materiell-recht-

durch wird verhindert, daß ein *einzelner* Beteiligter den Prozeß führt, obwohl die jeweilige gesetzliche Regelung die Beteiligung *mehrerer* Personen vorschreibt.

Von Bedeutung sind folgende Fallgruppen[3]:

1. Fallgruppe: Aktivprozesse von Gesamthandsgemeinschaften

Beispiel 45: Zwischen *Siegfried* und *Xanthippe* besteht Gütergemeinschaft (§§ 1415 ff. BGB). Die Verwaltung des Gesamtguts wird von beiden geführt (§§ 1450 ff. BGB). *Xanthippe* bemerkt eines Tages, daß Untermieter *Listig* seit Monaten die Miete nicht bezahlt hat. Sie verklagt ihn. Die Klage ist unzulässig, weil *Xanthippe* nicht allein (ohne *Siegfried*) zur Prozeßführung befugt ist (§ 1450 I 1 BGB). Es liegt eine notwendige Streitgenossenschaft im Sinne der 2. Alternative des § 62 I ZPO vor.

Weitere Fälle notwendiger Streitgenossenschaft enthalten §§ 709, 719, 747 Satz 2, § 1066 II, §§ 1082, 1258 II, §§ 2038, 2040, 2224 BGB. Wenn allerdings die Prozeßführungsbefugnis beim einzelnen Gesamthänder liegt, darf er auch einzeln klagen und ein Verbot der Einzelklage gemäß § 62 I 2. Alt. ZPO besteht nicht, z.B. bei §§ 432, 1422, 1472 III Halbsatz 2, §§ 1497, 2038 I Satz 2 Halbsatz 2, §§ 2039, 2224 II BGB.

2. Fallgruppe: Passivprozesse von Gesamthandsgemeinschaften

Sie führen *nur ausnahmsweise* zu einer notwendigen Streitgenossenschaft, wenn eine *Gesamthandsschuld* besteht, vgl. § 747 Satz 2, § 2059 II BGB. Meistens liegt jedoch eine *Gesamtschuld* vor, die nicht zu gemeinsamer Klage gegen *alle* Gesamtschuldner zwingt, vgl. § 421 Satz 1, § 425 BGB.

3. Fallgruppe: Gestaltungsklagen

Eine notwendige Streitgenossenschaft besteht, wenn die Gestaltung nur durch Urteil vollzogen werden kann und an dem zu gestaltenden Rechtsverhältnis mehrere Personen beteiligt sind. Das Verbot der Einzelklage stellt auch hier sicher, daß alle materiell-rechtlich Beteiligten im Prozeß (sei es auf der Kläger-, sei es auf der Beklagtenseite) mitwirken.

---

lichen Gründen, sondern auch auf *prozessualen* Vorschriften beruhen. Dies muß deshalb betont werden, weil eine Reihe von Lehrbüchern und Kommentaren die hier behandelte 2. Alternative des § 62 I ZPO – Zwang zu gemeinschaftlicher Klage und Verbot der Einzelklage – als eine Streitgenossenschaft *„aus materiell-rechtlichen Gründen"* bezeichnen. Dies ist jedoch *falsch,* weil ein Einzelklage-Verbot auch aus *prozessualen* Erwägungen aufgestellt werden kann, wie § 631 III ZPO beweist. Um Mißverständnisse zu vermeiden, sollte der Bearbeiter deshalb bei der hier behandelten 2. Alternative des § 62 I ZPO niemals von einer notwendigen Streitgenossenschaft „aus materiell-rechtlichen Gründen" reden, sondern nur vom *„Verbot der Einzelklage"* sprechen.

[3] Es ist sehr wichtig, diese Fälle zu kennen, weil im Examen regelmäßig wenig Zeit besteht, über die zum Teil komplizierten Fragen länger nachzudenken.

a) *Aktivprozesse*

Dies sind vor allem die gesellschaftsrechtlichen Auseinandersetzungen gemäß §§ 117, 127, 133, 140, 161 II HGB.

b) *Passivprozesse*

Beispiel 46: *Xanthippe* war, als sie *Siegfried* heiratete, bereits mit *Sokrates* verheiratet. Doppelehe: § 1306 BGB! *Sokrates* klagt gegen *Siegfried* und *Xanthippe* auf Aufhebung der Ehe (§§ 1314, 1316 BGB). Zwischen *Siegfried* und *Xanthippe* besteht abermals eine notwendige Streitgenossenschaft, nur aber auf der Passivseite (§ 631 III ZPO). Auch hier darf nur einheitlich entschieden werden. Dies ist auch einleuchtend: Was wäre denn, wenn die Klage des *Sokrates* gegen *Siegfried* abgewiesen würde, gegen *Xanthippe* aber nicht? Dann wäre *Siegfried* noch mit *Xanthippe,* diese aber nicht mit *Siegfried* verheiratet[4].

Daneben sind die bereits zu den Aktivprozessen zitierten Vorschriften zu nennen, wenn nicht alle Gesellschafter für die von der Klägerseite beantragten Maßnahmen (z.B. § 117 HGB) sind. Dann müssen sie auf Zustimmung verklagt werden[5].

II. Notwendig einheitliche Sachentscheidung für den Fall einer Streitgenossenschaft (1. Alternative des § 62 I ZPO)

96 Ganz anders ist die Behandlung der *1. Alternative* des § 62 I ZPO mit der Fallgruppe notwendig einheitlicher Sachentscheidung. Hier schadet die Einzelklage nicht; sie ist zulässig. Nur *wenn* mehrere Kläger oder Beklagte auftreten, muß das Gericht zu einer einheitlichen Entscheidung gegenüber allen notwendigen Streitgenossen kommen. Es handelt sich hierbei hauptsächlich um die Fälle der Rechtskrafterstreckung bei Feststellungsklagen (z.B. § 249 AktG, §§ 179, 183 InsO, § 640h ZPO) und bei Gestaltungsklagen (z.B. § 248 AktG, § 1496 BGB, § 2342 BGB)[6]. *Keine* notwendige Streitgenossenschaft liegt vor im Falle der einseitigen Rechtskrafterstreckung gemäß § 3 Nr. 8 PflVersG:

---

[4] An diesem Beispiel soll ein häufiger Fehler gezeigt werden: Die notwendige einheitliche Entscheidung ist kein Kriterium nur der einen Fallgruppe der notwendigen Streitgenossenschaft (vgl. auch Beispiel 47 und § 62 I 1. Alt. ZPO). Vielmehr ist bei jeder Art von notwendiger Streitgenossenschaft eine solche Einheitlichkeit gegeben. Im Fall fehlender Prozeßführungsbefugnis (§ 62 I 2. Alt. ZPO) ist aber die Klage eines einzelnen bzw. gegen einen einzelnen unzulässig, während im Fall der 1. Alt. des § 62 I ZPO eine derartige Klage (die „Einzelklage") zulässig ist. Demgemäß lautet die Kontrollfrage, wenn man die Fallgruppen unterscheiden will: Ist die Einzelklage zulässig? Sie ist es nicht bei der Klage *Sokrates* gegen *Xanthippe* oder *Sokrates* gegen *Siegfried* (Folgerung: Die *2. Alt.* des § 62 I ZPO liegt vor).

[5] *BGHZ* 64, 253. Dabei kann die jeweilige Gestaltungsklage mit der Klage auf Zustimmung verbunden werden, *BGHZ* 68, 81 und *BGH* LM Nr. 81 zu § 161 HGB = NJW 1984, 173.

[6] Weitere Fälle bei: *Zöller/Vollkommer,* § 62 Rn. 3f.

Beispiel 47: *Arm* klagt gegen *Schnell* und dessen Versicherung (Beispiel 1, o. Rn. 6). Im Termin erscheint außer *Arm* nur ein Rechtsanwalt für die Versicherung; *Schnell* ist nicht vertreten. Kann gegen ihn Versäumnisurteil ergehen oder gilt § 62 I 1. Alt. ZPO[7]?

---

[7] **Antwort:** Das Versäumnisurteil darf ergehen, da *keine* notwendige Streitgenossenschaft vorliegt, *BGHZ* 63, 51. *Schnell* und die Versicherung sind zwar Gesamtschuldner (§ 3 Nr. 2 PflVersG), doch kann ein Prozeß gegen sie, wenn der Geschädigte sie gem. § 3 Nr. 2 und Nr. 8 PflVersG gemeinsam verklagt hat, unterschiedlich ausgehen (auch o. Rn. 95, 2. Fallgruppe).

6. Kapitel. Streitverkündung, Nebenintervention

§ 26. Die Beteiligung Dritter durch Streitverkündung oder Nebenintervention

Literatur: Verzeichnis der abgekürzt zitierten Literatur (S. XXIII) sowie *K. G. Deubner,* Aktuelles Zivilprozeßrecht: Voraussetzungen der Streitverkündung, JuS 1992, 230–231; *W. Servatius,* Die zivilprozessuale Nebenintervention, JA 2000, 690–695; *M. Vollkommer,* Streitgenössische Nebenintervention und Beiladungspflicht nach Art. 103 Abs. 1 GG, FG BGH 127–145.

I. Streitverkündung

97 Streitverkündung[1] (§§ 72–74 ZPO) ist die von einer Prozeßpartei ausgehende förmliche Benachrichtigung eines *Dritten* über das Schweben des Prozesses. Von anderen Parteihandlungen unterscheidet sich die Streitverkündung durch zwei wichtige Eigenheiten: *Erstens* richtet sie sich *nicht gegen den Prozeßgegner;* sie dient vielmehr dem Angriff oder der Verteidigung gegen einen Dritten. *Zweitens* will sie *nicht den Streitgegenstand des gegenwärtigen Prozesses* beeinflussen, sondern ein Fundament für einen nachfolgenden Prozeß (den „Regreßprozeß") bereiten.

Beispiel 48: Seinen Rasenmäher (o. Beispiel 42 Rn. 93) hatte *Klein* im Geschäft des *Grün* gekauft. *Klein* meint, der Rasenmäher habe einen Sachmangel (§ 434 BGB) und klagt deshalb gegen *Grün.* Für den Fall eines Prozeßverlustes will sich *Grün* gegenüber dem Hersteller, der *Maschinen-AG,* absichern.

Frage: Wie kann er dies?

Antwort: *Grün* verkündet der *Maschinen-AG* den Streit. Verliert *Grün* (weil der Sachmangel besteht), kann die *Maschinen-AG* in einem nachfolgenden Regreßprozeß des *Grün* nicht einwenden, es habe doch keinen Sachmangel gegeben: Interventionswirkung (§§ 72, 74 III, 68 ZPO).

Sinn der Streitverkündung ist es daher, gegenüber einem Dritten die in § 68 ZPO näher beschriebene Bindung (die „Interventionswirkung") herbeizuführen (näher zu ihr u. Rn. 100). Hieraus folgt ein grundlegender Satz der *Prozeßtaktik:* Immer wenn die *Haftung* oder der *Anspruch eines Dritten* in einem materiell-rechtlichen Fall eingreifen kann, ist an die Streitverkündung zu denken[2].

---

[1] Näher Stein/Jonas/*Bork,* § 72 Rn. 1 ff.

[2] Lehrreich *BGHZ* 85, 252: Erfolgreiche Klage gegen Rechtsanwälte wegen fehlerhafter Rechtsberatung. Die Anwälte hatten die prozeßtaktischen Zusammenhänge bei der Streitverkündung übersehen (a. a. O., S. 259 ff.); dadurch saß der Kläger zwischen zwei Stühlen. Das *Beispiel 50* (u. Rn. 98) ist diesem Urteil nachgebildet.

1. Die vier Fallgruppen der Streitverkündung

Erste Fallgruppe: Gewährleistung

Als erste Konstellation nennt § 72 I ZPO den Anspruch des Prozeßverlierers auf „Gewährleistung". Gemeint sind alle Fälle, in denen ein Dritter für Rechts- oder Sachmängel einzustehen hat, z.B. § 433 I 2, §§ 437ff., 633ff., 2182f. BGB und §§ 377ff. HGB. 98

Zweite Fallgruppe: Schadloshaltung

Sodann nennt § 72 I ZPO den Anspruch des Prozeßverlierers auf „Schadloshaltung". Hier handelt es sich vor allem um *Rückgriffsansprüche*[3].

Beispiel 49: *Frau Credit* hat Herrn *Debtor* ein Darlehen in Höhe von 5000,– € gewährt. *Bürger* hat für die Erfüllung der Darlehensschuld eine selbstschuldnerische Bürgschaft übernommen (§§ 765, 773 I Nr. 1 BGB). Als *Credit* aus der Bürgschaft gegen *Bürger* gerichtlich vorgeht, verkündet dieser dem *Debtor* den Streit. Denn bei der Erfüllung der Darlehensschuld durch *Bürger* geht die Darlehensforderung gemäß § 774 BGB auf ihn über.

Dritte Fallgruppe: Alternative Haftung

Von der Rechtsprechung der soeben behandelten zweiten Fallgruppe der „Schadloshaltung" zugeordnet[4], aber richtigerweise als eigene Konstellation zu betrachten sind die Fälle *alternativer Haftung.*

Beispiel 50: *Fahrer* bemüht sich bei der *Tiefbau-AG* um Aufträge für die An- und Abfuhr von Maschinen. Diese schickt *Fahrer* zur *Transport-GmbH.* Deren Geschäftsführer erklärt dem *Fahrer,* er dürfe fahren. Nach Beendigung der Arbeiten lehnen sowohl die *Tiefbau-AG* als auch die *Transport-GmbH* die Bezahlung des geforderten Fuhrlohns ab. Die *Transport-GmbH* bringt vor, sie sei lediglich Vermittlerin für die Aufträge gewesen. Fahrer erhebt daraufhin Klage gegen die *Transport-GmbH* und verkündet zugleich der *Tiefbau-AG* den Streit.

Die Streitverkündung bei alternativer Haftung setzt demgemäß voraus, daß *entweder* der mit der Klage geltend gemachte Anspruch (im *Beispiel 50:* der Anspruch gegen die verklagte *Transport-GmbH) oder* der Anspruch gegen den Dritten (gegen die *Tiefbau-AG)* besteht[5]. Bei *kumulativer* Haftung (z.B. Gesamtschuld) versagt jedoch die Streitverkündung; dann kommt nur eine Klage auch gegen diejenige Person in Betracht, die kumulativ haftet.

Alternative Haftungssituationen kommen in der Praxis häufig vor und sind deshalb auch beliebte Examensthemen: So etwa (wie im *Beispiel 50)* die Frage, wer *Vertragspartner* des Klägers ist. Bei der *Verkehrssicherungspflicht* taucht immer wieder das Problem auf, wem der verkehrswidrige Zustand zuzurechnen ist (hierzu näher u. *Beispiel 100* in Rn. 264). Wer bei einer angeblichen *Amtspflichtverletzung* (Staats-

---

3 *OLG Köln* NJW-RR 1991, 1535.

4 *BGHZ* 85, 252 (255f.) m. weit. Nachw.

5 Daß es sich um dieselbe Rechtsgrundlage bei den alternativen Ansprüchen handelt, ist nicht erforderlich. Auch nach ihrem sonstigen Inhalt und Umfang brauchen die Ansprüche nicht identisch zu sein, *BGHZ* 65, 127 (131ff.).

haftung, § 839 BGB) gegen den Staat (Art. 34 GG) vorgeht, darf die Streitverkündung nicht vergessen, wenn sich der verklagte Staat dahin verteidigt, der betreffende Bedienstete habe als Privatmann gehandelt; wird mit solcher Begründung die Klage abgewiesen, kann der Bedienstete im darauf folgenden Prozeß nicht einwenden, er habe gar nicht als Privatmann, sondern als Beamter gehandelt – allerdings nur, wenn ihm im Vorprozeß der Streit verkündet worden war. Ohne eine Streitverkündung ist dem Richter des zweiten Prozesses jedoch nicht verwehrt, sich auf den Standpunkt zu stellen, der Erstprozeß sei falsch entschieden worden und der Bedienstete habe eben doch als Beamter hoheitlich gehandelt und hafte (wegen Art. 34 GG) nicht selbst. So wird deutlich: Die Streitverkündung verhindert, daß der Kläger „zwischen zwei Stühlen sitzt".

Vierte Fallgruppe: Befürchtung eines Anspruchs

Nach § 72 I ZPO ist die Streitverkündung ferner möglich, wenn der Prozeßverlierer „den Anspruch eines Dritten besorgt" (d.h. befürchtet). Gemeint sind hiermit diejenigen Fälle, in denen eine Partei den Prozeß *über ein fremdes Recht führt,* sei es *im eigenen Interesse* (z.B. als Pfandgläubiger, § 1227 BGB), sei es im *fremden Interesse* (z.B. als Kommissionär, §§ 383, 392 HGB), und befürchtet, einem Schadensersatzanspruch ausgesetzt zu werden.

2. Examensschwierigkeiten

a) Voraussetzungen der Streitverkündung

99 Hält sich der Bearbeiter die beiden wichtigen Eigenheiten der Streitverkündung (o. Rn. 97) vor Augen, ist die Abgrenzung der Streitverkündung von anderen prozessualen Schritten nicht schwierig. Eine weitere Hürde ist genommen, wenn man die soeben dargestellten vier Fallgruppen der Streitverkündung deutlich unterscheidet. Für alle vier Fallgruppen gilt ferner: Ob die Voraussetzungen für eine Streitverkündung eingehalten sind, wird niemals im laufenden Prozeß geprüft. Diese Frage stellt sich erst im nachfolgenden Prozeß, wenn es um die Interventionswirkung geht. Da die Streitverkündung keinen eigenen Streitgegenstand geltend macht (o. Rn. 97), ist es gleichgültig, ob das Gericht für die möglichen Ansprüche gegen den Dritten oder des Dritten zuständig wäre.

b) Terminologie

Die *Parteien* des Prozesses sind von dem *Dritten* (§ 72 I, § 73 Satz 2 und 3, § 74 I, II, III ZPO) auch begrifflich zu trennen. Dieser Dritte[6] wird

[6] Zur Vertiefung: Der „Dritte" kann auch Streitgenosse des Streitverkünders oder der Gegenpartei sein. Solche Fälle sind zwar selten, aber von der ZPO nicht ausgeschlossen: Im Prozeß gegen *Schnell, Reich* und *Insolventia-AG* (*Beispiel 1* o. Rn. 6) verkündet die *Insolventia-AG* sowohl *Schnell* als auch *Reich* den Streit, weil sie im Innenverhältnis nicht zur Zahlung verpflichtet sei (§ 3 Nr. 9 Satz 2 PflVersG). Im Folgeprozeß der *Insolventia-AG* gegen *Reich* und *Schnell* können diese nicht einwenden, die *Insolventia-AG* sei zur Zahlung an *Arm* nicht verpflichtet gewesen.

durch die Streitverkündung zum „*Streitverkündungsempfänger*" (weniger gut sind die Ausdrücke: „*Streitverkündungsgegner*" oder „*Streitverkündungsbenachrichtigter*", sprachlich unzutreffend: „Streitverkündeter"). Diejenige Partei, die den Streit verkündet, heißt „*Streitverkünder*".

c) Weiterer Fortgang des Prozesses

Der Streitverkündungsempfänger kann dem Prozeß beitreten (§ 74 I ZPO); dann hat er die Stellung eines Nebenintervenienten (zu ihm u. Rn. 101). Welcher Partei er beitritt, ist ihm übrigens freigestellt – sofern nur die Voraussetzungen der Nebenintervention vorliegen. So könnte im *Beispiel 50* (o. Rn. 98) die *Tiefbau-AG* auch der *Transport-GmbH* als Nebenintervenient beitreten, weil sie überhaupt die Tatsache eines Vertragsschlusses des *Fahrer* (mit wem auch immer) leugnet.

3. Insbesondere die Interventionswirkung

Das Institut der Streitverkündung *lebt von der Interventionswirkung* 100
des § 68 ZPO (schon o. Rn. 97 a.E.); sie greift gemäß § 74 III ZPO stets ein, ob nun der Streitverkündungsempfänger dem Prozeß beitritt oder nicht. Maßgebend ist vor allem der 1. Halbsatz des § 68 ZPO: Gegenüber dem Streitverkünder wird im Folgeprozeß der Streitverkündungsempfänger nicht mit dem Einwand gehört, der Erstprozeß sei tatsächlich oder rechtlich falsch entschieden worden. Die Interventionswirkung tritt aber *nur zugunsten, nicht zu Lasten des Streitverkünders* ein[7]; der Streitverkündungsempfänger kann sich also nicht auf sie berufen. Sie umfaßt die *tatsächlichen und rechtlichen Grundlagen des Urteils* und geht somit über die Rechtskraftwirkung des § 322 ZPO (o. Rn. 74) hinaus.

Im *Beispiel 48* (o. Rn. 97) ist es deshalb der *Maschinen-AG* nicht möglich, mit Erfolg die Beweiswürdigung des Erstrichters anzugreifen, der einen Sachmangel feststellte. Im *Beispiel 49* (o. Rn. 98) bleibt der Einwand des *Debtor* erfolglos, *Credit* habe ihm die 5000,– € geschenkt, es läge kein Darlehen vor.

II. Nebenintervention (Streithilfe)

Die Nebenintervention („*Streithilfe*", §§ 66–71 ZPO) ist die aktive Teil- 101
nahme an einem Prozeß, ohne selbst Partei zu sein. Wie die Streitver-

---

Wohl aber dürfen sie die Leistungspflicht des Versicherers einwenden; denn hierüber ist im Erstprozeß nicht entschieden worden. Bezüglich der im Urteil festgestellten Tatsachen (z.B. Trunkenheitsfahrt des *Schnell*) besteht aber Bindungswirkung (u. Rn. 100).

[7] *BGHZ* 100, 257 = JuS 1987, 827 (mit Anm. *K. Schmidt*) und h.M. im Schrifttum (Wortlaut § 74 III ZPO „gegen den Dritten"); a.M. Stein/Jonas/*Bork*, § 68 Rn. 20. – Wenn sich aber der Streitverkünder auf die Interventionswirkung beruft, erstreckt sie sich auch auf die für ihn ungünstigen Teile, *Thomas/Putzo*, § 68 Rn. 8 sowie instruktiv *OLG Köln* NJW-RR 1995, 1085.

kündung (o. Rn. 97) beeinflußt sie nicht den anhängigen Streitgegenstand und macht deshalb auch nicht prozessuale Ansprüche geltend. Ihr *Ziel* ist vielmehr die *Unterstützung der Partei* (die ZPO nennt sie *„Hauptpartei"*, vgl. §§ 67, 68 ZPO). Eine derartige Unterstützung ist zulässig, wenn der *Nebenintervenient („Streithelfer", „Streitgehilfe")* ein „rechtliches Interesse daran hat, daß" ... „die eine Partei obsiege" (§ 66 I ZPO). Man muß daher prüfen, ob ein für die „Hauptpartei" günstiges Urteil die Rechtsstellung des Nebenintervenienten verbessert, eine ungünstige Entscheidung sie verschlechtert. Durch die Nebenintervention ist der Streitgehilfe in der Lage, auf einen fremden Prozeß, der auf seine eigene Rechtsstellung Einfluß haben kann, einzuwirken, z.B. verhindert er durch Erscheinen im Termin das Versäumnisurteil gegen die säumige Hauptpartei, vgl. § 67 ZPO. Die unmittelbare Nebenintervention ist in der Praxis selten; meist erfolgt sie nach einer Streitverkündung (o. Rn. 99).

Beispiel 51: Wie im *Beispiel 48* (o. Rn. 97) klagt *Klein* gegen *Grün* wegen des angeblichen Sachmangels. Die *Maschinen-AG* erfährt vom Prozeß und tritt dem *Grün* als Nebenintervenient bei. Ihr „rechtliches Interesse" (§ 66 I ZPO) ist nicht zu bezweifeln: Sie würde – falls ein Sachmangel vorläge – dem *Grün* gegenüber haften (§§ 434, 437, 478 BGB). Verliert freilich *Grün* den Prozeß, weil der Sachmangel besteht, dann kann sich die *Maschinen-AG* ihm gegenüber nicht auf den Standpunkt stellen, dies sei ein Fehlurteil und es liege kein Sachmangel vor: § 68 ZPO.

102 Von einer *streitgenössischen* Nebenintervention[8] (§ 69 ZPO) spricht man, wenn ein Nebenintervenient – wäre er Partei – als notwendiger Streitgenosse gemäß § 62 I 1. Alt. ZPO (o. Rn. 96) anzusehen wäre. Dann fingiert („gilt") die ZPO die *Parteistellung* dieses Nebenintervenienten. Für ihn bestehen vor allem nicht die Grenzen des letzten Teils von § 67 ZPO: Er darf sich in Widerspruch zur Hauptpartei setzen!

---

[8] Zur Vertiefung *Vollkommer*, 127ff.

7. Kapitel. Rechtsweg

§ 27. Rechtsweg

Literatur: Verzeichnis der abgekürzt zitierten Literatur (S. XXIII) sowie *D. Ehle,* Rechtsweg und Zuständigkeit: §§ 17ff. GVG in der Examensklausur, JuS 1999, 166–171; *P. Kunig,* Unzulässigkeit des Verwaltungsrechtswegs bei öffentlich-rechtlichen Streitigkeiten, Jura 1990, 386–389; *D. Lorenz,* Kirchenglocken zwischen öffentlichem und privatem Recht – BVerwG NJW 1994, 465, JuS 1995, 492–497; *L. Renck,* Der Rechtsweg im gerichtlichen Verfahrensrecht – Allgemeine Grundsätze, JuS 1999, 361–367; *W.-R. Schenke,* Rechtswegabgrenzung, FS BGH, 45–88; *K. Stern,* Verwaltungsprozessuale Probleme in der öffentlich-rechtlichen Arbeit, 8. Aufl., 2000.

I. Die Vielzahl der Rechtswege

Das Problem des Rechtswegs war früher auf die Frage beschränkt, ob **103**
überhaupt ein Richter zur Entscheidung des Streitfalls berufen war; es gab nur einen Rechtsweg, die „ordentliche" Gerichtsbarkeit in Zivil- und Strafsachen (die „Justiz"). Neben der ordentlichen Gerichtsbarkeit haben sich im Laufe der letzten hundert Jahre mehrere andere Rechtswege entwickelt. Fragt man heute nach dem Rechtsweg, will man wissen, welcher dieser Rechtswege zur Verfügung steht: Rechtsweglose Streitfälle gibt es kaum[1].

Die Vielzahl der Rechtswege wird aus dem GG deutlich (Art. 95 I GG): Jeder der dort genannten obersten Gerichtshöfe des Bundes ist die Spitze eines Rechtswegs. Unter dem jeweils höchsten Gerichtshof *(*in Zivilsachen: *BGH)* gibt es mehrere Ebenen (in Zivilsachen: *OLG, LG, AG*). Die horizontale Gliederung der Gerichte (die Rechtswege) und der vertikale Aufbau (der Instanzenweg) werden deutlich, wenn sie sich der Leser optisch vergegenwärtigt[2].

II. Welcher Rechtsweg?

Im Gegensatz zur öffentlich-rechtlichen Fallbearbeitung spielt bei der **104**
ZPO-Klausur die Rechtswegfrage eine geringere Rolle[3]. Nur wenn sich

---

[1] Das ist das Problem der *„justizlosen Hoheitsakte"*, der „Regierungsakte" und der Gnadenentscheidungen im Subordinationsbereich, hierzu etwa: *Stern,* Rn. 100–104. Im zivilrechtlichen Koordinationsbereich werden rechtsweglose Streitigkeiten unter der Rubrik *„Klagbarkeit"* behandelt, zur Vertiefung: Stein/Jonas/*Schumann,* Rn. 87ff. vor § 253.

[2] JA-Studienbogen Nr. 1: Gerichtsorganisation in der Bundesrepublik Deutschland.

[3] Dies hat seinen Grund in den zahlreichen Zuweisungen öffentlich-rechtlicher Streitfälle in die ordentliche Gerichtsbarkeit. Besonders bedeutsam sind die drei im *Grundgesetz* enthaltenen Rechtswegzuweisungen für die *Enteignungsentschädigung* (Art. 14 III 4 GG, nicht aber für die Enteignung selbst), für die *Amtshaftungsfälle*

wirklich ernsthafte Zweifel an dem Vorliegen einer bürgerlich-rechtlichen Streitigkeit erheben, ist deshalb auf diesen Punkt einzugehen.

Beispiel 52: Die Kläger sind teils Eigentümer, teils Mieter von Grundstücken und verlangen von der beklagten Stadt das Unterlassen von Kirmesveranstaltungen auf dem gemeindeeigenen Grundstück. *Anspruchsgrundlage:* §§ 862, 906, 1004 BGB. Da es um einen Anspruch wegen *nicht-hoheitlicher* Tätigkeit der öffentlichen Hand geht, ist der Zivilrechtsweg gegeben[4]. Demgegenüber sind die Verwaltungsgerichte zuständig, wenn sich der Abwehranspruch gegen eine *hoheitliche* Tätigkeit richtet[5].

III. Bei der Rechtswegprüfung gibt es drei Fehlerquellen:

a) Die erste Fehlerquelle

105 Der Bearbeiter übersieht den Unterschied zwischen Vor- und Hauptfrage. Im Prinzip hat jedes Gericht die *Vorfragenkompetenz*[6], d.h. es darf auch solche Vorfragen entscheiden, die – als Hauptfrage – nicht zu seinem Rechtsweg oder seiner Zuständigkeit gehören[7].

Beispiel 53: Im Schadensersatzprozeß *Arm* gegen *Schnell* können sich als Vorfragen z.B. folgende öffentlich-rechtlichen Probleme ergeben: Ist die von *Schnell* befahrene Straße für Kraftfahrzeuge gesperrt (als Hauptfrage: Verwaltungsrechtsweg!)? Fallen die dem *Arm* von seiner Krankenkasse gewährten Leistungen unter das SGB VII (als Hauptfrage: Sozialrechtsweg!)?

b) Die zweite Fehlerquelle

106 Der Verfasser weiß nicht, daß die Behauptung des Vorliegens einer bürgerlich-rechtlichen Streitigkeit *nicht* genügt.

(Art. 34 Satz 3 GG) und hinsichtlich der *subsidiären Kompetenz* der ordentlichen Gerichtsbarkeit (Art. 19 IV 2 GG). Von den (einfach-)gesetzlichen Zuweisungen sind die in § 40 II 1 VwGO genannten Streitigkeiten besonders wichtig (vor allem Aufopferung, öffentlich-rechtliche Verwahrung). Umgekehrte Zuweisungen bürgerlich-rechtlicher Streitigkeiten an die Verwaltungsgerichte gibt es nicht. Vgl. näher hierzu *Stern*, Rn. 13–49 und *Kunig*, Jura 1990, 386ff.

[4] *BGHZ* 41, 264 = JuS 1964, 413 Nr. 10. Zur Vertiefung: Wie ist es mit der Rechtskraftwirkung des Unterlassungsurteils für den nachfolgenden Schadensersatzprozeß? Vgl. *BGHZ* 42, 340 = JuS 1965, 243 Nr. 5. Vgl. auch o. Rn. 81 Fn. 6 zur Präjudizialität.

[5] Beispiele sind eine Kläranlage, *BGHZ* 91, 20 (22), oder eine Feuerwehrsirene, *BVerwGE* 79, 254 (256f.). Für den *Aufopferungsanspruch* ist wegen § 40 II VwGO immer der ordentliche Rechtsweg gegeben. Weitere Fälle finden sich bei Palandt/*Bassenge*, Rn. 50ff. vor § 903.

[6] Zur Vorfragenkompetenz: Stein/Jonas/*Schumann*, Einleitung Rn. 350.

[7] Keine Regel ohne Ausnahme: *Erstens* gibt es häufig die Möglichkeit, den Rechtsstreit zur Klärung einer Vorfrage auszusetzen (§§ 148f. ZPO); an diese Möglichkeit muß besonders bei derjenigen Fallbearbeitung gedacht werden, in der rechtswegfremde Vorfragen auftauchen. *Zweitens* verneint unser Prozeßsystem in gewissen Fällen die Vorfragenkompetenz. Wichtigster Fall ist der Entzug der Verwerfungskompetenz, wenn der Richter ein nachkonstitutionelles Gesetz für verfassungswidrig hält (Art. 100 I GG); hier besteht *sogar der Zwang zur Aussetzung.* Zur Bedeutung des Art. 100 GG in der Zivilgerichtsbarkeit: Stein/Jonas/*Roth*, § 148 Rn. 2, 15.

Beispiel 54: *Vergeßlich* klagt gegen den Staat (als Träger der Polizei) vor dem Zivilgericht auf Herausgabe seines „beschlagnahmten“ Wagens (vgl. Beispiel 28, o. Rn. 70). Er selbst qualifiziert seinen Anspruch als bürgerlich-rechtlich (§ 985 BGB). Der Rechtsweg zum Zivilgericht ist jedoch unzulässig: Die richtige Qualifikation der vom Kläger begehrten Rechtsfolge zeigt, daß es sich um einen öffentlich-rechtlichen Streitfall handelt[8].

Zwar kommt es für die Frage des Rechtswegs vor allem auf den *Tatsachenvortrag* des Klägers an; die *rechtliche Bewertung* durch den Kläger ist für die Frage der Zulässigkeit jedoch unbeachtlich. Das Gericht unterstellt also bei der Prüfung der Zulässigkeit des Rechtswegs den Tatsachenvortrag des Klägers als richtig, qualifiziert aber *selbst* die aus dem Tatsachenvortrag abgeleitete Rechtsfolge[9]; erst bei der Begründetheitsfrage hat es dann zu prüfen, ob der Tatsachenvortrag zutreffend ist.

c) Die dritte Fehlerquelle

Ist der gewählte Rechtsweg nicht gegeben, darf die Verweisungspflicht 107
des Gerichts in den richtigen Rechtsweg (§ 17a II 1 GVG) niemals übersehen werden. Hält das Gericht den eingeschlagenen Rechtsweg für unzulässig, hat es darüber zu entscheiden und auch *ohne entsprechenden Antrag* der Partei den Rechtsstreit bindend (§ 17a II 2 GVG) an das zuständige Gericht des zulässigen Rechtswegs zu verweisen. § 17a GVG gilt aufgrund entsprechender Verweisungen auch in anderen Gerichtsbarkeiten (§ 48 ArbGG, § 173 VwGO, § 202 SGG, § 155 FGO).

Beispiel 55: Im Beispiel 28 (o. Rn. 70) macht *Vergeßlich* Staatshaftungsansprüche auf Schadensersatz in Geld (Mietwagenkosten) vor dem VG geltend. Das Gericht verurteilt antragsgemäß. Die *Frage* lautet, welche Fehler begangen wurden. Bei der *Antwort* darf sich der Bearbeiter nicht auf die begangenen Fehler beschränken (auf den Fehler des Anwalts, zum VG zu gehen, und den Fehler des Gerichts, den Verwaltungsrechtsweg zu bejahen, vgl. o. Rn. 104 Fn. 3). Er muß vielmehr auch darstellen, daß das Verwaltungsgericht von Amts wegen die Unzulässigkeit des Rechtswegs hätte feststellen und den Rechtsstreit an das zuständige Landgericht verweisen müssen (§ 17a II 1 GVG i.V.m. § 173 VwGO; § 71 II Nr. 2 GVG[10]) – wenn schon zunächst der falsche Rechtsweg beschritten wurde; der Bearbeiter muß die Aufgabe „verlängern“ (zu dieser Technik o. Rn. 35).

---

[8] Der Verurteilungsantrag des Klägers ist auszulegen als Antrag auf Aufhebung des Verwaltungsakts der Beschlagnahme (= Anfechtungsklage, § 42 I VwGO) und auf Herausgabe des Wagens im Wege der Folgenbeseitigung (= allgemeine verwaltungsgerichtliche Leistungsklage, Rechtsgrundlage ist das in Art. 20 III GG verankerte Rechtsstaatsprinzip). Diese Klagen können nach § 113 I 2 VwGO gleichzeitig im Anfechtungsprozeß, aber auch nacheinander anhängig gemacht werden. Auf jeden Fall ergibt die Qualifizierung der vom Kläger beantragten Rechtsfolge, daß ein *öffentlich-rechtlicher* Streitfall vorliegt. Problematischer ist die Antwort jedoch, wenn man annimmt, es handele sich um einen Fall der öffentlich-rechtlichen Verwahrung. Für solche Fragen ist der Zivilrechtsweg gegeben (§ 40 II 1 VwGO).

[9] Näher: Stein/Jonas/*Schumann*, Einleitung Rn. 404–405.

[10] Zu § 71 II Nr. 2 GVG u. Rn. 174.

8. Kapitel. Verfahrensarten

§ 28. Die Verfahrensarten und das Prinzip der Verfahrenskonkurrenz

Literatur: Verzeichnis der abgekürzt zitierten Literatur (S. XXIII).

108 Stehen Antrag (Streitgegenstand) und Parteien fest und ist geklärt, welcher Rechtsweg für den Streitfall zulässig ist, erhebt sich die Frage nach der Verfahrensart. Sie beantwortet sich nach dem „Angebot", das die jeweilige Prozeßordnung den Beteiligten unterbreitet. Die ZPO ist hierbei großzügig und gibt dem Kläger oft mehrere Möglichkeiten. Die Bearbeitung einer Anwaltsklausur ist daher manchmal schwierig, wenn sie vom Bearbeiter das Aufzeigen der vielfältigen Verfahrensmöglichkeiten verlangt. Einfacher ist es bei der Richterklausur: Bei ihr ist meist nur zu prüfen, ob der eingeschlagene Weg zulässig war; ob mit ihm andere Wege konkurrieren, spielt nur manchmal eine Rolle und ist selten gefragt[1].

109 Die zivilprozessuale Fallbearbeitung wird erleichtert, wenn man sich von vornherein auf die Möglichkeit verschiedener (konkurrierender) Verfahrensarten einstellt; das bewahrt vor dem voreiligen Schluß, mit der ersten gefundenen Verfahrensart bereits alle Möglichkeiten erschöpft zu haben. Dabei gibt es zwei Typen der Verfahrenskonkurrenz: Alternativität (Wahl *zwischen* mehreren Verfahren) oder Kumulation (Wahl mehrerer Verfahren). Eine Alternativität liegt z.B. bei der Wahl zwischen Mahn- *oder* Klageverfahren vor (u. Rn. 124). Kumulativ kann der Kläger beim einstweiligen Rechtsschutz vorgehen (sogleich Rn. 110).

§ 29. Einstweiliger Rechtsschutz

Literatur: Verzeichnis der abgekürzt zitierten Literatur (S. XXIII) sowie *M. Heinze,* Die Leistungsverfügung, FS BGH, 569–591; *W. Henckel,* Prozeßrecht und Materielles Recht, 1970; *E. Schilken,* Grundfragen zum Schadensersatzanspruch nach § 945 ZPO in der Rechtsprechung des Bundesgerichtshofes, FS BGH, 593–614; *K. Schreiber,* Arrest und Einstweilige Verfügung, Jura 2000, 492–496.

110 Es ist erstaunlich, wie häufig Bearbeiter vergessen, daß es auch die einstweilige Verfügung (§§ 935, 940 ZPO) und den Arrest (§§ 916ff. ZPO) gibt[1]. Vielfach liegt dies daran, daß den Kandidaten diese Verfahren un-

---

[1] Aus dem Gesichtspunkt des *Rechtsschutzinteresses* kann es bei einer Rechtsbehelfskonkurrenz zur Unzulässigkeit des komplizierteren Weges kommen, vgl. Stein/Jonas/*Schumann,* Rn. 105ff. vor § 253. Ein bereits anhängiges Verfahren kann zum Einwand der Rechtshängigkeit (o. Rn. 71) und ein einfacherer Rechtsbehelf zum Einwand fehlenden *Rechtsschutzinteresses* führen.

[1] Zur einstweiligen Verfügung schon oben Beispiel 4 (Rn. 20), Beispiel 24 (Rn. 62 mit Fn. 6). Zur Vertiefung geeignet *Schreiber,* a. a. O.

bekannt sind, weil sie glauben, es handele sich um unwesentliche Einzelheiten aus der Zwangsvollstreckung. Wenn auch in dem Achten Buch der ZPO geregelt, stellt der einstweilige Rechtsschutz ein (summarisches) *Erkenntnis*verfahren dar. Er ist von wesentlicher Bedeutung für die Praxis. Angesichts der oft jahrelangen Verfahrensdauer (mit drei Instanzen) ist deshalb bei *jedem* Verfahren zu prüfen, ob nicht auch *neben* der Klage oder vielleicht (zunächst) an deren Stelle einstweilige Regelungen beantragt werden sollten.

Dabei reicht es keineswegs, wenn der Verfasser z.B. ausführt, daß gegen die ständigen **111**
Lärmbelästigungen eine Unterlassungsklage erfolgreich ist. Diese Auskunft genügt den im Beispiel 52 (o. Rn. 104) um ihre Ruhe gebrachten Mandanten sicher nicht: Sie wollen wissen, ob sie mit Aussicht auf Erfolg – neben der Unterlassungs- und Schadensersatzklage – schon *jetzt* die Einstellung des Kirmeslärms verlangen können und welchen Weg sie hierzu beschreiten müssen.

Folgende Besonderheiten sind zu beachten:

Erste Besonderheit: Der einstweilige Rechtsschutz (Arrest und einstwei- **112**
lige Verfügung) ist *neben* dem ordentlichen *Klageverfahren* ohne weiteres zulässig, so daß es zur *Doppelspurigkeit* kommen kann. Das Klageverfahren nennt man in solchen Fällen „Hauptsache", weil es zur endgültigen Klärung der Rechtsbeziehungen zwischen den Parteien führt. Damit der Antragsteller aber schon jetzt vorläufige (einstweilige) Hilfe erhält, muß er den Weg des einstweiligen Rechtsschutzes beschreiten.

Zweite Besonderheit: Beim einstweiligen Rechtsschutz gibt es *zwei* un- **113**
terschiedliche *Verfahren:* einerseits den Arrest, andererseits die einstweilige Verfügung. Worin besteht nun der Unterschied? Der *Arrest* dient der Sicherung von *Geldforderungen* (§ 916 I ZPO), die *einstweilige Verfügung* der *Sicherung anderer Ansprüche*[2]. § 916 I ZPO spricht auch von einem Anspruch, der in eine Geldforderung übergehen kann. Dies ist jeder vermögensrechtliche Anspruch im Fall seiner Nicht- oder Schlechterfüllung. Solange also die Leistung (z.B. Herausgabe einer bestimmten Sache) möglich ist, hat der Gläubiger die Wahl, ob er diesen Anspruch durch einstweilige Verfügung oder aber den Geldanspruch im Wege des Arrestes geltend machen will. Mit anderen Worten gesagt, soll der Arrest den *Vermögenswert* einer Leistung, die einstweilige Verfügung aber die *Leistung selbst* sichern[3].

Als *Faustregel* sollte man sich merken, daß bei Unterlassungs- und Duldungsansprüchen (§ 12 Satz 2, § 862 I 2, § 1004 I 2 BGB[4]) die Frage nach der *einstweiligen Verfügung* besonders naheliegt, während bei Geldforderungen die Beantragung des *Arrestes* häufig nicht anzuraten ist, weil die Arrestgründe seltener vorliegen. An die *Leistungs-*

---

[2] Zum Beispiel: Ansprüche auf Herausgabe von Sachen, auf Übertragung von Rechten, auf Abgabe einer Willenserklärung, also Ansprüche, die der Individualvollstreckung (u. Rn. 373–387) unterliegen.

[3] *Rosenberg/Gaul/Schilken,* § 76 II 1.

[4] Zur Unterlassungs- und Duldungsklage Stein/Jonas/*Schumann,* Rn. 8ff. vor § 253; *Blomeyer,* § 35 IV.

verfügung (Befriedigungsverfügung)[5] ist stets zu denken, wenn der Kläger die Klageforderung für seinen Lebensunterhalt dringend benötigt.

114 *Dritte Besonderheit: Wahlweise Zuständigkeiten.* Beim *Arrestverfahren* hat der Antragsteller eine über § 35 ZPO hinausgehende Wahlmöglichkeit. Neben dem Gericht der Hauptsache kann er auch das nach § 919 ZPO zuständige *Amts*gericht anrufen, und zwar ohne Rücksicht auf den Streitwert. Eine Definition für das Gericht der Hauptsache gibt § 943 ZPO. Im Verfahren *der einstweiligen Verfügung* ist gemäß § 937 I ZPO zunächst nur das Hauptsachegericht berufen. Daneben eröffnet § 942 ZPO in dringenden Fällen wiederum eine Zuständigkeit des Amtsgerichts der belegenen Sache. Es muß also eine besondere Dringlichkeit gegeben sein, die über die Eilbedürftigkeit, die dem Verfahren des einstweiligen Rechtsschutzes ohnehin zu eigen ist, hinausgeht[6]. Anders als beim Arrest ist das Amtsgericht der belegenen Sache nur für die in § 942 ZPO genannten Maßnahmen zuständig.

115 *Vierte Besonderheit:* Der Bearbeiter einer Klausur aus dem einstweiligen Rechtsschutz muß die besondere *Terminologie* kennen, die sich auf die Voraussetzungen des einstweiligen Rechtsschutzes bezieht. Einstweiliger Rechtsschutz wird nur gegeben, wenn besondere Voraussetzungen vorhanden sind; man nennt diese Voraussetzungen *„Arrestgrund"* oder *„Verfügungsgrund"*. Vom Arrestgrund (Verfügungsgrund) ist der *„Arrestanspruch"* oder *„Verfügungsanspruch"* zu trennen. Arrest*anspruch* (Verfügungs*anspruch*) ist der zu sichernde materiell-rechtliche Anspruch; Arrest*grund* (Verfügungs*grund*) ist die Tatsache, die ein schnelles Handeln des Gerichtes erforderlich macht. Die gesetzlichen Regelungen hierfür sind die §§ 917, 918 ZPO[7] und §§ 935, 940 ZPO[8].

116 *Fünfte Besonderheit:* Arrestgrund (Verfügungsgrund) und Arrestanspruch (Verfügungsanspruch) müssen nicht voll bewiesen werden; es genügt vielmehr *Glaubhaftmachung* (§ 920 II, § 936 ZPO). Glaubhaftmachung ist eine erleichterte Art der Beweisführung (§ 294 ZPO). Der Antragsteller muß dem Gericht nicht den vollen Beweis erbringen; es genügt vielmehr die überwiegende Wahrscheinlichkeit[9]. Der Gläubiger ist nicht an die in der ZPO genannten Beweisformen gebunden; vor allem die eidesstattliche Versicherung (vgl. § 294 I ZPO) spielt eine große Rolle.

Da der Antragsteller insbesondere den Arrestanspruch (Verfügungsanspruch) nicht voll beweisen muß, sondern bloß glaubhaft zu machen hat, erhält er in aller Regel sehr schnell eine Entscheidung. Dies ist ja auch der Zweck des vorläufigen Rechtsschutzes:

---

[5] Zu ihr u. Rn. 120.

[6] Stein/Jonas/*Grunsky*, § 942 Rn. 2.

[7] Als typische Beispiele aus der Praxis seien Vermögensverschlechterung des Schuldners oder drohende Flucht ins Ausland genannt.

[8] Häufiger Fall in der Praxis: Verbot, eine Behauptung öffentlich zu verbreiten, z.B. in Presse oder Rundfunk.

[9] Stein/Jonas/*Leipold*, § 294 Rn. 6.

Der Antragsteller soll *einstweilen* einen Arrest oder eine Verfügung erhalten. Dies wäre unmöglich, wenn er (wie im Hauptsacheverfahren) voll den Beweis erbringen müßte.

Sechste Besonderheit: Der *Arrest* dient stets nur der *Sicherung,* niemals der Befriedigung. Die aufgrund eines Arrestbeschlusses erfolgte Pfändung kann also niemals zur Verwertung führen. Diese wichtige Regel ist konsequent; denn mit dem Arrest soll ja durch einstweilige Maßnahmen nur verhindert werden, daß dem Antragsteller ein Nachteil entsteht. Die Sicherstellung (Pfändung = Arrest) der Sachen bietet hinreichenden Schutz. Eine Verwertung ist nicht möglich. Will der Antragsteller die Verwertung, muß er im Hauptsacheprozeß klagen und dort ein obsiegendes Urteil erhalten. 117

Siebte Besonderheit: Der Arrest spaltet sich auf in den persönlichen Arrest und den dinglichen Arrest. Der Normalfall ist der *dingliche Arrest* (§ 917 ZPO)[10]. Seine Vollziehung richtet sich nach §§ 928–932 ZPO. Der weitergehende *persönliche Arrest* ist demgegenüber nur unter strengen Voraussetzungen zulässig (§ 918 ZPO)[11]. Es muß also ein anderes Sicherungsmittel, insbesondere der dingliche Arrest, nicht ausreichend sein. Die Vollstreckung richtet sich nach § 933 ZPO. 118

Achte Besonderheit: Auch die *einstweilige Verfügung* ist wie der Arrest nur auf *Sicherung,* nicht auf Befriedigung gerichtet. Auch hier gilt zunächst der Grundsatz, daß derjenige Antragsteller, der die Befriedigung seines Anspruches will, im Hauptsacheverfahren zu klagen hat und erst aufgrund eines vollstreckbaren Titels die Befriedigung durchzusetzen vermag. Doch zeigen sich hier bereits fließende Grenzen. So ist mit Sicherheit eine einstweilige Verfügung, die dem Antragsgegner das Aufstellen einer Behauptung verbietet, für die Zeit ihrer Geltung insoweit eine Befriedigung, als während dieser Zeit tatsächlich der Antragsgegner die Behauptung nicht aufstellen darf. 119

Neunte Besonderheit: Es gibt *drei Arten der einstweiligen Verfügung:* Sicherungsverfügung, Regelungsverfügung und Leistungs- (Befriedigungs-)Verfügung. Im einzelnen handelt es sich um folgende Verfügungsarten: 120

Sicherungsverfügung (§ 935 ZPO): Hierunter fallen vor allem Ansprüche auf eine individuelle Leistung, z. B. Herausgabe einer Sache.

Regelungsverfügung (§ 940 ZPO): Voraussetzung ist ein „streitiges Rechtsverhältnis". Beispiele bilden die einstweilige Regelung gesellschaftsrechtlicher Vertretungs- und Geschäftsführungsbefugnisse oder der Modalitäten bei miet- oder nachbarrechtlichen Beziehungen oder eines Arbeitsverhältnisses.

---

[10] **Beispiel:** Pfändung von Sachen. (Dabei aber keine Verwertung, o. Rn. 117).

[11] Das Gericht kann entweder Haft (§§ 901, 904–913 ZPO) oder weniger einschneidende Maßnahmen anordnen, z. B. Hausarrest, Meldepflicht, Wegnahme von Ausweispapieren.

Wenn sich der Bearbeiter einer Klausur nicht sicher ist, welche dieser beiden Verfügungsarten vorliegt, sollte er zur Klärung nicht allzu viel Zeit verwenden. Die Grenzziehung ist unscharf und ohne praktische Relevanz[12], da sich der Inhalt in jedem Fall nach § 938 ZPO richtet.

Leistungsverfügung (Befriedigungsverfügung): Diese – gesetzlich nicht geregelte – dritte Art der einstweiligen Verfügung ist in Rechtsfortbildung und in Analogie zu verschiedenen gesetzlichen Vorschriften (z.B. § 1615o BGB, § 620 Nr. 4 und 6, § 641d ZPO, § 85 PatG, § 20 GebrMG, § 25 UWG) entwickelt worden. Sie spielt vor allem bei Unterhaltszahlungen eine Rolle. Die Besonderheit liegt darin, daß hier das Verfahren des einstweiligen Rechtsschutzes bereits zur Befriedigung (und nicht nur zur Sicherung) des Gläubigers führt. Daher ist hier eine genauere Prüfung der Rechtslage erforderlich.

121 *Zehnte Besonderheit: Hauptsacheverfahren nicht übersehen!* Sowohl der Arrest als auch die einstweilige Verfügung sind als einstweilige Verfahren nicht geeignet, eine endgültige Klärung der Streitfragen zwischen den Parteien herbeizuführen. Wenn es auch viele Fälle gibt, in denen bereits im summarischen (einstweiligen) Verfahren die Kontroversen zwischen den Parteien beseitigt werden, so ist stets an das Hauptsacheverfahren zu denken. Nach Erlaß des Arrestes oder der einstweiligen Verfügung kann das Gericht auf Antrag anordnen, daß Klage erhoben wird, damit im normalen streitigen Verfahren zwischen den Parteien die Rechtsfrage endgültig geklärt wird (§ 926 I ZPO).

122 *Elfte Besonderheit: Haftung nach § 945 ZPO.* Diese Vorschrift bestimmt als materielle Anspruchsgrundlage eine rigorose Verursachungshaftung, d.h. eine Haftung ohne Verschulden. Wird eine *ungerechtfertigte* Maßnahme angeordnet, kann dieser vorläufige Erfolg mit hohen Schadensersatzansprüchen erkauft sein, wenn dem Gegner ein Schaden entstanden ist[13].

§ 30. Prozeßkostenhilfe

Literatur: Verzeichnis der abgekürzt zitierten Literatur (S. XXIII) sowie *W. J. Friedrich*, Wie erhalte ich Prozeßkostenhilfe?, NJW 1995, 617–620.

---

[12] Stein/Jonas/*Grunsky*, Rn. 30 vor § 935.

[13] Ähnlich auch § 302 IV 3 ZPO bei der Vollstreckung aus einem Vorbehaltsurteil, § 600 II in Verbindung mit § 302 IV 3 ZPO beim Vorbehaltsurteil im Urkunden- und Wechselprozeß, § 641g ZPO für die Vollziehung aus einer einstweiligen Anordnung nach § 641d ZPO und § 717 II ZPO für die Vollstreckung aus dem nur vorläufig vollstreckbaren Urteil (zur vorläufigen Vollstreckbarkeit: o. Rn. 55 Fn. 3 und Rn. 68 Fn. 1). In die Verbindungslinien von Prozeßrecht und materiellem Recht führt die Frage, wann überhaupt die Inanspruchnahme prozessualer Mittel zum Schadensersatz verpflichtet: Hierzu näher *BGHZ* 36, 18 = JZ 1962, 94 mit Anm. *Baur* sowie – aber nur für Vorgerückte – *Henckel,* S. 248–307.

Wie schon mehrfach erwähnt, gewährt die ZPO der finanziell schwachen Partei (gleichgültig, ob Kläger oder Beklagter) die Prozeßkostenhilfe (o. Beispiel 4, Rn. 20 mit Fn. 7 und 8). Die Prozeßkostenhilfe (§ 114 ZPO) wird bewilligt aufgrund der wirtschaftlichen Verhältnisse der Partei und der Erfolgsaussicht (näher schon Rn. 20 Fn. 8)[1]. 123

Kommt der Bearbeiter einer Anwaltsklausur zum Ergebnis, daß die Voraussetzungen der Prozeßkostenhilfe gegeben sind, wird er raten, das Verfahren auf Bewilligung der Prozeßkostenhilfe einzuleiten. Im *Aufbau* empfiehlt es sich, erst nach der Behandlung der Zulässigkeit und Begründetheit der Klage auf die Prozeßkostenhilfe einzugehen. *Grund:* Die Bewilligung von Prozeßkostenhilfe setzt hinreichende Erfolgsaussichten der Klage voraus. Nachdem diese Aussichten aber bereits vorher behandelt wurden, kann sich der Verfasser hier auf die Voraussetzungen der Prozeßkostenhilfe konzentrieren. Bei einem anderen Aufbau müßte inmitten der Behandlung der Prozeßkostenhilfe jetzt die gesamte Zulässigkeit und Begründetheit der Klage geprüft werden, womit letztlich die gesamte Bearbeitung nur als „Prozeßkostenhilfeklausur" erschiene.

Wichtig ist, daß der Bearbeiter nicht übersieht, daß mit der Abweisung eines Antrags auf Bewilligung der Prozeßkostenhilfe nur feststeht, daß der Kläger oder der Beklagte, der den Antrag stellte, die *Prozeßkostenhilfe* nicht erhält. Über die *Hauptsache* ist damit nicht entschieden, und zwar selbst dann nicht, wenn der Antrag auf Bewilligung der Prozeßkostenhilfe wegen fehlender Erfolgsaussichten der Klage oder der Verteidigung des Beklagten abgewiesen wurde[2].

Der Bearbeiter sollte ferner wissen, daß in der Praxis der Antrag auf Bewilligung der Prozeßkostenhilfe und die Klage häufig *gleichzeitig* eingereicht werden (damit das Gericht aus der Klageschrift die Erfolgsaussichten entnehmen kann und sich der Antrag auf Bewilligung der Prozeßkostenhilfe deshalb auf die Klage beziehen kann). Da aber eine bedingte Klageerhebung unzulässig ist, führt die richtige Behandlung dieses gleichzeitigen Einreichens immer zu Schwierigkeiten, weil der Kläger häufig die Klage nur erheben will, wenn er Prozeßkostenhilfe erhält, andererseits aber mit seiner Klage Fristen wahren will[3].

§ 31. Das Mahnverfahren

Literatur: Verzeichnis der abgekürzt zitierten Literatur (S. XXIII) sowie *D. Coester-Waltjen,* Das Mahnverfahren nach der Reform durch das Rechtspflege-Vereinfachungsgesetz, Jura 1991, 660–662.

Jährlich werden in Deutschland etwa 5 Millionen Mahnverfahren (§§ 688 ff. ZPO) eingeleitet. In einem bemerkenswerten Gegensatz zu dieser großen Zahl steht die Unkenntnis der Examenskandidaten über das Mahnverfahren. Folglich finden sich in vielen Bearbeitungen weder 124

---

1 Zur Vertiefung: *Friedrich,* NJW 1995, 617 ff. Neben der Prozeßkostenhilfe spielen zur Verminderung der Kostenbelastung der Parteien auch *Streitwertherabsetzungen* eine große Rolle. Sie kommen nur in handelsrechtlichen Fällen in Betracht. Zur Vertiefung: Stein/Jonas/*Schumann,* Einleitung Rn. 534.

2 Die in § 318 ZPO ausgesprochene innerprozessuale Bindung gilt *nicht* zwischen Prozeßkostenhilfeverfahren und Klage.

3 Näher: Stein/Jonas/*Bork,* § 117 Rn. 24–28.

Ausführungen zu der Möglichkeit der Beantragung eines Mahnbescheids noch richtige Antworten, wenn einmal Probleme des Mahnverfahrens behandelt werden[1].

Das Mahnverfahren ist für Antragsteller (so heißt in diesem Verfahren der „Kläger" – es ist ja keine Klage) und Antragsgegner (so heißt der „Beklagte") *schneller* (keine mündliche Verhandlung) und *billiger* (halbe Verfahrensgebühr: Nr. 1100 der Anlage 1 zum GKG [Kostenverzeichnis] und geringere Anwaltsgebühren[2]: Nr. 3305 der Anlage 1 zum RVG). Gerade bei eindeutiger Rechtslage, wo der Schuldner nur zahlungsunwillig ist, wird man zum Mahnbescheid raten. Noch mehr ist zu ihm zu raten, wenn die Gefahr der Insolvenz oder der Abreise ins Ausland[3] droht. Bis ein Urteil ergeht, aus dem der Kläger endlich vollstrecken kann, ist längst das Insolvenzverfahren eröffnet oder die wertvollen Gegenstände sind schon von anderen Gläubigern gepfändet. Im Mahnverfahren erhält der Gläubiger sehr schnell einen vorläufig vollstreckbaren Titel, den *Vollstreckungsbescheid* (§ 794 I Nr. 4 ZPO), der einem für vorläufig vollstreckbar erklärten Versäumnisurteil gleichsteht (§ 700 I ZPO), so daß aus ihm regelmäßig ohne vorherige Erteilung einer Vollstreckungsklausel (§ 796 I ZPO) und ohne Sicherheitsleistung (§ 708 Nr. 2 ZPO) vollstreckt werden kann.

I. Zuständigkeit für den Erlaß des Mahnbescheids

125 Hier bestehen zwei bedeutsame Abweichungen gegenüber dem normalen streitigen Verfahren: *Sachlich* ist das *Amtsgericht ausschließlich* zuständig (§ 689 I, II ZPO), also ohne Rücksicht auf den Wert des Streitgegenstandes. *Örtlich* ist das Heimatgericht (Wohnsitzgericht) des *Antragstellers* zuständig (§ 689 II ZPO)[4], während sich sonst in der ZPO (unten Rn. 181) regelmäßig die örtliche Zuständigkeit nach dem Wohnsitz des Beklagten richtet (§§ 12, 13 ZPO, „actor sequitur forum rei").

Beispiel 56: Autohändler *Beule* aus Hamburg verkauft einen PKW an Kaufmann *Raser* aus München. Die Vertragsparteien vereinbaren Zahlung des Kaufpreises nach zwei Monaten sowie als Gerichtsstand (in zulässiger Weise, § 38 I ZPO, u. Rn. 216 bei Fn. 37) Hamburg. Da *Raser* nicht bezahlt, beantragt *Beule* über den Kaufpreis von 15.000,– € einen Mahnbescheid. Er kann diesen Antrag in zulässiger Weise *nur* beim *AG Hamburg* als *seinem* Heimatgericht stellen (trotz der Gerichtsstandvereinbarung, trotz des Streitwerts, trotz des Wohnsitzes des *Raser* in München)! Das Mahnverfahren bietet sich vor allem dann an, wenn *Raser* zahlungsunwillig ist und *Beule* schnell einen Vollstreckungstitel erhalten will.

---

[1] Eingehend: *Rosenberg/Schwab/Gottwald,* § 163.

[2] Die Anwaltsgebühren lassen sich sogar ganz vermeiden, wenn der Antragsteller das Formular selbst einreicht. Es besteht auch bei Streitwerten, für die im Klageverfahren das LG zuständig wäre, kein Anwaltszwang!

[3] Bei solchen Fällen *vorher* natürlich einstweiligen Rechtsschutz (z.B. § 917 II ZPO!) prüfen.

[4] Soweit allerdings ein Land die Mahnsachen einem *überörtlichen (zentralen) Mahngericht* zugewiesen hat, ist dieses Gericht zuständig, vgl. die Ermächtigung in § 689 III 1 ZPO und hierzu die Fußnote im *Schönfelder* zu § 689 III ZPO, z.B. § 6 Bayerische Gerichtliche Zuständigkeitsverordnung Justiz, abgedruckt in *Ziegler/Tremel,* Verwaltungsgesetze des Freistaates Bayern, Nr. 297 (AG Coburg).

II. Verfahren

126 Der vorgeschriebene Inhalt des Mahnantrags ergibt sich aus § 690 ZPO. Der funktionell zuständige Rechtspfleger (§ 20 Nr. 1 RPflG) prüft nur die Zulässigkeit des Mahnverfahrens gemäß § 691 I ZPO. Eine *Schlüssigkeitsprüfung* findet *nicht* statt. Bei zulässigem Mahnantrag ergeht ein Mahnbescheid, dessen Inhalt sich nach § 692 ZPO richtet.

III. Widerspruch gegen den Mahnbescheid

127 Dem Antragsgegner steht als Rechtsbehelf gegen den Mahnbescheid der *Widerspruch* zur Verfügung (§ 694 ZPO). Bei rechtzeitigem[5] Widerspruch verliert der Mahnbescheid seine Kraft, und ein Vollstreckungsbescheid darf nicht mehr ergehen (§ 694 I ZPO). Jetzt kann jede der beiden Parteien das Verfahren weiterbetreiben mit dem Antrag[6] auf Durchführung des streitigen Verfahrens (§ 696 I ZPO).

Im Beispiel 56 ist davon auszugehen, daß *Beule* – aufgrund der Gerichtsstandvereinbarung – als Streitgericht im Sinne von § 690 I Nr. 5 ZPO das *LG Hamburg* benannt hat[7]. Dann würde das *AG Hamburg* die Akten an das *LG Hamburg* schicken. Mit dem Eingang der Akten beim Empfangsgericht ist das *Mahnverfahren* beendet, und der Rechtsstreit gilt als dort anhängig (§ 696 I 4 ZPO). Gemäß § 696 III ZPO gilt die Streitsache bei alsbaldiger[8] Abgabe als rechtshängig seit Zustellung des Mahnbescheids.

---

[5] Der Widerspruch wird entweder auf einem – dem Mahnbescheid beiliegenden – *Formblatt* schriftlich oder zu Protokoll des Urkundsbeamten der Geschäftsstelle mündlich erhoben (§ 692 I Nr. 5, § 702 I, § 129a ZPO). Solange der Vollstrekkungsbescheid nicht verfügt ist, kann Widerspruch erhoben werden (§ 694 I ZPO) Die Frist von zwei Wochen seit Zustellung des Mahnbescheids, die in § 692 I Nr. 3 ZPO genannt ist, stellt daher keine Ausschlußfrist dar.

[6] Der Antragsteller kann diesen Antrag schon in den Mahnantrag aufnehmen (§ 696 I 2 ZPO), der Antragsgegner kann ihn mit dem Widerspruch verbinden. Wird kein Antrag gestellt, tritt ein tatsächlicher Stillstand des Verfahrens ein.

[7] Mit Angabe des *LG Hamburg* im Antrag auf Erlaß des Mahnbescheides hat *Beule* sein bei mehreren Gerichtsständen (hier wäre nach § 12 ZPO noch das LG München möglich gewesen) gegebenes Wahlrecht nach § 35 ZPO ausgeübt. Diese Wahl ist mit Zustellung des Mahnbescheides unwiderruflich geworden – vorbehaltlich eines hier nicht gegebenen übereinstimmenden abweichenden Verlangens beider Parteien nach § 696 I 1 ZPO, vgl. *BGH* NJW 1993, 1273.

[8] Danach hat es also der Antragsteller in der Hand, durch baldige Zahlung des restlichen Gerichtskostenvorschusses die Rechtshängigkeit und deren materiellrechtliche Wirkungen herbeizuführen (z.B. Prozeßzinsen gemäß § 291 BGB). Wird nicht „alsbald" abgegeben, tritt die Rechtshängigkeit ex nunc nach den allgemeinen Regeln ein, d.h. bei Zustellung der Anspruchsbegründung gemäß § 697 I, § 271 ZPO an den Beklagten (§ 261 I, § 253 I ZPO). „Alsbald" ist zu verstehen wie „demnächst" in § 167 ZPO und bedeutet in angemessener Frist, sofern der Antragsteller alles ihm zumutbare für die baldige Abgabe getan hat (vgl. *Thomas/Putzo*, § 696 Rn. 12 und § 167 Rn. 10ff.).

Der Widerspruch gegen den Mahnbescheid hat zwei *Besonderheiten,* die beliebter Prüfungsstoff sind: Da das Gesetz eine zweiwöchige Frist nennt, innerhalb der zu widersprechen ist (§ 692 I Nr. 3 ZPO), meinen Examenskandidaten immer wieder, ein später eingelegter Widerspruch sei „unzulässig". Sie übersehen die Sonderregelung des § 694 I ZPO: Nach ihr ist nämlich der Widerspruch zulässig, „solange der Vollstreckungsbescheid nicht verfügt ist", d.h. die Frist für den Widerspruch endet nicht nach zwei Wochen, sondern erst mit dem Erlaß der Vollstreckungsbescheids. Zu dieser Besonderheit gesellt sich eine *zweite Eigentümlichkeit:* Falls der Widerspruch deshalb verspätet ist, weil der Vollstreckungsbescheid schon erlassen war, wird er ebenfalls nicht etwa als „unzulässig" angesehen, sondern gemäß § 694 II 1 ZPO von Gesetzes wegen in einen *Einspruch* gegen den Vollstreckungsbescheid *umgedeutet.* Einen wegen Verspätung unzulässigen Widerspruch gegen den Mahnbescheid gibt es daher nicht!

IV. Vollstreckungsbescheid

128 Hat der Antragsgegner keinen Widerspruch gegen den Mahnbescheid erhoben und stellt der Antragsteller einen Antrag auf Erlaß eines Vollstreckungsbescheids, erläßt diesen das Mahngericht antragsgemäß. Der von Amts wegen zuzustellende Vollstreckungsbescheid (§ 699 IV 1 ZPO) steht in seinen Wirkungen einem für vorläufig vollstreckbar erklärten Versäumnisurteil gleich (§ 700 I ZPO)[9].

V. Der Einspruch gegen den Vollstreckungsbescheid

129 Der Vollstreckungsbescheid kann (wie ein Versäumnisurteil) *innerhalb von zwei Wochen* ab Zustellung mit dem *Einspruch* angefochten werden (§ 700 III, § 340 I, II ZPO).

Geht ein Einspruch ein, gibt das Mahngericht *von Amts wegen* – ohne daß es, wie beim Widerspruch, eines ausdrücklichen Antrags einer der Parteien bedürfte – den Rechtsstreit an das im Mahnbescheid bezeichnete Empfangsgericht ab (§ 700 III 1 ZPO). Damit ist das Mahnverfahren beendet, die Sache beim Empfangsgericht anhängig und das streitige Verfahren eröffnet. Das Empfangsgericht stellt dem bisherigen Antragsteller – jetzt „Kläger" – die Einspruchsschrift von Amts wegen zu und teilt ihm mit, wann der Vollstreckungsbescheid dem Beklagten zugestellt worden ist, und wann der Einspruch des Beklagten bei Gericht eingegangen ist, damit der Kläger seinerseits die Zulässigkeit des Einspruchs überprüfen kann (§ 340a ZPO). Gleichzeitig fordert das Gericht den Kläger auf, seinen Anspruch zu begründen[10] (§ 700 III 2,

---

[9] Die Vollstreckbarkeit des Titels wird durch Einlegung eines zulässigen Einspruchs nicht beseitigt. Allerdings kann der Antragsgegner die einstweilige Einstellung der Zwangsvollstreckung gemäß § 719 I, § 707 I ZPO – sinnvollerweise verbunden mit der Einspruchseinlegung – beantragen.

[10] Das Empfangsgericht prüft aber zunächst die Zulässigkeit des Einspruchs. Bei Unzulässigkeit erfolgt die Verwerfung des Einspruchs ohne mündliche Verhandlung (§ 341 II ZPO). In diesem Fall unterbleibt die Aufforderung an den Kläger zur Anspruchsbegründung.

§ 697 I ZPO). Das weitere Verfahren ist das gleiche wie bei Einlegung eines Widerspruchs (o. Rn. 127).

Im *Aufbau* folgt die Klausurbearbeitung derselben Technik wie bei einem Fall aus dem Versäumnisverfahren. An der *Spitze* steht deshalb die Frage nach der *Zulässigkeit des Einspruchs* gegen den Vollstreckungsbescheid[11]. Dann folgt die Prüfung der Zulässigkeit der Klage (Sachurteilsvoraussetzungen), hierauf die Untersuchung der Begründetheit der Klage. Durch die Einlegung des Einspruchs wird der Vollstreckungsbescheid nicht etwa kraftlos (wie der Mahnbescheid nach Widerspruchseinlegung), sondern existiert als Vollstreckungstitel fort. Die Entscheidung des Gerichts lautet daher *entweder* auf Aufrechterhaltung des Vollstreckungsbescheids *oder* Aufhebung unter gleichzeitiger Abweisung der Klage[12] (§ 343 ZPO). Zur Frage der *Rechtskraft* von Vollstreckungsbescheiden u. Rn. 351 und 352 Fn. 7.

§ 32. Besondere Verfahrensarten

Literatur: Verzeichnis der abgekürzt zitierten Literatur (S. XXIII) sowie *A. Hövelberndt,* Grundzüge des Urkunden-, Wechsel- und Scheckprozesses, JuS 2003, 1105–1111.

I. Der Urkunden- und Wechselprozeß

Der Urkunden- und Wechselprozeß (§§ 592–605 a ZPO) bietet dem Inhaber von Schuldurkunden (z.B. nach §§ 780, 781 BGB), Wechseln oder Schecks die Möglichkeit, in einem beschleunigten Verfahren, in dem die Parteien auf die *Beweismittel des Urkundenbeweises* und der *Parteivernehmung* beschränkt sind (§ 595 II ZPO), schnell zu einem vorläufig vollstreckbaren Titel zu kommen. Der Beklagte wird in diesem Verfahren nur mit solchen Einwendungen gehört, die er mit den soeben genannten Beweismitteln beweisen kann (§ 598 ZPO). Seinen auf andere Beweismittel gestützten Einwendungen wird aber dadurch Rechnung getragen, daß das Gericht lediglich ein *Vorbehaltsurteil* erläßt (§ 599 I ZPO). Das ist zwar ein Endurteil, es ergeht aber unter der auflösenden Bedingung einer anderweitigen Entscheidung im Nachverfahren (§ 600 I, II ZPO)[1]. 130

---

[11] Also keine „Begründetheitsprüfung" des Einspruchs! (vgl. oben Fn. 10). Der Einspruch gegen einen Vollstreckungsbescheid zielt nur darauf ab, das Verfahren in die Lage vor Erlaß des Vollstreckungsbescheids zurückzuversetzen (§ 700 I, § 342 ZPO).

[12] Ist der Vollstreckungsbescheid nur *teilweise* richtig, wird er nicht aufgehoben und als Endurteil neu erlassen, sondern er wird aufrechterhalten unter Abänderung der Formel. Damit wird der Verlust des bereits erreichten Vollstreckungsrangs vermieden (§§ 776, 775 Nr. 1 ZPO), vgl. Zöller/*Herget,* § 343 Rn. 3.

[1] Eine gute Einführung geben *Rosenberg/Schwab/Gottwald,* § 162 sowie *Hövelberndt,* JuS 2003, 1105 ff. Zum Übergang vom ordentlichen Verfahren in den Urkundenprozeß *BGH* NJW 1977, 1883.

Der Inhaber einer Schuldurkunde kann auch in dem besonders ausgestalteten Mahnverfahren nach § 703 a ZPO einen *Urkunden-, Wechsel- oder Scheckmahnbescheid* erlangen. Erhebt der Antragsgegner dagegen rechtzeitig Widerspruch, so wird die Streitsache im Urkunden-, Wechsel- oder Scheckprozeß anhängig (§ 703 a II Nr. 1 ZPO).

II. Die besonderen Verfahren des Sechsten Buches der ZPO

131 Das Sechste Buch der ZPO enthält vier besondere Verfahrensarten, die zwar nicht zum Kernwissen für das 1. Staatsexamen gehören, aber deren Existenz und Funktion der Kandidat kennen sollte.

1. Verfahren in Familiensachen (§ 606–§ 632 ZPO)[2]

Dazu gehören die *Ehesachen* (Scheidung, Aufhebung einer Ehe, Feststellung des Bestehens oder Nichtbestehens einer Ehe, Herstellung des ehelichen Lebens), gemäß der *Legaldefinition* in § 606 I ZPO, und die „anderen Familiensachen", die im Katalog des § 621 I ZPO aufgeführt sind (Unterhaltspflicht der Ehegatten untereinander und gegenüber Kindern, Versorgungsausgleich, Regelung der elterlichen Sorge etc.). Eine *Legaldefinition* der *Familiensachen* ist in § 23 b I 2 GVG enthalten.

2. Verfahren in Kindschaftssachen (§ 640–§ 641 i ZPO)

Die Kindschaftssachen sind in § 640 II ZPO *legaldefiniert.* Sie betreffen den familienrechtlichen Status eines Kindes (Kindschaftsverhältnis, Vaterschaftsanfechtung, Bestehen der elterlichen Sorge).

3. Verfahren in Unterhaltssachen (§ 642–§ 660 ZPO)

§ 645 I ZPO ermöglicht die Abänderung von Unterhaltstiteln zur Anpassung an geänderte wirtschaftliche Verhältnisse in einem vereinfachten Antragsverfahren vor dem Rechtspfleger. Soweit dieses Verfahren anwendbar ist, fehlt für eine Abänderungsklage gemäß § 323 ZPO das Rechtsschutzbedürfnis[3].

4. Verfahren in Lebenspartnerschaftssachen (§ 661 ZPO)

Für die Lebenspartnerschaftssachen, die in § 661 I ZPO aufgelistet sind, verweist § 661 II ZPO auf die entsprechende Anwendung bestimmter für Familiensachen geltende Vorschriften.

---

[2] Überblick bei *Lüke,* ZPR, §§ 46 f.

[3] Vgl. *Thomas/Putzo,* § 323 Rn. 14.

9. Kapitel. Klageerhebung und Vorbereitung des Haupttermins

Literatur zu §§ 33–36: Verzeichnis der abgekürzt zitierten Literatur (S. XXIII) sowie *J. Damrau/K. Schellhammer,* Die Behandlung verspätet vorgebrachter Angriffs- und Verteidigungsmittel im Gutachten, JuS 1984, 203–205; *K. G. Deubner,* Zurückweisung verspäteten Vorbringens als Rechtsmißbrauch, NJW 1987, 465–468; *M. Huber,* Verfahren und Urteile erster Instanz nach dem Zivilprozeßreformgesetz (ZPO-RG), JuS 2002, 483–489, 593–597, 690–693, 791–797; *W. Lüke,* 20 Jahre Vereinfachungsnovelle – Versuch einer Reform des Zivilverfahrens, JuS 1997, 681–686.

§ 33. Klage und Vorbereitung des Haupttermins

I. Die Klageschrift

Da der Prozeß vom Antragsgrundsatz beherrscht ist, verlangt er eine **132** Einleitung[1]. Sie ist – um der Rechtssicherheit und Rechtsklarheit willen – formalisiert *(„förmliche Einleitung“),* in aller Regel also schriftlich[2]. Ebenso ist die Schriftform die gesetzliche Regel[3], damit für alle Prozeßbeteiligten festgehalten ist, wer Kläger und Beklagter ist und was Streitgegenstand des Prozesses sein soll; in der Praxis ist sie die fast ausnahmslos gebräuchliche Form. Beim Klageverfahren spricht man von der *Klage* (Klageschrift), bei anderen Verfahren vom *Gesuch* (Arrestgesuch [§ 920 ZPO], Gesuch um einstweilige Verfügung [§§ 936, 944

---

[1] Zum Antragsgrundsatz o. Rn. 43.

[2] Im Gegensatz zu *vorbereitenden* Schriftsätzen (§ 129 ZPO) kündigen *bestimmende* Schriftsätze ein Vorbringen nicht nur an, sondern enthalten Parteierklärungen. Mit ihrer Einreichung oder Zustellung ist die Parteihandlung vollzogen. Zur Vertiefung *Thomas/Putzo,* § 129 Rn. 1–14.

[3] Im amtsgerichtlichen Prozeß können die Klage und sonstige Erklärungen, die dem Gegner zugestellt werden sollen, auch *mündlich* zu Protokoll der Geschäftsstelle angebracht werden (§ 496 ZPO). Zur Aufnahme eines solchen Protokolls ist nicht nur das zuständige, sondern *jedes* AG verpflichtet (§ 129a ZPO). Von dieser Möglichkeit der Klageeinreichung wird aber in der Praxis der Amtsgerichte kaum Gebrauch gemacht. – Das Gesetz über die elektronische Justizkommunikation (JKomG) vom 22. März 2005 hat umfassende Voraussetzungen für den Einsatz moderner Kommunikationsmittel in Gerichtsverfahren geschaffen. So bedarf es bei *elektronischer Klageeinreichung* keiner Beifügung von Abschriften (§ 253 V 2 ZPO), ebensowenig bei einer *elektronischen Einspruchsschrift* (§ 340a Satz 4 ZPO). Die Prozeßakten können auf diese Weise *elektronisch* geführt werden (§§ 298a, 299a ZPO), soweit die Bundesregierung oder die jeweilige Landesregierung durch Verordnung den Zeitpunkt der Zulassung und der geforderten Form der elektronischen Dokumente für ihren Bereich bestimmt (§ 130a II ZPO). Gemäß § 130a I ZPO genügt die Aufzeichnung als elektronisches Dokument verbunden mit qualifizierter elektronischer Signatur nach dem SigG dem Schriftformerfordernis vorbereitender (und bestimmender) Schriftsätze.

ZPO]) oder auch nur vom *Antrag* (Mahnantrag[4] [§ 690 ZPO], Antrag auf Bewilligung der Prozeßkostenhilfe [§ 117 ZPO], Antrag auf Scheidung [§ 622 ZPO], Antrag auf gerichtliche Entscheidung[5]).

Die ZPO enthält für diese verfahrenseinleitende Handlung unterschiedliche, aber jeweils sehr genaue Vorschriften (§ 253 II, § 117 I 2, II, § 690 ZPO). Werden sie nicht eingehalten, ist die Einleitungsschrift „nicht ordnungsgemäß". Viele Klausuren beschäftigen sich mit solchen nicht ordnungsgemäßen Anträgen. Die Lösungen sind ihrerseits nicht ordnungsgemäß, wenn die Verfasser die gängigen Probleme über den notwendigen Inhalt einer Klageschrift nicht kennen. Hierzu gehören etwa die Ausnahmen vom Antragsgrundsatz, die schon in Rn. 54ff. behandelt wurden. Der Streit[6] um die Individualisierungs- oder Substantiierungstheorie ist zwar längst überholt, wird aber immer wieder einmal im Examen geprüft und muß deshalb dem Studenten bekannt sein.

Wenn man die nicht ordnungsgemäße Klage behandelt, muß man für einen Augenblick in die Lehre von den Prozeßhandlungen – die unten in den Rn. 230ff. behandelt wird – einsteigen. Ein häufiger Fehler ist nämlich das Übersehen der *Heilungsmöglichkeiten.* Einen gesetzlichen Fall solch späterer „Heilung" einer unbestimmten Klage zeigte bereits die Stufenklage[7]. Bei ihr hat der Kläger die Möglichkeit, die Bestimmtheit erst am Ende des Prozesses herzustellen. Diese Regelung soll daran erinnern, daß zahlreiche Fehler der Klage „geheilt" werden können. So kann die fehlende Unterschrift nachgeholt werden; auch der Verlust des Rügerechts gemäß § 295 I ZPO vermag eine „Heilung" von Mängeln zu bewirken.

Beispiel 57: In seiner Klage verlangt der Rechtsanwalt des *Klein* von Sohn *Sanft* „die Herausgabe des Rasenmähers".

Der Bearbeiter wird *gefragt,* welche Fehler der Anwalt gemacht hat.

Antwort: Sohn *Sanft* schuldet nicht die Herausgabe „eines" Rasenmähers, sondern die Herausgabe eines ganz *bestimmten,* nämlich des Herrn *Klein* gehörenden Rasenmähers. Der Antrag ist unbestimmt und auch materiell-rechtlich ungenau (man könnte an eine Gattungsschuld, § 243 BGB, denken), er entspricht nicht der Form des § 253 II Nr. 2 ZPO und ist deshalb unzulässig.

Wenn die Antwort mit diesem Ergebnis endet, zeigt der Verfasser, daß er den dynamischen Charakter des Prozeßrechts nicht verstanden hat. Er offenbart auch ein fehlendes praktisches Verständnis. *Es genügt nämlich nicht immer, ein Ergebnis einfach zu konstatieren.* Vielmehr ist

---

[4] Oben Rn. 124 und 126.

[5] Der ordentliche Rechtsweg bei Justizverwaltungsakten (§ 23 EGGVG) wird durch solch einen Antrag eingeleitet (§ 24 EGGVG). Zur Nachprüfung von Justizverwaltungsakten: Zöller/*Gummer,* § 23 EGGVG.

[6] Die Individualisierungstheorie verlangt nur die Bezeichnung des Rechtsverhältnisses (z. B. Darlehen), während die Substantiierungstheorie die Angabe von Tatsachen fordert, näher hierzu Stein/Jonas/*Schumann,* § 253 Rn. 125.

[7] Oben Rn. 58.

als echte Prüfungsleistung jetzt die weitere Antwort gefordert, ob denn nicht dieser Mangel geheilt werden kann[8]. Und dies ist hier leicht möglich (vgl. § 264 Nr. 1 ZPO): Der Kläger braucht nur in einem Schriftsatz zu präzisieren, daß er „die Herausgabe des Rasenmähers Marke Rotor, Fabrikat Teufel, Nr. 7623, Farbe Rot" fordert. Erst wenn der Kläger so töricht ist und keine Präzisierung, auch nicht in der mündlichen Verhandlung (§ 297 I 2 ZPO), vornimmt, wird die Klage mangels Zulässigkeit abgewiesen.

II. Klageerhebung im laufenden Prozeß

Kläger und Beklagter können während des Prozesses neue Ansprüche **133** im Wege der Klageänderung oder Widerklage geltend machen. Dafür stehen ihnen grundsätzlich zwei Wege zur Verfügung:

1. Durch *Einreichung eines Schriftsatzes* bei Gericht, der dem Gegner von Amts wegen zugestellt wird (§ 261 II 2. Alternative ZPO)[9].
2. Oder durch *Erhebung in der mündlichen Verhandlung* (§ 261 II 1. Alt. ZPO), wobei die Formen des § 297 I 2, 3 ZPO gewahrt werden müssen: Verlesung des Antrags aus einem (mitgebrachten) Schriftsatz und dessen Beifügung als Anlage zum Protokoll oder Erklärung des Antrags zu Protokoll, wenn dies der Vorsitzende gestattet.

III. Früher erster Termin oder schriftliches Vorverfahren als Vorbereitung des Haupttermins

Das Verfahren soll nach Möglichkeit in einem einzigen Haupttermin **134** zur Entscheidungsreife gelangen (so ausdrücklich § 272 I ZPO). Zur umfassenden Vorbereitung dieses Termins stehen dem Vorsitzenden oder dem Einzelrichter beim *AG*[10] gemäß § 272 II ZPO zwei Wege zur Verfügung: Er bestimmt entweder einen *frühen ersten Termin* (§ 275 ZPO) zur mündlichen Verhandlung oder veranlaßt ein *schriftliches Vorverfahren* (§ 276 ZPO)[11].

---

[8] Zu dieser „Verlängerungstechnik" o. Rn. 35ff.

[9] Auch für die erst während des Prozesses eingereichte Klage gelten § 253 I und § 261 I ZPO, d.h. erst durch Zustellung ist die Klage erhoben und rechtshängig. Sind die Parteien durch Anwälte vertreten, kann diese Art der Klage jedoch durch *Zustellung von Anwalt zu Anwalt* gemäß § 195 ZPO erhoben werden. Bei der den Prozeß eröffnenden Klageschrift ist dies jedoch nicht zulässig; sie wird gemäß § 271 I ZPO vom Gericht zugestellt.

[10] § 22 I GVG.

[11] Zwischen diesen Verfahrensweisen kann der Vorsitzende, außer in Ehe- und Kindschaftssachen, bei denen das schriftliche Vorverfahren nicht zur Anwendung kommt (§ 611 II, § 640 I ZPO), frei wählen. Eine nachträgliche Änderung dieser Entscheidung ist grundsätzlich möglich, Stein/Jonas/*Leipold*, § 272 Rn. 13; *Baumbach/Lauterbach/Albers/Hartmann*, § 272 Rn. 9; a.M. Zöller/*Greger*, § 272 Rn. 3; *Thomas/Putzo*, § 272 Rn. 2.

§ 34. Der frühe erste Termin

Der frühe erste Termin hat eine mehrfache Funktion.

I. Als Güteverhandlung

135 Wie jeder anderen mündlichen Verhandlung geht dem frühen ersten Termin grundsätzlich[1] eine *Güteverhandlung* „zum Zwecke der gütlichen Beilegung des Rechtsstreits oder einzelner Streitpunkte" voraus (§ 278 I ZPO). Erst wenn die Güteverhandlung nicht zu dieser Beilegung führt, kommt es möglichst unmittelbar zur *mündlichen Verhandlung* (§ 279 I ZPO).

Hinweis: Die Güteverhandlung als Teil des gerichtlichen Termins darf nicht verwechselt werden mit dem Einigungsverfahren vor einer *außergerichtlichen Gütestelle,* das der Landesgesetzgeber aufgrund der Ermächtigung in § 15a EGZPO eingerichtet hat (näher Rn. 223 mit Fn. 4). Ist ein solcher außergerichtliche Einigungsversuch allerdings erfolglos verlaufen, findet keine Güteverhandlung statt und der Termin beginnt sogleich mit der mündlichen Verhandlung (§ 278 II 1 ZPO).

II. Als Mündliche Verhandlung

135a Da nach dem Grundsatz des § 272 I ZPO jeder Rechtsstreit in der Regel in *einem* Termin zur mündlichen Verhandlung zu erledigen ist, zielt die Abhaltung des *frühen ersten Termins* ebenfalls auf die Beendigung des Prozesses ab. Die mündliche Verhandlung im frühen ersten Termin ist also kein bloßer „Vortermin", vielmehr ist der *frühe erste Termin* als vollwertiger Haupttermin gedacht: Er läuft daher wie ein Haupttermin (§ 279 ZPO) ab, und in ihm können alle Entscheidungen wie in einem Haupttermin ergehen[2].

Der Vorsitzende wird den Weg des *frühen ersten Termins* dann wählen, wenn die Sache besonderer Eile bedarf (wie z.B. bei Anträgen auf einstweilige Verfügung oder auf Arrest[3]) oder wenn eine umfangreiche schriftliche Vorbereitung nicht erforderlich ist (wie z.B. im Urkundenprozeß, oben Rn. 130) oder wenn sich eine unstreitige Erledigung durch Vergleich oder Klagezurücknahme anbietet[4].

136 Hat sich der Vorsitzende für den *frühen ersten Termin* entschieden, trifft er *eine Reihe von Vorbereitungsmaßnahmen* mit dem Blick darauf, den Rechtsstreit möglichst in diesem Termin beenden zu können.

---

[1] Erscheint eine Güterverhandlung „erkennbar aussichtslos", ist sie entbehrlich (§ 278 II 1 ZPO); ebenso nach einem Einigungsversuch vor einer außergerichtlichen Einigungsstelle (hierzu sogleich „Hinweis").

[2] *Thomas/Putzo,* § 275 Rn. 3.

[3] §§ 916ff., 935ff. ZPO, o. Rn. 110.

[4] Vgl. zu den Auswahlkriterien *Thomas/Putzo,* § 272 Rn. 3ff.; Zöller/*Greger,* § 272 Rn. 2; *Baumbach/Lauterbach/Albers/Hartmann,* § 272 Rn. 10f.; Stein/Jonas/*Leipold,* § 272 Rn. 8ff.

1. *Terminsbestimmung:* Sie erfolgt von Amts wegen (§ 216 I ZPO) und unverzüglich (§ 216 II ZPO).
2. *Zustellung der Klageschrift an den Beklagten:* Sie erfolgt ebenso von Amts wegen (§ 270 I ZPO) und unverzüglich (§ 271 I ZPO[5]). Mit der Zustellung der Klageschrift wird der Beklagte in Prozessen *vor dem Landgericht* aufgefordert, einen Rechtsanwalt zu bestellen (§ 271 II ZPO). Da vor dem *Amtsgericht* grundsätzlich kein Anwaltszwang besteht, bedarf es dort keiner Aufforderung nach § 271 II ZPO (zum Anwaltszwang u. Rn. 159 [Kleindruck]). Diese Abweichung gegenüber dem landgerichtlichen Verfahren erlaubt § 495 ZPO.
3. *Ladung der Parteien:* An den Beklagten erfolgt die Zustellung der Ladung gleichzeitig mit der Zustellung der Klageschrift (§ 274 II ZPO[6]).
4. *Vorbereitende Verfügungen nach § 275 ZPO:* Dem *Beklagten* kann der Vorsitzende entweder eine Frist zur schriftlichen Klageerwiderung setzen[7], oder er muß ihn auffordern, etwa vorzubringende Verteidigungsmittel unverzüglich (durch den zu bestellenden Rechtsanwalt) in einem Schriftsatz dem Gericht mitzuteilen[8].
5. *Vorbereitende Verfügungen nach § 273 ZPO:* Die speziellen Vorbereitungsmaßnahmen des § 275 ZPO können mit den allgemeinen Maßnahmen nach § 273 ZPO verbunden und ergänzt werden, wie z. B. Anordnung der Vorlegung von Urkunden, Einholen amtlicher Auskünfte, Ladung von Zeugen[9].
6. *Beweisbeschluß gemäß § 358a ZPO:* Das Gericht[10] kann schon vor der mündlichen Verhandlung einen Beweisbeschluß erlassen und darf diesen Beschluß zum Teil auch schon vor der mündlichen Verhandlung ausführen[11].

Kann das Verfahren im *frühen ersten Termin* nicht abgeschlossen werden, ist der *Haupttermin* möglichst unverzüglich anzuberaumen (vgl. § 279 I 2 ZPO[12]). **137**

Zur Vorbereitung des Haupttermins trifft das Gericht alle noch erforderlichen Anordnungen (§ 275 II ZPO). So kann das Gericht, sofern dem Beklagten noch keine Klageerwiderungsfrist gesetzt war, im frühen ersten Termin eine solche Frist festsetzen (§ 275 III ZPO). Daneben kann es weitere vorbereitende Maßnahmen gemäß §§ 273, 358a ZPO treffen.

---

[5] Die Zustellung der Klageschrift setzt die *Einlassungsfrist* in Lauf (§ 274 III ZPO): Regelmäßig muß zwischen Zustellung und Termin zur mündlichen Verhandlung ein Zeitraum *von mindestens zwei Wochen* liegen.

[6] Dem *Kläger* wird die Ladung zum Termin ebenfalls zugestellt (§ 274 I, § 329 II 2 ZPO). Im *amtsgerichtlichen* Verfahren ist auch eine *formlose* Ladung des Klägers möglich (§ 497 I ZPO).

[7] Die Frist muß *mindestens zwei Wochen* betragen (§ 277 III ZPO). Dabei ist der Beklagte über die Folgen einer Fristversäumung zu belehren und im Landgerichtsprozeß darauf hinzuweisen, daß die Schrift nur durch einen Rechtsanwalt eingereicht werden kann (§ 277 II ZPO).

[8] § 275 I 2 ZPO. Folge der Unterlassung oder Verspätung: § 296 II ZPO. – Dem *Kläger* kann nach Eingang der Klageerwiderung eine Frist zur schriftlichen Stellungnahme auf die Klageerwiderung gesetzt werden (§ 275 IV ZPO); Die Frist für die Stellungnahme beträgt *mindestens zwei Wochen* (§ 277 IV, III ZPO).

[9] Diese darf erst erfolgen, wenn der Beklagte dem Klageanspruch bereits widersprochen hat (§ 273 III ZPO).

[10] Beim Landgericht also die *Kammer,* nicht der Vorsitzende allein!

[11] Vgl. den Katalog des § 358a ZPO!

[12] Zu beachten ist jeweils die Ladungsfrist gemäß § 217 ZPO: In Anwaltsprozessen mindestens eine Woche, in anderen Prozessen mindestens drei Tage.

§ 35. Das schriftliche Vorverfahren

138 Der Vorsitzende wird sich (statt für den frühen ersten Termin) für das *schriftliche Vorverfahren* etwa in folgenden Situationen entscheiden: wenn die mündliche Verhandlung umfassender Vorbereitung bedarf oder wenn (vor dem Amtsgericht) die Parteien schriftgewandt oder durch Rechtsanwälte vertreten sind oder wenn es sich um eine sehr umfangreiche Sache mit vielen einzelnen Streitgegenständen handelt (sog. *Punkteprozeß*[1]).

139 Hat der Vorsitzende das *schriftliche Vorverfahren* gewählt, muß er zunächst noch keinen Termin bestimmen[2]. Er hat aber einen umfangreichen Katalog an vorbereitenden Verfügungen zu treffen:

1. Zustellung der Klageschrift an den Beklagten[3].
2. *Aufforderung nach § 276 ZPO:* Gleichzeitig mit der Zustellung der Klageschrift wird der *Beklagte* aufgefordert, innerhalb einer *Notfrist*[4] von zwei Wochen anzuzeigen, ob er sich gegen die Klage verteidigen wolle (§ 276 I 1 ZPO). Weiterhin wird ihm eine Frist zur schriftlichen Klageerwiderung gesetzt, die vom Ablauf der genannten Notfrist an mindestens zwei weitere Wochen betragen muß (§ 276 I 2 ZPO).
3. *Belehrungen des Beklagten:* Diese Aufforderungen müssen jeweils mit der Belehrung über die einzuhaltenden Formvorschriften und über die Folgen von Versäumnissen verbunden werden. Der Beklagte wird also darauf hingewiesen, daß bei Versäumung der Notfrist ein schriftliches Versäumnisurteil gegen ihn ergehen kann (§ 331 III ZPO) und daß die Verteidigungsanzeige (beim Landgericht) durch einen Rechtsanwalt erfolgen muß (§ 276 II ZPO). Desgleichen wird er auf die Folgen der Versäumung der Klageerwiderungsfrist hingewiesen (§ 277 II, § 296 I ZPO)[5].
4. *Unterrichtung des Klägers:* Der Vorsitzende teilt dem Kläger mit, daß das schriftliche Vorverfahren durchgeführt wird und welche Aufforderungen und Fristen dem Beklagten gesetzt wurden, damit der Kläger seinerseits die Einhaltung dieser Anordnungen überprüfen kann.

140 Das weitere Verfahren richtet sich nach dem *Verhalten des Beklagten:*

141 *Erste Verhaltensweise des Beklagten:* Innerhalb der Notfrist des § 276 I 1 ZPO (o. Rn. 139 sub 2) geht keine Verteidigungsanzeige des Beklagten ein.

(1) Dann ergeht *auf Antrag*[6] *des Klägers* ein *schriftliches Versäumnisurteil,* wenn alle sonstigen Voraussetzungen hierfür gegeben sind[7] (§ 331 III ZPO).

---

[1] Dann kann der Beklagte Punkt für Punkt mit Unterlagen und Gegenbeweisantritten erwidern, vgl. *Baumbach/Lauterbach/Albers/Hartmann,* § 272 Rn. 11.

[2] Dies ist eine Ausnahme vom in Rn. 136 sub 1 erwähnten Grundsatz des § 216 II ZPO: „unverzüglich".

[3] Oben Rn. 136 sub 2.

[4] *Notfrist:* Bei Versäumung dieser Frist ohne Verschulden kann Wiedereinsetzung gewährt werden (§ 233 ZPO); zu ihr u. Rn. 470, Beispiel 149.

[5] Bei *Amtsgerichtsprozessen* erfolgt zusätzlich eine Belehrung über die Folgen eines schriftlichen Anerkenntnisses (§ 499 ZPO).

[6] Dieser Antrag kann *bereits in der Klageschrift* gestellt werden (§ 331 III 2 ZPO), u. Rn. 314. In der Praxis geschieht dies routinemäßig. Wenn in einer Klausur der Entwurf einer Klageschrift verlangt wird, sollte der Bearbeiter auch diesen Antrag mit aufnehmen.

[7] Zu ihnen u. Rn. 314.

(2) Stellt der Kläger *keinen Antrag* auf Erlaß eines Versäumnisurteils oder liegt zwar ein solcher Antrag vor, erweist sich jedoch die Klage als unzulässig oder unschlüssig, ist nach dem Grundsatz des § 272 III ZPO alsbald ein Termin zur mündlichen Verhandlung zu bestimmen[8] und es sind die Parteien hierzu zu laden (§ 274 I ZPO). Ist bei gestelltem Antrag auf Erlaß eines schriftlichen Versäumnisurteils die Klage unzulässig oder unschlüssig, darf nicht etwa ein schriftliches „unechtes" Versäumnisurteil gegen den Kläger ergehen. Bei diesem handelt es sich nämlich um ein streitiges Urteil, das nur aufgrund einer mündlichen Verhandlung ergehen kann, während im schriftlichen Vorverfahren ausschließlich „echte" Versäumnisurteile erlassen werden können, die allein auf dem Schweigen des Beklagten beruhen[9].

Zweite Verhaltensweise des Beklagten: Erklärt der Beklagte, daß er den Anspruch des Klägers anerkenne[10], ergeht ein *schriftliches Anerkenntnisurteil* (§ 307 S. 2, § 310 III 1 ZPO). **142**

Dritte Verhaltensweise des Beklagten: Geht eine wirksame Verteidigungsanzeige des Beklagten ein, kann das Verfahren folgende Gestalt annehmen: **143**

(1) Der Beklagte gibt *keine Klageerwiderung* innerhalb der gemäß § 276 I 2 ZPO gesetzten Frist ab. Dann wird, so früh wie möglich, ein Termin zur Güteverhandlung und zur mündlichen Verhandlung bestimmt (Grundsatz des § 272 III ZPO), und es werden die Parteien hierzu geladen (§ 274 I ZPO). Der Beklagte ist allerdings mit seinen Verteidigungsmitteln nach § 296 I ZPO präkludiert, dazu unten Rn. 145.

(2) Bei *Eingang der Klageerwiderung* des Beklagten innerhalb der gesetzten Frist oder zumindest vor der Terminsbestimmung stehen dem Vorsitzenden nach seiner Wahl *verschiedene Verfahrensweisen* zur Verfügung:

- Der Vorsitzende kann sofort einen Termin zur Güteverhandlung und zur mündlichen Verhandlung bestimmen und die Parteien hierzu laden (§ 272 III, § 274 I ZPO).
- Der Vorsitzende kann sofort einen Termin bestimmen, gleichzeitig aber dem Kläger eine Frist zur schriftlichen Stellungnahme auf die Klageerwiderung des Beklagten *(zur sog. Replik)* setzen (§ 276 III ZPO)[11].
- Schließlich kann der Vorsitzende zunächst von einer Terminsbestimmung absehen und dem Kläger lediglich eine Frist für seine Replik setzen (§ 276 III ZPO)[12]. Ist der Prozeßstoff mit der Replik des Klägers genügend vorgeklärt, wird der Vorsitzende den Termin zur Güteverhandlung und zur mündlichen Verhandlung bestimmen und die Parteien hierzu laden (§ 272 III, § 274 I ZPO). Ist dies nicht der Fall,

---

8 Zöller/*Greger*, § 276 Rn. 11.

9 Unten Rn. 314 bei Fn. 11.

10 Die Erklärung ist auch dann wirksam, wenn sie nach Ablauf der Notfrist des § 276 I 1 ZPO, aber noch vor Erlaß eines schriftlichen Versäumnisurteils gemäß § 331 III ZPO bei Gericht eingeht. Vor dem *LG* kann sie nur durch einen Rechtsanwalt wirksam abgegeben werden (§ 78 I ZPO).

11 Diese Frist muß *mindestens zwei Wochen* betragen (§ 277 IV, III ZPO). Zur *Terminologie:* Wenn der Beklagte auf die Klage erwidert, kann man von *„Einreden"* sprechen (vgl. § 146 ZPO). Die Entgegnung hierauf heißt *„Replik"* des Klägers (vgl. § 146 ZPO). Erwidert der Beklagte, handelt es sich um eine *„Duplik"*. Wenn sich jetzt der Kläger noch äußert, liegt eine *„Triplik"* vor.

12 Wie Fn. 11!

kann der Vorsitzende einen weiteren Schriftsatzwechsel in Gang setzen[13], bis der Prozeßstoff „terminsreif“ ist.

144 In allen Fällen der Terminsbestimmung muß der Vorsitzende die Ladungsfrist des § 217 ZPO beachten.

§ 36. Klausurprobleme

145 Probleme können sich vor allem beim *schriftlichen Versäumnisurteil* (o. Rn. 141) und beim *schriftlichen Anerkenntnisurteil* (o. Rn. 142) ergeben. Schwierig sind auch Fragen wegen der Verletzung der dem Gericht obliegenden Prozeßförderungspflichten und wegen des Nichteinhaltens von Äußerungsfristen durch die Parteien[1]. Das Versäumen *gerichtlich bestimmter Fristen* – der Klageerwiderungsfrist des Beklagten, der Frist für die Replik des Klägers und sonstiger vom Gericht gesetzter Schriftsatzfristen[2] – unterliegt nämlich der *strengen Sanktion* (der *Präklusion*) des § 296 I ZPO. Der etwas „mildere“ – aber immer noch gefährliche – § 296 II ZPO greift hingegen ein, wenn der rechtzeitige Vortrag von Angriffs- und Verteidigungsmitteln, die *nicht* an eine *vom Gericht gesetzte Frist* gebunden sind[3], unterbleibt. Ist nach einem der beiden Absätze des § 296 ZPO[4] die Präklusion eingetreten, ist die betreffende Prozeßpartei mit einer wahren tatsächlichen Behauptung ausgeschlossen *(„präkludiert“)*. Der Klausurbearbeiter muß dann diese Behauptung – trotz ihrer Wahrheit! – unberücksichtigt lassen.

Übersieht das Gericht eine von ihm gesetzte Frist[5] oder kommt es einer Belehrungspflicht nach § 277 II ZPO nicht nach, ist das Verschulden im Sinn von § 296 ZPO zu verneinen. Hält das Gericht die Ladungsfrist nicht ein (§ 217 ZPO), darf gegen den Nichterschienenen kein Versäumnisurteil ergehen (§ 335 I Nr. 2 ZPO). Einen besonderen Problemkreis bildet die Notfrist zur Verteidigungsanzeige gemäß § 276 I 1 ZPO (o. Rn. 139 Fn. 4 und Rn. 141). Dies zeigt sich an folgendem Fall:

Beispiel 58: Rentner *Alt* erhält eine Klage des Elektrohändlers *Blitz* zugestellt, mit der *Blitz* die Zahlung von 5250,– € für den Kauf einer Stereo-Anlage verlangt. Der Vorsitzende der zuständigen Kammer des *LG* hat das schriftliche Vorverfahren gewählt und *Alt* über die Folgen des Ablaufs der Notfrist des § 276 I ZPO belehrt. *Alt* schreibt selbst an das Gericht, daß *Blitz* „kein Recht auf das Geld“ habe, weil er sich die auf Raten gekaufte Anlage schon längst wieder abgeholt habe, und außerdem könne er sich „mit seinen 250,– € monatlicher Rente keinen teuren Rechtsanwalt leisten“. Dieses Schreiben geht erst nach Ablauf der Notfrist bei Gericht ein.

---

13 Für weitere Schriftsatzfristen gibt es keine gesetzlich vorgeschriebene Mindestdauer mehr.

1 *Gericht:* § 272 III, §§ 273, 275, 276 ZPO; *Parteien:* § 282 ZPO.

2 Vgl. den Katalog des § 296 I ZPO!

3 Z.B. Behauptungen, Bestreiten, Einreden, Beweisanträge.

4 Sehr informativ zur Regelung des § 296 ZPO: *Deubner,* NJW 1987, 465 und 1583; *Damrau/Schellhammer,* JuS 1984, 203.

5 Indem es z.B. bereits vor Ablauf der Frist eine Entscheidung trifft.

Frage: Kann das Gericht dem Antrag des *Blitz* auf schriftliches Versäumnisurteil stattgeben?

Antwort: *Alt* hat – trotz ordnungsgemäßer Belehrung – die Notfrist versäumt. Ein Wiedereinsetzungsantrag (o. Rn. 139 Fn. 4), der wirksam nur von einem Rechtsanwalt (das Verfahren läuft vor dem *LG*, Anwaltszwang! § 78 ZPO) gestellt werden könnte, liegt nicht vor. Gleichwohl darf ein Versäumnisurteil nicht ergehen. Auch im schriftlichen Vorverfahren muß das Gericht die Vorschrift des § 337 ZPO beachten. Hier ist für das Gericht ersichtlich, daß *Alt* infolge seiner Mittellosigkeit und damit ohne Verschulden nicht in der Lage war, die Notfrist des § 276 I 1 ZPO zu wahren. Der Vorsitzende wird den *Alt* darauf hinweisen, daß er einen den Anforderungen des § 117 ZPO genügenden Antrag auf Bewilligung der Prozeßkostenhilfe zu stellen habe. Bis zur Entscheidung hierüber muß er die Entscheidung über den Antrag des *Blitz* auf Erlaß eines Versäumnisurteils vertagen[6].

---

[6] Stein/Jonas/*Leipold*, § 276 Rn. 43.

10. Kapitel. Die Sachurteilsvoraussetzungen

1. Unterkapitel. Einführung

§ 37. Sachurteilsvoraussetzungen und Klausurschema

Literatur: Verzeichnis der abgekürzt zitierten Literatur (S. XXIII) sowie *D. Knöringer,* Die Assessorklausur im Zivilprozeß, 10. Aufl. 2003.

146 Die Prozeßvoraussetzungen oder Sachurteilsvoraussetzungen[1] bereiten in der prozessualen Fallbearbeitung immer wieder Schwierigkeiten. Kandidaten, die an solchen Schwierigkeiten scheitern, schieben die Schuld häufig der mangelnden Beherrschung eines „Klausurschemas" zu. Dies ist Selbstbetrug. Gerade die schlechteren Bearbeitungen von Problemen der Sachurteilsvoraussetzungen beruhen nicht selten auf dem Gebrauch solcher „check"-Listen: Geistlos und ohne jedes Nachdenken werden diese Schablonen abgehakt.

Beispiel 59: In einer „gemischten" Klausur[2] ging es um die Anfechtung der Vaterschaft (§§ 1600ff. BGB). Der leibliche Vater hatte Klage zum *LG* auf Anfechtung der Vaterschaft erhoben. Er klagte gegen den Scheinvater. Dieser wandte die sachliche Unzuständigkeit des *LG* ein und sah die Klage auch deshalb als unzulässig an, weil der leibliche Vater keine Anfechtungsberechtigung besäße; er lebe mit dem Kind und dessen Mutter, mit der er verheiratet sei, in einer festen, intakten Beziehung.

Der **Bearbeitervermerk** fragte u.a., ob diese Bedenken gegen die Zulässigkeit der Klage zuträfen.

Viele Bearbeiter sahen die Stunde ihrer eingelernten Schablonen gekommen und führten in der schriftlichen Ausarbeitung so ungefähr alles an, was an überflüssigen Ausführungen zu den gestellten Fragen gesagt werden kann: Die deutsche Gerichtsbarkeit sei gegeben und der Rechtsweg zu den ordentlichen Gerichten eröffnet, die Parteien seien existent und partei- und prozeßfähig. Über die Hälfte aller Arbeiten machte in dieser oder ähnlicher Weise überflüssige Ausführungen zu der gestellten Frage. Die beste Darstellung hingegen war eine Lösung auf wenigen Seiten, die ausführte, daß § 640 II Nr. 2 ZPO die Streitsache als *„Kindschaftssache"* ansieht und wegen § 23a Nr. 1 GVG deshalb das *AG* (und nicht das angerufene *LG*) zuständig ist und außerdem der Kläger als leiblicher Vater nur dann anfechtungsberechtigt ist,

---

[1] Diese beiden Begriffe sind nicht ganz deckungsgleich. Vgl. einerseits *Rosenberg/Schwab/Gottwald,* § 93 Rn. 2–5 und andererseits Stein/Jonas/*Schumann,* Einleitung Rn. 312. Für die Klausurbearbeitung ist dieser terminologische Streit kaum bedeutsam. Wichtig ist nur, daß der Bearbeiter durchgängig denselben Begriff verwendet, damit nicht durch unterschiedliche Wortwahl der Eindruck verschiedener Sachaussagen erweckt wird.

[2] Zu dieser Klausurart o. Rn. 26ff.

wenn die Voraussetzungen von § 1600 II und III BGB vorliegen[3]. Ferner müsse sich die Klage auch gegen das Kind richten (§ 1600e I [2. Variante] BGB)[4].

Die Kenntnis von „check"-Listen kann sicher nicht schaden. In der Praxis haben viele Rechtsanwälte und Richter solche Listen entwickelt, um in der Eile nicht Gesichtspunkte zu übersehen. Solche Listen sollen von Selbstverständlichkeiten entlasten und dem Bearbeiter den Kopf für wirkliche Mängel und Probleme freimachen. Deshalb sind diese Listen gründlich mißverstanden, wenn sie als „Gliederungspunkte" aufgefaßt werden. Ihre Berechtigung liegt einzig in der Kontrollfunktion, damit man keinen Gesichtspunkt übersieht[5].

§ 38. Die Sachurteilsvoraussetzungen sind nicht immer die Eingangsprobleme

Literatur: Verzeichnis der abgekürzt zitierten Literatur (S. XXIII).

Bereits bei Erörterung der gemischten Klausur hat sich gezeigt, daß das Dogma vom Vorrang der Zulässigkeitsfrage unzutreffend ist. Besonders die Anwaltsklausur[1] läßt sich kaum zutreffend bearbeiten, wenn *vor* den materiell-rechtlichen Fragen die Prozeßprobleme erörtert werden. Aber auch bei der Richterklausur[2], bei der regelmäßig die Zulässigkeit vor der Begründetheit zu prüfen ist, ergeben sich wichtige Einschränkungen der Regel, daß zuerst die Sachurteilsvoraussetzungen zu prüfen sind. **147**

I. Rechtsmittelklausur (Rechtsbehelfsklausur)

Die Rechtsmittelklausur[3] verlangt, daß *vor* den Sachurteilsvoraussetzungen der Klage zunächst die Zulässigkeit des Rechtsmittels geprüft **148**

---

[3] Das richtige Ergebnis besteht in der Verweisung (auf Antrag des Klägers, § 281 I ZPO) an das *AG* – Familiengericht – (§ 23a Nr. 1, § 23b Nr. 12 GVG). Das *AG* muß dann als sachlich zuständiges Gericht die Klage als *unzulässig* abweisen, da der leibliche Vater nicht anfechtungsberechtigt ist. Dem leiblichen Vater stände ein Anfechtungsrecht zu, wenn z. B. der Scheinvater nicht mit dem Kind zusammenlebt und daher insoweit keine Familie besteht. Diese Voraussetzung ist hier aber nicht gegeben.

[4] Den Mangel kann der Kläger durch eine *Parteierweiterung* auf das Kind (u. Rn. 269) beseitigen. Unterläßt er dies, ist seine Klage unzulässig; denn § 1600e I 1 [2. Variante] BGB enthält einen Fall der notwendigen Streitgenossenschaft im Sinne der 2. Alternative des § 62 I ZPO und *verbietet die Einzelklage* nur gegen den Scheinvater oder nur gegen das Kind (o. Rn. 95 mit Fn. 2). Da am Rechtsverhältnis mehrere Personen beteiligt sind, müssen sie sämtlich am Prozeß teilnehmen (o. Beispiel 46).

[5] Zum Nutzen und Schaden solcher Schemata *Baumgärtel/Laumen/Prütting*, ZPR-Fall, S. 15f. Zur Behandlung der einzelnen Sachurteilsvoraussetzungen *Rosenberg/Schwab/Gottwald,* § 93 Rn. 32ff.

[1] Zu dieser Klausurart o. Rn. 20 und 27.

[2] Zu dieser Klausurart o. Rn. 21 und 28.

[3] Zu dieser Klausurart o. Rn. 23.

wird. Wenn also nach der Entscheidung eines Berufungsgerichts gefragt ist, muß der Bearbeiter erst einmal die Zulässigkeit der Berufung prüfen (z.B. Statthaftigkeit, Form und Frist); erst wenn er die Berufung für zulässig hält, kommt er innerhalb der Begründetheitsstation der Rechtsmittelklausur zu den Sachurteilsvoraussetzungen der Klage[4].

Wenn nämlich die Berufung verspätet war, trat die formelle Rechtskraft des Urteils ein (§ 705 ZPO, § 19 I EGZPO). Es wäre töricht, die Sachurteilsvoraussetzungen der Klage zu prüfen, wo doch der Rechtsstreit bereits rechtskräftig beendet ist. In solch einem Fall ist die Einhaltung der Berufungsfrist zu untersuchen (§ 517 ZPO) und festzustellen, daß die Berufung wegen verspäteter Einlegung unzulässig ist. Deshalb muß sie verworfen werden (§ 522 I 2 ZPO). Nur wenn in diesem Fall der Bearbeitervermerk ausdrücklich auch eine Behandlung der Sachurteilsvoraussetzungen der Klage fordert, müssen sie in einem Hilfsgutachten erörtert werden. Der Bearbeiter sollte entsprechend der „Verlängerungstechnik" (dazu oben Rn. 35 ff.) auch an Wiedereinsetzung in den vorigen Stand denken (§ 233 ZPO), da es sich bei der Berufungsfrist um eine Notfrist handelt.

II. Versäumnisverfahren und Verfahren beim Vollstreckungsbescheid

149 Der Einspruch gegen das Versäumnisurteil (§ 338 ZPO) oder gegen den Vollstreckungsbescheid (§ 700 I i.V. mit § 338 ZPO) und der Widerspruch gegen den Mahnbescheid (§ 694 I ZPO) sind zwar keine Rechtsmittel (kein Devolutiveffekt)[5]; die prozessuale Situation ist aber mit der Rechtsmittelklausur vergleichbar. Aus diesem Grunde muß auch hier *vor* den Sachurteilsvoraussetzungen erst einmal auf den Einspruch oder Widerspruch eingegangen werden.

Der *verspätete Einspruch* vermag das Eintreten der (formellen) Rechtskraft (§ 705 ZPO) des Versäumnisurteils oder des Vollstreckungsbescheids nicht zu verhindern. Ob die Sachurteilsvoraussetzungen vorlagen oder nicht, darf nicht geprüft werden[6].

Beim *rechtzeitigen Widerspruch* gegen den *Mahnbescheid* (§ 694 I ZPO) ist die Situation wegen der gesetzlichen Lage anders[7]. Es kommt dann nicht mehr zum Erlaß eines Vollstreckungsbescheids; denn das Verfahren mündet sogleich in das Klageverfahren (§ 696 I ZPO) ein. Beim *verspäteten Widerspruch*[8] erfolgt Umdeutung des Widerspruchs in den Einspruch[9]. Dann gilt wieder der Aufbau der Rechtsmittelklausur.

---

4 Beispiele für solche Klausuren: o. Rn. 23 Fn. 12; Rn. 353 Fn. 6.

5 Zu den Rechtsmitteln u. Rn. 432.

6 Es sei denn, der Bearbeitervermerk verlangt die Behandlung dieser Fragen (Hilfsgutachten!).

7 Oben Rn. 127.

8 Ein Widerspruch gegen den Mahnbescheid ist erst verspätet, wenn der Vollstreckungsbescheid „verfügt" worden ist (§ 694 I ZPO a.E.). Diese flexible Befristung des Widerspruchs wird im Examen häufig übersehen! Oben Rn. 127.

9 Oben Rn. 127.

III. Anspruchsänderung, Parteiänderung

Anspruchsänderung[10] und Parteiänderung[11] verlangen eine Vorwegprüfung der für diese Prozeßrechtsinstitute normierten Voraussetzungen. Hingegen ist die Zulässigkeit der Anspruchshäufung[12] und Streitgenossenschaft[13] in der Regel[14] *erst im Anschluß an die Zulässigkeit der Klage* zu prüfen[15]. 150

1. Anspruchsänderung

Beispiel 60: *X* hat gegen *Y* auf Übereignung geklagt. Als *X* nach der ersten mündlichen Verhandlung des *Y* zur Hauptsache[16] merkt, daß die Klage keinen Erfolg verspricht, ändert er schnell die Klage auf Schadensersatz wegen eines Verkehrsunfalls (vgl. Beispiel 29, o. Rn. 72). *Vor* der Erörterung von Sachurteilsvoraussetzungen muß die Zulässigkeit der Klageänderung geprüft werden[17]. Da *Y* nicht zustimmt (§ 263 1. Alt. ZPO), wird also die Sachdienlichkeit untersucht (§ 263 2. Alt. ZPO). Sie wäre zu bejahen, wenn die Klageänderung des *X* gegenüber einer neuen selbständigen Klage prozeßökonomische Vorteile hätte, insbesondere wenn der bisherige Prozeßverlauf für den *neuen* Streitgegenstand von Bedeutung wäre, d.h. der bisherige Streitstoff (z.B. Beweisaufnahmen) verwertbar bliebe und damit ein neuer Prozeß vermieden werden könnte. Jedoch ist dies hier nicht der Fall. Damit ist die Sachdienlichkeit der

---

[10] Zu ihr o. Rn. 72 beim Beispiel 29; Aufbaufragen sind dort ebenfalls in Fn. 5 schon dargelegt worden.

[11] Zur *Parteiänderung* näher u. Rn. 262ff. Die Parteiänderung ist möglich auf der Kläger- oder auf der Beklagtenseite und bedeutet entweder das *Hinzutreten* weiterer Parteien in den Prozeß *(Parteibeitritt)* oder das *Auswechseln* bisheriger Parteien *(Parteiwechsel).* Wenn aber z.B. eine Partei mangels wirksamer Parteiänderung *nicht* aus dem Prozeßrechtsverhältnis ausgeschieden ist, muß ihr Prozeßrechtsverhältnis weiter erörtert werden. Umgekehrt darf ein Prozeßrechtsverhältnis mit einer „neuen Partei" nicht geprüft werden, wenn das Hinzutreten dieser neuen Partei unzulässig ist: sie ist nicht *Partei!* Allenfalls ist darzulegen, aus welchen Gründen die „neue Partei" nicht Prozeßpartei wurde.

[12] Zu ihr o. Rn. 73. Aufbaufragen sind dort in Fn. 7 behandelt.

[13] Zur *Streitgenossenschaft* o. Rn. 91ff. mit Aufbauhinweisen, insb. Rn. 93 bei Fn. 9.

[14] Bei ganz einfachen Fällen kann man die Anspruchshäufung oder die Streitgenossenschaft auch innerhalb des Prozeßrechtsverhältnisses prüfen. Der Anfänger sollte aber vorsichtshalber so nicht vorgehen.

[15] Diese Reihenfolge ergibt sich aus der Anwendung des Trennungsprinzips (oben Rn. 92, sowie u. Rn. 154, 171). So muß für jeden einzelnen prozessualen Anspruch festgestellt werden, ob die gerichtsbezogenen Sachurteilsvoraussetzungen vorliegen (u. Rn. 171ff.). Bei mehreren Klägern oder Beklagten ist für jeden der Beteiligten zu prüfen, ob die parteibezogenen Sachurteilsvoraussetzungen gegeben sind (u. Rn. 154ff.). Erst dann kann entschieden werden, ob eine Verbindung zu einer Klage möglich ist. Im übrigen führt die Unzulässigkeit einer Verbindung nicht etwa zur Unzulässigkeit der Klage. Vielmehr werden die Prozeßrechtsverhältnisse getrennt (vgl. *Thomas/Putzo,* § 60 Rn. 7; § 260 Rn. 13). Aufbauschemata finden sich bei *Knöringer,* § 8 II (S. 117ff.), § 13 II (S. 202ff.).

[16] Dieser Zeitpunkt („Beginn der mündlichen Verhandlung des Beklagten zur Hauptsache") ist wegen der in diesem Beispiel noch zu erörternden Klagezurücknahme bedeutsam, weil danach die Zurücknahme der Klage der Einwilligung des Beklagten bedarf (§ 269 I ZPO).

[17] Eine Klageänderung liegt vor, weil der *Antrag* geändert wurde (o. Rn. 79 Fn. 3).

Klageänderung zu verneinen. Wegen der dadurch vorhandenen Unzulässigkeit der Klageänderung ist der *neue* Antrag unzulässig; er darf überhaupt nicht auf seine Sachurteilsvoraussetzungen hin geprüft werden[18].

Der Bearbeiter muß sich jetzt dem *ursprünglichen* Antrag zuwenden; denn die Klageänderung ist gescheitert. In der Klageänderung des *X* liegt aber möglicherweise die Zurücknahme des *ursprünglichen* Antrags auf Übereignung, d.h. eine Klagezurücknahme. Da auch hier *Y* nicht zustimmt (§ 269 I ZPO), ist die Klage auf Übereignung nicht zurückgenommen.

Folge: Erst jetzt beginnt die Untersuchung der Sachurteilsvoraussetzungen und eventuell der Begründetheit des Anspruchs auf Übereignung, d.h. des *ursprünglichen* Antrags[19].

2. Parteiänderung

Ähnlich ist bei der Änderung der Parteien während des Prozesses zu verfahren. Die Zulässigkeit der Parteiänderung ist vorab zu erörtern.

Beispiel 61: *Klein* verklagt Vater *Sanft* auf Herausgabe des Rasenmähers, den die Putzfrau *Saubermann* an Vater *Sanft* verkauft hatte, statt ihn, wie Frau *Herz* es wollte, dem Eigentümer *Klein* zurückzugeben (Beispiel 12, o. Rn. 27). *Klein* weiß nicht, daß Vater *Sanft* den Rasenmäher seinem Sohn geschenkt und übergeben hat. Im ersten Termin rügt Vater *Sanft* die Unzuständigkeit des Gerichts (es sei nicht sein Wohnsitzgericht [§ 13 ZPO], sondern das seines Sohnes) und behauptet ferner, daß nicht er, sondern sein Sohn im Besitz des Rasenmähers sei. *Klein* erklärt daraufhin, daß er statt gegen Vater *Sanft* nunmehr gegen Sohn *Sanft* klage. Damit ist Vater *Sanft* einverstanden. Im nächsten Termin erscheint Sohn *Sanft;* er hält den Parteiwechsel für unzulässig und die Klage für unbegründet.

Gefragt ist, wie das Gericht entscheiden wird.

Lösungsweg: Der Bearbeiter muß sich erst klar werden, ob die Parteiänderung zulässig ist. Das ist zu bejahen[20]. Folglich ist Vater *Sanft* nicht mehr am Prozeß beteiligt; für Sohn *Sanft* ist das Gericht aber (da es sein Wohnsitzgericht ist) zuständig[21]. Die Klage ist auch begründet[22].

---

[18] Der unzulässige *neue* Antrag (auf Schadensersatz) wird zweckmäßigerweise im Endurteil über den ursprünglichen Klageantrag (auf Übereignung) abgewiesen. Es kann aber auch erst einmal ein Teilurteil (§ 301 ZPO) über den *neuen* Antrag ergehen, falls die Entscheidung über den *ursprünglichen* Antrag noch nicht möglich ist. Wie immer auch entschieden wird, die Abweisung des *neuen* Antrags ist eine *Prozeß*abweisung (zu dieser Entscheidungsart o. Rn. 61 Fn. 2) wegen Unwirksamkeit der Klageänderung, nicht wegen Fehlens einer Sachurteilsvoraussetzung!

[19] Daß der Beklagte die Entscheidung über den *ursprünglichen* Klageantrag durch seine Weigerung erzwingen kann, zeigt den *Anspruch des Beklagten auf gerichtliche Entscheidung über den gestellten Antrag* und verdeutlicht damit seine sehr starke Stellung nach dem Beginn *seiner* mündlichen Erörterung zur Hauptsache. So schon o. Rn. 72 Fn. 5.

[20] Zustimmung des *neuen* Beklagten ist in erster Instanz nicht erforderlich und Zustimmung des *Klägers* und des *ausscheidenden* Beklagten liegen vor. Näher u. Rn. 262 ff.

[21] Hier wird der Grundsatz der *„prozessualen Überholung“* bedeutsam (o. Rn. 34). Das Problem, ob das Gericht für die Klage gegen Vater *Sanft* zuständig war, ist prozessual überholt, wenn die Parteiänderung zulässig war. Es darf deshalb nicht mehr erörtert werden, es sei denn, es ist ausdrücklich nach diesem Problem gefragt.

[22] Oben Rn. 27 Fn. 18. Voraussetzung: *Klein* hat die Verfügung der Frau *Saubermann* nicht genehmigt (§ 185 II 1 1. Var. in Verbindung mit § 816 I BGB).

IV. Rechtshängigkeitsprobleme

Vorrang haben auch die Fragen der weiteren Fortsetzung (§ 261 ZPO) des Verfahrens. 151

Beispiel 62: *Arm* klagt gegen *Schnell* auf Schmerzensgeld in Höhe von 125,– € (§ 823 I, § 253 II BGB). *Schnell* rügt die örtliche Unzuständigkeit des Gerichts. In der anschließenden Beweisaufnahme (§§ 355 ff. ZPO) zeigt es sich, daß ein Verschulden des *Schnell* nicht zu beweisen ist. Daraufhin erklärt *Arm* zu Protokoll (§ 160 III Nr. 2 ZPO): „Ich nehme die Klage zurück". Auf Befragen des Richters sagt *Schnell:* „Mir ist die Sache gleichgültig". Am nächsten Tag schreibt er in einem Schriftsatz an das Gericht, er stimme der Zurücknahme nicht zu, weil er nicht riskieren wolle, daß *Arm* ihn noch einmal verklage[23]. *Arm* erwidert, *Schnell* habe doch durch sein Schweigen schon zugestimmt; ein Verfahren sei nicht mehr anhängig. Im daraufhin anberaumten Termin streiten sich die Parteien außerdem noch um die örtliche Zuständigkeit.

Vor der Erörterung der Sachurteilsvoraussetzung der örtlichen Zuständigkeit muß erst einmal geprüft werden, ob der Prozeß noch anhängig ist. Da § 267 ZPO für § 269 ZPO nicht gilt, ist das Problem nicht einfach zu lösen. Liegt im Verhalten des *Schnell* eine Einwilligung, ist kein Prozeß mehr anhängig: Die Prüfung von Sachurteilsvoraussetzungen und damit auch der Zuständigkeit wäre unsinnig[24]. Anders ist es, wenn *Schnell* keine Einwilligung erklärt hat; dann ist noch ein Verfahren anhängig und es muß jetzt z.B. die rechtzeitig (§ 39 Satz 1 ZPO) gerügte örtliche Zuständigkeit geprüft werden.

Die vorrangige Behandlung von Rechtshängigkeitsproblemen ist besonders bei den im Examen beliebten Fällen des Widerrufs (der Anfechtung) von prozeßbeendigenden Handlungen wichtig, etwa beim Prozeßvergleich (u. Rn. 334) und bei der beiderseitigen Erledigungserklärung (u. Rn. 337) sowie bei Fragen der Wiedereinsetzung in den vorigen Stand nach Ablauf von Rechtsmittelfristen (u. Rn. 469). Erst wenn feststeht, daß das Verfahren weiterläuft, können die einzelnen Sachurteilsvoraussetzungen behandelt werden.

2. Unterkapitel. Die einzelnen Sachurteilsvoraussetzungen

§ 39. Die Sachurteilsvoraussetzungen der deutschen Gerichtsbarkeit und des ordentlichen Rechtswegs

Literatur: Verzeichnis der abgekürzt zitierten Literatur (S. XXIII) sowie *D. Ehle*, Rechtsweg und Zuständigkeit – §§ 17 ff. GVG in der Examensklausur, JuS 1999, 166–171.

---

[23] Ist diese Sorge berechtigt? Ermöglicht die Klagezurücknahme die erneute Klage? Ja! Nach einer Klagezurücknahme ist es dem Kläger unbenommen, denselben Anspruch abermals gerichtlich geltend zu machen, *Rosenberg/Schwab/Gottwald*, § 128 Rn. 35.

[24] Richtigerweise sieht man in der Erklärung des *Schnell* eine Einwilligung im Sinn von § 269 I, II 1 ZPO. Damit ist der Prozeß beendet. Anders als bei der Klageänderung (§ 267 ZPO) muß der Beklagte bei der Klagezurücknahme nicht widersprechen; es genügt sein Schweigen, um die Zurücknahme scheitern zu lassen. Wenn er aber – wie *Schnell* – sagt, daß ihm die Sache „gleichgültig" sei, erklärt er indirekt, er sei auch mit der Zurücknahme einverstanden. Vgl. auch *RGZ* 108, 135–137.

I. Deutsche Gerichtsbarkeit: § 18–§ 20 GVG

152 Diese Sachurteilsvoraussetzung spielt im Zivilprozeßrecht nur selten eine Rolle[1]. Maßgeblich sind vor allem §§ 18–20 GVG, sodann zahlreiche bilaterale und multilaterale Abkommen. Im schriftlichen Examen werden Probleme der deutschen Gerichtsbarkeit kaum auftauchen. Die Kandidaten, die eine der international- oder völkerrechtlichen Wahlfachgruppen wählen, können jedoch mit Problemen der Exterritorialität (Exemtion) sowie der Staatenimmunität konfrontiert werden. Wichtig ist, daß man das Bestehen deutscher Gerichtsbarkeit nicht mit der Frage der internationalen Zuständigkeit durcheinanderwirft, die unten in Rn. 221 behandelt wird.

II. Zulässigkeit des Zivilrechtsweges – § 13 GVG

153 Die Prüfung der *Zulässigkeit des Zivilrechtsweges*[2] erfolgt nicht nach den Vorschriften der ZPO, sondern aufgrund der Regelung in § 17 bis § 17b GVG. Das Zivilgericht erster Instanz (AG oder LG) prüft diese Zulässigkeitsfrage an vorrangiger Stelle (vgl. auch § 17a III GVG: „vorab"). Auch der Bearbeiter eines Prozeßfalles sollte so vorgehen. Hierbei muß er sich die in Art. 95 I GG niedergelegte Vielzahl der Rechtswege vergegenwärtigen (näher o. Rn. 103) und sich im klaren sein, daß in der ZPO-Klausur die Rechtswegfrage nur eine geringere Rolle spielt (näher o. Rn. 104). Daher ist sie nur anzusprechen, wenn ernsthafte Zweifel an der Zulässigkeit des Zivilrechtsweges bestehen oder in der Klausurangabe geäußert werden. Unter Umgehung der beiden Fehlerquellen bei Rechtswegfragen (o. Rn. 105f.) hat der Verfasser die Frage zu beantworten, ob der Weg zu den Zivilgerichten eröffnet ist. Für die Ziviljustiz ist § 13 GVG maßgeblich, der ihr „alle bürgerlichen Rechtsstreitigkeiten" zuweist. Der Begriff „bürgerliche Rechtsstreitigkeiten" ist *historisch* zu verstehen. Er umfaßt nicht nur das heutige Bürgerliche Recht (BGB mit seinen Nebengesetzen). Unter ihm sind auch *alle anderen privatrechtlichen Streitigkeiten* zu verstehen, also z.B. auch das Handels-, Gesellschafts-, Versicherungsrecht oder das Recht des gewerblichen Rechtsschutzes. Ferner gehören zur Ziviljustiz und damit zu den von der ZPO erfaßten Verfahren alle diejenigen *öffentlichrechtlichen* Streitigkeiten, die den Zivilgerichten ausdrücklich „zugewiesen" sind, so z.B. die Prozesse um die Höhe der Enteignungsentschädigung (Art. 14 III 4 GG) und um die Staatshaftung (Art. 34 Satz 3 GG) sowie Aufopferungsstreitigkeiten (§ 40 II VwGO).

---

1 Zur *deutschen Gerichtsbarkeit: Jauernig*, ZPR, § 6 I; zur Vertiefung: Stein/Jonas/*Schumann*, Einleitung Rn. 655–660.

2 Man kann auch von der „Zulässigkeit des *ordentlichen* Rechtsweges" oder von der „Zulässigkeit des Rechtsweges zu den *ordentlichen Gerichten*" oder.... „zu den *Zivilgerichten*" sprechen. Unzutreffend ist es jedoch, bei der Unterscheidung der fünf im Art. 95 I GG genannten Rechtswege den Ausdruck „Zuständigkeit" zu verwenden, weil „Zuständigkeit" die Kompetenzverteilung *innerhalb* der Rechtswege, aber nicht *zwischen* den Rechtswegen meint. Erst wenn die Zulässigkeit des Rechtsweges feststeht, stellt sich die Frage nach der (sachlichen, örtlichen, internationalen und funktionellen) *Zuständigkeit* (näher auch u. Rn. 171).

Kommt der Bearbeiter zum Ergebnis, es liegt *weder* ein zivilrechtlicher Streitfall („bürgerliche Rechtstreitigkeit") vor *noch* besteht eine Zuweisung einer öffentlich-rechtlichen Frage in die Ziviljustiz, ist der beschrittene Rechtsweg nicht gegeben. Die Klausurlösung wird daher darlegen, daß das Gericht den Rechtsstreit *von Amts wegen*[3] in den anderen (richtigen) Rechtsweg verweist (sog. *Rechtswegverweisung*), § 17a II 1 GVG. Das durch eine solche Rechtswegverweisung „angewiesene" Gericht[4] des anderen Rechtsweges ist an die Verweisung gebunden (§ 17a II 3 GVG) und darf daher die Zulässigkeit des eigenen Rechtsweges nicht mehr in Frage stellen. Damit werden negative Kompetenzkonflikte vermieden, auch wenn die Rechtswegverweisung unrichtig war und selbst wenn deshalb z.B. das Verwaltungsgericht nach einer Rechtswegverweisung des LG auf die bei ihm nunmehr anhängige Klage Zivilrecht anzuwenden hat[5]. Eine weitere Eigenheit besteht im *Rechtsmittelverfahren:* Nach § 17a V GVG ist dem Rechtsmittelgericht die Befugnis verwehrt, im Rahmen des *Hauptsacheverfahrens*[6] die Zulässigkeit des beschrittenen Rechtsweges zu überprüfen[7]. Deshalb darf der Bearbeiter einer Klausur einer Prozeßpartei nicht raten, gegen ein Endurteil Berufung nur deshalb einzulegen, weil eigentlich ein anderer Rechtsweg zulässig sei.

Vereinzelt wird die Ansicht vertreten, wegen dieser Sonderregelungen sei die Zulässigkeit des Rechtsweges keine Sachurteilsvoraussetzung. Dies ist allerdings ein Irrtum[8]. Denn die Zulässigkeit des beschrittenen Rechtsweges muß stets vorliegen, damit ein Gericht in der Sache entscheiden kann. Die Besonderheit der in den §§ 17a f. GVG enthaltenen Regelungen besteht allerdings in der *amtswegigen Verweisung* bei fehlender Zulässigkeit des Rechtsweges und in der *fehlenden Kognition* sowohl des Adressatgerichts als auch des Rechtsmittelgerichts hinsichtlich der Rechtswegfrage. Daß die Zulässigkeit des beschrittenen Rechtsweges eine echte Sachurteilsvoraussetzung ist, zeigt sich ferner in denjenigen Fällen, in denen ein Zivilgericht die Zulässigkeit des Zivilrechtsweges verneint, für den Streitgegenstand aber ausnahmsweise kein

---

3 Dies ist die einzige *amtswegige* Verweisung. In allen anderen Fällen muß die Verweisung *beantragt* werden (u. Rn. 219). Unterbleibt ein solcher Antrag, ist in diesen Fällen die Klage *unzulässig* und durch Prozeßurteil abzuweisen.

4 Man spricht vom „Adressatgericht".

5 **Beispiel:** Das LG hat einen Kaufvertrag des *Landratsamtes* mit der *Allerlei GmbH* irrtümlich als *öffentlich-rechtlichen* Vertrag (§§ 54ff. VwVfG) angesehen und deshalb in die Verwaltungsgerichtsbarkeit verwiesen.

6 Die Frage der Zulässigkeit des Rechtsweges ist vielmehr vom Hauptsacheverfahren scharf zu trennen. Bekämpft eine der Prozeßparteien den gerichtlichen Beschluß, der die Zulässigkeit des Rechtsweges bejaht (§ 17a I, III GVG) oder sie verneint (§ 17a II GVG), spaltet sich der Streit um die Zulässigkeit des Rechtsweges vom Hauptsacheverfahren ab. In einem gesonderten Beschwerdeverfahren wird lediglich die sofortige Beschwerde der Partei über die Entscheidung in der Rechtswegfrage geklärt (§ 17a IV 3 GVG).

7 In solchen Fällen sagt man, dem Rechtsmittelgericht fehlt die „Kognition" oder die „Kognitionsbefugnis". Ähnliche Regelungen finden sich z.B. in §§ 513 II, 545 II, 571 II 2, 576 II ZPO.

8 So auch die h.M., z.B. *Thomas/Putzo,* § 13 GVG Rn. 1; *Musielak,* Rn. 34.

anderer Rechtsweg besteht, so daß nicht dorthin verwiesen werden kann. Wenn etwa vor einem Zivilgericht eine zur Kompetenz des Bundesverfassungsgerichts oder eines Landesverfassungsgerichts gehörende Streitigkeit oder ein der kirchlichen Gerichtsbarkeit unterliegender Streitfall anhängig gemacht ist, bleibt dem Gericht mangels Verweisungsmöglichkeiten an diese Gerichtsbarkeiten[9] nur die Abweisung der Klage mit Prozeßurteil als unzulässig.

§ 40. Parteibezogene Sachurteilsvoraussetzungen

Literatur: Verzeichnis der abgekürzt zitierten Literatur (S. XXIII) sowie *H. Böhnert,* Vollstreckungsrechtsklausur: Der angefochtene Güterrechtsvertrag, JuS 1997, 1124–1128; *U. Gottwald,* Die Veräußerung der streitbefangenen Sache, JA 1999, 486–491; *W. Grunsky,* Prozeßstandschaft, FG BGH, 109–126; *C. Kirchberg,* Einheitliche Postulationsfähigkeit ab dem 1. 1. 2000, NJW 2000, 486–487; *K. Larenz,* Lehrbuch des Schuldrechts, I. Band: Allgem. Teil, 14. Aufl., 1987; *M. Lingl,* Haftung von Gesellschaft und Gesellschaftern bei der Außen-Gesellschaft bürgerlichen Rechts (GbR), JuS 2005, 595–598; *H.-M. Pawlowski,* Die zivilrechtliche Prozeßstandschaft, JuS 1990, 378–382; *K. Schmidt,* Die BGB-Außengesellschaft: rechts- und parteifähig, NJW 2001, 993–1003; *ders.,* Rechts- und Parteifähigkeit der BGB-Gesellschaft, JuS 2001, 509; *E. Schumann,* Die Prozeßermächtigung (die gewillkürte Prozeßstandschaft) und der Rechtsschutz des Beklagten, FS Hans-Joachim Musielak, 2004, 457–492; *M. Timme/ F. Hülk,* Rechts- und Parteifähigkeit der Gesellschaft bürgerlichen Rechts – BGH, NJW 2001, 1056, JuS 2001, 536–539.

Der Prozeß findet zwischen verschiedenen Personen statt. Eine Reihe von Sachurteilsvoraussetzungen knüpft an diese im Prozeßrechtsverhältnis verbundenen Personen an.

I. Prüfungsprinzip und Aufbaugrundsatz: Trennung der Personen

154 Der Trennungsgrundsatz spielt auch hier eine große Rolle. Die personenbezogenen Sachurteilsvoraussetzungen sind für den Kläger *und* für den Beklagten *gesondert* zu untersuchen. Bei mehreren Klägern oder Beklagten (Streitgenossenschaft, §§ 59f. ZPO) muß für jede *einzelne* Partei diese Untersuchung erfolgen. Die Mißachtung des Trennungsgrundsatzes führt zu typischen Fehlern bei den Sachurteilsvoraussetzungen, weil z.B. der Bearbeiter vergißt, die Prozeßfähigkeit des Beklagten oder die Prozeßführungsbefugnis eines zweiten Klägers zu

[9] Nur zwischen den fünf im Art. 95 I GG genannten Rechtswegen gibt es die Verweisung. *Keine Verweisung* (u. Rn. 212 Fn. 33) ist daher möglich an das *Bundesverfassungsgericht* und die *Landesverfassungsgerichte,* an kirchliche und andere nicht-staatliche Gerichte (z.B. Schiedsgerichte, u. Rn. 222) sowie an internationale oder ausländische Gerichte (u. Rn. 221 Fn. 48). Zum Teil können allerdings diese Gerichtsbarkeiten in besonderen Verfahren zur Klärung *einzelner* Rechtsfragen (aber nicht zur Entscheidung des [gesamten] Rechtsstreites) angerufen werden, etwa durch Richtervorlagen im Rahmen der konkreten Normenkontrolle gemäß Art. 100 GG (o. Rn. 105 Fn. 7).

prüfen, oder weil er nicht beachtet, daß zwischen dem Erstkläger und dem Drittbeklagten schon ein rechtskräftiges Urteil vorliegt.

Beispiel 63: Im Rechtsstreit um den Kirmesplatz treten eine Reihe von Klägern gegen die Gemeinde auf (vgl. das Beispiel 52, o. Rn. 104). Für jeden einzelnen der Kläger müssen die Sachurteilsvoraussetzungen und die sonstigen prozessualen Fragen nachgeprüft werden: Der eine Kläger ist minderjährig (Folge: Prozeßfähigkeit fehlt). Während des Prozesses veräußert einer der Kläger sein Grundstück und zieht weg (fehlt ihm jetzt die Prozeßführungsbefugnis?). Der dritte Kläger stirbt über den Aufregungen des Prozesses (was ist mit seinem Prozeßrechtsverhältnis? Sind seine Erben jetzt Kläger geworden?). Dem vierten Kläger wird es zu bunt; er nimmt die Klage zurück (kann er das so ohne weiteres, wenn die anderen Kläger widersprechen, aber die beklagte Gemeinde zustimmt?[1]). Ein fünfter Bürger möchte sich dem Prozeß noch schnell anschließen und läßt durch seinen Rechtsanwalt den „Parteibeitritt" erklären (hinsichtlich seines Prozeßrechtsverhältnisses muß die Zulässigkeit eines solchen Beitritts geprüft werden). Sodann ist festzustellen, ob die Streitgenossenschaft zulässig ist[2].

Wie bei einem Baukasten lassen sich diese Probleme auch auf der Beklagtenseite konstruieren und schließlich durch die Geltendmachung verschiedener Streitgegenstände verkomplizieren. Zur Trennung der Parteien muß dann *zusätzlich* noch die klare Unterscheidung der einzelnen Streitgegenstände treten (und zwar schon im Konzept, o. Rn. 13).

II. Wer ist Partei?

Eine saubere Trennung ist nur möglich, wenn sich der Bearbeiter im 155
klaren ist, *wer* die Parteien des Rechtsstreits sind. Vor jeder Erörterung von personenbezogenen Sachurteilsvoraussetzungen ist deshalb die Frage nach den Parteien zu stellen[3]. Hierbei darf nicht vergessen werden, daß die Parteibezeichnung auch berichtigt werden kann[4]. Abermals wird vor jeder Besserwisserei gewarnt: Der *Kläger* bestimmt die Parteien, nicht der Bearbeiter – es sei denn, es ist gerade (bei einer Anwaltsklausur) gefragt, wer nach der Ansicht des Bearbeiters Partei sein soll.

III. Die Existenz der Parteien

Nur zwischen existierenden Parteien ist der Prozeß möglich. 156

Beispiel 64: Rechtsanwalt *Weise* erhält ein Schreiben mit Vollmacht des *Jens Uwe Stolzing,* sofort wegen 1000,– € gegen das Modehaus *Titus Schick* einen Mahnbescheid zu beantragen. Am Nachmittag desselben Tages ruft ein Herr „*Stolzing*" bei RA *Weise* an, bespricht mit ihm den Fall und bittet um die sofortige Einreichung eines Mahnantrages[5]. Als auf Widerspruch des Modehauses *Schick* die mündliche Verhandlung anberaumt wird, stellt sich heraus, daß RA *Weise* einem üblen Streich aufge-

---

[1] Ja; zur Einwilligung des Beklagten schon o. Beispiel 62, Rn. 151.
[2] Oben Rn. 93 sub c und d.
[3] Zu dieser Frage und zum *formellen Parteibegriff* o. Rn. 85 und 88–90.
[4] Hierzu Rn. 86.
[5] Zum *Mahnantrag* o. Rn. 124ff.

sessen ist: *Jens Uwe Stolzing* existiert nicht. *Folge:* Die Klage wird (durch Prozeßurteil) als unzulässig wegen fehlender Parteiexistenz abgewiesen.

Unter der Rubrik „Existenz der Partei" ist auch der Problemkreis des *Wegfalls der Existenz der Partei* zu erörtern, also besonders die Probleme des Todes von Kläger oder Beklagtem oder der Beendigung der Existenz einer juristischen Person[6].

Eine beliebte Examensfrage ist ferner das Problem, welcher Rechtsbehelf gegen ein rechtskräftiges Urteil zur Verfügung steht, wenn am Rechtsstreit eine nicht existente Partei beteiligt war. Hier wird vom Bearbeiter erwartet, daß er die entsprechende Anwendung des § 579 I Nr. 4 ZPO erörtert[7].

IV. Parteifähigkeit: § 50 ZPO

157 Während die Frage nach der Existenz einer Partei auf deren *tatsächliches* Vorhandensein abzielt, erfolgt die Untersuchung auf der *normativen* Ebene, wenn die Parteifähigkeit zu erörtern ist. Nun gilt es zu klären, ob die *tatsächlich* vorhandene „Person" als Rechtsträger in Betracht kommt, d.h. ob sie fähig ist, Subjekt eines Prozeßrechtsverhältnisses zu sein[8]. Diese Parteifähigkeit (die „aktive" Parteifähigkeit des Klägers und die „passive" des Beklagten) fehlt grundsätzlich allen nicht-rechtsfähigen Gebilden, z.B. dem Nachlaß, der Wohnungseigentümergemeinschaft, dem Betrieb, der Firma[9]. Die *OHG* und *KG* können nach dem HGB klagen und verklagt werden, sind also parteifähig, obwohl sie nicht rechtsfähig sind[10]. Für die *Gesellschaft bürgerlichen Rechts* hat der *Bundesgerichtshof* entschieden, daß sie rechtsfähig ist, soweit sie durch Teilnahme am Rechtsverkehr eigene Rechte und Pflichten begründet (sog. BGB-Außengesellschaft) und daß sie in diesem Rahmen im Zivilprozeß aktiv und passiv parteifähig ist[11]. Aufgrund der Verweisung in

---

6 Der *Tod einer Partei* bewirkt die Unterbrechung des Rechtsstreits (§ 239 I ZPO). Dann darf keine Entscheidung getroffen werden (§ 249 ZPO) – es sei denn, die (häufig übersehene) Ausnahme des § 246 ZPO liegt vor. Deshalb müssen die Unterbrechungs- und Aussetzungsfragen *vor* den Sachurteilsvoraussetzungen geprüft werden (auch Rn. 151). Ganz anders ist es, wenn der Prozeß sich von vornherein gegen eine nichtexistente Partei richtete; hier ist der Prozeß nicht unterbrochen oder ausgesetzt; die Klage wird mit Prozeßurteil als unzulässig abgewiesen (soeben Beispiel 64).

7 Zur Vertiefung: Stein/Jonas/*Bork,* § 50 Rn. 58 a.E.

8 Vgl. *Rosenberg/Schwab/Gottwald,* § 43 Rn. 1.

9 Der Kaufmann kann zwar „unter seiner Firma klagen und verklagt werden" (§ 17 II HGB), aber die *Firma* ist dadurch nicht Partei: Sie ist nur der *Name* des Kaufmanns, Stein/Jonas/*Bork,* § 50 Rn. 26.

1 *Rosenberg/Schwab/Gottwald,* § 43 Rn. 13ff. Maßgeblich ist § 124 I HGB, der ähnlich wie § 17 II HGB lautet, so daß sich häufig das Mißverständnis ergibt, auch die „Firma" sei parteifähig (o. Fn. 9). Die Partnerschaftsgesellschaft ist parteifähig (§ 7 II PartGG).

11 *BGHZ* 146, 341; dazu *Schmidt,* JuS 2001, 509; *ders.,* NJW 2001, 993ff.; *Timme/Hülk,* JuS 2001, 536ff.; ablehnend *Jauernig,* ZPR, § 19 II 1 (S. 63). Zum Streitstand *Lingl,* JuS 2005, 595ff.

§ 54 Satz 1 BGB muß dies nun auch für den *nicht-rechtsfähigen Verein* gelten; § 50 II ZPO ist damit gegenstandslos geworden[12].

Wenn dem Bearbeiter die einzelnen Probleme der Parteifähigkeit geläufig sind, bietet die Fallbearbeitung keine Schwierigkeiten. Er darf nur nicht außer acht lassen, daß die Parteifähigkeit wegen § 56 I ZPO stets *von Amts wegen* zu berücksichtigen ist[13] und daß bei fehlender Parteifähigkeit einer Personengruppe die *Umdeutung in eine Parteistellung der Mitglieder dieser Gemeinschaft* in Betracht zu ziehen ist, wenn es sich um einen überschaubaren nicht ständig wechselnden Kreis handelt[14].

V. Prozeßfähigkeit: §§ 51 ff. ZPO

Die Prozeßfähigkeit als die „prozessuale Geschäftsfähigkeit" oder als 158
die Fähigkeit, einen Prozeß zu führen, bietet häufig Anlaß zu schweren Fehlern in der Prozeßrechtsklausur. Ihr materiell-rechtliches Gegenstück, die Geschäftsfähigkeit, ist allerdings viel differenzierter geregelt. Möglicherweise ist es gerade die fehlende Parallelität zum Minderjährigenrecht des BGB, die die Bearbeiter verwirrt: Eine „beschränkte Prozeßfähigkeit" gibt es nicht[15]. Die Partei ist *entweder* prozeßfähig *oder* nicht prozeßfähig. Das Prozeßrecht verträgt auch nicht die Schwebezustände und Heilungsmöglichkeiten der §§ 108–111 BGB, die zur beschränkten Geschäftsfähigkeit gehören. So kann nach dem BGB ein von einem Minderjährigen abgeschlossener Vertrag infolge der Einwilligung des gesetzlichen Vertreters von vornherein wirksam sein oder durch dessen Genehmigung wirksam werden, während der Minderjährige selbst aus diesen Fällen keinen Rechtsstreit über den Vertrag führen darf. Dazu gehört auch ein nach § 110 BGB („Taschengeldparagraph") wirksamer Vertrag. Nur wenn der Minderjährige unter § 112 oder § 113 BGB fällt und *insoweit* (hinsichtlich der dort genannten Rechtsgeschäfte) voll geschäftsfähig ist, steht ihm in den dortigen Grenzen[16] die volle Prozeßfähigkeit zu (§ 52 I ZPO).

---

[12] So *Schmidt,* NJW 2001, 993 (1003); anders *Jauernig,* ZPR, § 19 II 2 (S. 63). Ein schönes Beispiel, welche Schwierigkeiten die fehlende aktive Parteifähigkeit des nicht-rechtsfähigen Vereins und die dadurch erforderliche Parteistellung der einzelnen Vereinsmitglieder mit sich brachte, zeigt der Streit der Gesangsvereine *Germania* in *RGZ* 78, 101 (104–107).

[13] Der häufig verwendete Ausdruck „*Prüfung* von Amts wegen" ist ungenau: Das Gericht ermittelt nicht *selbst* die Tatsachen (also kein Untersuchungsgrundsatz). Vielmehr müssen die *Parteien* die Tatsachen vorbringen (Beibringungsgrundsatz); das Gericht kann sie hierzu lediglich gemäß § 139 ZPO auffordern. Die Tatsachen berücksichtigt das Gericht dann *von sich aus,* d.h. ohne daß ein Antrag der Parteien gestellt sein muß, *Rosenberg/Schwab/Gottwald,* § 77 Rn. 45–49.

[14] Zur Umdeutung unten Rn. 167.

[15] Zur Prozeßfähigkeit: *Rosenberg/Schwab/Gottwald,* § 44.

[16] In derartigen Fällen muß der Bearbeiter untersuchen, ob *jeder* Streitgegenstand von § 112 bzw. § 113 BGB gedeckt ist („streitgegenständlich" eingegrenzte Prozeßfähigkeit). Wenn nicht (z.B. ein Minderjähriger verklagt seinen Arbeitgeber *sowohl*

Zwei typische Fehlergruppen gehören zum Thema „Minderjähriger im Prozeß“:

a) Erste Fehlergruppe: Eltern klagen statt Kind

Beispiel 65: Das neunjährige Kind *Ringo* wird von *Raser* angefahren. *Raser* und *Rasers* Versicherung lehnen Zahlung ab, weil der Unfall durch höhere Gewalt verursacht worden sei (§ 7 II StVG). Daraufhin klagen die Eltern *Ringos* gegen *Raser* und gegen dessen Versicherung[17].

Fehler: Die Eltern dürfen nicht *Partei* sein! Da sie nicht angefahren wurden, haben sie keinen eigenen Schaden[18] erlitten. Wenn sie einen Schaden, den *Ringo* erlitten hat, geltend machen wollen, muß *Ringo Partei* sein, gesetzlich vertreten durch seine Eltern, d.h. *Ringo* muß, vertreten durch seine Eltern, Klage erheben. Eine Klage der Eltern als Partei im eigenen Namen wäre mangels Sachlegitimation in jedem Fall unbegründet.

b) Zweite Fehlergruppe: Bearbeiter übersieht Parteiänderung

Beispiel 66: Immer wieder enthalten Prozeßrechtsfälle das in Beispiel 65 aufgeführte fehlerhafte Vorgehen. Es wäre aber falsch, wenn der Bearbeiter nun sofort die Abweisung der Klage empfiehlt, etwa mit der Begründung: Die Eltern sind nicht geschädigt, also haben sie keinen Anspruch; wenn *Ringo* geschädigt sein sollte, kann dies nicht geprüft werden: Er ist nicht Partei. Vielmehr muß der Bearbeiter vorgehen wie in der Praxis[19]. Zuerst wird man fragen, ob nicht die Klageschrift so auszulegen ist, daß *Ringo* Partei und seine Eltern nur Vertreter sein sollen („Auslegung“ vor „Änderung“, u. Rn. 167). Erst wenn eine solche Deutung an den vorliegenden Erklärungen scheitert, tritt die Frage auf, ob man den Fehler heilen kann. Der Bearbeiter wird empfehlen, eine Parteiänderung vorzunehmen. Im Wege des Parteiwechsels tritt dann *Ringo* in den Prozeß ein, und die Eltern scheiden aus dem Prozeßrechtsverhältnis aus. Wenn *Raser* und *Rasers* Versicherung zustimmen, entstehen keine Probleme[20].

Letztlich darf der Verfasser bei der prozessualen Fallbearbeitung nicht übersehen, daß die Prozeßfähigkeit nur natürlichen Personen zukommt. Jede *juristische* Person sowie die Personengesellschaften brauchen deshalb eine *natürliche* Person, die für sie handelt (z.B. die Aktiengesell-

---

auf Zahlung des Lohns [Fall des § 113 BGB] *als auch* auf Schadensersatz wegen eines nicht mit dem Arbeitsverhältnis zusammenhängenden Verkehrsunfalls [kein Fall des § 113 BGB]), erfolgt hinsichtlich der nicht unter §§ 112f. BGB fallenden Teile Klageabweisung als unzulässig, sofern die Hinzuziehung des gesetzlichen Vertreters scheitert.

[17] Zum gemeinsamen Verklagen von Schädiger und dessen Versicherung o. Rn. 20 Fn. 4 sowie Beispiel 47 (Rn. 96).

[18] *Schockschäden* als *eigener* Schaden der Eltern liegen nicht vor.

[19] Auf die „Verlängerungstechnik“ wurde schon o. Rn. 35ff. hingewiesen.

[20] Wie könnte ohne Parteiänderung eine Begründetheit der Klage der Eltern erreicht werden? *Antwort:* Durch *Abtretung* der Schadensersatzforderung des *Ringo* an seine Eltern. Wegen des Verbots des Selbstkontrahierens *(„Insichgeschäft“)* sind die Eltern jedoch gehindert, selbst als Vertreter ihres Kindes anläßlich des Abtretungsvertrages (§ 398 BGB) zu handeln (§§ 1626, 1629, 1795 II, § 181 BGB). Vielmehr muß zur Vertretung des *Ringo* bei Abschluß des Abtretungsvertrages ein Ergänzungspfleger gemäß § 1909 BGB bestellt werden, der dann mit den Eltern kontrahiert.

schaft einen Vorstand oder mehrere Vorstandsmitglieder, § 78 AktG; die GmbH einen Geschäftsführer, § 35 GmbHG; die Gesellschaft bürgerlichen Rechts, OHG, KG und die Partnerschaftsgesellschaft einen vertretungsberechtigten Gesellschafter, §§ 709, 714 BGB; §§ 125, 126, 161 II HGB; § 7 III PartGG). Erst eine solche Person kann dem Anwalt die Prozeßvollmacht erteilen. Das Auftreten eines Anwalts ersetzt also nicht die Prozeßfähigkeit, weil sich auch *seine* Legitimation auf ein Handeln eines Prozeßfähigen zurückführen lassen muß.

VI. Handeln anderer Personen für die Partei – Postulationsfähigkeit

Sofern die am Verfahren beteiligte Person partei- und prozeßfähig ist 159
und selbst im Prozeß auftreten kann und auftritt, ergeben sich normalerweise keine Besonderheiten. Die Regel ist jedoch, daß die Partei nicht selbst im Prozeß tätig ist. Dies führt zu zahlreichen Problemen.

Vielfach wird der *Anwaltszwang* (§ 78 I ZPO) übersehen (zu ihm schon o. Rn. 136 sub 2.). Er gilt im Zivilprozeß für alle Verfahren außer den Prozessen vor dem *AG*, die nicht durch § 78 II ZPO (bestimmte, dem Familiengericht beim AG zugewiesene Familiensachen) dem Anwaltszwang unterliegen („Anwaltsprozeß"). Im normalen Amtsgerichtsprozeß kann also die Partei den Rechtsstreit ohne Rechtsanwalt selbst betreiben *(„Parteiprozeß")*. Selbst wenn eine Partei tätig werden will: Im *Anwaltsprozeß* fehlt ihr die *„Postulationsfähigkeit"*[21].Wenn eine Partei im Termin vor dem *LG* ohne Rechtsanwalt[22] erscheint, ist sie – obschon erschienen – juristisch „säumig" (§§ 330f. ZPO), und trotz ihres Protestes kann Versäumnisurteil gegen sie ergehen.

Der Anwaltszwang verleitet viele Bearbeiter zu übersteigerter Wortklauberei bei der Behandlung von Klausuren und Hausarbeiten. Als in einer Klausur die Wendung erschien „Darauf klagt *A* beim *LG Hamburg* gegen *B*", nahmen viele Verfasser an, daß er dies ohne Rechtsanwalt getan hätte und verneinten eine wirksame Klageerhebung. Hier wurde gegen die Grundregel verstoßen, daß im Zweifel der Aufgabentext so zu interpretieren ist, daß keine prozessualen Fehler gemacht wurden (o. Rn. 38). Allenfalls ist die Bemerkung angebracht, daß der Verfasser wegen § 78 I ZPO von der Vertretung durch Anwälte ausgeht.

Wo immer statt der Partei (oder weil sie als juristische Person nicht prozeßfähig ist) eine Nicht-Partei im Prozeß auftritt, muß das Gericht die *Legitimation* dieses Vertreters prüfen. Dies schreibt § 56 ZPO im Interesse der Partei zwingend vor[23]. Fehlt die Prozeßvollmacht oder sonst die notwendige Legitimation, darf nicht sogleich die Klage abgewiesen, sondern es muß an die Heilung dieses Mangels gedacht werden (auch u. Rn. 167).

Sollte doch einmal ein Prozeß ohne Vertretungsmacht geführt worden sein, darf § 579 I Nr. 4 ZPO niemals übersehen werden. Er gibt die Möglichkeit, die rechtskräftige Entscheidung zu beseitigen[24].

---

[21] Zur *Postulationsfähigkeit* als Prozeßhandlungsvoraussetzung: *Rosenberg/Schwab/Gottwald*, § 45.

[22] Das früher geltende sog. Lokalisationsprinzip gilt nicht mehr. Nach ihm konnten Rechtsanwälte nur bei den Gerichten auftreten, bei denen sie zugelassen waren. Nunmehr bestimmt § 78 I ZPO, daß eine solche besondere Zulassung nur noch bei Gerichten des höheren Rechtszuges erforderlich ist.

[23] Zu § 56 ZPO o. Rn. 157 Fn. 13.

[24] Zu dieser Bestimmung o. Rn. 156 bei Fn. 7.

VII. Prozeßführungsbefugnis – Prozeßstandschaft – Partei kraft Amtes

160 Die Probleme der Prozeßführungsbefugnis, der Prozeßstandschaft und der Partei kraft Amtes werden entschärft, wenn sich der Bearbeiter zu einem exakten Vorgehen entschließt.

a) Erste Frage: Partei oder Vertreter der Partei?

161 Damit kehrt die zentrale Frage „Wer ist Partei?" in einer neuen Variation wieder[25]. Der Bearbeiter muß sich darüber klar werden, ob die handelnde Person Prozeßpartei sein soll oder nur deren Stellvertreter. Wie im BGB bei der Abgrenzung zwischen § 164 und § 185 kommt es dabei darauf an, ob diese Person im *eigenen Namen als Partei* oder im *fremden Namen für eine andere Partei* auftritt. Handelt sie im *fremden Namen,* liegt die in der vorletzten Randnummer besprochene Prozeßsituation vor: Sie ist *nicht* selbst Partei; es wäre ein schwerer Fehler, hier von „Prozeßführungsbefugnis", „Prozeßstandschaft" oder einer „Partei kraft Amtes" zu sprechen.

b) Zweite Frage: Eigenes oder fremdes Recht?

162 Erst wenn sich zeigt, daß diese handelnde Person selbst Partei und nicht Stellvertreter der Partei ist, erhebt sich das Problem, ob sie (als Kläger) *eigene* oder *fremde* Rechte geltend macht und ob sie (als Beklagter) aus *eigener* oder *fremder* Verpflichtung in Anspruch genommen wird[26]. Dabei stellt sich nicht die Frage, ob solche Rechte und Pflichten bestehen (dies ist eine Frage der Begründetheit), sondern ob für die prozessuale *Geltendmachung* oder *Verteidigung* der jeweiligen Partei eine Befugnis eingeräumt ist. Dies ist die Frage nach der *Prozeßführungsbefugnis:*

Der Bearbeiter muß sich nunmehr die Funktion der Prozeßführungsbefugnis vergegenwärtigen: Sie hängt eng mit der Privatautonomie und dem Antragsgrundsatz zusammen, weil sie dem Träger des behaupteten materiellen Rechts zugleich auch die prozessuale Befugnis verleiht, über dieses behauptete Recht einen Rechtsstreit zu führen. Negativ bedeutet sie den Ausschluß desjenigen von der Prozeßführungsbefugnis, der nicht an der behaupteten materiellen Rechtsbeziehung beteiligt ist.

Beispiel 67: *Siegfrieds* Mutter erfährt, daß Schwiegertochter *Xanthippe* die Wohnung verlassen hat und zu *Plato* gezogen ist. *Siegfried* erhebt nicht die Herstellungsklage (Beispiel 26, o. Rn. 67), weil er Aufsehen vermeiden will. Darauf reicht *Mutter Siegfried* als Klägerin eine Klage gegen *Xanthippe* ein und macht *Siegfrieds* Anspruch auf eheliche Lebensgemeinschaft im eigenen Namen geltend. Da sie nicht im fremden Namen (als Bevollmächtigte) klagt, ist *Mutter Siegfried Partei* (o. Rn. 161).

Das Problem ist jetzt, ob sie für die Herstellungsklage prozeßführungsbefugt ist.

Antwort: Nein. Es ist nicht *ihr* eigener Anspruch, den sie geltend macht.

Folge: Abweisung der Klage als *unzulässig* durch *Prozeßurteil.*

---

[25] Oben Rn. 85.

[26] Über die Schwierigkeiten der Abgrenzung, *Pawlowski,* JuS 1990, 378 ff.

Im Grundsatz ist der Streit um fremde Rechte im *eigenen* Namen im Prozeß nicht zulässig. Wie es jedermanns eigene Angelegenheit ist, Ansprüche geltend zu machen oder nicht, ist es seine Sache, ob er klagt oder nicht (o. Rn. 45), und es ist stets Sache des angeblichen Rechtsinhabers, als Beklagter das Recht zu verteidigen. Macht also der Kläger *eigene* Rechte im *eigenen* Namen geltend und wird der Beklagte ebenfalls als Beteiligter am *eigenen* materiellen Rechtsverhältnis verklagt, muß man *im Prinzip* davon ausgehen, daß die Prozeßführungsbefugnis auf Kläger- und Beklagtenseite vorliegt[27]. Normalerweise verliert man deshalb nach einer kurzen gedanklichen Untersuchung in der *schriftlichen Lösung kein einziges Wort* über die Prozeßführungsbefugnis. Aber es gibt Ausnahmen:

c) Dritte Frage: Ausnahmsweises Fehlen der Befugnis bei Geltendmachung eigener Rechte? – Sachlegitimation ohne Prozeßführungsbefugnis

In manchen Fällen ist dem sachlegitimierten Inhaber des Rechts die Befugnis *entzogen* worden, über das Recht einen Prozeß zu führen. So ist dem Schuldner, über dessen Vermögen das Insolvenzverfahren eröffnet wurde, die Befugnis zur Prozeßführung genommen (§ 80 I InsO[28]); an seiner Stelle handelt die „Partei kraft Amtes"[29]: der Insolvenzverwalter (§ 80 I InsO). Beliebtes Beispiel ist ferner die Prozeßführungsbefugnis des verwaltenden und die fehlende Befugnis des nichtverwaltenden Ehegatten bei Gütergemeinschaft[30]. 163

In diesen Zusammenhang gehört auch § 265 ZPO[31]:

Beispiel 68: Während des Prozesses *Klein* gegen Sohn *Sanft* auf Herausgabe des Rasenmähers verkauft und übereignet (§ 929 Satz 1, § 931 BGB) *Klein* den Rasenmäher an seinen Nachbarn. Jetzt behält *Klein* die Prozeßführungsbefugnis (§ 265 I, II 1 ZPO), obwohl er nicht mehr Rechtsinhaber ist. In diesem Falle spricht man von *gesetzlicher Prozeßstandschaft* – möglich auf Kläger- und Beklagtenseite – (dazu sogleich Rn. 164): Der Nachbar hat keine Prozeßführungsbefugnis, obwohl er sachlegitimiert ist! Der Kläger *Klein* muß allerdings – um eine Abweisung als unbegründet zu vermeiden – den Klageantrag der veränderten materiellen Rechtslage anpassen und Leistung an den *Nachbarn* als jetzigen Rechtsinhaber verlangen, was nach § 264 Nr. 2 oder 3 ZPO zulässig ist (zur Streitfrage, ob in der Klageänderung eine Klagezurücknahme liegt, unten Rn. 251)[32].

---

27 *Blomeyer,* § 41; *Rosenberg/Schwab/Gottwald,* § 46.

28 Die Insolvenzordnung trat am 1. Januar 1999 in Kraft. Sie löste die KO und die VglO sowie die Gesamtvollstreckungsordnung ab. Die inhaltlich gleiche Regelung fand sich in § 6 I KO.

29 Zu anderen *„Parteien kraft Amtes"* (z.B. Testamentsvollstrecker, Zwangs- und Nachlaßverwalter) und zu dem (in der Praxis bedeutungslosen) Theorienstreit: *Jauernig,* ZPR, § 18 V 4 sowie *Rosenberg/Schwab/Gottwald,* § 40 II 1.

30 Hierzu schon o. Beispiel 45 (o. Rn. 95) sowie *Böhnert,* JuS 1997, 1124 (1127).

31 § 265 ZPO kommt im Examen sehr häufig vor, da er sich sehr gut mit BGB-Fragen verbinden läßt, z.B. mit §§ 932ff. BGB. Hierzu *Jauernig,* ZPR, § 87.

32 Zur Vertiefung: Stein/Jonas/*Schumann,* § 265 Rn. 33ff.

Erst wenn es sich zeigt, daß die Ausnahmen nicht vorliegen, kann bei der Geltendmachung *eigener* Rechte vom Bestehen einer Prozeßführungsbefugnis ausgegangen werden.

Zu einer anderen Fragestellung kommt man jedoch, wenn sich auf die oben in Rn. 162 genannte zweite Frage die Antwort ergab, daß die Partei *fremde* Rechte geltend macht oder den Beklagten nicht als Rechtsträger in Anspruch nimmt:

d) Vierte Frage: Ausnahmsweise Prozeßführungsbefugnis bei der Geltendmachung fremder Rechte? – Prozeßführungsbefugnis ohne Sachlegitimation

164 Bereits bei der soeben behandelten dritten Frage hat es sich gezeigt, daß die Prozeßführungsbefugnis Personen zustehen kann, die nicht (sachlegitimierte) Inhaber des Rechts sind. *Die dem Rechtsinhaber entzogene Befugnis wird dann auf diese Personen übertragen.* Wenn der Bearbeiter festgestellt hat, daß eine Partei *fremde* Rechte im *eigenen Namen* geltend macht, muß er prüfen, ob Rechtsgründe vorliegen, nach denen dies ausnahmsweise zulässig ist.

Der Katalog gleicht fast spiegelbildlich der dritten Frage, weil fast immer der *Entzug* der Prozeßführungsbefugnis bei der einen Person dem *Zuwachs* der Befugnis bei einer anderen Person entspricht: Die *Partei kraft Amtes* und der *gesetzliche Prozeßstandschafter* machen diejenigen Rechte geltend, die eine andere Person wegen der ihr genommenen Prozeßführungsbefugnis nicht geltend machen darf. Anders ist es aber, wenn *nur mehrere* Personen prozeßführungsberechtigt sind (notwendige Streitgenossenschaft, § 62 I 2. Alt. ZPO, vgl. Beispiel 45, o. Rn. 95) oder wo eine Person *zusätzlich* die Prozeßführungsbefugnis hat (wichtiger Fall: § 1368 BGB!).

e) Fünfte Frage: Prozeßführungsbefugnis aufgrund Parteiwillens? – Gewillkürte Prozeßstandschaft (Prozeßermächtigung)

165 Bei der Geltendmachung *fremder* Rechte im *eigenen* Namen darf der Bearbeiter niemals die Frage der *„gewillkürten Prozeßstandschaft"* vergessen. Sie ist die rechtsgeschäftliche Übertragung der Prozeßführungsbefugnis auf eine andere Partei. Besonders bei gemischten Klausuren mit Eigentumsvorbehalt hat das Zusammenspiel von Einziehungsermächtigung und gewillkürter Prozeßstandschaft eine große Bedeutung[33].

Beispiel 69: Uhrmacher *Zeiger* ist nicht sehr liquide. Von der Uhrenfabrik *Glocken-AG* erhält er die Armbanduhren unter Eigentumsvorbehalt und unter der Vereinbarung des verlängerten Eigentumsvorbehalts: *Zeiger* tritt schon jetzt die künftigen Kaufpreisforderungen aus dem Verkauf der Uhren an die *Glocken-AG* ab. Diese erteilt *Zeiger* die Einziehungsermächtigung und die Befugnis, im eigenen Namen zu klagen (gewillkürte Prozeßstandschaft). Am 2. Mai verkauft *Zeiger* an *Frosch* eine Armbanduhr zum Preis von 175,– €. *Frosch* zahlt 100,– € an und erhält die Uhr unter Eigentumsvorbehalt; der Rest ist am 2. Juni fällig. *Frosch* zahlt jedoch nicht. Wenn

---

[33] Die gewillkürte Prozeßstandschaft (auch „Prozeßermächtigung" genannt) ist meist die prozessuale Fortsetzung der materiell-rechtlichen *Einziehungsermächtigung.* Deshalb muß der Bearbeiter die Diskussion um die Einziehungsermächtigung beherrschen. Hierzu *Schumann*, FS Musielak, S. 461 ff.

nunmehr *Zeiger* den Restkaufpreis gerichtlich gegen *Frosch* geltend macht, entsteht das Problem von Einziehungsermächtigung (als der *materiell-rechtlichen* Befugnis, fremde Forderungen im eigenen Namen [materiell-rechtlich] geltend zu machen) und der Prozeßführungsbefugnis (als der *prozessualen* Befugnis, fremde Forderungen im eigenen Namen [prozessual] geltend zu machen). Läßt man Einziehungsermächtigung und Prozeßführungsbefugnis zu, muß *Zeiger* im Prozeß nicht offenbaren, daß er unter Eigentumsvorbehalt und – vor allem – unter Vorausabtretung die Uhr von der *Glocken-AG* erworben hat[34]. Auch wenn *Frosch* einen verlängerten Eigentumsvorbehalt behauptet, muß *Zeiger* Einziehungsermächtigung und Prozeßstandschaft nicht offenlegen, weil *Frosch* die Beweislast dafür trägt, daß *Zeiger* nicht Inhaber der Kaufpreisforderung ist; *Frosch* macht nämlich eine anspruchsvernichtende Einrede geltend und trägt hierfür die Beweislast. *Zeiger* braucht solche Behauptungen des *Frosch* nur zu bestreiten (§ 138 III ZPO); der Beweis wird dem *Frosch* kaum gelingen, weil er keinerlei Einblick in das Geschäftsgebaren des *Zeiger* hat und etwaige als Zeugen benannte Angestellte des *Zeiger* das Zeugnis verweigern werden (§ 138 III ZPO, § 384 Nr. 3 ZPO: „Gewerbegeheimnis"). Selbst wenn ihm der Beweis gelingt, vermag nunmehr *Zeiger* über Einziehungsermächtigung und gewillkürte Prozeßstandschaft immer noch den Prozeß weiterzuführen. Insbesondere ergeben sich gegen die Zulässigkeit der gewillkürten Prozeßstandschaft keine Bedenken, da ihre drei Voraussetzungen vorliegen: *Erstens* Zustimmung des Rechtsinhabers *(Glocken-AG)* zur Prozeßführung des Prozeßstandschafters *(Zeiger)* in dessen eigenem Namen; *zweitens* ein eigenes rechtsschutzwürdiges Interesse des Prozeßstandschafters *(Zeiger)*, das fremde Recht geltend zu machen; *drittens* die Abtretbarkeit des Anspruchs[35].

f) Sechste Frage: Sind die materiell-rechtlichen Fragen von den prozessualen Problemen und die einzelnen Prozeßbegriffe deutlich unterschieden worden?

Der Untersuchung der hier behandelten Rechtsinstitute muß immer die *Kontrollfrage* folgen, ob der Bearbeiter die einzelnen Begriffe getrennt hat, da häufig Verwechslungen vorkommen. Dies gilt vor allem für das Verwechseln der Aktiv- und Passiv-(Sach)legitimation mit der Prozeßführungsbefugnis. 166

Beispiel 70: *A, B, C* und *D* sind Erben des *X*. *X* hatte vor seinem Tod von *Y* einen VW gekauft, dessen Lieferung noch aussteht. Wenn *A* jetzt gegen *Y* auf Lieferung und Übereignung des VW klagt, ist seine Prozeßführungsbefugnis scharf von seiner Aktivlegitimation zu trennen. § 2039 Satz 1 BGB gibt ihm zwar die *Prozeßführungsbefugnis*. Da ihm aber die *Aktivlegitimation* (§ 2032 I BGB) fehlt, muß er Leistung und Übereignung an sämtliche Erben *(A, B, C* und *D)* fordern (oben Rn. 163 Beispiel 68).

---

34 In diesem Zusammenhang werden auch die Begriffe der *offenen* und *verdeckten Prozeßstandschaft* verwendet. Ersterer meint den Fall, daß die Partei ihre Prozeßstandschaft offenlegt. Die *verdeckte Prozeßstandschaft* liegt vor, wenn er verschweigt, daß er ein fremdes Recht geltend macht und selbst als Rechtsinhaber auftritt. Der Kläger ist in diesem Fall dennoch prozeßführungsbefugt, da hierfür die bloße Behauptung des Rechts ausreicht. Da der Kläger kein fremdes Recht geltend macht, ist es begrifflich ungenau hier von Prozeßstandschaft zu sprechen. Allgemein zur Terminologie bei der Prozeßermächtigung und zur Selbstbetroffenheit *Schumann*, FS Musielak, S. 458ff.

35 *BGHZ* 102, 293 (296); 70, 389 (393–395), *Thomas/Putzo*, § 51 Rn. 32ff.; vertiefend zu den Voraussetzungen gewillkürter Prozeßstandschaft *Schumann*, FS Musielak, S. 472ff.; zur Unübertragbarkeit der gewillkürten Prozeßstandschaft *BGH* NJW 1998, 3205 und Anm. *Schmidt*, JuS 1999, 83.

VIII. Auslegung – Umdeutung – Heilung

167 Besonders bei den parteibezogenen Sachurteilsvoraussetzungen muß der Bearbeiter wissen, daß bei deren Fehlen nicht immer die Prozeßabweisung richtig ist. Häufig kann der Mangel im Wege der „Verlängerungstechnik" (o. Rn. 35) behoben werden.

a) Auslegung des Prozeßverhaltens

168 **Beispiel 71:** Hilf war von Arm gebeten worden, für ihn den Prozeß gegen Schnell zu führen (§§ 79ff. ZPO)[36]. Hilf hatte in der Klageschrift ausgeführt, daß er gegen Schnell Klage erhebe, weil dieser Arm angefahren habe. Eine sinngemäße Auslegung ergibt, daß Arm Partei sein soll und Hilf im Namen des Arm Klage erhoben hat. Es wäre falsch, die „Klage des Hilf" mangels Prozeßführungsbefugnis abzuweisen. – Noch deutlicher ist die Parteistellung des Arm, wenn Hilf die nach § 88 II ZPO erforderliche Vollmacht des Arm „seiner" Klage beigelegt hat.

b) Umdeutung des Prozeßverhaltens

169 **Beispiel 72:** Die *„Bürgerinitiative Ruhe"*, ein nicht-rechtsfähiger, loser Zusammenschluß von dreizehn namentlich aufgeführten Mietern des Hauses am Kirmesplatz (Beispiel 52, o. Rn. 104) erhebt Unterlassungsklage gegen die Gemeinde. Da diese Bürgerinitiative weder als BGB-Gesellschaft noch als nicht-rechtsfähiger Verein anzusehen ist[37], muß die Klage mangels aktiver Parteifähigkeit der klagenden Partei (§ 50 I, II ZPO) umgedeutet werden in eine Klage der dreizehn Mieter – sofern nicht aus den Umständen ersichtlich ist, daß unbedingt die Parteistellung der „Bürgerinitiative" gewollt ist (umdeuten kann man nur, wenn dies dem tatsächlichen oder mutmaßlichen Parteiwillen entspricht, vgl. § 140 BGB).

c) Heilung des Prozeßfehlers

170 **Beispiel 73:** Statt *Ringo* klagen dessen Eltern (Beispiel 65 und 66, o. Rn. 158). Weder Auslegung noch Umdeutung helfen, weil die Eltern der festen Auffassung sind, sie selbst seien die materiell Berechtigten. Am Ende hilft aber die Parteiänderung (o. Beispiel 66).

§ 41. Gerichtsbezogene Sachurteilsvoraussetzungen: Die Zuständigkeit

Literatur: Verzeichnis der abgekürzt zitierten Literatur (S. XXIII) sowie *P. Busl,* Internationales deutsches Zivilprozeßrecht in der Fallbearbeitung, JuS 1988, 542–547, 961–964; 1989, 40–41; *D. Coester-Waltjen,* Das Zuständigkeitssystem des EuGVÜ, Jura 1989, 611–614; *F. Fischer,* Neues zu Zuständigkeits- und Verweisungsfragen, MDR 2000, 301–305; *ders.,* Gerichtsstandsvereinbarung in AGB – Gerichtliche Zuständigkeit und Verweisungen, MDR 2000, 682–684; *R. Martis,* Aktuelle Entwicklungen im Recht der Haustürwiderrufsgeschäfte, MDR 1999, 198–203; *E. Schumann,* Die

[36] Im Parteiprozeß (o. Rn. 159) ist nach der ZPO jedermann befugt, als Prozeßbevollmächtigter der Partei aufzutreten (§ 79 ZPO). Im Einzelfall kann er jedoch zurückgewiesen werden (§ 157 ZPO). Außerdem untersagt das RBerG (*Schönfelder* Ergänzungsband Nr. 99) die *geschäftsmäßige* Rechtsberatung durch andere Personen als durch Angehörige der rechtsberatenden Berufe.

[37] Dann wäre die Parteifähigkeit zu bejahen, o. Rn. 157.

Änderung des Zivilprozeßrechts und des Gerichtsverfassungsrechts in den Jahren 1973 und 1974, JA 1975, 423- 434; *P. Wassermann,* Grundfälle zum Recht der Haustürgeschäfte, JuS 1990, 548–555, 723–728.

I. Trennungsprinzip. Arten der Zuständigkeit

Auch bei den gerichtsbezogenen Sachurteilsvoraussetzungen muß das 171 *Trennungsprinzip* strikt beachtet werden. Für jeden einzelnen Streitgegenstand muß deshalb die Zuständigkeit des Gerichts geprüft werden. Fehlt nur für *einen* von mehreren Streitgegenständen (§ 260 ZPO, vgl. oben Rn. 73) die Zuständigkeit, ist die Klage hinsichtlich *dieses* prozessualen Anspruchs unzulässig; nicht etwa ist die gesamte Klage unzulässig. Fehler in solcher Hinsicht werden vermieden, wenn der Bearbeiter *schon im Konzept* (o. Rn. 10ff.) das Trennungsprinzip beachtet. Dann übersieht er nicht Gesichtspunkte, die nur für *einen* der prozessualen Ansprüche einschlägig sind (z.B. die sachliche Zuständigkeit des *AG* nach § 23a Nr. 2 GVG, weil einer der vor dem *LG* geltend gemachten verschiedenen Geldansprüche ein Unterhaltsanspruch ist). Andererseits läßt der Bearbeiter bei der Beachtung des Trennungsprinzips dann eine Klage mit mehreren prozessualen Ansprüchen nicht *insgesamt* scheitern, obwohl nur bei einem der Streitgegenstände diese Zuständigkeit fehlt (z.B. bei *einem* der vor einem *AG* erhobenen Ansprüche steht die ausschließliche örtliche Zuständigkeit eines anderen *AG* nach § 29a ZPO entgegen).

Der Verfasser hat aber nicht nur zwischen den verschiedenen Streitgegenständen und zwischen den verschiedenen am Prozeß beteiligten Personen streng zu unterscheiden, er muß ferner auch die verschiedenen prozessualen Begriffe strikt trennen:

Erstens gehören nach herkömmlichem prozessualen Sprachgebrauch die Sachurteilsvoraussetzungen der *Deutschen Gerichtsbarkeit* (o. Rn. 152) und des *Rechtswegs* (o. Rn. 153 und 103ff.) *nicht* zum Problemkreis der Zuständigkeit.

Zweitens unterteilt sich die Frage nach der Zuständigkeit eines Gerichts in die vier Arten der Zuständigkeit: *Sachliche* Zuständigkeit (sogleich Rn. 172), *örtliche* Zuständigkeit (u. Rn. 177), *internationale* Zuständigkeit (u. Rn. 221) und *funktionelle* Zuständigkeit (u. Rn. 220). Erst wenn sämtliche vier Arten der Zuständigkeit vorliegen, kann man sagen, daß das Gericht zuständig ist; fehlt auch nur *eine* der vier Zuständigkeitsarten, ist das Gericht unzuständig. Bei *mehreren Streitgegenständen* müssen für jeden einzelnen Streitgegenstand die vier Zuständigkeitsarten vorliegen und deshalb gegebenenfalls geprüft werden. Ob in der *schriftlichen* Ausarbeitung auf die vier Zuständigkeitsarten, ob überhaupt auf die Zuständigkeitsfrage näher eingegangen werden muß, hängt von der Aufgabenstellung ab. Nicht alles, was gedanklich geprüft wird, gehört in die *schriftliche* Lösung (vgl. auch hier die Warnung vor Schablonen, o. Rn. 146).

Für die *Reihenfolge* der Prüfung der vier Arten der Zuständigkeit gibt es keine Regel. Es empfiehlt sich, nach der „dramatischen Methode" (u. Rn. 226) vorzugehen. Die *internationale* Zuständigkeit sollte aber *nach* der *örtlichen* Zuständigkeit behandelt werden, da sie sich meistens aus der örtlichen Zuständigkeit ergibt (u. Rn. 221).

II. Die sachliche Zuständigkeit: § 1 ZPO, §§ 23, 71 GVG

172 Die Normen über die sachliche Zuständigkeit verteilen die Kompetenz in bürgerlichen Rechtsstreitigkeiten zwischen verschiedenen erstinstanziellen Gerichten[1]. Die sachliche Zuständigkeit betrifft also regelmäßig die Wahl zwischen *AG* oder *LG.* Man kann auch die Zuständigkeit des *OLG* bei Justizverwaltungsakten (§§ 23ff. EGGVG) als eine sachliche Zuständigkeit ansehen.

Nach § 1 ZPO wird die sachliche Zuständigkeit der Gerichte durch das GVG bestimmt. Diese Vorschrift ist Quelle typischer Fehler.

Erste Fehlergruppe: Die bedenklichsten Fehler liegen in der Unkenntnis des § 1 ZPO. Immer wieder wissen Kandidaten nicht, daß die *sachliche Zuständigkeit im GVG* geregelt ist. Sie versuchen, über die für die *örtliche* Zuständigkeit (§§ 12ff. ZPO) geltenden Vorschriften die *sachliche* Zuständigkeit zu lösen. Nicht deutlich genug kann deshalb auf § 1 ZPO hingewiesen und betont werden, daß §§ 12ff. ZPO grundsätzlich nur den Gerichtsstand – und das ist die *örtliche* Zuständigkeit – regeln[2]!

Zweite Fehlergruppe: Nicht weniger gefährlich ist diejenige Ansicht, die § 1 ZPO wörtlich nimmt. Denn tatsächlich ist das GVG nicht das einzige Gesetz, das die sachliche Zuständigkeit regelt. Vor allem bestimmt sogar die ZPO selbst an einigen Stellen die sachliche Zuständigkeit – im Widerspruch zu ihrem ersten Paragraphen!

Um diese beiden Fehler zu vermeiden, empfiehlt sich regelmäßig folgender Gedankengang: Zunächst im GVG nach einer Regelung suchen, sodann in Betracht ziehen, daß möglicherweise außerhalb des GVG Bestimmungen vorhanden sind.

1. Erster Arbeitsgang: Regelungen im GVG prüfen

173 Bei der Betrachtung des GVG geht der Bearbeiter von der Frage aus, ob eine *streitwertunabhängige Zuweisung* entweder an das *AG* oder an das *LG* vorliegt oder ob eine *streitwertabhängige Zuständigkeit* entweder des *AG* oder des *LG* gegeben ist.

a) Streitwertunabhängige Zuweisungen

174 Streitwertunabhängige Zuweisungen finden sich in § 23 Nr. 2 und § 23a GVG sowie in § 71 II GVG; der Katalog der genannten drei Paragra-

---

[1] Zur sachlichen Zuständigkeit: *Stein/Jonas/Roth,* § 1 Rn. 45–57; *Rosenberg/Schwab/Gottwald,* § 32.

[2] Deshalb sollte auch der Ausdruck „Gerichtsstandsvereinbarung" vermieden werden, weil es sich hierbei gerade auch um Vereinbarungen über die sachliche oder internationale Zuständigkeit handeln kann. Zutreffender ist deshalb die Bezeichnung „Zuständigkeitsvereinbarung" oder „Prorogation", u. Rn. 213.

phen sollte stets überprüft werden, wenn es in einer Klausur um die sachliche Zuständigkeit geht. In diesen drei Fallgruppen wird der Prozeß nicht nach der Höhe des Streitwerts, sondern nach der Art des Streitgegenstandes *einem* der beiden Eingangsgerichte zugewiesen. Das Gesetz selbst verwendet die Formulierung *„ohne Rücksicht auf den Wert des Streitgegenstandes“* (§ 23 Nr. 2 und § 71 II GVG). Demgemäß ist zu prüfen, ob

aa) die *streitwertunabhängigen Zuweisungen an das AG* eingreifen (§ 23 Nr. 2 und § 23a GVG): sie umfassen vor allem Mietstreitfälle (§ 23 Nr. 2a GVG), Streitigkeiten um gesetzlichen Unterhalt (§ 23a Nr. 2 GVG) sowie Güterrechtsprozesse (§ 23a Nr. 5 GVG);

bb) die *streitwertunabhängigen Zuweisungen an das LG* zutreffen (§ 71 II GVG). Hier ist lediglich § 71 II Nr. 2 GVG von Interesse, da für Klagen gemäß Nr. 1 der Verwaltungsrechtsweg gegeben ist[3].

Beispiel 74:
(1) *Siegfried* und *Xanthippe* sind in Geldnöten. Da bemerkt *Xanthippe,* daß Untermieter *Listig* (o. Rn. 95 Beispiel 45) Mietrückstände in Höhe von 5500,– € hat.

(2) Sohn *Sanft* (o. Beispiel 12, Rn. 27) erhält, da er im 20. Semester Rechtswissenschaft studiert, keine Unterhaltszahlung von seinen Eltern. Er ist der Meinung, daß seine Eltern ihm 5500,– € schulden.

(3) *Vergeßlich* (o. Beispiel 28, Rn. 70) will wegen der Beschlagnahme seines Wagens durch Polizist P die Kosten für seinen Mietwagen (210,– €) ersetzt erhalten.

Alle Personen bitten *RA Dr. Schlau* um Auskunft, bei welchem Gericht sie klagen müssen.

Antwort:
(1) Trotz der Höhe der Mietrückstände müssen *Siegfried* und *Xanthippe* beim AG klagen, § 23 Nr. 2a GVG.

(2) Sohn *Sanft* hat Klage zum AG (Familiengericht) zu erheben – trotz eines Streitwertes von 5500,– € (§ 23a Nr. 2 GVG).

(3) *Vergeßlich* muß zum LG klagen, obwohl er einen Schadensersatzanspruch lediglich in Höhe von 210,– € geltend macht (§ 71 II Nr. 2 GVG).

b) Streitwertabhängige Zuweisung

Erst wenn feststeht, daß eine streitwertunabhängige Zuweisung weder an das *AG* noch an das *LG* gegeben ist, stellt sich die *Frage nach der Höhe des Streitwerts.* Jetzt ist zu fragen, ob der Streitwert 175

aa) *innerhalb* der amtsgerichtlichen Grenzen (derzeit bis einschließlich 5000,– €, § 23 Nr. 1 GVG) liegt *oder*

bb) sie übersteigt und deshalb zum *landgerichtlichen* Zuständigkeitsbereich gehört (§ 71 I GVG).

2. Zweiter Arbeitsgang: Regelungen außerhalb des GVG prüfen

Für die sachliche Zuständigkeit sind nicht selten die in der ZPO enthaltenen Regelungen bedeutsam. Dies sind vor allem § 34 (einschließlich 176

[3] Dies bestimmt § 126 BRRG. § 71 II Nr. 2 GVG betrifft die Amtshaftungsansprüche und Regreßansprüche des Dienstherren.

§§ 35[4], 36) ZPO und die Vorschrift über die bindende Entscheidung über die sachliche Unzuständigkeit (§ 11 ZPO) sowie die Normen über die Prorogation (§§ 38ff. ZPO), die Verweisung (§§ 281, 506 ZPO) bei fehlender sachlicher Zuständigkeit und die Zuständigkeit des *AG* im Mahnverfahren (§ 689 I ZPO) und bei Arrest und einstweiliger Verfügung (§§ 919, 937, 942 ZPO). Außerhalb der ZPO sind Zuständigkeitsvorschriften im EGGVG (o. Rn. 172) enthalten.

III. Örtliche Zuständigkeit: Der Gerichtsstand (§§ 12ff. ZPO)

Literatur: Verzeichnis der abgekürzt zitierten Literatur (S. XXIII) sowie *M. Einsiedler,* Der besondere Gerichtsstand des Erfüllungsortes nach § 29 ZPO – Ein Klägergerichtsstand?, NJW 2001, 1549–1550; *T. Kadner,* Gerichtsstand des Erfüllungsortes im EuGVÜ, Einheitliches Kaufrecht und internationale zivilprozessuale Gerechtigkeit, Jura 1997, 240–248; *J. Kropholler,* Europäisches Internationales Zivilverfahrensrecht ohne europäisches Kollisionsrecht – ein Torso, FS P. Schlosser, 2005, 449–459; *W. F. Lindacher,* Internationale Gerichtsstandsklauseln in AGB unter dem Geltungsregime von Brüssel I, ebenda, 491–501; *F. Matscher,* Zur prozessualen Behandlung der inländischen Gerichtsbarkeit, ebenda, 561–578; *Herbert Roth,* Probleme um die internationale Zuständigkeit nach § 29 ZPO, ebenda, 773–784; *E. Schilken,* Zur Zulässigkeit von Zuständigkeitsvereinbarungen bei Beteiligung von Nichtkaufleuten (§§ 38 Abs. 3, 40 ZPO), FS H.-J. Musielak, 2004, 435–455; *E. Schumann,* Examensprobleme der örtlichen Zuständigkeit im Zivilprozeß, JuS 1984, 865–870, 1985, 39–43, 122–126, 203–207; *U. Spellenberg,* Die Zuständigkeit für Eheklagen nach der EheGVO, FS R. Geimer, 2002, 1257–1280; *ders.,* Der Anwendungsbereich der EheGVO („Brüssel II") in Statussachen, FS E. Schumann, 2001, 423–442; *P. Wassermann,* Grundfälle zum Recht der Haustürgeschäfte, JuS 1990, 548–555, 723–728.

177 Der Gerichtsstand – die örtliche Zuständigkeit – ist wegen der übersichtlichen Regelung in den §§ 12ff. ZPO meist leichter zu bearbeiten als die sachliche Zuständigkeit. Bei der Anwaltsklausur muß besonders darauf geachtet werden, daß sehr häufig für einen Streitfall mehrere Gerichtsstände gegeben sind, die sämtlich zu erörtern sind, weil der Kläger unter ihnen die Wahl hat (§ 35 ZPO); nicht selten besteht ein Teil der Prüfungsleistung in der richtigen Empfehlung eines der zuständigen Gerichte[5].

1. Der Begriff „Gerichtsstand"

178 Auch bei der örtlichen Zuständigkeit ist eine klare Terminologie erforderlich, um Mißverständnisse zu vermeiden. Die ZPO spricht vom

---

[4] Die in § 35 ZPO vorausgesetzte Wahlmöglichkeit besteht z. B., wenn die Parteien wirksam sowohl das *AG* als auch das *LG* prorogiert haben, oder wenn die ordentliche Gerichtsbarkeit und über § 2 III ArbGG auch die Arbeitsgerichtsbarkeit angerufen werden kann oder schließlich bei der Wahl zwischen *AG* oder *LG* beim Arrest und bei der einstweiligen Verfügung.

[5] Für den Kläger aus Rostock kann es z. B. günstiger sein, am Erfüllungsort Rostock (§ 29 ZPO) zu klagen als im allgemeinen Gerichtsstand Berlin (§ 13 ZPO) des Beklagten: keine Reisekosten, kein fremder Rechtsanwalt in Berlin, Kenntnis der „Mentalität" des heimischen Gerichts.

„Gerichtsstand", wenn sie die *örtliche* Zuständigkeit meint: So lautet die Überschrift des Zweiten Titels des Ersten Buchs der ZPO (vor § 12 ZPO). Dieser Terminologie sollte sich der Bearbeiter anschließen, weil dann sogleich aus dem Begriff deutlich wird, daß er nicht eine der drei *anderen* Zuständigkeitsarten (*sachliche* Zuständigkeit, *internationale* Zuständigkeit, *funktionelle* Zuständigkeit) untersucht. Umgekehrt ist es ein Fehler, vom „Gerichtsstand" zu sprechen, wenn eine dieser Zuständigkeiten gemeint ist.

2. Allgemeiner Gerichtsstand und besonderer Gerichtsstand

a) Die Regelung der ZPO

Die ZPO trennt zwischen *allgemeinen* Gerichtsständen, die in §§ 12–19 **179**
ZPO enthalten sind, und den *besonderen* Gerichtsständen in den Vorschriften der §§ 20–35a ZPO. Es empfiehlt sich daher, im eigenen Gesetzestext zwischen § 19 und § 20 ZPO einen waagerechten Strich zu machen, damit im Examen deutlich wird, wo die Grenzlinie zwischen den allgemeinen und den „besonderen" Gerichtsständen verläuft.

b) Die Funktion des allgemeinen Gerichtsstandes

Der Text des § 12 ZPO erschließt die *Funktion* des allgemeinen Ge- **180**
richtsstandes: Im allgemeinen Gerichtsstand können gegen eine Person *alle* Klagen erhoben werden („Das Gericht, bei dem eine Person ihren allgemeinen Gerichtsstand hat, ist für alle gegen sie zu erhebenden Klagen zuständig"). Der *Vorteil* des allgemeinen Gerichtsstandes besteht also in der Möglichkeit, dort die unterschiedlichsten Streitgegenstände anhängig zu machen, wenn sie sich nur sämtlich gegen denselben Beklagten richten:

Beispiel 75: Die Ehe zwischen *Sokrates* und *Xanthippe* ist rechtskräftig geschieden. *Sokrates* will *Xanthippe* wegen folgender Ansprüche verklagen:

1. *Xanthippe* habe die Behauptung zu unterlassen, *Sokrates* hätte sein Leben lang nicht gearbeitet;
2. *Xanthippe* sei verpflichtet, an *Sokrates* 2500,– € zu zahlen;
3. *Xanthippe* solle die ihr geliehene Briefmarkensammlung des *Sokrates* herausgeben;
4. *Xanthippe* habe dem *Sokrates* an ihrem Grundstück eine Auflassungsvormerkung zu bestellen.

Frage: Wo soll *Sokrates* klagen?

Antwort: Dem *Sokrates* ist zu raten, am Wohnsitz (§ 7 I BGB) der *Xanthippe* die Klageanträge zu stellen. Dieses Gericht ist örtlich zuständig, weil sich nach § 13 ZPO der allgemeine Gerichtsstand der Xanthippe durch deren Wohnsitz bestimmt und nach § 12 ZPO das Gericht, bei dem eine Person ihren allgemeinen Gerichtsstand hat, für alle gegen sie zu erhebenden Klagen zuständig ist.

3. Klausurprobleme des allgemeinen Gerichtsstandes

a) „Actor sequitur forum rei"

Das Modell des allgemeinen Gerichtsstandes wird beherrscht vom **181**
Grundsatz *„actor sequitur forum rei"* (der Kläger folgt dem Gerichts-

stand des Beklagten)[6]. Deshalb ist es ein schlimmer Fehler, wenn ein Klausurbearbeiter bei der Frage nach der örtlichen Zuständigkeit für eine Klage den allgemeinen Gerichtsstand des *Klägers* untersucht, d.h. etwa im *Beispiel 75* prüft, wo *Sokrates* wohnt. Vielmehr muß nach unserem Prozeßsystem grundsätzlich der Angreifer dasjenige Gericht anrufen, an dem der *Beklagte* seinen allgemeinen Gerichtsstand hat. Nur *ausnahmsweise* gibt es „Klägergerichtsstände", so in § 23a ZPO für Unterhaltsansprüche gegen eine im Ausland wohnende Person und in § 689 II ZPO beim Antrag auf Erlaß des Mahnbescheids.

182 aa) Beim *allgemeinen Gerichtsstand der natürlichen Person* (§ 13 ZPO) wird auf den *Wohnsitz* abgestellt, so daß der Bearbeiter auf §§ 7–11 BGB verwiesen wird. Insbesondere entspricht dem *abgeleiteten* Wohnsitz von Kindern des § 11 BGB der Begriff des *abgeleiteten* allgemeinen Gerichtsstands prozeßunfähiger Personen.

Wie aus § 13 ZPO hervorgeht, wird der allgemeine Gerichtsstand einer natürlichen Person nach deutschem Prozeßrecht immer durch den *Wohnsitz* bestimmt; es ist nicht von einem „Wohnsitz im Inland" die Rede. Deshalb hat eine Person, die *im Ausland* ihren Wohnsitz hat und im Inland nicht ebenfalls einen Wohnsitz besitzt (*mehrere Wohnsitze* sind gemäß § 7 II BGB möglich), im Inland keinen allgemeinen Gerichtsstand. Nur wenn eine Person überhaupt keinen Wohnsitz hat (*weder* im Inland *noch* im Ausland), greift die *Auffangregel des § 16 ZPO* ein: Es kommt auf ihren *Aufenthaltsort* im Inland an. Ist ein solcher nicht bekannt, entscheidet nach § 16 ZPO der *letzte Wohnsitz* (sei es im Inland, sei es im Ausland).

Beispiel 76: Nachdem sich *Sokrates* entschlossen hat, *Xanthippe* in deren allgemeinen Gerichtsstand zu verklagen *(Beispiel 75)*, erfährt er, daß *Xanthippe* ihren Wohnsitz aus *Deutschland* in die *Schweiz* verlegt hat. Allerdings befindet sie sich während der gesamten Festspielzeit in *Bayreuth.*

Frage: Ist dem *Sokrates* zu raten, seine Klage in *Bayreuth* zu erheben?

Antwort: Nein! Zwar begründet gemäß § 16 ZPO auch der bloße Aufenthaltsort im Inland den allgemeinen Gerichtsstand, so daß es nicht ausgeschlossen ist, eine Person zu verklagen, die sich nur zum Besuch von Festspielen innerhalb *Deutschlands* aufhält. Doch setzt § 16 ZPO voraus, daß die betreffende Person überhaupt keinen Wohnsitz hat. Da *Xanthippe* in der Schweiz wohnt, kann § 16 ZPO nicht angewendet werden; ein allgemeiner Gerichtsstand in *Bayreuth* besteht also nicht.

Sokrates muß also entweder in der Schweiz Klage erheben oder aber versuchen, für die im *Beispiel 75* genannten vier Streitgegenstände jeweils einen besonderen Gerichtsstand an einem Ort in Deutschland zu finden (hierzu später *Beispiel 77).*

183 bb) Bei *juristischen Personen* wird der allgemeine Gerichtsstand nach ihrem *Sitz* bestimmt; in aller Regel nach demjenigen Ort, an dem die Verwaltung geführt wird (§ 17 I 1 und 2 ZPO). *Daneben* ist – nach § 17 III ZPO – auch ein durch den Gesellschaftsvertrag („Statut") fest-

---

[6] Zu dieser wichtigen Sentenz: *Detlef Liebs,* Lateinische Rechtsregeln und Rechtssprichwörter, 6. Aufl. (1998), S. 28 (A 32).

gelegter („statutarischer") allgemeiner Gerichtsstand zulässig. Bei juristischen Personen ist also nicht ausgeschlossen, daß sie am Verwaltungssitz *oder* am statutarischen Sitz verklagt werden können. Zwischen diesen beiden allgemeinen Gerichtsständen hat dann der Kläger gemäß § 35 ZPO die Wahl.

Hinweis: § 17 ZPO verwendet alte, heute überholte Begriffe. Die „*Korporationen*" in § 17 I ZPO meinen Körperschaften und nicht die studentischen Korporationen; die „*Gewerkschaften*" in § 17 II ZPO beziehen sich auf *bergrechtliche* Gewerkschaften, nicht auf Arbeitnehmervereinigungen.

Wie der Wortlaut von § 17 ZPO ferner zeigt, ist er nicht auf juristische Personen begrenzt, da er den Gerichtsstand all denjenigen Gesellschaften, Vereinen und Vermögensmassen gibt, „die als solche verklagt werden können", so daß § 17 ZPO etwa auch zutrifft auf die Klage gegen die Gesellschaft bürgerlichen Rechts (vgl. o. Rn. 157), die OHG und die KG (vgl. § 124 I, § 161 HGB), gegen den nichtrechtsfähigen Verein (vgl. o. Rn. 157), gegen die politische Partei (vgl. § 3 ParteiG) oder gegen die Arbeitnehmervereinigung („Gewerkschaft" im arbeitsrechtlichen Sinn, vgl. § 10 ArbGG).

cc) *Klagen gegen den Fiskus* richten sich gemäß § 18 ZPO nach den Vorschriften, die die Vertretung des Fiskus regeln. Hier handelt es sich um öffentlich-rechtliche Normen, die dem jeweiligen Landesrecht oder (bei Klagen gegen die *Bundesrepublik Deutschland*) den entsprechenden bundesrechtlichen Rechts- und Verwaltungsvorschriften zu entnehmen sind. **184**

b) Die Derogation des allgemeinen Gerichtsstandes durch einen ausschließlichen Gerichtsstand

Hat ein Bearbeiter einen allgemeinen Gerichtsstand festgestellt, darf er niemals die Zusatzfrage übersehen, ob ein ausschließlicher Gerichtsstand diesen allgemeinen Gerichtsstand *verdrängt*. § 12 ZPO sagt ausdrücklich, daß ein *ausschließlicher Gerichtsstand* den allgemeinen Gerichtsstand *derogiert* (… „sofern nicht für eine Klage ein ausschließlicher Gerichtsstand begründet ist"). Die trotz eines ausschließlichen Gerichtsstandes im allgemeinen Gerichtsstand erhobene Klage ist daher unzulässig. **185**

Diese wichtige Zusatzfrage vermag ein Bearbeiter nur zu beantworten, wenn er weiß, welche ausschließlichen Gerichtsstände möglicherweise in Frage kommen. Aus der ZPO sind vor allem zu nennen: Der Gerichtsstand des § 24 ZPO für die *dinglichen Klagen in Grundstücksangelegenheiten*, der *wohnraummietrechtliche* Gerichtsstand des § 29 a ZPO, der *verbraucherschützende* Gerichtsstand des § 29 c I 2 ZPO für *Klagen aus Haustürgeschäften gegen Verbraucher*[7] und die in *Familiensachen* bestehenden ausschließlichen Zuständigkeiten, z. B. § 606 ZPO für *Ehesachen* (Legaldefinition

---

[7] Speziell zu der Vorgängervorschrift § 7 HaustürWG, vgl. *Wassermann*, JuS 1990, 723 (728).

in § 606 I ZPO), § 640a I ZPO für *Kindschaftssachen* (Legaldefinition in § 640 II ZPO), § 642 I ZPO für *Unterhaltssachen* und §§ 661 II, 606 I ZPO für *Lebenspartnerschaftssachen* (Legaldefinition in § 661 I ZPO), sowie die Vorschrift des § 802 ZPO, die für alle Vorschriften des Achten Buchs der ZPO die Ausschließlichkeit anordnet.

4. Klausurprobleme der besonderen Gerichtsstände

a) Die Funktion der besonderen Gerichtsstände

186 Die besonderen Gerichtsstände gewähren *zusätzlich* zum allgemeinen Gerichtsstand weitere örtliche Kompetenzen und ermöglichen daher einen Prozeß gegen den Beklagten auch *außerhalb seines Wohnsitzgerichts.* Sie bieten damit dem Kläger häufig die Möglichkeit, an einem für ihn günstigeren Ort zu klagen als gerade im allgemeinen Gerichtsstand (am Wohnsitz) des Beklagten.

Beispiel 77: Im *Beispiel 76* hat sich gezeigt, daß kein allgemeiner Gerichtsstand der *Xanthippe* innerhalb *Deutschlands* besteht.

Frage: Muß *Sokrates* nunmehr den Rechtsstreit in der *Schweiz* führen oder gibt es für seine im *Beispiel 75* genannten vier Klageanträge doch innerhalb *Deutschlands* örtlich zuständige Gerichte?

Antwort: In *Deutschland* kann *Sokrates* zwar nicht in einem allgemeinen Gerichtsstand gegen *Xanthippe* vorgehen (o. *Beispiel 76*); er wird aber prüfen, ob für die *vier* Klageanträge besondere Gerichtsstände in Frage kommen, und zwar

a) für den Antrag auf Unterlassung etwa § 32 ZPO[8],
b) hinsichtlich des Antrags auf Zahlung der Gerichtsstand des Erfüllungsorts gemäß § 29 ZPO[9],
c) hinsichtlich des Antrags auf Herausgabe der Briefmarkensammlung ebenfalls gemäß § 29 ZPO der Erfüllungsort der Herausgabeverpflichtung aus Leihe und
d) hinsichtlich des 4. Klageantrags dort, wo in Deutschland das Grundstück belegen ist, an dem *Xanthippe* die Auflassungsvormerkung bestellen soll (§§ 24 ff. oder § 29 ZPO[10]).

Besonders bei der Klage *gegen* mehrere Personen (Streitgenossenschaft auf der Beklagten- oder Passivseite, §§ 59 ff. ZPO) gelingt es vielfach, *sämtliche* Personen mit unterschiedlichen Wohnsitzen vor *demselben* Gericht zu verklagen, weil dort ein besonderer Gerichtsstand besteht.

Beispiel 78: Mit dem PKW hat *Schnell* den *Arm* angefahren. Halter des Wagens ist *Reich,* der ihn bei der *Insolventia AG* haftpflichtversichert hat. *Schnell* wohnt in

---

[8] Unten Rn. 204.

[9] Unten Rn. 196 ff.

[10] Die Bezeichnung für die §§ 24, 25, 26 ZPO als *dingliche Gerichtsstände* ist irreführend. Für Streitigkeiten über bewegliche Sachen begründen sie keinen eigenen Gerichtsstand. Deswegen sollte man besser von den Grundstücksgerichtsständen sprechen. Zu beachten ist, daß § 24 ZPO kein besonderer, sondern ein ausschließlicher Gerichtsstand ist (dazu ausführlich *Schumann,* JuS 1985, 39 [40 ff.]). Zu dem Verhältnis der ausschließlichen zu den besonderen Gerichtsständen vgl. Rn. 194. Im Beispielsfall ist für den vierten Antrag § 24 ZPO nicht einschlägig, da mit dem Verlangen auf Eintragung kein dingliches Recht, sondern ein Forderungsrecht geltend gemacht wird; siehe dazu *Schumann,* a. a. O., S. 41 bei Fn. 17.

Frankfurt, *Reich* in München; die *Insolventia AG* hat ihren Sitz in Mainz, der Unfall ereignete sich in Dresden.

Frage: *Arm* will *Schnell, Reich* und die *Insolventia AG* vor demselben Gericht verklagen. Ist dies möglich?

Antwort: Da die Beklagten ihren allgemeinen Gerichtsstand jeweils an verschiedenen Orten haben (§§ 12, 13 ZPO: Frankfurt und München; §§ 12, 17 I ZPO: Mainz), muß ein besonderer Gerichtsstand gefunden werden, der für alle gemeinsam gegeben ist. Für die Ansprüche des *Arm* aus § 823 I und II BGB und aus §§ 7, 18 StVG gelten die besonderen Gerichtsstände des § 32 ZPO (wegen der Ansprüche aus unerlaubter Handlung) und § 20 StVG (für die Ansprüche nach StVG). Deswegen kann *Arm* alle Beklagten in Dresden als dem Ort des Unfalls verklagen.

b) Gelten die besonderen Gerichtsstände auch gegenüber Dritten?

Das Beispiel 78 wirft die wichtige Frage auf, ob die besonderen Gerichtsstände auch für eine dritte Person gelten, also hier gegenüber der *Insolventia AG,* obwohl sie den Unfall keineswegs verursacht hat. Der Leser muß sich hier einen wichtigen Grundsatz des Prozeßrechts einprägen: Eine gerichtliche Kompetenz (Rechtsweg, Gerichtsstand, sachliche und internationale Zuständigkeit), die sich nach dem geltend gemachten Anspruch richtet (hier: Haftung aus unerlaubter Handlung und aus Gefährdung), ändert sich *nicht* bei einem Wechsel der Personen (z.B. *Reich* stirbt und wird von seinem Sohn beerbt, §§ 1922, 1967 BGB) oder beim Hinzutreten weiterer Verpflichteter (z.B. gemäß § 3 Nr. 1 und 2 PflVG haftet auch die *Insolventia AG).* Die *Insolventia AG* kann daher in Dresden verklagt werden, weil sie für den geltend gemachten Anspruch haftet und für diesen Anspruch in Dresden die örtliche Zuständigkeit besteht. **187**

Daß sich durch den Wechsel von Personen an der Qualifikation eines Rechtsverhältnisses üblicherweise nichts ändert, ist den meisten Bearbeitern einer Klausur selbstverständlich. Nur bereitet die „prozessuale Umsetzung" dieses Gedankens immer wieder nicht unerhebliche Schwierigkeiten: Wer einen Arbeitnehmer beerbt und, da der Arbeitgeber den restlichen Lohn nicht mehr zahlt, Lohnklage erheben will, muß zum *Arbeitsgericht* klagen, weil er einen Anspruch *„aus dem Arbeitsverhältnis"* zwischen einem Arbeitnehmer und einem Arbeitgeber geltend macht (§ 2 I Nr. 3a ArbGG); übrigens kodifiziert § 3 ArbGG den genannten Grundsatz ausdrücklich, ohne daß dies an sich notwendig wäre. Ähnlich muß das *Finanzgericht* anrufen, wem ein Anspruch auf Lohnsteuerrückzahlung abgetreten wurde, mag die Abtretung auch zur Erfüllung einer privatrechtlichen Forderung vorgenommen worden sein. Da auch die Überleitung von Unterhaltsansprüchen (nach § 93 SGB XII durch Überleitungsanzeige oder nach § 37 BAföG im Wege der cessio legis) nichts an der *unterhaltsrechtlichen* Qualifikation des Anspruchs ändert, muß der übergegangene Anspruch klageweise, z.B. durch das Amt für Ausbildungsförderung beim *Familiengericht* geltend gemacht werden.

c) Gefahrenpunkte bei den besonderen Gerichtsständen

Bei der Bearbeitung der besonderen Gerichtsstände gibt es typische Schwierigkeiten, die ein Bearbeiter kennen sollte, um den dadurch auftretenden Gefahren zu entgehen. Die folgenden fünf Hinweise erleichtern den Umgang mit den besonderen Gerichtsständen: **188** *aa) Erster Hinweis: Für dieselbe Streitsache kann es mehrere besondere Gerichtsstände geben.*

189 Hat ein Bearbeiter einen besonderen Gerichtsstand gefunden, vergißt er vielfach, nach *weiteren* besonderen Gerichtsständen zu suchen. Dies kann zu einer lückenhaften, bisweilen sogar zur falschen Lösung führen, denn für eine Reihe von Streitigkeiten gibt es nicht nur einen, sondern *mehrere* besondere Gerichtsstände.

Es muß deshalb stets die *Kontrollfrage* gestellt werden: „Gibt es innerhalb der ZPO möglicherweise noch einen weiteren besonderen Gerichtsstand?"

Diese Frage nach möglichen weiteren besonderen Gerichtsständen ist von besonderem Gewicht, wenn der weitere besondere Gerichtsstand an einem *anderen* Ort liegt und dieser Ort für den Kläger angenehmer ist.

190 **Beispiel 79:** *Eilig* aus Bonn hat das Oktoberfest in München besucht. Er verpaßt die Abendmaschine nach Köln/Bonn. Deshalb fliegt er mit der letzten Maschine nach Düsseldorf. Dort besteigt er das Taxi des in Düsseldorf wohnenden *Tegetmeier* und gibt als Ziel Bonn an. Im Amtsgerichtsbezirk von Köln kommt es durch ein Verschulden *Tegetmeiers* zu einem Verkehrsunfall, bei dem *Eilig* verletzt wird. *Eilig* verlangt Heilungskosten, Verdienstausfall und Schmerzensgeld.

Eilig **fragt,** bei welchen Gerichten er seine Ansprüche geltend machen kann.

Antwort: (1) *Allgemeiner Gerichtsstand:* Als allgemeiner Gerichtsstand kommt der Wohnsitz (§ 7 BGB) *Tegetmeiers* in Frage (§§ 12, 13 ZPO); hier ist dies Düsseldorf. Da die Zusatzfrage nach einem möglicherweise bestehenden ausschließlichen Gerichtsstand (vgl. oben Rn. 185) negativ verläuft – ein solcher Gerichtsstand greift hier nicht ein –, kann *Eilig* sämtliche Ansprüche in Düsseldorf geltend machen.

(2) An *besonderen* Gerichtsständen sind zu prüfen: der Gerichtsstand der Gefährdungshaftung nach § 20 StVG, der Gerichtsstand der unerlaubten Handlung gemäß § 32 ZPO sowie der Gerichtsstand des Erfüllungsortes gemäß § 29 ZPO.

(a) *§ 20 StVG:* Der Verkehrsunfall („das schädigende Ereignis" im Sinn von § 20 StVG) fand in Köln statt, so daß in Köln ein Gerichtsstand für Klagen aufgrund des StVG besteht. Bei einer Klage in Köln (gemäß § 20 StVG) kommt eine Haftung gemäß §§ 7, 8 a StVG (entgeltliche, geschäftsmäßige Personenbeförderung) sowie gemäß § 18 StVG in Frage.

(b) *§ 32 ZPO:* Das Kölner Gericht ist aber auch für Ansprüche zuständig, die „aus unerlaubten Handlungen" abgeleitet werden, weil in seinem Bezirk „die Handlung begangen ist" (§ 32 ZPO).

(c) *§ 29 ZPO:* Zwischen *Eilig* und *Tegetmeier* ist ein Beförderungsvertrag (Werkvertrag, §§ 631 ff. BGB) abgeschlossen worden. Deshalb muß schließlich geprüft werden, ob der Gerichtsstand des Erfüllungsortes eingreift. § 29 ZPO, der diesen Gerichtsstand regelt, gibt eine örtliche Kompetenz nicht nur für die reine Erfüllungsklage, sondern auch für sämtliche vertraglichen Ansprüche, einschließlich der Ansprüche aus §§ 311 II, 280 I BGB. *Tegetmeier* hat durch sein schuldhaftes Verhalten eine solche positive Vertragsverletzung des Beförderungsvertrages begangen. Daher stehen dem *Eilig* Schadensersatzansprüche (Heilungskosten, entgangener Gewinn, Schmerzensgeld). Um jetzt festzustellen, welches Gericht gemäß § 29 ZPO örtlich zuständig ist, muß gefragt werden, wo der Erfüllungsort (§ 269 I BGB) dieses Beförderungsvertrages liegt. Dies ist im vorliegenden Fall Bonn, da dort das Endziel der Fahrt war. Für die vertraglichen Ansprüche auf Heilungskosten, Verdienstausfall und Schmerzensgeld kann *Eilig* also auch in Bonn klagen.

(3) **Ergebnis:** *Eilig* darf nun zwischen verschiedenen Gerichten wählen (§ 35 ZPO): Er kann in Düsseldorf als dem allgemeinen Gerichtsstand des *Tegetmeier* sämtliche Ansprüche geltend machen. Er mag sich aber auch Köln heraussuchen, wobei er allerdings auf die Begründung „Gefährdungshaftung“ und „Delikt“ begrenzt ist (für den *Vertragsanspruch* ist Köln örtlich unzuständig, dazu näher unten Rn. 204). Schließlich kann er auch an seinem eigenen Wohnort in Bonn aus Vertrag die Ansprüche auf Heilungskosten, Verdienstausfall und Schmerzensgeld einklagen.

bb) Zweiter Hinweis: Besondere Gerichtsstände sind auch außerhalb des Titels „Gerichtsstand“ geregelt

Der Zweite Titel des Ersten Buchs der ZPO widmet sich, wie schon in Rn. 178 gesagt, dem Gerichtsstand. Die bisherige Darstellung hat aber bereits gezeigt, daß besondere Gerichtsstände nicht etwa nur innerhalb dieses Titels enthalten sind. Für die unfallrechtliche Klausur ist, wie im *Beispiel 79* dargelegt, § 20 StVG von Bedeutung. Wichtig sind ferner die besonderen Gerichtsstände des § 56 LuftVG, des § 14 HPflG und des § 6 UKlaG. Ferner enthält die ZPO etwa in §§ 603, 606, 640a I 1, 642 I 1, 689 II ZPO weitere Regelungen über die örtliche Zuständigkeit[11]. 191

cc) Dritter Hinweis: Die Beachtung des Trennungsprinzips ist bei den Gerichtsständen unverzichtbar.

In unüberwindbare Schwierigkeiten kommt ein Bearbeiter, wenn er bei mehreren Ansprüchen oder bei mehreren Anspruchsgrundlagen nicht klar zwischen den verschiedenen materiell-rechtlichen Rechtsgrundlagen trennt[12]. Den Anspruch auf Herausgabe eines Grundstücks (§ 985 BGB) kann der Kläger nur im ausschließlichen dinglichen Gerichtsstand der Belegenheit (§ 24 ZPO) geltend machen. Er darf dann dort gegen denselben Beklagten auch andere materiell-rechtliche Ansprüche rechtshängig machen, soweit sie unter die Vorschriften der § 24 bis 26 ZPO fallen, nicht aber z.B. eine Kaufpreisklage (§ 433 II BGB) erheben, für die die örtliche Zuständigkeit deshalb bei einem anderen Gericht besteht, weil dort der Beklagte wohnt (§§ 12, 13 ZPO, § 7 BGB). Umgekehrt gilt dies genauso: Am Wohnort des Beklagten wäre gegen ihn die Klage auf Grundstücksherausgabe wegen § 24 ZPO unzulässig. Ähnlich muß man bei Wohnraumstreitigkeiten die ausschließliche Zuständigkeit des Amtsgerichts der belegenen Sache beachten (§ 29a ZPO für den Gerichtsstand und § 23 Nr. 2a GVG für die sachliche Zuständigkeit Dort kann der Mieter gegen den an einem anderen Ort wohnenden Vermieter z.B. auf Feststellung des Mietverhältnisses klagen, nicht aber zulässigerweise eine Kaufpreisklage erheben. Der Bearbeiter vermeidet in solchen Fällen nur dann Fehler, wenn er sich strikt an das Trennungsprinzip hält. 192

---

[11] Gerade dann, wenn ein Spezialgesetz zur Anwendung gelangt, sollte man dieses Gesetz bis zum Ende durchblättern, da der Gesetzgeber dazu neigt, prozessuale Regelungen gleich dort anzufügen, vgl. Rn. 41.

[12] Zum Trennungsprinzip näher oben Rn. 171 sowie auch Rn. 92, 362–364 und 380.

Wie das *Beispiel 79* zeigt, gilt das Trennungsprinzip nicht nur, wenn ein Kläger verschiedene Anträge (Streitgegenstände) anhängig gemacht hat (Anspruch auf Ersatz der Heilungskosten, Ersatz des entgangenen Gewinns, Schmerzensgeld). Das Trennungsprinzip muß bereits dann beachtet werden, wenn *ein und derselbe* prozessuale Anspruch unterschiedlich materiell-rechtlich begründet wird (aus Gefährdungshaftung, aus Vertrag, aus Delikt), weil die Gerichtsstände bisweilen nur *eine* dieser Anspruchsgrundlagen (z. B. § 20 StVG: nur Gefährdungshaftung) ergreifen. (Zur Ausnahme des Gerichtsstands kraft Sachzusammenhang siehe unten Rn. 204).

dd) Vierter Hinweis: §§ 38ff. ZPO dürfen nicht übersehen werden.

193 Durch rügeloses Einlassen des Beklagten zur Hauptsache (§ 39 ZPO) oder durch wirksame Zuständigkeitsvereinbarungen (§ 38 ZPO) kann die örtliche Zuständigkeit des Gerichts begründet werden. Dies ist in Rn. 213 näher dargelegt. Die örtliche Unzuständigkeit des Gerichts wird in solchen Fällen *prozessual überholt* (o. *Beispiel* 17, Rn. 34).

ee) Fünfter Hinweis: Auch die besonderen Gerichtsstände werden durch ausschließliche Zuständigkeiten verdrängt.

194 Wie beim allgemeinen Gerichtsstand (o. Rn. 185) kann auch ein besonderer Gerichtsstand durch eine *ausschließliche* örtliche Zuständigkeitsregelung verdrängt werden. Deshalb muß sich ein Bearbeiter stets die Kontrollfrage stellen, ob der von ihm jetzt bejahte besondere Gerichtsstand nicht möglicherweise auf diese Art derogiert wurde. So wird häufig die Kompetenz für Vertragsansprüche (§ 29 ZPO) durch ausschließliche Zuständigkeiten beseitigt, besonders bei *Haustürgeschäften* nach § 29c I 2 ZPO oder in *Wohnraummietsachen* gemäß § 29a ZPO.

5. Typische Einzelprobleme der besonderen Gerichtsstände

195 Die besonderen Gerichtsstände (§§ 20–35a ZPO) werfen eine Fülle von Einzelproblemen auf. Jedem wird dies deutlich, der einen Kommentar zur ZPO mit den Erläuterungen von § 20 ZPO bis § 35a ZPO durchsieht. Weder im Assessor-Examen noch gar im Referendar-Examen wird die Kenntnis derartiger Einzelprobleme verlangt. Es gibt jedoch eine Reihe von sehr typischen Fragestellungen[13].

a) Der Gerichtsstand des Erfüllungsortes (§ 29 ZPO)

196 In Examen und Praxis hat es sich bewährt, fünf Regeln zu beachten, wenn in dem praktisch so wichtigen Gerichtsstand des Erfüllungsortes vertragliche Ansprüche geltend gemacht werden sollen:

aa) Erste Regel: Alle vertraglichen Ansprüche fallen unter § 29 ZPO

197 Als häufiger Fehler bei der Behandlung des Gerichtsstands des Erfüllungsortes gemäß § 29 ZPO erscheint immer wieder die viel zu enge

[13] Weitere Klausurprobleme sind bei *Schumann,* JuS 1985, 39ff. behandelt.

Interpretation des Gesetzes. Sicher fällt die Klage auf *Erfüllung* unter die Gesetzesformulierung „Streitigkeiten aus einem Vertragsverhältnis", aber auch alle anderen *vertraglichen* Ansprüche leiten sich „aus einem Vertragsverhältnis" ab, so daß unter § 29 ZPO auch die Klagen aus den Rückabwicklungsverhältnissen fallen, etwa nach Ausübung eines vertraglichen oder eines gesetzlichen Rücktrittsrechts. Ebenso gehören zu § 29 ZPO die wegen Leistungsstörungen ausgelösten Streitigkeiten, etwa auf Schadensersatz statt der (ganzen) Leistung, nicht weniger Streitfälle nach Erklärung des Rücktritts oder der Minderung bei einem Kauf- oder Werkvertrag. *Vertragsmäßige* Klagen sind auch Klagen auf Aufhebung, Abänderung oder Konkretisierung (Ausfüllung) eines Vertrages und – wie schon angedeutet – Klagen auf Schadensersatz statt der Leistung und Klagen auf Schadensersatz neben der Leistung nach § 280 I BGB, aber auch Klagen aus *culpa in contrahendo* (§ 311 II, III BGB), obschon es hier nicht zum Vertragsschluß gekommen sein muß[14].

bb) Zweite Regel: Bereicherungsansprüche fallen nicht unter § 29 ZPO

Obwohl § 29 ZPO sehr breit und weit interpretiert wird, kennt er 198
Grenzen[15]. Sie werden bisweilen übersehen, insbesondere bei *bereicherungsrechtlichen* Ansprüchen (§ 812 BGB), die niemals unter § 29 ZPO fallen[16]. Soweit eine Eingriffskondiktion vorliegt, ist dies ohne weiteres einsichtig. Da die Mehrzahl der Kondiktionsfälle aber Leistungskondiktionen sind und deshalb entweder eine der Parteien von einem Vertragsverhältnis ausging oder bei Leistung ein später durch Anfechtung weggefallener Vertrag bestand, wird häufig die Bereicherungssituation so behandelt, als ob es sich um ein *vertragliches* Rückabwicklungsverhältnis handele. Dies ist freilich ein Mißverständnis. Weder die *von vornherein* bestehende Nichtigkeit des Vertrages, noch aber auch die *rückwirkend* eingetretene (durch Anfechtung nach § 119 BGB oder § 123 BGB bewirkte) Nichtigkeit des Vertrages machen Ansprüche aus Bereicherung zu Streitfällen „aus einem Vertragsverhältnis". § 812 BGB begründet ein *gesetzliches* Schuldverhältnis, § 29 ZPO setzt hingegen eine *vertragliche* Sonderverbindung voraus.

cc) Dritte Regel: Ausschließliche Gerichtsstände gehen auch hier vor

Vor allem bei der Zuständigkeit nach § 29 ZPO wird häufig über- 199
sehen, daß auch sie durch einen ausschließlichen Gerichtsstand verdrängt wird.

---

[14] Daß Ansprüche aus *culpa in contrahendo* im Gerichtsstand des Erfüllungsortes (§ 29 ZPO) erhoben werden können und nicht in den Deliktsgerichtsstand (§ 32 ZPO) gehören, ist ganz h.M., vgl. Stein/Jonas/*Roth* § 29 Rn. 18, *Thomas/Putzo* § 29 Rn. 4 sub dd), sowie *Schumann*, JuS 1985, 42 (Fn. 24).

[15] Vgl. *Thomas/Putzo*, § 29 Rn. 3.

[16] *BGHZ* 132, 105 (109); *Rosenberg/Schwab/Gottwald*, § 36 II 1.

dd) Vierte Regel: Nicht der Vertrag insgesamt, sondern die einzelne Verpflichtung des Vertragsteils hat je ihren Erfüllungsort

200 Bei der *konkreten Bestimmung des Erfüllungsortes* für einen vertraglichen Anspruch werden immer wieder Fehler gemacht, die vor allem auf dem weitverbreiteten Irrtum beruhen, ein Vertragsverhältnis habe nur *einen* Erfüllungsort. Wer dies meint, muß bereits am Wortlaut von § 29 I ZPO verzweifeln, weil dort ja nicht die Rede vom Gericht des Erfüllungsortes *„des Vertrages"* ist, sondern in einer scheinbar komplizierten Ausdrucksweise vom „Gericht des Ortes", „an dem die streitige Verpflichtung zu erfüllen ist", gesprochen wird.

201 Tatsächlich gibt es nicht „den" Erfüllungsort *des* Vertrages, sondern immer nur den *konkreten* Erfüllungsort für die *einzelne* streitige Verpflichtung des jeweiligen Schuldners. Liegt, wie beim gegenseitigen Vertrag, die *eine* Verpflichtung (z.B. des Käufers) im Synallagma mit der *anderen* Verpflichtung (z.B. des Verkäufers), bestehen *zwei* sich korrespondierende Verpflichtungen, für die möglicherweise *unterschiedliche* Erfüllungsorte existieren. Denn nicht der *Vertrag* hat einen Erfüllungsort, sondern die *einzelne Vertragsverpflichtung*, die es vom jeweiligen Schuldner zu erfüllen gilt[17].

Beispiel 80: Uhrmacher *Zeiger* aus *Leipzig* ist Spezialist für Turmuhren und deren Reparatur. *Graf Bordo von Bordosholst* hat am Stadtrand von Kiel ein burgähnliches älteres Anwesen. Er beauftragt *Zeiger,* die dortige Turmuhr wieder instand zu setzen. Als Vergütung bietet er dem *Zeiger* zwei Wochen unentgeltliches Wohnen in einem Ferienhaus in der Nähe von Husum an. *Zeiger* setzt die Turmuhr des *Grafen* ordnungsgemäß wieder in Betrieb; er verursacht allerdings schuldhaft einen Schaden in der kostbaren Inneneinrichtung des Turmes: Trotz ausdrücklichen Rauchverbots raucht *Zeiger* während der Reparaturarbeiten und setzt durch ein von ihm achtlos auf den Fußboden geworfenes Streichholz die Einrichtung in Brand. Dem *Grafen Bordo von Bordosholst* entsteht ein Schaden von 1250,– €. Aber auch *Zeiger* bleibt von Unannehmlichkeiten nicht verschont: Der *Graf* hat ihm zu sagen vergessen, daß das Garagentor des Ferienhauses wegen eines Konstruktionsfehlers immer wieder von selbst zugeht. *Zeiger* öffnet die Garage. Während er mit seinem Wagen einfahren will, schlägt die Tür zu und beschädigt seinen Kraftwagen. *Zeiger* entsteht ein Schaden in Höhe von 875,– €.

Frage: Welche besonderen Gerichtsstände bestehen für die jeweiligen vertraglichen Schadensersatzansprüche?

Antwort: Da *Zeiger* einen Schadensersatzanspruch aus einem Mietvertrag über einen Wohnraum geltend macht, könnte § 29a ZPO eingreifen; als ausschließlich würde der Gerichtsstand des § 29a ZPO die Zuständigkeit nach § 29 ZPO verdrängen. Aber der Wohnraummietvertrag über eine *Ferienwohnung* fällt nicht unter § 29a ZPO[18]. Deshalb kommt eben doch der Gerichtsstand des Erfüllungsorts gemäß § 29 ZPO in Be-

---

[17] So z.B. *RGZ* 140, 67 (69); vgl. Palandt/*Heinrichs,* § 269 Rn. 7. Beliebt ist die Frage, wo der Erfüllungsort nach Erklärung des *Rücktritts* liegt. Nach h.M. besteht er dort, wo sich die herauszugebende Ware vertragsgemäß befindet (sog. *„Austauschort"),* vgl. *BGHZ* 87, 104 (110) sowie *Baumgärtel,* Fall 5 (S. 143: Angabe, S. 151ff.: Lösung), Palandt/*Heinrichs,* § 269 Rn. 16. Zur Anwendbarkeit von § 29 ZPO in internationalen Streitigkeiten *H. Roth,* FS Schlosser, S. 779ff.

[18] *Thomas/Putzo,* § 29a Rn. 3 und unten Rn. 203.

tracht. Maßgeblich ist, wo die „streitige Verpflichtung zu erfüllen ist". Dies ist für jeden der Beteiligten getrennt zu beantworten:

(1) *Erfüllungsort* für die Verpflichtung des *Zeiger: Zeiger* hat für seine Verpflichtung als Erfüllungsort Kiel. Dementsprechend kann er vor dem Kieler Gericht auf Schadensersatz neben der Leistung nach §§ 280 I, 631, 241 II BGB (wegen positiver Vertragsverletzung seines Werkvertrages) verklagt werden: Erfüllungsort bei einer Klage gegen *Zeiger* ist also Kiel.

(2) *Erfüllungsort* für die Verpflichtung des *Grafen:* Mit der Bejahung des Erfüllungsortes Kiel für die „streitige Verpflichtung" des *Zeiger* ist nicht auch gesagt, daß hinsichtlich der „streitigen Verpflichtung" des *Grafen* derselbe Ort in Frage kommt. Vielmehr gilt der Satz, daß bei Mietverträgen der Ort der Mietsache Erfüllungsort für die Vermieterpflichten ist[19]. Dementsprechend ist Husum der Ort „der streitigen Verpflichtung", wenn *Zeiger* gegen *Graf Bordo von Bordosholst* aus §§ 280 I, 535, 549 II Nr. 1, 241 II BGB (wegen positiver Vertragsverletzung des Mietvertrages über das Ferienhaus) vorgeht.

(3) *Allgemeiner Gerichtsstand* des *Zeiger* und des *Grafen:* Nach dem schon in Rn. 181 f. Ausgeführten darf nicht übersehen werden, daß der *Graf* gegen *Zeiger* auch in Leipzig als dem allgemeinen Gerichtsstand des *Zeiger* klagen kann. Ebenso ist es *Zeiger* unbenommen, den *Grafen* in dessen allgemeinem Gerichtsstand in Kiel zu verklagen. Doch ist in unserem Beispiel auf den *Bearbeitervermerk* zu achten. Die Frage lautet nicht, wo die *jeweiligen* Vertragspartner klagen können, sondern wo besondere Gerichtsstände liegen. Würde der Bearbeitervermerk allgemeiner fragen, wo die beiden *(Zeiger* bzw. der *Graf)* klagen können, müßte zusätzlich auf den jeweiligen allgemeinen Gerichtsstand beider Personen eingegangen werden.

(4) In der schriftlichen Lösung ist ferner nicht auf den *Gerichtsstand der unerlaubten Handlung* (§ 32 ZPO) einzugehen; denn der Bearbeitervermerk fragt nur nach der Zuständigkeit für *vertragliche* Schadensersatzansprüche.

ee) Fünfte Regel: § 29 II ZPO verbietet nicht die Vereinbarung über den Erfüllungsort

Der zweite Absatz des § 29 ZPO bietet für den Anfänger dann außerordentliche Schwierigkeiten, wenn er diese Vorschrift *wörtlich* nimmt. Gemäß § 29 II ZPO darf ein Erfüllungsort nur *vereinbart* werden von den sogenannten „prorogationsbefugten Personen"; gemeint sind damit Kaufleute, juristische Personen des öffentlichen Rechts oder öffentlich-rechtliche Sondervermögen. Die Vorschrift liest sich, als ob es den sonstigen Parteien eines bürgerlich-rechtlichen Vertrages verboten sei, den Erfüllungsort zu vereinbaren. Doch schießt hier der Gesetzestext weit über den wahren Rechtszustand hinaus. Denn nach § 269 BGB ist es zunächst der Wille der Parteien, der festlegt, wo der Erfüllungsort liegt (§ 269 I BGB). In erster Linie bestimmen also die Parteien (d.h. vereinbaren die Parteien) den Erfüllungsort. Wenn also ein Grundstückseigentümer auf seinem Grundstück ein Haus von einem Bauunternehmer errichten lassen will, unterliegt es der Vereinbarung zwischen ihm und dem Bauunternehmer, diesen Ort als Erfüllungsort zu bestimmen. Nach bürgerlichem Recht besteht keinerlei Zweifel, daß die Vertragsparteien 202

[19] Nicht aber ohne weiteres für die *Mieter*pflicht auf Zahlung des Mietzinses, vgl. *RGZ* 140, 67 (70 ff.); *LG Trier,* NJW 1982, 286.

eines schuldrechtlichen Vertrages die Freiheit haben, den Erfüllungsort festzulegen. Vor diesem Hintergrund fragt es sich, welchen Sinn dann noch § 29 II ZPO hat. Die Antwort hierauf ist nur *historisch* zu erklären: Die Gerichtsstandsnovelle des Jahres 1974 änderte § 38 ZPO und kodifizierte das „Prorogationsverbot" (u. Rn. 213ff.). Damit das Prorogationsverbot des § 38 ZPO durch die Vereinbarung eines Erfüllungsortes nicht umgangen wird, mußte abgesichert werden, daß *Umgehungsgeschäfte* über den Erfüllungsort nicht das Prorogationsverbot aushöhlen. Keineswegs hat aber § 29 II ZPO das Ziel, ein an sich zuständiges Gericht (weil dort der vereinbarte Erfüllungsort liegt) nicht mehr als Gericht des Erfüllungsortes anzusehen.

Damit erhebt sich freilich die Frage, welchen wirklichen Inhalt § 29 II ZPO hat. Man kann dies vielleicht so umschreiben: Sofern die Vertragsparteien bürgerlich-rechtlich einen Erfüllungsort wirklich gewollt haben und auch dort erfüllt wird oder tatsächlich dort erfüllt werden soll, ist eine Vereinbarung ohne weiteres zu akzeptieren. Nur diejenigen Vereinbarungen, die einen Erfüllungsort bestimmen, um damit aber eine Gerichtsstandsregelung zu treffen, sind unzulässig. Alle Vereinbarungen eines Erfüllungsortes müssen deshalb vom Bearbeiter daraufhin überprüft werden, ob die Parteien wollten, daß das bürgerlich-rechtliche Rechtsgeschäft *dort* seinen *tatsächlichen* Erfüllungsort hat. Sofern wirklich ein Erfüllungsort vereinbart ist, begründet die Vereinbarung eines Erfüllungsortes ohne weiteres auch die Zuständigkeit gemäß § 29 I ZPO. Nur wenn die Parteien („abstrakt", „zum Schein", „zwecks Umgehung") einen Erfüllungsort vereinbaren, an dem aber gar nicht tatsächlich (bürgerlich-rechtlich) eine Leistung zu erbringen ist, handelt es sich um eine Vereinbarung, die wegen § 29 II ZPO keine zuständigkeitsbegründende Wirkung hat.

b) Die ausschließliche Zuständigkeit bei der Wohnraummiete (§ 29a ZPO)

203 Da § 29a ZPO für die dort genannten Streitigkeiten einen *ausschließlichen* Gerichtsstand enthält, wird in solchen Streitigkeiten auch der allgemeine Gerichtsstand derogiert (o. Rn. 185). Unverzichtbar ist es deshalb, bei allen wohnraummietrechtlichen Streitigkeiten an § 29a ZPO zu denken.

Wie immer sind die Ausnahmen wichtig: § 29a ZPO betrifft – weil insoweit sein zweiter Absatz eine Ausnahme vorsieht – nicht die in § 549 II Nr. 1–3 BGB erwähnten Räume. Er gilt also z.B. nicht für nur zum vorübergehenden Gebrauch vermieteten Wohnraum (§ 549 II Nr. 1 BGB: *Hotelzimmer, Ferienwohnung*). Deshalb ist es ein Fehler, wenn etwa bei einem Streit um eine Ferienwohnung die Regelung des § 29a ZPO angewandt wird. Hier bleibt es bei den allgemeinen Vorschriften sowohl über den Erfüllungsort (§ 29 ZPO) als auch über den allgemeinen Gerichtsstand des Beklagten (§§ 12, 13 ZPO)[20].

---

[20] Wie schon im *Beispiel 80 als* „Antwort" ausgeführt, fällt der Mietvertrag, den *Zeiger* über die Ferienwohnung mit dem *Grafen* abgeschlossen hat, nicht unter § 29a ZPO, so daß sich im Beispiel 80 die örtliche Zuständigkeit über § 29 ZPO bejahen ließ.

c) Der Gerichtsstand der unerlaubten Handlung (§ 32 ZPO) – forum delicti commissi

204 Von großer praktischer Bedeutung ist der Gerichtsstand der unerlaubten Handlung. Er begegnete uns bereits in den *Beispielen 78 und 79.* „Unerlaubte Handlungen" werden wie im BGB verstanden[21]. Die begehrte Rechtsfolge muß sich also aus §§ 823 ff. BGB ableiten lassen. Hierbei ist es gleichgültig, welche Rechtsfolgen aus einer unerlaubten Handlung geltend gemacht werden, ob sich also die Klage auf eine Naturalrestitution, auf Geldersatz, auf Schmerzensgeld oder auf Rückgabe des Erlangten, auf Auskunft oder Widerruf, auf Unterlassen oder auf das Verbot einer Handlung richtet. Bei mehraktigen Handlungen ist der Gerichtsstand der unerlaubten Handlung sowohl am Handlungsort als auch am Erfolgsort gegeben, so daß sich – etwa bei einer in einem Brief ausgesprochenen Beleidigung – sowohl der Ort der Absendung als auch der Ort des Empfangs als Ort der unerlaubten Handlung anbietet[22]. Zwischen diesen Orten hat der Kläger die freie Wahl (§ 35 ZPO).

Während in aller Regel die Anwendung von § 32 ZPO keine Schwierigkeiten bereitet, ergeben sich immer wieder Probleme mit der Abgrenzung zu anderen Gerichtsständen: Verletzungen eines Vertrages (einschließlich der Haftung aus culpa in contrahendo, §§ 311 II, III BGB) fallen nicht unter § 32 ZPO, sondern gehören zu § 29 ZPO[23]. Stellt sich ein und dieselbe Handlung sowohl als Vertragsverletzung als auch als unerlaubte Handlung dar, darf das Gericht des Erfüllungsortes (§ 29 ZPO) die unerlaubte Handlung nur prüfen, wenn der Gerichtsstand der unerlaubten Handlung ebenfalls gegeben ist[24]. Mit seinem Beschluß vom 10. Dezember 2002 (*BGHZ* 153, 173 ff.) ließ der *BGH* im Rahmen von § 32 ZPO den *Gerichtsstand des Sachzusammenhangs* zu, sodaß das Gericht der unerlaubten Handlung, wenn bei einem Streitgegenstand mehrere Anspruchsgrundlagen in Betracht kommen, auch über die nichtdeliktischen Ansprüche entscheiden kann. Der *BGH* begründet dies mit der Neuregelung von § 17 II GVG, wonach das Gericht sogar befugt sei, über rechtswegfremde Anspruchsgrundlagen zu entscheiden (argumentum a maiore ad minus). Folgt man dem BGH, ist das Gericht der unerlaubten Handlung befugt, über (quasi)vertragliche Ansprüche innerhalb des Streitgegenstands zu entscheiden, d. h. der Klage sogar stattzugeben, wenn zwar eine unerlaubte Handlung nicht begangen wurde,

---

[21] So die Überschrift vor § 823 BGB.

[22] *BGHZ* 40, 391 (394); *Thomas/Putzo,* § 32 Rn. 7.

[23] Diese Schwierigkeiten zeigte das *Beispiel 79: Eilig* war mit dem Taxi des *Tegetmeier* von Düsseldorf über Köln nach Bonn unterwegs; im Stadtgebiet von Köln geschah der Unfall. Das „forum delicti commissi" liegt in Köln, da dort „die Handlung begangen ist", und Bonn ist als Erfüllungsort im Sinn von § 29 ZPO anzusehen, weil Bonn das Ziel der Reise war. Mehr hierzu o. *Beispiel 79.*

[24] *Wassermann* hält aufgrund des engen Sachzusammenhangs die Zuständigkeit des Wohnsitzgerichts bei Haustürgeschäften auch für Ansprüche aus daraus resultierenden deliktischen Ansprüchen für gegeben, JuS 1990, 723 (728).

aber das Begehren z.B. auf § 311 II, III BGB gestützt werden kann. Bei unfallrechtlichen Klausuren ist ferner an die schon in Rn. 191 genannten Gerichtsstände des § 20 StVG und des § 14 HPflG zu denken.

d) Der Gerichtsstand der Widerklage (§ 33 ZPO)

205 Zu den beliebten prozessualen Rechtsinstituten gehört die Widerklage (näher unten Rn. 273–287). Wichtig ist im Rahmen der Erörterung der *örtlichen* Zuständigkeit, daß § 33 ZPO nur den Gerichtsstand regelt, nicht aber allgemein etwas über die zulässige Erhebung einer Widerklage aussagt[25].

6. Klausurprobleme der ausschließlichen Gerichtsstände

206 Das Verhältnis der ausschließlichen zu den allgemeinen und besonderen Gerichtsständen wurde bereits dargestellt[26].

Zu beachten ist, daß sich die Anordnung der Ausschließlichkeit nicht immer auf den Gerichtsstand, also die örtliche Zuständigkeit bezieht. Vielmehr gelten die Ausschließlichkeitsnormen entweder auch für die funktionelle Zuständigkeit (§ 606 ZPO), nur für die sachliche Zuständigkeit (§ 23 Nr. 2a, § 71 II GVG) oder aber die örtliche Zuständigkeit.

Vielfach wird ein Streit aufgrund einer Norm sowohl örtlich als auch funktionell bzw. sachlich einem Gericht ausschließlich zugewiesen (vgl. § 606 ZPO; über § 802 ZPO die §§ 731, 767 ZPO[27]).

Die §§ 24, 29a, 29c I 2, 771 ZPO gelten nur für die örtliche Zuständigkeit. Daraus ergibt sich, daß eine Prorogation bezüglich der weiteren Zuständigkeiten möglich bleibt[28].

7. Die Prüfung des Gerichtsstandes

a) Rangfolge der Gerichtsstände?

207 Die meisten Gerichtsstandsklausuren stellen den Bearbeiter vor die Frage, in welcher Reihenfolge er in der schriftlichen Lösung die verschiedenen Gerichtsstände behandeln soll. Zunächst gilt auch hier der allgemeine Ratschlag zu den Sachurteilsvoraussetzungen, keine feste Rangfolge zu beachten. Es läßt sich nämlich auch für die örtliche Zuständigkeit nicht sagen, der eine Gerichtsstand müsse *vor* einem anderen geprüft werden. So mag man § 32 ZPO vor § 29 ZPO oder umgekehrt untersuchen oder auch zuerst § 20 StVG erörtern.

---

[25] Zu dem Streit, ob § 33 ZPO auch die Zulässigkeit der Widerklage regelt, u. Rn. 280f.

[26] Oben Rn. 185 und 194.

[27] Über § 802 ZPO wird dann nicht die sachliche Zuständigkeit ausschließlich bestimmt, wenn sie sich nach dem Streitwert richtet, z.B. § 722 II, § 771 I, § 796 III, § 805 II, § 879 I ZPO; vgl. Zöller/*Stöber*, § 802 Rn. 1.

[28] Zöller/*Vollkommer*, § 40 Rn. 7, sowie zu weiteren ausschließlichen Gerichtsständen *ebenda* Rn. 8ff.

b) Dramatische Methode

Der Bearbeiter sollte sich deshalb von *klausurtaktischen* Überlegungen leiten lassen. Dabei kommt auch hier der *dramatischen Methode* eine wichtige Bedeutung zu (zu dieser Methode u. Rn. 226): Der Verfasser steigert das Interesse des Lesers, wenn er zunächst solche Gerichtsstände behandelt, die *nicht* vorliegen (freilich darf er nur wirklich problematische Fragen aufwerfen), und sodann erst zu derjenigen Zuständigkeit gelangt, die er bejaht. Baut der Verfasser seine Lösung umkehrt auf, ändert sich zwar sicher nichts am Inhalt, wohl aber wirkt jetzt sein Gedankengang uninteressant und häufig gequält; denn er hat die „Katze aus dem Sack“ gelassen, ja er riskiert bei solch undramatischer Darstellung, daß der Korrektor die späteren Gedanken als „überflüssig“ („daher falsch“) ansieht. **208**

c) Dahinstellen des Gerichtsstandes?

Ein Dahinstellen der örtlichen Zuständigkeit ist unzulässig. Wie auch bei den anderen Sachurteilsvoraussetzungen (u. Rn. 229) muß also feststehen, ob ein Gericht zur Entscheidung berufen ist. Demgemäß hat der Bearbeiter einer Klausur klar zu beantworten, ob nun der Gerichtsstand vorliegt oder nicht. Unzulässig ist es ferner, den Gerichtsstand zu verneinen, gleichwohl aber zur Sache zu entscheiden (u. Rn. 228). **209**

d) Wahlfeststellung

Allerdings ist es den Gerichten durchaus erlaubt, die Zuständigkeitsfrage im Wege der Wahlfeststellung zu beantworten[29]. Die Wahlfeststellung kann sowohl zum *Bejahen* der Zuständigkeit als auch zum *Verneinen* des Gerichtsstands führen. Bei einer solchen Wahlfeststellung trifft ein Gericht eine klare Aussage zur Zuständigkeit (es bejaht oder verneint sie deutlich); nur die *Begründung* dieser Aussage bleibt offen, weil sämtliche möglichen Gründe zu ein und demselben Ergebnis führen. Die Wahlfeststellung hat also nichts mit dem (unzulässigen) Dahinstellen des Gerichtsstands zu tun. **210**

Beispiel 81: In Abwandlung des *Beispiel 77* ist *Xanthippe* zwar aus Deutschland weggezogen, hat aber weder in der Schweiz noch sonst im Ausland einen neuen Wohnsitz begründet. Nunmehr hält sie sich längere Zeit in Bayreuth auf, um die Festspiele zu genießen.

Frage: Kann sie dort von *Sokrates* verklagt werden, wenn nicht feststeht, ob sie in Bayreuth einen Wohnsitz oder nur einen Aufenthaltsort hat?

Antwort: In Bayreuth ist die örtliche Zuständigkeit im Wege der Wahlfeststellung zu bejahen: Entweder hat *Xanthippe* dort ihren Wohnsitz (§ 13 ZPO) oder ihren Aufenthaltsort (§ 16 1. Alt. ZPO); anders als im *Beispiel 77* ist jetzt § 16 ZPO durch einen anderen Wohnsitz nicht ausgeschlossen, so daß *hier* die Wahlfeststellung zulässig ist. Das Gericht kann also die örtliche Zuständigkeit durchaus bejahen, ohne sich nun auf § 13 ZPO (Wohnsitz) oder § 16 ZPO (kein Wohnsitz, aber Aufenthalt) festlegen zu müssen.

---

[29] Stein/Jonas/*Roth*, § 1 Rn. 33.

e) Doppelrelevante Tatsachen im Gerichtsstandsrecht

211 Doppelrelevante Tatsachen treten besonders im Gerichtsstandsrecht auf[30]. Damit ist folgendes gemeint: Ein und dieselbe Tatsache ist sowohl bedeutsam für den Gerichtsstand als auch für die Begründetheit des Anspruchs.

Beispiel 82: Bei seiner Schmerzensgeldklage gegen *Tegetmeier* im Gerichtsstand der unerlaubten Handlung (§ 32 ZPO) trägt *Eilig* (vgl. *Beispiel 79)* folgendes vor: Er behauptet, *Tegetmeier* habe innerhalb des Gerichtsbezirks (Köln) eine unerlaubte Handlung begangen. Diese Tatsachenbehauptung ist *sowohl* für den Gerichtsstand bedeutsam *als auch* für die Begründetheit relevant. Denn das Gericht ist örtlich nur berufen, wenn vom Kläger behauptet wird, innerhalb des Gerichtssprengels sei die unerlaubte Handlung geschehen. Gleichfalls hat *Eilig* nur einen Schmerzensgeldanspruch, falls *Tegetmeier* ihm gegenüber eine unerlaubte Handlung beging, so daß gleichermaßen für Zuständigkeit und Begründetheit die Tatsache wichtig ist, ob *Tegetmeier* innerhalb des Gerichtsbezirks eine unerlaubte Handlung vornahm.

Behauptet in dieser Weise ein Kläger das Vorliegen einer doppelrelevanten Tatsache, dann wird für die *Zulässigkeit* das Vorliegen der Tatsache *unterstellt.* Keinesfalls darf das Gericht im Rahmen der Zulässigkeits-(Zuständigkeits-)Prüfung das tatsächliche Vorliegen der doppelrelevanten Tatsache untersuchen, weil sich nämlich dann die Begründetheitsprüfung in die Zulässigkeitsuntersuchung vorverlagern würde[31]. So genügt für den Gerichtsstand der unerlaubten Handlung, daß der Kläger das Vorliegen eines Delikts innerhalb des Gerichtsbezirks *behauptet* – ob diese unerlaubte Handlung tatsächlich begangen wurde, wird erst im Rahmen der Begründetheit untersucht.

Aus dieser Situation ergeben sich weitere wichtige Folgerungen, falls eine doppelrelevante Tatsache vom Kläger nicht bewiesen werden kann. Da die doppelrelevante Tatsache erst im Rahmen der *Begründetheit* geprüft wird, ist – falls durch ihre Nichtbeweisbarkeit der Klage der Erfolg genommen worden ist – eine *Sach*abweisung (als unbegründet) vorzunehmen, nicht etwa die Klage durch *Prozeß*urteil (als *unzulässig*) abzuweisen. Wer also im Gerichtsstand des Erfüllungsortes (§ 29 ZPO) einen vertraglichen Anspruch auf Erfüllung geltend gemacht hat, wird *sachlich* abgewiesen, falls sich herausstellt, daß gar kein Vertrag abgeschlossen wurde. Mit *Sach*urteil entscheidet das Gericht über die Klage aus § 7 I StVG, die im Gerichtsstand des § 20 StVG erhoben wurde, wenn sich zeigt, daß der Beklagte an dem Unfall überhaupt nicht beteiligt war.

---

[30] Doppelrelevante Tatsachen sind solche Tatsachen, die *sowohl* für die Zulässigkeit eines Antrags *als auch* für dessen Begründetheit (also „doppelt") bedeutsam („relevant") sind; sie müssen daher Tatbestandsmerkmal der Zulässigkeitsnorm *und* derjenigen Vorschrift sein, aus der sich die Begründetheit des Antrags ableitet (vgl. sogleich *Beispiel 82*). Das Vorliegen einer solchen Tatsache wird im Rahmen der Zulässigkeitsprüfung unterstellt, näher Stein/Jonas/*Roth,* § 1 Rn. 24 ff. m. w. Nachw.

[31] Diese Unterstellung von Tatsachen hat keine die Zuständigkeit erweiternde Wirkung; das Gericht darf nur solche Ansprüche sachlich prüfen, für die es kompetent ist, vgl. Stein/Jonas/*Roth,* § 1 Rn. 31 a. E.

Will ein Bearbeiter das Vorliegen einer doppelrelevanten Tatsache bejahen, sollte er sich stets zur Kontrolle fragen, ob die von ihm im Rahmen der Zulässigkeit unterstellte Tatsache *zwingend* bei der Begründetheit zu prüfen ist. Im *Beispiel 82* ist dies der Fall: Die Unterstellung („*Tegetmeier* hat eine unerlaubte Handlung begangen") muß *notwendigerweise* bei der Begründetheit untersucht werden. Gleichermaßen gilt dies aber nicht für den Unfallort. Ist fraglich, ob der *behauptete* Unfallort innerhalb oder außerhalb des Gerichtsbezirks liegt, muß dies vom Gericht im Rahmen der Zulässigkeit geprüft werden: denn für die Begründetheit ist diese Frage grundsätzlich ohne Bedeutung. Ob der Unfall dann *tatsächlich* dort stattfand, wird hingegen bei der Begründetheit untersucht.

IV. Folgen der sachlichen oder örtlichen Unzuständigkeit

Auch wenn die sachliche Zuständigkeit oder der Gerichtsstand fehlt, ist es bis zur Prozeßabweisung meist noch ein weiter Weg. *Erstens* muß geprüft werden, ob nicht das sachlich unzuständige Gericht durch Prorogation oder rügeloses Einlassen zuständig wurde (hierzu sogleich Rn. 213 ff.). Ist dies nicht der Fall, muß *zweitens* untersucht werden, ob nicht durch eine Gerichtsentscheidung die Zuständigkeit begründet wurde[32]. Ergibt auch diese Untersuchung keine Zuständigkeit, öffnet sich als *dritte* Frage das Problem der Verweisung des Rechtsstreits durch das unzuständige Gericht an das zuständige Gericht (hierzu Rn. 219). Nur wenn die Verweisung nicht möglich ist[33], kommt als *vierte* Möglichkeit die Prozeßabweisung in Betracht. 212

V. Die Prorogation (Zuständigkeitsvereinbarung): §§ 38–40 ZPO

Die ZPO enthält ein *Prorogationsverbot.* Nur in engen Ausnahmen sind Zuständigkeitsvereinbarungen zulässig. 213

1. Prüfungsschritt: Nichtvermögensrechtliche Streitigkeit?

Da eine Prorogation bei *nichtvermögensrechtlichen*[34] Streitigkeiten, die den Amtsgerichten ohne Rücksicht auf den Wert des Streitgegenstandes zugewiesen sind, *unzulässig* ist (§ 40 II 1 Nr. 1 ZPO), wird zuerst die Frage gestellt, ob ein solcher nichtvermögensrechtlicher Streitfall vorliegt. Eine Prorogation ist deshalb z. B. in *Kindschafts-* und *Ehesachen* (o. Rn. 131 sub 1 und 2) nicht zulässig. 214

---

[32] Dies können sein: Verweisungswirkung (aufgrund § 281 ZPO), rechtskräftige Entscheidung eines *LG* oder *AG*, es sei sachlich nicht zuständig, mit der Folge der Zuständigkeit der jeweils anderen Gerichtsart (§ 11 ZPO) oder die Bindung an die Entscheidung eines höheren Gerichts, sei es nach § 36 ZPO, sei es nach Zurückweisung durch das Berufungs- oder Revisionsgericht (§§ 538 II; 563 II ZPO).

[33] Wenn z. B. der Antrag des Klägers fehlt oder wenn an das zuständige Gericht (z. B. *BVerfG,* ein ausländisches oder ein Schiedsgericht, o. Rn. 153 Fn. 9) nicht verwiesen werden darf.

[34] Nichtvermögensrechtliche Streitigkeiten sind solche um die Ehre oder um den familienrechtlichen Status (z. B. Ehescheidungen), *Thomas/Putzo,* Einl. IV.

2. Prüfungsschritt: Ausschließliche Zuständigkeit?

215 Wird die Frage des 1. Prüfungsschritts verneint, stellt sich das Problem, ob für den Prozeß eine *ausschließliche Zuständigkeit* begründet ist; denn auch dann ist eine Prorogation unzulässig (§ 40 II 1 Nr. 2 ZPO). Auf dieser Stufe der Untersuchung ist insbesondere an § 23 Nr. 2a GVG, § 29a und § 29c I 2 ZPO zu denken, die für sozialpolitisch wichtige Streitigkeiten jeweils ausschließliche Zuständigkeiten vorsehen.

3. Prüfungsschritt: Unterscheidung nach der jeweiligen Prozeßsituation

216 Diese Unterscheidung ist deshalb wichtig, weil die ZPO zeitliche Zäsuren setzt, die für die Vereinbarung der Zuständigkeit von Bedeutung sind:

„*Friedlicher*" Zeitraum vor dem „Entstehen der Streitigkeit" (= Meinungsverschiedenheit),

„*Streitiger*" Zeitraum „nach dem Entstehen der Streitigkeit" (§ 38 III Nr. 1 ZPO),

„*Prozessualer*" Zeitraum bis zur Verhandlung des Beklagten zur Hauptsache (§ 39 Satz 1 ZPO, § 282 III ZPO).

Je nach dem einschlägigen Zeitraum ergeben sich unterschiedliche Fragestellungen:

a) *Erste Unterfrage:* Für die Situation *vor Prozeßbeginn* sollte als Erstes gefragt werden, ob die Zuständigkeitsvereinbarung *bestimmt* genug ist (§ 40 I ZPO).

b) *Zweite Unterfrage:* Wenn sie dies ist, sollte sich der Bearbeiter dem Zeitpunkt des Prorogationsabschlusses und der Form der Prorogation zuwenden (§ 38 III Nr. 1 ZPO): Ist die Vereinbarung *„nach dem Entstehen der Streitigkeit"* abgeschlossen worden[35] und *„ausdrücklich und schriftlich"*[36] abgefaßt, ist die Prorogation wirksam und das Gericht ist kraft der Vereinbarung zuständig.

c) *Dritte Unterfrage:* Schwieriger wird jedoch die Bearbeitung, wenn man § 38 III Nr. 1 ZPO nicht anwenden kann, etwa weil die Schriftform nicht eingehalten wurde oder weil die Zuständigkeit schon *vor* dem Entstehen der Streitigkeit vereinbart war. Dann muß sich der Bearbeiter den weiteren Ausnahmen vom Prorogationsverbot widmen: Er hat zu prüfen, ob *beide Parteien Kaufleute*[37] oder juristische Personen des öffentlichen Rechts oder öffentlich-rechtliche Sonder-

---

[35] „Streitigkeit" meint hier auch die *außergerichtliche* Meinungsverschiedenheit zwischen den Parteien. Sie „entsteht" in dem Zeitpunkt, in dem einer Partei eine entgegengesetzte Rechtsansicht der anderen Partei oder auch nur Zweifel an der gegnerischen Rechtsauffassung zugegangen sind.

[36] Bloße Schriftlichkeit genügt also nicht! Ausdrücklichkeit bedeutet: Aus der Formulierung muß eindeutig hervorgehen, daß die Zuständigkeit eines bestimmten Gerichts begründet werden soll, *Thomas/Putzo,* § 38 Rn. 27; *Schilken,* FS Musielak, S. 447 ff.

[37] Damit sind insbesondere auch Handelsgesellschaften (§ 6 I HGB) erfaßt.

vermögen sind (§ 38 I ZPO), d.h. ob den Parteien die *„Prorogationsbefugnis"* zusteht. Hierbei darf der Bearbeiter nicht übersehen, daß erstens die Prorogation zwischen den genannten Personen keiner Schriftform bedarf und zweitens auch über solche Rechtsgeschäfte die Zuständigkeitsvereinbarung zulässig ist, die keine Handelsgeschäfte sind.

d) *Vierte Unterfrage:* Fehlt auch nur *einer* der beiden Parteien die Prorogationsbefugnis, kann eine gültige Zuständigkeitsvereinbarung nur zustande gekommen sein, wenn eine der zwei weiteren Ausnahmen des § 38 ZPO vorliegt. Internationaler Streitfall (§ 38 II ZPO[38]) *einerseits,* ausländischer oder unbekannter Beklagtenwohnsitz (§ 38 III Nr. 2 ZPO[39]) *andererseits.* Im ersten Examen werden diese beiden Ausnahmen aber kaum wichtig werden.

4. Prüfungsschritt: Situation bei anhängigem Rechtsstreit

Es empfiehlt sich auch hier, zunächst denselben Untersuchungsweg zu gehen, wie er unter 3. geschildert wurde. Erst wenn der Bearbeiter zum Zwischenergebnis gekommen ist, daß eine wirksame Zuständigkeitsvereinbarung nicht gegeben ist, muß er sich nunmehr den zusätzlichen Ausnahmen vom Prorogationsverbot zuwenden, die die ZPO für den anhängigen Rechtsstreit vorsieht. Maßgeblich ist hierbei die *Unterscheidung zwischen amtsgerichtlichem und landgerichtlichem Prozeß:* 217

a) *Erste Unterfrage:* Hat sich im Verfahren vor dem *LG* der Beklagte auf die Klage sachlich eingelassen[40], ohne die Zuständigkeit zu rügen, dann ist das angerufene *LG* zuständig geworden (§ 39 Satz 1 ZPO). Wichtig ist allerdings, daß eine Zuständigkeit dann nicht begründet wird (§ 40 II 2 ZPO), wenn es sich um eine nichtvermögensrechtliche Streitigkeit[41] handelt oder wenn eine ausschließliche Zuständigkeit[42] besteht.

b) *Zweite Unterfrage:* Im Verfahren vor dem *AG* ist die Regelung anders. Der Amtsrichter hat nämlich die Verpflichtung, den Beklagten auf die örtliche oder sachliche Unzuständigkeit hinzuweisen (§ 504 ZPO). Unterläßt er diesen Hinweis, bewirkt das rügelose Einlassen des Beklagten nicht die Zuständigkeit (§ 39 Satz 2 ZPO). Der Bearbeiter eines amtsgerichtlichen Falles darf deshalb die Wirkung des § 39 Satz 1 ZPO nur annehmen, wenn der Richter nach § 504 ZPO belehrt hat.

---

[38] Bei § 38 II ZPO genügt bloße Schriftform und sogar bloße schriftliche Bestätigung (also keine „Ausdrücklichkeit"), vgl. o. Fn. 36. Allerdings findet die Vertragsfreiheit ihre Grenzen an einem vorhandenen inländischen Gerichtsstand einer Partei (§ 38 II 3 ZPO).

[39] Die sog. Gastarbeiterklausel.

[40] Wenn der *Beklagte* in der mündlichen Verhandlung sachlich zur Hauptsache Stellung genommen hat. Es reicht nicht aus, daß der *Kläger* Stellung genommen hat.

[41] Vgl. o. Fn. 34.

[42] Vgl. o. Rn. 215.

5. Prüfungsschritt: Erfüllungsortsvereinbarung?

218 Die Umgehung des Prorogationsverbotes durch eine Vereinbarung über den Erfüllungsort unterbindet § 29 II ZPO. Nach dieser Vorschrift begründet die Vereinbarung nur dann auch den Gerichtsstand des Erfüllungsorts, wenn es sich um prorogationsbefugte Personen handelt (§ 29 II ZPO nennt denselben Personenkreis wie § 38 I ZPO). Für alle übrigen Personen ist der Gerichtsstand des Erfüllungsorts nur dort gegeben, wo auch materiell-rechtlich der Erfüllungsort liegt[43].

VI. Die Verweisung: § 281, § 506 und §§ 696, 700 ZPO

219 Ist ein Gericht sachlich oder örtlich unzuständig, darf der Bearbeiter nicht einfach diesen prozessualen Zustand hinnehmen und die Klage als unzulässig abweisen (hierzu schon o. Rn. 212). Wie in der Praxis muß er im Wege der „Verlängerungstechnik" (o. Rn. 35) an die Heilung des Verstoßes durch Verweisung denken (vgl. schon o. Rn. 107, Beispiel 55 a.E.). Gegebenenfalls weist der Bearbeiter in einem *Hilfsgutachten* auf diese in der Praxis übliche Überwindung des Zuständigkeitsmangels hin.

Bei den Verweisungsvorschriften wird nicht selten übersehen, daß sie einen *Antrag* voraussetzen und *wer* jeweils antragsberechtigt ist: So ist bei § 281 I 1 ZPO nur der *Kläger* antragsberechtigt, bei § 506 I ZPO sind es *beide Parteien.*

Vielfach ist den Examenskandidaten der Sinn der Verweisung unklar. Sie will, wie eingangs betont, die Prozeßabweisung verhindern und damit zu einer schnellen Entscheidung durch das zuständige Gericht führen. Diesen Zweck kann sie aber nur erfüllen, wenn die Verweisung eine *Bindungswirkung* für das neue Gericht hat. Hier muß man sich vor Augen halten, daß das angewiesene („Empfangs-" oder „Adressat-") Gericht[44] die Sache entscheiden muß, selbst wenn die Verweisung falsch ist: Es wird aufgrund der Verweisungswirkung zuständig (vgl. § 281 II 4 ZPO)[45].

VII. Funktionelle Zuständigkeit

220 Probleme, die die funktionelle Zuständigkeit[46] betreffen, sind im Referendarexamen seltener; falls sie überhaupt vorkommen, sind sie bei Fällen aus dem Erkenntnisverfahren der ZPO relativ einfach zu lösen, wenn der Bearbeiter in der ZPO, im GVG und im RPflG genau nach-

---

[43] Zu einer materiell-rechtlich ernstgemeinten Vereinbarung über den Erfüllungsort, die stets beachtlich ist, o. Rn. 202.

[44] Vgl. o. Rn. 153 Fn. 4.

[45] Das verweisende Gericht hat die „Kompetenzkompetenz": Obwohl selbst unzuständig, macht es das Adressatgericht kompetent, vgl. näher Stein/Jonas/*Leipold,* § 281 Rn. 27.

[46] Sie verteilt in derselben Sache unterschiedliche Rechtspflegefunktionen unter verschiedenen Rechtspflegeorganen, Stein/Jonas/*Roth,* § 1 Rn. 58–61; *Blomeyer,* § 5 II; *Rosenberg/Schwab/Gottwald,* § 30.

liest. So ist etwa die Abgrenzung zwischen dem *Familiengericht* und den *anderen Abteilungen des AG* ein Problem der funktionellen Zuständigkeit: Die Kompetenz des Familiengerichts ist in § 23b GVG geregelt.

Fehlt die funktionelle Zuständigkeit, kommt niemals die Verweisung (o. Rn. 219) in Betracht, da sie nur bei sachlicher oder örtlicher Unzuständigkeit möglich ist. Vielmehr wird der Rechtsstreit formlos an das funktionell zuständige Organ *abgegeben* („Abgabe" statt Verweisung), falls es demselben Gericht angehört (z.B. der Streitrichter gibt eine Familiensache an das Familiengericht ab). Zwischen *verschiedenen* Gerichten findet nur dann eine Abgabe statt, wenn dies im Gesetz vorgesehen ist (z.B. § 696 I ZPO, o. Rn. 127f.); fehlt eine solche Regelung, ist die Klage als *unzulässig abzuweisen* (z.B. bei einer Klage zum OLG oder zum BGH, die keine Eingangszuständigkeit in Zivilsachen haben).

VIII. Internationale Zuständigkeit EuGVVO, EheGVO, Lugano-Abkommen

Fragen der internationalen Zuständigkeit werden im Rahmen des pro- **221**
zessualen Pflichtfachstoffs ebenfalls sehr selten gestellt. Sie dürfen nur angesprochen werden, wenn ein Fall mit *Auslandsberührung* vorliegt. Eine allgemeine Regelung der internationalen Zuständigkeit fehlt im deutschen Zivilprozeßrecht. Vielmehr gilt der Satz, daß die *„örtliche Zuständigkeit die internationale Zuständigkeit indiziert"*, d.h. falls die *örtliche* Kompetenz eines Gerichts zu bejahen ist, dann spricht im Zweifel die Vermutung auch für seine *internationale* Zuständigkeit[47]. Fehlt die internationale Zuständigkeit der deutschen Gerichte, muß die Klage als unzulässig abgewiesen werden[48]. Dieses Zusammentreffen von örtlicher und internationaler Zuständigkeit ist allerdings im Bereich des europäischen Zivilprozeßrechts beseitigt worden. Die *EuGVVO*[49] und

---

[47] Vgl. *Thomas/Putzo,* § 1 Vorbem. Rn. 6; *BGHZ* 63, 219. – Zur internationalen Zuständigkeit *Jauernig,* ZPR, § 6 II; vertiefende Hinweise: Stein/Jonas/*Schumann,* Einleitung Rn. 751ff., 781ff., *Kadner,* Jura 1997, 240ff. und *Matscher,* FS Schlosser, S. 563.

[48] Eine Verweisung ins Ausland ist nicht möglich, vgl. auch o. Rn. 153 Fn. 9.

[49] Verordnung (EG) Nr. 44/2001 über die gerichtliche Zuständigkeit und die Anerkennung und Vollstreckung gerichtlicher Entscheidungen in Zivil- und Handelssachen vom 22. Dezember 2000, Schönfelder Ergänzungsband Nr. 103. Die EuGVVO löst seit 1. März 2002 das Europäische Übereinkommen über die gerichtliche Zuständigkeit und die Vollstreckung gerichtlicher Entscheidungen in Zivil- und Handelssachen vom 27. September 1968 (EuGVÜ) ab. Neben der EuGVVO steht das sehr ähnliche *Lugano Übereinkommen,* das Gerichtsstands- und Vollstreckungsregelungen für diejenigen Länder enthält, für die die EuGVVO nicht gilt. Der Text dieses Übereinkommens stimmt mit der EuGVVO meist überein. Vertiefend zur Problematik von Gerichtsstandsklauseln im Geltungsbereich des EuGVVO *Lindacher,* FS Schlosser, S. 491ff.

die *EheGVO*[50] regeln die internationale Zuständigkeit (und weitere Fragen) eigenständig.

IX. Einrede der Schiedsgerichtsbarkeit

222 Die staatliche Gerichtsbarkeit ist ausgeschlossen, wenn ein wirksamer Schiedsvertrag vorliegt (§§ 1025ff. ZPO). Kommt es trotzdem zum Prozeß vor dem staatlichen Gericht, muß der Beklagte die Einrede der Schiedsgerichtsbarkeit rechtzeitig vorbringen (§ 1032 I i.V. mit § 282 III ZPO), andernfalls riskiert er, daß das staatliche Gericht zur Sache entscheidet (§ 296 III ZPO)[51]. Greift die Einrede des Beklagten durch, erfolgt Prozeßabweisung; eine Verweisung an das Schiedsgericht ist nicht zulässig.

§ 42. Streitgegenstandsbezogene Sachurteilsvoraussetzungen

Literatur: Verzeichnis der abgekürzt zitierten Literatur (S. XXIII) sowie *P. Hartmann,* Das neue Gesetz zur Förderung der außergerichtlichen Streitbeilegung, NJW 1999, 3745–3749.

223 Die streitgegenstandsbezogenen Sachurteilsvoraussetzungen wurden schon behandelt: die *Rechtshängigkeit*[1] und die *Rechtskraft*[2] sowie die *fehlende Klagbarkeit* des Anspruchs[3] versperren den Weg zum Sachurteil und führen zur Prozeßabweisung. Gleiches gilt für den Fall, daß durch Landesrecht aufgrund der Ermächtigung in § 15a EGZPO der Versuch der außergerichtlichen Einigung vor einer *Gütestelle vor Erhebung der Klage* vorgeschrieben ist und der Kläger die erforderliche Bescheinigung über den erfolglosen Einigungsversuch nicht der Klage beilegt[4]. Hinzu kommen eine Reihe anderer Sachurteilsvoraussetzungen, die seltener eine Rolle spielen: Die besonderen Voraussetzungen für

[50] Verordnung (EG) Nr. 2201/2003 des Rates über die Zuständigkeit und die Anerkennung und Vollstreckung von Entscheidungen in Ehesachen und in Verfahren betreffend die elterliche Verantwortung vom 27. November 2003, Schönfelder Ergänzungsband Nr. 103b, hat die Vorgängerverordnung 1347/2000 aus dem Jahre 2000 abgelöst. Hierzu *Kropholler,* FS Schlosser, S. 449ff. und *Spellenberg,* FS Geimer, S. 1257ff.; *ders.,* FS Schumann, S. 423ff.

[51] Diese ist als eine der drei prozeßhindernden Einreden *nicht von Amts wegen* zu berücksichtigen, Stein/Jonas/*Schumann,* Einleitung Rn. 317.

[1] Oben Rn. 71.

[2] Oben Rn. 74.

[3] Oben Rn. 103 Fn. 1.

[4] Die Ermächtigung des § 15a EGZPO betrifft vermögensrechtliche Streitigkeiten vor dem Amtsgericht bis 750 Euro, bestimmte nicht-gewerbliche Nachbarstreitigkeiten sowie Streitigkeiten über Ansprüche wegen Verletzung der persönlichen Ehre außerhalb von Presse und Rundfunk. Zu den landesrechtlichen Regelungen näher die Fußnoten im *Schönfelder* bei § 15a EGZPO und die landesgesetzlichen Textausgaben, z.B. Bayerisches Schlichtungsgesetz, *Ziegler/Tremel,* Verwaltungsgesetze des Freistaates Bayern, Nr. 660. Zu § 15a EGZPO *Hartmann,* NJW 1999, 3745ff.

die Leistungsklage vor Fälligkeit des Anspruchs[5], die *Einreden*[6] der *fehlenden Kostenerstattung* (§ 269 VI ZPO) und *Sicherheitsleistung* (§ 113 Satz 2 ZPO). Bedeutsamer sind jedoch die besonderen Voraussetzungen für die Feststellungsklage: festzustellendes *Rechtsverhältnis*[7] und *Feststellungsinteresse* sowie für die Gestaltungsklage die *Klageberechtigung*[8]. Das allgemeine *Rechtsschutzbedürfnis*[9] ist meistens gegeben.

§ 43. Sachurteilsvoraussetzungen für die besonderen Verfahrensarten

Wählt der Kläger (Antragsteller, Gläubiger) ein besonderes Verfahren, 224
müssen meist auch die für dieses besondere Verfahren aufgestellten Voraussetzungen erfüllt sein[1].

3. Unterkapitel. Arbeitstechnik

§ 44. Punktuelle Methode?

Literatur: Verzeichnis der abgekürzt zitierten Literatur (S. XXIII).

Das Fehlen auch nur *einer* Sachurteilsvoraussetzung versperrt die Sach- 225
prüfung und führt regelmäßig[1] zum Prozeßurteil, wenn der Mangel bis zum Zeitpunkt der letzten mündlichen Verhandlung nicht beseitigt („geheilt“) wird.

Beispiel 83: *Arm* klagt vor dem *LG* gegen *Schnell* auf Zahlung von 500,– € Schadensersatz. *Schnell* ist der zutreffenden Ansicht, daß das *LG* sachlich nicht zuständig sei, weil der landgerichtliche Streitwert nicht erreicht sei (§ 1 ZPO, § 71 I, § 23 Nr. 1 GVG). Er rügt deshalb die Unzuständigkeit des Gerichts *vor* seiner Verhandlung zur Hauptsache (vgl. § 39 Satz 1 ZPO). Dem *Arm* nützt nichts, daß alle anderen Sachurteilsvoraussetzungen gegeben sind. Dieser *eine* Mangel verhindert bereits die Sachprüfung.

---

5 Oben Rn. 62 a. E. Zu prozeßhindernden Einreden o. Rn. 222 Fn. 51.

6 Echte „Einreden“ sind nur die Fälle der §§ 1032, 269 VI und § 113 Satz 2 ZPO, vgl. auch Rn. 322.

7 Oben Rn. 63.

8 Zur *Gestaltungsklage* o. Rn. 67 und Beispiel 59 (o. Rn. 146).

9 Es liegt regelmäßig vor, wenn die Prozeßführungsbefugnis bei der *Leistungsklage* oder das Gestaltungsklagerecht bei der *Gestaltungsklage* gegeben sind; bei der *Feststellungsklage* (§ 256 I ZPO) wird ohnehin das Feststellungsinteresse geprüft, soweit nicht die Vorgreiflichkeit der Zwischenfeststellungsklage (§ 256 II ZPO) das Interesse ersetzt. Nur bei „ganz besonderen Umständen“ ist daher ein Rückgriff auf das Rechtsschutzbedürfnis geboten (*Paulus*, Rn. 95). Der Bearbeiter darf nicht vergessen, daß es Aufgabe der Gerichte ist, Rechtsstreitigkeiten zu entscheiden und daß sich die Gerichte dieser Aufgabe nicht unter Berufung auf ein „mangelndes Rechtsschutzbedürfnis“ entziehen dürfen. Näher Stein/Jonas/*Schumann*, Rn. 100 ff. vor § 253.

1 Zu den Besonderheiten einzelner Verfahrensarten o. Rn. 110–131.

1 Es wird nochmals an die *Verweisung* erinnert, o. Rn. 219.

Sieht das *Gericht,* daß eine Sachurteilsvoraussetzung fehlt, wird es meist zielstrebig auf diesen Punkt zusteuern und, ohne andere Sachurteilsvoraussetzungen geprüft zu haben, die Klage mit Prozeßurteil (d.h. als unzulässig) abweisen. Von diesem Denken muß in der *Prüfung* entschieden abgeraten werden. *Erstens* gehört es gerade zum Gutachten, daß sämtliche *wichtigen* Punkte behandelt werden[2]. *Zweitens* gibt es Sachurteilsvoraussetzungen, die in der Prüfungsreihenfolge vorrangig sind; erst die Klarheit über eine Rangfolge der Sachurteilsvoraussetzungen (siehe sogleich) kann darüber Aufschluß geben, ob das Abweisen der Klage wegen eines „herausgepickten" Fehlers anzuraten ist.

§ 45. Die Reihenfolge der Prüfung der Sachurteilsvoraussetzungen – Zur „dramatischen" Lösungsmethode

Literatur: Verzeichnis der abgekürzt zitierten Literatur (S. XXIII).

226 Über die Reihenfolge, in der die Sachurteilsvoraussetzungen zu prüfen sind, besteht Streit. Richtigerweise wird in der letzten Zeit eine *feste* Rangfolge der Sachurteilsvoraussetzungen abgelehnt[1]. Zeigt es sich, daß für eine Klage eine bestimmte Sachurteilsvoraussetzung *fehlt,* entspricht es an sich den Gründen der Praktikabilität, das Fehlen dieser Sachurteilsvoraussetzung sofort hervorzukehren (*„punktuelle Methode"*, soeben Rn. 225). Steuert man allerdings sogleich zu sehr auf das Fehlen einer bestimmten Sachurteilsvoraussetzung zu, verbaut man sich den Weg, andere Sachurteilsvoraussetzungen, bei denen vielleicht „delikate" prozessuale Probleme vorliegen, zu erörtern. Deshalb empfiehlt es sich *klausurtaktisch* oftmals, zunächst diese Fragen zu erörtern, und erst danach das Fehlen einer *später* geprüften Sachurteilsvoraussetzung festzustellen (*„dramatische Methode"*). Diese Taktik darf den Bearbeiter aber nicht dazu verleiten, *Sachurteilsvoraussetzungen zu prüfen, die einwandfrei vorliegen.* Bei jedem Kläger die Prozeßfähigkeit zu untersuchen, ist überflüssig. *Stets darf nur das geprüft werden, was zweifelhaft ist;* denn schon die Erwähnung von Selbstverständlichkeiten ist fehlerhaft!

Bei der Prüfung der Sachurteilsvoraussetzungen kann man etwa folgende Reihenfolge einhalten[2], wobei das Prinzip der möglichst geringen Präjudizierung zu berücksichtigen ist (auch Rn. 227).

1. *Ordnungsgemäße Klageerhebung* ist erforderlich, damit das Gericht einen frühen ersten Termin anberaumt oder das schriftliche Vorverfahren wählt und die Zustellung der Klageschrift veranlaßt (o. Rn. 134ff.). Hat das Gericht aber den Mangel der Klageschrift – es

---

[2] Allgemein *Diederichsen/Wagner,* S. 125ff.

[1] Hierzu eingehend Stein/Jonas/*Schumann,* Einleitung Rn. 325.

[2] Auch hier gilt die Warnung vor dem „Schematakult", o. Rn. 146.

fehlt die Unterschrift des Anwalts – zunächst nicht erkannt und ist es somit zum Prozeß gekommen, ist die Klage durch Prozeßurteil abzuweisen, wenn nicht der Fehler behoben wird[3]. Die anderen Sachurteilsvoraussetzungen[4] sind erst zu prüfen, wenn eine ordnungsgemäße Klage vorliegt[5].

2. Um völkerrechtliche Schwierigkeiten zu verhindern, muß dann die *deutsche Gerichtsbarkeit* geprüft werden (o. Rn. 152).
3. Zweckmäßig ist sodann die Behandlung der *Rechtswegfrage* (o. Rn. 153 und 103 ff.) Der Grund liegt in der unterschiedlichen Regelung (besonders der parteibezogenen Sachurteilsvoraussetzungen) in den verschiedenen Verfahrensordnungen, so daß nur das Gericht des richtigen Rechtswegs über diese Sachurteilsvoraussetzungen entscheiden sollte.
4. Von dort kommt man zu den Sachurteilsvoraussetzungen, die zur *Sphäre der Gerichte* gehören (o. Rn. 171 ff.): *Sachliche, örtliche, funktionelle* und *internationale* Zuständigkeit, eventuell die Einrede des Schiedsvertrags.
5. Es ist vertretbar, sich danach den Sachurteilsvoraussetzungen zuzuwenden, *welche die Partei betreffen,* da die meisten dieser Sachurteilsvoraussetzungen im Interesse der Parteien aufgestellt sind und deshalb bei einem Prozeßrecht, das den Rechtsschutz des einzelnen in den Vordergrund rückt, von entscheidender Bedeutung sind. Hier wird in der Reihenfolge wie o. Rn. 154 ff. geprüft: *Wer* ist Partei?, *Existenz* der Partei, *Parteifähigkeit, Prozeßfähigkeit, Vollmacht, Prozeßführungsbefugnis* (gesetzliche und gewillkürte Prozeßstandschaft) auf Kläger- *und* auf Beklagtenseite!
6. Als nächste Gruppe bieten sich dann die Sachurteilsvoraussetzungen an, welche den *Streitgegenstand* betreffen (o. Rn. 223): *Fehlen* anderweitiger *Rechtshängigkeit, Fehlen rechtskräftiger* Entscheidung über den Streitgegenstand, prozessuale *Klagbarkeit* des Anspruchs, eventuell das *Rechtsschutzbedürfnis* sowie die anderen in Rn. 223 aufgeführten Voraussetzungen.
7. Es ist nicht falsch, die Unzulässigkeit der Klage durch das *Fehlen mehrerer Sachurteilsvoraussetzungen* zu rechtfertigen (in der Praxis ist dies sogar häufig). Verboten ist allerdings, nach Verneinung der Zulässigkeit die Begründetheit zu prüfen (u. Rn. 228), ausgenommen, es ist ausdrücklich nach der Begründetheit (nach der materiellen

---

[3] Zur Heilung o. Rn. 132 a. E. und Beispiel 73 (o. Rn. 170).

[4] Ob die *Ordnungsmäßigkeit der Klageerhebung* eine Sachurteilsvoraussetzung (Folge bei Fehlen: Abweisung als unzulässig) darstellt, ist umstritten. *Rosenberg/Schwab/Gottwald,* § 93 Rn. 19 gehen mit Recht davon aus, daß sie eine Prozeß*handlungs*voraussetzung ist (Folge bei Fehlen: keine Terminbestimmung, jedoch Eintritt der Rechtshängigkeit). Übersieht jedoch das Gericht zunächst das Fehlen dieser Prozeß*handlungs*voraussetzung und kommt es zur Verhandlung, dann wirkt sich dieser Mangel wie das Fehlen einer Sachurteilsvoraussetzung aus.

[5] *RGZ* 105, 275 (279).

Rechtslage) gefragt, wie dies bei gemischten Klausuren bisweilen vorkommt.

§ 46. Kontrollfrage: möglichst geringe Präjudizierung

Literatur: Verzeichnis der abgekürzt zitierten Literatur (S. XXIII).

227 Wenn es wegen des Fehlens einer Sachurteilsvoraussetzung zur Prozeßabweisung kommen soll, kann unter Umständen die im Wege der „punktuellen Methode" (o. Rn. 225) vorgezogene Prüfung einer Sachurteilsvoraussetzung zur Verweigerung des Rechtsschutzes führen. Der Grund hierfür liegt darin, daß auch das Prozeßurteil materielle Rechtskraft erlangt[1]. Der *Umfang* der Rechtskraftwirkung (und damit der Grad der Präjudizierung) ist davon abhängig, aus welchen Gründen das Gericht eine Klage als unzulässig abweist.

Beispiel 84: Vor dem örtlich und sachlich *unzuständigen AG* macht ein Kläger eine Feststellungsklage (§ 256 ZPO) anhängig. Auch das Feststellungsinteresse ist zweifelhaft. Wenn nunmehr mangels Feststellungsinteresses die Klage abgewiesen wird, ist dem Feststellungskläger die Möglichkeit genommen, vor dem örtlich und sachlich zuständigen Gericht diese Frage nachprüfen zu lassen. Nach dem Grundsatz möglichst geringer Präjudizialität bei einer Prozeßabweisung hat in einem solchen Fall die Abweisung aus *Zuständigkeitsgründen* zu erfolgen, damit der Kläger das zuständige Gericht anrufen kann.

Beispiel 85: Kläger *Krank* klagt gegen seinen Nachbarn *Beck* auf Herausgabe eines Fahrrads. *Beck* wendet Rechtskraft (§§ 322, 325 ZPO) ein: *Krank* habe in einem früheren Prozeß den *Beck* auf Zahlung des Kaufpreises für das Fahrrad verklagt. In diesem Prozeß sei die Gültigkeit sowohl des Kaufvertrages, als auch des Übereignungsvertrages durch das Gericht festgestellt und *Beck* zur Zahlung des Kaufpreises verurteilt worden. Während des Prozesses stellt sich heraus, daß *Krank* einen Betreuer hat (§ 1896 I 1 BGB) und unter Einwilligungsvorbehalt steht (§ 1903 I 1 BGB). Der Betreuer genehmigt die Prozeßführung nicht (§ 1903 I 2 i. V. mit § 108 I BGB)[2].

Frage: Wie wird das Gericht entscheiden?

Lösung: *Richtigerweise* wird es die Klage wegen fehlender Prozeßfähigkeit (§ 52 ZPO) durch *Prozeßurteil* abweisen[3]. Sollten die Voraussetzungen der Betreuung spä-

---

[1] Zur *Rechtskraft des Prozeßurteils:* Stein/Jonas/*Leipold,* § 322 Rn. 62 ff., 136 ff. Rechtskräftig festgestellt wird die Unzulässigkeit der Klage *aufgrund des jeweiligen Zulässigkeitsmangels* (z. B. wegen sachlicher Unzuständigkeit oder mangelnder Prozeßfähigkeit).

[2] Das Prozeßrecht unterscheidet nicht zwischen nichtigen und schwebend unwirksamen Willenserklärungen. Wäre Krank gemäß § 104 Nr. 2 BGB geschäftsunfähig und seine Erklärung deshalb nichtig (§ 105 I BGB), wäre eine materiell-rechtliche Heilung ausgeschlossen (Palandt/*Diederichsen,* § 1903 Rn. 19). Eine zunächst unwirksame Prozeßhandlung kann allerdings stets durch eine Genehmigung rückwirkend geheilt werden (Stein/Jonas/*Bork,* § 56 Rn. 1, 3; Zöller/*Vollkommer,* § 53 Rn. 5; *Thomas/Putzo,* § 51 Rn. 17).

[3] § 53 ZPO meint einen anderen Fall. Da die Betreuung (ohne Einwilligungsvorbehalt) die Geschäftsfähigkeit unberührt läßt, kann der Betreute klagen und verklagt werden. Tritt aber nun der Betreuer im Rahmen seines Aufgabenkreises in den Prozeß ein, so verliert der Vertretene gemäß § 53 ZPO die Prozeßfähigkeit.

ter wegfallen (§ 1908 d I BGB), dann hat *Krank* die Möglichkeit, *denselben* Antrag erneut vor die Gerichte zu bringen. Denn die materielle Rechtskraft beschränkt sich bei einer solchen Entscheidung des Gerichts nur auf seine damals fehlende Prozeßfähigkeit. Wenn *Krank* nunmehr erneut klagt, ist dieser Mangel beseitigt und die Rechtskraft steht nicht entgegen.

Demnach wäre es also *falsch* gewesen, wenn das Gericht die Rechtskraftwirkung des Urteils im Vorprozeß bejaht und die Klage deshalb durch *Prozeßurteil* abgewiesen hätte. Allerdings ist zu beachten, daß in diesem Fall – anders als in dem soeben behandelten Beispiel 84 – der Fehler des Gerichts selbst nach Rechtskraft des Urteils noch korrigierbar gewesen wäre und dem *Krank* somit unter Umständen noch hätte geholfen werden können. *Nach § 579 I Nr. 4 ZPO* liegt nämlich in den Fällen, in denen eine Partei nicht ordnungsgemäß vertreten ist, ein *Nichtigkeitsgrund* vor, der zu einer Wiederaufnahme des rechtskräftig abgeschlossenen Verfahrens führen kann (§ 578 I ZPO)[4]. Es zeigt sich also, daß der Fehler des Gerichts nicht zwangsläufig dazu führt, daß der *Krank* mit seinem Antrag für immer ausgeschlossen bleibt. Die Folge ist aber in jedem Fall eine *verfahrensmäßige Erschwerung* für die Partei.

Zusatzfrage: Wie hätte das Gericht entschieden, wenn die fehlende Prozeßfähigkeit des *Krank* schon aus der Klageschrift erkennbar gewesen wäre?

Lösung: Dann wäre wegen fehlender ordnungsgemäßer Klage eine Terminsanberaumung unterblieben (o. Rn. 226 Fn. 4). Eine Entscheidung des Gerichts wäre dann nicht ergangen.

Weitere Zusatzfrage: Wird das Gericht die Klage sogleich abweisen, wenn sich im Termin herausstellt, daß *Krank*- bislang unerkannt- prozeßunfähig ist?

Lösung: Es ist daran zu denken, ob das Gericht das Verfahren solange aussetzt, bis ein Betreuer für den *Krank* bestellt worden ist, damit dieser sich zur Genehmigung der Prozeßführung entscheiden kann. Die Grundlage für ein solches Handeln ergibt sich aus § 148 ZPO, der auch dann herangezogen wird, wenn die Entscheidung wie hier in einem Verfahren der Freiwilligen Gerichtsbarkeit (§§ 65–69 o FGG) erfolgt und nicht von einer Verwaltungsbehörde[5].Wenn *Beck* einverstanden ist, kann das Gericht auch das *Ruhen des Verfahrens anordnen* (§ 251 I ZPO).

---

[4] Vgl. *BGHZ* 84, 24. Das *Wiederaufnahmegericht* (§ 584 ZPO) prüft in drei Stufen:
Erste Stufe: Prüfung der *Zulässigkeit* von Amts wegen (§ 589 I 1 ZPO): allgemeine Sachurteilsvoraussetzungen (§ 585 ZPO), Statthaftigkeit (§§ 578, 583 ZPO), Form- (§ 587 ZPO) und Fristwahrung (§ 586 ZPO). Bei Verneinung nur einer dieser Voraussetzungen erfolgt *Abweisung als unzulässig durch Prozeßurteil* (§ 589 I 2 ZPO). Sind sämtliche Voraussetzungen gegeben, so gelangt das Verfahren in die
Zweite Stufe: Prüfung der *Wiederaufnahmegründe* durch das Gericht. Wiederaufnahmegründe sind in § 579 ZPO *(Nichtigkeitsklage)* und § 580 ZPO *(Restitutionsklage)* verzeichnet. Außerdem ist in dieser Stufe (h. M.) § 582 ZPO zu prüfen. Fehlt es an diesen Voraussetzungen, so ist die Wiederaufnahmeklage *unbegründet (Abweisung durch Sachurteil!).* Liegen die Voraussetzungen vor, so beginnt die
Dritte Stufe: Neue Verhandlung zur Hauptsache (über den alten Prozeß!). Als Ergebnis dieser neuen Verhandlung entweder *Aufhebung des alten und Erlaß eines neuen Urteils oder aber Bestätigung des alten Urteils.*

[5] *BGHZ* 41, 303 (310); Stein/Jonas/*Roth,* § 148 Rn. 49; *Baumbach/Lauterbach/Albers/Hartmann,* § 148 Rn. 16 a. E.

§ 47. Prozeß- und zugleich Sachabweisung?

Literatur: Verzeichnis der abgekürzt zitierten Literatur (S. XXIII).

228 Eine Klage darf nicht gleichzeitig als unzulässig *und* als unbegründet abgewiesen werden[1]. Fehlt nämlich die Voraussetzung für ein Sachurteil (und nur dann wird als unzulässig abgewiesen), darf das Gericht nicht *gleichzeitig* ein Sachurteil fällen.

Beispiel 86: Wie im Beispiel 85 klagt *Krank* gegen *Beck* auf Herausgabe eines Fahrrads. Das Gericht hält (anders als im Beispielsfall 85) die Klage wegen sachlicher und wegen örtlicher Unzuständigkeit für unzulässig, nachdem sich *Krank* weigerte einen Verweisungsantrag (o. Rn. 212 Fn. 33) zu stellen. Dementsprechend weist es die Klage (mit Prozeßurteil) als unzulässig ab. Da das Gericht auch zum Ergebnis gekommen ist, daß ein Herausgabeanspruch des *Krank* gegen *Beck* nicht besteht, weist es gleichzeitig die Klage (mit Sachurteil) als unbegründet ab. Eine solche Entscheidung ist fehlerhaft. Wie ist sie aber im Examen zu behandeln? Die Lösung ist einfach: Ausführungen zur Begründetheit gelten als nicht vorhanden[2]. Falsch wäre es, solche Urteile überhaupt als „nichtig" anzusehen. Nichtige Urteile[3] sind noch seltener als nichtige Verwaltungsakte. Es besteht also keine Notwendigkeit, diesen schweren Mangel anzunehmen. Geht man davon aus, daß dieses Urteil nur ein Prozeßurteil darstellt, ist genau die Reihenfolge hergestellt, die die ZPO erreichen will: keine Sachaussage ohne das Vorliegen aller Sachurteilsvoraussetzungen.

§ 48. Dahinstellen von Sachurteilsvoraussetzungen?

Literatur: Verzeichnis der abgekürzt zitierten Literatur (S. XXIII).

229 Auch der Mittelweg, der manchmal gegangen wird, ist falsch: Das Gericht stellt das Vorliegen von Prozeßvoraussetzungen „dahin".

Beispiel 87: Im Beispiel 83 (o. Rn. 225) kommt das *LG* nach der Rüge des *Schnell* zu folgender Entscheidung: Die Klage wird „auf jeden Fall" abgewiesen. Ob das *LG* zuständig ist, bleibe dahingestellt, weil der Anspruch *Arms* auf jeden Fall unbegründet sei: „Wenn schon der Anspruch materiell-rechtlich nicht besteht, konnte das *LG* dahingestellt sein lassen, ob es sachlich zuständig ist. Auf jeden Fall hat der Kläger keinen Anspruch gegen den Beklagten". Eine solche Entscheidung ist prozeßordnungswidrig.

Rechtsprobleme kann man nur dahinstellen (offen, unbeantwortet lassen), wenn ihre Beantwortung nicht entscheidungserheblich ist. Ein Richter darf deshalb eine Sachurteilsvoraussetzung nur dann ungeprüft lassen, wenn es *gleichgültig* ist, ob sie vorliegt oder nicht. Dies darf er machen, wenn er nach der „punktuellen" Methode (oben Rn. 225) ver-

---

[1] Stein/Jonas/*Schumann*, Einleitung Rn. 332; *BGHZ* 11, 222 (223 ff.).

[2] *BGHZ* 11, 222 (224 f.), vgl. auch *BGH* NJW 1984, 128 (129) = LM § 322 ZPO Nr. 98: Hat das Gericht die Zulässigkeit einer Aufrechnung verneint, so sind die zusätzlichen Ausführungen über die materiellrechtliche Wirksamkeit der Aufrechnung als nicht vorhanden zu behandeln.

[3] *Jauernig*, ZPR, § 60 III.

fährt und wegen des Fehlens *einer* Sachurteilsvoraussetzung die Klage abweist; bei solcher *Prozeß*abweisung kann er dahinstehen lassen, ob noch *weitere* Sachurteilsvoraussetzungen erfüllt sind oder nicht. Denn das Ergebnis – die Unzulässigkeit der Klage und damit die Prozeßabweisung – wird dadurch nicht berührt. Fehlerhaft ist aber die gedankenlose Übertragung dieses Vorgehens auf die *Sach*abweisung. Weil eine Sachabweisung voraussetzt, daß *sämtliche* Sachurteilsvoraussetzungen vorliegen, darf der Richter nicht offen lassen, ob die Voraussetzungen für ein Sachurteil vorliegen[1].

---

[1] *BGHZ* 91, 37 (41), näher Stein/Jonas/*Schumann*, Einleitung Rn. 326 ff.

11. Kapitel. Prozeßhandlungen

§ 49. Prozeßhandlungen und Fallbearbeitung

Literatur: Verzeichnis der abgekürzt zitierten Literatur (S. XXIII).

230 Der Prozeß setzt nicht nur die Prozeßhandlung der Klageerhebung voraus; vielmehr werden während seines Ablaufs von beiden Parteien und vom Gericht zahlreiche weitere Prozeßhandlungen vorgenommen. Schon ein relativ „einfacher“ Rechtsstreit enthält die unterschiedlichsten solcher Handlungen:

Beispiel 88: Frau *Herz* gibt Herrn *Klein* den geliehenen Rasenmäher nicht zurück (vgl. Beispiel 12, o. Rn. 27). Nachdem er ihr mehrfach geschrieben hat (Mahnung, § 286 I BGB), geht er zu Rechtsanwalt *Dr. Gut* und beauftragt ihn mit seiner Vertretung vor Gericht (Erteilung der Prozeßvollmacht, § 81 ZPO[1]). *Dr. Gut* erhebt Klage[2] beim *LG Köln.* Der Vorsitzende der nach dem Geschäftsverteilungsplan (§ 21 e I 1 GVG)[3] zuständigen *5. Zivilkammer* (§ 60 GVG) entscheidet sich für die Durchführung eines frühen ersten Termins zur mündlichen Verhandlung (§ 272 II 1. Alt. ZPO), bestimmt unverzüglich Termin (§ 216 II ZPO) und veranlaßt die Ladung beider Parteien durch die Geschäftsstelle (§ 214 i. V. mit § 274 I ZPO, § 153 GVG), wobei Frau *Herz* aufgefordert wird, einen Rechtsanwalt zu bestellen (§ 215 ZPO). Beiden Parteien werden jetzt die Ladungen, der Frau *Herz* zusätzlich noch die Klageschrift (§ 274 II ZPO) und die genannte Aufforderung nach den Vorschriften über die Zustellung (§§ 166 ff. ZPO) zugestellt (näher o. Rn. 134 ff.). Nunmehr erteilt Frau *Herz* dem Rechtsanwalt *Dr. Besser* Prozeßvollmacht. *Dr. Besser* rügt in dem Klageerwiderungsschriftsatz (§ 277 I ZPO) die Unzuständigkeit (§ 1 ZPO, § 71 I, § 23 Nr. 1 GVG: Streitwert bis zu 5000,– €). Die Verhandlung eröffnet der Vorsitzende (§ 136 ZPO). *Dr. Besser* rügt die Unzuständigkeit (vgl. § 39 ZPO)[4]. Hierauf beantragt *Dr. Gut* die Verweisung an das *AG Köln* (§ 281 I 1 ZPO). Nach Beratung (§§ 192 ff. GVG) mit den beiden Beisitzern (§ 75 GVG) verkündet (§ 329 I ZPO) der Vorsitzende (§ 136 IV 2. Halbsatz 2. Alt. ZPO) den Beschluß: „Der Rechtsstreit wird an das *AG Köln* verwiesen.“

Bereits ein solch einfacher Fall zeigt das Fortschreiten eines Rechtsstreits: Schritt für Schritt wird er mit jeder Prozeßhandlung voran-

---

[1] Die Erteilung der Prozeßvollmacht ist eine Prozeßhandlung, Stein/Jonas/*Bork,* § 80 Rn. 4; *BGH,* NJW 1993, 1926. Der Vertrag zwischen Partei (Mandat) und RA ist ein bürgerlich-rechtliches Rechtsgeschäft (§ 675 BGB).

[2] Zur Klageschrift o. Rn. 132.

[3] Die Rechtsnatur des *Geschäftsverteilungsplanes* ist sehr umstritten; er wird als Rechtsnorm oder als gerichtlicher Selbstverwaltungsakt „sui generis“ angesehen. Vgl. zur Vertiefung die ausführlich begründete Entscheidung des *BayVerfGH* NJW 1986, 1673.

[4] Genügt die schriftsätzliche Äußerung? *Nein! In der mündlichen Verhandlung* muß die Unzuständigkeit gerügt werden. Hätte dies *Dr. Besser* vergessen, nützte ihm sein ganzer Schriftsatz nichts, vgl. Stein/Jonas/*Leipold,* § 128 Rn. 29. Dies ist die Folge des Mündlichkeitsprinzips.

getrieben. Fehlt ein Zwischenschritt – etwa die Zustellung der Klageschrift[5] –, ist möglicherweise das weitere Vorgehen gefährdet und – wie bei einem Spiel – muß man zurück zu der Stelle, wo der Fehler begangen wurde. Um den Prozeß weiterzuführen, wird die Zustellung wiederholt werden müssen. Wer den falschen Weg eingeschlagen hat – wie *Dr. Gut* –, muß den Fehler erkennen und nunmehr die richtige Richtung wählen (z.B. den Verweisungsantrag stellen).

Der Prozeß ist nicht nur ein lineares Fortbewegen, er geht *Stufe für Stufe* voran. Damit meint man, daß sich in gewissen Situationen eine feste Grundlage für das weitere Verfahren bildet, selbst wenn vorher ein Fehler begangen wurde. Dieses Prinzip ist bei § 39 ZPO deutlich geworden (o. Rn. 217). Rügt der Beklagte nicht die Unzuständigkeit, so wird das unzuständige *LG*[6] zuständig: Die „Stufe" der Zuständigkeit ist erreicht.

Ähnlich ist es bei den unter § 296 III ZPO fallenden verzichtbaren Unzulässigkeitsrügen, die ebenfalls „ins Leere" gehen, wenn sie verspätet vorgebracht werden[7]. Wichtig ist ferner § 295 ZPO: Das rügelose Weiterprozessieren bewirkt die Heilung des Verfahrensfehlers: Später kann die Partei ihren „Trumpf" nicht mehr ausspielen. Nur schwerwiegende Mängel, auf deren Geltendmachung die Partei nicht verzichten kann, werden nicht geheilt[8].

So zeigt es sich, daß für den Rechtsstreit nicht nur die Prozeßhandlungen eine überragende Bedeutung haben. Gerade auch das *Unterlassen von Prozeßhandlungen* kann für das weitere Verfahren bedeutsam sein. Bei der Bearbeitung einer *Anwaltsklausur* ist deshalb genau darauf zu achten, daß die richtige Prozeßhandlung rechtzeitig vorgenommen wird. Bei der *Richterklausur* muß sich der Bearbeiter hüten, eine Prozeßhandlung in den Fall hineinzuinterpretieren, wenn der Sachverhalt deutlich zeigt, daß sie nicht vorgenommen wurde[9].

Wenn soeben im Beispiel 88 *Dr. Besser* die Unzuständigkeit nur im Schriftsatz, nicht in der mündlichen Verhandlung rügt und sofort zur Hauptsache verhandelt, muß der Bearbeiter von der Wirkung des § 39 Satz 1 ZPO ausgehen: Das *LG Köln* ist sachlich und örtlich zuständig geworden (o. Fn. 4).

§ 50. Grundsätze für die Fallbearbeitung bei Prozeßhandlungen

Literatur: Verzeichnis der abgekürzt zitierten Literatur (S. XXIII) sowie *G. Baumgärtel*, Wesen und Begriff der Prozeßhandlung einer Partei im Zivilprozeß, 2. Aufl., 1972; *H. E. Henke*, „Ein Mann – ein Wort?" – Die Auslegung von Prozeß-

---

[5] Ohne Zustellung ist die Klage nicht erhoben (*BGHZ* 7, 268). Zustellungsmängel können eventuell gemäß § 189 ZPO geheilt werden.

[6] Nicht aber ohne weiteres das *AG*, o. Rn. 217 a.E.

[7] Oben Rn. 222 Fn. 51 und Rn. 223 Fn. 6.

[8] § 295 II ZPO! Nicht verzichten kann die Partei auf Vorschriften, die das Gericht von Amts wegen beachten muß, z.B. rechtskräftige Vorentscheidung, Rechtshängigkeit.

[9] Schweigt der Sachverhalt, ist prozeßordnungsgemäßes Prozedieren anzunehmen, o. Rn. 38.

handlungen, ZZP 112 (1999), 397–438; *W. Henckel,* Die Klagerücknahme als gestaltende Verfahrenshandlung, FS E. Bötticher, 1969.

I. Klarheit über die Prozeßhandlungen!

231 Für eine prozessuale Fallbearbeitung ist es sehr wichtig, daß sich der Bearbeiter über die vorgenommenen oder die zu empfehlenden Prozeßhandlungen im klaren ist. Letztlich hängt dies mit einer der Grundvorstellungen des Prozeßrechts zusammen: mit dem *Antragsgrundsatz* und der *Dispositionsmaxime.* Zwar können die Parteien das gerichtliche Verfahren nicht nach ihrem Belieben gestalten[1], aber der konkrete Fortgang des Prozesses innerhalb des gesetzlichen Rahmens ist weitgehend abhängig von der Vornahme oder dem Unterlassen von Prozeßhandlungen und den sich daran jeweils anknüpfenden Rechtsfolgen.

Um sich Klarheit über die Prozeßhandlungen zu verschaffen, muß der Bearbeiter zwischen zwei verschiedenen Ebenen deutlich unterscheiden: Zuerst hat er die Frage zu beantworten, was die Partei mit ihrer Erklärung bezweckt *(Inhaltsauslegung).* Davon ist die Frage zu unterscheiden, ob der von der Partei mit der Erklärung angestrebte Erfolg eintreten kann *(Geltungsauslegung)*[2].

II. Wichtig: Klare prozessuale Terminologie

232 Zur richtigen Bearbeitung der Prozeßhandlungen ist die Unterscheidung zwischen Erwirkungs- und Bewirkungshandlungen notwendig.

1. Erwirkungshandlungen

233 Erwirkungshandlungen[3] sind diejenigen Prozeßhandlungen einer Partei, die eine Entscheidung des Gerichts begehren: also Anträge zur Hauptsache (z.B. § 23 EGGVG) oder zu Zwischenentscheidungen (z.B. § 281 I 1 ZPO), Gesuche (z.B. § 920 ZPO), vor allem ist es die Klage (z.B. § 253 ZPO). Sie sind entweder „zulässig“ oder „unzulässig“. Wenn sie zulässig sind, können sie „begründet“ oder „unbegründet“ sein[4].

Falsch ist es, mit der Nomenklatur des BGB oder anderer Rechtsgebiete an diese Handlungen heranzugehen. Man sagt deshalb bei ihnen niemals, daß sie „gültig“, „ungültig“, „wirksam“, „unwirksam“, „anfechtbar“, „nichtig“, „rechtskräftig“ sind.

2. Bewirkungshandlungen

234 Bewirkungshandlungen sind diejenigen Prozeßhandlungen, die unmittelbar eine prozessuale Wirkung auslösen: Sie *bewirken die Prozeßrechtsfolge.* Beispiele für Bewirkungshandlungen sind etwa die Klagezurücknahme, die vor dem Beginn der mündlichen Verhandlung des

---

[1] Das ist das Verbot des sogenannten *„Konventionalprozesses“.*
[2] Vgl. *Diederichsen/Wagner,* S. 141 f.
[3] Hierzu: *Blomeyer,* § 30 II 1–2.
[4] Zur Trennung zwischen Zulässigkeit und Begründetheit o. Rn. 228 f.

Beklagten zur Hauptsache (§ 269 I ZPO) die Rechtshängigkeit ohne dessen Zustimmung beseitigt. Bewirkungshandlungen sind auch die Einwilligung des Beklagten in die Klagezurücknahme nach Beginn der mündlichen Verhandlung zur Hauptsache (§ 269 I, II ZPO) und die Zustimmung zur Klageänderung (§ 263 1. Alt. ZPO). Sie entfalten ihre Wirkung und gestalten damit die Prozeßrechtslage, sofern sie den gesetzlichen Voraussetzungen entsprechen; zu diesen Voraussetzungen gehören auch die allgemeinen Prozeß*handlungs*voraussetzungen[5]. Falls die gesetzlichen Voraussetzungen nicht vorliegen, sind die Bewirkungshandlungen *ohne weiteres* unwirksam. Die terminologischen Kategorien sind deshalb: „wirksam" oder „unwirksam" und (aus der Sicht des weiteren prozessualen Geschehens) „beachtlich" oder „unbeachtlich".

Falsch sind auf andere Handlungen bezogene Begriffe: „zulässig", „unzulässig", „anfechtbar", „rechtskräftig", „bestandskräftig".

Ein häufiger Fehler ist das Übersehen des *unmittelbaren* Eintritts der Prozeßrechtsfolge, sofern die Bewirkungshandlung den gesetzlichen Anforderungen genügt. Immer wieder prüft manch ein Bearbeiter die „Begründetheit" einer Bewirkungshandlung.

Beispiel 89: *Arm* beantragt gegen *Schnell* den Erlaß eines Mahnbescheids[6]. *Schnell* erhebt keinen Widerspruch. Daraufhin wird der Vollstreckungsbescheid erlassen und dem *Schnell* zugestellt. Jetzt legt *Schnell* form- und fristgerecht Einspruch ein.

Folge: Die wirksame Bewirkungshandlung des Einspruchs versetzt den Prozeß zurück (§ 342, § 700 I i.V. mit § 338 ZPO). Eine „Begründetheit" des Einspruchs darf keineswegs untersucht werden[7]!

Deshalb bedarf es keiner gerichtlichen Entscheidung, damit die (wirksame) Bewirkungshandlung ihre Rechtsfolge auslöst; dies wird häufig übersehen. Andererseits ist es aber auch nicht ausgeschlossen, daß eine

---

5 Nachweise zu diesem Begriff u. Rn. 235 Fn. 19f.

6 Zu den *Einzelheiten des Mahnverfahrens* und den im folgenden Beispiel nicht einzeln aufgeführten Bestimmungen o. Rn. 124ff.

7 Auf die Zulässigkeitsprüfung des Einspruchs folgt also nicht etwa eine „Begründetheitsprüfung" des Einspruchs. Der *zulässige Einspruch versetzt vielmehr das Verfahren einfach zurück* (§ 342 ZPO). Diese *Dreiteilung des Aufbaus* in: Zulässigkeit des Einspruchs, Zulässigkeit der Klage und Begründetheit der Klage ist typisch für eine Klausur aus dem Versäumnisverfahren oder aus dem Verfahren nach Einspruch gegen den Vollstreckungsbescheid. An dem allerdings fälschlich verwendeten Begriff „Zulässigkeit" des Einspruchs (statt Wirksamkeit oder Unwirksamkeit) ist der Gesetzestext der ZPO schuld, weil er die „wissenschaftlich falsche" Kategorie der „Zulässigkeit" verwendet (§ 341 I 2, § 342 ZPO). Aber der Gesetzgeber ist nicht an theoretische Kategorien gebunden, so daß bei *dieser* Bewirkungshandlung ausnahmsweise der Bearbeiter von einer Zulässigkeit sprechen darf. Im übrigen sind viele Prozeßhandlungen *zugleich* Erwirkungshandlungen und Bewirkungshandlungen, weil sie einerseits eine gerichtliche Entscheidung begehren (erwirken wollen), andererseits unmittelbar eine Prozeßlage eintreten lassen (bewirken); z.B. bewirkt die Berufung mit ihrem Antrag an das Gericht auch die Folge des Nichteintritts der formellen Rechtskraft (§ 705 ZPO).

gerichtliche Entscheidung sich (deklaratorisch) mit der Beachtlichkeit oder Unbeachtlichkeit einer Bewirkungshandlung befaßt[8].

Beispiel 90: Als im Beispiel 88 (o. Rn. 230) Rechtsanwalt *Dr. Gut* den Schriftsatz des Rechtsanwalts *Dr. Besser* liest, erkennt er den prozessualen Fehler (Übersehen der sachlichen Unzuständigkeit) und nimmt noch vor der mündlichen Verhandlung durch einen Schriftsatz (§ 269 II 2 ZPO) die Klage zurück.

Rechtsfolge: § 269 III 1 ZPO. Damit Klarheit über diese Situation besteht, kann *Dr. Besser* die gerichtliche Feststellung dieser Rechtsfolge beantragen (§ 269 IV ZPO)[9].

Solche Entscheidungen sind aber rein deklaratorisch und sprechen nur aus, was ohnehin schon prozessual gilt[10].

In diesem Zusammenhang taucht immer wieder die Klausurfrage auf, ob das Gericht mit *Beschluß oder Urteil* den Streit um eine Prozeßbeendigung zu entscheiden habe. Der Bearbeiter muß sich hierbei im klaren sein, daß § 269 IV ZPO den Fall betrifft, in dem die Wirksamkeit der Klagezurücknahme zwischen den Parteien *nicht streitig* ist. Dann erläßt das Gericht den in dieser Bestimmung vorgesehenen Beschluß. In Wissenschaft und Praxis ist aber umstritten, ob im Wege des Beschlusses auch dann entschieden werden darf, wenn zwischen den Parteien *ein Streit über die Wirksamkeit der Klagezurücknahme* besteht. Wer § 269 IV ZPO hier (direkt oder analog) anwendet, muß im Beschlußwege entscheiden[11]. Wer hingegen der Ansicht ist, daß wegen der notwendigen mündlichen Verhandlung im Wege des Endurteils entschieden werden muß, der muß den Erlaß des Urteils empfehlen[12]. Welcher der Meinungen sich der Bearbeiter anschließt, sollte sich nach der *taktischen Situation des jeweiligen Falles richten*[13]. Wichtig ist jedoch, daß die Beschlußentscheidung niemals in anderen Fällen vorgenommen werden darf, in denen es um ähnliche Anhängigkeitsprobleme geht, vor allem also beim Streit um die Wirksamkeit des Prozeßvergleichs. Hier muß nach allen Ansichten durch Urteil entschieden werden[14].

Nicht selten verstricken sich Bearbeiter bei der Frage der Wirksamkeit von prozeßbeendigenden Handlungen in begrifflich-logische Überlegungen.

---

[8] Auch dies ist beim *Einspruch gegen Versäumnisurteil* und Vollstreckungsbescheid ausnahmsweise vorgesehen: Der unzulässige Einspruch wird aus Gründen der Rechtssicherheit nicht einfach als unbeachtlich behandelt, sondern wird ausdrücklich durch einen gerichtlichen Ausspruch verbeschieden: § 341 I 2 ZPO! Anders ist dies beim *zulässigen* Einspruch: Über ihn wird allenfalls in den Entscheidungsgründen des Endurteils eine Aussage gemacht.

[9] Dieses Verhalten des Rechtsanwalts *Dr. Gut* ist freilich auch wieder fehlerhaft. *Erstens* hat er ja immer noch die Chance, daß *Dr. Besser* die nach § 39 Satz 1 ZPO erforderliche Rüge nicht erhebt (o. Rn. 230 Fn. 4), *zweitens* muß der Kläger jetzt die Kosten des Rechtsstreits tragen (§ 269 III 2 ZPO), während er sonst (bei Antrag auf Verweisung und nachfolgender Verweisung) nur diejenigen Kosten zu tragen hat, die sich durch das Anrufen des unzuständigen *LG Köln* ergeben haben (§ 281 III 2 ZPO).

[10] Ausnahme auch hier wieder der *unzulässige* Einspruch, der verbeschieden werden muß, o. Fn. 8: Keine Regel ohne Ausnahme!

[11] *BGHZ* 46, 112 (114) zur entsprechenden Bestimmung des § 516 III 2 ZPO.

[12] Stein/Jonas/*Schumann*, § 269 Rn. 42.

[13] Oben Rn. 39.

[14] Eine dem § 269 III ZPO vergleichbare Vorschrift fehlt. – Zur Prozeßbeendigung durch *Prozeßvergleich* u. Rn. 331 ff.

Beispiel 91: In einem Examensfall hatten die Parteien einen Prozeßvergleich geschlossen. Einige Tage nach Vergleichsabschluß stellte der Kläger Antrag auf Terminsbestimmung; er hielt (grundlos) den abgeschlossenen Vergleich für unwirksam.

Der **Bearbeitervermerk** fragte u.a., wie das Gericht sich verhalten müsse. Viele Bearbeiter nahmen bei ihrer Antwort das Ergebnis vorweg: Da ja der Prozeßvergleich wirksam sei, könne auch kein Rechtsstreit mehr anhängig sein. Also dürfe das Gericht nichts tun. Aber dies war ein schwerer Fehler. Denn ob der Prozeßvergleich wirksam ist oder nicht, muß erst geprüft werden. Hierzu ist eine mündliche Verhandlung erforderlich. Also muß Termin anberaumt werden. Stellt sich hierbei heraus, daß der Prozeßvergleich wirksam ist, muß der Richter eine Entscheidung treffen, die etwa dahin lautet, daß der Rechtsstreit durch den Prozeßvergleich wirksam beendet worden ist. Dann kommt es tatsächlich zu einem Urteil scheinbar außerhalb eines Rechtsstreits[15].

In diesem Buch wurde schon öfter auf ähnliche Fälle hingewiesen, die sich mit den Mitteln der Begrifflichkeit nicht lösen lassen: Wenn eine nicht existente Person klagt, ist sie Partei des Rechtsstreits, obwohl sie nicht Partei sein darf – diese Frage entscheidet sich erst im Urteil[16]. Wenn eine Klage nicht ordnungsgemäß erhoben wurde, ist ein Rechtsstreit nicht anhängig; aber wenn mündlich verhandelt wurde, muß mit Urteil über die nicht ordnungsgemäße Klage entschieden werden[17]. Wenn zwei Personen als Streitgenossen auftreten, dann sind sie Streitgenossen, auch wenn diese subjektive Klagenhäufung unzulässig sein sollte und die Streitgenossenschaft durch Prozeßtrennung beseitigt werden müsste[18] (vgl. § 145 I ZPO).

3. Unterschiede zwischen Prozeßhandlungen und materiell-rechtlichen Willenserklärungen des BGB

Für alle Arten von Prozeßhandlungen – gleich ob Bewirkungs- oder **235**
Erwirkungshandlungen – gilt ferner, daß der Bearbeiter die *Verschiedenheit der Prozeßhandlungen gegenüber den materiell-rechtlichen Willenserklärungen des BGB* kennen und dementsprechend die prozessuale Terminologie verwenden muß. Die Beachtung dieser Terminologie wäre nicht weiter bedeutsam, wenn sich hinter ihr nicht schwerwiegende sachliche Unterschiede verbergen würden[19].

Prozeßhandlungen werden regelmäßig gegenüber dem Gericht vorgenommen (z.B. § 269 II 1 ZPO). Sie verlangen meist die *Schriftform* (z.B. § 253 ZPO) oder das Vorbringen in der mündlichen Verhandlung (z.B. § 269 II 2 ZPO), bisweilen sogar beides (z.B. § 297 ZPO). Neben der Form spielt die *Frist* für die Prozeßhandlung eine große

---

[15] Die Dogmatik hilft im übrigen gegen die Vorstellung eines Urteils *außerhalb* des Rechtsstreits mit der Überlegung, daß im Falle umstrittener Klagezurücknahme die Rücknahmeerklärung keine unmittelbar prozeßbeendigende Wirkung habe. Dann endet die Rechtshängigkeit erst mit dem streitabschließenden Endurteil. Zur Vertiefung: *Henckel,* S. 190.

[16] Oben Beispiel 64, Rn. 156.

[17] Oben Rn. 226 sub 1.

[18] Oben Rn. 93 sub b.

[19] Grundlegend zu den Prozeßhandlungen: *Baumgärtel,* zur Vertiefung S. 115–119 und S. 192–203.

Rolle (z.B. § 339 I ZPO). Zahlreiche Prozeßhandlungen können nicht mehr vorgenommen werden, wenn sie nicht rechtzeitig erfolgen (z.B. §§ 43, 39, 267, 282 III, 296 III, 295 ZPO). Manche Prozeßhandlungen knüpfen sich an die Parteistellung als *Kläger* (z.B. §§ 281 I 1, 306, 510b ZPO) oder als *Beklagter* (z.B. §§ 39, 263, 267, 269 ZPO). Die *Prozeßhandlungsvoraussetzungen*[20] richten sich nach dem Prozeßrecht, so daß z.B. der Minderjährige auch für sich vorteilhafte Prozeßhandlungen nicht vornehmen kann. Eine *„Anfechtung"* von Prozeßhandlungen wegen Irrtums ist nicht zulässig, was zu besonderer Vorsicht bei der Vornahme von Prozeßhandlungen zwingt. Andererseits läßt das Prozeßrecht vielfach die Zurücknahme (z.B. §§ 269, 346 ZPO) oder den Widerruf (§ 290 ZPO) von Prozeßhandlungen zu, wenn etwa die Voraussetzungen für eine Restitutionsklage nach § 580 ZPO vorliegen[21]. Solche Regelungen müssen sich aber aus der ZPO ergeben – ein Rückgriff auf das BGB ist regelmäßig unstatthaft! Oftmals ist dieser „actus contrarius" an die Zustimmung des Gegners gebunden (z.B. § 269 ZPO). Aber auch die fehlerhafte Prozeßführung kalkuliert das Prozeßrecht dadurch ein, daß es Berichtigungen (z.B. § 264 Nr. 1 ZPO), Antragsänderungen (§§ 263ff. ZPO), Parteiänderungen oder weitere Rechtsinstitute kennt, mit denen die Wirkung falscher, lückenhafter oder unrichtig gewordener Prozeßhandlungen korrigiert werden kann – jedoch auch nur in den gesetzlich geregelten Fällen. Letztlich können Prozeßhandlungen *umgedeutet* werden (vgl. § 300 StPO), wenn sich ergibt, daß etwas anderes gewollt ist, als erklärt wurde *und* wenn dies aus der Erklärung oder sonstigen objektivierbaren Umständen ersichtlich ist[22].

236 Fehler bei der Bearbeitung von Prozeßhandlungen lassen sich nur durch Kenntnis und durch Beachten der *Terminologie des Prozeßrechts* verhindern. Der Bearbeiter hat sich an den jeweils vom Gesetz verwendeten Ausdrücken zu orientieren (z.B. „Klage", „Gesuch", „Antrag", „Widerklage", „Einwilligung", „Widerspruch", „Einspruch") und soll also nicht von den „Erklärungen" des Klägers reden, wenn er den Klageantrag meint, oder darf nicht von der „Widerklage" des Beklagten sprechen, wo doch nur eine Aufrechnung vorliegt. Damit wird keiner Beckmesserei das Wort geredet; sicher ist es kein Fehler, wenn der Verfasser in der Eile der Fallbearbeitung von „Genehmigung" oder „Einwilligung" redet, wenn die ZPO von „Zustimmung" (z.B. § 436 ZPO) spricht[23]. Der *Ratschlag, sich der gesetzlichen Begriffe* zu bedienen, soll den Verfasser zwingen, immer wieder einen Blick in die Vorschriften der ZPO zu werfen und die spezifische Ausgestaltung stets von neuem *genau* zu lesen. Dieser Zwang zum Blick in die ZPO führt ganz von selbst über die terminologischen Unterschiede hinein in die sachlichen Verschiedenheiten.

---

[20] Zur teilweisen Identität von Prozeß*handlungs*voraussetzungen mit den Sachurteilsvoraussetzungen *Blomeyer,* § 30 III.

[21] *BGHZ* 80, 389. Bei Vorliegen eines Restitutionsgrundes könnte ein rechtskräftiges Urteil im Wege der Wiederaufnahmeklage (o. Rn. 227 Fn. 4) beseitigt werden. Daher ist es – auch im Hinblick auf die Prozeßökonomie – konsequent, einen solchen Grund auch im laufenden Prozeß zu berücksichtigen und daher die Anfechtung der Prozeßhandlung zuzulassen.

[22] Zur *Umdeutung* o. Rn. 127 (Widerspruch in Einspruch umgedeutet) und Rn. 167ff. sowie *Rosenberg/Schwab/Gottwald,* § 65 Rn. 20 und *Blomeyer,* § 33 II.

[23] Zum ungenauen Sprachgebrauch der ZPO o. Rn. 75. Zu den Begriffen *„Einrede"* und *„Einwendung"* näher u. Rn. 320ff.

Beispiel 92: Auf Antrag des *Arm* erläßt das *AG* Mahnbescheid gegen *Schnell,* der diesem zugestellt wird. Noch am selben Tage legt *Schnell* „Einspruch" ein. *Arm* möchte wissen, was er tun muß.

Wenn der Bearbeiter sich dazu erzogen hat, genau auf die gesetzliche Terminologie der Prozeßhandlungen zu achten, merkt er sofort, daß der von *Schnell* eingelegte „Einspruch" nicht den gesetzlichen Voraussetzungen entspricht: Ein Einspruch ist nur gegen den Vollstreckungsbescheid möglich. Sogleich kommt der Bearbeiter zur Umdeutung (vgl. § 300 StPO): *Schnells* Einspruch ist ein „Widerspruch"[24]. Die Antwort an *Arm* lautet: Es ist Antrag auf Durchführung des streitigen Verfahrens (§ 696 I 1 ZPO) zu stellen, wenn dieser Antrag nicht schon von *Schnell* oder sogar formularmäßig bereits im Mahnantrag von *Arm* gestellt wurde (§ 696 I 2 ZPO).

§ 51. Die Bedeutung der Prozeßhandlungen für den richtigen Aufbau der Lösung

Literatur: Verzeichnis der abgekürzt zitierten Literatur (S. XXIII) sowie *G. Baumgärtel,* Wesen und Begriff der Prozeßhandlung einer Partei im Zivilprozeß, 2. Aufl., 1972; *J. Blomeyer,* Die Klageänderung und ihre prozessuale Behandlung, JuS 1970, 123–128 und 229–234; *C. Roxin,* Strafverfahrensrecht, 25. Aufl. 1998.

I. Hinweis 1: Ausgangspunkt jeder Fallbearbeitung ist die in der Klausur oder Hausarbeit gestellte Frage („Lösungsvermerk", „Bearbeitervermerk").

Dieser Hinweis ist in jeder juristischen Fallbearbeitung peinlich genau **237**
zu beachten[1]. Seine Einhaltung bereitet in prozessualen Fällen häufig Schwierigkeiten.

Bei gemischten Klausuren findet sich nicht selten zuerst eine Frage nach der materiellrechtlichen Rechtslage, dann die Frage nach den einzuleitenden prozessualen Schritten. Daß hier zunächst das materielle Recht zu betrachten ist, kann nicht oft genug wiederholt werden[2].

Probleme ergeben sich vielfach wegen der umfangreichen Darstellung der „Prozeßgeschichte", die den Fall oft nur veranschaulichen soll. Hier ist es besonders wichtig, daß der Bearbeiter genau den Lösungsvermerk beachtet.

Beispiel 92 a: *Klein* klagt gegen Frau *Herz* auf Herausgabe „eines" Rasenmähers[3]. Im ersten Termin wird Frau *Saubermann* als Zeugin (§§ 373 ff. ZPO) vernommen. Aus der Aussage geht hervor, daß Frau *Saubermann* den Rasenmäher entgegen der Weisung von Frau *Herz* nicht an *Klein* zurückgegeben, sondern an *Sanft* verkauft hat. *Klein* ändert daraufhin die Klage auf Schadensersatz. Frau *Herz* stimmt der Klageänderung nicht zu (§ 263 1. Alt. ZPO).

---

[24] Umgekehrt ist die Umdeutung des *verspäteten* Widerspruchs in einen Einspruch möglich, § 694 II ZPO.

[1] *Diederichsen/Wagner,* S. 25–33.

[2] Jedenfalls soweit es sich um eine Anwaltsklausur handelt, o. Rn. 27.

[3] Dieser Klageantrag ist unbestimmt! Die Klage müßte abgewiesen werden, wenn *Klein* an diesem Antrag festhält und ihn nicht präzisiert, o. Rn. 58 und besonders Beispiel 57 (o. Rn. 132).

Der **Bearbeitervermerk** lautet: „Wie ist die materielle Rechtslage? Wie wird das Gericht über den neuen Antrag entscheiden, wenn es die Sachdienlichkeit im Sinn von § 263 2. Alt. ZPO verneint?"

Der Bearbeiter geht – nachdem er die erste Frage bearbeitet hat – bei seiner *Antwort* auf die zweite Frage nur auf die „Klageänderung" ein (auch ohne Sachdienlichkeitserklärung durch das Gericht zulässig: § 264 Nr. 3 ZPO „Interesse" = Schadensersatz) und empfiehlt sodann die dem materiellen Recht entsprechende Entscheidung. Ein Eingehen auf den ursprünglichen Klageantrag ist bei dieser Fragestellung nicht erforderlich – ebensowenig wie eine Erörterung, ob nun eigentlich doch eine „Klageänderung" vorliegt und ob das Gericht die Sachdienlichkeit nicht hätte bejahen müssen[4].

II. Hinweis 2: Ein historischer Aufbau ist auch beim Prozeßrechtsfall unzulässig.

238 An dieser Stelle muß noch einmal[5] nachdrücklich vor einem historischen Aufbau gewarnt werden.

Beispiel 93: Herr *Klein* erhebt gegen Frau *Herz* vor dem *LG Köln* Klage auf Rückgabe des geliehenen Rasenmähers (vgl. Beispiel 12, o. Rn. 27). In der mündlichen Verhandlung ist Frau *Herz* säumig; *Kleins* Rechtsanwalt beantragt Versäumnisurteil. Das Gericht erläßt dieses Urteil, wobei es seine sachliche Unzuständigkeit (§ 71 I, § 23 Nr. 1 GVG) übersieht. Drei Wochen nach Zustellung des Urteils legt der Rechtsanwalt von Frau *Herz* Einspruch ein.

Frage: Wie wird das Gericht entscheiden?

Lösung: Der Bearbeiter muß zunächst die Zulässigkeit des Einspruchs prüfen. Er erkennt dabei schnell, daß der Einspruch verspätet und damit unzulässig ist (§§ 339 I, 341 I ZPO). Das Gericht wird also den Einspruch als unzulässig verwerfen (§ 341 I 2 ZPO). Falsch wäre es, wenn der Bearbeiter historisch vorgehen würde und zunächst das Verfahren bis zum Erlaß des Versäumnisurteils prüfen würde. Darauf ist – nur soweit der Bearbeitervermerk dies verlangt – im Rahmen eines Hilfsgutachtens einzugehen. Näher zum Versäumnisverfahren u. Rn. 297–328.

III. Hinweis 3: Wenn sich aus dem Bearbeitervermerk nichts anderes ergibt, muß man von den Anträgen der Parteien ausgehen.

239 Wegen des Antragsgrundsatzes kommt es für den Streitgegenstand und die Parteien auf den Klageantrag des Klägers an. Ist also nach dem *Streitgegenstand* gefragt oder sind Probleme zu untersuchen, die mit ihm zusammenhängen (Rechtshängigkeit, Rechtskraft, Anspruchshäufung, An-

[4] *Blomeyer,* JuS 1970, 123 ff., 229 ff. Würde der Bearbeitervermerk nicht die Beschränkung auf eine Aussage zur gerichtlichen Entscheidung über den *neuen* Klageantrag enthalten, wäre eine Stellungnahme auch zum ursprünglichen Klageantrag notwendig, wenn der Bearbeiter der Ansicht folgt, daß § 264 ZPO nicht auch eine in der Klageänderung liegende Klagezurücknahme regelt, da Frau *Herz* keine Einwilligung in die Zurücknahme des ursprünglichen Antrags (§ 269 I ZPO) erklärt. Zu diesem Problem u. Rn. 251.

[5] Schon o. Rn. 40.

spruchsänderung) oder geht es um die Stellung von Prozeßbeteiligten[6], ist der Klageantrag maßgebend; von ihm ist im Aufbau auszugehen.

Daß die gestellten Anträge insbesondere vollständig behandelt („verbeschieden") werden müssen, gegebenenfalls durch Abweisung oder Teilabweisung, wird nochmals betont[7].

Geht man von dem gestellten Antrag aus, werden vor allem die Fehler vermieden, die sich bei einer historischen Darstellung zwangsläufig ergeben, nämlich die Erörterung überholter und überflüssiger Dinge. Der Verfasser ordnet dann seine Darstellung streng unter die im Antrag begehrte Rechtsfolge.

IV. Hinweis 4: Oftmals ist nicht der Klageantrag entscheidend, sondern ein sonstiger Antrag der Parteien. Dann ist Ausgangspunkt der Bearbeitung dieser Antrag.

Da der prozessuale Ablauf durch eine Vielzahl von Prozeßhandlungen 240
beeinflußt wird, spielt nicht selten die Beurteilung solcher Handlungen eine Rolle. Oftmals kommt es dann überhaupt nicht auf den geltend gemachten Klageantrag an.

Im soeben besprochenen Beispiel 93 wird dies deutlich: Der Klageantrag des *Klein* ist für die gestellte Frage unerheblich[8]. Entscheidend ist lediglich, durch welche Prozeßhandlung man den Einwand der fehlenden sachlichen Zuständigkeit des *LG Köln* beantwortet: entweder Klagezurücknahme oder Antrag auf Verweisung.

V. Hinweis 5: Hilfsanträge (Eventualanträge) dürfen nur geprüft werden, wenn die Bedingung eingetreten ist. Prozeßhandlungen können aber nicht ohne weiteres bedingt werden.

Einer der wesentlichsten Unterschiede zwischen der materiell-recht- 241
lichen Willenserklärung und der Prozeßhandlung besteht in der *Bedingungsfeindlichkeit*[9]: Im Grundsatz können *Prozeßhandlungen nicht bedingt* werden. Das Schicksal des Rechtsstreits kann nicht vom Eintritt ungewisser Ereignisse abhängig gemacht werden. Ausnahmen gelten jedoch für die *innerprozessualen* Bedingungen. Sie sind zulässig, um ein schnelleres Prozessieren zu ermöglichen. Durch die Möglichkeit innerprozessualer Bedingungen ist dem Antragsteller die Möglichkeit eröffnet,

---

6 Wer ist Partei? Ist die Person Streitgenosse oder Nebenintervenient? Vgl. o. Rn. 85.

7 Oben Rn. 50.

8 Aber auch nicht völlig. Der Streitwert der Klage und damit die Zuständigkeit des *AG* hängen vom Streitgegenstand, dieser vom Antrag (Rasenmäher) ab. *Insoweit* ist hier der Antrag bedeutsam, aber nicht in der Weise, daß über ihn entschieden werden muß. Es ist lediglich zum Verweisungsantrag oder zur Klagezurücknahme Stellung zu nehmen.

9 *Rosenberg/Schwab/Gottwald*, § 65 Rn. 23–38; Stein/Jonas/*Schumann*, § 260 Rn. 15–26 und zur Vertiefung: *Baumgärtel*, S. 119–139.

dem Gericht eine *Reihenfolge der Prüfung* vorzuschreiben. Erst wenn die Bedingung für den Hilfsantrag eingetreten ist, darf auf ihn eingegangen werden. Fehlt der Bedingungseintritt, darf der Hilfsantrag nicht behandelt werden, es sei denn in einem Hilfsgutachten.

Die falsche Behandlung der Hilfsanträge ist häufig. Besonders das Erörtern von Hilfsanträgen, obwohl die Bedingung *nicht* vorliegt, ist eine typische Examenssünde.

Beispiel 94: *Klein* klagt gegen Sohn *Sanft* auf Herausgabe des Rasenmähers (vgl. Beispiel 12, o. Rn. 27). Da er befürchtet, daß Sohn *Sanft* den Rasenmäher weiterverkauft hat, klagt er „hilfsweise" auf Schadensersatz für den Fall, daß der Prozeß ergibt, daß Sohn *Sanft* nicht Besitzer und deshalb nach § 985 BGB nicht mehr zur Herausgabe in der Lage ist. Stellt sich im Prozeß heraus, daß Sohn *Sanft* im Besitz des Rasenmähers ist, darf auf den Schadensersatzanspruch nicht eingegangen werden. Dies wäre ein schwerer Verstoß gegen den Antragsgrundsatz!

Immer wieder übersehen Bearbeiter, daß auch andere Anträge als Klageanträge innerprozessual bedingt sein können[10]. Insbesondere *Verweisungsantrag* und *Beweisantrag* können eventualiter gestellt werden.

Beispiel 95: Der von *Schnell* angefahrene *Arm* (vgl. Beispiel 1, o. Rn. 6) hat jahrelang mit dem Prozeß gezögert. Jetzt verklagt er endlich den *Schnell.* Dieser erhebt die Verjährungseinrede (§§ 199 II, III, 214 I BGB, § 14 StVG) und beantragt Klageabweisung. Außerdem stellt er Hilfsbeweisantrag[11] dahin, den Zeugen *Wahrhaftig* zu vernehmen, der aussagen werde, daß er *(Schnell)* nicht den *Arm* angefahren habe[12].

§ 52. Arten der Prozeßhandlungen

Literatur: Verzeichnis der abgekürzt zitierten Literatur (S. XXIII) sowie *P. Schlosser,* Einverständliches Parteihandeln im Zivilprozeß, 1968; *E. Schumann,* Die abredewidrige Erledigungserklärung (Fallbesprechung), JuS 1966, 26–32; *G. Wagner,* Prozeßverträge. Privatautonomie im Verfahrensrecht, 1998.

242 Auch die verschiedenen Arten von Prozeßhandlungen bereiten Schwierigkeiten. Die einseitigen Parteihandlungen führen seltener zu Fehlern. Häufig wird aber übersehen, daß einseitige Handlungen der *einen* Partei mit anderen einseitigen Handlungen der Gegenseite zu prozessualen *Gesamtakten* verbunden sein können: Dann ist zum Eintritt der Rechtsfolge Voraussetzung, daß *sämtliche* notwendigen Prozeßhandlungen wirksam vorliegen. Gesamtakte benutzt das Prozeßrecht vor allem, um zu verhindern, daß die Stellung des Beklagten[1] durch einseitiges Verhalten des Klägers beeinträchtigt wird.

So ist die Klagezurücknahme nach dem Beginn der mündlichen Verhandlung des Beklagten zur Hauptsache nur mit dessen Einwilligung zulässig (§ 269 I ZPO). Die Kla-

---

[10] Oben Rn. 60.

[11] Die „Domäne" des Hilfsbeweisantrags ist der Strafprozeß: Der Verteidiger beantragt Freispruch, hilfsweise die Vernehmung von Zeugen. Vgl. *Roxin,* § 44 D.

[12] Weitere Beispiele für bedingte Prozeßhandlungen: § 331 III 2, § 696 I 2 ZPO.

[1] Zur Prozeßrechtsstellung des Beklagten o. Rn. 150 Fn. 16 und 19 sowie schon Rn. 72 Fn. 5.

geänderung ist ebenfalls an die Zustimmung des Beklagten geknüpft (§ 263 1. Alt. ZPO), wenn nicht das Gericht die Sachdienlichkeit bejaht (§ 263 2. Alt. ZPO). Die Parteiänderung wird in ähnlicher Weise abgewickelt. Die beiderseitige Erklärung der Erledigung der Hauptsache ist als Gesamtakt konstruiert[2]. Auch die Vorstellung des historischen Gesetzgebers beim Anerkenntnis- und Verzichtsurteil (§§ 306, 307 a.F. ZPO) geht von einem Zusammenwirken der Parteien aus: Anerkenntnis oder Verzicht *und* Antrag[3] des Gegners.

Von diesen Gesamtakten sind die *Prozeßverträge*[4] abzugrenzen. Hier handelt es sich um vertragliche Vereinbarungen des Prozeßrechts, bei denen die Reihenfolge nicht kraft Gesetzes durch das Zusammentreffen zweier paralleler Prozeßhandlungen eintritt, sondern bei denen der Rechtserfolg bewirkt wird, weil sich die Parteien durch Angebot und Annahme auf den Eintritt der Rechtsfolge geeinigt haben. Während bei den Gesamtakten regelmäßig[5] eine genauere gesetzliche Regelung vorliegt, sind die Prozeßverträge nur teilweise in der ZPO geregelt. Der Bearbeiter steht bei ihnen immer wieder vor der Frage, ob die Parteien überhaupt die Verfügungsmacht über die Rechtsfolge hatten (vgl. z.B. § 38 ZPO und § 1030 I 2 ZPO)[6]. Fehlt sie ihnen, ist der Vertrag unwirksam und im Prozeß unbeachtlich.

Um nicht die Vorhersehbarkeit des Prozeßablaufs zu beeinträchtigen und um nicht einen Konventionalprozeß[7] einzuführen, läßt man Prozeßverträge nur dort zu, wo die Parteien die Dispositionsbefugnis haben oder wo das Gesetz die Vertragsfreiheit ausdrücklich anerkennt: Prozeßvergleich (wird als Rechtsinstitut von § 794 I Nr. 1 ZPO vorausgesetzt), Prorogationsvertrag (§ 38 I, II, III ZPO), Schiedsvertrag (§ 1025 ZPO), Klagezurücknahmeversprechen[8], Rechtsmittelzurücknahmeversprechen, Beweismittelverträge im Verfahren mit Verhandlungsgrundsatz[9], Musterprozeßvereinbarungen[10].

---

[2] Zur beiderseitigen Erledigung der Hauptsache u. Rn. 337.

[3] Die Rspr. des *BGH* hatte allerdings dem „Antrag" in § 306 und in § 307 a.F. ZPO aus grundlegenden prozessualen Erwägungen die Bedeutung weitgehend genommen und sah ihn nicht mehr als notwendige Voraussetzung für den Erlaß eines Anerkenntnisurteils bzw. eines Verzichtsurteils an. Diese Rechtsprechung berücksichtigte das Zivilprozeßreformgesetz 2001 nur halbherzig. Beim Anerkenntnisurteil hat es die Antragsbedürftigkeit (durch Streichen der Worte „auf Antrag" in § 307 ZPO) beseitigt, nicht aber beim Verzichtsurteil. Damit ist der Erlaß des Anerkenntnisurteils und des Verzichtsurteils aus dem Kreis der Gesamtakte herausgenommen worden. Vgl. zu § 306 ZPO: *BGHZ* 49, 213; zu § 307 a.F. ZPO: *BGHZ* 10, 333; außerdem: Stein/Jonas/*Leipold*, § 306 Rn. 14 und § 307 Rn. 30f.; *Gerhardt*, Fälle, S. 49 (Fall 6, unter II 2).

[4] Hierzu: *Schlosser*, S. 1–11 und *Wagner* sowie *Thomas/Putzo*, Einl. III Rn. 6–9.

[5] Die prozessualen Gesamtakte der *Parteiänderung* und der *einseitigen Erledigungserklärung* sind durch Analogie zu § 269 ZPO und § 263 ZPO entwickelt worden und deshalb nicht präzise der ZPO zu entnehmen, *Schumann*, JuS 1966, 26ff.

[6] Zum Grundsatz des Prorogationsverbots o. Rn. 213; zur erheblichen Einschränkung von Schiedsverträgen in der Arbeitsgerichtsbarkeit § 101 ArbGG.

[7] Hierzu o. Rn. 231 Fn. 1.

[8] Zum *Klagezurücknahmeversprechen: Schumann*, JuS 1966, 26ff.

[9] Zu den *Beweismittelverträgen: Schlosser*, S. 82–90.

[10] Zur *Musterprozeßvereinbarung:* o. Rn. 65 Fn. 14 und *Schlosser*, S. 64 und 68.

12. Kapitel. Klageänderung

§ 53. Probleme bei der Bearbeitung der Klageänderung

Literatur: Verzeichnis der abgekürzt zitierten Literatur (S. XXIII) sowie *J. Bernreuther,* Die Klageänderung, JuS 1999, 478–481; *J. Brammsen/S. Leible,* Die Klagerücknahme, JuS 1997, 54–61; *U. Gottwald,* Die Klageänderung im Zivilprozeß, JA 1998, 219–225; *A. Spickhoff,* Grenzen der Klageänderungsmöglichkeiten im Zivilprozeß, JR 1998, 227–231; *T. Ritter,* Prozeßrechtliche Fragen in der Übergangszeit der Europäischen Währungsunion, NJW 1999, 1213–1217.

I. Vor allem: Anpassen des Antrags an Änderungen im materiellen Recht

243 Die Klageänderung (§§ 263ff. ZPO) ermöglicht dem Kläger vor allem das Anpassen der Anträge an Änderungen im materiellen Recht, z.B. das Umstellen von Herausgabeansprüchen (z.B. §§ 985, 812 BGB) auf Schadensersatzansprüche (z.B. §§ 989, 990, 992, 823 BGB) oder von Erfüllungsansprüchen auf Herausgabe des Surrogats (z.B. §§ 285, 816 BGB). Gemischte Aufgaben verbinden deshalb nicht selten diese Probleme des BGB mit Fragen der Klageänderung. Für die Behandlung der prozessualen Fragen sind besonders folgende Gesichtspunkte wichtig:

Ob die Prozeßprobleme *vor* oder *nach* den BGB-Erörterungen darzustellen sind, hängt von der Klausurart ab. Bei der *Anwaltsklausur* muß der Bearbeiter fast immer erst das materielle Recht betrachten, um den richtigen Weg empfehlen zu können. Bei der *Richterklausur* ist der Klageantrag in aller Regel gestellt, so daß zunächst von den prozessualen Problemen auszugehen ist. Wo immer der prozessuale Teil behandelt wird, an seine *Spitze* gehören die Ausführungen über die Klageänderung. Erst danach kann auf die Sachurteilsvoraussetzungen des (erst jetzt feststehenden) Antrags eingegangen werden[1].

II. Klageänderung: Streitgegenstandsänderung – Anspruchsänderung

244 Die Klageänderung müßte eigentlich „Streitgegenstandsänderung" oder wenigstens „Anspruchsänderung" heißen. Aber die Verwendung des ZPO-Ausdrucks „Klageänderung" bereitet keine Schwierigkeiten, wenn man diese Ungenauigkeit der Terminologie[2] kennt. Die Klageänderung wird in folgender Reihenfolge geprüft:

---

[1] Zu diesem Aufbauprinzip o. Rn. 150.

[2] Zum uneinheitlichen Sprachgebrauch der ZPO o. Rn. 75.

a) Erste Frage: Liegt eine Änderung des Streitgegenstands vor?

Die Kenntnis der Streitgegenstandsfragen ist für die Klageänderung notwendig. Freilich ist selten erforderlich, auf Streitgegenstandsprobleme in der schriftlichen Ausarbeitung näher einzugehen, weil die Fälle meist Antragsänderungen und damit schon Streitgegenstandsänderungen enthalten. Das Nachschieben von Gründen kann aber doch einmal eine Rolle spielen[3]. **245**

b) Zweite Frage: Welche Art der Änderung?

(1) Häufig wird bei der Klageänderung nur an das *Fallenlassen* des ursprünglichen Antrags und das *Stellen eines neuen Antrags*[4] gedacht (Schadensersatz statt Herausgabe). **246**

(2) Eine Klageänderung liegt nach h. M.[5] auch in der *nachträglichen Häufung* von Streitgegenständen (§§ 260, 261 II ZPO), so daß möglicherweise zur Frage der Klageänderung noch die Problematik der Häufung hinzutritt.

Beispiel 96: *Siegfried* klagt gegen *Xanthippe* auf Scheidung (§§ 1564 ff. BGB, §§ 622 ff. ZPO). Während des Prozesses erhebt er Herausgabeklage wegen der Briefmarkensammlung (Beispiel 44, o. Rn. 93). *Xanthippe* willigt ein (§ 263 1. Alt. ZPO). *Rechtsfolge?* Die Klageänderung ist zulässig, aber die Häufung nicht (§ 610 II ZPO). Damit wird der erhobene neue Anspruch (§ 261 II ZPO) abgetrennt werden müssen (§ 145 I ZPO).

(3) Eine Klageänderung kann aber auch in der *Beschränkung des Antrags* liegen, ohne daß etwas Neues gefordert wird. Hier liegt die schwierige Abgrenzungsfrage zur teilweisen Klagezurücknahme, die bei der Siebten Frage (Rn. 251) sogleich gesondert besprochen wird. Wichtig ist nur, daß der Bearbeiter durch die hier gestellte Frage darauf aufmerksam wird, daß unter Umständen noch Gesichtspunkte *außerhalb der §§ 263 ff. ZPO* eine Rolle spielen können.

c) Dritte Frage: Liegt eine Änderung im Sinne von § 264 ZPO vor?

§ 264 Nr. 1 ZPO stellt klar, daß die dort genannten Fälle keine Streitgegenstandsänderungen sind; § 264 Nr. 2 und Nr. 3 ZPO beziehen sich **247**

---

[3] Zu den Fragen des Streitgegenstands und der Veränderung des Streitgegenstandes o. Rn. 70 ff. Keine Veränderung des Streitgegenstandes ist jedenfalls eine Änderung der rechtlichen Beurteilung durch den Kläger (*BGH,* NJW 2000, 1958). Die Änderung eines Klageantrags von Zahlung in DM auf Zahlung in Euro stellt hingegen eine Klageänderung dar (zu diesem und weiteren interessanten prozeßrechtlichen Problemen im Zusammenhang mit der Währungsumstellung auf den Euro: *Ritter,* NJW 1999, 1213 ff.).

[4] Bei neuen Anträgen ist die Frist des § 132 ZPO zu beachten, dies kann bei Säumnis des Gegners wichtig werden (näher u. Rn. 309 und 312).

[5] *BGH* NJW 1985, 1841 (1842). Die Mindermeinung wickelt die nachträgliche objektive Klagenhäufung nur nach § 260 ZPO ab (vgl. Stein/Jonas/*Schumann,* § 264 Rn. 11, § 260 Rn. 2); dann ist in der *ersten* Instanz die nachträgliche Klagenhäufung leichter möglich, weil nur die Voraussetzungen des § 260 ZPO vorliegen müssen.

auf Streitgegenstandsänderungen, die von der ZPO aber *nicht* als Klageänderung angesehen werden. Weder die Zustimmung des Beklagten (§ 263 1. Alt. ZPO), noch die Sachdienlicherklärung (§ 263 2. Alt. ZPO) durch das Gericht sind erforderlich, wenn die Voraussetzungen einer dieser drei Ziffern erfüllt sind, vgl. das Beispiel 16, Rn. 33.

d) Vierte Frage: Hat der Beklagte ausdrücklich eingewilligt?

248 Im Anschluß an § 264 ZPO kommt man zu § 263 ZPO: Die Einwilligung des Beklagten macht die Klageänderung zulässig. Dabei ist „Einwilligung" nicht die Willenserklärung des § 183 Satz 1 BGB; sie kann und wird regelmäßig gerade nachträglich erteilt werden. An die Warnung vor der Übernahme von BGB-Begriffen auf die Prozeßhandlungen wird erinnert[6]!

e) Fünfte Frage: Hat sich der Beklagte eingelassen (§ 267 ZPO)?

249 Das rügelose Einlassen des Beklagten auf die Klageänderung bewirkt die Vermutung der Einwilligung (§ 267 ZPO). Wieder einmal ist dann – wie etwa bei der Einlassung des Beklagten vor dem unzuständigen Gericht, § 39 ZPO[7] – eine neue „Stufe" im Prozeßgeschehen erreicht[8]. Der Beklagte kann nicht erst im übernächsten Termin mit seiner Rüge gegen die Klageänderung aufwarten.

f) Sechste Frage: Ist die Klageänderung sachdienlich (§ 263 2. Alt. ZPO)?

250 Erst wenn der Beklagte der Änderung widersprochen hat, taucht die Frage auf, ob das Gericht die Klageänderung als sachdienlich erklären kann. Der Beginn eines völlig neuen Prozesses mit neuem Prozeßstoff ist niemals sachdienlich[9], vgl. das Beispiel 60, Rn. 150.

g) Siebte Frage: Liegt in der Klageänderung eine Klagezurücknahme?

251 Wie schon in der zweiten Frage angedeutet, greifen bei manchen Klageänderungen noch andere Prozeßvorschriften ein, z.B. § 610 II ZPO. Eine besonders wichtige Frage ist das Verhältnis von Klageänderung[10] zur Klagezurücknahme (§ 269 ZPO). Vertritt man die Ansicht, daß bei jeder auch nur teilweisen Preisgabe des Antrags nicht nur eine Klageänderung, sondern zugleich *auch eine teilweise Klagezurücknahme* vorliegt, muß – nach Beginn der mündlichen Verhandlung des Beklagten zur

---

[6] Oben Rn. 75 Fn. 3.

[7] Oben Rn. 217 sub a).

[8] Oben Rn. 230.

[9] *BGH* NJW 1985, 1841 (1842); *BGHZ* 143, 189 (197f.) – Die Frage, ob bzw. inwieweit die bisherigen Prozeßergebnisse (z.B. Beweisaufnahmen) für die Entscheidung über den neuen Anspruch verwertet werden dürfen, ist noch nicht abschließend geklärt. Vgl. zum Streitstand Stein/Jonas/*Schumann*, § 264 Rn. 39.

[10] Dies gilt ebenso für das Verhältnis von Parteiänderung und Klagezurücknahme, u. Rn. 262ff.

Hauptsache – dessen Einwilligung (§ 269 I ZPO) vorliegen[11]. Dann kann zwar das Gericht die Einführung eines *neuen* Antrags auch gegen den Willen des Beklagten über die Sachdienlicherklärung (§ 263 2. Alt. ZPO) ermöglichen. Da aber das Erfordernis der Einwilligung bei der Klagezurücknahme nicht vom Gericht ersetzt werden kann, bleibt der *ursprüngliche* Klageantrag weiterhin anhängig.

Nur die letztgenannte Ansicht erscheint wegen der deutlichen *Wertung des § 269 ZPO* als richtig. Die Frage ist aber sehr *umstritten.* Deshalb muß der Bearbeiter die von ihm vertretene Meinung ausführlich begründen. Der *Streitstand,* der nicht nur das Verhältnis von § 269 ZPO zu § 263 ZPO, sondern auch von § 269 ZPO zu § 264 ZPO umfaßt, stellt sich wie folgt dar: Die eine Ansicht[12] wendet § 269 ZPO sowohl bei § 263 ZPO als auch bei § 264 Nr. 2 und Nr. 3 ZPO an. Wer diese Ansicht für richtig hält, muß in jedem Fall einer Antragsänderung prüfen, ob auch die Voraussetzungen des § 269 ZPO, insbesondere also die Einwilligung des Beklagten, eingehalten worden sind. Ist dies nicht der Fall, muß das Gericht sowohl über den zulässigerweise in den Prozeß eingeführten *neuen* Antrag befinden als auch den *alten* Antrag beurteilen, der mangels Zustimmung zur Klagezurücknahme weiterhin anhängig geblieben ist. Nach der Gegenmeinung[13] verdrängen § 263 ZPO sowie § 264 Nr. 2 *und* Nr. 3 ZPO als leges speciales den § 269 ZPO, so daß für die Anhänger dieser Ansicht eine Zustimmung des Beklagten nicht erforderlich ist. Der Anwendungsbereich von § 269 ZPO beschränkt sich bei dieser Auffassung auf Fälle, in denen die Klage ganz oder teilweise zurückgenommen wird, niemals aber auf Antragsänderungen.

---

[11] Hierzu Stein/Jonas/*Schumann,* § 264 Rn. 67 und *Blomeyer,* § 48 III. Die Auslegung kann allerdings im Einzelfall auch ergeben, daß anstelle einer Klagezurücknahme ein teilweiser Verzicht oder eine Erledigungserklärung vorliegt, vgl. *Thomas/Putzo,* § 264 Rn. 6.

[12] *BGH* NJW 1990, 2682, Stein/Jonas/*Schumann,* § 264 Rn. 67; *Thomas/Putzo,* § 264 Rn. 6; Zöller/*Greger,* § 264 Rn. 4a; zumindest bei § 264 Nr. 2 ZPO ebenso *Bernreuther,* JuS 1999, 479.

[13] *BAG* NJW 1980, 1484 (1486); *BGH,* LM § 264 ZPO Nr. 8, 11, 13; *LG Nürnberg-Fürth,* ZZP 91 (1978), 490 (492f.) mit Anm. *Schwab; Brammsen/Leible,* JuS 1997, 60 mit Darstellung des Streitstandes; differenzierend MüKo/*Lüke,* § 264 Rn. 22f.

13. Kapitel. Prozeßaufrechnung

§ 54. Probleme bei der Prozeßaufrechnung

Literatur: Verzeichnis der abgekürzt zitierten Literatur (S. XXIII) *T. Buß*, Prozeßaufrechnung und materielles Recht, JuS 1994, 147–153; *M. Habermeier*, Grundfragen der Aufrechnung, JuS 1997, 1057–1063; *D. Leipold*, Anmerkung zu BGH, Urteil vom 12. 5. 1993 (VIII ZR 110/92), ZZP 107 (1994), 216–227; *H.-J. Musielak*, Die Aufrechnung des Beklagten im Zivilprozeß, JuS 1994, 817–826; *K. Schmidt*, Verbraucherschützende Widerrufsrechte als Grundlage der Vollstreckungsgegenklage nach neuem Recht – Zur Bedeutung des neuen § 361 a BGB für den prozessualen Rechtsschutz des Schuldners, JuS 2000, 1096–1099; *K. Schreiber*, Die Aufrechnung im Prozeß, FG BGH, 227–251.

252 Eine weitere Verzahnung zwischen materiellem Recht und Prozeßrecht bietet die an mehreren Stellen der ZPO geregelte Prozeßaufrechnung[1]. Hier muß der Bearbeiter die Regelungen kennen: §§ 145 III, 302 I–IV, 322 II, 533 ZPO.

I. Die Vorrangprüfung des Bestehens der Klageforderung

253 Die Reihenfolge der Prüfung kann bei der Prozeßaufrechnung von der bei einer außergerichtlichen Aufrechnung abweichen.

Beispiel 97: *Max* und *Moritz* liegen im Streit wegen eines Motorradkaufs. *Max* fordert von *Moritz* einen Restkaufpreis von 250,– € (§ 433 II BGB), *Moritz* wendet ein, daß er wegen eines Sachmangels gemindert habe (§§ 434, 437ff., 441 BGB) und deshalb nichts mehr schulde. Gleichzeitig verlangt er von *Max* 250,– € Schadensersatz, weil er durch den von *Max* arglistig verschwiegenen Sachmangel (vgl. § 437, 438 III BGB) einen Unfall erlitten und dadurch einen Schaden in Höhe von 250,– € gehabt habe. Als *Moritz* dem *Max* mit dem Gericht droht, antwortet *Max:* „Gegen den Schadensersatzanspruch des *Moritz* rechne ich mit meinem Kaufpreisanspruch auf." (§ 387 BGB).

In einer rein materiell-rechtlichen Bearbeitung wird man untersuchen, ob ein Kaufvertrag, und danach, ob ein Sachmangel vorlag, ob die Minderung (auch der Höhe nach) berechtigt ist, und sodann, ob der Schadensersatzanspruch besteht. Zuletzt er-

---

[1] Wenn in einer Prozeßrechtsklausur der Begriff „Aufrechnung" fällt, muß klar unterschieden werden: Einerseits kann damit die Geltendmachung einer bereits *außerhalb des Prozesses* erfolgten Aufrechnung gemeint sein; dann handelt es sich nur um das Vorbringen eines Verteidigungsmittels, vergleichbar anderen materiellrechtlichen Einwendungen oder Einreden (Stundung, Erlaß, Verjährung). Andererseits kann es sich aber auch um die Abgabe der materiell-rechtlichen Gestaltungserklärung der Aufrechnung *im Prozeß* handeln; dann tritt die materiell-rechtliche Rechtsänderung erst im Zeitpunkt ihrer Abgabe im Prozeß ein. Nur in diesem zweiten Fall spricht man von *Prozeßaufrechnung*, vgl. dazu Stein/Jonas/*Leipold*, § 145 Rn. 27f. Die Prozeßaufrechnung stellt somit eine Verbindung von materiellrechtlicher Aufrechnungserklärung nach § 388 BGB und deren prozessualer Geltendmachung als Verteidigungsmittel dar, sog. „Doppeltatbestand". Zur Prozeßaufrechnung insgesamt: *Musielak*, JuS 1994, 817–824 oder *Buß*, JuS 1994, 147–153.

gibt sich schließlich, ob die Aufrechnung wirksam ist. Zu einer anderen Reihenfolge nötigt aber die Prozeßaufrechnung, wenn *Moritz* gegen *Max* auf Zahlung von 250,– € klagt und *Max* aufrechnet. Jetzt muß zunächst einmal die Klageforderung auf ihr Bestehen hin untersucht werden. Mit anderen Worten: Es wird jetzt *zuerst* der Schadensersatzanspruch geprüft. Besteht er nicht, kommt es nicht mehr darauf an, ob *Max* von *Moritz* noch einen Restkaufpreis zu fordern hat: Die Klage ist als unbegründet abzuweisen. Es hängt vom Bearbeitervermerk ab, ob noch auf den Restkaufpreis einzugehen ist. Jedenfalls ist aber die Prüfungsreihenfolge durch den Klageantrag geprägt.

Ein weiteres wichtiges Aufbauprinzip ergibt sich ebenfalls aus der gesetzlichen Regelung. Obwohl bei der Richterklausur im allgemeinen die prozessualen Fragen vorab zu erörtern sind, muß *vor* der Behandlung der prozessualen Probleme der Prozeßaufrechnung erst einmal die Klageforderung materiell-rechtlich untersucht werden. Zwar wird bei ihr auch erst einmal die Zulässigkeit geprüft, sodann muß aber ihre *Begründetheit* abgehandelt werden. Ist die Klageforderung unbegründet, muß die Klage abgewiesen werden, und die Prozeßaufrechnung ist „ins Leere gegangen“: Eine Aufrechnung gegen eine nicht vorhandene Forderung ist unbeachtlich. Wenn die Klageforderung aber besteht, muß jetzt zunächst auf die Zulässigkeit der Prozeßaufrechnung, sodann auf das Bestehen der Aufrechnungsforderung eingegangen werden.

II. Prozeßprobleme der Aufrechnung

1. Ziel der Aufrechnung – Abgrenzung zur Widerklage

Die Prozeßaufrechnung als Einwendung ist nur ein Verteidigungsmittel; **254**
ihr höchstes Ziel ist die Abweisung der Klage, nicht aber die Verurteilung des Klägers wegen der Gegenforderung. Eine solche Verurteilung kann der Beklagte durch Erheben der *Widerklage* (§ 33 ZPO) erreichen[2]. Bildhaft gesprochen will sich der Beklagte mit der Aufrechnung nur *verteidigen,* während er mit der Widerklage zum *Gegenangriff* übergeht. Dementsprechend ist auch die Wahl zwischen Aufrechnung und Widerklage zu treffen: Es kommt auf das Ziel an; außerdem kann die Aufrechnung prozessual leichter zulässig sein als die Widerklage. Die Sachurteilsvoraussetzungen sind nämlich bei der Aufrechnungsforderung grundsätzlich nicht zu prüfen.

Deshalb kann auch mit Gegenforderungen aufgerechnet werden, für die **255**
ein *anderes Gericht* örtlich, sachlich oder funktionell *zuständig* wäre. Dann muß das Gericht auch über die Aufrechnungsforderung entscheiden[3].

Über *rechtswegfremde* Forderungen jedoch darf das Gericht nach h. M.[4] **256**
keine Entscheidungen treffen (die gemäß § 322 II ZPO rechtskräftig wä-

[2] Unten Rn. 273ff.
[3] *BGH* NJW-RR 1989, 173.
[4] Näher zu dieser Problematik: Stein/Jonas/*Leipold,* § 145 Rn. 35ff.; *Thomas/Putzo,* § 145 Rn. 22ff.

re!), außer die jeweilige Forderung ist unbestritten oder rechtskräftig festgestellt. Vielmehr muß es nach § 148 ZPO aussetzen und gegebenenfalls eine Frist zur Erhebung der Klage vor dem Arbeits-, Verwaltungs-, Sozial- oder Finanzgericht setzen. Den Gerichten der Zivil- und der Arbeitsgerichtsbarkeit wird allerdings von gewichtigen Stimmen in der Literatur die Befugnis eingeräumt, über Forderungen aus dem jeweils anderen Rechtsweg auch ohne Aussetzung zu entscheiden[5].

2. Verfahren ohne Trennung

257 Da die Geltendmachung der erklärten Aufrechnung ein Verteidigungsmittel und keine Klage (Widerklage) ist, kann frühestens über sie befunden werden, wenn über die Klageforderung entschieden wird. Dies ist der Grund für das in Rn. 253 genannte Aufbauprinzip. In derselben Zeitfolge ist eine Entscheidung von der ZPO zugelassen:

Das *Vorbehaltsurteil* (§ 302 I ZPO) ermöglicht die Entscheidung zunächst über das Bestehen der Klageforderung und verweist die Aufrechnungsfrage in das Nachverfahren (§ 302 IV ZPO): es ist ein auflösend bedingtes Endurteil[6]. Ein Vorbehaltsurteil darf aber nicht ergehen, wenn die Klageforderung *nicht* besteht. Dann muß die Klage abgewiesen werden; auf die Prozeßaufrechnung kommt es nicht mehr an.

3. Trennung der Verhandlung

258 Die Regelung der Prozeßaufrechnung in der ZPO birgt bei der Fallbearbeitung eine Reihe von Gefahren in sich. Häufig nehmen Bearbeiter an, daß die Folge der Trennung nach § 145 III ZPO der Erlaß von zwei parallelen Urteilen ist, eines über die Klageforderung, eines über die Aufrechnungsforderung. Die Aufspaltung in zwei selbständige Prozesse tritt aber nicht ein. Es findet lediglich eine zeitlich und gegenständlich *getrennte Verhandlung* statt. Der Erlaß zweier Urteile in einem solchen Fall wäre ein schwerer Verstoß gegen den Antragsgrundsatz, weil der Beklagte mit seiner Aufrechnung gerade *keine Klage* erhebt[7]. Deshalb gestaltet sich bei einer Trennung gemäß § 145 III ZPO das weitere Verfahren folgendermaßen: Ist die Verhandlung über die *Klageforderung*

---

[5] Hierfür sprechen die Verwandtschaft der beiden Rechtswege, die Zusammenhangszuständigkeit des § 2 III ArbGG und die frühere Rechtslage, nach der das Verhältnis zwischen der Zivil- und der Arbeitsgerichtsbarkeit eine Frage der sachlichen Zuständigkeit war, zu alledem *Leipold,* ZZP 107 (1994), 219 f. Dieser Meinung sollte der Bearbeiter einer Klausur folgen, weil er auf diese Weise meistens die Möglichkeit hat, eine endgültige Aussage über den Prozeß zu treffen und nicht mit einem Aussetzungsbeschluß (und einem Hilfsgutachten über die Aufrechnungsforderung) endet.

[6] Zu dieser Urteilsart sowie allgemein zum Vorbehaltsurteil *Jauernig,* ZPR § 45 V (S. 188); *Rosenberg/Schwab/Gottwald,* § 59 Rn. 70 ff.; zum Schadensersatz nach § 302 IV 4 ZPO u. Rn. 284.

[7] Zu Problemen der Trennung nach § 145 ZPO: Stein/Jonas/*Leipold,* § 145 Rn. 71 ff.; *Rosenberg/Schwab/Gottwald,* § 102 Rn. 28.

spruchreif, erfolgt *(bei Bejahung des Bestehens der Klageforderung)* Vorbehaltsurteil (§ 302 ZPO) und die Verhandlung über die Aufrechnung wird zum Nachverfahren (§ 302 IV 1 ZPO) *oder (bei Unbegründetheit der Klageforderung)* ergeht Sachabweisung durch Endurteil und die Verhandlung über die Aufrechnung erübrigt sich (da die Aufrechnungserklärung gegenstandslos geworden ist). Ist jedoch die Verhandlung über *die Aufrechnung spruchreif,* muß die Trennung aufgehoben werden (§ 150 ZPO), ein Urteil nur über die Aufrechnung ergeht nicht!

Da die Erklärung der Aufrechnung keine Klageerhebung ist, wird durch **259**
die Aufrechnungserklärung im Prozeß die zur Aufrechnung gestellte Forderung (also die Gegenforderung) nach herrschender Ansicht nicht als rechtshängig angesehen[8]. Eine Mindermeinung nimmt an, daß die Gegenforderung durch die Aufrechnungserklärung rechtshängig wird[9]. Die Kontroverse ist insofern bedeutsam, als nach Auffassung dieser Mindermeinung einer späteren Leistungsklage, mit der die Aufrechnungsforderung geltend gemacht wird, der Einwand der Rechtshängigkeit entgegensteht; konsequenterweise hält die Mindermeinung es auch nicht für zulässig, dieselbe Gegenforderung in einem zweiten Prozeß zur Aufrechnung zu stellen. Ebensowenig kann, nach der Mindermeinung, eine schon in einer Klage geltend gemachte Forderung in einem anderen Prozeß zur Aufrechnung gestellt werden. Die herrschende Meinung läßt in allen diesen Fällen ohne weiteres die nochmalige Aufrechnung zu[10].

4. Eventualaufrechnung

Der bekannte Streit[11] um die *„Eventualaufrechnung"* braucht den Bear- **260**
beiter nicht zu schrecken. *Jede* Aufrechnung hängt von der „Rechtsbedingung" ab, daß ihr eine Forderung gegenübersteht (§§ 387, 389 BGB). Wenn der Beklagte die Aufrechnung „für den Fall" erklärt, daß die Klageforderung besteht, ist dies keine Bedingung[12]. Problematisch sind deshalb nur diejenigen Fälle, in denen eine Klageforderung besteht *und* im Prozeß die Aufrechnung erklärt, aber vom Gericht nicht behandelt wird (z.B. §§ 296 II, 533 ZPO). Dann ist sie möglicherweise materiell-rechtlich wirksam und führt zum Erlöschen der Klageforderung (§ 389 BGB). Aber trotzdem verurteilt das Gericht den Beklagten zur Zahlung der materiell-rechtlich erloschenen Forderung, weil es die Aufrechnung prozessual als unbeachtlich ansah[13].

---

[8] *BGH* NJW 1999, 1179f.

[9] *Blomeyer,* § 60 I 1 a (S. 310); *Schlosser,* Zivilprozeßrecht I, Rn. 326.

[10] Vgl. *BGH* NJW 1986, 2767 = JuS 1987, 149; *Thomas/Putzo,* § 145 Rn. 20.

[11] *Buß,* JuS 1994, 151f.; *Musielak,* JuS 1994, 816ff. und Stein/Jonas/*Leipold,* § 145 Rn. 58ff.

[12] Ähnlich ist der Fall des Verweisungsantrags für den Fall der Unzuständigkeit, o. Rn. 241 und Rn. 60.

[13] Über dieses Ergebnis besteht weitgehend Einigkeit; Schwierigkeiten bereitet die dogmatische Begründung, vgl. *Thomas/Putzo,* § 145 Rn. 17f.

5. Vollstreckungsabwehrklage

261 Einen weiteren Problemkreis – aus dem Bereich der *Vollstreckungsabwehrklage* – bildet die sich an § 767 II ZPO anknüpfende Frage, ob die im Vorprozeß mögliche, aber nicht vorgenommene Aufrechnung nach Rechtskraft des Urteils noch zulässig ist. Die Streitfrage, ob es auf den Zeitpunkt des *Bestehens* des Gestaltungsrechts („Gestaltungs*lage*", „Aufrechnungs*lage*") oder der *Ausübung* des Gestaltungsrechts („Gestaltungs*erklärung*", „Aufrechnungs*erklärung*") ankommt, muß bekannt sein[14]. Bei der Antwort auf diese Streitfrage, sollte sich der Bearbeiter von klausurtaktischen Gesichtspunkten leiten lassen.

---

[14] Sehr strittig ist die Frage, wie Einwendungen nach § 767 II ZPO zu behandeln sind, die sich erst nach Ausübung eines Gestaltungsrechts (z.B. Aufrechnung, Rücktritt, Anfechtung, Widerruf) ergeben. Es fragt sich, ob bereits auf die *Gestaltungslage* oder erst auf die *Gestaltungserklärung* abzustellen ist. Die Rechtsprechung und Teile der Literatur stellen auf die *Gestaltungslage* ab, also auf den Zeitpunkt der *Entstehung des Gestaltungsrechts* (d.h. wann Aufrechnung, Anfechtung, Rücktritt, Widerruf *erstmals hätten* erklärt werden können), vgl. *BGHZ* 24, 97 (98); 100, 222 (224); 125, 351 (353f.); Zöller/*Herget,* § 767 Rn. 14. Die h.M. im Schrifttum hält die *Gestaltungserklärung* für maßgebend, also den Zeitpunkt der *Ausübung* des Gestaltungsrechts (d.h. die *Erklärung* der Aufrechnung usw. ist entscheidend), vgl. *Brox/Walker,* Rn. 1346; *Rosenberg/Gaul/Schilken,* § 40 V 2b; *Paulus* Rn. 677; Stein/Jonas/*Münzberg,* § 767 Rn. 32ff.; *Thomas/Putzo,* § 767 Rn. 22ff. Unter examenstechnischen Gesichtspunkten sollte man derjenigen Theorie folgen, die die besten Entwicklungsmöglichkeiten bietet (zu dieser Technik o. Rn. 39). Vertiefend zu der vor dem SchuldRModG geltenden Rechtslage und der Frage, ob der Widerruf eine rechtsvernichtende Einwendung darstellt, *Schmidt,* JuS 2000, 1096ff. – Wichtig ist auch der bei *Thomas/Putzo,* § 3 Rn. 19 dargestellte Streitstand zum Streitwert bei der Aufrechnung, zur Vertiefung: Stein/Jonas/*Roth,* § 5 Rn. 60ff.

14. Kapitel. Die Parteiänderung

§ 55. Die Motive zur Parteiänderung

Literatur: Verzeichnis der abgekürzt zitierten Literatur (S. XXIII) sowie *J. Köhler,* Die gewillkürte Parteiänderung, JuS 1993, 315–319; *J. Luckey,* Probleme der parteierweiternden Widerklage, JuS 1998, 499–503; *H. Putzo,* Die gewillkürte Parteiänderung, FG BGH, 149–160.

Die Bedeutung der Parteiänderung für die prozessuale Fallbearbeitung **262**
ist schon an anderer Stelle erwähnt worden[1]. Die Parteiänderung ist ein vorzügliches Mittel, um Fehler der Klageerhebung in einer prozeßökonomisch sinnvollen Weise zu korrigieren. Sie kann aus prozessualen oder materiell-rechtlichen Gründen vorgenommen werden[2].

Beispiel 98: *Behebung eines prozessualen Mangels: Xanthippe* und *Siegfried* leben im Güterstand der Gütergemeinschaft und verwalten das Gesamtgut gemeinschaftlich (§ 1450 I BGB). Nur gemeinsam sind sie prozeßführungsbefugt. *Xanthippe* klagt gegen Untermieter *Listig* (Beispiel 45, o. Rn. 95). Ihr fehlt die Prozeßführungsbefugnis (§ 62 I 2. Alt. ZPO). Die Einzelklage ist unzulässig. Eine Prozeßabweisung wäre aber nur die ultima ratio. Sinnvoll ist der Beitritt des *Siegfried* auf der Klägerseite.

Beispiel 99: *Behebung eines materiell-rechtlichen Mangels: Klein* verklagt Vater *Sanft* auf Herausgabe des Rasenmähers (vgl. Beispiel 12, o. Rn. 27 und Beispiel 61, o. Rn. 150). Vater *Sanft* sagt, er sei nicht mehr Besitzer; sein Sohn habe den Rasenmäher. Mit Zustimmung von *Klein,* Vater und Sohn *Sanft* wird eine Parteiänderung vorgenommen, daß Sohn *Sanft* statt Vater *Sanft* Partei ist[3].

§ 56. Die Probleme bei der Parteiänderung

Literatur: Verzeichnis der abgekürzt zitierten Literatur (S. XXIII) sowie die Literaturangaben oben bei § 55.

---

1 Rn. 150 Fn. 11, Beispiele 61 (Rn. 150), 65 und 66 (Rn. 158) sowie 73 (Rn. 170).

2 Zur Parteiänderung: *Rosenberg/Schwab/Gottwald,* § 42; *Jauernig,* ZPR § 86; *Thomas/Putzo,* Rn. 11–31 vor § 50; *BGHZ* 21, 285 ff.; *BGHZ* 40, 185.

3 Wenn bei einer *Richterklausur* der Bearbeiter derartige prozessuale oder materiell-rechtliche Fehler im Prozeß entdeckt, darf er aber nicht einfach eine Parteiänderung vornehmen. Auch in der Praxis darf ein Richter eine Partei nicht in der Weise beraten, daß er ihr sagt, jetzt müsse eine Parteiänderung vorgenommen werden (vgl. o. Rn. 49 Fn. 2). Vielmehr muß er mit solchen Hinweisen äußerst vorsichtig sein, um nicht wegen Befangenheit abgelehnt zu werden. In der Richterklausur spielt deshalb weniger eine Rolle, *wie* ein Mangel behoben werden kann, sondern *ob* durch eine Parteiänderung der Mangel behoben ist. Anders ist es wiederum in der *Anwaltsklausur:* Hier ist es ohne weiteres möglich, ja oft erforderlich, solche Empfehlungen zu erteilen.

I. Erste Frage: Parteiänderung oder Parteiberichtigung?

263 Um keinen Fehler zu begehen, muß immer erst gefragt werden, ob trotz der Ausdrücke „Parteiänderung" oder ähnlicher Begriffe von den Parteien möglicherweise nur eine *Berichtigung* oder *Klarstellung* gemeint ist, die gemäß § 264 Nr. 1 ZPO ohne weiteres zulässig ist[1]. Ohne eine genaue Untersuchung, wer Partei ist, kommt man auch hier nicht aus (zur wichtigen Frage, wer Partei ist, o. Rn. 85, 150, 155).

II. Zweite Frage: Parteistellung?

264 Wenn keine Berichtigung oder Klarstellung vorliegt, muß in der *Richterklausur* geprüft werden, ob wirklich eine Veränderung in der Parteistellung gewollt ist. Nicht selten werden vor allem Streitverkündung (§§ 72ff. ZPO) und die Nebenintervention (§§ 66ff. ZPO) mit der Parteiänderung durcheinandergebracht. Auch hier kommt es auf das Ziel an, das erreicht werden soll. Bei der *Anwaltsklausur* müssen die verschiedenen Beteiligungsmöglichkeiten beurteilt werden. Vielfach ist eine Streitverkündung der Parteiänderung vorzuziehen.

Beispiel 100: Nachts stolpert *Faller* auf kaum beleuchteter Straße über einen Kanaldeckel, der 5cm über den Straßenrand herausragt. *Faller* verklagt die *Gemeinde* auf Schadensersatz. Im Prozeß trägt die *Gemeinde* vor, sie habe die Straße ordnungsgemäß angelegt. Schuld trage die *Wasserversorgungs-AG*, die den Kanaldeckel nicht ordnungsgemäß angebracht habe.

Frage: Was ist *Faller* nach dieser Klageerwiderung zu raten?

Antwort: Keinesfalls angeraten sind der Parteiwechsel *(Wasserversorgungs-AG* statt der *Gemeinde)* oder der Parteibeitritt (*Wasserversorgungs-AG* zusätzlich zur *Gemeinde* in den Prozeß). Der *Parteiwechsel* ist gefährlich, weil nicht auszuschließen ist, daß die neue Beklagte *(*die *Wasserversorgungs-AG)* umgekehrt argumentiert: Sie habe den richtigen Deckel angebracht; die Straße habe sich aber gesenkt. Aber auch der *Parteibeitritt* ist falsch, weil *Faller* nur *entweder* von der *Gemeinde oder* von der *Wasserversorgungs-AG* den Schadensersatz beanspruchen kann – *einer* seiner Ansprüche müßte auf jeden Fall kostenpflichtig (§ 91 ZPO) abgewiesen werden. *Richtiger Rat:* Nicht Parteiänderung, sondern Streitverkündung (§§ 72ff. ZPO) gegenüber der *Wasserversorgungs-AG* – Zur Streitverkündung o. Rn. 97; zur Streitverkündung bei *alternativer* Haftung o. Rn. 98 (Beispiel 50).

III. Dritte Frage: Parteiwechsel oder Parteibeitritt?

265 Schon die letzten drei Beispiele zeigten, daß die Parteiänderung als Parteiwechsel oder als Parteibeitritt vorkommt. *Parteiwechsel* ist der Austausch einer Partei; *Parteibeitritt* ist das Hinzutreten einer weiteren Partei: die nachträgliche Streitgenossenschaft. Der Bearbeiter muß sich deshalb die Frage stellen, ob eine Partei ausscheidet und ersetzt wird oder ob eine weitere Partei hinzutritt.

---

[1] Stein/Jonas/*Schumann*, § 264 Rn. 60.

IV. Vierte Frage: Gesetzliche, gesetzlich geregelte oder gewillkürte Parteiänderung?

Beim Tod einer Partei tritt *gesetzlicher* Parteiwechsel ein (§ 239 ZPO); 266
daneben gibt es vom Gesetz *ermöglichte* Parteiänderungen (§ 265 II 2, § 75 Satz 1, § 76 III, § 77 ZPO). Von großer Bedeutung ist schließlich die *gewillkürte* Parteiänderung, für die eine eigene gesetzliche Regelung fehlt.

Zur *gewilllkürten Parteiänderung* werden im wesentlichen drei Theorien vertreten[2]: Die Rechtsprechung folgt der *Klageänderungstheorie.* Sie faßt die Parteiänderung als Klageänderung auf, mit der Folge der Anwendbarkeit der §§ 263f. und §§ 267f. ZPO. Die *Klagezurücknahmetheorie* sieht in der Parteiänderung eine Zurücknahme der Klage (§ 269 ZPO), verbunden mit einer neuen Klage gegen die neue Partei (§ 253 ZPO). Nach einer dritten Ansicht stellt die gewillkürte Parteiänderung ein *prozessuales Institut eigener Art* dar, das kraft Gewohnheitsrechts gilt.

V. Fünfte Frage: Gewillkürte Parteiänderung?

Die Behandlung der gewillkürten Parteiänderung ist nur richtig, wenn 267
der Bearbeiter vom Antragsgrundsatz ausgeht und ferner nicht vergißt, daß der Beklagte nach dem Beginn seiner mündlichen Verhandlung zur Hauptsache eine feste Verfahrensposition besitzt, die er nur mit seiner Zustimmung verlieren kann (§ 269 I ZPO)[3]. *Das zentrale Problem der Parteiänderung ist deshalb immer wieder die Frage der Zustimmung.* Sofern sämtliche Parteien mit der Parteiänderung einverstanden sind, ergeben sich meist keine Schwierigkeiten (vgl. Beispiel 99, o. Rn. 262). Schwierig ist aber die Fallbearbeitung, wenn die Parteiänderung nicht von der Zustimmung sämtlicher Prozeßbeteiligter getragen wird.

Erste Faustregel: Die Zustimmung des (bisherigen) Klägers ist fast immer notwendig

Fehlt die Zustimmung des (bisherigen) Klägers, kann ein Partei*wechsel* 268
nicht durchgeführt werden, und zwar gleichgültig, ob auf der Kläger-

[2] Stein/Jonas/*Schumann,* § 264 Rn. 96ff.; *Köhler,* JuS 1993, 315.

[3] In der Praxis und zum Teil auch in der Prüfung wird bei der Parteiänderung häufig übersehen, daß eine Parteiänderung nach Verhandlung des Beklagten zur Hauptsache seiner *Zustimmung* bedarf. Dies gilt sowohl, wenn ihm ein anderer Kläger statt des ursprünglichen Klägers gegenübertritt, als auch, wenn *er* aus dem Prozeß „entlassen" werden soll, ohne ein Urteil zu erhalten. Es ist hier ähnlich wie bei der Klageänderung, bei der ebenfalls häufig nicht beachtet wird, daß die in einer Klageänderung enthaltene Klagezurücknahme möglicherweise der Zustimmung des Beklagten bedarf (schon o. Rn. 251 Fn. 11 und 12). Es empfiehlt sich deshalb bei der Fallbearbeitung, daß der Bearbeiter auch bei der Parteiänderung auf diese Problematik näher eingeht.

oder Beklagtenseite; denn der *Kläger* bestimmt, wer Partei des Rechtsstreits ist (vgl. o. Rn. 85)[4]. Ein Partei*beitritt* auf der *Beklagtenseite* ist ohne Klägerzustimmung ebenfalls unwirksam[5]. Ein *neuer* Kläger muß stets einverstanden sein, in einen Prozeß einzutreten[6]; denn niemand wird Kläger gegen seinen Willen (vgl. o. Rn. 85). Allerdings kann ein Kläger*beitritt* auch gegen den Willen des *bisherigen* Klägers erfolgen[7] und insoweit auch das Hinzutreten von solchen Beklagten, gegen die sich der Antrag des bisherigen Klägers nicht wendet[8]. An diesem Prozeßverhältnis ist der bisherige Kläger überhaupt nicht beteiligt.

Zweite Faustregel: Die Zustimmung des Beklagten ist nicht immer erforderlich

269 Gegen einen *Kläger- oder Beklagtenwechsel* vor Beginn seiner mündlichen Verhandlung zur Hauptsache kann sich der *bisherige Beklagte* nicht wehren; gegen eine Klagezurücknahme wäre er ja auch machtlos (§ 269 I ZPO). Nach diesem Zeitpunkt kann er aber gegen seinen Willen weder aus dem Prozeß geworfen[9], noch kann ihm ein anderer Klä-

---

[4] Das ist allgemeine Ansicht – **Beispiel:** Statt Vater *Sanft* tritt Sohn *Sanft* im Prozeß auf (vgl. Beispiel 99, o. Rn. 262), ohne daß dies Kläger *Klein* will.

[5] **Beispiel:** Neben der von *Faller* verklagten *Gemeinde* tritt (Beispiel 100, o. Rn. 264) die *Wasserversorgungs-AG* im Termin als „weitere Partei" auf. *Faller* ist hiermit überhaupt nicht einverstanden.

[6] Im Beispiel 98, o. Rn. 262 kann deshalb *Xanthippe* nicht erklären, *Siegfried* sei auch Partei, wenn *Siegfried* nicht in den Prozeß als neuer Kläger eintreten will.

[7] **Beispiel:** Als *Siegfried* erfährt, daß *Xanthippe* allein gegen *Listig* geklagt hat, tritt er (Beispiel 98, o. Rn. 262) dem Prozeß bei. *Xanthippe* ist dagegen, weil sie aus Rache an ihrem Mann eine Prozeßabweisung will: Ihr Widerspruch ist unbeachtlich, weil er gegen das Verbot widersprüchlichen Verhaltens (venire contra factum proprium) verstößt, vgl. *Singer,* NZA 1998, 1309 ff. Da *Siegfried* und *Xanthippe* gemäß § 1450 I BGB einen Rechtsstreit nur gemeinsam führen dürfen, ist es Xanthippe verwehrt, einerseits allein einen Prozeß anzustrengen und andererseits dem Beitritt des *Siegfried* zu widersprechen, der zur Heilung des von ihr selbst verursachten Fehlers führt. – Damit wird übrigens das schwierige Problem des *widersprüchlichen* Verhaltens von notwendigen Streitgenossen berührt, vgl. dazu Stein/Jonas/*Bork,* § 62 Rn. 33.

[8] **Beispiel:** Im vorhergehenden Beispiel erhebt *Siegfried* gleichzeitig noch Klage gegen die *Schwester* von *Listig* auf Widerruf einer ehrenkränkenden Behauptung.

[9] *BGH* NJW 1981, 989 = JZ 1981, 147 f. = JA 1981, 33 (erläuterte Entscheidung). In der Rspr., soweit sie die Parteiänderung als Form der Klageänderung auffaßt (eine Zusammenfassung gibt *BGHZ* 65, 268 = NJW 1976, 240), wird nicht selten der Fehler gemacht, daß über die „Sachdienlicherklärung" des § 263 2. Alt. ZPO auch ohne die im Einzelfall erforderliche Einwilligung des Beklagten ein Parteiwechsel vorgenommen wird. Das bedeutet einen schweren Verstoß gegen die Wertung des § 269 I ZPO, weil ein anderer Kläger auftritt oder der Beklagte aus dem Prozeß „geworfen" wird. In der Fallbearbeitung soll aber der Bearbeiter nicht vergessen, daß dieser Fehler in der Praxis verbreitet ist (o. Rn. 267 Fn. 3) und deshalb möglicherweise auch einem Prüfer unterläuft. *Aus diesem Grunde muß er deutlich auf die Wertung des § 269 I ZPO hinweisen.*

ger aufgezwungen werden[10]. Da jedermann verklagt werden kann, ist die Zustimmung des neuen Beklagten bei einer Parteiänderung nicht erforderlich; auch gegen den *Beklagtenbeitritt* kann sich der *bisherige Beklagte* nicht mit Erfolg wehren. Ebensowenig gegen einen *Klägerbeitritt*[11].

Dritte Faustregel: In höherer Instanz müssen grundsätzlich alle Parteien zustimmen

Sind die Parteien einverstanden, kann auch in höherer Instanz eine Parteiänderung vorgenommen werden. Problematisch ist auch hier wieder das fehlende Einverständnis einzelner Beteiligter. Da niemand in der 2. Instanz verklagt werden kann (Fehlen der funktionellen Zuständigkeit, Verlust einer Instanz!), versperrt hier regelmäßig der Widerspruch des neuen Beklagten die Parteiänderung auf der Beklagtenseite. Aber auch auf der Klägerseite ist ohne Zustimmung eine Parteiänderung unzulässig. Nur bei Prozeßmißbrauch kann man die fehlende Zustimmung in die Parteiänderung als unbeachtlich ansehen[12]. 270

Vierte Faustregel: Die bisherigen Prozeßergebnisse binden nicht ohne weiteres die neue Partei

In Wissenschaft und Praxis ist der Streit um die Erhaltung der bisherigen Prozeßergebnisse (Beweisaufnahmen, Geständnisse, Heilung durch rügeloses Einlassen: § 295 ZPO)[13] noch immer nicht geklärt. In der Fallbearbeitung kann eine Übernahme der bisherigen Ergebnisse gegenüber den neuen Beteiligten jedenfalls dann vertreten werden, wenn sämtliche Beteiligten zugestimmt hatten oder wenn wenigstens die neue Partei am bisherigen Prozeßgeschehen in einer anderen Weise (z.B. als 271

---

[10] Es muß unterschieden werden, ob der Beklagte in erster Instanz einen *weiteren* Kläger (im Beispiel 98: *Siegfried*) erhält oder einen *anderen* Kläger. Da der Beklagte in erster Instanz jederzeit verklagt werden kann, kann er sich nicht gegen einen *weiteren* Kläger wehren. Wohl aber hat er über § 269 I ZPO den Anspruch, daß derjenige Kläger, der gegen ihn prozessierte, weiterhin im Prozeßrechtsverhältnis bleibt, sofern er (der Beklagte) einem Ausscheiden des Klägers nicht zustimmt. Auch dieser Unterschied wird häufig übersehen. Selbst in der Praxis kommt es vor, daß ein Klägerwechsel nach dem Beginn der mündlichen Verhandlung zur Hauptsache trotz Widerspruchs des Beklagten zugelassen wird!

[11] **Beispiel:** *Siegfried* tritt der *Xanthippe* in erster Instanz im Prozeß gegen *Listig* bei (Beispiel 98, o. Rn. 262). *Listig* kann sich dagegen nicht mit Erfolg wehren; denn er muß nicht zustimmen! Anders ist die Problematik, wenn die Parteiänderung in der nächsten Instanz erfolgt, siehe hierzu den folgenden Text.

[12] Hierzu *BGH* NJW 1999, 62; NJW 1997, 2885 (2586). In *BGHZ* 65, 268 = NJW 1976, 239 ließ der *BGH* einen Klägerbeitritt in der Berufungsinstanz ohne Zustimmung des Beklagten zu, weil sich der Streitstoff hierdurch nicht änderte (nicht unbedenklich).

[13] Dafür: *Rosenberg/Schwab/Gottwald,* § 42 Rn. 26f.; differenzierend: Stein/Jonas/*Schumann,* § 264 Rn. 125, *BGH* NJW 1996, 196f.

gesetzlicher Vertreter, als Nebenintervenient) beteiligt war[14]. Eine im Wege der gewillkürten Parteiänderung gegen ihren Willen wirksam in den Prozeß einbezogene Partei wird man jedoch nicht an die bisherigen Prozeßergebnisse binden dürfen.

Fünfte Faustregel: Kostenfrage nicht vergessen

272 Die Kosten des ausscheidenden Beklagten hat der Kläger in entsprechender Anwendung des § 269 III 2 ZPO zu tragen[15]. Damit ist sichergestellt, daß der Beklagte nicht mit den Verfahrenskosten eines Rechtsstreits belastet wird, der erfolglos gegen ihn endete.

---

[14] Eltern klagten als Partei statt des Kindes (Beispiele 65 und 66 [o. Rn. 158] und 73 [o. Rn. 170]). Dann wird man den Widerspruch gegen die Ergebnisse des bisherigen Prozeßgeschehens als prozeßmißbräuchlich ansehen müssen, vgl. *BGHZ* 21, 285.

[15] Zu den Verfahrenskosten bei der Parteiänderung: Zöller/*Greger,* § 263 Rn. 32.

15. Kapitel. Die Widerklage

Literatur zu § 57 und § 58: Verzeichnis der abgekürzt zitierten Literatur (S. XXIII) sowie *J. Luckey*, Probleme der parteierweiternden Widerklage, JuS 1998, 499–503.

§ 57. Die lückenhafte Regelung der Widerklage

273 Als vielfach unterschätzte, gefährliche Klippe erweist sich immer wieder die unübersichtliche und – vor allem – lückenhafte Regelung der Widerklage. Der Examenskandidat sollte deshalb erst einmal die für das Erkenntnisverfahren in der 1. Instanz vorhandenen Paragraphen lesen, um das Gebiet der Widerklage kennenzulernen[1]:

a) § 33 ZPO: *zusätzliche* (!) *örtliche Zuständigkeit* für die Widerklage;
b) § 5 2. Halbsatz ZPO: *kein Zusammenrechnen des Streitwerts* von Klage und Widerklage (wichtig für die streitwertabhängige sachliche Zuständigkeit);
c) § 256 II ZPO: *Zwischenfeststellungswiderklage;*
d) § 506 ZPO: *Verweisung* des Rechtsstreits *vom AG* an das *LG;*
e) § 145 II ZPO: *Trennungsmöglichkeit* der (nichtkonnexen) Widerklage von der Klage;
f) § 347 ZPO: Anwendbarkeit des *Versäumnisverfahrens* auch auf die Widerklage;
g) § 81 ZPO: Umfang der *Prozeßvollmacht* auch für die Widerklage;
h) § 301 ZPO: *Teilurteil,* wenn nur die Klage oder die Widerklage entscheidungsreif ist;
i) § 322 ZPO: *Materielle Rechtskraft* des Urteils, in dem über den mit der Widerklage verfolgten Anspruch entschieden wird;
k) § 12 II Nr. 1 GKG: Kein *Gerichtskostenvorschuß* erforderlich;
l) § 45 I 1 GKG: Zusammenrechnung von Klage und Widerklage bezüglich *Gerichtsgebühren;*
m) für das *Berufungsverfahren* sei schließlich noch auf § 533 ZPO hingewiesen.

§ 58. Typische Examensfehler bei der Widerklage

I. Erste Fehlergruppe: Klage und Widerklage werden nicht strikt getrennt

274 *Widerklage* und *Klage* sind schon beim ersten Durchdenken des Falles und später in der schriftlichen Lösung *strikt zu trennen.* Es empfiehlt sich daher, die Klage – sofern eine Widerklage erhoben wurde – als *„Hauptklage“* zu bezeichnen, um Verwechslungen zu vermeiden. Aus demselben Grunde sollte der Beklagte *„Widerkläger“*, der Kläger *„Widerbeklagter“* genannt werden, sobald die Widerklage erörtert wird; bei der ersten Verwendung dieser Begriffe in der Lösung ist es angebracht,

---

[1] Vertiefende Hinweise (vor allem für das Assessorexamen) finden sich bei *Luckey*, JuS 1998, 499 ff.

vom „*Beklagten und Widerkläger*" und vom „*Kläger und Widerbeklagten*" zu sprechen. Diese terminologische Klarheit hilft dem Bearbeiter, das durch die Widerklage begründete selbständige Prozeßrechtsverhältnis von der Hauptklage gedanklich streng zu trennen, sodann gesondert zu prüfen und schriftlich zu bearbeiten.

§ 33 ZPO dient dem prozessualen Gleichheitssatz („Waffengleichheit"). Der mit der Klage überzogene Beklagte ist durch § 33 ZPO in die Lage versetzt, einen mit der Klage zusammenhängenden (in Konnexität stehenden) Gegenanspruch auch dann geltend zu machen, wenn das Gericht für den Gegenanspruch örtlich unzuständig wäre, falls ihn der Beklagte (Widerkläger) als eine selbständige Klage (und nicht als Widerklage) anhängig machen würde. Dabei muß der Bearbeiter beachten, daß die Widerklage eine eigene Klage des Beklagten (als Widerkläger) gegen den Kläger (als Widerbeklagten) ist, so daß – ohne § 33 ZPO – nunmehr der Widerklageanspruch hinsichtlich der örtlichen Zuständigkeit so geprüft werden müßte, als ob der Beklagte (Widerkläger) isoliert eine eigenständige Klage gegen den Kläger (Widerbeklagten) erhoben hätte. Ist freilich für die Widerklage das Gericht ohnehin örtlich zuständig, weil der Kläger (Widerbeklagte) z. B. im Gerichtsbezirk seinen allgemeinen Gerichtsstand hat und ein ausschließlicher Gerichtsstand für den Streitgegenstand nicht in Frage kommt, bedarf es insoweit nicht des Eingehens auf § 33 ZPO; denn das Gericht ist ja für den Widerklageanspruch ohnedies bereits örtlich zuständig (§§ 12, 13 ZPO, § 7 BGB). Besteht allerdings offenkundig ein Zusammenhang zwischen Klage und Widerklage und ist die örtliche Zuständigkeit für den Widerklageanspruch nicht schnell zu begründen, kann der Verfasser dahingestellt lassen, ob für den Widerklageanspruch an sich das Gericht örtlich zuständig ist; jedenfalls ist es nach § 33 ZPO örtlich berufen. Vor allem aber muß § 33 ZPO herangezogen werden, wenn für den Widerklageanspruch jede örtliche Zuständigkeit bei dem betreffenden Gericht fehlt; dann ist es für ihn kompetent, sofern die „Konnexität" besteht.

II. Zweite Fehlergruppe: Widerklage und Aufrechnung werden durcheinandergeworfen

275 Da Aufrechnung und Widerklage verschiedene Prozeßziele haben (o. Rn. 254 bei Fn. 2), darf nicht jedes Geltendmachen eines Gegenanspruchs durch den Beklagten als „Widerklage" angesehen werden. Entscheidend ist, was der Beklagte will (auch an einer falschen Bezeichnung darf man nicht haften bleiben): Genügt ihm die Abweisung der Klage, dann will er nur aufrechnen. Möchte er aber die Verurteilung des Klägers zur Zahlung des Gegenanspruchs, dann liegt eine Widerklage vor. Unter Umständen verbindet der Beklagte auch Aufrechnung und (Eventual-)Widerklage, vgl. dazu u. Rn. 286 nach Fn. 14.

III. Dritte Fehlergruppe: Die allgemeinen Sachurteilsvoraussetzungen der Widerklage werden nicht geprüft

276 Häufig trifft man auf Lösungen, in denen der Bearbeiter übersieht, die allgemeinen Sachurteilsvoraussetzungen der Widerklage zu prüfen; in aller Regel ist dies ein Folgefehler aus der fehlenden Trennung von Klage und Widerklage (o. Rn. 274). Da die Widerklage eine echte Klage ist

(nur die „Parteirollen“ sind umgekehrt), müssen auch bei ihr die allgemeinen Sachurteilsvoraussetzungen vorliegen, wie sie oben in Rn. 146–229 näher dargelegt sind. Fehlt nur *eine* von ihnen, ist die Widerklage unzulässig und (mit Prozeßurteil) abzuweisen. Zur Verweisung in solch einem Fall u. Rn. 280 a. E.

IV. Vierte Fehlergruppe: Die sachliche Zuständigkeit wird falsch behandelt

Das Gericht muß für die Widerklage *sachlich zuständig* sein. Bei streit- 277
wertabhängiger sachlicher Zuständigkeit (o. Rn. 175) ist § 5 ZPO zu beachten (o. Rn. 273 sub b): Die *Klage* in Höhe von 2900,– € und die *Widerklage* in Höhe von 2300,– € werden also *nicht zusammengerechnet;* dadurch bleibt bei einem Amtsgerichtsprozeß die *amtsgerichtliche* sachliche Zuständigkeit erhalten, da keiner der Streitwerte über dem Zuständigkeitsstreitwert von (derzeit) 5000,– € (§ 23 Nr. 1, § 71 I GVG) liegt. Übersteigt jedoch der *Streitwert der Widerklage* die Grenze des amtsgerichtlichen Zuständigkeitsstreitwertes, darf § 506 I ZPO keinesfalls übersehen werden[2].

V. Fünfte Fehlergruppe: Gerichtsstand und Konnexität der Widerklage werden nicht auseinandergehalten

Unverzichtbar ist auch hier *terminologische Klarheit: „Gerichtsstand“* 278
der Widerklage bezieht sich auf die örtliche Zuständigkeit; *„Konnexität“* meint den *„Zusammenhang“* zwischen Klage und Widerklage, von dem § 33 I und § 145 II ZPO sprechen: Eine „konnexe“ Widerklage steht in diesem Zusammenhang, einer „nicht-konnexen“ Widerklage fehlt er. Welche Bedeutung haben nun diese Begriffe?

---

[2] **Beispiel:** Nach einem Verkehrsunfall klagt *Arm* beim *AG* gegen *Schnell* auf Ersatz seines Schadens in Höhe von 1000,– €. *Schnell,* der *Arm* für ersatzpflichtig hält, erhebt Widerklage auf Zahlung von 8500,– € Schadensersatz.
Frage: Was wird das *AG* tun?
Lösung: Es kommt auf das Verhalten der Parteien an: Hat sich der Widerbeklagte *(Arm)* nach Belehrung durch das Gericht (§ 504 ZPO) zur Hauptsache (Widerklage) eingelassen, so ist das – wegen des hohen Streitwerts von 8500,– € – für die Widerklage an sich sachlich unzuständige (§ 1 ZPO in Verbindung mit § 23 Nr. 1 GVG) *AG* sachlich zuständig geworden (§ 39 ZPO, o. Rn. 193, Rn. 217 sub b); es hat bei Vorliegen der übrigen Sachurteilsvoraussetzungen durch Sachurteil zu entscheiden. Rügt jedoch der Widerbeklagte die (wegen des hohen Streitwerts) fehlende sachliche Zuständigkeit des *AG,* kann das *AG* nicht aufgrund rügelosen Einlassens sachlich zuständig werden. Stellt jetzt *eine der Parteien* Verweisungsantrag, so muß das *AG* den *gesamten* Rechtsstreit an das zuständige *LG* verweisen (§ 506 I ZPO). Liegt weder rügeloses Einlassen des Widerbeklagten (= Klägers) noch ein Verweisungsantrag einer der Parteien vor, so ist die *Widerklage* wegen fehlender sachlicher Zuständigkeit als *unzulässig* abzuweisen. Die Klage bleibt hiervon unberührt.

1. Zum Gerichtsstand der Widerklage

279 Da die Widerklage eine echte Klage ist, muß das Gericht für sie auch *örtlich* zuständig sein. Die örtliche Zuständigkeit (der Gerichtsstand) kann sich aus den allgemeinen Vorschriften ergeben, z. B. der Kläger hat am eigenen Wohnsitz (§§ 12, 13 ZPO) geklagt; dann ergibt sich für die Widerklage der Gerichtsstand aus dem Wohnsitz des Widerbeklagten.

§ 33 I ZPO gewährt nach h. M.[3] einen *zusätzlichen* Gerichtsstand: Für konnexe Widerklagen besteht eine weitere örtliche Zuständigkeit am Gericht der Hauptklage. Examenstechnisch bedeutet dies, daß der Bearbeiter bei einer konnexen Klage nicht weiter untersuchen muß, ob das Gericht auch sonst örtlich kompetent ist: Die Konnexität begründet den Gerichtsstand.

2. Zur Konnexität

279a Der Begriff des Zusammenhangs ist weit zu interpretieren, etwa wie beim Streitgegenstand der „Lebenssachverhalt" (o. Rn. 79 Fn. 4). Konnexität liegt z. B. vor zwischen Kaufpreisklage und Widerklage auf Schadensersatz wegen Nichterfüllung, zwischen Mietzinsklage und Widerklage auf Feststellung, daß kein Mietverhältnis bestehe, zwischen Klage auf Erfüllung und Widerklage aus ungerechtfertigter Bereicherung[4].

3. Die Klausurbearbeitung bei fehlender Konnexität aufgrund der herrschenden Meinung

280 Schwierigkeiten bereitet häufig die fehlende Konnexität. Fehlt dann der Gerichtsstand? Wie ist die Widerklage zu behandeln?

Schuld an der häufigen Unsicherheit der Bearbeiter ist der Theorienstreit um die Bedeutung von § 33 ZPO. Nach heute herrschender Ansicht regelt diese Bestimmung *nur den Gerichtsstand der Widerklage*[5]. Aus dieser Auffassung folgt, daß für die *konnexe* Widerklage ein zusätzlicher Gerichtsstand bereitgestellt wird. Der *nicht-konnexen* Widerklage fehlt er. Jetzt kommt aber der entscheidende Gedanke: Wenn sich für die nicht-konnexe Widerklage aus *anderen* Vorschriften die örtliche Zuständigkeit des Gerichts ergibt (z. B. aus §§ 12, 13 ZPO), dann ist die fehlende Konnexität unschädlich; allenfalls trennt das Gericht gemäß § 145 II ZPO. Zu beachten ist in diesem Zusammenhang vor allem § 39 ZPO: Wenn sich der Widerbeklagte auf die Widerklage rügelos eingelassen hat, ist schon deshalb der Gerichtsstand gegeben – im Amtsgerichtsprozeß freilich nur nach Belehrung (§ 504 ZPO). Folgt ein Bearbeiter der herrschenden Auffassung, kann er deshalb – vor allem wenn ihm unklar ist, ob die Konnexität besteht – auch das Vorliegen des Zusammenhangs dahinstellen und die örtliche Zuständigkeit aus anderen

---

[3] Zum Theorienstreit bei § 33 ZPO siehe sogleich Rn. 280 f.

[4] Weitere Beispiele bei *Thomas/Putzo*, § 33 Rn. 4 ff.

[5] Näher *Thomas/Putzo*, § 33 Rn. 1; Stein/Jonas/*Roth*, § 33 Rn. 2–5.

Gerichtsstandsvorschriften oder etwa aus § 39 ZPO ableiten. Läßt sich für eine nicht-konnexe Widerklage kein Gerichtsstand finden und auch nicht § 39 ZPO anwenden (weil der Widerbeklagte sogleich den fehlenden Gerichtsstand rügt), fehlt die örtliche Zuständigkeit für die Widerklage. Dann ist allerdings – auch bei der Widerklage – nicht etwa die Prozeßabweisung die sofortige Folge: Die *Verweisung* der Widerklage auf Antrag des Widerklägers *an das örtlich zuständige Gericht* wird in aller Regel (gegebenenfalls nach Belehrung durch das Gericht) der zutreffende Weg sein (§ 281 ZPO).

4. Fehlende Konnexität in der Sicht der Mindermeinung

Auch bei dem Theorienstreit um die Bedeutung von § 33 ZPO gilt der Satz, daß der **281** Bearbeiter derjenigen Ansicht folgen sollte, die ihm für die *konkrete Klausurlösung* die besseren Entfaltungsmöglichkeiten gibt (zur Klausurtaktik in kontroversen Fragen o. Rn. 39). So kann es sich durchaus einmal empfehlen, der Ansicht zu folgen, daß § 33 ZPO als besondere Sachurteilsvoraussetzung die Zulässigkeit der Widerklage regelt[6]. Freilich hat das Erörtern des Theorienstreits nur dann einen Sinn, wenn eine *nicht-konnexe* Widerklage vorliegt; denn bei der konnexen Widerklage kommen beide Auffassungen zu demselben Ergebnis. *Nach der Mindermeinung ist eine nicht-konnexe Widerklage stets unzulässig.* Daß das Gericht vielleicht ohnehin örtlich für die Widerklage zuständig ist, ändert an dieser Unzulässigkeit nichts, weil es sich nach dieser Meinung ja um eine Frage der Zulässigkeit der Widerklage, nicht (nur) um ein Gerichtsstandsproblem handelt; deshalb hilft über die fehlende Konnexität auch § 39 ZPO nicht hinweg. Doch greift eine andere Heilungsvorschrift ein, wenn der Widerbeklagte die fehlende Konnexität nicht rügt: § 295 ZPO. Falls jedoch der Widerbeklagte den Mangel des Zusammenhangs *rechtzeitig* (§ 295 I ZPO!) rügt, ist die Widerklage unzulässig. Eine Verweisung (wie bei der herrschenden Meinung) scheidet aus, weil die Unzulässigkeit der Klage nicht auf einem Mangel des Gerichtsstands, sondern auf dem Fehlen einer (besonderen) Zulässigkeitsvoraussetzung beruht. Es erfolgt daher Prozeßabweisung[7].

VI. Sechste Fehlergruppe: Die Sonderformen der Widerklage sind unbekannt

Die verschiedenen Arten der Widerklage[8] müssen bekannt sein. Insbe- **282** sondere bei einer Anwaltsklausur kann im Aufzeigen der unterschiedlichen Verteidigungsstrategien des Beklagten eine wesentliche Klausurleistung liegen.

---

[6] So *Rosenberg/Schwab/Gottwald,* § 95 Rn. 17–21 und die Rechtsprechung, vgl. *BGH* NJW 1975, 1228; *BGHZ* 40, 185 (187 ff.).

[7] So *Rosenberg/Schwab/Gottwald* a. a. O. Diese harte Konsequenz einer Prozeßabweisung der nicht-konnexen Widerklage statt wenigstens der Verweisung an ein zuständiges Gericht ist ein weiterer Grund, die Mindermeinung abzulehnen. Um die Prozeßabweisung zu vermeiden, sollte die Mindermeinung wenigstens § 145 II ZPO analog anwenden, d. h. die nicht-konnexe Widerklage abtrennen und dann untersuchen lassen, ob nicht das Gericht für die (abgetrennte) Widerklage zuständig ist und gegebenenfalls dann auf Antrag des Widerklägers verweisen.

[8] Zu ihnen Stein/Jonas/*Roth,* § 33 Rn. 34–46.

a) Zwischenfeststellungswiderklage

283 Der Klageform der (in Rn. 66) schon behandelten *Zwischenfeststellungsklage* des § 256 II ZPO kann sich auch der Beklagte bedienen. Überzieht ihn der Kläger mit einer Teilklage, „kontert" er diesen Angriff mit der negativen Zwischenfeststellungswiderklage[9].

b) Inzidentanträge auf Schadensersatz

284 Eine Art Widerklage bilden die Inzidentanträge auf Schadensersatz, die der Beklagte geltend machen kann, auch wenn dem Kläger kein Verschulden nachzuweisen ist (§ 302 IV 4, § 717 II 2 ZPO)[10]. Diese Anträge sind ohne Rücksicht auf Zuständigkeitsvorschriften im anhängigen Rechtsstreit möglich; ihre Zulässigkeit richtet sich daher nicht nach § 33 ZPO, sondern allein nach den genannten Vorschriften.

c) Wider-Widerklage

285 Stellt der Kläger nach Erhebung der Widerklage seinerseits weitere Anträge, muß sich der Klausurbearbeiter fragen, ob es sich um eine übliche Klageänderung handelt (dann ist gemäß §§ 263 ff. ZPO zu verfahren, o. Rn. 243 ff.) oder ob ein Gegenangriff auf die Widerklage hin vorliegt (dann ist eine Wider-Widerklage gegeben, die nach § 33 ZPO abzuwickeln ist)[11].

d) Eventualwiderklage (Hilfswiderklage)

286 Eine große Rolle spielt in Praxis und Prüfung die Eventualwiderklage: Der Beklagte erhebt die Widerklage nur für den Fall[12], daß die Klage unbegründet ist. Zeigt sich deren Unbegründetheit, ist nunmehr die Widerklage zu behandeln[13]. Hat jedoch die Klage Erfolg, fehlt es am Be-

---

[9] *BGHZ* 69, 37 (41): „Dabei stellt es einen typischen Anwendungsfall der Zwischenfeststellungsklage dar, daß der Kläger von einer Forderung nur einen Teil einklagt und der Beklagte widerklagend die Feststellung eines sie hindernden Rechtsverhältnisses auch mit Wirkung für den nicht rechtshängigen Teil erstrebt"; vgl. bereits o. Rn. 65 Fn. 14.

[10] *Weitere* Fälle verschuldensunabhängiger Schadensersatzansprüche der ZPO sind in Rn. 122 Fn. 13 genannt.

[11] Eine Wider-Widerklage ist daher zulässig, auch wenn weder der Beklagte einwilligt noch das Gericht die Wider-Widerklage für sachdienlich hält (zu diesen Voraussetzungen o. Rn. 248 und 250). Sie empfängt ferner ihren Gerichtsstand zusätzlich auch aus dem Zusammenhang mit der Widerklage (o. Rn. 279). Deshalb ist es viel leichter möglich, eine Wider-Widerklage zu erheben als eine Klageerweiterung vorzunehmen, es sei denn, man folgt der Mindermeinung (o. Rn. 246 Fn. 5), daß eine nachträgliche Häufung von Streitgegenständen keine Klageänderung sei.

[12] Eine solche Bedingung ist zulässig. Es handelt sich um eine *innerprozessuale* Bedingung, o. Rn. 241. Grundlegend: *BGHZ* 21, 13 (1418).

[13] **Beispiel:** *Einer* der Gesellschafter einer OHG klagt gegen den *anderen* auf Ausschluß (§ 140 HGB). Dieser beantragt Klageabweisung und erhebt Eventualwiderklage auf Ausschluß des Klägers.

dingungseintritt für die Widerklage: Sie gilt als nicht anhängig und ist daher vom Gericht nicht zu behandeln[14].

Mit der Eventualwiderklage und mit weiteren innerprozessualen Bedingungen kann sich der Beklagte geschickt verteidigen: Gegenüber dem Klageanspruch rechnet er „hilfsweise" (o. Rn. 260) für den Fall auf, daß dieser Anspruch besteht; dessen Bestehen leugnet er entschieden. Ferner erhebt er *Eventualwiderklage* für den Fall, daß die Klageforderung (wovon er ja überzeugt ist) nicht existiert. Das Gericht (und der Bearbeiter einer entsprechenden Klausur) steht dann vor folgender Prüfungsreihenfolge: Zuerst wird der Klageanspruch untersucht. Besteht er, muß die Aufrechnung geprüft werden; besteht er nicht, muß auf die Widerklage eingegangen werden. Vier Entscheidungsmöglichkeiten des Gerichts gibt es: Klageforderung existiert und Aufrechnung dringt durch *(Abweisung der Klage);* Klageforderung besteht und Aufrechnungsforderung besteht nicht *(Verurteilung des Beklagten);* Klageforderung besteht nicht und Widerklageforderung besteht *(Abweisung der Klage und Verurteilung des Klägers auf Widerklage hin);* Klageforderung und Widerklageforderung bestehen nicht *(Abweisung von Klage und Widerklage).* Die Wider-Widerklage (o. Rn. 285) eröffnet weitere Möglichkeiten: Für den Fall der Begründetheit der Widerklage des Beklagten erhebt der Kläger *Eventualwider-Widerklage*[15]!

e) Parteierweiternde Widerklage (Drittwiderklage)

Schließlich sollte der Examenskandidat auch die *parteierweiternde Widerklage (Drittwiderklage)* – d.h. die Widerklage gegen einen *noch nicht* am Prozeß als Partei beteiligten Dritten oder eines Dritten gegen eine Prozeßpartei – kennen. Da dieses Institut in Rechtsprechung und Lehre noch nicht geklärt ist, bereitet eine solche Widerklage Schwierigkeiten. Hier hilft jedoch erheblich weiter, wenn sich der Bearbeiter vor Augen hält, daß eine parteierweiternde Widerklage letztlich auf eine *Parteiänderung* abzielt[16]. Wenn deren Voraussetzungen fehlen (o. Rn. 262ff.), ist auch diese Widerklage unzulässig. **287**

---

[14] Ebenso muß der Klausurbearbeiter verfahren. Ob er die nicht erhobene Widerklage in einem *Hilfsgutachten* zu behandeln hat, hängt vom jeweiligen Bearbeitervermerk ab.

[15] Vgl. *BGH* NJW 1996, 2165.

[16] Näher Stein/Jonas/*Roth,* § 33 Rn. 40, 42 mit zahlreichen Beispielen; *Thomas/Putzo,* § 33 Rn. 10ff.; *BGHZ* 40, 185 (189) und *BGH* NJW 2001, 2094f.

16. Kapitel. Beweisfragen

§ 59. Das Beweisrecht in der Fallbearbeitung

Literatur: Verzeichnis der abgekürzt zitierten Literatur (S. XXIII) sowie *B. Hahn*, Der sogenannte Verhandlungsgrundsatz im Zivilprozeß, JA 1991, 319–327; *H.-J. Musielak/M. Stadler*, Grundfragen des Beweisrechts, 1984; *H -J. Musielak*, Hilfen bei Beweisschwierigkeiten im Zivilprozeß, FG BGH, 193–225; *M. Nicoli*, Die Erklärung mit Nichtwissen, JuS 2000, 584–590; *P. Oberhammer*, Parteiaussage, Parteivernehmung und freie Beweiswürdigung am Ende des 20. Jahrhunderts, ZZP 113 (2000), 295–326; *N. Pautle*, Beweiserhebung über offenkundige Tatsachen?, MDR 1993, 1166–1168; *H. Prütting*, Die materielle Prozeßleitung, FS H.-J. Musielak, 2004, 397–410; *E. Schmidt*, Die Beweislast in Zivilsachen – Funktionen und Verteilungsregeln, JuS 2003, 1007–1013; *K. Schmidt*, Anmerkung zu BGH, Urteil vom 6. 10. 1994 – III ZR 165/93, JuS 1995, 550–551; *E. Schneider*, Beweis und Beweiswürdigung unter besonderer Berücksichtigung des Zivilprozesses, 5. Auflage 1994; *R. Störmer*, Beweiserhebung, Ablehnung von Beweisanträgen und Beweiserhebungsverbote im Zivilprozeß, JuS 1994, 238–243, 334–338; *O. Teplitzky*, Der Beweisantrag im Zivilprozeß und seine Behandlung durch die Gerichte, JuS 1994, 334–338.

I. Prüfungsordnungen

288 In den Prüfungsordnungen wird das Beweisrecht häufig als Pflichtfachstoff ausdrücklich angegeben oder aus dem erstinstantiellen Verfahren lediglich die Beweiswürdigung ausgenommen (o. Rn. 2). Dies überrascht die Examenskandidaten; sie glauben nicht selten, daß Fragen des Beweisrechts erst in der 2. juristischen Staatsprüfung eine Rolle spielen. An dieser Ansicht ist lediglich richtig, daß *Einzelprobleme* aus dem Beweisrecht, etwa Fragen der Beweiserhebung oder der Beweiswürdigung, regelmäßig nicht im 1. Examen verlangt werden. Angesichts der großen Bedeutung, die der Beweis in der Prozeßpraxis spielt, wäre aber eine juristische Ausbildung fragwürdig, die ein solch wichtiges Gebiet nicht frühzeitig behandelte. Deshalb werden Grundkenntnisse des Beweisrechts (wie etwa die Grundregeln der Beweislastverteilung) bereits im 1. Examen gefordert[1].

II. Beweis und Verhandlungsgrundsatz

289 Im Zivilprozeß darf vor allem nicht übersehen werden, daß durch die Geltung des *Verhandlungsgrundsatzes*[2] in vielen Fällen eine Beweiser-

---

[1] *Musielak/Stadler*, Vorwort.

[2] Der Verhandlungsgrundsatz wird, ebenso wie der Antragsgrundsatz und die Dispositionsmaxime (o. Rn. 45), zu den sog. Prozeßmaximen gezählt. Zum Verhandlungsgrundsatz und angrenzenden Fragen: *Hahn*, JA 1991, 319ff.; *Jauernig*, ZPR, § 25.

hebung nicht notwendig ist. Während die Verfahren mit *Untersuchungsgrundsatz*[3] selbst dann zu einer Beweisaufnahme kommen, wenn zwischen den Parteien keinerlei Uneinigkeit über das vergangene Geschehen besteht, bewirkt eine solche Übereinstimmung regelmäßig[4] im Zivilprozeß die Überflüssigkeit des Beweises. Es gehört zu den typischen Fehlern der zivilprozessualen Praxis, daß Beweise erhoben werden, wo die Tatsache *nicht beweisdürftig* ist; mit diesen Fehlern sollte nicht schon im Examen begonnen werden.

Beispiel 101: Im Prozeß *Klein* gegen Sohn *Sanft* auf Herausgabe (§ 985 BGB) des von der Besitzdienerin Frau *Saubermann* (§ 855 BGB) unterschlagenen Rasenmähers (Beispiel 12, o. Rn. 27) hat Sohn *Sanft* die Behauptung des *Klein* nicht bestritten (§ 138 III, § 288 I ZPO), daß Frau *Saubermann* den Rasenmäher nicht an *Klein* zurückgab, sondern – entgegen der Weisung der unmittelbaren Besitzerin, der Frau *Herz* – an Vater *Sanft* verkaufte und übergab.

Klein stellt nunmehr zwei Beweisanträge: Zeugenvernehmung (§§ 373 ff. ZPO) von Frau *Saubermann* zum Beweis, daß Vater *Sanft* nicht gutgläubig war, als er den Rasenmäher erwarb, und Zeugenvernehmung (§§ 373 ff. ZPO) von Frau *Herz* zum Beweis, daß Frau *Saubermann* weisungswidrig handelte.

Frage: Was ist zu den Beweisanträgen zu sagen?

Antwort: Das Gericht wird den Beweisanträgen *nicht* stattgeben[5].

Begründung: Die Tatsache der fehlenden Gutgläubigkeit des Vaters *Sanft* ist unerheblich, weil bei abhandengekommenen Sachen ein guter Glaube ohnehin nichts helfen würde (§ 935 I 1 BGB). Die Tatsache des weisungswidrigen Verhaltens der Besitzdienerin ist infolge des Nichtbestreitens des Beklagten nicht beweisbedürftig (§§ 288 I, 138 III ZPO)[6].

---

[3] Der Verhandlungsgrundsatz gilt in fast allen Verfahren des Zivilprozesses und im Urteilsverfahren der Arbeitsgerichtsbarkeit. Häufig wird aber bei der Bearbeitung zivilprozessualer Fälle übersehen, daß für eine Reihe von Verfahren der Untersuchungsgrundsatz gilt, etwa im Prozeß über das Bestehen oder Nichtbestehen der Ehe (§ 616 I, § 617 ZPO), über das Eltern-Kind-Verhältnis, die elterliche Sorge, die Vaterschaftsanfechtung (§ 640 I in Verbindung mit § 616 I, § 617 ZPO). Eine Kombination zwischen Untersuchungsgrundsatz und Verhandlungsgrundsatz gilt im Scheidungsprozeß (§ 616 II und III ZPO), wo ehefreundliche Tatsachen dem Untersuchungsgrundsatz, ehefeindliche Tatsachen dem Verhandlungsgrundsatz unterliegen. Zu diesen Fragen *Thomas/Putzo,* § 616 Rn. 1 ff.; vgl. auch u. Rn. 313.

[4] Eine Ausnahme ist gegeben, wenn ein Geständnis deshalb keine Wirkung hat, weil es offenkundig unwahr ist, *BGH* NJW 1979, 2089; *Rosenberg/Schwab/Gottwald,* § 111 Rn. 13; *Thomas/Putzo,* § 288 Rn. 6.

[5] Zu der wichtigen Frage, wann Beweisanträge zurückzuweisen sind: Stein/Jonas/*Leipold,* § 284 Rn. 51 ff. – Allerdings kennt der Zivilprozeß nicht wie § 244 VI StPO einen besonderen Zurückweisungsbeschluß. Vielmehr wird die Zurückweisung von Beweisanträgen in der Regel *erst im Urteil* (in dessen Entscheidungsgründen) begründet, soweit sich der Beweisantrag auf erhebliche Tatsachen bezog. Beweisanträge, die zu nicht erheblichen Tatsachen gestellt wurden, werden überhaupt nicht in den Entscheidungsgründen erwähnt (näher *Störmer,* JuS 1994, 243 ff.). Diese Praxis ist unerläßlich, weil viele Anwälte eine Fülle von nebensächlichen Tatsachen vortragen und immer wieder Beweisanträge stellen, die nichts zur Sache beitragen.

[6] Stein/Jonas/*Leipold,* § 138 Rn. 41 ff.

III. Beweis und Rechtsfolge

290 Im Beweisrecht ist es unerläßlich, daß sich der Bearbeiter über die von den Parteien begehrten Rechtsfolgen – vor allem auch hier wieder: über den Klageantrag[7] – Klarheit verschafft. Er muß dabei immer die Normen des *materiellen*[8] *Rechts* im Auge behalten, weil aus ihnen hervorgeht, auf welche Tatsachen es ankommt (§ 935 I 1 BGB: Abhandenkommen [Beispiel 101, Rn. 289]) und welche Tatsachen unerheblich sind (§ 932 I 1, II BGB: guter Glaube [Beispiel 101, Rn. 289]). Erst wenn eine Tatsache erheblich ist, stellt sich die Frage, ob sie bereits vom Gegner zugestanden worden ist – sei es ausdrücklich durch ein Geständnis (§§ 288ff. ZPO)[9], sei es durch Nichtbestreiten (§ 138 III ZPO)[10], sei es durch Erklärung mit Nichtwissen (§ 138 IV ZPO)[11] – oder sonst nicht beweisbedürftig ist (z.B. § 291 ZPO)[12]. Bisweilen zeigt sich bei dieser Frage, daß die Partei die ihr günstige Tatsache (noch) gar nicht *behauptet* hat.

IV. Beweis und Behauptung

291 **Beispiel 102:** *Klein* klagt (wie soeben im Beispiel 101) gegen Sohn *Sanft* auf Herausgabe (§ 985 BGB). Sohn *Sanft* stellt den Antrag auf Klageabweisung, weil er Eigentümer sei. Das Gericht verurteilt ihn entsprechend dem Klageantrag. Als Vater *Sanft* das Urteil liest, entdeckt er, daß sein Sohn eine wichtige Tatsache vorzutragen vergaß: *Klein* hatte am Tage vor dem Gerichtstermin von Frau *Saubermann* den Erlös aus dem Rechtsgeschäft mit Vater *Sanft verlangt* (§ 816 I 1 BGB). Diese Tatsache hätte zur *Klageabweisung* geführt[13], wenn Sohn *Sanft* sie vorgetragen hätte und wenn sie entweder von *Klein* nicht bestritten worden wäre oder von Sohn *Sanft* hätte bewiesen werden können.

---

[7] Nicht allein entscheidend ist der Klageantrag, wenn z.B. der *Beklagte* eine Tatsache behauptet, die ihm günstig ist, etwa die Genehmigung des Klägers bei schwebend unwirksamem Erwerb (§ 185 II 1 [1. Variante] BGB). Hier will der Beklagte, daß diese Tatsachenbehauptung bewiesen wird, und wird seine Verteidigungstaktik auf den Beweis dieser Tatsache konzentrieren.

[8] Es gibt aber auch Prozesse, die *prozessuale* Rechtsfragen zum Gegenstand haben; dann sind selbstverständlich diese Normen des Prozeßrechts maßgeblich, vgl. Rn. 76 Fn. 5.

[9] Das gerichtliche Geständnis bezieht sich auf *Tatsachen;* Anerkenntnis und Verzicht betreffen den *Streitgegenstand.*

[10] Offenkundig unwahre Behauptungen können nicht durch Nichtbestreiten zugestanden werden, vgl. auch o. Rn. 289 Fn. 4.

[11] Dazu *Nicoli,* JuS 2000, 584ff.

[12] Der Bearbeiter muß deutlich unterscheiden, ob es sich um eine Tatsache handelt, die allgemein bekannt – „gerichtsnotorisch" – ist oder ob die Tatsache zum sog. „privaten Wissen" des Richters gehört, *Pautle,* MDR 1993, 1167.

[13] Wenn *Klein* von Frau *Saubermann* den Erlös fordert, muß er davon ausgehen, daß das Rechtsgeschäft, das Frau *Saubermann* mit Vater *Sanft* geschlossen hat, wirksam ist. Wirksam ist es aber nur, wenn es von *Klein* genehmigt wurde (§ 185 II 1 [1. Variante] BGB). Im Fordern des Erlöses liegt die stillschweigende Genehmigung des bis dahin schwebend unwirksamen Rechtsgeschäfts.

An diesem Beispiel werden drei wichtige Fragen des Beweisrechts deutlich:

1. Behauptungslast (Beweisführungslast, Darlegungslast, subjektive Beweislast)

Es zeigen sich die *Behauptungslast*[14] und zugleich der *Verhandlungsgrundsatz* (o. Rn. 289); wenn Sohn *Sanft* die Tatsache nicht vorträgt, muß er selbst die Folgen tragen. 292

Von der Behauptungslast ist die „*Beweislast*", die man auch als *objektive* oder *materielle Beweislast* bezeichnen kann, deutlich zu trennen. Die Beweislast regelt das Risiko der Unaufklärbarkeit des Sachverhalts und überbürdet einer der Prozeßparteien dieses Risiko. Deutlichstes Beispiel ist im *Strafprozeßrecht* der Satz „*in dubio pro reo*", nach dem der Angeklagte freizusprechen ist, wenn der Sachverhalt unaufgeklärt ist. Man kann hier davon sprechen, daß „der Staatsanwalt die Beweislast für die Tat des Angeklagten trägt". Das zeigt, daß die Beweislast in allen Verfahren und *unabhängig von Verhandlungsgrundsatz und Untersuchungsgrundsatz* gilt. Sie bedeutet nichts anderes als die Erkenntnis, daß im Prozeß oftmals nicht der ganze Sachverhalt aufgeklärt werden kann. Die Beweislast bestimmt die Rechtsfolgen, die eintreten, wenn eine Tatsachenbehauptung nicht aufgeklärt werden kann, wenn also ein „*non liquet*" besteht (o. Rn. 31 Fußn. 4).

2. Belastete Partei

Beweislast und Behauptungslast treffen nicht nur den Kläger. Zugestehen kann auch der Kläger, wenn der Beklagte eine Tatsache (hier im Beispiel 102: die Genehmigung nach § 185 II 1 [1. Variante] BGB) behauptet (o. Rn. 290 Fn. 7). Die Last hängt *nicht von der Parteirolle ab*, wie schon das Ende des Beispiels 69 (o. Rn. 165) zeigte[15]. 293

3. Verhandlungsgrundsatz

Der Bearbeiter muß deutlich *trennen*, was im Gerichtssaal vorgetragen wurde, von dem, was tatsächlich geschah. Auf diese *Sachverhaltsproblematik* wurde bereits zu Beginn dieses Buches hingewiesen (o. Rn. 32 beim Beispiel 14). Sie zeigt ihre Gefährlichkeit, wenn etwa im soeben behandelten Beispiel 102 im Aufgabentext zunächst der Sachverhalt unabhängig vom Prozeß dargestellt und sodann die Klage *Kleins* gegen Sohn *Sanft* geschildert wird. Wenn im Prozeß Sohn *Sanft* vergißt, die Tatsache der Genehmigung zu behaupten, darf der Bearbeiter unter keinen Umständen von dieser Tatsache ausgehen! Im Prozeß kann nur von 294

---

[14] Die Behauptungslast ist eine typische Folge des Verhandlungsgrundsatzes, weil sie den Parteien die „Last" aufbürdet, die für sie günstigen Tatsachen zu *behaupten*. Erst durch die Behauptung wird die Tatsache in den Prozeß eingeführt. Anders ist es beim Untersuchungsgrundsatz, wo das Gericht von selbst die einzelnen Tatsachen in den Prozeß einführen kann. Die Behauptungslast kann also in Verfahren nicht gelten, in denen der Untersuchungsgrundsatz herrscht. Zur Vertiefung: *Rosenberg/Schwab/Gottwald*, § 114; *Schmidt*, JuS 1995, 551; *Thomas/Putzo*, Vor § 284, Rn. 17ff.

[15] Auch Beispiel 103 u. Rn. 295.

dem Sachverhalt ausgegangen werden, der dem Gericht vorliegt. Es wäre ein schwerer Verstoß gegen prozessuales Denken, wenn der Bearbeiter außerprozessuale Tatsachen verwerten würde!

In der Praxis wird allerdings ein Richter gemäß § 139 ZPO auf vollständige Klärung des Sachverhalts hinwirken, wenn er derartige Lücken erkennt[16]. Im Examen muß der Bearbeiter aber in solchen Fällen davon ausgehen, daß Hinweise gemäß § 139 erfolglos geblieben sind.

V. Beweis und Bestreiten, einfaches oder substantiiertes Bestreiten

295 Bestreitet der Gegner eine Behauptung nicht, bedarf es keines Beweises (§ 138 III, IV, § 288 I ZPO). Bestreitet er, muß man sich die Frage stellen, wer im Falle des „non liquet"[17] eigentlich die *Beweislast* trägt. Möglicherweise ist dies gerade der Gegner. Dann wäre es prozessual töricht, einen Beweis anzubieten, der möglicherweise dem Gegner hilft, weil das „non liquet" beseitigt wird und die für den Gegner günstige Tatsache beweisen wird.

Beispiel 103: Im Prozeß des Uhrmachers *Zeiger* gegen *Frosch* (Beispiele 13 und 14, o. Rn. 31 und 32) nimmt *Zeiger* den *Frosch* aus § 179 I BGB in Anspruch, weil dieser ohne Vertretungsmacht für *Schön* eine Uhr gekauft und noch nicht bezahlt habe. *Frosch* gesteht den Kauf im Namen des *Schön* zu, bestreitet aber das Handeln ohne Vertretungsmacht. Damit ist unklar, ob *Frosch* Vertretungsmacht hatte oder nicht. Jetzt muß sich *Zeiger* fragen, wer das Risiko trägt, wenn sich diese Unklarheit nicht beseitigen läßt. Dies ist *Frosch: Er* muß nachweisen, daß er Vollmacht hatte[18]. Kann er dies nicht, haftet er dem *Zeiger.* Deshalb wird *Zeiger* keinen Beweisantrag stellen.

Wann ein beachtliches „Bestreiten" vorliegt, hängt von der jeweiligen Prozeßlage ab. So genügt *einfaches (pauschales) Bestreiten,* wenn der betreffenden Partei der Geschehensablauf nahezu unbekannt ist (Kunstfehler bei Operation unter Vollnarkose). Ist dies nicht der Fall, muß das Bestreiten um so *substantiierter* sein, je eingehender der Gegner die für ihn sprechenden Tatsachen dargelegt hat. Wenn in einer solchen Situation die Partei nur erklärt zu bestreiten, ohne hierzu eine nähere Begründung zu geben, liegt kein „ausdrückliches Bestreiten" vor und der gegnerische Vortrag ist nach § 138 III ZPO zugestanden.

---

[16] Oben Rn. 31 Fn. 3 a.E. und Rn. 49 Fn. 2; vertiefend zur Neufassung von § 139 ZPO durch das ZPO-Reformgesetz *Prütting,* FS Musielak, S. 400ff.

[17] Oben Rn. 31 Fn. 4.

[18] Das folgt aus dem Wortlaut des § 179 I BGB („sofern er nicht seine Vertretungsmacht nachweist"). Eine ähnliche Regelung enthält auch § 164 II BGB, wo letztlich die sich auf Vertretungsmacht berufene Partei beweisen muß, daß sie im Namen eines anderen auftrat. Gelingt *Frosch* auch dieser Beweis nicht, kommt es nicht einmal zur Anwendung der Vorschriften über den Vertreter ohne Vertretungsmacht, sondern er haftet aus einem Eigengeschäft. Dies sind typische Fälle, in denen der Beklagte die Beweislast trägt.

VI. Beweismittel – Beweisarten

Daß der Beweis nicht nur durch *Zeugen* (§§ 373ff. ZPO), sondern auch durch *Augenschein* (§§ 371ff. ZPO), *Sachverständige* (§§ 402ff. ZPO)[19] und *Urkunden* (§§ 415ff. ZPO) geführt werden kann, weiß jedermann. Beim Studium des Prozeßrechts wird häufig aber die *Parteivernehmung* (§§ 445ff. ZPO) übersehen, weil man glaubt, man könne niemals in eigener Sache Beweismittel sein (vgl. aber die genaue gesetzliche Regelung!). Zur Abgrenzung von Zeugenbeweis und Parteivernehmung muß man wissen, wer Partei ist; die Vernehmungen des einfachen Streitgenossen[20] und des Nebenintervenienten[21] sind zulässig, bieten hierbei aber immer wieder Schwierigkeiten. Der Bearbeiter von Prozeßrechtsfällen muß ferner wissen, was man unter folgenden Begriffen versteht: *Strengbeweis*[22], *Freibeweis*[23], *prima-facie-Beweis (Anscheinsbeweis)*[24], *Beweislastumkehr*[25], *Beweisvereitelung*[26], *Beweisverbote (Beweishindernisse)*[27] und *Glaubhaftmachung*[28]. 296

---

[19] Gerichtlich eingeholte Sachverständigengutachten aus anderen Verfahren (z. B aus einem Strafprozeß) können nach § 411a ZPO als *Sachverständigen*beweis verwertet werden, früher nur als Urkundenbeweis.

[20] Über nur ihn betreffende Tatsachen, vgl. *Rosenberg/Schwab/Gottwald*, § 48 Rn. 17. Bedeutsam wird hier wieder die notwendige Streitgenossenschaft, weil bei ihr die Vernehmung eines Streitgenossen als Zeuge nach keiner Ansicht zulässig ist.

[21] Näher Stein/Jonas/*Bork*, § 67 Rn. 21, § 74 Rn. 1 (zur Vernehmung des Streitverkündungsempfängers), § 69 Rn. 11 und *Rosenberg/Schwab/Gottwald*, § 50 Rn. 76 (zur Vernehmung des streitgenössischen Nebenintervenienten).

[22] Hierzu Stein/Jonas/*Leipold*, § 284 Rn. 23 (*Strengbeweis* bedeutet die Beweiserhebung in dem von der ZPO geregelten Verfahren [§§ 355ff.] und mit den von der ZPO vorgesehenen Beweismitteln).

[23] Näher *BGH* NJW 1991, 1302; zur Ablehnung des Freibeweises Stein/Jonas/*Berger*, Rn. 21 vor § 355. Beim Freibeweis soll das Gericht nicht an die ZPO gebunden sein.

[24] Zur Vertiefung Stein/Jonas/*Bork*, § 286 Rn. 87ff.; *Musielak*, Rn. 463–468.

[25] Voraussetzung der Beweislastumkehr ist eine Last der Partei, Beweismittel aufzubewahren bzw. deren Beeinträchtigung zu unterlassen, Stein/Jonas/*Leipold*, § 286 Rn. 120ff.

[26] Näher Stein/Jonas/*Leipold*, § 286 Rn. 121ff.; *Thomas/Putzo*, § 286 Rn. 17; *Musielak*, Rn. 469–471.

[27] Zur Vertiefung: Stein/Jonas/*Leipold*, § 284 Rn. 54ff.

[28] § 294 ZPO, Stein/Jonas/*Leipold*, § 284 Rn. 24 und § 294 Rn. 1ff.

17. Kapitel. Versäumnisverfahren

297 Ist eine Partei *in einem Termin* säumig, so darf das Gericht gegen den Abwesenden gerade wegen seiner Säumnis ein Urteil erlassen. Die Säumnis einer Partei hat deshalb regelmäßig zur Folge, daß über die Klage durch Versäumnisurteil entschieden wird. Versäumt hingegen eine Partei eine *Frist,* ist sie mit dem befristeten Rechtsbehelf ausgeschlossen; allenfalls steht ihr die Wiedereinsetzung in den vorigen Stand offen (u. Rn. 470 mit Beispiel 149). Mit *Angriffs-* und *Verteidigungsmitteln,* die sie nicht fristgerecht vorgetragen hat, kann sie nach § 296 I ZPO präkludiert werden (näher o. Rn. 145).

§ 60. Säumnis des Klägers im Prozeß (§ 330 ZPO)

Literatur: Verzeichnis der abgekürzt zitierten Literatur (S. XXIII) *C. Althammer/ M. Löhnig,* ZPO-Reform und Meistbegünstigungsgrundsatz, NJW 2004, 1567–1569; *W. Ebner,* Ausgewählte Probleme des Versäumnisverfahrens, JA 1996, 583–588; *G. Hölzer,* Das Versäumnisverfahren im Zivilprozeß, JurBüro 1991, 163–168; *H.-J. Musielak* u. a., ZPO, 4. Aufl., 2005; *R. Seidl,* Einspruch statt Berufung gegen gesetzwidrig ergangenes erstes Versäumnisurteil, JA 1994, 535–537.

298 Die Vorschrift des § 330 ZPO ist nicht ohne Schwierigkeiten. Zweckmäßigerweise geht man in folgender Reihenfolge vor:

I. Antrag des Beklagten?

299 Er kann im Klageabweisungsantrag liegen, muß also nicht ausdrücklich gestellt sein[1]. Erklärt der Beklagte jedoch, daß er kein Versäumnisurteil haben will, darf es nicht trotzdem erlassen werden[2]. Denn der erschienene Teil zieht vielfach eine streitige Entscheidung einem Versäumnisurteil, das dem Einspruch unterliegt, vor[3].

---

[1] Hierzu *BGHZ* 37, 79 (81–84). Die nachfolgenden Ausführungen im Text beschränken sich auf das Verfahren 1. Instanz, da nach dem Katalog der Prüfungsordnungen im 1. Examen kaum mit Fragen aus dem Verfahren der 2. Instanz gerechnet werden muß. Zur Wiederholung: *Hölzer,* JurBüro 1995, 163 ff.

[2] Dann kann eine Entscheidung nach Lage der Akten gemäß §§ 331 a, 251 a ZPO zu erwägen sein. (In der Praxis kommt diese Form der Entscheidung selten vor).

[3] Diesen Weg wird er vor allem dann wählen, falls gegen das streitige Urteil kein Rechtsmittel statthaft ist, also wenn z. B. gemäß § 511 II ZPO weder die Berufungssumme von 600,– € erreicht noch die Berufung vom AG zugelassen ist (dann ist das erstinstanzielle Urteil des AG mit Erlaß rechtskräftig und nicht anfechtbar).

II. Säumnis?

300 Sie liegt auch dann vor, wenn im *Anwaltsprozeß* die Partei ohne einen Rechtsanwalt erscheint (o. Rn. 159 nach Fn. 21). Säumig ist eine Partei auch, die zwar erscheint, aber sich nicht am Verfahrensgeschehen beteiligt (d.h. nicht verhandelt: §§ 333f. ZPO). Bei notwendiger Streitgenossenschaft (o. Rn. 94ff.) vertritt der „fleißige" Streitgenosse den säumigen (§ 62 I ZPO).

III. Ordnungsgemäße Ladung?

301 Einer Partei kann man ihre Säumnis nicht anlasten, wenn sie vom Termin nichts wußte. Deshalb muß geprüft werden, ob sie ordnungsgemäß geladen worden ist (§ 335 I Nr. 2 ZPO), insbesondere ob die Zustellung wirksam erfolgt ist. Liegt keine wirksame Zustellung vor, muß untersucht werden, ob die Möglichkeit des § 218 ZPO (Terminsbestimmung in verkündeter Entscheidung) in Betracht kommt; denn die Verkündung des Termins in einer mündlichen Verhandlung ersetzt die Ladung[4]. Fehlt auch diese Möglichkeit, darf kein Versäumnisurteil ergehen: Dem Antrag des Beklagten (o. Rn. 299) kann deshalb nicht entsprochen werden; er ist zurückzuweisen (§ 335 ZPO).

IV. Einhaltung der Ladungsfrist?

302 Ist ordnungsgemäß geladen, muß noch die Einhaltung der Ladungsfrist geprüft werden (§ 217 ZPO). Wenn die Frist nicht gewahrt wurde, muß ebenfalls der Antrag auf Erlaß eines Versäumnisurteils zurückgewiesen werden (§ 335 I Nr. 2 ZPO).

V. Zulässigkeit der Klage

303 Liegen die soeben aufgeführten vier Voraussetzungen vor, sind nunmehr die *Sachurteilsvoraussetzungen*[5] zu prüfen. Da das Versäumnisurteil ein *Sach*urteil ist, müssen nämlich sämtliche Sachurteilsvoraussetzungen gegeben sein. Die Säumnis des Klägers ändert hieran nichts, insbesondere entbindet sie das Gericht nicht von der Prüfung der Zulässigkeit der Klage.

a) Erste Frage: Behebbarer Mangel?

304 Stellt das Gericht fest, daß eine Sachurteilsvoraussetzung fehlt, darf es nicht sogleich den Erlaß eines Versäumnisurteils ablehnen und zur Prozeßabweisung schreiten. Vielmehr muß es sich fragen, ob dieser prozessuale Mangel behoben werden kann oder nicht. Diese Frage muß

---

[4] Stein/Jonas/*Roth*, § 218 Rn. 1.

[5] Zu den Sachurteilsvoraussetzungen der Klage o. Rn. 146–229. Die prozeßhindernden Einreden werden vom Gericht nicht von Amts wegen geprüft, u. Rn. 322.

das Gericht im Interesse des erschienenen Beklagten stellen, weil eine *Sach*abweisung für den Beklagten günstiger ist als eine *Prozeß*abweisung[6].

Beispiel 104: *Klein* klagt (Beispiel 12, o. Rn. 27) gegen Sohn *Sanft* auf Feststellung des Eigentums an dem Rasenmäher. Über diese Klage ist Sohn *Sanft* so empört, daß er seinerseits am Wohnsitzgericht des *Klein* (§§ 12, 13 ZPO) gegen diesen Klage auf Feststellung erhebt, daß nicht *Klein,* sondern er (Sohn *Sanft*) der Eigentümer dieses Rasenmähers sei. In dem zweiten Prozeß kommt es schnell zu einem Termin (während im Erstverfahren der Termin noch lange aussteht); in dem Termin im Zweitprozeß ist der Kläger (Sohn *Sanft*) säumig. Der Beklagte *(Klein)* beantragt Versäumnisurteil. Das Gericht weist auf die Bedenken aus dem Gesichtspunkt der Rechtshängigkeit hin (§ 261 III Nr. 1 ZPO, o. Rn. 71): Die zweite Klage habe denselben Streitgegenstand wie die erste Klage (kontradiktorisches Gegenteil, o. Rn. 71) und sei deshalb unzulässig, es sei denn, der hiesige Beklagte *(Klein)* nehme seine eigene Klage bei dem anderen Gericht zurück (§ 269 III 1 ZPO). Wenn jetzt *Klein* erklärt, er werde seine dortige Klage zurücknehmen, zeichnet sich für das Zweitgericht ab, daß der Mangel der Rechtshängigkeit beseitigt werden kann: Also liegt in diesem Augenblick ein *behebbarer* Zulässigkeitsmangel vor. Das Gericht wird deshalb keine *Prozeßabweisung* vornehmen. Bevor die erste Klage aber nicht bei dem dortigen Gericht zurückgenommen ist, darf das Gericht *kein Versäumnisurteil* erlassen. Es wird daher den Antrag des *Klein* auf Erlaß eines Versäumnisurteils gemäß § 335 I Nr. 1 ZPO zurückweisen und die Verhandlung unter Bestimmung eines neuen Termins vertagen.

b) Zweite Frage: Nichtbehebbarer Mangel?

305 Anders ist es, wenn sich zeigt, daß der Zulässigkeitsmangel nicht behoben wird[7] oder werden kann[8]. In diesem Fall erfolgt *Prozeßabweisung der Klage* (als *unzulässig*). Dies ist kein Versäumnisurteil, sondern ein kontradiktorisches Urteil: Denn es ergeht nicht aufgrund der Säumnis des *Klägers,* sondern *aufgrund des Fehlens einer Sachurteilsvoraussetzung* („*trotz Säumnis* des Klägers").

Mit einer solchen Entscheidung endet übrigens in aller Regel ein Termin, wenn ihm eine Konstellation zugrundeliegt, wie sie soeben im Beispiel 104 geschildert wurde. Denn in den meisten Fällen wird sich der erschienene Beklagte *(Klein) nicht zur Zurücknahme* seiner eigenen Klage vor dem anderen Gericht *entschließen.* Gegen eine Zurücknahme wird er sich vor allem entscheiden, wenn im dortigen Prozeß schon ein Anwalt für den Beklagten (Sohn *Sanft*) tätig geworden ist. Denn infolge der Klagezurücknahme müßte *Klein* diese *Anwaltskosten* bezahlen (§ 269 III 2 ZPO). Aber auch

---

[6] Zur Rechtskraft des Prozeßurteils und zur Präjudizierung durch ein Prozeßurteil o. Rn. 227 mit Fn. 1.

[7] Maßgebend ist das Verhalten der erschienenen Partei (hier also des *Beklagten*). Da eine Sachentscheidung in deren Interesse liegt, ist es ihr anheimgestellt, ob sie einen behebbaren Mangel beseitigt, um den Weg zu einer Sachentscheidung freizumachen. Gelingt es ihr nicht oder will sie es nicht, muß der Mangel als nicht mehr behebbar angesehen werden. Das Gericht geht dann von der Unzulässigkeit der Klage aus.

[8] Zu den von der erschienenen Partei nicht zu behebenden Mängeln gehören alle Hindernisse, die einer Klage auf Dauer entgegenstehen, z. B. *Rechtskraft, internationale Unzuständigkeit, fehlende deutsche Gerichtsbarkeit, mangelnde Parteifähigkeit.*

ohne die Bestellung eines Gegenanwalts ist *Klein* bei einer Klagezurücknahme mit den *Gerichtskosten* belastet, so daß er sich nur unter besonderen Voraussetzungen zur Zurücknahme seiner Klage entschließen wird.

An eine *Prozeß*abweisung bei Säumnis des *Klägers* knüpfen sich beliebte Examensfragen: Welches Rechtsmittel ist gegen das Urteil gegeben? Berufung (§ 511 ZPO), nicht Einspruch[9]! Kann es der Kläger angreifen, auch wenn er prozeßunfähig ist? Ja, weil er für das Verfahren als prozeßfähig angesehen wird[10]. Kann das abweisende Urteil auch der Beklagte angreifen? Ja, weil er kein Sachurteil erhalten hat[11]. Welches Rechtsmittel ist gegeben, wenn das Gericht dieses Urteil als „Versäumnisurteil" bezeichnet? Einspruch oder Berufung? *Antwort:* Beides: Es gilt die *Meistbegünstigungstheorie*[12]: Der Kläger kann *entweder* Einspruch *oder* Berufung einlegen.

VI. Keine Prüfung der „Begründetheit der Klage" bei Klägersäumnis

Wenn sich bei der Untersuchung der Voraussetzungen für ein Versäumnisurteil (o. Rn. 299–302) und der Zulässigkeit der Klage (o. Rn. 303) keine Mängel gezeigt haben, ist auf die Begründetheit der Klage einzugehen. *Jetzt bewirkt die Säumnis des Klägers die Sachabweisung.* Es ergeht Versäumnisurteil, das auf Abweisung der Klage (als unbegründet) lautet, ohne daß die „Begründetheit" überhaupt geprüft wird (u. Fn. 14). 306

---

[9] Zur Anfechtung des „unechten Versäumnisurteils", das gerade kein Versäumnisurteil ist, *Rosenberg/Schwab/Gottwald,* § 104 Rn. 38ff., 48f., 54f; Musielak/*Stadler,* Rn. 11 u. 13 vor § 330.

[10] Im Streit um die Prozeßfähigkeit (§ 51 ZPO; dazu bereits o. Rn. 158) ist der Prozeßunfähige prozeßfähig: *Rosenberg/Schwab/Gottwald,* § 43 Rn. 42f.; *BGHZ* 24, 91 (94); grundlegend zur Prozeßfähigkeit bei Erlöschen eines rechtsfähigen Vereins: *BGHZ* 74, 212.

[11] Dies ist ein Problem der *Beschwer,* die für die Rechtsmittel der Berufung und der Revision erforderlich ist (hierzu schon oben Rn. 59 Fn. 3). Während sie beim Kläger als *„formelle Beschwer"* auftritt und die Divergenz zwischen Klageantrag und Urteilsinhalt bedeutet, liegt sie beim Beklagten vor, wenn er nicht das „Optimum" des Prozesses erhalten hat *(„materielle" Beschwer).* Die optimale Entscheidung wäre für den Beklagten das (abweisende) Sachurteil. Deshalb ist er beschwert, wenn lediglich eine Prozeßabweisung erfolgt. Zu den Streitfragen der Beschwer näher: *Thomas/Putzo,* Vorbemerkung vor § 511 Rn. 16ff.; *Rosenberg/Schwab/Gottwald,* § 134 Rn. 7–25.

[12] Die Meistbegünstigungstheorie löst die Fragen der *„inkorrekten" Entscheidungen.* Dies sind Verlautbarungsmängel des Gerichts, etwa auch, wenn es ein Urteil als „Beschluß" bezeichnet. Näher zur Anfechtung inkorrekter Entscheidungen und zur Meistbegünstigungstheorie: *Thomas/Putzo,* Vorbemerkung vor § 511 Rn. 6ff.; *Rosenberg/Schwab/Gottwald,* § 133 Rn. 8–17; Stein/Jonas/*Grunsky,* Allg. Einleitung vor § 511 Anm. III, Rn. 23–43. Aus der Rechtsprechung: *BGHZ* 98, 362 (364f.) = JR 1987, 194 (mit Anm. *Rimmelspacher*); *BGH* NJW-RR 2003, 277. Zur Anwendbarkeit der Meistbegünstigungstheorie auf § 321a ZPO vgl. *BGH* NJW 2004, 1598 und *Althammer/Löhnig,* NJW 2004, 1567ff.

Zwei Fehlerquellen gibt es hierbei:

a) Erste Fehlerquelle: Ausnahmeregelungen: Manche Bearbeiter übersehen, daß in gewissen Verfahren die gerichtliche Entscheidung anders lautet: Nach § 632 IV ZPO tritt bei Säumnis des Klägers im Verfahren auf Feststellung des Bestehens oder Nichtbestehens der Ehe die Fiktion der Klagezurücknahme ein. Dasselbe gilt bei Kindschaftssachen (sehr wichtig: § 640 I ZPO) sowie bei der Widerspruchsklage gegen den Verteilungsplan (§ 881 ZPO). Der Sinn dieser Ausnahmen liegt darin, daß die Säumnis des Klägers gerade nicht zu einem Sachurteil führen soll und damit die Feststellungswirkung dieses Sachurteils vermieden wird[13]. Für die *Ehescheidungsklage* gilt aber diese Ausnahme nicht. Dort ist nur das Versäumnisurteil gegen den *Beklagten* (§ 612 IV ZPO) untersagt, aber nicht gegen den *Kläger!*

b) Zweite Fehlerquelle: Unterschiede der Säumnis: Viele Bearbeiter stellen eine „Schlüssigkeitsprüfung" an. Sie verwechseln die Säumnis des *Klägers*[14] mit der Säumnis des *Beklagten.* Nur bei Säumnis des Beklagten ist eine solche Prüfung erforderlich, siehe sogleich Rn. 311 f.

§ 61. Säumnis des Beklagten im Prozeß (§ 331 ZPO)

Literatur: Verzeichnis der abgekürzt zitierten Literatur (S. XXIII) sowie die Literaturnachweise zu § 60 und *K. Schreiber,* Das Versäumnisverfahren gegen den Beklagten, Jura 2000, 276–278; *A. Stoffel/I. Strauch,* Versäumnisurteil gegen den Beklagten im schriftlichen Verfahren nach Verteidigungsanzeige?, NJW 1997, 2372–2372.

307 Die Prüfung bei Säumnis des Beklagten folgt im wesentlichen denselben Grundsätzen wie bei der Klägersäumnis. Zu unterscheiden ist jedoch, ob die Säumnis in einem *Termin zur mündlichen Verhandlung* eintrat (sogleich Rn. 308 ff.) oder während des *schriftlichen Vorverfahrens* (u. Rn. 314).

I. Säumnis des Beklagten in einem Termin zur mündlichen Verhandlung

1. Antrag des Klägers

308 Der Antrag des Klägers auf Erlaß eines Versäumnisurteils muß im Termin gestellt werden (wie oben Rn. 299).

---

[13] Die Abweisung der Feststellungsklage bewirkt normalerweise die Feststellung des kontradiktorischen Gegenteils, Stein/Jonas/*Schumann,* § 256 Rn. 167. Auf diese Weise könnte z. B. das Ehescheidungsverfahren prozeßordnungswidrig dadurch umgangen werden, daß ein Ehemann gegen seine Frau auf Feststellung der Ehe klagt und im Termin säumig ist: Ohne § 632 IV ZPO würde mit der Abweisung der Feststellungsklage des Ehemannes das kontradiktorische Gegenteil festgestellt sein, nämlich das Nichtbestehen der Ehe!

[14] Für eine Schlüssigkeitsprüfung ist bei Säumnis des *Klägers* kein Raum. Da der säumige Kläger seinen eigenen Prozeß nicht betreibt und daher sein Vorbringen nicht berücksichtigt wird, ist es unerheblich, ob das angekündigte Vorbringen schlüssig war oder nicht. – Das die Klage abweisende Versäumnisurteil hat die gleiche Rechtskraftwirkung wie jedes andere abweisende Sachurteil, vgl. das lehrreiche Beispiel in *BGHZ* 35, 338. Dort ließ der Kläger ein seine Feststellungsklage abweisendes Versäumnisurteil rechtskräftig werden. Im nachfolgenden Leistungsprozeß versperrte ihm dieses Versäumnisurteil den Erfolg.

2. Säumnis des Beklagten

Die Säumnis des Beklagten muß gegeben sein (wie oben Rn. 300).

3. Ordnungsgemäße Ladung

Der Beklagte muß zum Termin ordnungsgemäß geladen sein (wie oben Rn. 301). Auch hier kann dem Antrag auf Erlaß des Versäumnisurteils nicht entsprochen werden, wenn der Beklagte nicht ordnungsgemäß geladen worden ist oder der neue Termin nicht wenigstens in der vorhergegangenen mündlichen Verhandlung verkündet (§ 218 ZPO) wurde.

4. Ladungsfrist

Auch bei Säumnis des Beklagten ist die Einhaltung der Ladungsfrist zu beachten (wie oben Rn. 302).

5. Einlassungsfrist

Ist die Ladungsfrist eingehalten, muß ferner noch geprüft werden, ob auch die Einlassungsfrist (§ 274 III ZPO) gewahrt ist.

Ladungsfrist ist nämlich nur derjenige Mindestzeitraum, der zwischen der Zustellung der Ladung zu einem Termin und dem Termin liegt, während die *Einlassungsfrist* den Zeitraum zwischen der Zustellung der Klageschrift und dem Termin betrifft. Ladungsfristen gelten sowohl für den *Kläger* als auch für den *Beklagten;* die Einlassungsfrist gibt es hingegen immer *nur zugunsten des Beklagten,* weshalb sie nicht bei Säumnis des Klägers, aber immer bei Säumnis des Beklagten zu prüfen ist. Ladungsfristen bestehen, um beiden Parteien eine Terminplanung und das rechtzeitige Erscheinen im Termin zu ermöglichen; Einlassungsfristen dienen der sachlichen Vorbereitung des Beklagten auf die Klage.

Beispiel 105: Der Beklagte *Schnell* erhält am Montag zugestellt: die Klage des *Arm* sowie Ladung zum Termin am Freitag derselben Woche vor dem *AG München.*

Frage: Darf gegen *Schnell* Versäumnisurteil ergehen, wenn er am Freitag nicht vor dem *AG München* erscheint?

Antwort: Nein.

Begründung:

(a) Die *Ladungsfrist* des § 217 ZPO ist gewahrt. Sie beträgt, da kein Anwaltsprozeß vorliegt, *drei Tage.* Bei der Berechnung dieser „Zwischenfrist" werden Zustellungstag (Montag) und Terminstag (Freitag) nicht mitgerechnet. Übrig bleiben Dienstag, Mittwoch, Donnerstag; also ist die Ladungsfrist eingehalten worden.

(b) Die *Einlassungsfrist* des § 274 III 1 ZPO beträgt bei amts- wie bei landgerichtlichen Prozessen grundsätzlich *zwei Wochen.* Bei der Berechnung wird der Zustellungstag (Montag) nicht mitgerechnet. Die zweiwöchige Einlassungsfrist beginnt hier somit am folgenden Dienstag zu laufen und endet am Montag in zwei Wochen um 24.00 Uhr (§ 222 ZPO, §§ 187, 188 BGB). Ein Verhandlungstermin wäre deshalb frühestens am Dienstag in zwei Wochen möglich. Da der Termin bereits auf den folgenden Freitag anberaumt wurde, ist die Einlassungsfrist nicht eingehalten. Somit muß der Antrag des Klägers auf Erlaß des Versäumnisurteils zurückgewiesen werden (§ 335 I Nr. 3 ZPO).

Im Versäumnisverfahren ist ferner wichtig, daß die Nichteinhaltung von Ladungsfristen unter eine *andere* Bestimmung fällt als die Nichteinhaltung der Einlassungsfrist. **309**

Ist die *Ladungsfrist* nicht gewahrt, gilt § 335 I Nr. 2 ZPO (o. Rn. 302). Wenn jedoch die *Einlassungsfrist* nicht beachtet wurde, ist § 335 I Nr. 3 ZPO maßgeblich; diese Bestimmung kann grundsätzlich nur bei Säumnis des Beklagten eingreifen. Nur bei ihm läuft ja die Einlassungsfrist und nur bei ihm kommt es zu einer Schlüssigkeitsprüfung.

Ist die Einlassungsfrist des § 274 III ZPO auf die ursprüngliche Klage gewahrt, hat aber der Kläger (z. B. durch Klageerweiterung, o. Rn. 246 sub (1) und (2)) einen *neuen Antrag* gestellt, ist die Frist des § 132 ZPO zu beachten, u. Beispiel 108 (Rn. 312).

6. Zulässigkeit der Klage

310 Die Zulässigkeit der Klage (o. Rn. 303 ff.) wird im Anschluß an die Fristen geprüft. Auch hier muß das Gericht trotz der Säumnis des Beklagten diejenigen Sachurteilsvoraussetzungen untersuchen, die von Amts wegen zu prüfen sind (wie o. Rn. 303 Fn. 5). Von besonderer Wichtigkeit ist der Satz 2 des § 331 I ZPO. Auch wenn der Kläger Tatsachen behauptet, aus denen sich die sachliche, örtliche oder internationale Zuständigkeit des Gerichts auf Grund einer Parteivereinbarung ergibt, gelten diese Tatsachen nicht als durch die Säumnis des Beklagten zugestanden. *Solche* (aber auch nur diese) *Tatsachen bedürfen also trotz der Säumnis des Beklagten des Beweises*[1].

Ergibt sich im Rahmen der Zulässigkeitsprüfung der Klage ein Mangel, kommt es auch bei der Säumnis des Beklagten zu denselben beiden Fragestellungen wie oben in Rn. 304 f.:

a) Erste Frage: Behebbarer Mangel?

Liegt ein behebbarer Mangel vor, ist der Antrag auf Erlaß des Versäumnisurteils zurückzuweisen (§ 335 I Nr. 1 ZPO). Diese Entscheidung liegt im Interesse des erschienenen Klägers, weil er sonst mit Prozeßurteil abgewiesen werden müßte.

Als behebbarer Mangel ist z. B. auch die Unklarheit über das Vorliegen einer Sachurteilsvoraussetzung anzusehen, falls die erschienene Partei (hier: der Kläger) den Nachweis über deren Vorliegen im Termin nicht zu bringen vermag, z. B. wenn der Kläger *Jung* erschienen, der Beklagte säumig ist und das Gericht bezweifelt, ob *Jung* schon volljährig und damit prozeßfähig ist (o. Rn. 158). Da *Jung* keinen Ausweis bei sich hat und auch sonst nicht in der Lage ist, das *AG* von seiner Volljährigkeit zu überzeugen, wird das Gericht seinen Antrag auf Erlaß eines Versäumnisurteils gegen den Beklagten zurückweisen. In solch einem Fall wäre eine Prozeßabweisung des *AG*, weil *Jung* seine Prozeßfähigkeit nicht habe beweisen können, der sichtbar falsche Weg.

b) Zweite Frage: Nichtbehebbarer Mangel?

In diesem Fall erfolgt die Abweisung der Klage als unzulässig durch Prozeßurteil. *Auch dieses Urteil ist kein Versäumnisurteil*, sondern ein kontradiktorisches Urteil. Es ergeht, obwohl der Kläger anwesend und obwohl der Beklagte säumig ist („*trotz Säumnis* des Beklagten“); es be-

---

[1] *Thomas/Putzo*, § 331 Rn. 3; Zöller/*Herget*, § 331 Rn. 6.

endet die Instanz und kann *nicht mit Einspruch*, sondern nur durch *Berufung* (§ 511 ZPO) angegriffen werden.

Beispiel 106: *Zeiger* hat (vgl. Beispiel 103, o. Rn. 295) gegen *Schön* den Prozeß verloren, weil *Frosch* nicht im Namen des *Schön* handelte. Das Urteil ist rechtskräftig. Als *Zeiger* erfährt, daß *Schön* für einige Monate auf Weltreise unterwegs ist, probiert er es nochmals und reicht Klage gegen *Schön* ein. Im frühen ersten Termin (§ 275 ZPO) ist *Schön* säumig, obwohl er ordnungsgemäß durch Ersatzzustellung (§ 178 I Nr. 1 ZPO) an seine Frau geladen ist. *Zeiger* beantragt den Erlaß eines Versäumnisurteils gegen *Schön* (§ 331 ZPO). Richter am *AG Eifrig* entsinnt sich aber des früheren Prozesses und stellt durch eine Rückfrage[2] bei der Geschäftsstelle fest, daß die Sache schon rechtskräftig entschieden ist (§§ 322, 325 ZPO).

Folge: Abweisung der Klage durch Prozeßurteil als unzulässig.

Auch bei diesem Prozeßurteil *trotz Säumnis des Beklagten* ergeben sich immer wieder dieselben Probleme wie bei der Prozeßabweisung trotz Säumnis des Klägers (o. Rn. 305 a.E.).

7. „Schlüssigkeit der Klage" (§ 331 I, II ZPO)

Erst wenn sich gegen den Erlaß eines Versäumnisurteils und gegen die Zulässigkeit der Klage keine Bedenken ergeben, kann die Klage nunmehr *sachlich* geprüft werden. Dabei geht es *nur* um die Prüfung, ob die tatsächlichen Behauptungen des Klägers den Klageantrag rechtfertigen, d.h. nur um die *Schlüssigkeit der Klage*, nicht um ihre Begründetheit. Deshalb muß stets von der „Schlüssigkeit" der Klage oder von der „Schlüssigkeitsprüfung" gesprochen werden; die Ausdrücke „Begründetheit" oder „begründet" sind zu vermeiden.

a) Erster Problemkreis: Fehlende Schlüssigkeit der Klage (§ 331 II 2. Alt. ZPO)

Nur bei Säumnis des Beklagten und auch nur, wenn Antrag und Erlaß **311**
des Versäumnisurteils durch den Kläger sowie Säumnis des Beklagten trotz ordnungsgemäßer Ladung unter Einhaltung der Ladungs- und Einlassungsfrist und die Sachurteilsvoraussetzungen vorliegen, kommt es zur *Schlüssigkeitsprüfung:* Es wird die vom Kläger in der Klage beantragte Rechtsfolge daraufhin geprüft, ob sie sich aus dem Gesetz ergibt, wobei unterstellt wird, daß die vom Kläger vorgetragenen Tatsachen richtig sind. Die ZPO kleidet dies in die Form der Fiktion des Zugestehens des tatsächlichen Vorbringens des Klägers. Es ist zu verfahren, *als ob* der Beklagte die tatsächlichen klägerischen Behauptungen nicht be-

---

[2] *Von Amts wegen!* Nach h.M. bewirkt die rechtskräftige Entscheidung derselben Sache zwischen denselben Parteien die Unzulässigkeit der Klage („ne bis in idem"). Die Rechtskraftwirkung ist von Amts wegen (auch ohne „Einrede" eines Beteiligten, insbesondere des Beklagten) zu beachten. Deshalb konnte der Richter von sich aus tätig werden. Zur Prüfung „von Amts wegen" o. Rn. 157 Fn. 13.

stritten hätte[3]. Welche typischen Fragen sich hierbei ergeben, wird näher u. Rn. 315ff. dargestellt.

Beispiel 107: (vgl. Beispiel 12, o. Rn. 27): *Klein* verlangt von Sohn *Sanft* die Herausgabe des Rasenmähers (§ 985 BGB) und trägt hierzu vor, daß der Rasenmäher der unmittelbaren Besitzerin abhanden gekommen sei (§ 935 I BGB). Von der Besitzdienerin, Frau *Saubermann,* (§ 855 BGB) habe er, *Klein,* den Erlös verlangt (§ 816 I 1 BGB), aber nur einen Bruchteil erhalten. Deshalb müsse er jetzt doch noch auf seinem Herausgabeanspruch gegen Sohn *Sanft* beharren. Im Termin ist der ordnungsgemäß geladene Sohn *Sanft* säumig. *Klein* beantragt Versäumnisurteil.

Frage: Wie wird das Gericht entscheiden?

Antwort: Es erfolgt Sachabweisung der Klage. Die Klage ist unschlüssig. *Klein* hat die schwebend unwirksame Verfügung der nichtberechtigten Frau *Saubermann* dadurch nach § 185 II 1 [1. Variante] BGB genehmigt, daß er von ihr den Erlös verlangte[4]. Selbst wenn er überhaupt nichts von dem Erlangten erhalten hätte, ist durch die Genehmigung des *Klein* der Vater *Sanft* Eigentümer geworden. Dessen schwebend unwirksame Verfügung ist nach § 185 II 1 [2. Variante: Erwerb des Gegenstandes] BGB seinerseits wirksam geworden. Sohn *Sanft* ist *Eigentümer.* Selbst die vom Kläger vorgetragenen Tatsachen unterstellt, fehlt der Klage die Schlüssigkeit.

Folge: Es muß *trotz Säumnis des Beklagten* eine Sachabweisung erfolgen.

Das wegen Unschlüssigkeit ergehende Sachurteil ist *kein Versäumnisurteil,* sondern streitiges Endurteil. Deshalb ist auch kein Einspruch statthaft, obwohl es im Versäumnisverfahren erging, sondern Berufung (§ 511 ZPO). Im übrigen kommt es zu ähnlichen Problemen, wie o. Rn. 305 bei Fußn. 9 dargestellt.

b) Zweiter Problemkreis: Schlüssigkeit der Klage (§ 331 II 1. Alt. ZPO)

312 Einen anderen Fortgang nimmt das Verfahren, wenn die Prüfung des Klageantrags ergibt, daß die Klage schlüssig ist. Es ist aber ein Fehler, wenn der Bearbeiter hier *sofort* zur Verurteilung des Beklagten kommt. Ein Versäumnisurteil darf nur dann ergehen, wenn die Klage *rechtzeitig* (vgl. § 132 ZPO) schlüssig gemacht worden ist.

Beispiel 108: Uhrmacher *Zeiger* klagt gegen Frau *Gold* auf Herausgabe der an sie unter Eigentumsvorbehalt (§§ 929, 158 I, §§ 433, 449 BGB) verkauften Uhr. Am Tag vor dem Termin „ergänzt" er seine Klage dahin, daß er wegen zweier ausstehender Raten vom Vertrag zurückgetreten sei (§§ 449, 286, 346 BGB). Im Termin erscheint Frau *Gold* nicht. *Zeiger* beantragt Versäumnisurteil.

Frage: Wie wird das Gericht entscheiden?

Antwort: Die Klage ist schlüssig; deshalb kann keine Sachabweisung nach § 331 II 2. Alt. ZPO ergehen. Nach dem Rücktritt vom Kaufvertrag kann *Zeiger* gegen Frau *Gold* dinglich vorgehen[5]. Aber die Schlüssigkeit ist verspätet (§ 132 ZPO) hergestellt worden. Die Klage war unschlüssig, weil ein dingliches Vorgehen bei Weiterbestehen

---

[3] Freilich gilt auch hier, daß nicht alles zugestanden werden kann: Zur Grenze o. Rn. 289 Fn. 14 und Rn. 290 Fn. 9. Zu dieser Problematik besonders auch beim Anerkenntnis- und Verzichtsurteil: Stein/Jonas/*Leipold,* § 306 Rn. 7ff., § 307 Rn. 22ff.

[4] Oben Rn. 291 Fn. 13.

[5] Aber nicht vorher! Vgl. *BGHZ* 54, 214–222.

des Kaufvertrages unzulässig ist[6]. Durch die Ergänzung des Vortrages, daß *Zeiger* zurückgetreten sei, ist die Schlüssigkeit zwar erreicht, aber dies ist zu spät geschehen (§ 335 I Nr. 3 ZPO).

Folge: Zurückweisung des Antrags auf Erlaß eines Versäumnisurteils (§ 335 ZPO)[7].

Zusatzfrage: Warum hat das Gericht hinsichtlich der Klageergänzung nicht die Frist des § 274 III ZPO einzuhalten?

Zusatzantwort: Die Einlassungsfrist ist der Zeitraum zwischen der Zustellung der Klage an den Beklagten und dem *ersten* Termin zur mündlichen Verhandlung. Für neue Tatsachen und neue Anträge (z.B. Klageänderung, Klageerweiterung), die nach Klagezustellung vorgetragen werden, gilt nur noch die Frist des § 132 ZPO.

Die „verspätete Schlüssigkeit" ist Anlaß häufiger Fehler. Manche Bearbeiter kommen in solchen Fällen zur Klageabweisung – aber eine schlüssige Klage darf bei Säumnis des Beklagten nicht abgewiesen werden: § 331 II 1. Alt. ZPO. Andere Bearbeiter verurteilen den Beklagten, aber auch dies ist unzutreffend, weil der Beklagte aufgrund der Klageschrift mit der Abweisung als unschlüssig rechnen durfte und deshalb „zu Hause" bleiben konnte! Richtig ist allein die Zurückweisung des Antrags nach § 335 I Nr. 3 ZPO. Nur wenn die Klage schlüssig ist *und* wenn die Schlüssigkeit rechtzeitig bestand, ergeht somit das Versäumnisurteil gegen den Beklagten.

8. Ausschluß des Versäumnisurteils

Wie bei der Klägersäumnis muß daran gedacht werden, daß in einzelnen Fällen trotz **313**
Schlüssigkeit kein Versäumnisurteil ergehen darf (o. Rn. 306 sub a), z.B. im Ehescheidungsstreit gegen den Beklagten (§ 612 IV ZPO) sowie in Kindschaftssachen (§ 640 I ZPO)[8].

---

[6] Jedenfalls, soweit man der soeben dargestellten (nicht unbestrittenen) Meinung des *BGH* folgt. Grund: Die schuldrechtliche Bindung der Parteien darf nicht durch den Herausgabeanspruch des § 985 BGB „unterlaufen" werden. Stimmt man allerdings dieser Meinung nicht zu, war die Klage von vornherein schlüssig!

[7] In der Praxis wird das Gericht nach § 139 ZPO (o. Rn. 31 Fn. 3 a.E. und Rn. 49 Fn. 2) auf diesen Mangel hinweisen und der Kläger wird deshalb regelmäßig nicht den Antrag auf Erlaß eines Versäumnisurteils stellen, sondern Vertagung beantragen.

[8] Ein häufiger Fehler ist bei dieser Fallgruppe die Ansicht, daß wegen der Säumnis eine Klagezurücknahme vorliege. Dies ist eine gedankenlose Übertragung der Grundsätze der *Klägersäumnis* (o. Rn. 306 sub b) in diesen Angelegenheiten auf die Säumnis des *Beklagten.* Während man bei Säumnis des *Klägers* davon ausgehen kann, daß er den Rechtsstreit nicht weiter verfolgen will, ist dies bei Säumnis des *Beklagten* und bei Erscheinen des Klägers nicht möglich. Hier muß das Gericht vielmehr von Amts wegen über die vom Kläger behaupteten Tatsachen befinden. Letztlich liegt der Ausschluß des Versäumnisurteils gegen den *Beklagten* in diesen Angelegenheiten daran, daß bei ihnen der Untersuchungsgrundsatz (o. Rn. 289) gilt, nicht aber die Verhandlungsmaxime. Deshalb kann auch die Säumnis des Beklagten nicht die Geständniswirkung haben, die sie normalerweise bei § 331 I ZPO hat.

II. Voraussetzungen für den Erlaß eines Versäumnisurteils bei „Säumnis“ des Beklagten im schriftlichen Vorverfahren

314 Der Untätigkeit des Beklagten im schriftlichen Vorverfahren (zu ihm o. Rn. 138ff., 141) begegnet die ZPO ebenfalls mit einem Versäumnisurteil (§ 331 III ZPO).

1. Der *Antrag des Klägers* auf Erlaß des Versäumnisurteils muß vorliegen; er wird üblicherweise *schon in der Klageschrift* gestellt (vgl. § 331 III 2 ZPO). Wurde kein entsprechender Antrag gestellt, wird Termin zur mündlichen Verhandlung anberaumt (§ 272 III ZPO).
2. Die *„Säumnis“* des Beklagten muß eingetreten sein. Im schriftlichen Vorverfahren ist der Beklagte bereits säumig, wenn er nicht innerhalb der zweiwöchigen Notfrist (§ 276 I 1 ZPO) schriftlich seine Verteidigungsabsicht anzeigt (o. Rn. 139 sub 2., 141). Schon diese Anzeige, die von der Klageerwiderung (§ 276 I 2, § 277 ZPO) zu unterscheiden ist, muß im *Anwaltsprozeß* durch einen Rechtsanwalt erfolgen.
3. Die *Notfrist* des § 276 I 1 ZPO muß *bestimmt* worden und die *Belehrungen* gemäß § 276 II ZPO (o. Rn. 139 sub 3.) müssen erfolgt sein. Wurde diese Frist vom Richter nicht bestimmt oder unterblieben die notwendigen Belehrungen[9], so darf kein Versäumnisurteil gegen den Beklagten ergehen (§ 335 I Nr. 4 ZPO). Das Gericht kann hier in zweierlei Weise vorgehen[10]. *Entweder* kann es die unterlassenen Handlungen von Amts wegen nachholen und damit diese Mängel beseitigen *oder* den Antrag auf Versäumnisurteil durch Beschluß zurückweisen und Termin zur mündlichen Verhandlung anberaumen.
4. Die soeben genannte *Notfrist* muß *abgelaufen* sein. Im schriftlichen Vorverfahren entspricht der Einlassungsfrist die Notfrist zur schriftlichen Anzeige der Verteidigungsabsicht. Diese Notfrist beträgt zwei Wochen (§ 276 I 1 ZPO) und kann weder durch Parteivereinbarung noch durch das Gericht verkürzt werden (§ 224 I und II ZPO). Vor Ablauf der Frist darf ein Versäumnisurteil nicht ergehen.
5. Für die *Prüfung der Zulässigkeit* der Klage sind dieselben Gesichtspunkte zu beachten, die im ersten Absatz der Rn. 310 dargestellt wurden.
6. Zeigen sich jedoch *Zulässigkeitsmängel,* kann nicht etwa genauso wie in einem Termin verfahren werden. Ein *prozeßabweisendes Urteil* ist *im schriftlichen Vorverfahren* unzulässig[11]. *Erstens* wäre es gar kein

[9] Im Amtsgerichtsprozeß ist die Belehrung über die Notwendigkeit der Rechtsanwaltsbestellung (§ 276 II ZPO) nicht nötig (arg. §§ 495, 78 ZPO).

[10] Stein/Jonas/*Grunsky,* § 335 Rn. 21.

[11] Stein/Jonas/*Grunsky,* § 331 Rn. 66ff.; *Rosenberg/Schwab/Gottwald,* § 104 Rn. 43; Zöller/*Herget,* § 331 Rn. 13; *OLG Nürnberg* NJW 1980, 460; *OLG Brandenburg* NJW-RR 1999, 939. Anderer Ansicht sind *Jauernig,* ZPR, § 66 III 4; *Baumbach/Lauterbach/Albers/Hartmann* § 331 Rn. 24 m.w. Nachw.; *OLG Celle* NJW 1980, 2140; *OLG Brandenburg* MDR 1997, 1158.

Versäumnisurteil (o. Rn. 310 sub b), sondern ein kontradiktorisches Endurteil. *Zweitens* verlangt die ZPO für derartige instanzbeendende Urteile die mündliche Verhandlung (§ 128 I ZPO). *Drittens* würde es gegen das Recht auf Gehör (Art. 103 I GG) verstoßen, falls ein Kläger verurteilt werden könnte, ohne daß ihm vorher Gelegenheit zur Stellungnahme in einer mündlichen Verhandlung und damit die Möglichkeit zur Heilung des prozessualen Mangels gegeben wurde. Wenn also im Falle der „Säumnis" des Beklagten im schriftlichen Vorverfahren eine Prozeßvoraussetzung fehlt, muß vielmehr Termin zur mündlichen Verhandlung bestimmt werden[12].

7. *Schlüssigkeit der Klage* (§ 331 II 1. Alt. ZPO). Auch im schriftlichen Vorverfahren ist dieselbe Prüfung vorzunehmen, wie sie in Rn. 311f. dargestellt ist.
   Jedoch darf bei *fehlender Schlüssigkeit der Klage* (o. Rn. 311) aus denselben Überlegungen wie bei der Unzulässigkeit der Klage (soeben 6.) kein schriftliches „Versäumnisurteil" (d.h. ein kontradiktorisches, die Klage sachlich abweisendes Urteil) gegen den Kläger ergehen; es muß Termin zur mündlichen Verhandlung bestimmt werden.
8. *Ausschluß des schriftlichen Vorverfahrens und des Versäumnisurteils:* Zu beachten ist noch, daß in *Ehe- und Kindschaftssachen* sowie im arbeitsgerichtlichen Verfahren das schriftliche Vorverfahren nicht angewendet werden darf (§ 611 II, § 640 I ZPO; § 46 II 2 ArbGG).

III. Typische Fragen zur Schlüssigkeitsprüfung

1. Drei Fehlergruppen

Ein Versäumnisurteil gegen den Beklagten darf nur ergehen, wenn die Klage *schlüssig* ist (o. Rn. 311f.). An diese Voraussetzung knüpfen sich beliebte Examensfragen: **315**

a) Ist die Klage als schlüssig anzusehen, wenn der *Beklagte* in einem *Schriftsatz* bestimmte Tatsachen *bestritt,* die der Kläger behauptet hatte (wenn *Schnell* im Beispiel 1, o. Rn. 6, in seiner Klageerwiderungsschrift bestritt, den *Arm* angefahren zu haben)? **316**

Antwort: Die Klage ist schlüssig, weil es auf die schriftliche Einlassung des Beklagten nicht ankommt.

b) Ergibt sich eine andere Antwort, wenn der *Beklagte* in einem früheren *Termin* nicht säumig war und dort die betreffende Tatsache *bestritt* oder wenn sogar eine *Beweisaufnahme* stattfand, in der sich zeigte, daß der Kläger seine Behauptung nicht beweisen kann (z.B. *Schnell* war am Unfalltag im fernen Ausland)? **317**

---

[12] Um diese Situation zu vermeiden, sollte der Richter bei unzulässiger Klage von der Durchführung des schriftlichen Vorverfahrens absehen und sogleich den frühen ersten Termin (§ 272 II, § 275 ZPO) anberaumen.

Antwort: Es ändert sich an der Schlüssigkeit der Klage nichts, weil es nicht auf solche prozessuale Vorgänge ankommt, sondern weil nur auf das tatsächliche Vorbringen des Klägers (§ 331 I 1 ZPO, o. Rn. 311) abgestellt wird.

318 c) Ist die Klage schlüssig, wenn sich aus dem Vortrag des Klägers ergibt, daß dem *Beklagten* eine *Einrede* zusteht (z.B. wie im Beispiel 95, o. Rn. 241: Der Anspruch gegen *Schnell* ist verjährt), dieser sie aber noch nicht erhoben hat?

Antwort: Die Klage ist schlüssig, weil Einreden nur berücksichtigt werden, wenn sich der Betreffende auf sie beruft.

319 d) *Gesamtergebnis:* Bei Säumnis des Beklagten kann also in allen drei soeben genannten Fallgruppen ein Versäumnisurteil ergehen.

2. Der Unterschied zwischen Einreden und Einwendungen

320 Der Bearbeiter eines Prozeßrechtsfalles muß wegen der in Rn. 318 dargestellten Situation unbedingt wissen, nach welchen Gesichtspunkten das materielle Recht zwischen Einreden und Einwendungen unterscheidet[13]: *Rechtshindernde Einwände* („Der Anspruch ist nicht entstanden", z.B. wegen Nichtigkeit des Rechtsgeschäfts, § 134 oder § 138 BGB) und *rechtsvernichtende Einwände* („Der Anspruch ist untergegangen", z.B. durch Erfüllung, § 362 BGB) sind *Einwendungen* und müssen vom Gericht beachtet werden, auch wenn sich der durch sie Begünstigte nicht auf sie beruft; im Rahmen der Schlüssigkeitsprüfung sind sie daher vom Gericht zu berücksichtigen. Deshalb muß im Beispiel 107 (o. Rn. 311) Sachabweisung (und kein Versäumnisurteil) ergehen, weil der dem *Klein* zustehende Herausgabeanspruch durch seine Genehmigung untergegangen ist. Allerdings sind für das Gericht bei seiner Schlüssigkeitsprüfung nur solche Einwendungen beachtlich, die sich aus dem Vortrag des Klägers ergeben. Schriftliche oder auch mündliche Einwendungen des Beklagten (in früheren Terminen) sind unbeachtlich (o. Rn. 316f.).

321 Als *Einreden* werden die *rechtshemmenden Einwände* bezeichnet („Der Anspruch besteht, kann aber nicht durchgesetzt werden"). Hierzu gehören z.B. die *Verjährungseinrede* (§ 214 I BGB, vgl. z.B. §§ 195, 196, 197, 199, 203, 852 Satz 2 BGB, § 14 StVG, § 11 HPflG), die *Einrede des nichterfüllten Vertrags* (§ 320 BGB), das *Zurückbehaltungsrecht* (§ 273 I BGB)[14]. Ausnahmsweise müssen Einreden aber dann vom Gericht berücksichtigt werden (d.h. sie machen die Klage unschlüssig), wenn sich aus dem eigenen Vortrag des Klägers ergibt, daß sie vom Beklagten *außerhalb des Prozesses* schon erhoben worden sind; denn das Gericht ist an die durch eine solche Einrede bereits außerprozessual gestaltete Rechtslage gebunden.

322 Die im materiellen Recht klare Trennung zwischen Einwendungen und Einreden spiegelt sich in der ZPO nicht wider[15]. Sie verwendet die Begriffe „Einwendung", „Einrede" und „Einwand" gleichbedeutend (vgl. z.B. § 146, § 282 I, § 265 III, § 597,

---

[13] Zur Vertiefung: Stein/Jonas/*Leipold*, Rn. 158f. vor § 128 und § 146 Rn. 4 (zur Einrede im Sinne der ZPO); *Medicus*, Rn. 731ff.

[14] Die Einreden werden ihrerseits in zwei Gruppen geteilt: Ist der Anspruch überhaupt nicht mehr durchsetzbar, spricht man von einer *„peremptorischen Einrede"* (z.B. § 214 BGB). Kann der Anspruch nur zeitweilig nicht durchgesetzt werden, liegt eine *„dilatorische Einrede"* vor (z.B. §§ 273, 320 BGB).

[15] Auch an dieser Stelle zeigt sich der uneinheitliche Sprachgebrauch der ZPO, näher o. Rn. 75 und u. Rn. 326.

§ 767 I, II, III ZPO). Ferner unterscheidet sie nicht zwischen Einwänden des materiellen Rechts und prozessualen Einwänden (z.B. spricht § 732 ZPO von „Einwendungen“ und meint damit prozessuale Einwände [näher u. Rn. 363 Beispiel 121 und Rn. 436]). Immerhin klingt beim Begriff der *„prozeßhindernden Einrede“*[16] die Vorstellung des materiellen Rechts mit; denn solche Einreden sind – wie die materiellrechtlichen Einreden – *nur auf Einwand durch den Betreffenden* zu berücksichtigen und werden deshalb auch im Versäumnisverfahren bei der Zulässigkeitsprüfung der Klage nicht von Amts wegen berücksichtigt, und zwar weder bei der Klägersäumnis (o. Rn. 303 ff.), noch bei der Beklagtensäumnis (o. Rn. 310). – Für die Bearbeitung von Prozeßrechtsfällen sei hier der Rat wiederholt (o. Rn. 236), sich möglichst an die *Terminologie der jeweils behandelten Vorschrift* zu halten und dementsprechend von „Einwendung“, „Einrede“ oder „Einwand“ zu sprechen. Soweit eine solche Vorschrift fehlt, sollte der neutrale (farblose) Ausdruck *„Einwand“* verwendet werden, wenn eine Prozeßpartei nicht (nur) die gegnerischen Tatsachenbehauptungen bestreitet[17], sondern (auch) Tatsachen behauptet, die zur Anwendung einer (rechtshindernden, rechtsvernichtenden, rechtshemmenden) Gegennorm führen sollen. Die Einwendungen und Einreden des materiellen Rechts (o. Rn. 320 f.) lassen sich in aller Regel leicht qualifizieren und müssen deshalb auch richtig bezeichnet werden.

§ 62. Einspruch gegen das Versäumnisurteil (§§ 338 ff. ZPO)

Der Rechtsbehelf gegen das Versäumnisurteil ist der Einspruch (§ 338 **323**
ZPO). Seine Probleme wurden schon mehrfach behandelt[1]. Wichtig ist der richtige Aufbau: Zulässigkeit des Einspruchs, Zulässigkeit der Klage, Begründetheit der Klage. Ein grober Fehler wäre es also, die „Begründetheit des Einspruchs“ zu prüfen. Die Zulässigkeit des Einspruchs regelt § 341 I ZPO. Hier ist insbesondere auf die kurzen Fristen hinzuweisen: § 339 ZPO: zwei Wochen bei *LG* und *AG*, § 59 Satz 1 ArbGG: eine Woche beim *ArbG!* Die Verwendung des Begriffs „Einspruch“ in der Einspruchsschrift ist nicht erforderlich; es genügt, wenn erkennbar ist, daß der Einspruchsführer das Versäumnisurteil anfechten will[2]. Die Begründung des Einspruchs (§ 340 III ZPO) gehört nicht zur Zulässigkeit[3].

§ 63. „Technisch zweites“ Versäumnisurteil

Literatur: Verzeichnis der abgekürzt zitierten Literatur (S. XXIII), die vor § 60 angegebene Literatur sowie *J. Braun*, Zur Schlüssigkeitsprüfung im Berufungsverfahren

---

[16] Zu diesen Einreden o. Rn. 223 Fn. 6 und Nachw. in Rn. 222 Fn. 51.

[17] Niemals als „Einwand“ oder „Einrede“ darf das bloße Bestreiten der anspruchsbegründeten Tatsachen bezeichnet werden. Man spricht hier vielmehr von einem *„Klageleugnen“*, z.B. wenn *Schnell* bestreitet, den *Arm* angefahren zu haben. Die ZPO selbst ist auch hier unscharf und verwendet bisweilen den Begriff „Einwendung“ für alle Arten von Verteidigungsvorbringen. Dem sollte der Bearbeiter im Interesse einer klaren Lösung des Falles nicht folgen.

[1] Oben Rn. 129, Rn. 149 und Rn. 234 vor allem in Fn. 7.

[2] Der in § 300 StPO niedergelegte Grundsatz, daß ein Irrtum in der Bezeichnung eines zulässigen Rechtsmittels unschädlich ist, gilt auch in der ZPO, vgl. Stein/Jonas/*Schumann*, Einl. Rn. 179.

[3] *BGH* NJW 1979, 1988.

nach einem zweiten Versäumnisurteil, JZ 1995, 525–528; *ders.*, Berufung gegen das zweite Versäumnisurteil bei unschlüssiger Klage?, JZ 1999, 1157–1162; *R. Seidl*, Einspruch statt Berufung gegen gesetzwidrig ergangenes erstes Versäumnisurteil, JA 1994, 535–537; *E. Schneider*, Versäumnisurteil wegen Verspätung des Anwalts, MDR 1998, 577–581; *W. Schubert*, Keine Berufung gegen zweites Versäumnisurteil wegen fehlender Schlüssigkeit der Klage, JR 2000, 287–289; *M. Timme/F. Hülk*, Zweites Versäumnisurteil und Berufungsmöglichkeiten gemäß § 513 II ZPO, JA 2000, 788–791.

324 Da mit dem zulässigen Einspruch der Einspruchsführer eine Zurückversetzung des Prozesses in die frühere Lage (§§ 342f. ZPO) erreicht, liegt es nahe, daß eine auf Prozeßverschleppung zielende Partei durch beständige Säumnis und immer neue Einsprüche den Prozeß in die Länge zu ziehen versucht. Dem schiebt § 345 ZPO einen Riegel vor: Wenn auf ein Versäumnisurteil gegen eine Partei *ohne dazwischenliegende Verhandlung dieser Partei zur Klage* ein weiteres Versäumnisurteil gegen sie folgt, ist ein *weiterer Einspruch unzulässig.* Dann kann nur noch die Berufung helfen, jedoch lediglich mit dem Vortrag, daß im Einspruchstermin[1] keine Säumnis vorgelegen habe (§ 514 II ZPO)[2]. Ein technisch zweites Versäumnisurteil nach § 345 ZPO kann daher erlassen werden, wenn folgende Voraussetzungen vorliegen:

325 *1. Voraussetzung:* Zulässiger Einspruch (§ 341 I ZPO, o. Rn. 323).

326 *2. Voraussetzung:* Unmittelbar *aufeinanderfolgende* Säumnis des Einspruchsführers ohne dazwischenliegende Verhandlung zur Hauptsache.

Der in § 345 ZPO verwendete Begriff „zur Hauptsache verhandelt" bedeutet auch ein Verhandeln zur *Zulässigkeit der Klage.* Der Gegensatz hierzu ist nämlich ein Verhandeln nur zur *Zulässigkeit des Einspruchs* (o. Rn. 325). „Hauptsache" ist in § 345 ZPO also sowohl die Zulässigkeit (o. Rn. 303ff. und 310) als auch die Begründetheit (o. Rn. 306 und 311ff.) der Klage. Es zeigt sich abermals der unklare Sprachgebrauch der ZPO (o. Rn. 75). Mit anderen Worten: Wenn eine Partei im Einspruchstermin nur zur Zulässigkeit des Einspruchs verhandelt hat und im darauffolgenden Termin abermals säumig ist, ergeht ein technisch zweites Versäumnisurteil. Anders ist es, wenn sie im Einspruchstermin auch wenigstens zur Zulässigkeit der Klage verhandelt hat. Ist sie dann im darauffolgenden Termin säumig, ergeht ein „erstes" Versäumnisurteil[3].

Hinweis: Die Bemerkung „technisch" zweites Versäumnisurteil will das Mißverständnis verhindern, als ob jedes in einem Rechtsstreit ergangene zweite Versäumnisurteil

---

[1] *BGHZ* 97, 341.

[2] Die Berufung nach § 514 II ZPO ist ferner gegeben, wenn die Säumnis unverschuldet war und rechtzeitig dem Gericht mitgeteilt wurde (z.B. Mitteilung einer Autopanne auf dem Weg zum Gericht) oder nicht mehr mitgeteilt werden konnte (z.B. schwere Verletzung auf dem Weg zum Gericht), vgl. *BAG*, AP § 513 ZPO Nr. 5 mit zustimmender Anm. *E. Schumann; BGH* NJW 1999, 724f.; *Schneider*, MDR 1998, 577ff. Zur Unvereinbarkeit des § 13 BORA, der das Erwirken eines Versäumnisurteils durch einen RA gegen einen anderen RA nur bei vorheriger Ankündigung als standesrechtlich zulässig ansah, mit dem Grundrecht der Berufsfreiheit: *BVerfGE* 101, 312–331.

[3] Interessant auch *Seidl*, JA 1994, 535ff.; *BGH* NJW 1994, 665: Der Anwalt des Einspruchsführers erklärte im Einspruchstermin, er trete nicht mehr auf, hatte aber bereits zur Hauptsache verhandelt: Keine Säumnis!

nicht mehr dem Einspruch unterläge. Es muß vielmehr ein Aufeinanderfolgen der beiden Versäumnisurteile ohne zwischenzeitliches Verhandeln zur Klage im Einspruchstermin vorliegen, und es muß *dieselbe* Partei säumig[4] sein. Fehlt dieses Aufeinanderfolgen, liegt kein „technisch" zweites Versäumnisurteil vor und § 345 ZPO ist unanwendbar.

Beispiel 109: Der Kläger *Klein* ist im ersten Termin säumig. Auf Antrag des Beklagten *Sanft* ergeht Versäumnisurteil (§ 330 ZPO), das die Klage abweist. Rechtzeitig (§ 339 I ZPO) legt *Klein* Einspruch (§ 338 ZPO) ein. In dem daraufhin anberaumten neuen Termin ist nunmehr *Sanft* säumig. Auf Antrag des *Klein* (§ 331 I, II ZPO) ergeht jetzt ein Versäumnisurteil, das unter Aufhebung des 1. Versäumnisurteils (§ 343 Satz 2 ZPO) den *Sanft* zur Herausgabe des Rasenmähers verurteilt (vgl. Beispiel 12, o. Rn. 27). *Sanft* legt dagegen Einspruch (§ 338 ZPO) ein. Im nächsten Termin sind beide Parteien anwesend und verhandeln zur Zulässigkeit und Begründetheit der Klage. Das Gericht vertagt (§ 227 I ZPO) auf einen neuen Termin. In diesem Termin fehlt *Klein.* Jetzt beantragt *Sanft* Versäumnisurteil (§ 330 ZPO). Das Gericht erläßt dieses (nunmehr 3.) Versäumnisurteil, das unter Aufhebung des 2. Versäumnisurteils das 1. Versäumnisurteil (das die Klage abwies) wiederherstellt (§ 343 ZPO). Gegen dieses Versäumnisurteil steht dem *Klein* der Einspruch zu, weil es sich um ein „technisch erstes" Versäumnisurteil deshalb handelt, da im Zeitraum zwischen den beiden gegen dieselbe Partei *(Klein)* erlassenen Versäumnisurteilen durch sie nicht nur zur Zulässigkeit des Einspruchs verhandelt wurde.

3. Voraussetzung: Gesetzmäßigkeit des technisch ersten Versäumnisurteils? 327

Nach der wohl überwiegenden Meinung in der Literatur[5] hat das Gericht im Einspruchstermin ferner zu prüfen, ob das erste Versäumnisurteil in gesetzlicher Weise ergangen ist, d.h. das Gericht muß untersuchen, ob es die Zulässigkeit (o. Rn. 303ff. und 310) und (bei einem ersten Versäumnisurteil gegen den Beklagten) die Schlüssigkeit (o. Rn. 311ff.) der Klage beim ersten Versäumnisurteil richtigerweise bejaht hat. Fehlt es hieran, ist nach dieser Ansicht das erste Versäumnisurteil aufzuheben und die Klage durch kontradiktorisches Urteil abzuweisen. Ein technisch zweites Versäumnisurteil darf dann also *nicht ergehen.*

Der *Bundesgerichtshof*[6] und mit ihm die übrige Praxis[7] lehnen diese Auffassung ab und beschränken die Prüfungsbefugnis des Gerichts auf die in Rn. 325 und 326 genannten beiden Voraussetzungen. Sind sie erfüllt, *ergeht* das technisch zweite Versäumnisurteil, auch wenn das erste Versäumnisurteil nicht hätte erlassen werden dürfen.

Der Bearbeiter eines ZPO-Falles muß diese Kontroverse kennen. Welcher Meinung er sich anschließt, sollte er nach *klausurtaktischen* Gesichts-

---

4 Da eine Partei nicht säumig ist, wenn sie zu einem der Einspruchstermine nicht ordnungsgemäß geladen wurde, kann ein technisch zweites Versäumnisurteil nur ergehen, wenn sie zu jedem Einspruchstermin ordnungsgemäß geladen wurde.

5 Vgl. zum Streitstand Stein/Jonas/*Grunsky,* § 345 Rn. 7, 7a.

6 *BGHZ* 141, 351ff. = *BGH* NJW 1999, 2599f.

7 *OLG Düsseldorf* MDR 1987, 769; *OLG Hamm* NJW 1991, 1067; *OLG Rostock* MDR 1999, 1084 (1085); *KG* NJW-RR 2000, 1736 (1737).

punkten[8] beantworten: Die Ansicht der Praxis[9] läßt den Bearbeiter zu einer schnellen Lösung kommen. Die Auffassung der Wissenschaft[10] bietet ihm hingegen die Möglichkeit, zusätzliche Probleme zu untersuchen.

328 **Hinweis:** Der Streit betrifft nur den Einspruch gegen ein *Versäumnisurteil.* Richtet sich der Einspruch jedoch gegen einen *Vollstreckungsbescheid* (der gemäß § 700 I ZPO einem für vorläufig vollstreckbar erklärten Versäumnisurteil gleichsteht), so ist unstreitig – auch für den *Bundesgerichtshof*[11] –, daß im Säumnistermin wegen § 700 VI ZPO die Zulässigkeit des Erlasses des Vollstreckungsbescheids und vor allem die *Schlüssigkeit* des Anspruchs zu prüfen sind, da eine richterliche Prüfung der vollstreckbaren Entscheidung bis dahin nicht stattgefunden hat (vgl. § 692 I Nr. 2 ZPO).

---

[8] Zu „Die Klausurtaktik bei kontroversen Meinungen" o. Rn. 39.

[9] Ihre Argumente: Die materiell-rechtlichen und verfahrensrechtlichen Voraussetzungen für die Verurteilung des Beklagten werden bereits beim Erlaß des ersten Versäumnisurteils geprüft. Der Grundsatz des rechtlichen Gehörs ist durch die ordnungsgemäße Ladung erfüllt. Angesichts ihrer erstmaligen Säumnis muß die unterlegene Partei (der Beklagte) auf eine besonders sorgfältige Prozeßführung achten, so daß bei erneuter Säumnis die scharfe Sanktion des endgültigen Prozeßverlustes ohne nochmalige Überprüfung des ersten Versäumnisurteils gerechtfertigt erscheint. § 345 ZPO ist lex specialis zu § 342 ZPO. Die gegenteilige Regelung in § 700 VI ZPO rechtfertigt den Umkehrschluß.

[10] Sie beruht auf folgenden Erwägungen: Der Umkehrschluß aus § 700 VI ZPO ist nicht gerechtfertigt, da der Gesetzgeber mit der Einführung des § 700 VI ZPO nur darauf reagiert hat, daß der Mahnantrag eine Angabe des Anspruchsgegenstandes und -grundes nicht mehr erfordert; er wollte aber nicht den Problemkreis des technisch zweiten Versäumnisurteils mitregeln. Das Gericht darf nicht „sehenden Auges" ein falsches Urteil fällen (müssen). Zulässigkeit und praktische Notwendigkeit einer Selbstabhilfe in derselben Instanz. Die Verantwortung für die Beseitigung eines vom Gericht in fehlerhafter Weise erlassenen ersten Versäumnisurteils kann nicht allein dem Beklagten durch eine „Erscheinenspflicht" im Einspruchstermin auferlegt werden.

[11] *BGHZ* 141, 351 (352f.) = *BGH* NJW 1999, 2599 = JuS 1999, 1238.

18. Kapitel. Beendigung des Rechtsstreits durch Parteiverhalten

Die im Zivilprozeß gültige Dispositionsmaxime (o. Rn. 45) zeigt sich auch in der weithin ermöglichten Prozeßbeendigung durch Parteiverhalten. 329

§ 64. Klagezurücknahme (§ 269 ZPO)

Durch die Klagezurücknahme wird der Prozeß beendet (§ 269 III 1 ZPO). Sie ist mehrfach im Rahmen dieses Buches behandelt worden.[1] Wichtig ist die Notwendigkeit der Einwilligung durch den Beklagten (§ 269 I ZPO), sofern *er* sich zur Hauptsache in der mündlichen Verhandlung bereits eingelassen hat. Diese Zustimmung wird gemäß § 269 II 4 ZPO fingiert, falls die Zurücknahme durch Einreichung eines Schriftsatzes erfolgte (§ 269 II 2 ZPO) und der Beklagte nicht innerhalb einer Notfrist von zwei Wochen widersprochen hat. 330

§ 65. Prozeßvergleich

Literatur: Verzeichnis der abgekürzt zitierten Literatur (S. XXIII) sowie *E. Bökelmann,* Zum Prozeßvergleich mit Widerrufsvorbehalt, FS Friedrich Weber, 1975; *A. Eisenreich,* Der Prozeßvergleich- eine Einführung, JuS 1999, 797–800; *A. Grün,* Übungsblätter Lernbeitrag Zivilrecht – Der Prozeßvergleich im Assessorexamen, JA 1999, 226–233; *W. F. Lindacher:* Der Prozeßvergleich, FG BGH, 253–271; *K. Schmidt,* Anmerkung zu BGH, Urteil vom 29. 7. 1999 – III ZR 272/98, JuS 2000, 94; *E. Schumann,* Die abredewidrige Erledigungserklärung, JuS 1966, 26–33; *G. Wagner,* Prozeßverträge. Privatautonomie im Verfahrensrecht, 1998.

In der Praxis ist der Prozeßvergleich äußerst wichtig. Es gibt häufig eine gerechtere Lösung als das „Alles oder Nichts" der Verurteilung des Beklagten oder der Klageabweisung. Außerdem kann er die verfeindeten Parteien wieder zusammenführen; dies ist besonders wichtig, wenn sie z.B. als Mieter und Vermieter, Arbeitnehmer und Arbeitgeber oder als Gesellschafter auch in Zukunft miteinander auskommen müssen. 331

Die Bearbeitung von Rechtsfragen aus dem Gebiet des Prozeßvergleichs ist durch das Fehlen einer umfassenden gesetzlichen Regelung erschwert.

I. Gerichtlicher oder außergerichtlicher Vergleich?

Nicht selten wird von den Bearbeitern übersehen, daß nur die bei gleichzeitiger Anwesenheit der Vergleichspersonen oder ihrer Vertreter vor 332

---

[1] Oben Beispiele 60 (Rn. 150 sub 1), 62 (Rn. 151), 90 (Rn. 234), 104 (Rn. 304) und Rn. 72 Fn. 5 sowie Rn. 242.

einem Gericht[1] *und* zu Protokoll[2] abgeschlossene Vereinbarung ein Prozeßvergleich ist; fehlt nur *eine* dieser Voraussetzungen, liegt kein *Prozeß*vergleich vor.

Bisweilen bereitet der Sachverhalt einer Klausur oder Hausarbeit Schwierigkeiten, weil lediglich angegeben ist, daß die Beteiligten einen „Vergleich" abgeschlossen haben. Ob hiermit ein Prozeßvergleich oder ein außergerichtlicher Vergleich gemeint ist, hängt von der Fallgestaltung ab. Keineswegs deutet jedoch die Verwendung der Bezeichnung „Vergleich" auf einen *außergerichtlichen* Vergleich hin. Man muß vielmehr differenzieren: Ein rein materiell-rechtlicher Fall, in dem von einem Prozeß überhaupt nicht die Rede ist, wird schwerlich einen Prozeßvergleich im Auge haben. Eine Prozeßrechtsklausur hingegen *kann* beide Arten von Vergleichen meinen. Hier muß der Bearbeiter den Sachverhalt genau durchlesen, ob er Anhaltspunkte entdeckt. Findet sich wirklich kein Hinweis, hilft die Regel (o. Rn. 38), daß *im Zweifel* von einer üblichen, prozeßordnungsgemäßen und sinnvollen Prozeßabwicklung auszugehen ist. Wenn zwischen den Parteien nur *ein* Verfahren anhängig ist und durch den Vergleich der Streitfall sichtlich beigelegt werden soll, wird ein Prozeßvergleich gemeint sein.

Liegt nur ein außergerichtlicher Vergleich vor, lassen sich die Bearbeiter immer wieder dazu verführen, dieser Vereinbarung überhaupt keine Bedeutung für den Prozeß beizumessen. Das ist ein schwerer Fehler. Sicher besitzt der außergerichtliche Vergleich keine unmittelbar prozeßbeendigende Wirkung, und er ist auch kein Vollstreckungstitel. Aber als vertragliche Vereinbarung zwischen den Prozeßparteien muß er vom Gericht genauso wie alle anderen Verträge beachtet werden.

Beispiel 111: *Arm* klagt gegen Fahrer *Schnell* und die Haftpflichtversicherung des Halters *Reich* wegen des Unfalls auf dem Fußgängerüberweg (Beispiel 1, o. Rn. 6). Noch vor der ersten mündlichen Verhandlung kommt es zu einem Vergleichsgespräch in den Räumen der Versicherung. Es endet mit folgender schriftlicher Vereinbarung: Zur Abgeltung aller Ansprüche aus dem Unfall erhält *Arm* 2500,– €. *Arm* verzichtet seinerseits auf sämtliche weitergehenden jetzigen oder künftigen Ansprüche aus dem Schadensfall. Ferner verpflichtet er sich, die Klage nach Eingang der 2500,– € zurückzunehmen. Die Versicherung verpflichtet sich, sämtliche Anwalts- und Gerichtskosten dieses Prozesses zu tragen.

Diese Vereinbarung ist *prozessual* von Bedeutung für den anhängigen Prozeß. *Arm* hat nämlich ein Klagezurücknahmeversprechen abgegeben (o. Rn. 242 bei Fn. 8). Nimmt er nach Zahlung der 2500,– € seine Klage nicht zurück, können die Beklagten die Abweisung der Klage als unzulässig erreichen[3]. Zu einer materiell-rechtlichen Prüfung durch das Gericht kommt es dann überhaupt nicht.

Aber auch *materiell-rechtlich* kann der Vergleich bedeutungsvoll werden, etwa wenn die Versicherung entgegen der Vereinbarung die 2500,– € nicht an *Arm* zahlt. Dann kann er sich nunmehr (neben seinen Ansprüchen aus Delikt nach § 823 BGB und aus Gefährdungshaftung nach § 18 I 1 i.V. mit § 7 I StVG) auf die schriftliche vertragliche Abmachung berufen (§ 781 BGB); beweismäßig ist er dadurch viel günstiger gestellt, weil er nur den Vertragsabschluß und nicht auch die Einzelheiten des Unfalls beweisen muß. Andererseits darf *Arm* keine Ansprüche mehr geltend machen, die über 2500,– € hinausgehen, selbst wenn ihm ein höherer Schaden entstanden ist, für den

---

[1] *Thomas/Putzo,* § 794 Rn. 7.

[2] *Thomas/Putzo,* § 794 Rn. 11.

[3] Näher *Schumann,* JuS 1966, 26–33.

Schnell und die Versicherung haften würden, wenn der Vergleich nicht abgeschlossen worden wäre. Insoweit hat *Arm* seinen Schuldnern die Forderung vertraglich erlassen (§ 397 I BGB).

II. Prozeßvergleich: „Zur Beilegung des Rechtsstreits"

„Zur Beilegung des Rechtsstreits" muß nach § 794 I Nr. 1 ZPO der 333
Prozeßvergleich abgeschlossen werden. Die meisten vor Gericht und zu Protokoll abgeschlossenen Vereinbarungen sind auf dieses Ziel gerichtet und daher als Prozeßvergleich anzusehen. Aber es gibt Ausnahmen; gerade sie bereiten Schwierigkeiten. Deshalb muß vor dem voreiligen und falschen Umkehrschluß gewarnt werden, es sei jede vor Gericht und zu Protokoll erklärte Vereinbarung nun auch ein den Rechtsstreit beendender Prozeßvergleich.

a) Erste Ausnahme: Die Vereinbarung erledigt den anhängigen Streit weder ganz noch teilweise

Beispiel 112: Im Scheidungsverfahren *Siegfried* gegen *Xanthippe* kommt auch zur Sprache, daß *Xanthippe* die dem *Siegfried* gehörende Briefmarkensammlung noch im Besitz hat (Beispiel 96, Rn. 246). *Xanthippes* Anwalt möchte vermeiden, daß über dieses Thema weiter gesprochen und daß womöglich noch Herausgabeklage erhoben wird. Großzügig unterbreitet er das Angebot seiner Mandantin, die Sammlung für 5000,– € zu kaufen. *Siegfrieds* Anwalt nimmt die Offerte sogleich an. Das Gericht nimmt Angebot und Annahme in das Protokoll auf[4].

Frage: Liegt ein Prozeßvergleich im Sinne von § 794 I Nr. 1 ZPO vor?

Antwort: Nein. Die Vereinbarung hat nicht zum Ziel, den anhängigen Prozeß auch nur teilweise unmittelbar „beizulegen". Es liegen vielmehr nur bürgerlich-rechtliche Rechtsgeschäfte (§§ 433, 929 Satz 2 BGB) vor[5].

b) Zweite Ausnahme: Die Vereinbarung zielt nicht auf eine unmittelbare Prozeßbeendigung

Besonders schwierig ist die zweite Ausnahmegruppe zu erfassen. Bei ihr wollen die Parteien den anhängigen Rechtsstreit (ganz oder teilweise) beilegen, aber die Vereinbarung zielt nicht auf eine *unmittelbare (automatische, sofortige)* Prozeßbeendigung. Häufigster Fall ist die Vereinbarung, daß die Klage zurückgenommen werden soll (§ 269 ZPO), sobald der Beklagte eine bestimmte Leistung erbracht hat (Klagezurücknahmeversprechen)[6]. Durch eine solche Vergleichsgestaltung behält der Kläger

---

[4] Den notwendigen Inhalt des Protokolls regeln § 160 und § 161 ZPO, für das amtsgerichtliche Verfahren auch § 510a ZPO; das Protokoll ist vom Vorsitzenden und dem Protokollführer zu unterschreiben (§ 163 ZPO). Da es sich im vorliegenden Fall nicht um einen Prozeßvergleich handelt, hätten Angebot und Annahme auch nicht in das Protokoll aufgenommen werden müssen. Die Protokollierungspflicht nach § 160 III Nr. 1 ZPO gilt nämlich nur für Prozeßvergleiche. Gerade um solch einen Vergleich handelt es sich hier aber nicht.

[5] Über die Möglichkeit, im Scheidungsverfahren anhängige Folgesachen (§ 623 ZPO) durch Prozeßvergleich zu erledigen, Stein/Jonas/*Schlosser,* § 617 Rn. 6ff.

[6] Zur Vertiefung: *Baumgärtel/Laumen/Prütting,* ZPR-Fall, Kap. II, § 2.

noch die Herrschaft über den Prozeß und kann ihn weiter betreiben, wenn der Beklagte nicht leistet. Andererseits riskiert der Beklagte, daß er vorleistet, der Kläger aber die Klage nicht zurücknimmt.

Beispiel 113: In Abwandlung des Beispiels 111 (Rn. 332) kommt es zum Vergleichsabschluß zwischen *Arm* und den beiden Beklagten (*Schnell* und der Versicherung) in der ersten mündlichen Verhandlung. Der Vergleich wird protokolliert.

Frage: Ist der Rechtsstreit noch anhängig?

Antwort: Ja. *Arm* hat sich zur Zurücknahme der Klage verpflichtet[7]. Damit zeigt sich, daß die Parteien keine unmittelbare Prozeßbeendigung wollen.

III. Prozessuale Voraussetzungen des Prozeßvergleichs

334 Prüfung und Praxis beschäftigen sich immer wieder mit den prozessualen Voraussetzungen von Prozeßvergleichen. Es empfiehlt sich hierbei, etwa folgende Fragen zu stellen:

a) Erste Frage: Ist der Prozeßvergleich vor einem Gericht im Rahmen eines bei ihm anhängigen Verfahrens abgeschlossen worden?

Vor dem betreffenden Gericht muß das Verfahren *schon und noch anhängig* sein. Unzulässig ist ein Prozeßvergleich, wenn das Verfahren noch nicht begonnen hat oder wenn es abgeschlossen worden ist[8].

b) Zweite Frage: Ist der Prozeßvergleich ordnungsgemäß protokolliert worden?

Dieser Frage kann nicht genau genug nachgegangen werden. Nach überwiegender Meinung stellt der Prozeßvergleich nur dann einen Vollstreckungstitel dar und beendet nur dann unmittelbar den Prozeß, wenn er ordnungsgemäß protokolliert wird (o. Rn. 332).

c) Dritte Frage: Dient der Prozeßvergleich der (wenigstens teilweisen) Beilegung des Rechtsstreits?

Auf den finalen Charakter des Prozeßvergleichs wurde schon oben Rn. 333 hingewiesen. Nur bei solcher Zielrichtung ist die Vereinbarung ein Prozeßvergleich. In den meisten Fällen ist sie gegeben. Trotzdem ist an die in Rn. 333 genannten beiden Ausnahmen zu denken.

d) Vierte Frage: Liegen die Prozeßhandlungsvoraussetzungen vor?

Der Prozeßvergleich ist ein Prozeßvertrag. Er setzt sich aus Prozeßhandlungen zusammen. Dementsprechend ist er nur wirksam, wenn

[7] Anders wäre es, wenn er sich nicht zur Zurücknahme der Klage verpflichtet, sondern die Klage (unmittelbar) zurückgenommen hätte. Gerade bei der Bearbeitung von Prozeßvergleichen muß auf den Unterschied geachtet werden zwischen der *Verpflichtung* zur Vornahme einer Prozeßhandlung (z. B. Klagezurücknahmeversprechen) und der *Vornahme* einer Prozeßhandlung (z. B. Klagezurücknahme).

[8] *BGHZ* 15, 190 (195–199).

sämtliche erforderlichen Prozeß*handlungs*voraussetzungen vorliegen. Fehlt bei einer der Vergleichsparteien die Parteifähigkeit oder fehlt der in der mündlichen Verhandlung auftretenden Person die Prozeßfähigkeit oder die Prozeßvollmacht, ist der Prozeßvergleich unwirksam.

e) Fünfte Frage: Liegt gegenseitiges Nachgeben vor?

Wie bei dem in § 779 BGB geregelten materiell-rechtlichen Vergleich erfordert der Prozeßvergleich ein gegenseitiges Nachgeben. Der Bearbeiter muß wissen, daß dieses Merkmal sehr weit ausgelegt wird. Auch kleine Opfer genügen, und vor allem ist das Nachgeben aus der *subjektiven Sicht der Parteien* zu sehen; auch der Verzicht auf vermeintlich bestehende, aber objektiv nicht vorliegende Rechtspositionen ist ein Nachgeben. Nach h. M. liegt allerdings immer dann kein *gegenseitiges* Nachgeben vor, wenn nur *eine* Partei nachgibt[9]. Damit ist nach dieser Ansicht der *„abstrakte Prozeßbeendigungsvertrag"* kein Prozeßvergleich[10].

f) Sechste Frage: Ist der Vergleich form- und fristgerecht widerrufen worden?

Zahlreiche Prozeßvergleiche werden unter Widerrufsvorbehalt abgeschlossen. Er lautet etwa, daß die Parteien (oder nur eine von ihnen) den Vergleich bis zu einem bestimmten Termin durch Erklärung gegenüber dem Gericht widerrufen können. Widerruft in einem Prozeßrechtsfall eine Partei den abgeschlossenen Prozeßvergleich, muß geprüft werden, ob überhaupt ein Widerrufsvorbehalt vereinbart ist[11] sowie ob der Widerruf fristgemäß, formgerecht und dem richtigen Adressaten gegenüber ausgesprochen wurde[12].

IV. Folgen des Fehlens der prozessualen Voraussetzungen des Prozeßvergleichs

Fehlen die in Rn. 334 aufgeführten prozessualen Voraussetzungen, ist 335
der Prozeßvergleich unwirksam. Er kann dann weder eine prozeßbeen-

---

[9] Dies ist etwa der Fall, wenn der Kläger in einem „Prozeßvergleich" die Zurücknahme der Klage erklärt und der Beklagte der Zurücknahme zustimmt sowie wenn „vereinbart" wird, daß der Kläger die Kosten des Rechtsstreits trägt. Hier ist das einseitige Nachgeben des Klägers in einen Vergleich gekleidet.

[10] Stein/Jonas/*Münzberg,* § 794 Rn. 6 und 9; *Rosenberg/Schwab/Gottwald,* § 129 Rn. 20.

[11] Liegt kein Widerrufsvorbehalt vor und „widerruft" eine Partei trotzdem den Prozeßvergleich, darf der Bearbeiter seine Untersuchung nicht mit der Feststellung beenden, daß der Widerruf angesichts fehlender Vereinbarung unwirksam ist. Im Wege der „Verlängerungstechnik" (o. Rn. 35 ff.) muß er an die Umdeutung (Beispiel 72, o. Rn. 169) denken. Der „Widerruf" läßt jedenfalls erkennen, daß diese Partei nicht mehr am Prozeßvergleich festhalten will. Dies kann eine Anfechtungs- oder eine Rücktrittserklärung sein. Dementsprechend muß untersucht werden, ob der Vergleich durch derartige Erklärungen beseitigt worden ist.

[12] Stein/Jonas/*Münzberg,* § 794 Rn. 79–88. Zur Vertiefung: *Bökelmann,* S. 101 ff.

digende Wirkung entfalten, noch als Vollstreckungstitel dienen. Deshalb geht der Prozeß weiter.

Dieses Ergebnis folgt ohne weiteres aus der prozeßrechtlichen Regelung des Prozeßvergleichs und aus seiner Eigenschaft als Prozeßhandlung. Viele Bearbeiter übersehen dies immer wieder und glauben, den Theorienstreit zwischen der Lehre von der Doppelnatur und der Lehre vom Doppeltatbestand[13] behandeln zu müssen. Soweit überhaupt auf diesen Theorienstreit eingegangen werden muß, dann immer nur bei materiell-rechtlichen Mängeln, nicht aber bei prozessualen Fehlern des Prozeßvergleichs. Auch die Streitfrage: Fortsetzung des alten Prozesses oder Beginn eines neuen Prozesses[14] interessiert bei *prozessualen* Mängeln nicht. Hier besteht Einigkeit, daß der Prozeß nicht beendet wurde.

V. Die materiell-rechtliche Seite des Prozeßvergleichs

336 Fast alle Prozeßvergleiche enthalten materiell-rechtliche Vereinbarungen der Parteien. Wie auch sonst bei Verträgen müssen die Parteien über den Gegenstand verfügen können[15]. Die erste Frage richtet sich also danach, ob die Parteien die „Vergleichsmacht" besitzen, eine derartige Vereinbarung überhaupt zu treffen. Daran schließt sich die Frage an, ob die Vereinbarung im übrigen rechtmäßig ist und die Parteien bindet; hier tauchen dann die beliebten Probleme auf, ob der Prozeßvergleich durch Anfechtung, Rücktritt oder wegen Wegfalls der Geschäftsgrundlage auch in seiner prozessualen Funktion tangiert wird, d.h. ob derartige materiell-rechtliche Vorgänge seine prozeßbeendigende Wirkung und seine Eigenschaft als Vollstreckungstitel berühren. Wenn überhaupt zu den schon genannten Theorien Stellung zu nehmen ist, dann im Rahmen solcher Fragestellungen[16]. In der Regel wird es empfehlenswert sein, jede Art von materiell-rechtlicher Unwirksamkeit des Vergleichs zur Unwirksamkeit des *gesamten* Prozeßvergleichs führen zu lassen; dann muß der Bearbeiter wissen, daß er sich nicht in jedem Fall mit der Meinung des *BGH* im Einklang befindet. Bisweilen kann es aber auch taktisch günstiger sein, dem Prozeßvergleich seine prozeßbeendigende Wirkung zu belassen. Unzulässig ist dies jedoch bei prozessualen Mängeln der in Rn. 334 genannten Art. Wie schon früher ausgeführt (o. Rn. 39), sollte der Bearbeiter unter keinen Umständen als „Anhänger" einer Theorie die Lösung beginnen, sondern derjenigen Theorie den Vorzug geben, die gerade für die vorliegende Hausarbeit oder Klausur die besten Entfaltungsmöglichkeiten gibt.

---

[13] Näher *Gerhardt,* Fälle, Fall 11 sowie Stein/Jonas/*Münzberg,* § 794 Rn. 57–78.

[14] Vgl. hierzu *Thomas/Putzo,* § 794 Rn. 36ff.; *Baumgärtel/Laumen/Prütting,* ZPR-Entscheidungen, S. 97–101; *Schmidt,* JuS 2000, 94.

[15] Oben Rn. 242 bei Fn. 6; zur Wirkung eines Prozeßvergleichs, der die Forderung gegen einen Gesamtschuldner für erledigt erklärt, auf den Anspruch des Gläubigers gegen einen anderen Gesamtschuldner: *BGH* NJW 2000, 1942ff.

[16] Zur Vertiefung neben den Nachweisen der Fn. 13 und 14: *Rosenberg/Schwab/Gottwald,* § 129 Rn. 29ff.

§ 66. Beiderseitige Erledigungserklärung

Literatur: *E. Becker-Eberhard,* Die Entwicklung der höchstrichterlichen Rechtsprechung zur Erledigung der Hauptsache im Zivilprozeß, FG BGH, 273–307; *W. Ebner,* Die Erledigung der Hauptsache im Zivilprozeß, JA 1998, 784–793; *E. Schumann,* Die abredewidrige Erledigungserklärung, JuS 1966, 26–33.

§ 91 a ZPO setzt die beiderseitigen (übereinstimmenden) Erledigungserklärungen der Parteien als prozeßbeendigendes Institut voraus[1]. Diese Erledigungserklärungen beenden die Rechtshängigkeit der *Hauptsache*[2]. Es kommt daher lediglich zu einer gerichtlichen Entscheidung (Beschluß) über die *Kosten.* **337**

Das Gericht prüft vor der Kostenentscheidung nur die Wirksamkeit der Erledigungserklärungen. Als Prozeßhandlungen (o. Rn. 242) setzen sie Partei-, Prozeß- und Postulationsfähigkeit voraus[3]. Häufige Fehler bei der beiderseitigen Erledigungserklärung[4] sind Untersuchungen, ob sich die Hauptsache wirklich erledigt hat. Dies zeigt fehlendes prozessuales Verständnis: Wenn nämlich beide Parteien den zivilprozessualen Rechtsstreit nicht mehr wollen, wäre es wenig zweckmäßig, wenn das Gericht feststellen würde, die Hauptsache habe sich doch nicht erledigt und deswegen sei der Prozeß noch anhängig: Ohne handelnde Parteien (Kläger und Beklagter) findet kein Zivilprozeß statt (Dispositionsmaxime!). – Die *beiderseitige* Erledigungserklärung darf nicht mit der *einseitigen* Erklärung der Erledigung der Hauptsache verwechselt werden, die im Gesetz nicht geregelt ist und anderen Regeln folgt (dazu näher u. Rn. 341 ff.).

---

[1] Die Gesetzeslage ist wie beim Vergleich: Die beiderseitige Erledigungserklärung wird von der ZPO als Prozeßrechtsinstitut einfach vorausgesetzt. Damit ist das zweite wichtige Prozeßrechtsinstitut der einverständlichen Beendigung des Rechtsstreits im Text der ZPO kaum geregelt.

[2] *BGH* NJW 1967, 564 (565).

[3] *Thomas/Putzo,* § 91 a Rn. 9.

[4] Zur beiderseitigen und zur einseitigen Erledigungserklärung sind zur Vertiefung geeignet: *Ebner,* JA 1998, 784 ff.; *Pape/Nothoff,* JuS 1995, 917 ff., 1016 ff. und JuS 1996, 148 ff., 341 ff., 538 ff.; *Schumann,* JuS 1966, 26 ff.

19. Kapitel. Beendigung des Rechtsstreits durch Gerichtsentscheidungen aufgrund von Beendigungsanträgen

§ 67. Beendigung aufgrund von Beendigungsanträgen[1]

Literatur: Verzeichnis der abgekürzt zitierten Literatur (S. XXIII) sowie *K. G. Deubner,* Aktuelles Zivilprozeßrecht, JuS 1996, 1102–1106; *W. Ebner,* Die Erledigung der Hauptsache im Zivilprozeß, JA 1998, 784–793; *L. Haertlein,* Anmerkung zu BGH, NJW 1996, 1814, JA 1997, 1–4; *J. Herrlein/P. Werner,* Die Erledigung der Hauptsache vor Rechtshängigkeit, JA 1995, 55–58; *M. Timme,* Die „Erledigung" des Rechtsstreits zwischen Anhängigkeit und Rechtshängigkeit nach der Neufassung des § 269 ZPO, JA 2000, 224–227; *G. Pape/M. Notthoff,* Die Erledigung der Hauptsache im Zivilprozeß, JuS 1995, 912–916, 1016–1019, JuS 1996, 148–153, 341–345, 538–542.

338 Ein häufiger Fehler bei der Fallbearbeitung ist die mangelnde Unterscheidung zwischen prozeßbeendigenden Handlungen, die *nicht* der Mitwirkung des Gerichts bedürfen (Klagezurücknahme, Prozeßvergleich, übereinstimmende Erledigungserklärung), und solchen ebenfalls auf eine besondere Prozeßbeendigung zielenden Prozeßhandlungen, die aber ihren Rechtserfolg nur erreichen, wenn zu ihnen die *Gerichtsentscheidung* tritt.

I. Versäumnisurteile (§§ 330ff. ZPO)

339 Eine Fallgruppe dieser Entscheidungen sind die Versäumnisurteile. Hier kommt zum Klageantrag oder zum Sachabweisungsantrag mindestens das stillschweigende Beantragen des Versäumnisurteils (o. Rn. 297ff.). Mit dem Versäumnisurteil kann der Prozeß in abgekürzter Weise beendet werden.

II. Anerkenntnis- und Verzichtsurteile (§§ 306, 307 ZPO)

340 Daß bisweilen die Versäumnisurteile mit den in § 306 ZPO und § 307 ZPO geregelten Anerkenntnis- und Verzichtsurteilen durcheinandergebracht werden, ist ein unverzeihlicher Fehler. Zwar handelt es sich hier auch um Sonderformen der Gerichtsentscheidungen, aber es sind *streitige* Urteile[2].

---

[1] Diese Kategorie der „Gerichtsentscheidungen aufgrund von Beendigungsanträgen" soll nur die Einteilung der verschiedenen gerichtlichen Entscheidungen bei der Fallbearbeitung erleichtern. Sie ist keine in der Wissenschaft gebräuchliche und von der Lehre akzeptierte Differenzierung.

[2] Zu den Urteilsarten u. Rn. 349.

Im übrigen dürfen die Bearbeiter nicht übersehen, daß durch die Rechtsprechung des *BGH* und das Zivilprozeßreformgesetz 2001 die Antragsbedürftigkeit dieser beiden Urteilsarten beseitigt worden ist[3]. Erklärt der Kläger den Verzicht oder der Beklagte das Anerkenntnis, kann das Gericht Verzichts- oder Anerkenntnisurteile erlassen, auch wenn der Gegner nicht den Antrag stellt, ja selbst wenn er ausdrücklich erklärt, kein solches Urteil zu wollen[4]. Dies ist ein bedeutsamer Unterschied zum Versäumnisurteil, das nicht gegen den Willen der erschienenen Partei ergehen darf (o. Rn. 299).

Verzichts- und Anerkenntnisurteile sind Sachurteile, so daß sie nur ergehen dürfen, falls die Sachurteilsvoraussetzungen vorliegen[5]. Aus diesem Grunde muß der Bearbeiter, falls der Aufgabentext hierzu Veranlassung gibt, auch der Frage nachgehen, ob einzelne Sachurteilsvoraussetzungen vorliegen. Fehlen sie, darf kein Verzichts- oder Anerkenntnisurteil erlassen werden. Andererseits ist der Bearbeiter bei wirksam erklärtem Verzicht und bei wirksam erklärtem Anerkenntnis der Untersuchung enthoben, ob die Klage begründet ist, weil durch den Verzicht für das Gericht bindend die Unbegründetheit und durch das Anerkenntnis für das Gericht bindend die Begründetheit der Klage feststeht[6], selbst wenn das klägerische Vorbringen unschlüssig ist.

III. Einseitige Erklärung der Erledigung der Hauptsache

1. Keine Regelung im Gesetzestext

Die Behandlung der einseitigen Erklärung der Erledigung der Hauptsache bietet besonders große Schwierigkeiten[7]. Auch hier kann nur derjenige Bearbeiter den zutreffenden Weg gehen, der die Probleme kennt. Denn die ZPO enthält über dieses Rechtsinstitut genausowenig eine Regelung wie etwa über die Parteiänderung. Die Lösung muß daher im Wege der Lückenfüllung gefunden werden. 341

a) *Klagezurücknahmetheorie:* Sie behandelt die einseitige Erledigungserklärung als eine *privilegierte Klagezurücknahme*[8]. Die Privilegierung besteht darin, daß die Zurücknahme ohne Zustimmung des Beklagten und ohne die Kostenfolge des § 269 III 2 ZPO zulässig ist. Sie wird kaum noch vertreten[9].

---

[3] Näher o. Rn. 242 Fn. 3.

[4] *Thomas/Putzo,* § 306 Rn. 3 und § 307 Rn. 11.

[5] Das Feststellungsinteresse als besondere Prozeßvoraussetzung der Feststellungsklage (o. Rn. 64f.) wird durch ein Anerkenntnis der Gegenpartei nicht beseitigt, vgl. *Gerhardt,* Fälle, Fall 6.

[6] Verzicht und Anerkenntnis sind allerdings unwirksam, wenn sie materiell-rechtlich auf eine Rechtsfolge zielen, die gesetzlich verboten oder sittenwidrig ist, vgl. Stein/Jonas/*Leipold,* § 306 Rn. 7, § 307 Rn. 22.

[7] Zur einseitigen Erledigung der Hauptsache oben Hinweis in Rn. 337 Fn. 4. Zur Vertiefung: *Pape/Notthoff,* JuS 1996, 341–345, 538–542.

[8] Blomeyer, § 64 I.

[9] Durch das Zivilprozeßreformgesetz 2001 ist sie aber wieder belebt worden, weil § 269 III 2 ZPO die automatische und ausnahmslose Kostentragungspflicht des Klägers beseitigt hat und nunmehr die Möglichkeit eröffnet, die Kosten bei einer Klagezurücknahme dem Beklagten aufzuerlegen. Ferner sieht § 269 III 3 ZPO für den Fall der Erledigung des Rechtsstreits vor Rechtshängigkeit eine privilegierte Klagezurücknahme mit einer dem § 91a ZPO vergleichbaren Kostenregelung vor.

b) *Klageänderungstheorie:* Nach h. M.[10] handelt es sich bei der einseitigen Erledigungserklärung des Klägers um eine *Klageänderung,* die nach § 264 Nr. 2 oder Nr. 3 ZPO stets zulässig ist. Denn der Kläger geht von der Leistungsklage zur Feststellungsklage (die gegenüber der Leistungsklage ein Minus darstellt) über. Er begehrt die Feststellung, die bei Klageerhebung zulässige und begründete Klage sei durch ein nach Rechtshängigkeit eingetretenes Ereignis unzulässig oder unbegründet geworden und habe sich somit in der Hauptsache erledigt.

2. Zweck

341 a Wichtig ist, daß der Bearbeiter den Sinn der einseitigen Erklärung der Erledigung der Hauptsache nicht aus dem Auge verliert: Sie will eine gerechte gerichtliche Entscheidung ermöglichen, wenn die *ursprünglich erfolgreiche Klage* während des Prozesses *erfolglos* (unzulässig oder unbegründet) *geworden* ist. Hierfür gibt nämlich der Text der ZPO keine Entscheidungsmöglichkeit. Rechtsprechung und Lehre sind sich aber einig, daß der Kläger weder an seinem Klageantrag festgehalten werden darf (er würde, weil erfolglos geworden, abgewiesen werden müssen), noch auch dem Kläger der Verzicht (§ 306 ZPO) oder die Klagezurücknahme (§ 269 ZPO) zugemutet werden kann: Denn seine Klage war ja begründet!

3. Prüfungsreihenfolge

Von diesem Ausgangspunkt aus sind die Einzelprobleme dann konsequent zu bewältigen. Es ergibt sich zugleich folgende Reihenfolge der Prüfung:

342 Die Erledigungserklärung des Klägers muß als Prozeßhandlung wirksam sein (vgl. o. Rn. 337).

343 Die Klage muß zulässig *und* begründet gewesen sein. Eine von *vornherein* unzulässige oder unbegründete Klage kann sich nicht in der Hauptsache erledigen; sie war schon immer erfolglos und ist als unzulässig[11] oder unbegründet abzuweisen.

344 Die ursprünglich zulässige und begründete Klage darf nicht noch weiterhin erfolgreich sein; denn die weiterhin erfolgreiche Klage kann, da sie sich nicht erledigt hat, vom Gericht nicht für erledigt angesehen werden.

345 Die Zulässigkeit oder Begründetheit der Klage muß nach Eintritt der Rechtshängigkeit[12] weggefallen sein. Bei vorheriger Erledigung besteht gemäß § 269 III 3 ZPO die Möglichkeit der privilegierten Klagezurücknahme mit einer Kostenentscheidung ähnlich dem § 91 a ZPO (vgl. o. Rn. 341 Fn. 9 am Ende).

---

[10] *OLG München* NJW 1975, 2021; Stein/Jonas/*Bork,* § 91 a Rn. 47; Zöller/*Vollkommer,* § 91 a Rn. 34 m. w. Nachw.; *OLG Nürnberg* NJW-RR 1987, 1278; *Thomas/Putzo,* § 91 a Rn. 32.

[11] Nach wohl h. M. handelt es sich bei der Klageabweisung einer ursprünglich unzulässigen Klage um ein Prozeßurteil, vgl. *Ebner,* JA 1998, 784 (790).

[12] *BGH* NJW-RR 1988, 1151. – Zur Vertiefung: *Pape/Notthoff,* JuS 1996, 341 (344).

Es kommt nicht zu einer Entscheidung über die Erledigung, wenn der Beklagte der Erledigungserklärung zustimmt; dann tritt die Prozeßbeendigungswirkung der beiderseitigen Erledigungserklärung ein (o. Rn. 337 bei Fn. 1), und es wird nach § 91 a I 1 ZPO nur noch über die Kosten entschieden. **346**

Nur der Kläger, nicht der Beklagte kann die Erledigung einseitig erklären, weil nur der Kläger den Streitgegenstand bestimmen kann. Wenn der Beklagte sie erklärt und der Kläger ihr zustimmt, liegt eine *beiderseitige* Erledigungserklärung vor (o. Rn. 337), da in dem Erledigungsantrag des Beklagten die antizipierte Zustimmung zur Erledigungserklärung des Klägers gesehen werden kann. **347**

Schließlich darf im Anschluß an Beispiel 15 (o. Rn. 33) nicht übersehen werden, daß nach h. M. in der *einseitigen* Erledigungserklärung im Urteilsverfahren eine *Klageänderung* in eine Feststellungsklage vorliegt[13] und daher über die *Kosten* gemäß §§ 91, 92 ZPO und nicht gemäß § 91 a ZPO zu entscheiden ist[14]. **348**

§ 68. Sonstige Beendigung durch Gerichtsentscheidungen

Literatur: Verzeichnis der abgekürzt zitierten Literatur (S. XXIII) sowie *O. Jauernig*, Teilurteil und Teilklage, FG BGH, 311–336; *E. Schumann*, Die materiellrechtsfreundliche Auslegung des Prozeßgesetzes, FS Larenz, 1983, S. 571–604.

Für die sonstigen gerichtlichen Entscheidungen stellt die ZPO eine Reihe von verschiedenen Entscheidungsarten zur Verfügung[1]. Dabei ist der Unterschied zwischen einem *Sach-* und einem *Prozeß*urteil noch einfach[2]. Schwieriger ist die Frage der Zulässigkeit eines Vorbehalts- (§ 302 ZPO) oder eines Grundurteils (§ 304 ZPO); Zwischenurteile sind etwas anderes als Endurteile, Schlußurteile haben nichts mit Beschlüssen zu tun. **349**

Bei einem *Teilurteil* (§ 301 I ZPO) muß stets geprüft werden, ob über den abgesondert zu beurteilenden Sachverhalt unabhängig vom Ausgang des Streits über den Rest entschieden werden kann. Die Entscheidungsreife darf deshalb nicht prozessual isoliert für einzelne Teile der Klage untersucht werden. Sie ist vielmehr auch auf das dazugehörige materielle Rechtsverhältnis zu erstrecken[3].

Beispiel 114: Ein OHG-Gesellschafter klagt gegen die anderen Gesellschafter auf Einräumung seiner Rechte als Gesellschafter. Darauf erheben die anderen Gesellschafter gegen ihn eine Widerklage auf Ausschluß aus der OHG. Der Klage kann nicht durch Teilurteil stattgegeben werden; denn es könnte ja sein, daß die Widerklage erfolgreich ist.

---

[13] Dazu *OLG Nürnberg* NJW 1989, 444.

[14] Vgl. *Thomas/Putzo,* § 91 a Rn. 39. – Zur Vertiefung: Stein/Jonas/*Bork,* § 91 a Rn. 50–52.

[1] Zu den einzelnen Urteilsarten und ihrer Bedeutung: *Thomas/Putzo,* Rn. 4–9 vor § 300.

[2] Hierzu o. Rn. 228.

[3] Zur Vertiefung: *Schumann,* S. 588 f.

20. Kapitel. Rechtskraft, Rechtsbehelfe

§ 69. Materielle Rechtskraft (§ 322, § 325 ZPO) und Rechtskraftdurchbrechung

Literatur: Verzeichnis der abgekürzt zitierten Literatur (S. XXIII) sowie *J. Braun,* Rechtskraft und Rechtskraftbeschränkung im Zivilprozeß, JuS 1986, 364–371; *W. Lüke,* 20 Jahre Vereinfachungsnovelle – Versuch einer Reform des Zivilverfahrens, JuS 1997, 681–686; *M. Schöpflin,* Rechtsprechung Zivilrecht, JA 1999, 742–745; *W.-D. Walker,* Beseitigung und Durchbrechung der Rechtskraft, FG BGH, 367–395; *A. Zeuner,* Beobachtungen und Gedanken zur Behandlung von Fragen der Rechtskraft in der Rechtsprechung des Bundesgerichtshofes, FG BGH, 337–366.

I. Materielle Rechtskraft

350 Die enge Verbindung der materiellen Rechtskraft mit dem Streitgegenstand wurde schon betont[1]. Nochmals muß vor dem Mißverständnis gewarnt werden, jedes Vorliegen einer rechtskräftigen Entscheidung zwischen denselben Parteien mache den Nachfolgeprozeß unzulässig; nur diejenige Klage mit *demselben Streitgegenstand* unter denselben Parteien ist unzulässig[2].

Beispiel 115: *Klein* hat gegen Sohn *Sanft* ein rechtskräftiges Feststellungsurteil dahin erhalten, daß er Eigentümer des Rasenmähers ist. Sohn *Sanft* gibt ihn immer noch nicht heraus. Jetzt klagt *Klein* auf Herausgabe. Die Rechtskraft des Ersturteils bewirkt nicht die Unzulässigkeit des zweiten Verfahrens, sondern im Gegenteil die Rechtsgewißheit, daß *Klein* Eigentümer ist. Jetzt muß nur noch geprüft werden, ob Sohn *Sanft* Besitz hat und ob er zur Herausgabe verpflichtet ist (§ 986 I BGB; o. Beispiel 35, Rn. 81).

351 Nicht selten werden die zeitlichen Grenzen der Rechtskraft[3] übersehen. Die Rechtskraft bezieht sich immer nur auf die Tatsachengrundlage der letzten mündlichen Tatsachenverhandlung. § 767 II ZPO macht dies deutlich: Die Vollstreckbarkeit[4] kann beseitigt werden, wenn sich ergibt, daß der im Urteil festgestellte Anspruch durch spätere Umstände weggefallen ist.

Beispiel 116: *Klein* hat gegen Sohn *Sanft* ein rechtskräftiges Herausgabeurteil über den Rasenmäher. Noch bevor *Klein* den Gerichtsvollzieher zum Sohn *Sanft* schickt, um den Rasenmäher wegzunehmen (§ 883 ZPO), ruft Sohn *Sanft* den *Klein* an und macht dem *Klein* das Angebot, daß er den Rasenmäher dem *Klein* abkauft. Noch am selben

---

[1] Oben Rn. 74.

[2] Oben Rn. 81 – Die Rechtskraftwirkung des § 322 ZPO darf nicht mit der Interventionswirkung (§ 68 ZPO) im Falle einer Streitverkündung verwechselt werden, dazu o. Rn. 100.

[3] Eingehend zu den Grenzen der Rechtskraft *Braun,* JuS 1986, 364–371; *BGH* JuS 1998, 561 f. zu den objektiven Grenzen der Rechtskraft.

[4] Oben Rn. 68, zur vorläufigen Vollstreckbarkeit: Rn. 55 Fn. 3.

Tage bringt er den Kaufpreis zu *Klein. Klein* fährt daraufhin in Urlaub; seine Frau weiß nichts von den Vereinbarungen zwischen *Klein* und Sohn *Sanft* und schickt aufgrund ihrer Generalvollmacht den Gerichtsvollzieher zu Sohn *Sanft*, der den Mäher wegnehmen will, aber angesichts der Quittung des *Klein* dann doch ohne ihn wieder geht. Sohn *Sanft* erhebt jetzt Vollstreckungsabwehrklage (§ 767 ZPO) gegen *Klein*.

Frage: Hat sie Erfolg?

Antwort: Ja. Nach der letzten mündlichen Tatsachenverhandlung ist eine neue Tatsache eingetreten: die Vereinbarung zwischen *Klein* und Sohn *Sanft*, durch die dieser Eigentümer wurde.

Der materiellen Rechtskraft fähig ist auch der *Vollstreckungsbescheid*[5], obwohl das Gericht bei seinem Erlaß keine Schlüssigkeitsprüfung durchführt (o. Rn. 126, 128). Dies ergibt sich aus der gesetzlichen Regelung des Vollstreckungsbescheids. Dieser wird, wenn nicht rechtzeitig Einspruch eingelegt wird, formell rechtskräftig und unterliegt danach nur noch der Vollstreckungsabwehrklage (§§ 794 I Nr. 4, 795, 767 ZPO). Einwendungen gegen den Anspruch selbst sind hierbei nur noch insoweit zulässig, als die Gründe, auf denen sie beruhen, nach Zustellung des Vollstreckungsbescheids entstanden sind und nicht mehr durch Einspruch geltend gemacht werden können (§ 796 II ZPO).

II. Rechtskraftdurchbrechung

Unter bestimmten Voraussetzungen ist allerdings eine *Durchbrechung* 352
der Rechtskraft möglich:

1. Einen *gesetzlichen* Fall der Rechtskraftdurchbrechung regeln §§ 578ff. ZPO. Danach kann eine Partei im Wege der *Nichtigkeits- oder Restitutionsklage* die Wiederaufnahme des Verfahrens betreiben, wenn neben der bloßen Unrichtigkeit des Urteils weitere Voraussetzungen vorliegen (vgl. im einzelnen §§ 579, 580 ZPO; zur Prüfungsreihenfolge bei der Wiederaufnahmeklage o. Rn. 227 Fußn. 4).
2. Die Rechtsprechung[6] läßt eine Durchbrechung der Rechtskraft darüber hinaus *gemäß § 826 BGB* zu. Der Anspruch ist auf Unterlassen der Zwangsvollstreckung und Herausgabe des Titels und, wenn bereits vollstreckt worden ist, auf Schadensersatz gerichtet. Voraussetzung für einen Anspruch aus § 826 BGB sind die materielle Unrichtigkeit des Titels, die Kenntnis des Titelgläubigers davon sowie besondere Umstände, aufgrund derer die Erlangung des Titels oder dessen Vollstreckung als sittenwidrig erscheint[7].

---

[5] *BGHZ* 101, 380 = NJW 1987, 3256; vgl. auch *Lüke*, JuS 1997, 681 (685).

[6] *BGH* NJW 1987, 3256 (3257) (Fn. 4a). – Zur Vertiefung: *Lüke*, JuS 1997, 685 und Stein/Jonas/*Leipold*, § 322 Rn. 268–283; *Thomas/Putzo*, § 322 Rn. 50–56.

[7] Bei einem *Vollstreckungsbescheid* liegen diese Umstände vor, wenn der Gläubiger das Mahnverfahren bewußt zur Erlangung eines vollstreckbaren Titels mißbraucht, indem er die Unerfahrenheit oder Ungewandtheit des Gegners ausnützt, vgl. *BGHZ* 103, 44 (48). Zu einem Vollstreckungsbescheid auf der Grundlage eines sit-

§ 70. Rechtsbehelfe und Rechtsmittel; formelle Rechtskraft

Literatur: Verzeichnis der abgekürzt zitierten Literatur (S. XXIII) sowie *O. Jauernig,* Außerordentliche Rechtsbehelfe, FS Schumann, 2001, 241–258; *F. Schnauder,* Teilanfechtung und Teilrechtskraft im Zivilprozeß, JuS 1993, 365–370; *J. Weitzel,* Grundzüge des Rechts der Rechtsmittel, JuS 1992, 625–631.

353 Begriffliche Verwirrungen finden sich bei prozessualen Fallbearbeitungen, wenn Rechtsbehelfe[1] behandelt werden. Der bei den Prozeßhandlungen – und die Rechtsbehelfe sind Prozeßhandlungen – betonte Rat[2], sich der Terminologie der ZPO zu bedienen, ist leider immer wieder in den Wind gesprochen. Sachliche Fehler sind dann genauso unausbleiblich wie in der Medizin, wenn Hypotonie mit Hypertonie verwechselt wird. Manch einem Bearbeiter ist nicht deutlich, daß die unterschiedlichen Bezeichnungen der Rechtsbehelfe der Klarheit und Schnelligkeit des prozessualen Ablaufs dienen: Gegner und Gericht wissen genau, was eine Partei meint, wenn sie die „Berichtigung" eines Urteils (§§ 319f. ZPO) oder die „Ergänzung" (§ 321 ZPO) oder die „Abänderung" (§ 323 ZPO) beantragt. Die Vielfalt der Bezeichnungen erspart umständliche Ausführungen; sie erfordert aber ein hohes Maß an prozessualem Wissen.

Der Bearbeiter eines Prozeßrechtsfalles muß also auch ähnlich klingende Bezeichnungen sorgsam auseinanderhalten: Widerruf, Widerklage, Wiederaufnahmeklage, Wiedereinsetzung in den vorigen Stand, Wiedereröffnung (§ 156 ZPO), Widerspruch, Widerspruchsklage, Drittwiderspruchsklage, Einspruch (dazu o. Rn. 323), Einrede, Einwand, Einwendung, Erinnerung, Anhörungsrüge (unten Rn. 438), Berufung, Beschwer, Beschwerde, sofortige Beschwerde, Rechtsbeschwerde, Revision, Aufhebungsklage, Abänderungsklage, Ergänzung von Urteilen, Anerkennung von Urteilen (§ 328 ZPO), Berichtigung von Urteilen, Nichtigkeitsklage, Restitutionsklage, Vollstreckungsabwehrklage – all dies sind Begriffe vor allem aus dem Bereich der Überprüfung von gerichtlichen Entscheidungen. Sie sollen nicht „auswendig" gelernt werden. Sie müssen aber verwendet werden, sobald Fragen der Abänderung und Überprüfung gerichtlicher Entscheidungen bearbeitet werden. Ohne den beständigen Blick in die ZPO muß eine Fallbearbeitung zu Fehlern führen.

Hinsichtlich des Aufbaus von Rechtsmittel- oder Rechtsbehelfsklausuren[3] und deren Terminologie ergeben sich in der Regel keine Schwierigkeiten[4]. Nach den bereits in diesem Buch behandelten Grund-

---

tenwidrigen Ratenkreditvertrags vgl. *BGH* NJW 1987, 3256 (Fn. 4a) und 3259; Fortführung dieser Rechtsprechung durch *BGH* NJW-RR 1989, 622.

[1] Da im 1. Examen meist nur die *Arten* der Rechtsbehelfe Prüfungsstoff sind (o. Rn. 2), können im Rahmen dieses Buches die knappen Ausführungen mit den weiterführenden Literaturhinweisen genügen. Zu den Begriffen *„Rechtsbehelf"* und *„Rechtsmittel"* u. Rn. 432. Vertiefend zu außerordentlichen Rechtsbehelfen *Jauernig,* FS Schumann, S. 241ff.

[2] Oben Rn. 232ff.

[3] Zu ihnen schon o. Rn. 23.

[4] *Jauernig,* ZPR, § 72.

sätzen[5] steht an der Spitze der Rechtsbehelfsbearbeitung die Frage nach der Zulässigkeit des Rechtsbehelfs, wobei man zunächst die abstrakte Möglichkeit des betreffenden Rechtsbehelfs als „Statthaftigkeit" und sodann die Einhaltung sonstiger Zulässigkeitsvoraussetzungen, vor allem der Fristen und der Form, prüft. Zur Begründetheit[6] des Rechtsbehelfs gehört die Frage nach der Zulässigkeit der Klage und der Begründetheit der Klage. Wichtig ist, daß der Bearbeiter die *formelle* Rechtskraft (§ 705 ZPO, § 19 I EGZPO) von der *materiellen* Rechtskraft trennt[7]. Bei den häufig in Examensfällen auftretenden *inkorrekten Entscheidungen* muß die *Meistbegünstigungstheorie* bekannt sein (näher o. Rn. 305 Fn. 12).

---

[5] Oben Rn. 148.

[6] Dies wird sehr häufig übersehen: Viele Bearbeiter glauben immer wieder, daß alle prozessualen Fragen Zulässigkeitsfragen sind. Ein Rechtsmittel kann aber z. B. *begründet* sein, wenn das Erstgericht die *Zulässigkeit der Klage verneint hat, das Rechtsmittelgericht sie aber bejaht.*

Beispiel: Das *LG* weist die Herausgabeklage des *Klein* gegen Sohn *Sanft* als unzulässig wegen bereits vorliegender rechtskräftiger Entscheidung ab (dies ist prozeßordnungswidrig, o. Beispiel 115, Rn. 350). Gegen dieses Urteil legt *Klein* Berufung ein. Zuerst prüft das *OLG* die Zulässigkeit der Berufung. Im Rahmen der *Begründetheit* wird sodann untersucht, ob die Ansicht des *LG* zutreffend ist. Da dies nicht der Fall ist, wird das *OLG* die Zulässigkeit bejahen und erst danach prüfen, ob Sohn *Sanft* Besitzer ist und ein Recht zum Besitz hat (auch o. Beispiel 115).

Bei der Revision ist dann folgender Aufbau zu empfehlen:

I. Zulässigkeit der Revision.

II. Begründetheit der Revision:

1. Zulässigkeit der Berufung.
2. Zulässigkeit der Klage.
3. Begründetheit der Klage.

Vgl. *Thomas/Putzo*, Vorb. § 511 Rn. 11–12 und § 557 Rn. 3–7.

[7] Oben Rn. 350f.

3. Teil. Hinweise zur Bearbeitung der Hauptprobleme des Zwangsvollstreckungsrechts

1. Kapitel. Schwierigkeiten der Fallbearbeitung

§ 71. Besonderheiten der Fälle aus dem Zwangsvollstreckungsrecht

Literatur: Verzeichnis der abgekürzt zitierten Literatur (S. XXIII) sowie *H.-F. Gaul*, Sachenrechtsordnung und Vollstreckungsordnung im Konflikt, NJW 1989, 2509–2515; *M. Timme/F. Hülk*, Rechts- und Parteifähigkeit der Gesellschaft bürgerlichen Rechts, JuS 2001, 536–539.

Klausuren und Hausarbeiten aus dem Zwangsvollstreckungsrecht gelten **353 a** als besonders schwierig. Fragt man Studenten oder auch Referendare nach den Gründen für diese Beurteilung, so hört man am häufigsten zwei Antworten: Erstens seien die Fälle oft sehr „verzwickt"; zweitens sei das Zwangsvollstreckungsrecht so „unübersichtlich".

I. Die Vielzahl der Beteiligten

„Verzwickt" werden zahlreiche Fälle aus dem Zwangsvollstreckungs- **354** recht durch die Vielzahl der beteiligten Personen. Zwar können auch bei Aufgaben aus dem Erkenntnisverfahren mehrere Personen beteiligt sein (an die Ausführungen über die Streitgenossenschaft, Streitverkündung und Nebenintervention[1] wird erinnert). Trotzdem bilden solche Fallgestaltungen nicht die Regel. Im Zwangsvollstreckungsfall ist es umgekehrt. Neben dem *Vollstreckungsgläubiger* (derjenige, der die Vollstreckung betreibt)[2] und dem *Vollstreckungsschuldner* (diejenige Person, ge-

---

[1] Oben Rn. 91–102.

[2] Ein häufiger Fehler besteht darin, diese Person als „Kläger" zu bezeichnen. In der Regel ist es zwar der siegreiche Kläger des Erkenntnisverfahrens, der die Zwangsvollstreckung betreibt. Aber die Parteirolle im Vollstreckungsverhältnis hängt nicht von der Stellung im vorangegangenen Prozeß ab. So kann z. B. der Beklagte Vollstreckungs*gläubiger* sein, wenn seine Widerklage erfolgreich war, oder wenn er gegen den erfolglosen Kläger seinen Kostenerstattungsanspruch (§ 91 ZPO) aufgrund eines Kostenfestsetzungsbeschlusses (§§ 103 I, II, 104 ZPO) vollstreckt. Völlig losgelöst von den Kategorien „Kläger – Beklagter" erfolgt die Zwangsvollstreckung aus notariellen Urkunden (§ 794 I Nr. 5 ZPO), weil hier überhaupt kein Prozeß vorangegangen ist (u. Rn. 367 Fn. 3). Schließlich kann aus dem Prozeßvergleich für oder gegen eine an ihm beteiligte dritte Person vollstreckt werden, die weder Kläger noch Beklagter des Rechtsstreits war. Um Mißverständnisse zu vermeiden, ist es erforderlich, strikt vom „Vollstreckungsgläubiger" zu reden, wenn der die Vollstreckung betreibende Teil gemeint ist.

gen die sich die Vollstreckung richtet)[3] treten *dritte Personen* in unterschiedlicher Weise auf: als Eigentümer des gepfändeten Gegenstandes[4] oder Inhaber eines Pfandrechts an diesem Gegenstand[5], als Schuldner des Vollstreckungsschuldners[6] oder als von den Schuldnerschutzvorschriften der ZPO geschützte Person, die von der Zwangsvollstreckung gegen den Vollstreckungsschuldner betroffen wird[7].

Beispiel 117: *Aloys Gammler* zahlt die Raten für das beim Versandhaus *Allerlei GmbH* unter Eigentumsvorbehalt auf Abzahlung gekaufte Fernsehgerät nicht. Aufgrund eines von der *Allerlei GmbH* erwirkten, vollstreckbaren (u. Rn. 368) Urteils auf Zahlung des Kaufpreisrestes soll bei *Gammler* gepfändet werden.

Frage: Welche Probleme ergeben sich bei der Pfändung folgender Gegenstände:

(1) *Tiefkühltruhe,* unter Eigentumsvorbehalt beim Elektrohändler *Blitz* auf Raten gekauft und noch nicht abbezahlt?

(2) *Kinderbetten und -schränke, Aloys Gammler* gehörend und von den beiden minderjährigen Kindern benutzt?

(3) *Briefmarkensammlung* des *Aloys Gammler,* an der ein Vermieterpfandrecht besteht?

(4) *Lohnanspruch* des *Aloys Gammler* gegen *Sebastian Metzger,* bei dem er als LKW-Fahrer tätig ist, wenn er Lust zum Arbeiten hat?

(5) *Neues Farbfernsehgerät,* das Aloys Gammler bei der *Allerlei GmbH* unter Eigentumsvorbehalt gekauft hat und sich bei *Gammlers* befindet?

(6) *Bügelmaschine,* von *Frau Gammler* vor der Eheschließung erworben?

(7) *Guthaben* auf dem Lohnkonto des *Aloys Gammler* bei der *X-Bank?*

Bearbeitervermerk: *Gammlers* haben außer der Tiefkühltruhe einen (*Aloys Gammler* gehörenden) Kühlschrank mit Tiefkühlfach, ein drei Jahre altes Farbfernsehgerät

---

[3] Auch hier darf nicht vom „Beklagten" geredet werden.

[4] Zum Beispiel Vorbehaltseigentümer und Sicherungseigentümer.

[5] Dies kann z. B. der Vermieter sein, der das Vermieterpfandrecht (§ 562 BGB) schon vor der Pfändung besaß, oder ein Pfändungspfandrechtsinhaber, der den Gegenstand schon vor der jetzigen Pfändung beschlagnahmen ließ (§ 804 III ZPO).

[6] Ihn nennt man „Drittschuldner" (vgl. §§ 829 I, II, 840 ZPO). **Beispiel:** Der Vollstreckungsschuldner steht in einem Arbeitsverhältnis. Für den Vollstreckungsgläubiger stellt häufig der Vergütungsanspruch aus diesem Arbeitsverhältnis den einzigen Vermögenswert dar. Er pfändet deshalb den Anspruch des Vollstreckungsschuldners gegen dessen Arbeitgeber. Diese (dem Vollstreckungs*schuldner* verpflichtete) Person wird vollstreckungsrechtlich „Drittschuldner", d. h. Schuldner des Vollstreckungsschuldners genannt.

[7] Die ZPO verbietet aus sozialen Gründen die „Kahlpfändung" des Vollstreckungsschuldners, vgl. den Katalog des § 811 ZPO sowie §§ 850 ff. ZPO! Pfändet der Gerichtsvollzieher z. B. Gegenstände des Haushalts trotz des Verbots des § 811 Nr. 1 oder Nr. 2 ZPO, können sich die Familienangehörigen auf die Schuldnerschutzvorschriften berufen, obwohl sie weder am vorangegangenen Prozeß noch am Vollstreckungsrechtsverhältnis beteiligt sind. Im Zwangsvollstreckungsverfahren hat der Staat nicht allein den Interessen des Gläubigers zu dienen, sondern er muß auch die Belange des Schuldners wahren und soziale sowie gesamtwirtschaftliche Auswirkungen der Zwangsvollstreckung berücksichtigen, vgl. *BGHZ* 70, 206 (210 ff.); zum sozialen Pfändungsschutz bei der Pfändung: *Rosenberg/Gaul/Schilken,* § 56.

sowie neben der Bügelmaschine noch zwei Bügeleisen, die im Eigentum von *Frau Gammler* stehen[8].

Auch wer sich noch nicht näher mit dem Zwangsvollstreckungsrecht befaßt hat, sieht an diesem Beispiel sofort, daß die Schwierigkeiten des Falles nicht im Verhältnis zwischen der Vollstreckungsgläubigerin *(Allerlei GmbH)* und dem Vollstreckungsschuldner *(Aloys Gammler)* liegen, sondern vielmehr bei den Rechten dritter Personen oder in den Rechtsbeziehungen zu ihnen. Ohne auf diese Probleme einzugehen, kann der Fall nicht gelöst werden.

Die **Lösung des Beispiels 117** zeigt dies deutlich: *Frage 1:* Da *Gammler* die Tiefkühltruhe in Besitz hat, darf sie der Gerichtsvollzieher pfänden (vgl. § 808 I ZPO). Der Gerichtsvollzieher prüft lediglich, ob Gewahrsam des Vollstreckungsschuldners vorliegt; auf die Eigentumslage nimmt der Gerichtsvollzieher grundsätzlich[9] keine Rücksicht. Auch aus § 811 Nr. 1 ZPO ergeben sich gegen eine Pfändung keine Bedenken (o. Fn. 8). Wird die Tiefkühltruhe gepfändet, kann aber der Vorbehaltseigentümer *Blitz* Drittwiderspruchsklage (§ 771 I ZPO) gegen die *Allerlei GmbH* erheben. Auf diese Klage hin würde das Gericht die Zwangsvollstreckung in die Tiefkühltruhe für unzulässig erklären. – *Frage 2:* Gewahrsam des Vollstreckungsschuldners (§ 808 I ZPO) liegt vor. Die gepfändeten Teile der Kinderzimmereinrichtung sind aber unpfändbar nach § 811 Nr. 1 ZPO (o. Fn. 7). Pfändet der Gerichtsvollzieher trotzdem, steht *Gammler* als Vollstreckungsschuldner und seinen Kindern als geschützten Dritten die Erinnerung nach § 766 ZPO (o. Fn. 7) zu. – *Frage 3:* Gewahrsam des *Gammler* liegt vor. Deshalb ist die Briefmarkensammlung pfändbar. Auch hier ändert das Bestehen des gesetzlichen Vermieterpfandrechts des Vermieters (§ 562 BGB, o. Fn. 5) nichts an der Zulässigkeit der Pfändung. Besteht ein solches Vermieterpfandrecht, ist dem Vermieter Klage auf vorzugsweise Befriedigung nach § 805 I ZPO gegen die *Allerlei GmbH* zu empfehlen. – *Frage 4:* Die Pfändung einer Forderung erfolgt nach §§ 828ff. ZPO. Drittschuldner ist *Sebastian Metzger,* o. Fn. 6. *Aloys Gammler* muß aber ein unpfändbarer Betrag bleiben (§§ 850ff. ZPO). Ebensowenig wie es eine Kahlpfändung der körperlichen Sachen gibt, läßt die ZPO aus sozialen Gründen zu, daß einem Arbeitnehmer das gesamte Arbeitseinkommen weggepfändet wird (o. Fn. 7). – *Frage 5:* Da es nur auf den Gewahrsam des *Gammler* ankommt (o. bei Frage 1), spielt auch hier das Eigentum der *Allerlei GmbH* für den Gerichtsvollzieher keine Rolle. Auch steht § 811 Nr. 1 ZPO nicht entgegen (o. Fn. 8), denn *Gammlers* haben noch ein weiteres Farbfernsehgerät. Wegen der Nichtanwendung des *§ 811*

---

[8] Weshalb enthält der Bearbeitervermerk diese Ausführungen? *Antwort:* Auch hier spielen die Schutzvorschriften des § 811 ZPO eine Rolle: Nach § 811 Nr. 1 ZPO sind unpfändbar „Haus- und Küchengeräte, soweit der Schuldner ihrer zu einer seiner Berufstätigkeit und seiner Verschuldung angemessenen, bescheidenen Lebens- und Haushaltsführung bedarf". Hierzu rechnen Kühlschrank, Fernsehgerät und Bügeleisen, nicht aber Tiefkühltruhe (Frage 1) und Bügelmaschine (Frage 6). Wenn der Bearbeitervermerk nicht den Hinweis enthielte, daß Kühlschrank, ein weiteres Farbfernsehgerät und Bügeleisen vorhanden sind, ergäbe sich bei der Pfändung der Tiefkühltruhe, des neuen Farbfernsehgerätes und der Bügelmaschine das Problem der *Austauschpfändung* (§ 811a ZPO). Dann müßte die *Allerlei GmbH* einen Kühlschrank, ein einfaches Farbfernsehgerät und ein Bügeleisen dem *Gammler* überlassen, um Truhe, neues Fernsehgerät und Bügelmaschine verwerten zu können.

[9] Eine Ausnahme liegt aber dann vor, wenn für den Gerichtsvollzieher offenkundig ist, daß der Vollstreckungsschuldner kein Eigentum an der Sache hat.

ZPO muß man auf das Problem des § 503 II 4 BGB eingehen (zu dieser Vorschrift u. Rn. 418). – *Frage 6:* Problematisch könnte sein, ob Gewahrsam des Vollstreckungsschuldners vorliegt, so daß der Gerichtsvollzieher möglicherweise nicht pfänden dürfte (§ 808 I ZPO). Wichtig ist hierbei § 739 ZPO: Er verweist auf die Eigentumsvermutung des § 1362 BGB. Nach dieser Vorschrift wird zugunsten der *Allerlei GmbH* vermutet, daß die Bügelmaschine im Eigentum des *Aloys Gammler* steht. Diese Eigentumsvermutung des BGB setzt sich als Gewahrsamsvermutung des § 739 ZPO fort, so daß der Gerichtsvollzieher vom Gewahrsam des *Aloys Gammler* ausgehen muß, selbst wenn die *Frau Gammler* Alleingewahrsam hätte. Da das etwaige Eigentum der *Ehefrau* für die Pfändung irrelevant ist, wird der Gerichtsvollzieher die Bügelmaschine pfänden, zumal sich auch aus § 811 Nr. 1 ZPO keine Bedenken ergeben (o. Fn. 8). *Frau Gammler* kann ihr Eigentum im Wege der Drittwiderspruchsklage gegen die *Allerlei GmbH* geltend machen. Um zu siegen, muß es ihr gelingen, die Vermutung des § 1362 BGB zu widerlegen. – *Frage 7:* Auch die Pfändung dieser Forderung erfolgt nach §§ 828ff. ZPO durch Pfändungs- und Überweisungsbeschluß. Drittschuldner ist die *X-Bank*. Damit ihm aber wie bei der Pfändung des Lohnanspruchs ein bestimmter Betrag verbleibt, muß *Aloys Gammler* gemäß § 850k I ZPO beim Vollstreckungsgericht beantragen, die Pfändung insoweit aufzuheben. Dieser Antrag ist zweckmäßigerweise möglichst bald zu stellen, da die *X-Bank* zwei Wochen nach der Zustellung des Überweisungsbeschlusses aus dem Guthaben an die *Allerlei GmbH* zahlen darf, § 835 III 2 ZPO.

II. Die besondere Bedeutung des materiellen Rechts im Zwangsvollstreckungsfall

1. Der gemischte Fall steht im Vordergrund

355 Im Beispiel 117 zeigt sich zugleich eine zweite Eigenheit des Zwangsvollstreckungsfalles: Er verbindet häufig Prozeßprobleme mit materiellrechtlichen Fragen, und der „gemischte Fall" steht im Vordergrund. Wer sich mit dem Zwangsvollstreckungsrecht befaßt, muß sich deshalb unvermeidlich mit den materiell-rechtlichen Problemen beschäftigen, die typischerweise bei Vollstreckungsmaßnahmen auftreten. Das Einarbeiten in die Zwangsvollstreckung sollte deshalb stets als eine Wiederholung der materiell-rechtlichen Gebiete verstanden werden. Umgekehrt empfiehlt es sich bei der Repetition des materiellen Rechts, niemals die Kontrollfrage zu vergessen, wie wohl die dort gewährten Ansprüche im Wege der Zwangsvollstreckung durchzusetzen sind, wenn über sie ein vollstreckbarer Titel vorliegt. Viele Fälle aus dem Vollstreckungsrecht erscheinen gerade deshalb kompliziert, weil sie materiellrechtliche Probleme enthalten. Häufig ist es dann nicht so sehr die vollstreckungsrechtliche Seite der Aufgabe, die die Schwierigkeiten bereitet.

Beispiel 118: Das *„Hotel und Restaurant zum Schwanenteich"*[10] gehört der *Deutschen Hotel-AG. Sebastian Metzger* liefert seit Jahren die Fleischwaren. Wegen der schlechten Konjunktur der letzten Jahre bezahlt das *„Hotel und Restaurant zum Schwanenteich"* seine Rechnungen nur noch schleppend. Als *Metzger* Forderungen in Höhe von 1500,– € hat und keine Zahlung erhält, kommt es zum Prozeß. Die *Deutsche Hotel-AG* wird zur Zahlung dieses Betrages verurteilt. Aufgrund des (vollstreck-

[10] Der Fall ist *RGZ* 47, 197 nachgebildet.

baren, u. Rn. 368) Urteils läßt *Metzger* den Kleinbus pfänden, mit dem die Hotelgäste von Bahnhof und Flughafen abgeholt werden.

Frage: Ergeben sich Bedenken gegen die Pfändung?

Wenn dem Bearbeiter die sachenrechtlichen Kenntnisse fehlen, ist die Frage kaum zu beantworten, vor allem übersieht er dann den vollstreckungsrechtlichen Einstieg in den Fall.

Lösung: Entscheidend ist die Frage, ob der Kleinbus „Zubehör" des Hotelgrundstücks im Sinne von § 97 BGB ist. Diese Frage ist zu bejahen[11]. Aus dieser Antwort ergeben sich vollstreckungsrechtliche Konsequenzen: Zubehör darf nämlich nach § 865 II 1 ZPO nicht gepfändet werden; es unterliegt vielmehr der Zwangsvollstreckung in das unbewegliche Vermögen[12]. Die Pfändung des Kleinbusses ist deshalb unzulässig[13].

2. Gesamthandsgemeinschaften

Besondere Schwierigkeiten bringen Fälle mit sich, in denen Gesamthandsgemeinschaften beteiligt sind. Klausurtechnisch ist zu trennen zwischen dem Zugriff auf das *Vermögen* insgesamt[14] und dem Zugriff auf den *Anteil*[15] des einzelnen Beteiligten an diesem Vermögen. 356

Beispiel 119: Im Beispiel 117 (o. Rn. 354) vollstreckt die *Allerlei GmbH* gegen *Aloys Gammler.* Die Vollstreckungsgläubigerin erfährt, daß vor kurzem die vermögende Mutter des *Gammler* gestorben ist. Sie wird beerbt von den drei Geschwistern *Thusnelda, Xaver* und *Aloys Gammler.*

---

[11] So für einen vergleichbaren Fall *RGZ* 47, 197 (200).

[12] Das Zubehör fällt auch in den Haftungsverband der Hypothek (§§ 1120ff. BGB), allerdings nur, soweit es dem Grundstückseigentümer gehört (vgl. § 1120 a.E. BGB). Zur Zwangsvollstreckung in das unbewegliche Vermögen u. Rn. 360 Fn. 9. Mit Recht weist *Baur/Stürner,* Fälle, bei Fall 15 in Fn. 8 darauf hin, daß § 865 II 1 ZPO „oft übersehen" wird.

[13] Die Antwort auf die gestellte Frage zeigt, daß sehr „bewegliche" Gegenstände wie ein Kleinbus als „unbewegliche" Sachen gelten. Das *RG* führt eine Reihe derartiger Sachen auf, die als „unbewegliches Vermögen" eines Hotelgrundstücks anzusehen sind: „Flaschen, Gläser, Tonnen, Tische, Stühle" ... „Kronleuchter, Bilder, Dekorationsgegenstände, Schaukeln, Karroussels" ... die auf einem angrenzenden Teich befindlichen „Gondeln, Schwäne, Schwanenhaus" (*RGZ* 47, 197 [200], *BGHZ* 58, 309 [311f.]).

[14] Den Zugriff auf das *Vermögen* insgesamt regelt:
- bei der *BGB-Gesellschaft* nach dem Gesetzestext § 736 ZPO. Durch die Anerkennung der Parteifähigkeit der Gesellschaft bürgerlichen Rechts durch den *BGH* (o. Rn. 157) ist auch § 736 ZPO gegenstandslos geworden. Für die Vollstreckung in das Gesellschaftsvermögen einer BGB-Gesellschaft reicht daher ein gegen die Gesellschaft ergangener Titel;
- bei der *OHG* und *KG* § 124 II, § 161 II HGB;
- bei *Gütergemeinschaft* §§ 740–745 ZPO;
- bei der *Erbengemeinschaft* § 747 ZPO.

[15] Den Zugriff auf den *Anteil* erfaßt:
- bei der *BGB-Gesellschaft* § 859 I ZPO (dazu *BGHZ* 97, 392 = JuS 1986, 809);
- bei der *OHG* und *KG* § 105 III HGB in Verbindung mit § 859i ZPO;
- bei der *Erbengemeinschaft* § 859 II ZPO.
- Die Vollstreckung in den Anteil am *Gesamtgut* einer Gütergemeinschaft versagt § 860 ZPO.

Frage: Kann die *Allerlei GmbH* in diesen Nachlaß oder einzelne Teile des Nachlasses vollstrecken? Wenn ja, wie?

Lösungsweg: Bei der Erarbeitung der Antwort kann der Verfasser ohne weiteres davon ausgehen, daß die allgemeinen Voraussetzungen der Zwangsvollstreckung vorliegen. Er wird dann fragen, weswegen vollstreckt wird. Da es eine Zwangsvollstreckung wegen einer Geldforderung ist (Zweiter Abschnitt des Achten Buches: § 803 ZPO bis § 882a ZPO), muß nunmehr der Vermögensgegenstand betrachtet werden, in den vollstreckt werden soll. Hier sind jetzt erbrechtliche Kenntnisse notwendig, um die Lösung weiter voranzutreiben: *Thusnelda, Xaver* und *Aloys* bilden eine Erbengemeinschaft. Demgemäß kann nur in den Miterbenanteil des *Aloys Gammler* vollstreckt werden (§ 859 II ZPO, § 2033 BGB). Dieser wird durch Beschluß des Vollstreckungsgerichts gepfändet[16]. In welcher Weise dann die *Allerlei GmbH* ihr Pfandrecht verwerten kann, wird im 1. Examen selten gefragt werden[17].

§ 72. Die „Unübersichtlichkeit" des Zwangsvollstreckungsrechts

357 Der in Rn. 353a wiedergegebene Vorwurf der „Unübersichtlichkeit" wird gegen das Zwangsvollstreckungsrecht zu Unrecht erhoben. Er beruht in der Regel darauf, daß ein Bearbeiter versucht hat, einen Zwangsvollstreckungsfall – sei es in der Übungsklausur, in der Hausarbeit oder im Examen, sei es in der späteren Praxis – zu lösen, ohne sich über die unterschiedlichen Strukturen dieses Rechtsgebiets vorher Klarheit verschafft zu haben. Wer aber den Ansatz der Vollstreckung nicht kennt, dem ergeht es mit dem Zwangsvollstreckungsrecht wie mit einem Computer: Einfache Vorgänge kann er vielleicht noch erledigen, schwierige Probleme wird er nicht bewältigen. Um diesen Ansatz zu finden, muß man die drei Hauptmaterien kennen, wie sie auch die Prüfungsordnungen aufführen[1]:

(a) Allgemeine Vollstreckungsvoraussetzungen,
(b) Arten der Zwangsvollstreckung,
(c) Rechtsbehelfe.

Zwar enthält das Achte Buch der ZPO – Zwangsvollstreckung – noch weitere Materien[2], doch fallen sie für das Verständnis des Rechtsgebiets

---

[16] Die Pfändung erfolgt nach § 857 I ZPO durch Beschluß gemäß § 829 I ZPO und § 835 I ZPO („Pfändungs- und Überweisungsbeschluß"), vgl. Rn. 393ff.

[17] Zur Vertiefung: Mit der Zustellung des Pfändungs- und Überweisungsbeschlusses an die Drittschuldner *Thusnelda* und *Xaver Gammler* erwirbt die *Allerlei GmbH* ein Pfändungspfandrecht am Miterbenanteil des *Aloys Gammler* (§§ 857 I, 829 III, 804 II ZPO sowie §§ 1273ff. BGB). Die *Allerlei GmbH* wird also weder Gesamthänder noch erwirbt sie ein Pfändungspfandrecht an den *einzelnen* Nachlaßgegenständen (häufiger Fehler!). Wegen dieser ungesicherten Rechtsposition der *Allerlei GmbH* wird es ihr darauf ankommen, eine Auseinandersetzung der Erbengemeinschaft zu erreichen, um dann auf diejenigen Vermögensgegenstände zugreifen zu können, die dem *Aloys Gammler* zugeteilt werden. Vgl. *Thomas/Putzo,* § 859 Rn. 9f.

[1] Oben das Zitat in Rn. 2.

[2] Dies sind die Normen des Vierten Abschnitts (§§ 899–915h ZPO) über eidesstattliche Versicherung und Haft sowie die im Fünften Abschnitt (§§ 916–945 ZPO) ent-

nicht ins Gewicht. Ausgehend von den genannten Gebieten lauten die Hauptfragen des Zwangsvollstreckungsrechts:

I. Die erste Frage: Liegen die Voraussetzungen für eine Zwangsvollstreckung vor?

Die ZPO regelt mit Genauigkeit unter welchen Voraussetzungen wer **358**
gegen wen Vollstreckungsmaßnahmen einleiten kann. So darf der Vollstreckungsgläubiger nur dann gegen den Vollstreckungsschuldner vorgehen, wenn ein Vollstreckungs*titel* und eine Vollstreckungs*klausel* vorliegen und der Vollstreckungsschuldner durch die *Zustellung* vor dem bevorstehenden Vollstreckungsakt gewarnt wurde, § 750 ZPO. Diese Trias „Titel, Klausel, Zustellung" beschäftigt uns im folgenden § 74 (Rn. 366 ff.).

II. Die zweite Frage: Weswegen wird vollstreckt?

Liegen die Vollstreckungsvoraussetzungen vor, muß beachtet werden, **359**
daß die ZPO unterschiedliche Wege je nach der Art des Anspruchs anbietet, dessentwegen vollstreckt wird. Ein Blick in das Achte Buch zeigt dies: Der Zweite Abschnitt (§§ 803–882 a ZPO) regelt die Vollstreckung „wegen Geldforderungen". Von dieser Vollstreckungsart ist scharf getrennt die Vollstreckung „zur Erwirkung der Herausgabe von Sachen und zur Erwirkung von Handlungen oder Unterlassungen", die im Dritten Abschnitt (§§ 883–898 ZPO) geregelt ist.

Beispiel 120: Wie im Beispiel 117 (o. Rn. 354) hat *Aloys Gammler* von der *Allerlei GmbH* ein Farbfernsehgerät[3] gekauft. Auch hier zahlt er die restlichen Raten nicht. Daraufhin hat die *Allerlei GmbH* den *Gammler* auf Rückgabe des Fernsehgeräts ver-

---

haltenen Vorschriften über Arrest und einstweilige Verfügung. Bei der „eidesstattlichen Versicherung" handelt es sich um den früheren „Offenbarungseid". Den Vierten Abschnitt mit dieser „Versicherung" und den Normen über die (zivilrechtliche) Haft muß der Student nicht kennen. Etwas anderes ist es jedoch beim Fünften Abschnitt: *Arrest* und *einstweilige Verfügung* sind sog. summarische Verfahren, die ein Erkenntnisverfahren (einstweilen) ersetzen. Ihre Regelung innerhalb des Achten Buches der ZPO ist systemwidrig, weil sie der Sache nach Erkenntnis- und nicht Vollstreckungsverfahren sind. Folgerichtig zählen die Prüfungsordnungen sie nicht bei der Zwangsvollstreckung als Stoff auf, sondern erwähnen sie ausdrücklich im Rahmen des Erkenntnisverfahrens unter dem Stichwort „vorläufiger Rechtsschutz" (o. Rn. 2). Die Kenntnis der Probleme des vorläufigen Rechtsschutzes der ZPO und damit von Arrest und einstweiliger Verfügung wird also vom Studenten erwartet, o. Rn. 110.

[3] In diesem und in allen folgenden Beispielen ist davon auszugehen, daß Gammler bereits ein älteres Farbfernsehgerät besitzt (o. Beispiel 117, Rn. 354). Deshalb stellt sich nicht die Frage der Unpfändbarkeit gemäß § 811 Nr. 1 ZPO (o. Rn. 354 Fn. 8). Es erübrigt sich auch die Frage, ob § 811 ZPO analog bei der Vollstreckung nach § 883 ZPO gilt, vgl. u. Rn. 386.

klagt[4]. Nach Vollstreckbarkeit (u. Rn. 368) eines entsprechenden Urteils will die *Allerlei GmbH* im Wege der Zwangsvollstreckung gegen *Gammler* vorgehen.

Frage: Welche Vollstreckungsmaßnahmen drohen *Gammler?*

Lösungsweg: Zuerst erhebt sich die Frage nach „Titel, Klausel, Zustellung"[5]. Da im Text der Aufgabe nichts Näheres angegeben ist, muß von einem prozeßordnungsgemäßen Vorgehen der *Allerlei GmbH* ausgegangen werden[6], d.h. neben dem laut Aufgabe gegebenen vollstreckbaren Titel werden Klausel und Zustellung vorliegen (§ 750 ZPO). Damit kommt die Bearbeitung zur zweiten Frage: Weswegen wird vollstreckt? Im Gegensatz zum Beispiel 117 hat die *Allerlei GmbH* nicht auf Zahlung des Kaufpreises geklagt, sondern auf Herausgabe ihres Fernsehgeräts. Der vollstreckbare Titel lautet demgemäß *nicht* auf Zahlung einer Geldsumme (wie im Beispiel 117), sondern auf „Herausgabe einer Sache". Damit ist nicht etwa der Zweite Abschnitt, sondern der Dritte Abschnitt des Achten Buches einschlägig. Vollstreckt wird deshalb auch *nicht* durch Pfändung, sondern gemäß § 883 ZPO.

Antwort: Der Gerichtsvollzieher wird dem *Aloys Gammler* nach § 883 I ZPO das Fernsehgerät wegnehmen und es der *Allerlei GmbH* übergeben. Findet er das Gerät nicht vor, muß *Gammler* eidesstattlich versichern[7], „daß er die Sache nicht besitze, auch nicht wisse, wo die Sache sich befinde" (§ 883 II ZPO)[8].

An diesem Beispiel wird deutlich, daß die *Art des zu vollstreckenden Anspruchs die Weichen für das weitere vollstreckungsrechtliche Vorgehen* stellt: Wer die Herausgabe eines bestimmten Gegenstandes (Fernsehgerät) will und hierüber einen Vollstreckungstitel besitzt, dem würde die Pfändung anderer Gegenstände – etwa einer Briefmarkensammlung – nichts nützen. Dementsprechend enthält das Vollstreckungsrecht den Weg der zwangsweisen Wegnahme dieses Gegenstandes sowie notfalls die eidesstattliche Versicherung.

Die Leser dieser Zeilen werden eine solche rechtliche Regelung wahrscheinlich für selbstverständlich halten. Um so erstaunter werden sie sein, wenn ihnen aus der Examenspraxis gesagt wird, daß das Beispiel 120, wenn es im 1. juristischen Examen gestellt wird, in der Regel von mehr als der *Hälfte der Bearbeiter falsch* beantwortet wird: Da sie die zweite Frage nach der Art des zu vollstreckenden Anspruchs nicht stellen, wenden sie ohne weiteres die Bestimmungen des *Zweiten* Abschnitts der ZPO an (§§ 803–882a ZPO). Folgerichtig lassen sie die (herauszugebende) Sache nach § 808 ZPO pfänden. Bis dahin merken sie regelmäßig den Fehler nicht. Dann kommen sie aber zur Verwertung der Sache und – konsequent – zu §§ 814ff. ZPO: Nach diesen Vorschriften müßte nunmehr die Sache *versteigert* werden! Manche der Bearbeiter merken jetzt den falschen Weg; denn es kann doch wohl nicht Sinn des Vollstreckungsrechts sein, einen an den Vollstreckungsgläubiger herauszugebenden Gegenstand öffentlich versteigern zu lassen. Soll der Vollstreckungsgläubiger jetzt seine eigene Sache ersteigern? Und was geschieht mit dem Erlös, wenn er sie ersteigert? Welche Situation besteht, wenn der Vollstreckungsgläubiger die Sache nicht ersteigert? An dieser Stelle verzweifeln dann viele Bearbeiter, weil sie einerseits die Le-

---

4 Nach h.M. darf die *Allerlei GmbH* die Rückgabe aufgrund ihres Eigentums nur verlangen, wenn sie das schuldrechtliche Band durch Rücktritt gelöst hat (o. Rn. 312 Fn. 6).

5 Oben Rn. 358 a.E.

6 Zu diesem Arbeitsprinzip o. Rn. 38 sowie u. Rn. 369 Kleindruck bei Fn. 7 und 8.

7 Das ist der frühere „Offenbarungseid", o. Rn. 357 Fn. 2.

8 Die Abgabe einer unrichtigen Versicherung ist gemäß § 156 StGB strafbar.

bensfremdheit ihres Ergebnisses sehen, andererseits aber den richtigen Weg nicht kennen. Das Nichtstellen der Frage nach der Art des zu vollstreckenden Anspruchs führt zu solchen (vermeidbaren) Katastrophen.

III. Die dritte Frage: In welches Recht des Vollstreckungsschuldners soll durch welche Vollstreckungsmaßnahmen eingegriffen werden, und welches Vollstreckungsorgan ist für sie zuständig?

Schon aus der in Rn. 359 gestellten zweiten Frage und aus dem dortigen Beispiel 120 wurde deutlich, daß es von der Beantwortung der zweiten Frage abhängt, auf welchem Gleis gegen den Vollstreckungsschuldner vorgegangen wird. Damit wechselt der Blick vom Anspruch des Vollstreckungs*gläubigers* auf die Sphäre des Vollstreckungs*schuldners*. Insbesondere bei der Vollstreckung wegen Geldforderungen muß weiter unterschieden werden, ob ein Zugriff auf das unbewegliche oder bewegliche Vermögen erfolgen soll[9] und ob es sich um körperliche Sachen handelt oder um Forderungen[10]. Soll ein Verhalten des Vollstreckungsschuldners erzwungen werden, muß eine Differenzierung danach erfolgen, ob es um ein Unterlassen oder um ein Handeln geht, wobei im letzten Fall wieder zu untersuchen ist, ob eine vertretbare oder eine unvertretbare Handlung vorliegt[11]. 360

Je nach Vollstreckungsmaßnahme und Vollstreckungsgegenstand können verschiedene *Vollstreckungsorgane* zuständig sein. Zuständiges Organ für die Pfändung körperlicher Sachen oder für deren Herausgabe ist in der Regel der *Gerichtsvollzieher*, für die Pfändung von Forderungen das *Vollstreckungsgericht*, das normalerweise durch den *Rechtspfleger*[12] handelt. Bei der Vollstreckung in das unbewegliche Vermögen ist dem *Grundbuchamt* die Eintragung von Sicherungshypotheken übertragen;

---

9 § 864-§ 871 ZPO regeln die Zwangsvollstreckung in das unbewegliche Vermögen. Für die Abgrenzung zwischen der Vollstreckung in das bewegliche Vermögen von derjenigen in das unbewegliche Vermögen sind besonders wichtig § 864 und § 865 ZPO. Daneben genügt es, wenn der Student weiß, daß in § 866 I ZPO die drei Arten der Zwangsvollstreckung in das unbewegliche Vermögen aufgezählt sind: *Eintragung einer Sicherungshypothek* (Zwangshypothek), *Zwangsversteigerung* und *Zwangsverwaltung*. Die beiden zuletzt genannten Vollstreckungsarten sind nicht in der ZPO, sondern – wie in § 869 ZPO vorgesehen – im Zwangsversteigerungsgesetz (ZVG) geregelt. Zur Vertiefung: *Jauernig*, ZwVR, §§ 22–25.

10 §§ 808–827 ZPO enthalten die Vorschriften über die Zwangsvollstreckung in „körperliche Sachen", §§ 828–863 ZPO regeln sodann die Vollstreckung in „Forderungen und andere Vermögensrechte".

11 § 887 und § 888 ZPO regeln die Vollstreckung *vertretbarer* und *nicht vertretbarer* Handlungen, § 890 ZPO gilt für die Vollstreckung von *Unterlassungspflichten*.

12 Vertiefend zur Stellung des Rechtspflegers, *B. Mielke*, Der Rechtspfleger und das Grundgesetz – Auswirkungen einer gestärkten Stellung des Rechtspflegers, ZRP 2003, 442–445; *dies.*, Zur verfassungsrechtlichen Stellung des Rechtspflegers, BayVBl 2004, 520–526.

das *Vollstreckungsgericht* führt die Zwangsversteigerung und die Zwangsverwaltung durch. Bei der Vollstreckung zur Erwirkung von Handlungen und Unterlassungen wird das *Prozeßgericht* als Vollstreckungsorgan tätig.

Die Einzelheiten dieser Fragestellungen werden in §§ 76–88 (Rn. 373–431) erörtert.

IV. Die vierte Frage: Welche Rechtsbehelfe gegen welche Maßnahmen können von welcher Person erhoben werden?

361 Die Prüfungsordnungen berücksichtigen die große Bedeutung der Rechtsbehelfe, indem sie sie als Prüfungsstoff ausdrücklich aufführen. Tatsächlich kann man sagen, daß das Zwangsvollstreckungsrecht mit seinen Rechtsbehelfen steht und fällt. Die Verbindungslinien zwischen materiellem Recht und Prozeßrecht treffen sich in ihnen, und die Hauptschwierigkeiten, die das Vollstreckungsrecht in Prüfung und Praxis bereitet, liegen in der Vielzahl der Rechtsbehelfe und im Problem, sie gegeneinander abzugrenzen. Die Rechtsbehelfe im Vollstreckungsfall werden am Ende dieses Buches behandelt (u. Rn. 432ff.).

2. Kapitel. Arbeitshinweise

§ 73. Allgemeine Arbeitshinweise für den Vollstreckungsfall

Auch die Bearbeitung eines Vollstreckungsfalls kann nur gelingen, wenn der Verfasser das Trennungsprinzip genauso beachtet wie bei einem Fall aus dem Erkenntnisverfahren[1]. **362**

I. Trennung nach Personen; Klarheit über die Parteien

Schon bei den ersten Zeilen für das Konzept und bei der Lösungsskizze (sogleich Rn. 365 a) muß der Bearbeiter die Personen nach ihrer Prozeßrolle als Vollstreckungsgläubiger, Vollstreckungsschuldner oder dritte Personen unterscheiden[2]. **363**

Die bisherigen Beispiele zeigten dies deutlich: Im Beispiel 117 (o. Rn. 354) muß die Vollstreckungsgläubigerin *(Allerlei GmbH)* vom Vollstreckungsschuldner *(Aloys Gammler)* unterschieden werden. Dritte Personen sind: *Blitz,* die minderjährigen *Kinder Gammlers,* der Arbeitgeber *Sebastian Metzger* und *Frau Gammler.*

Wichtig ist, daß der Bearbeiter auch im Zwangsvollstreckungsrecht vom *formellen Parteibegriff*[3] ausgeht: *Vollstreckungsgläubiger* ist derjenige, der die Zwangsvollstreckung betreibt; *Vollstreckungsschuldner* ist diejenige Person, gegen die sich die Vollstreckung richtet. Ob der Vollstreckungsgläubiger zu dem Vorgehen gegen den Vollstreckungsschuldner berechtigt ist, spielt für die Parteistellung keine Rolle.

Beispiel 121: *Aloys Gammler* ist (wie im Beispiel 117) zur Zahlung an die *Allerlei GmbH* rechtskräftig verurteilt. Durch ein Versehen der Geschäftsstelle enthält die vollstreckbare Ausfertigung nach § 724 ZPO mit ihrer Vollstreckungsklausel (§ 725 ZPO) den Schreibfehler *„Aloys Stammler"*. Der Fehler wird nicht bemerkt. Eines Tages erscheint bei *Aloys Stammler,* der im selben Haus wie *Gammler* wohnt, der Gerichtsvollzieher und pfändet trotz des energischen Protestes von *Stammler* einige Gegenstände.

Stammler ist Vollstreckungsschuldner, obwohl er der *Allerlei GmbH* nichts schuldet und auch nicht verurteilt wurde. Entscheidend ist das Vorgehen der *Allerlei GmbH* gegen ihn. Auf seinen Rechtsbehelf hin wird jedoch die Zwangsvollstreckung für unzulässig erklärt werden[4].

---

[1] Oben Rn. 84.

[2] Zu den verschiedenen Beteiligten o. Rn. 354 Fn. 2–6.

[3] Oben Rn. 85 und 86.

[4] Begründung in Stichworten: Für die Erteilung der Klausel gegen *Stammler* fehlen sowohl Gesuch als auch Titel. Verurteilt war *Gammler* und nur für die Vollstreckung gegen ihn war die Klauselerteilung beantragt. Mit der Erinnerung nach § 732 ZPO (u. Rn. 436) erreicht *Stammler,* daß die Zwangsvollstreckung aus der gegen ihn erteilten vollstreckbaren Ausfertigung für unzulässig erklärt wird. Wirkung:

II. Trennung der zu vollstreckenden Ansprüche

364 Mehrere zu vollstreckende Ansprüche müssen in der Bearbeitung scharf unterschieden werden. Weil sich die Vollstreckungsmaßnahmen nach der Art des zu vollstreckenden Anspruchs richten, kann ein einheitliches Behandeln unterschiedlicher Ansprüche zu schweren Fehlern führen.

Beispiel 122: Die Ehe zwischen *Sokrates* und *Xanthippe* ist rechtskräftig geschieden. In einem weiteren Prozeß wurde auf die Klage des *Sokrates* die *Xanthippe* verurteilt:

1. Die Behauptung zu unterlassen, Sokrates habe sein Leben lang nicht gearbeitet;
2. an *Sokrates* 2500,– € zu zahlen;
3. die Briefmarkensammlung des Sokrates herauszugeben;
4. in die Löschung eines zu ihren Gunsten im Grundbuch zu Lasten des Eigentümers *Sokrates* eingetragenen Widerspruchs einzuwilligen.

Dieses Urteil ist vollstreckbar, u. Rn. 368.

Frage: *Xanthippe* weigert sich, das Urteil zu befolgen. Wie wird vollstreckt?

Da die allgemeinen Vollstreckungsvoraussetzungen vorliegen[5], stellt sich die Frage, *weswegen vollstreckt* wird[6]. Wenn der Bearbeiter hierbei nicht die verschiedenen Ansprüche voneinander trennt, gerät er mit Sicherheit auf solche Irrwege, wie sie im Anschluß an das Beispiel 120 schon im letzten Absatz der Rn. 359 dargestellt wurden[7].

III. Unterscheiden der Beziehungen im Vollstreckungsverfahren, im Erkenntnisverfahren und nach materiellem Recht

365 Schließlich müssen die verschiedenen rechtlichen Ebenen auseinandergehalten werden. Neben vollstreckungsrechtlichen Gesichtspunkten ist besonders das materielle Recht wichtig; aber auch die Vorschriften des Erkenntnisverfahrens spielen eine Rolle. Untrügliches Zeichen für eine falsche Fallbearbeitung ist immer das Durcheinanderwerfen dieser verschiedenen Ebenen, das sich in einer unklaren Terminologie offenbart: Im Vollstreckungsfall müssen die beiden Hauptbeteiligten des vorangegangenen Prozesses als *„Vollstreckungsgläubiger"* und *„Vollstreckungsschuldner"* bezeichnet werden. Daß daneben zwischen ihnen noch mate-

---

§ 775 Nr. 1 ZPO (Einstellung der Zwangsvollstreckung) und § 776 Satz 1 ZPO (Aufhebung der Vollstreckungsmaßnahme).

[5] Zu ihnen bereits o. Rn. 358.

[6] Hierzu o. Rn. 359.

[7] **Lösung des Beispiels 122:** Die Vollstreckung der vier Ansprüche geht unterschiedliche Wege:
(1) Nachdem auf Antrag von *Sokrates* das Gericht die Strafandrohung (§ 890 II ZPO) ausgesprochen hat, verurteilt das Gericht die *Xanthippe* bei einer Wiederholung ihrer Behauptung auf Antrag des *Sokrates* gemäß § 890 I ZPO (u. Rn. 379).
(2) §§ 803 ff. ZPO (o. Beispiel 117 mit Lösung in Rn. 354).
(3) § 883 ZPO (o. Beispiel 120 Rn. 359).
(4) § 894 ZPO: Die Abgabe der Willenserklärung der *Xanthippe* wird fingiert, u. Rn. 374.

riell-rechtliche Beziehungen bestehen, ist zwar richtig, sollte aber nicht bei ihrer Bezeichnung berücksichtigt werden.

So ist im Beispiel 117 (o. Rn. 354) die *Allerlei GmbH* nicht nur „Vollstreckungsgläubiger" sondern auch Verkäufer und Eigentümer (Vorbehaltseigentümer), außerdem noch (ehemaliger) Kläger. *Aloys Gammler* ist „Vollstreckungsschuldner" sowie Käufer, unmittelbarer Besitzer und Inhaber des Anwartschaftsrechts an dem Fernsehgerät, außerdem noch (ehemaliger) Beklagter. Pfändet jetzt die *Allerlei GmbH* einzelne dem *Gammler* gehörende Gegenstände in dessen Wohnung, wird sie außerdem noch Inhaberin eines Pfändungspfandrechts an den einzelnen Gegenständen[8]. Hinsichtlich seiner Forderungen aus Arbeitseinkommen ist *Aloys Gammler* der Gläubiger des *Sebastian Metzger,* welcher seinerseits (materiellrechtlich) der Schuldner des *Gammler* und vollstreckungsrechtlich der „Drittschuldner" ist, wenn die *Allerlei GmbH* gegen *Gammler* vollstreckt. Der Elektrohändler *Blitz* ist vollstreckungsrechtlich „Dritter", wenn die *Allerlei GmbH* in seine Tiefkühltruhe vollstreckt; klagt er nunmehr gegen die *Allerlei GmbH* aus § 771 ZPO, ist er prozeßrechtlich „Kläger" und die *Allerlei GmbH* ist „Beklagte".

Weil jede einzelne Person in verschiedenen Rollen auftreten kann und dementsprechend unterschiedlich bezeichnet werden muß[9], hält der ungeübte Bearbeiter solche Fälle für fast unlösbar. Hier hilft dann nur die Regel, daß man in der Fallbearbeitung die vollstreckungsrechtliche oder auch (etwa bei der Drittwiderspruchsklage nach § 771 ZPO) die erkenntnisverfahrensrechtliche Rollenbezeichnung verwendet.

IV. Lösungsskizze

Schon der Fall aus dem Erkenntnisverfahren verlangt regelmäßig eine **365a**
Skizze (o. Rn. 8). Der übliche Zwangsvollstreckungsfall kann ohne eine Zeichnung noch viel weniger gelöst werden. Wer freilich diesen Rat zum ersten Male im Examen beherzigt, wird erstaunt sein, wie schwierig bereits die zeichnerische Darstellung ist. Mancher Kandidat, der mit dem lobenswerten Vorsatz, eine solche Skizze zu machen, in die Prüfung ging, ist schon daran gescheitert, daß er die Vielzahl der Personen, die unterschiedlichen Rechtsbeziehungen und die zahlreichen Vermögensgegenstände, die gepfändet wurden, nicht zeichnerisch ordnen konnte. Wenn aber schon die Lösungsskizze auf Schwierigkeiten stößt, ist an eine geordnete juristische Bearbeitung nicht zu denken.

So seltsam der Rat klingt: Der Student sollte sich auch in der Anfertigung der Skizze üben. Hierbei hat sich ein Schema bewährt: *Links* auf dem Blatt wird der *Vollstrek-*

---

[8] Zu den einzelnen Pfändungspfandrechtstheorien u. Rn. 403.

[9] Schuldrechtlich treten die Beteiligten als *Verkäufer, Käufer* oder als *Gläubiger* und *Schuldner* auf. Sachenrechtlich lauten die häufigsten Rollen: *Eigentümer* (mit den Variationen: *Vorbehaltseigentümer, Sicherungseigentümer), Inhaber des Anwartschaftsrechts,* (mittelbarer oder unmittelbarer) *Besitzer, Inhaber eines Pfandrechts* oder *eines Pfändungspfandrechts.* Alle diese Personen können je nach Lage des Falles prozeßrechtlich *Kläger, Beklagter, Vollstreckungsgläubiger, Vollstreckungsschuldner, Drittschuldner* oder *Dritter* sein. Hierzu schon o. Rn. 354 Fn. 2–6.

kungsgläubiger angegeben, *rechts* der *Vollstreckungsschuldner.* Auf der Seite des Vollstreckungsgläubigers wird das Vorliegen der allgemeinen Vollstreckungsvoraussetzungen (Titel, Klausel, Zustellung) vermerkt. Nunmehr wird jeder zu vollstreckende Anspruch durch einen Pfeil zum Vollstreckungsschuldner dargestellt. Also etwa im Beispiel 122 (o. Rn. 364) vier Pfeile. Wenn zwischen diesen Pfeilen genügend Raum gelassen wird, kann jetzt die Art des Anspruchs vermerkt werden. Um ganz sicherzugehen, schreibt der Bearbeiter sogleich den für die jeweilige Anspruchsart zutreffenden Abschnitt des Achten Buches der ZPO dahinter[10]. Nunmehr wendet sich der Blick zum Vollstreckungsschuldner. Es geht um die Frage, in welcher Weise vollstreckungsrechtlich gegen ihn vorgegangen werden kann. Bei der Vollstreckung wegen Geldforderungen – also nach dem Zweiten Abschnitt des Achten Buches – ist jetzt von Interesse, welche Vermögensgegenstände gepfändet werden könnten. Dies sind etwa im Beispiel 117 (o. Rn. 354) die dort genannten sieben Gegenstände. Sie müssen bei dem jeweiligen Pfeil mit dem Geldforderungsanspruch eingezeichnet werden. Dies ist deshalb wichtig, weil Personen auftreten werden, die bessere Rechte behaupten[11]. Auch diese Personen werden nun unter genauer Angabe ihrer materiellrechtlichen Beziehungen zu dem Gegenstand in der Zeichnung untergebracht. Dabei hat es sich bewährt, Personen in einen *Kreis* zu setzen und für die Gegenstände ein *Kästchen* zu zeichnen. Zur Lösungsskizze gehört häufig eine *Zeittabelle.* Wichtig wird sie vor allem in den Fällen der Heilungsmöglichkeit (u. Rn. 371) sowie zur genauen Feststellung (des Zeitpunkts) der Rechtsinhaberschaft.

Wer ein halbes Dutzend schwierige Fälle aus dem Vollstreckungsrecht mit einer Lösungsskizze vorbereitet hat, kennt die für ihn passende Vorbereitungsform. Er wird vor allem den richtigen Zeitpunkt wissen, wann von dieser Zeichnung in die systematische Erarbeitung der Lösung übergegangen werden muß. Die Lösungsskizze soll dieses Konzept vorbereiten, kann es aber keinesfalls ersetzen. Hinsichtlich dieses Konzepts gelten im übrigen die allgemeinen Bemerkungen oben in Rn. 11 ff.

---

[10] Oben Rn. 359, Lösungsweg im Beispiel 120: „Zweiter Abschnitt" oder „Dritter Abschnitt".

[11] Im Beispiel 117 (o. Rn. 354) etwa *Blitz* als Eigentümer der Tiefkühltruhe, *Frau Gammler* als Eigentümerin der Bügelmaschine, der *Vermieter* von *Gammlers* Wohnung als Inhaber eines Vermieterpfandrechts, die Kinder *Gammlers* als durch § 811 Nr. 1 ZPO geschützte Personen (o. die Lösung des Beispiels 117).

3. Kapitel. Voraussetzungen und Arten der Zwangsvollstreckung

§ 74. Die allgemeinen Voraussetzungen der Zwangsvollstreckung

Literatur: Verzeichnis der abgekürzt zitierten Literatur (S. XXIII) sowie *V. Jurksch,* Wenn Gläubiger oder Schuldner wechseln: Rechtsnachfolgeklauseln gemäß §§ 727ff. ZPO, MDR 1996, 984f.; *K.-T. Zwecker/T. Englert,* Rangverhältnisse der Pfändungspfandrechte bei Anschlußpfändung in eine schuldnerfremde Sache, JA 2000, 933–937.

Die Zwangsvollstreckung ist ein einschneidender staatlicher Akt. Ihre **366**
Zulässigkeit ist deshalb an feste, klar erkennbare allgemeine Voraussetzungen geknüpft: Titel, Klausel, Zustellung (§ 750 I ZPO).

I. Nicht nur gerichtliche Entscheidungen sind Titel[1]

Die Vorstellung, daß die Zwangsvollstreckung als Hoheitseingriff klare **367**
Voraussetzungen erfordert, läßt manche Bearbeiter übersehen, daß (neben § 704 I ZPO) auch aus Urkunden vollstreckt werden kann, die keine gerichtliche Entscheidung darstellen: Der Prozeßvergleich des § 794 I Nr. 1 ZPO[2] sowie die von einem deutschen Notar gemäß § 794 I Nr. 5 ZPO errichteten vollstreckbaren Urkunden sind Vollstreckungstitel, die in der Praxis eine erhebliche Rolle spielen[3].

II. Die Vollstreckbarkeit setzt nicht immer die Rechtskraft voraus

Aus einer rechtskräftigen Entscheidung kann immer – bis 30 Jahre nach **368**
Rechtskraft, § 197 I Nr. 3 BGB – vollstreckt werden. Der Umkehrschluß, daß nur aus einem rechtskräftigen Urteil[4] die Vollstreckung stattfindet, ist aber unzulässig, vgl. § 704 I ZPO. Im Gegenteil enthält die ZPO in den §§ 708–720a ZPO eine perfektionistische Regelung der *„vorläufigen Vollstreckbarkeit"*, die soweit und solange eingreift, als eine gerichtliche Entscheidung vorliegt, die aber (noch) nicht formell rechtskräftig ist. Für das 1. juristische Examen genügt es, wenn man weiß, daß es dieses Rechtsinstitut gibt, wo es geregelt ist und daß der Ausspruch über die vorläufige Vollstreckbarkeit von Amts wegen er-

---

[1] Ein Schaubild über die Vollstreckungstitel findet sich bei *Gerhardt,* VR, S. 65. Es empfiehlt sich, dieses Schaubild anhand der ZPO durchzuarbeiten. Insbesondere zum Vollstreckungsbescheid und dessen Rechtskraftfähigkeit o. Rn. 351 und 352 Fn. 7.

[2] Zu ihm o. Rn. 331ff.

[3] Solche Urkunden können, wie aus § 794 I Nr. 5 ZPO ersichtlich, auch von einem Gericht erstellt werden. Die Gerichte sind aber hierzu nur ausnahmsweise befugt.

[4] Zur Rechtskraft vgl. auch *BGH* JuS 1997, 857f.

folgt[5]. Ferner ist es wichtig, die Schadensersatzvorschrift des § 717 ZPO zu kennen, die immer dann eingreift, wenn der Vollstreckungsgläubiger aus einem noch nicht rechtskräftigen Urteil vollstreckt hat und dieses Urteil aufgehoben oder geändert wird. Der dem Vollstreckungsschuldner nach § 717 II ZPO zustehende Ersatzanspruch wird durch die Verpflichtung des Vollstreckungsgläubigers zu einer Sicherheitsleistung im Urteilsausspruch über die vorläufige Vollstreckbarkeit abgedeckt (§§ 709, 711 ZPO). Zur Geltendmachung des Schadensersatzanspruchs o. Rn. 284[6].

III. Vollstreckungsklausel

369 Nach § 724 ZPO wird die Vollstreckung aufgrund einer vollstreckbaren Ausfertigung durchgeführt. Vollstreckbare Ausfertigung ist diejenige Ausfertigung eines Urteils, die die Vollstreckungsklausel gemäß § 725 ZPO enthält. Die Vollstreckungsklausel ist eine amtliche Bescheinigung darüber, daß der Titel auch vollstreckbar ist. Sie dient der Erleichterung der Vollstreckung, da sie dem nicht über die Prozeßakten verfügenden Vollstreckungsorgan die Prüfung der Vollstreckungsreife des Titels abnimmt. Eine Zwangsvollstreckung ohne eine solche vollstreckbare Ausfertigung ist unzulässig, macht den Vollstreckungsakt aber nicht nichtig, sondern nur mit der Erinnerung nach § 766 ZPO anfechtbar.

Bisweilen bereitet es Schwierigkeiten, wenn in einer Aufgabe nur angegeben ist: „*X* vollstreckt aus dem rechtskräftigen Titel“ oder „*Y* betreibt aus dem vorläufig vollstreckbaren Urteil die Zwangsvollstreckung“. Da der Sachverhalt nicht angibt, daß eine vollstreckbare Ausfertigung vorliegt, wird mancher Bearbeiter aufgrund der Formel „Titel, Klausel, Zustellung“ zum Schluß verführt, es liege zwar ein Titel vor, aber (angesichts des Schweigens der Aufgabe) keine Klausel. Ein solcher Schluß ist ein typischer Verstoß gegen den Bearbeitergrundsatz, daß *im Zweifel* von einem *prozeßordnungsgemäßen Vorgehen* auszugehen ist[7]. Das Schweigen des Sachverhalts ist (umgekehrt) im Sinne der Einhaltung der ZPO zu interpretieren. Im Zweifel liegt deshalb die Klausel vor[8].

IV. Zustellung

370 Während die Vollstreckungsklausel den Organen der Zwangsvollstrekkung (o. Rn. 360) eine klare Basis für ihr Vorgehen ermöglichen will,

---

[5] Die fehlende Aussage über die vorläufige Vollstreckbarkeit läßt sich gemäß § 716 ZPO durch ein Ergänzungsurteil nach § 321 ZPO beheben. Freilich erfolgt keine Vollstreckbarerklärung bei allen Urteilen, die mit Verkündung rechtskräftig sind (oben Rn. 68 Fn. 1).

[6] Näher: *Gerhardt,* VR, § 4 II 2. Zur Vertiefung über die vorläufige Vollstreckbarkeit: *Jauernig,* ZwVR, § 2 IV sowie *Baur/Stürner,* Fälle, Fall 3.

[7] Zu diesem wichtigen Prinzip o. Rn. 38 sowie o. Rn. 359 bei Fn. 6.

[8] Vgl. *Jauernig,* ZwVR, § 4, zur Vertiefung: *Baur/Stürner,* Fälle, Fall 2. Zur Klausel nach § 727 ZPO *BGH* NJW 1984, 806; *Jurksch,* MDR 1996, 984 f.

dient das Erfordernis der Zustellung (§ 750 ZPO) der Warnung des (zukünftigen) Vollstreckungsschuldners – und auch seiner Unterrichtung darüber, wer aus welchem Grunde vollstreckt – freilich auch nur in den Fällen, in denen nicht gleichzeitig mit der Zustellung der erste Vollstreckungsakt vorgenommen wird[9]. Sofern in einem Zwangsvollstreckungsfall keine näheren Angaben enthalten sind, ist (wie bei der Vollstreckungsklausel, o. Rn. 369) im Zweifel davon auszugehen, daß das Erfordernis der Zustellung eingehalten wurde. Fehlt es jedoch, ist die Zwangsvollstreckung unzulässig, aber der getroffene Vollstreckungsakt nicht nichtig, sondern nur im Wege der Erinnerung, § 766 ZPO, anfechtbar.

V. Heilungsfragen

Wie bei Fällen aus dem Erkenntnisverfahren spielen auch im Vollstreckungsrecht die Heilungsmöglichkeiten eine Rolle[10]. Im Wege der Verlängerungstechnik (o. Rn. 35) sollte deshalb ein Bearbeiter immer auch überlegen, ob ein Mangel geheilt werden kann. So liegt es auf der Hand, daß der Mangel der Zustellung oder auch der Vollstreckungsklausel einfach dadurch behoben wird, daß man zustellt oder dem Vollstreckungsorgan eine vollstreckbare Ausfertigung übergibt. **371**

Eine Heilungsmöglichkeit muß freilich verneint werden, wenn ein *nichtiger* Vollstreckungsakt vorliegt. Nichtigkeit ist jedoch nur anzunehmen, wenn ein funktionell unzuständiges Vollstreckungsorgan gehandelt hat, wenn wesentliche Voraussetzungen der Zwangsvollstreckung fehlen (kein Titel), wenn wesentliche Formvorschriften verletzt wurden (fehlende Siegelung, § 808 II 2 ZPO) oder wenn dies gesetzlich bestimmt ist (§ 46 VI 2 AO).

Bei den übrigen – also nur fehlerhaften und daher heilbaren – Mängeln stellt sich weiter die Frage: Zu welchem Zeitpunkt wird dieser fehlerhafte Vollstreckungsakt (*ex tunc*, also rückwirkend, oder *ex nunc*, also mit der Beseitigung des Mangels) geheilt? Diese Frage ist wegen der Bestimmung des Rangs des Pfändungspfandrechts (§ 804 III ZPO) besonders dann wichtig, wenn inzwischen für *andere* Personen hinsichtlich desselben Gegenstandes fehlerfreie Vollstreckungsakte erfolgt sind[11].

---

[9] Das ist nur denkbar, wenn der *Gerichtsvollzieher* vollstreckt (z.B. nach §§ 808ff. ZPO oder nach § 883 ZPO), weil nur *er* sowohl zustellen als auch vollstrecken kann. Eine Vollstreckung findet nur nach Zustellung in den Fällen des § 798 ZPO statt, dagegen schon vor Zustellung bei §§ 845 und 929 III ZPO. Zugestellt wird der Titel, beim Urteil nur die abgekürzte Ausfertigung (§ 317 II 2 ZPO). Der Zustellung der Klausel bedarf es nur in den Fällen der §§ 726, 727 ZPO. Näher: Stein/Jonas/*Münzberg*, § 750 Rn. 38–42.

[10] Hierzu: Stein/Jonas/*Münzberg*, vor § 704 Rn. 132ff.; *Brox/Walker*, Rn. 497 und 609.

[11] **Beispiel:** Die *Allerlei GmbH* (Beispiel 117, o. Rn. 354) ließ bei *Aloys Gammler* am 1. September durch den Gerichtsvollzieher die Briefmarkensammlung pfänden. Der

Bei der Entscheidung zwischen den zu der Rückwirkung vertretenen Ansichten sollte sich der Bearbeiter vor dem Examen keinesfalls festlegen, sondern vielmehr bei der Lösung des Falles jeweils diejenige Meinung vertreten, die ihm die besseren Entfaltungsmöglichkeiten gibt[12].

§ 75. Die Arten der Zwangsvollstreckung

372 Nachdem die allgemeinen Voraussetzungen der Zwangsvollstreckung geprüft sind, fragt der Bearbeiter nach der Art der Zwangsvollstreckung (o. Rn. 359). Dadurch vermeidet er typische Fehler. Auf die Frage gibt es zwei Antworten, die zugleich die Richtung für die weitere Bearbeitung vorgeben:

(1) Entweder liegt eine „Vollstreckung zur Erwirkung der Herausgabe von Sachen und zur Erwirkung von Handlungen oder Unterlassungen" (Dritter Abschnitt des Achten Buches, § 883–898 ZPO) vor,

(2) oder der Vollstreckungsgläubiger will eine Vollstreckung „wegen Geldforderungen" (Zweiter Abschnitt: §§ 803–882 a ZPO).

Klausurtechnisch hat es sich bewährt, wenn man zuerst (wie hier) an den Dritten Abschnitt denkt, also fragt, ob wegen eines Herausgabe-, Handlungs- oder Unterlassungsanspruchs vollstreckt wird. Zwar ist die Vollstreckung eines solchen Anspruchs in der Praxis seltener. Aber gerade deshalb herrscht im Examen das häufige Mißverständnis, das Zwangsvollstreckungsrecht bestehe nur aus der Vollstreckung wegen Geldforderungen. Allerdings gilt auch für diese wichtige Kontrollfrage die Warnung vor Schablonen (o. Rn. 146): Der Bearbeiter muß zwar die Frage nach der Vollstreckungsart bei der gedanklichen Erarbeitung der Lösung stellen. In die *schriftliche Lösung* jedoch gehören Erörterungen über den Dritten Abschnitt nur dann, wenn wirklich ein Herausgabe-, Handlungs- oder Unterlassungsanspruch vollstreckt werden soll.

Gerichtsvollzieher übersah, daß es an der vollstreckbaren Ausfertigung und der Zustellung fehlte. Am 1. Oktober pfändete der Gerichtsvollzieher im Auftrag des Elektrohändlers *Blitz* unter ordnungsgemäßen Voraussetzungen ebenfalls die Briefmarkensammlung (sog. „Anschlußpfändung", § 826 ZPO). Erst hierbei zeigte sich, daß die *Allerlei GmbH* ohne Klausel und Zustellung vollstreckt hatte. *Blitz* ist der Ansicht, er gehe mit seinem Pfändungspfandrecht dem Pfandrecht der *Allerlei GmbH* vor. Diese ist der gegenteiligen Meinung, weil sie am 15. Oktober den Mangel behoben hat.

Frage: Wer hat recht?

Lösungsweg: Es muß die Rangfolge der Pfändungspfandrechte nach § 804 III ZPO festgestellt werden: Das Fehlen von Klausel und Zustellung macht die Vollstreckung nicht nichtig. Der Mangel konnte also geheilt werden, fraglich ist nur, ob ex tunc (dann hat *Allerlei GmbH* recht) oder ex nunc (dann hat *Blitz* recht). Diese Frage ist umstritten. Die h. M. geht von einer Heilung ex nunc aus, Blitz hat daher Recht. Begründung: Ein fehlerhafter Vollstreckungsakt dürfe gegenüber anderen korrekt vorgehenden Gläubigern keine Vorzugsstellung verschaffen. Hierzu *Lippross,* Rn. 233; *Brox/Walker,* Rn. 389 f. (mit ausführlichem Bezug zu den Pfändungspfandrechtstheorien, zu diesen u. Rn. 403); *Rosenberg/Gaul/Schilken,* ZwVR, S. 384 m. w. Nachw.; *Thomas/Putzo,* vor § 704 Rn. 59.

[12] Hierzu schon oben Rn. 39.

4. Kapitel. Die Bearbeitung der Vollstreckung nach dem Dritten Abschnitt des Achten Buches der ZPO: Herausgabe von Sachen und Erwirkungen von Handlungen oder Unterlassungen (Individualvollstreckung)

Wird wegen eines Herausgabe-, Handlungs- oder Unterlassungsanspruchs vollstreckt, schließen sich Zusatzfragen an, die in der Regel einfach sind. Es muß jetzt zwischen den verschiedenen Ansprüchen unterschieden werden. **373**

§ 76. Abgabe von Willenserklärungen

Literatur: Verzeichnis der abgekürzt zitierten Literatur (S. XXIII).

Am einfachsten ist die Vollstreckung einer Verurteilung des Vollstreckungsschuldners zur Abgabe einer Willenserklärung. Hier wird der Vollstreckungsschuldner nicht etwa durch Strafen oder andere Zwangsmittel gezwungen, seine Erklärung abzugeben. Vielmehr bedient sich die ZPO einer Fiktion: Mit Rechtskraft (vgl. § 705 ZPO) des Urteils wird fingiert, daß die Erklärung abgegeben ist, sie „gilt" als abgegeben (§ 894 I 1 ZPO). **374**

Beispiel 123: Wie im Beispiel 122 (o. Rn. 364) weigert sich *Xanthippe* lautstark, dem rechtskräftigen Urteil nachzukommen, das sie u. a. (in Ziffer 4) verurteilte, in die Löschung eines zu ihren Gunsten im Grundbuch zu Lasten des Eigentümers *Sokrates* eingetragenen Widerspruchs einzuwilligen. „Ehe ich diese Erklärung abgebe", sagt sie, „lasse ich mich lieber nach § 888 I ZPO in Haft nehmen".

Frage: Muß *Sokrates* den Weg des § 888 I 1 ZPO beschreiten?

Antwort: Nein! Mit der Rechtskraft des Urteils wird fingiert, daß *Xanthippe* die Einwilligung abgegeben hat. *Sokrates* kann deshalb den Widerspruch, ohne daß *Xanthippe* mitzuwirken braucht, im Grundbuch löschen lassen[1].

Der Ausdruck „Willenserklärung" in § 894 ZPO ist weit zu interpretieren. Er umfaßt auch rechtsgeschäftsähnliche Erklärungen und Prozeßhandlungen[2]. Nur rein tatsächliche Äußerungen fallen nicht unter § 894

---

[1] Wie geschieht dies? *Antwort: Sokrates* legt eine Abschrift des Urteils mit Rechtskraftzeugnis (§ 706 ZPO) beim Grundbuchamt vor. Das Urteil fingiert die Bewilligung der *Xanthippe* im Sinn von § 19 GBO. Die Formvorschrift des § 29 GBO wird vom Urteil gewahrt, wie die Abgabefiktion überhaupt jede Form der mit dem Urteil fingierten Erklärung ersetzt. Dementsprechend wird das Grundbuchamt einen Löschungsvermerk (§ 46 I GBO) eintragen und ferner den Widerspruch „röten" (§ 17 II 1 Grundbuchverfügung – GBV in der Fassung vom 24. Januar 1995).

[2] **Beispiele:** Klagezurücknahme, Bewilligung von Eintragungen im Grundbuch, *Thomas/Putzo*, § 864 Rn. 5.

ZPO[3]. Wie der Wortlaut des § 894 ZPO zeigt, setzt er ein *rechtskräftiges* Urteil voraus. Aus einem Prozeßvergleich (o. Rn. 331 ff.) kann nicht nach § 894 ZPO vollstreckt werden; meistens ist dies auch nicht notwendig[4].

§ 77. Herausgabe einer bestimmten Sache

Literatur: Verzeichnis der abgekürzt zitierten Literatur (S. XXIII).

375 Die Vollstreckung eines Anspruchs auf Herausgabe einer beweglichen Sache oder einer Menge beweglicher Sachen (2 Fässer Heizöl aus einer gemeinsam gekauften Sammellieferung) ist ebenfalls einfach geregelt. Der Gerichtsvollzieher nimmt dem Vollstreckungsschuldner den Gegenstand weg und übergibt ihn dem Gläubiger (§ 883 I ZPO)[1]. Findet der Gerichtsvollzieher die herauszugebende Sache nicht vor, muß der Vollstreckungsschuldner die schon früher besprochene eidesstattliche Versicherung abgeben[2].

---

[3] Zum Beispiel: Auskunft, Zeugnis. Wichtigster Fall ist der *Widerruf einer unwahren* (beleidigenden) *Behauptung*. Da der Widerruf von der h.M. als rein tatsächliche Handlung angesehen wird, wird mit Rechtskraft des Widerrufsurteils nicht fingiert, daß der Vollstreckungsschuldner den Widerruf vorgenommen hat. Gegen den Vollstreckungsschuldner kann deshalb nur nach § 888 ZPO vollstreckt werden, also durch Zwangsgeld und Zwangshaft. Näher hierzu: *OLG Zweibrücken,* NJW 1991, 304 (305) sowie *BVerfGE* 28, 1–10 (*Augstein*-Fall) und Stein/Jonas/*Brehm,* § 888 Rn. 5 ff. Nach der Gegenmeinung ist der Widerruf mit Rechtskraft des Widerrufsurteils erfolgt (§ 894 Satz 1 ZPO analog), *OLG Hamm* NJW-RR 1992, 634 (635 f.).

[4] Wenn der Vollstreckungsschuldner die Willenserklärung schon im Prozeßvergleich abgegeben hat, bedarf es keiner Vollstreckungsmaßnahmen: Die Erklärung ist ja abgegeben. Das Problem tritt nur dann auf, wenn er sich zur Abgabe einer Willenserklärung *verpflichtet* hat und nunmehr die Erklärung nicht abgibt. In solchen Fällen hilft die ganz h.M. mit der Vollstreckung nach §§ 887 f. ZPO (*Baur/Stürner,* Rn. 701; *Gerhardt,* VR, § 13 IV 1), wobei streitig ist, ob nach § 887 ZPO oder nach § 888 ZPO zu verfahren ist. Die Gegenmeinung lehnt eine solche Vollstreckung ab und verweist den Vollstreckungsgläubiger auf eine Klage vor dem Prozeßgericht auf Abgabe der Erklärung (Anspruchsgrundlage ist dann die Verpflichtung aus dem Prozeßvergleich). Mit Rechtskraft des hierauf ergehenden Urteils tritt die Wirkung des § 894 ZPO ein. Um solche umständlichen Wege zu vermeiden, muß schon bei der Abfassung des Prozeßvergleichs darauf geachtet werden, daß die Willenserklärung abgegeben und nicht nur eine Verpflichtung zur Abgabe der Erklärung vereinbart wird; gegebenenfalls räumt man ein (befristetes) Widerrufsrecht ein, damit etwaige Gegenleistungen des Gegners abgewartet werden können und bei deren Ausbleiben der Widerruf ausgeübt zu werden vermag (hierzu auch o. Rn. 334 sub f).

[1] Hierzu Beispiel 120 (o. Rn. 359).

[2] Oben Rn. 359 Fn. 7 und 8.
Frage: Was ist der *Allerlei GmbH* im Beispiel 120 zu raten, wenn *Aloys Gammler* eidesstattlich erklärt, er habe das Fernsehgerät aus Wut über eine Sendung zerstört?
Antwort: § 893 I ZPO präzisiert, daß die Vollstreckungsregelungen des Dritten Abschnitts nicht Schadensersatzansprüche ausschließen („Interesse" = Schadensersatz). Der *Allerlei GmbH* steht der Weg über § 280 I, II, § 283 BGB offen; einer

Da der Begriff der „beweglichen Sache" dem der „unbeweglichen Sache" kontradiktorisch gegenübersteht[3], umfaßt die Vollstreckung zur Herausgabe beweglicher Sachen auch solche Sachen, die zur Herausgabe erst beweglich gemacht werden (z.B. Herausgabe einer fest eingebauten Maschine).

Bei der Vollstreckung des Anspruchs auf Eigentumsverschaffung oder Rechtsbestellung an einer beweglichen Sache kommt es – entsprechend der Zweiaktigkeit des Erwerbs, z.B. gemäß § 929 BGB – zu einer Kombination der Vollstreckung nach § 894 ZPO (Einigung) und § 883 ZPO (Wegnahme), hierzu auch u. Rn. 381. Dabei gilt die Übergabe bereits mit der Wegnahme durch den Gerichtsvollzieher als erfolgt, vgl. § 897 ZPO, und ein gutgläubiger Erwerb ist möglich, § 898 ZPO.

§ 78. Handlungen und Unterlassungen

Literatur: Verzeichnis der abgekürzt zitierten Literatur (S. XXIII) sowie *W. Gerhard,* Die Handlungsvollstreckung – eine Bestandsaufnahme über Befund und Entwicklungstendenzen, FG BGH, 463–490; *B. Guntau,* Fälle zum Vollstreckungsrecht nach §§ 887–890 ZPO, JuS 1983, 687–691, 782–784, 939–942; *M. Huber,* Aus der Praxis: „Billiger" Erfüllungseinwand in der Handlungsvollstreckung, JuS 2005, 521 f.; *A. Pentz,* Weitere Beschwerde in den Verfahren nach §§ 887ff. ZPO?, NJW 1997, 442f.; *E. Schneider,* Probleme der Handlungsvollstreckung nach § 887 ZPO, MDR 1975, 279–281.

Die Vollstreckung von Ansprüchen auf Handlungen oder Unterlassungen ist in den §§ 887ff. ZPO geregelt. Diese Bestimmungen dürfen aber nur angewandt werden, wenn eine Vollstreckung nach § 894 ZPO (o. Rn. 374) und nach § 883 ZPO (o. Rn. 375) ausscheidet (vgl. § 887 III ZPO). Aus diesem Grunde empfiehlt sich die hier vorgeschlagene Prüfungsreihenfolge, die auf §§ 887ff. ZPO erst eingeht, wenn § 894 ZPO und §§ 883ff. ZPO nicht eingreifen[1]. **376**

Fristsetzung bedarf es angesichts der Erklärung des *Gammler* nicht einmal (vgl. § 283 BGB). Deshalb kann die *Allerlei GmbH* den *Gammler* auf Schadensersatz in Anspruch nehmen, notfalls klagen, wobei sie den ausschließlichen Gerichtsstand der §§ 893 II, 802 ZPO beachten muß.

[3] Zum Begriff der „unbeweglichen Sachen" o. Rn. 355 Beispiel 118.

Frage: Wie geschieht die Vollstreckung eines Urteils auf Herausgabe einer *unbeweglichen* Sache?

Antwort: Der Vollstreckungsschuldner wird nach § 885 ZPO vom Gerichtsvollzieher aus dem Besitz gesetzt (Räumung des Grundstücks) und der Vollstreckungsgläubiger in den Besitz eingewiesen (z.B. Übergabe der Schlüssel an ihn).

Zusatzfrage: Kann aus einem solchen (Räumungs-)Urteil auch gegen Mitbesitzer vollstreckt werden, die nicht verurteilt wurden? Dies wird man jedenfalls für Angehörige, den Ehegatten bzw. Lebensgefährten des Schuldners bejahen können; vgl. *Baur/Stürner,* Fälle, Fall 11.

[1] Wie in Rn. 374 Fn. 4 für den Prozeßvergleich aufgezeigt, werden §§ 887ff. ZPO als Auffangtatbestände verstanden, wenn § 894 ZPO bzw. § 883 ZPO versagen. Deshalb ist es häufig wichtig, die §§ 887ff. ZPO zu prüfen, wenn eine Vollstreckung nach § 894 ZPO oder nach § 883 ZPO nicht möglich ist. Wie allerdings bereits § 887 III ZPO ergibt, ist diese Auffangtechnik nicht dahin zu verstehen, daß in jedem Einzelfall der Vollstreckung einer Willenserklärung oder einer Vollstreckung auf Herausgabe einer Sache auch an §§ 887ff. ZPO zu denken sei.

Die erste Frage, die sich der Bearbeiter jetzt stellen muß, geht dahin, ob eine Handlung oder eine Unterlassung zu vollstrecken ist. Soll eine Unterlassung[2] vollstreckt werden, richtet sich die Vollstreckung nach § 890 ZPO (näher u. Rn. 379). Wenn jedoch eine Handlung vorzunehmen ist, muß abermals differenziert werden: Der *Schlüssel* ist hierbei die Unterscheidung, ob der Schuldner verpflichtet ist, „eine Handlung vorzunehmen, deren Vornahme durch einen Dritten" (§ 887 I ZPO) oder nur durch ihn selbst erfolgen kann (§ 888 I 1 ZPO). Die Unterscheidung knüpft also an die *Möglichkeit der Vornahme durch einen Dritten* an. Die Prozeßpraxis und die Prozeßrechtslehre sprechen von einer *„vertretbaren Handlung"*[3], wenn sie ein Dritter vorzunehmen vermag. Falls dies unmöglich ist, wird von einer *„nicht vertretbaren Handlung"*[4] gesprochen. Diese Unterscheidung stiftet jedoch bei Studenten immer wieder Verwirrung, weil sie an die Terminologie des BGB denken und hierbei etwa § 91 BGB (Legaldefinition der „vertretbaren Sachen") heranziehen; mit dieser Vorschrift haben aber § 887 und § 888 ZPO nichts zu tun[5]. Zur Vermeidung von Fehlern ist es deshalb nicht falsch, sich lieber dem Gesetzestext anzuschließen und danach zu fragen, ob die Handlung „durch einen Dritten" vorgenommen werden kann (so der Wortlaut von § 887 und § 888 ZPO); damit wird von selbst der Gesichtspunkt der *Ersetzbarkeit* (Austauschbarkeit) der handelnden Person in den Vordergrund gerückt und die falsche Assoziation zu den vertretbaren Sachen vermieden. Entscheidend für die Abgrenzung zwischen § 887 und § 888 ZPO ist die Stellung des *Vollstreckungsgläubigers:* ob es nämlich von seinem Standpunkt aus wirtschaftlich gleichgültig ist, ob der Vollstreckungsschuldner oder ein Dritter die Handlung vornimmt. *RGZ* 55, 59 formuliert dies klar: „Maßgebend für die Beurteilung" ... „bleibt hiernach allein das Interesse des Gläubigers. Er darf zur Erzwingung der Handlung den in § 887 ZPO bestimmten Weg einschlagen, wenn die Handlung dadurch, daß der Dritte sie vornimmt, keine Einbuße in ihrem Wesen erleidet, sondern vollgültigen Ersatz einer vom Schuldner selbst ausgehenden Urteilserfüllung darstellt."

---

[2] Ob zur Unterlassung oder zur Vornahme einer Handlung verurteilt ist, ergibt sich aus der Urteilsformel. Dabei können sich Abgrenzungsschwierigkeiten ergeben. Zur Vertiefung über die Hauptanwendungsfälle der Unterlassungsvollstreckung: *Jauernig,* ZwVR, § 7 IV; *Brox/Walker,* Rn. 1093 ff.

[3] So auch die Überschrift von § 887 ZPO; zur Abgrenzung der vertretbaren von der nicht vertretbaren (unvertretbaren) Handlung *OLG Hamm* NJW 1985, 274; *OLG Koblenz* MDR 1994, 198 f.; *OLG Karlsruhe* MDR 1991, 454.

[4] So auch die Überschrift von § 888 ZPO.

[5] § 91 BGB gibt die Legaldefinition der „vertretbaren Sache". Die §§ 887 f. ZPO betreffen gerade nicht Vollstreckungsmaßnahmen zur Herausgabe von Sachen. Dementsprechend stiftet ein Blick auf § 91 BGB nur Verwirrung.

I. Die Vollstreckung nach § 887 ZPO[6]

Beispiel 124: Uhrmacher *Zeiger* hat sich seiner Kirchengemeinde gegenüber verpflichtet, die Kirchturmuhr wöchentlich einmal zu warten. Hierfür wohnt er unentgeltlich in einem der Kirchengemeinde gehörenden Haus. Aus Ärger über eine Predigt des Pfarrers tritt er, wie er sagt, in den „Streik". Eine gütliche Einigung kommt nicht zustande. Die Kirchengemeinde verklagt ihn deshalb auf wöchentliche Wartung der Uhr. *Zeiger* wird verurteilt. Trotz der Vollstreckbarkeit des Urteils (o. Rn. 368) weigert sich *Zeiger*, irgend etwas an der Kirchturmuhr zu tun. 377

Frage: Nach welcher Vorschrift wird das Urteil gegen *Zeiger* vollstreckt?

Lösungsweg: Da hinsichtlich der allgemeinen Vollstreckungsvoraussetzungen keine Bedenken bestehen[7], erhebt sich als nächstes die Frage: Weswegen wird vollstreckt[8], und zwar in der Frageform: Liegt eine Vollstreckung nach dem Dritten Abschnitt vor[9]? *Zeiger* ist zu einer Handlung (Wartung der Kirchturmuhr) verurteilt; also soll zur Erwirkung einer Handlung vollstreckt werden. Über die Merkposten des § 894 ZPO und § 883 ZPO[10] kommt die Untersuchung zum Problem, ob die Wartung durch einen Dritten vorgenommen werden kann. Dies ist zu bejahen.

Antwort: Das Urteil wird nach § 887 ZPO vollstreckt.

Bejaht man die Schlüsselfrage nach der Ersetzbarkeit durch einen Dritten, ist der weitere Weg folgerichtig: „*Ersatzvornahme*" aufgrund gerichtlichen Ermächtigungsbeschlusses auf Kosten des Vollstreckungsschuldners. Hierbei ist für den weiteren Ablauf des Vollstreckungsgeschehens von Bedeutung, daß § 887 II ZPO die Anordnung einer Vorauszahlungsverpflichtung ermöglicht: Der Vollstreckungsgläubiger (die Kirchengemeinde) kann zunächst den Vollstreckungsschuldner *(Zeiger)* zur Vorauszahlung der Kosten der Ersatzvornahme (Wartung der Kirchturmuhr) durch Beschluß (vgl. § 891 Satz 1 ZPO) verurteilen und notfalls den Betrag beitreiben lassen[11]. Dem Vollstreckungsgläubiger steht es allerdings frei, *sogleich* die Ersatzvornahme durchzuführen und erst danach deren Kosten gegenüber dem Vollstreckungsschuldner geltend zu machen (als Vollstreckungskosten nach § 788 ZPO).

Häufig wird übersehen, daß sowohl die Ermächtigung zur Ersatzvornahme (§ 887 I ZPO), als auch die Verurteilung zur Vorauszahlung der Kosten (§ 887 II ZPO) durch das *Prozeßgericht* zu erfolgen haben. Hierbei ist der Schuldner zu hören (§ 891 Satz 2 ZPO)[12].

---

[6] *Brox/Walker*, Rn. 1064–1091.

[7] Oben Rn. 358 und 366–370.

[8] Oben Rn. 359.

[9] Oben Rn. 372.

[10] Oben Rn. 376 bei Fn. 1.

[11] Hierbei handelt es sich um die Vollstreckung *wegen einer Geldforderung*. Also sind die Vorschriften des Zweiten Abschnitts anzuwenden: Stein/Jonas/*Brehm*, § 887 Rn. 44–51. Damit schiebt sich in die Vollstreckung nach dem Dritten Abschnitt eine Zwangsvollstreckung wegen einer Geldforderung nach dem Zweiten Abschnitt, hierzu näher u. Rn. 382 Beispiel 126.

[12] Hat der Schuldner inzwischen erfüllt (§ 362 BGB), kann er dies auch im Verfahren nach § 887 I ZPO einwenden und ist nicht auf den Weg der Vollstreckungsabwehr-

II. Die Vollstreckung nach § 888 ZPO

378 Wenn die Handlung nicht durch einen Dritten vorgenommen werden kann, müssen *Beugemaßnahmen* gegen die verpflichtete Person eingeleitet werden[13], damit sie die (nur ihr allein mögliche) Handlung vornimmt. § 888 I ZPO nennt als solche Maßnahmen Zwangsgeld (bis 25.000 Euro) und Zwangshaft[14]. Auch hier entscheidet das *Prozeßgericht* nach Anhörung des Schuldners (§§ 888 I 1, 891 Satz 2 ZPO)[15].

Bisweilen bereitet dem Bearbeiter die Abgrenzung zwischen Handlungen, die durch einen Dritten vorgenommen werden können, und den nur persönlich möglichen Handlungen Schwierigkeiten. Sie werden am besten mit der Frage überwunden: Kann durch eine *Ersatzvornahme* dieselbe Handlung vorgenommen werden? Meistens zeigt sich dann schon eine deutliche Antwort.

Beispiel: Der Vollstreckungsschuldner ist verurteilt worden: eine Auskunft zu erteilen, eine Bilanz zu erstellen, Rechnung zu legen oder ein Zeugnis zu erteilen. Die Kontrollfrage nach möglicher Ersatzvornahme wird stets mit „Nein" zu beantworten sein. Also muß nach § 888 ZPO vollstreckt werden. Bei diesen Antworten hat sich der Bearbeiter vor Augen zu halten, daß die Tendenz besteht, die Möglichkeit der Ersatzvornahme *weit* zu interpretieren, und damit das Merkmal einer nur persönlich vornehmbaren Handlung *eng* auszulegen[16].

---

klage (§ 767 ZPO) angewiesen (*BGH* NJW 2005, 367). Vertiefend hierzu *Huber*, JuS 2005, 521 f. und Fn. 1 im Beispiel 126 bei Rn. 382.

[13] Aber nur, wenn die Handlung ausschließlich vom Willen des Schuldners abhängt, sonst greift lediglich § 893 ZPO ein. Zur Vertiefung: Stein/Jonas/*Brehm*, § 888 Rn. 917; *Rosenberg/Gaul/Schilken*, § 71.

[14] Dies sind keine strafrechtsähnlichen Vergeltungsmittel zur Ahndung eines *vergangenen* Tuns, sondern Vollstreckungs(Beuge-)maßnahmen, um ein *zukünftiges* Handeln zu erreichen. Deshalb ist es kein Verstoß gegen das Verbot der Doppelbestrafung nach Art. 103 III GG, wenn bei andauernder Weigerung wiederholt Maßnahmen verhängt werden.

[15] Die Vollstreckung des Zwangsgeldes geschieht wie eine sonstige Vollstreckung wegen einer Geldforderung nach dem Zweiten Abschnitt (§§ 803 ff. ZPO); Vollstrekkungstitel ist der Beschluß des Prozeßgerichts nach § 888 I 1 ZPO (§ 794 I 1 Nr. 3 ZPO). Zur Vertiefung: Stein/Jonas/*Brehm*, § 888 Rn. 26–28; Anforderungen an die Zwangsmittelandrohung *OLG Köln* NJW-RR 1995, 1405 (1406). Für den Vollzug der Zwangshaft gibt es im Vierten Abschnitt des Achten Buches (o. Rn. 357 Fn. 2) eine Regelung.

[16] Es gibt zwei Gründe für diese Tendenz – die auch im Verhältnis § 887 ZPO zu § 894 ZPO herrscht, vgl. *Brox/Walker*, Rn. 1066:
Erstens ist mit Zwangsgeld und Zwangshaft das Vollstreckungsziel nur sehr umständlich zu erreichen. So muß der Vollstreckungsgläubiger das Zwangsgeld nach dem Zweiten Abschnitt (z.B. durch Pfändung und Versteigerung), die Zwangshaft nach dem Vierten Abschnitt (o. Fn. 15) vollstrecken lassen. Hat der Schuldner kein Vermögen, empfiehlt sich ohnehin nur die Zwangshaft. Mit einer Ersatzvornahme erreicht der Vollstreckungsgläubiger hingegen schneller sein Ziel, mag er auch bei ihr auf den Kosten der Ersatzvornahme „sitzen" bleiben, wenn der Schuldner vermögenslos ist.
Zweitens stellt die Zwangshaft einen so starken Eingriff in die persönliche Freiheit dar, daß man allgemein starke Zurückhaltung übt, sie zur Durchsetzung zu benutzen.

III. Die Vollstreckung nach § 890 ZPO

Um nur persönlich vornehmbares Verhalten geht es auch bei Unterlassungs- und Duldungspflichten. § 890 ZPO enthält für ihre Erzwingung eine Sonderregelung. Sie birgt eine Fülle von Problemen in sich, über die der Bearbeiter eines Zwangsvollstreckungsfalles sich im Klaren sein sollte. Es handelt sich hierbei um die Fragen der Androhung der Ordnungsmittel, ihres Rechtscharakters und damit zusammenhängend der Anwendung strafrechtlicher Grundsätze für die Vollstreckung, sowie um den Streit, ob die Ordnungsmittel auch dann noch verhängt werden müssen, wenn die Unterlassung bzw. Duldung nicht mehr aktuell ist. **379**

Beispiel 125: Uhrmacher *Zeiger* beschimpft wiederholt in der Öffentlichkeit den Pastor *Salb* der Kirchengemeinde. Auf den Antrag des *Salb* wird durch einstweilige Verfügung dem *Zeiger* unter Androhung von Ordnungsmitteln für jeden Fall der Zuwiderhandlung untersagt, die Behauptung aufzustellen, *Salb* sei „ein korrupter Bursche", der ihn, *Zeiger,* nur „deshalb mit dem Gericht schikaniert, weil er ihm einmal beim Schafkopfspiel einen schönen Batzen Geld abgeknöpft" habe. Entgegen dem gerichtlichen Unterlassungsverbot wettert *Zeiger* weiterhin gegen *Salb,* der daraufhin einen Strafantrag gegen seinen Verleumder stellt. Noch bevor das Gericht entscheidet, verstirbt *Salb* infolge der übermächtigen Aufregung um die gerichtliche Auseinandersetzung mit *Zeiger,* der daraufhin zerknirscht von seinen Anwürfen abläßt. *Salbs* Erben fordern dennoch vor Gericht *Zeigers* Bestrafung. Zu Recht?

Lösung: *Zeiger* kann wegen jeder Zuwiderhandlung gegen seine Unterlassungspflicht aus der einstweiligen Verfügung (Beschluß oder Urteil, vgl. §§ 936, 922 I ZPO = *Vollstreckungstitel)* zu Ordnungsgeld oder -haft verurteilt werden, § 890 I ZPO. Die nach § 890 II ZPO erforderliche *Androhung* der Ordnungsmittel ist, wie hier, gewöhnlich bereits im Vollstreckungstitel enthalten. Das Ordnungsmittel wird auf *Antrag* des Vollstreckungsgläubigers durch Beschluß des Prozeßgerichts erster Instanz verhängt. Allerdings könnte ein Bedürfnis (das „Ahndungsinteresse") für die von den Erben weiterverfolgte Bestrafung fehlen, da *Zeiger* infolge des Todes von *Salb* seine abfälligen Äußerungen eingestellt hat. Ob *Zeiger* trotzdem mit einem Ordnungsmittel belegt werden muß, hängt davon ab, welchen Charakter man den Ordnungsmitteln beimißt. Im Gegensatz zu den Zwangsmitteln gemäß § 888 ZPO, die lediglich der privaten Durchsetzung eines Handlungsanspruches dienen, kommt den Ordnungsmitteln nach § 890 ZPO zusätzlich auch eine echte „Strafqualität" zu. Es handelt sich bei § 890 ZPO um echte *strafrechts-ähnliche Vergeltungsmittel,* die wegen Ungehorsams des Vollstreckungsschuldners gegenüber dem gerichtlichen Unterlassungsgebot angewandt werden. Infolgedessen gelangen strafrechtliche Grundsätze zur Anwendung, insbesondere ist *Verschulden* des Vollstreckungsschuldners erforderlich. *Ergebnis:* Da im Zeitpunkt der Zuwiderhandlung und der Antragstellung des *Salb* alle Voraussetzungen für eine Verurteilung vorlagen, muß *Zeiger* zu Ordnungsgeld oder zu Ordnungshaft verurteilt werden. Zwar ist das private Interesse an der Ahndung mittlerweile erloschen, das künftige Wohlverhalten des *Zeiger* hat aber das staatliche Ahndungsinteresse nicht entfallen lassen.

§ 79. Verbindungslinien zwischen verschiedenen Vollstreckungsarten, insbesondere zwischen der Vollstreckung nach dem Dritten und nach dem Zweiten Abschnitt des Achten Buches der ZPO

Literatur: Verzeichnis der abgekürzt zitierten Literatur (S. XXIII).

Schwierigkeiten bereiten Vollstreckungsfälle, die verschiedene Vollstreckungsarten enthalten. Drei Fallgruppen stiften hierbei manchmal Verwirrung:

I. Erste Fallgruppe: Mehrere Ansprüche – gleichzeitig verschiedene Vollstreckungsarten

380 Das Beispiel 122 (o. Rn. 364) enthält diese Fallgruppe: Ein und derselbe Vollstreckungstitel verurteilt den Vollstreckungsschuldner *(Xanthippe)* zugunsten des Vollstreckungsgläubigers *(Sokrates)*

(1) zur Unterlassung,
(2) zur Zahlung,
(3) zur Herausgabe und
(4) zur Abgabe einer Willenserklärung.

Bei dieser Fallkategorie handelt es sich also um *verschiedene* Vollstreckungsverfahren, die gleichzeitig und parallel nebeneinander ablaufen. Hier werden ernsthafte Schwierigkeiten verhindert, wenn der Bearbeiter die Trennungsempfehlung beherzigt (o. Rn. 364) und für jeden einzelnen zu vollstreckenden Anspruch *gesondert* prüft, um welche Art der Zwangsvollstreckung es sich handelt.

II. Zweite Fallgruppe: Ineinandergreifen der Vollstreckungsverfahren – hintereinandergeschaltete verschiedene Vollstreckungsverfahren

1. Der Anspruch auf Eigentumsverschaffung

381 Der Anspruch auf Eigentumsverschaffung wird kombiniert vollstreckt (näher o. Rn. 375 a.E.): Mit Rechtskraft des Urteils gilt die *Willenserklärung* (Einigungserklärung) als abgegeben (§ 894 ZPO). Die *Wegnahme der Sache* wird nach § 883 ZPO vollstreckt.

2. Vollstreckung bei Ermächtigung zur Ersatzvornahme

382 Schwierig sind Aufgaben aus dem Vollstreckungsrecht, in denen bei der Vollstreckung eines *einzigen Anspruchs* der Dritte *und* der Zweite Abschnitt des Achten Buches einschlägig sind.

Beispiel 126: Im Beispiel 124 (o. Rn. 377) hat die Kirchengemeinde einen vollstreckbaren (o. Rn. 368) Titel gegen Uhrmacher *Zeiger* auf wöchentliche Wartung der Kirchturmuhr. Durch das Prozeßgericht hat sich die Kirchengemeinde nicht nur nach § 887 I ZPO ermächtigen lassen, die Handlung (im Wege der Ersatzvornahme) durch einen Dritten vorzunehmen, sondern zugleich nach § 887 II ZPO *Zeiger* verurteilen lassen, eine Vorauszahlung in Höhe von 325 Euro an die Kirchengemeinde zu leisten (o. Rn. 377 bei Fn. 11)[1]. Da *Zeiger* diesen Betrag nicht freiwillig zahlt, geht die Kirchengemeinde jetzt erst einmal nach dem Zweiten Abschnitt im Wege der Vollstreckung wegen einer Geldforderung vor. Nachdem der Gerichtsvollzieher das Geld beigetrieben hat, läßt die Kirchengemeinde (nunmehr wieder nach dem Dritten Abschnitt: § 887 I ZPO) die Wartung durch einen anderen Uhrmacher vornehmen.

3. Herausgabevollstreckung in einen Herausgabeanspruch

Komplizierter ist die Verzahnung bei der Vollstreckung wegen der Her- 383
ausgabe bestimmter Sachen (hierzu allgemein o. Rn. 375). Falls nämlich der Vollstreckungsschuldner die Sache an einen Dritten und dieser sie an einen Vierten weitergibt, kommt es zu einem beständigen Wechsel zwischen den Vollstreckungsarten:

Beispiel 127: Wie im Beispiel 122 (o. Rn. 364) ist *Xanthippe* zur Herausgabe der Briefmarkensammlung an *Sokrates* verurteilt worden (Ziffer 3). Da sich *Xanthippe* auch nach Rechtskraft des Urteils weigert, die Sammlung herauszugeben, leitet *Sokrates* die Zwangsvollstreckung ein. Maßgeblich ist § 883 ZPO. Deshalb wird der Gerichtsvollzieher versuchen, die Sammlung *Xanthippe* wegzunehmen und *Sokrates* zurückzugeben.

Frage: Wie geht die Zwangsvollstreckung weiter, wenn der Gerichtsvollzieher bei *Xanthippe* die Briefmarkensammlung nicht findet und diese daraufhin die eidesstattliche Versicherung[2] abgibt, sie habe die Sammlung ihrem Freund *Plato* geliehen, der sie unter keinen Umständen freiwillig herausgeben werde?

Antwort: Einschlägig ist § 886 ZPO. Nach dieser Vorschrift ist dem *Sokrates* auf seinen Antrag hin der Anspruch der *Xanthippe* gegen *Plato* durch Pfändungs- und Überweisungsbeschluß zu überweisen. Dies muß nach den Vorschriften des Zweiten Abschnitts geschehen[3]. Durch den Pfändungs- und Überweisungsbeschluß läßt dem-

---

1 **Zur Vertiefung:** gegen den Beschluß des Prozeßgerichts ist die sofortige Beschwerde (§ 793 ZPO) gegeben. Behauptet *Zeiger* Erfüllung, so steht ihm die Vollstreckungsabwehrklage (§ 767 ZPO) zu. Diesen Einwand kann er auch im Rechtsmittelverfahren zur Hauptsache geltend machen.

2 Oben Rn. 357 Fn. 2 und Rn. 359 Fn. 7 sowie Rn. 375 Fn. 2.

3 Zum *Pfändungs-* und *Überweisungsbeschluß* o. Rn. 356 Fn. 16 und unten Rn. 395 Fn. 3. Bei allen erfolglos verlaufenen Vollstreckungsversuchen von Herausgabeansprüchen darf der Bearbeiter nicht die materiell-rechtliche Situation übersehen: So ergibt sich – wie schon im Beispiel in Rn. 375 Fn. 2 – zugleich auch das Problem, ob *Sokrates* nicht der Weg über §§ 893 I, II, 802 ZPO zu empfehlen ist, d.h. ob *Sokrates* nicht besser zu einem Schadensersatzanspruch übergeht, als auf dem Herausgabeanspruch zu beharren. Abgesehen von außerjuristischen Überlegungen (z.B. hoher „Affektionswert“ der Briefmarkensammlung, der durch Geld nicht auszugleichen ist; Zahlungsunfähigkeit der *Xanthippe,* so daß ein Schadensersatzurteil auch nichts nützt), müssen Erwägungen über den Herausgabeanspruch angestellt werden. Damit ist der Bearbeiter mitten in einer sachenrechtlichen Diskussion. Hat *Sokrates* nur einen sachenrechtlichen Herausgabeanspruch geltend gemacht (*rei vindicatio:* § 985 BGB), kommt man zu einem Schadensersatzanspruch nur über die Regelungen des Eigentümer-Besitzer-Verhältnisses (§§ 989ff. BGB). Eine Anwendung der §§ 280ff. BGB ist ausgeschlossen, da das Sachenrecht für diesen Fall Spe-

gemäß *Sokrates* den der *Xanthippe* gegen *Plato* aus Leihvertrag zustehenden Anspruch auf Rückgabe (§ 604 BGB) pfänden und sich zur Einziehung überweisen. Damit ist jetzt *Sokrates* ermächtigt, gegen *Plato* den (der *Xanthippe* zustehenden) Herausgabeanspruch geltend zu machen (§ 836 I ZPO). Wenn allerdings *Plato* immer noch nicht freiwillig leistet, muß *Sokrates* ihn auf Herausgabe verklagen[4]. Aus einem den *Plato* zur Herausgabe verpflichtenden Urteil kann dann *Sokrates* wiederum nach § 883 ZPO vollstrecken. Dann wird der Gerichtsvollzieher dem *Plato* die Briefmarkensammlung wegnehmen und *Sokrates* übergeben.

4. Geldvollstreckung in einen Herausgabeanspruch

384 Häufig wird übersehen, daß die §§ 846–849 ZPO auf die *Herausgabevollstreckung* nicht anwendbar sind. Wird im Rahmen der Zwangsvollstreckung wegen einer *Geldforderung* (nach dem Zweiten Abschnitt des Achten Buches) ein dem Vollstreckungsschuldner zustehender Anspruch auf Herausgabe einer Sache gegen einen Dritten gepfändet (durch Pfändungs- und Überweisungsbeschluß), so zielt das weitere Vorgehen darauf, die Verwertung der Sache zu ermöglichen, um die Geldforderungen des Vollstreckungsgläubigers tilgen zu können. Folgerichtig wird nach

---

zialregelungen vorgesehen hat. Anders ist dies aber dann, wenn dem Herausgabeurteil auch ein schuldrechtlicher Anspruch zugrunde liegt, etwa im Beispiel 120 (o. Rn. 359) sowie im Beispiel der Fn. 2 der Rn. 375. Die Herausgabepflicht ergibt sich in derartigen Fällen sowohl aus dem Schuldrecht (Rücktritt: §§ 449 II, 346 BGB) als auch aus dem Sachenrecht (§ 985 BGB). Bei solch einer Fallgestaltung sind jedenfalls für die schuldhafte Verletzung des schuldrechtlichen Herausgabeanspruchs die §§ 280 I, II, 281 ff. BGB anwendbar.

4 Anspruchsgrundlage dieses in der Klage verfolgten Begehrens ist der schuldrechtliche Herausgabeanspruch der *Xanthippe* (Vollstreckungsschuldner) gegen *Plato* (Drittschuldner) nach § 604 BGB, den *Sokrates* (Vollstreckungsgläubiger) gemäß § 836 ZPO aufgrund des Pfändungs- und Überweisungsbeschlusses (o. Fn. 3 zu Beginn) nunmehr im eigenen Namen geltend machen kann.
Sogleich erhebt sich die materiell-rechtliche *Frage,* ob *Sokrates* denn nicht auch einen *eigenen* Herausgabeanspruch gegen *Plato* hat. Dies ist zu bejahen (§ 985 BGB). Diesem Anspruch gegenüber kann sich *Plato* auch nicht auf ein Recht zum Besitz nach § 986 BGB berufen, weil *Xanthippe* dem *Sokrates* gegenüber nicht zur Überlassung des unmittelbaren Besitzes an *Plato* berechtigt war (§ 986 I 2 BGB). In seiner Klage wird sich also *Sokrates* zusätzlich auf diesen unmittelbaren (eigenen) Anspruch berufen.
Der Leser wird von selbst eine weitere *Frage* stellen: Wenn also *Sokrates* auch einen *eigenen* Anspruch hat, ist es dann eigentlich sinnvoll, einen Pfändungs- und Überweisungsbeschluß zu beantragen oder zu erlassen? Die *Antwort* hierauf hängt vom einzelnen Fall ab. Es gibt Situationen, in denen der Weg über einen Pfändungs- und Überweisungsbeschluß überflüssig ist, etwa bei offenkundigem Vorliegen der Voraussetzungen des § 986 I 2 BGB, wenn der Gläubiger also auf jeden Fall über § 985 BGB zu seinem Recht kommt. In der Regel bringt jedoch der Erlaß des Beschlusses für den Vollstreckungsgläubiger eine deutliche Verstärkung seiner Position, weil er sowohl sachenrechtlich (§§ 985, 986 I 2 BGB) als auch zugleich schuldrechtlich (§ 604 BGB, § 836 ZPO) angreifen kann und seine Klage bereits erfolgreich ist, wenn nur eine der beiden Anspruchsgrundlagen zutrifft. Mit dem Pfändungsbeschluß gelingt ihm ferner über §§ 886, 829 I 1 und 2 ZPO ein Eingriff in die Rechtsbeziehung zwischen Schuldner *(Xanthippe)* und Drittschuldner *(Plato),* der mit der bloßen Klage aus §§ 985, 986 I 2 BGB nicht ermöglicht wird.

§ 847 I ZPO die Sache vom Dritten an den Gerichtsvollzieher herausgegeben; dann entstehen Verstrickung und Pfändungspfandrecht an der Sache. Der Gerichtsvollzieher läßt anschließend gemäß § 847 II ZPO die Sache nach den Vorschriften der §§ 814ff. ZPO verwerten.

Mit anderen Worten: Die Anwendung der §§ 846ff. ZPO auf das Beispiel 127 würde zur *Versteigerung* der Briefmarkensammlung des *Sokrates* führen (zum vergleichbar fehlerhaften Ergebnis o. Rn. 359 Beispiel 120). Da das Ziel der Vollstreckung eines Urteils auf Herausgabe einer bestimmten Sache nicht auf Pfändung und Verwertung gerichtet ist, sondern auf Übergabe der Sache (Briefmarkensammlung) an den Vollstreckungsgläubiger *(Sokrates)*, können die Vorschriften der §§ 846–848 ZPO bei einer über § 886 ZPO durch einen Pfändungs- und Überweisungsbeschluß vorgenommenen Pfändung nicht anwendbar sein. Bei den §§ 846ff. ZPO handelt es sich mithin um den umgekehrten Fall. *Wegen* einer *Geldforderung* wird hier in einen Herausgabeanspruch vollstreckt, während Beispiel 127 als Ausgangspunkt die Herausgabevollstreckung hatte und dann die Vollstreckung *(wegen* dieses *Herausgabeanspruchs)* in den Herausgabeanspruch folgte.

Zusatzfrage: Wie muß *Sokrates* vorgehen, wenn *Plato* die Briefmarkensammlung an *Xenophon* weiterverliehen hat?

Antwort: Die Schwierigkeit, den Anspruch auf Herausgabe einer bestimmten Sache zu vollstrecken, zeigt sich hier mit Deutlichkeit. *Sokrates* muß nun gegen *Xenophon* wieder über § 886 ZPO einen Pfändungs- und Überweisungsbeschluß erreichen, notfalls ihn auch auf Herausgabe verklagen, um dann wieder nach § 883 ZPO zu vollstrecken[5].

---

[5] **Zur Vertiefung:** Bei allen Klausuren mit Herausgabeansprüchen darf die Rechtskrafterstreckung des § 325 I ZPO nicht übersehen werden. Danach wirkt das Urteil Rechtskraft z.B. auch gegen den neuen unmittelbaren Besitzer, wenn die bisherige Partei mittelbarer Besitzer geworden ist und keine Gutgläubigkeit nach § 325 II ZPO vorliegt. Im *Beispiel 127* ist von einer solchen Rechtskrafterstreckung auszugehen, wenn *Plato* bei Besitzerlangung von der Rechtshängigkeit wußte. In diesem Fall hat *Sokrates* die Möglichkeit, gemäß § 727 ZPO die vollstreckbare Ausfertigung gegen *Plato* umschreiben zu lassen, sofern er die dort genannten schwierigen Nachweise zu erbringen vermag. Nach Umschreibung der Klausel kann *Sokrates* direkt gemäß § 883 ZPO gegen *Plato* den Herausgabeanspruch vollstrecken lassen. Damit erübrigt sich sowohl der Erlaß eines Pfändungs- und Überweisungsbeschlusses gemäß § 886 ZPO als auch eine Klage gegen *Plato.* Einer derartigen Klage steht im Gegenteil die Rechtskraft des (auf *Plato* erstreckten) Urteils entgegen. Aus diesem Grunde muß *vor* dem Erlaß des Pfändungs- und Überweisungsbeschlusses und insbesondere *vor* einer Klage aus dem gepfändeten und überwiesenen Anspruch gegen den neuen unmittelbaren Besitzer *(Plato)* geprüft werden, ob nicht wegen der Rechtskrafterstreckung des § 325 ZPO eine Umschreibung der vollstreckbaren Ausfertigung nach § 727 ZPO möglich ist. Erst wenn dies (z.B. mangels der dort geforderten Nachweise) nicht möglich ist, darf der Weg über § 886 ZPO und über eine direkte Klage gegen den Drittschuldner beschritten werden. Vertiefend: *BGH* JuS 1996, 462f. sowie für den umgekehrten Fall der Rechtsnachfolge auf der Seite des Vollstreckungsgläubigers *BGH* NJW 1957, 1111.

III. Dritte Fallgruppe: Analoge Anwendung von Vorschriften aus dem Zweiten Abschnitt

1. Analoge Anwendung des § 809 ZPO?

385 An vorigem Beispiel kann auch ein Lückenproblem deutlich gemacht werden, das oft Schwierigkeiten bereitet. § 886 ZPO geht offensichtlich von einem Dritten *(Plato, Xenophon)* aus, der nicht zur Herausgabe der Sache bereit ist. Eine Regelung für den Dritten, der Gewahrsam hat und auch zur Herausgabe der Sache bereit ist, fehlt. Dies ist deshalb erstaunlich, weil § 809 ZPO für den vergleichbaren Fall der Pfändung wegen einer Geldforderung eine ausdrückliche Regelung trifft. Kann man nun den Gedanken des § 809 ZPO (aus dem Zweiten Abschnitt) analog auch auf die Vollstreckung zur Herausgabe einer bestimmten Sache (nach dem Dritten Abschnitt) anwenden? Diese Frage wird einhellig bejaht. Das hat zur Folge, daß die §§ 883–885 ZPO genauso auf den zur Herausgabe bereiten Dritten anzuwenden sind, wie es § 808 ZPO über § 809 ZPO ist: *Sokrates* kann gegen *Plato* oder gegen *Xenophon* direkt nach § 883 ZPO vorgehen, wenn sie zur Herausgabe bereit sind. Der Weg über § 886 ZPO scheidet dann aus.

2. Analoge Anwendung des § 811 ZPO auf Herausgabeverlangen?

386 **Beispiel 128:** Die *Allerlei GmbH* hat ein Herausgabeurteil gegen *Aloys Gammler* auf Herausgabe des nicht abbezahlten Rundfunkapparates.

Frage: Kann sich *Gammler* auf § 811 I ZPO (analog) berufen?

Antwort: Die h. M. verneint dies[6].

3. Nichtanwendung des § 811 ZPO bei Pfändung der eigenen Sache?

387 Durch das in § 811 II ZPO geregelte Privileg des Vorbehaltsverkäufers entfällt der Pfändungsschutz in den Fällen des § 811 I Nr. 1, 4, 5–7 ZPO. Der vollstreckbare Anspruch, für den gepfändet wird, muß die Kaufpreisforderung (§ 433 II BGB) sein, welche durch einfachen Eigentumsvorbehalt (§ 449 I BGB) gesichert ist. Eine entsprechende Anwendung auf die anderen Fälle des § 811 I ZPO scheidet aus[7].

---

[6] Näher: *Thomas/Putzo,* § 811 Rn. 2.

[7] Näher: *Thomas/Putzo,* § 811 Rn. 39–43.

5. Kapitel. Die Bearbeitung der Vollstreckung nach dem Zweiten Abschnitt des Achten Buches der ZPO: „wegen Geldforderungen"

1. Unterkapitel. Allgemeine Fragestellungen

§ 80. Der Zweck der Vollstreckungsart „wegen Geldforderungen"

Die Vollstreckung wegen Geldforderungen[1] unterscheidet sich von der Vollstreckung nach dem Dritten Abschnitt grundlegend. Bei ihr begehrt der Vollstreckungsgläubiger nicht eine bestimmte Sache oder Handlung oder Unterlassung bzw. Duldung, sondern er will auf das gesamte Vermögen des Schuldners zugreifen, um es – in der Regel durch „Versilberung" in der Versteigerung – zu verwerten und so zu seinem Geld zu kommen. 388

Immer wieder verlieren Bearbeiter dieses Ziel der Zwangsvollstreckung aus den Augen. Sie begnügen sich dann mit dem Ergebnis, daß zugunsten des Vollstreckungsgläubigers Sachen gepfändet wurden oder hinsichtlich einer Forderung ein Pfändungs- und Überweisungsbeschluß erlassen wurde. Doch mit der durch solche Maßnahmen bewirkten *Verstrickung*[2] ist dem Vollstreckungsgläubiger nur dann geholfen, wenn unter ihrem Eindruck der Vollstreckungsschuldner endlich zahlt. Hiervon darf aber nicht ohne weiteres ausgegangen werden[3], so daß überlegt werden muß, in welcher Weise eine *Verwertung* des Gegenstandes erfolgt, die zur *Befriedigung des Vollstreckungsgläubigers* führt.

§ 81. Zugriff auf bewegliches oder unbewegliches Vermögen?

Literatur: Verzeichnis der abgekürzt zitierten Literatur (S. XXIII).

Wenn auch das gesamte (bewegliche und unbewegliche) Vermögen des Vollstreckungsschuldners dem Zugriff des Vollstreckungsgläubigers offensteht, so unterscheidet sich die Zwangsvollstreckung in das bewegliche Vermögen (§§ 803–863 ZPO) scharf von der Vollstreckung in das unbewegliche Vermögen (§§ 864–871 ZPO). Als (häufig übersehene) *Eingangsfrage* ergibt sich deshalb immer das Problem, ob der zu pfän- 389

---

[1] Näher: Stein/Jonas/*Münzberg*, Rn. 1–7 vor § 803.

[2] Mit der Verstrickung ist dem Vollstreckungsschuldner die Verfügungsbefugnis über den Vollstreckungsgegenstand entzogen (§§ 136, 135 BGB, § 829 I 2 ZPO), um die Befriedigung des Vollstreckungsgläubigers sicherzustellen (vgl. auch § 136 StGB). Die Verstrickung wird durch jeden nicht nichtigen (o. Rn. 371) Pfändungsakt bewirkt und ist Rechtsgrundlage für die Verwertung.

[3] In der Praxis führt tatsächlich in vielen Fällen die Pfändung zur freiwilligen Leistung des Vollstreckungsschuldners. Im Examen kann aber von einem solchen Verhalten des Schuldners nur ausgegangen werden, wenn sich dies aus dem Text der Aufgabe ergibt.

dende Vermögensgegenstand zum *beweglichen* oder *unbeweglichen* Vermögen des Vollstreckungsschuldners zählt. Lautet die Antwort, daß es sich um *unbewegliches* Vermögen handelt, ist die Zwangsvollstreckung in der Regel nur nach Maßgabe der Vorschriften über die Vollstreckung in das unbewegliche Vermögen zulässig[1].

Umgekehrt ist nicht jede bewegliche Sache nach den Vorschriften über die Vollstreckung in bewegliche Sachen zu pfänden. Dem Leser ist schon aus dem Beispiel 118 (o. Rn. 355) bekannt, daß selbst ein so beweglicher Gegenstand wie ein Kleinbus als „unbewegliches" Vermögen zählen kann, § 865 I ZPO, §§ 1120, 97 BGB. Es kommt also nicht auf die tatsächliche Beweglichkeit an, sondern auf die Zugehörigkeit zum Haftungsverband Grundstück. Zu ihm gehört z.B. auch die Forderung des Hauseigentümers gegen die Brandversicherung (§ 865 I ZPO in Verbindung mit § 1127 BGB), nachdem sein Haus niedergebrannt ist[2]. Wirtschaftlich ist dies selbstverständlich: Meist hat der Eigentümer mit dem Geld der Hypotheken- oder Grundschuldgläubiger sein Haus gebaut. Brennt es ab, tritt an seine Stelle die Versicherungsforderung, die notfalls zur Befriedigung der Grundpfandrechtsgläubiger dient. Die Mobiliarzwangsvollstreckung in eine solche Forderung ist demnach unzulässig.

Bei der Zwangsvollstreckung wegen Geldforderungen muß folglich an erster Stelle untersucht werden, welche Vermögensgegenstände von der Zwangsvollstreckung erfaßt werden (o. Rn. 360). Erst wenn feststeht, daß der Vermögensgegenstand zum beweglichen Vermögen gehört, kann auf die Vorschriften der §§ 803–807 ZPO eingegangen werden.

Diese Bestimmungen werden bisweilen in ihrer Bedeutung unterschätzt. Sie gelten, wie sich bereits aus der Überschrift zu § 803 ZPO ergibt, für die *gesamte* Geldforderungsvollstreckung in das bewegliche Vermögen, so daß nicht nur körperliche Sachen (§§ 808–827 ZPO), sondern auch Forderungen und andere Vermögensrechte (§§ 828–863 ZPO) gepfändet werden (§ 803 I 1 ZPO). Freilich kann bei diesen der Gerichtsvollzieher nicht das Pfandsiegel des § 808 II 2 ZPO (den „Kuckuck") anlegen; dafür erläßt das Vollstreckungsgericht den Pfändungsbeschluß[3]. So ist nur der *Weg,* wie die Pfändung bewirkt wird, unterschiedlich; gleich bleibt jedoch die Notwendigkeit einer Pfändung, wenn wegen einer Geldforderung vollstreckt wird. Die Pfändung führt auch gleichermaßen zum Pfändungspfandrecht (§ 804 ZPO), sowohl bei körperlichen Sachen, als auch bei Forderungen und anderen Vermögensrechten. Verschieden sind dann nur wieder die *Wege,* auf denen das Pfändungspfandrecht zur *Verwertung* führt[4].

---

[1] Oben Rn. 360 Fn. 9; zur Vertiefung bezüglich der Forderungsvollstreckung *Rosenberg/Gaul/Schilken,* § 54.

[2] Das BGB trennt scharf zwischen der Gebäudeversicherung (§§ 1127, 1128) und der übrigen Versicherung (§§ 1127, 1129). Dies wird häufig übersehen. Über § 1128 III BGB hat der Hypothekengläubiger an der Versicherungsforderung die Rechte eines Pfandgläubigers auch schon *vor* der in § 865 II 2 ZPO genannten Beschlagnahme, so daß er gegen die Pfändung dieser Versicherungsforderung durch einen persönlichen Gläubiger im Wege des § 771 ZPO vorgehen kann (so h.M.), auf jeden Fall aber nach § 805 ZPO (so Gegenmeinung). *Unpfändbar* sind die der Hypothekenhaftung unterliegenden Gegenstände erst nach der Beschlagnahme (§ 865 II 2 ZPO), stets unpfändbar ist jedoch *Zubehör* (§ 865 II 1 ZPO, §§ 97f. BGB), wie schon in Rn. 355 dargestellt.

[3] Zu ihm bereits o. Rn. 356 sowie u. Rn. 395 Fn. 3.

[4] *Körperliche Sachen* werden nach §§ 814ff., 825 ZPO verwertet; *Geldforderungen* nach §§ 835, 839, 844 ZPO; *Sachforderungen* nach §§ 846, 847 in Verbindung mit

§ 82. Zugriff auf körperliche Sachen

Literatur: Verzeichnis der abgekürzt zitierten Literatur (S. XXIII) sowie *J. Behr,* Effektive Sachpfändung durch den Gerichtsvollzieher, NJW 1992, 2738–2741; *T. Seip,* Die Zwangsvollstreckung durch den Gerichtsvollzieher, NJW 1994, 352–356; *J. Wittschier,* Der praktische Fall – Vollstreckungsrechtsklausur, JuS 2000, 173–178.

Wird in das bewegliche Vermögen vollstreckt, ist zu fragen, ob es sich um eine Sache handelt. Ist dies der Fall, sind §§ 808–827 ZPO anzuwenden. Dabei muß der Bearbeiter strikt zwischen den Problemen der Pfändung (§§ 808, 813, 826 ZPO) und der Verwertung der gepfändeten Sache (§§ 813a–825, 827 ZPO) unterscheiden. 390

I. Die Pfändung körperlicher Sachen

Die Pfändung von Sachen prüft man am besten in dieser Reihenfolge: Vollstreckungs*organ*, Vollstreckungs*maßnahme*, Vollstreckungs*beteiligte*, Vollstreckungs*gegenstand*: 391

(1) Organ ist der *Gerichtsvollzieher*[1].

(2) Seine *Maßnahmen* sind die Wegnahme oder das Anbringen des Pfandsiegels oder sonstige Formen der Kenntlichmachung der Pfändung (Aufstellen von Tafeln, Anbringen von Beschriftungen) gemäß § 808 ZPO sowie die Anschlußpfändung nach § 826 ZPO. Soweit der Gerichtsvollzieher im Rahmen des § 758 ZPO Durchsuchungen in der Wohnung des Vollstreckungsschuldners vornimmt, ist (wegen Art. 13 II GG) nach § 758a I ZPO eine richterliche Durchsuchungsanordnung notwendig[2]. Zuständig für deren Erlaß ist das Amtsgericht, in dessen Bezirk die Durchsuchung erfolgen soll.

(3) *Beteiligte* sind Vollstreckungsgläubiger und -schuldner und auch Dritte, z.B. wer die körperliche Sache freiwillig herausgibt (§ 809 ZPO).

(4) *Gegenstand* ist die Sache.

Beispiel 130: Die *Allerlei GmbH* (siehe auch Beispiel 117; Rn. 354) hat gegen *Aloys Gammler* einen vollstreckbaren Titel auf Zahlung von 500 Euro. Im Auftrag[3] der *Al-*

---

§§ 814–825 bzw. §§ 847a III, 848 III in Verbindung mit § 866 I ZPO; *andere Vermögensrechte* nach § 857 in Verbindung mit §§ 835, 844 bzw. 857 IV, V ZPO.

[1] Besonderheiten: Die *Austauschpfändung* (§ 811a II 1 ZPO) bedarf der Zulassung durch das Vollstreckungsgericht (= Rechtspfleger, § 20 Nr. 17 RPflG); *Schätzungen* (vgl. § 813 ZPO) sollen in gewissen Fällen einem Sachverständigen übertragen werden (§ 813 I 2, I 3, III ZPO). Falls eine Zulassung durch das Gericht zu erwarten ist, darf der Gerichtsvollzieher allerdings ohne vorherige Zulassung durch das Vollstreckungsgericht eine Austauschpfändung vornehmen (§ 811b ZPO: *vorläufige Austauschpfändung).*
Eine Zusammenstellung der Zuständigkeiten des Gerichtsvollziehers findet sich bei *Brox/Walker,* Rn. 11.

[2] Ausnahme bei Gefahr im Verzug: § 758a I 2 ZPO.

[3] Dies ist *kein privatrechtlicher* „Auftrag" im Sinne des Geschäftsbesorgungsvertrages, § 675 BGB, sondern ein öffentlich-rechtlicher (prozessualer) Antrag an das Staatsorgan Gerichtsvollzieher. Früher wurde dies allerdings anders gesehen. Zur

lerlei GmbH erscheint der Gerichtsvollzieher *Streng* bei *Gammler.* Er nimmt die goldenen Manschettenknöpfe und eine silberne Uhrenkette des *Aloys Gammler* mit. Das Pfandsiegel befestigt er an der Tiefkühltruhe (Beispiel 117 Frage 1), an den Kinderbetten und -schränken (Beispiel 117 Frage 2), an der Briefmarkensammlung (Beispiel 117 Frage 3), an dem Fernsehgerät (Beispiel 117 Frage 5) und an der Bügelmaschine (Beispiel 117 Frage 6). Sämtliche Gegenstände schätzt er auf ihren Wert und trägt den Betrag in das Pfändungsprotokoll (§ 762 ZPO) ein. Anschließend geht *Streng* zu *Gammlers* Nachbarn, dem Rentnerehepaar *Ruhig,* und pfändet dort – trotz des heftigen Protestes der *Ruhigs* – durch Anlegen eines Pfandsiegels ein Tonbandgerät, von dem er annimmt, es gehöre *Aloys Gammler.* Wenige Tage später läuft bei *Streng* ein Vollstreckungsauftrag des Elektrohändlers *Blitz* ein; *Blitz* hat einen vollstreckbaren Titel über 1000,– € gegen *Gammler. Streng* spart sich den Weg zu *Gammler* und vermerkt lediglich die „zusätzliche Pfändung" der bereits bei *Gammler* und *Ruhigs* gepfändeten Gegenstände „auch für den Elektrohändler *Blitz*" in dem Pfändungsprotokoll.

Frage: Wie ist die Zulässigkeit der Vollstreckungsmaßnahmen zu beurteilen?

Lösungsweg:

I. Die Zulässigkeit der Pfändungen nach (formellem) Zwangsvollstreckungsrecht

Die Reihenfolge der Prüfung entspricht dem schon eingangs dieser Randnummer dargestellten Viertakt: Organ, Maßnahme, Beteiligte, Gegenstand:

1. Das zuständige Vollstreckungs*organ* muß gehandelt haben. Sämtliche von *Streng* gepfändeten Gegenstände sind körperliche Sachen. Also ist der Gerichtsvollzieher zuständig (§§ 753, 808–813 ZPO). Dies gilt im allgemeinen auch für die Schätzung (§ 813 I 1 ZPO). Die Schätzung des Wertes der Manschettenknöpfe, der Uhrenkette und der Briefmarkensammlung hätte jedoch durch einen *Sachverständigen* erfolgen müssen (§ 813 I 2 ZPO). Rechtsbehelfe von *Allerlei GmbH* und *Gammler:* Antrag gemäß § 813 I 3 ZPO auf Anordnung der Schätzung.
2. Drei verschiedene Arten von Vollstreckungs*maßnahmen* wurden vorgenommen:
   a) Die *Wegnahme* der goldenen Manschettenknöpfe und der silbernen Uhrenkette erfolgte zu Recht, da sie als Kostbarkeiten nicht im Gewahrsam des Schuldners zu belassen sind (§ 808 I und II 1 ZPO).
   b) Die Anbringung des *Pfandsiegels* an den übrigen Sachen ist gemäß § 808 II 2 ZPO in Ordnung. Die Briefmarkensammlung hätte aber weggenommen werden müssen, da die einzelnen Marken nicht alle in das Pfändungsprotokoll aufgenommen werden können und dadurch die Gefahr besteht, daß die Entnahme wertvoller Stücke die Befriedigung des Vollstreckungsgläubigers verhindert[4] .
   c) Der *Vermerk zusätzlicher Pfändung* für *Blitz* im Pfändungsprotokoll genügt (§ 826 I ZPO).
3. *Beteiligte* sind der Vollstreckungsschuldner *Gammler,* für dessen Gewahrsam zumindest eine Vermutung besteht (§§ 808 I, 739 ZPO; Rn. 354 Lösung des Beispiels 117 Frage 6), und die *Ruhigs.* Diese sind „Dritte" und waren zur Herausgabe des Tonbandgeräts nicht bereit. *Folge:* Unzulässigkeit von Pfändung (§ 809 ZPO) und Anschlußpfändung (§ 826 I ZPO) des Tonbandgeräts. Rechtsbehelfe der *Ruhigs* gegen die *formelle* Unzulässigkeit der Zwangsvollstreckung: Erinnerung nach § 766 ZPO.

Vertiefung: Stein/Jonas/*Münzberg,* § 753 Rn. 5 ff. Die Zwangsvollstreckung wird nicht von Amts wegen eingeleitet. Ähnlich dem Erkenntnisverfahren unterliegt auch das Vollstreckungsverfahren der Disposition des Gläubigers, der auch jederzeit den Vollstreckungsauftrag zurücknehmen kann („wo kein Kläger, da kein Richter", o. Rn. 45 für das Erkenntnisverfahren).

4 Zur Vertiefung: *Brox/Walker,* Rn. 332–341.

4. Bei den *Gegenständen,* in die *Streng* vollstreckte, muß unterschieden werden:
   a) Die goldenen Manschettenknöpfe und die silberne Uhrenkette benötigt *Gammler* zu einer bescheidenen Lebensführung nicht. § 811 I Nr. 1 ZPO steht der Pfändung also nicht entgegen.
   b) Gegen die Pfändung von Tiefkühltruhe, Briefmarkensammlung, Fernsehgerät und Bügelmaschine bestehen ebenfalls keine Bedenken aus § 811 I Nr. 1 ZPO (o. Rn. 354 Lösung des Beispiels 117, Fragen 1, 3, 5 und 6 und Rn. 359 Fn. 3). Dasselbe gilt für das Tonbandgerät.
   c) Anders verhält es sich mit den Kinderbetten und -schränken, die dem Haushalt der *Gammlers* dienen und deren er auch zu einer bescheidenen Lebensführung seiner Familie bedarf. Den Verstoß gegen § 811 I Nr. 1 ZPO können *Gammler* oder seine Kinder mit der Erinnerung nach § 766 ZPO rügen (o. Rn. 354 Lösung des Beispiels 117, Frage 2). Derselbe Rechtsbehelf steht insoweit auch gegen die Anschlußpfändung zur Verfügung.

Ergebnis: Das richtige Vollstreckungs*organ* hat nur zum Teil zulässige *Maßnahmen* ergriffen. Fehler: die Schätzung der Kostbarkeiten fehlt, und die Briefmarkensammlung hätte *Streng* wegnehmen müssen; Pfändung und Anschlußpfändung gegen die *Beteiligten Ruhig* hätten unterlassen werden müssen; die Kinderbetten und -schränke sind unpfändbare *Gegenstände.*

II. Rechtfertigung der Pfändungen nach materiellem Recht (Sind sie in ihrem Erfolg zulässig?)

Wenn Frau *Gammler, Blitz,* die *Allerlei GmbH* oder die *Ruhigs* ihr Eigentumsrecht an den gepfändeten Gegenständen geltend machen wollen, müssen sie Drittwiderspruchsklage (§ 771 ZPO) erheben (o. Rn. 354 Lösung des Beispiels 117, Fragen 1, 6).

II. Die Verwertung körperlicher Sachen

Als Regelfall der Verwertung sieht die ZPO die Versteigerung des Gegenstandes am Ort der Pfändung vor (§§ 814, 816 II ZPO). Häufig werden die Ausnahmen übersehen: *Gepfändetes Geld* wird nicht versteigert, sondern (nach der Wegnahme beim Vollstreckungsschuldner: § 808 II ZPO) dem Vollstreckungsgläubiger abgeliefert (§ 815 I ZPO)[5]. Über § 825 ZPO kann auch sonst auf die Versteigerung oder zumindest auf die Einhaltung einzelner Versteigerungsvorschriften verzichtet werden[6]. 392

Streiten sich mehrere Personen über den bei der Verwertung erzielten Erlös, findet ein Verteilungsverfahren zwischen diesen Personen statt. Es ist in den § 827 II, III,

---

[5] Näher *Gerhardt,* VR, § 8 II 2; *Brox/Walker,* Rn. 334.

[6] Die anderweitige Verwertung kann sich auf die Modalitäten der Versteigerung – anderer Ort, andere Person (z. B. Auktionator, Kunsthändler) – oder auf die Verwertungsart beziehen (z. B. freihändiger Verkauf, Übereignung der Sache an den Vollstreckungsgläubiger zu einem bestimmten Preis, Fortsetzung des Ausverkaufs im Laden, Übereignung ohne Barzahlung). *Beispiele:* Versteigerung in der Großstadt bei Pfändung eines Kunstwerks im Dorf, einer Landmaschine im dörflichen Gebiet und nicht in der Industriestadt; freihändiger Verkauf z. B. einer wertvollen Schmetterlingssammlung oder seltenen Gesteinssammlung. Näher: Stein/Jonas/*Münzberg,* § 825 Rn. 1 ff. Gold- und Silbersachen *können* (§ 817 a III 2 ZPO), gepfändete Wertpapiere, die einen Börsen- oder Marktpreis haben, *müssen* sogar freihändig veräußert werden (§ 821 ZPO).

§§ 872–882 ZPO geregelt und sollte dem Examenskandidaten in groben Zügen bekannt sein[7].

§ 83. Zugriff auf Forderungen und andere Vermögensrechte

Literatur: Verzeichnis der abgekürzt zitierten Literatur (S. XXIII) sowie *U. Becker,* Schutz des Drittschuldners vor ungerechtfertigter Inanspruchnahme, FS H.-J. Musielak, 2004, 51–76; *G. Lüke,* Die Rechtsprechung des Bundesgerichtshofes zur Forderungspfändung, FG BGH, 441–462; *W. Nassal,* Unterliegen Dispositionskredite der Pfändung?, NJW 1986, 168–169; *P. Schlosser,* Die Zwangsvollstreckung in Forderungen und forderungsähnliche Vermögenswerte, Jura 1984, 139–147; *W.-D. Walker,* Die Bedeutung der Pfändbarkeit für die Abtretbarkeit von Geldforderungen nach § 400 BGB, FS H.-J. Musielak, 2004, 655–674.

393 Andere Wege geht das Vollstreckungsverfahren, wenn der Zugriff nicht auf bewegliche Sachen, sondern auf Forderungen und andere Vermögensrechte zielt, §§ 828–863 ZPO.

I. Der Umkreis der unter §§ 828–863 ZPO fallenden Rechte

394 Bei der Vollstreckung in Forderungen steht der Zugriff auf *Geldforderungen* (§ 829 ZPO) im Vordergrund[1], wovon die Vollstreckung in dingliche oder schuldrechtliche *Ansprüche auf Herausgabe* einer körperlichen Sache (§ 846 ZPO) zu unterscheiden ist. Unter die *anderen Vermögensrechte* (§ 857 ZPO) fällt neben den Gesamthandsanteilen (vgl. § 859 ZPO) vor allem auch das Anwartschaftsrecht (u. Rn. 404–416).

II. Die Pfändung von Forderungen und anderen Vermögensrechten

395 Wie bei der Pfändung von Sachen (o. Rn. 391) soll man auch hier die Frage nach Vollstreckungs*organ*, Vollstreckungs*maßnahme*, Vollstrekkungs*beteiligten* und Vollstreckungs*gegenstand* stellen:

(1) Als *Vollstreckungsorgan* handelt nicht der Gerichtsvollzieher, sondern das Vollstreckungsgericht (§ 828 ZPO)[2].

(2) Seine *Maßnahme* ist der Erlaß eines Pfändungs- und Überweisungsbeschlusses (§§ 829, 835 ZPO)[3]. Dieser bildet die Grundlage für eine mögliche Befriedigung des

---

[7] Zur Vertiefung: *Jauernig,* ZwVR, § 21 oder *Lippross,* § 15 oder *Brox/Walker,* Rn. 949–969.

[1] Zur Pfändung von Bankguthaben *BGHZ* 84, 325 u. 371; 86, 25; 93, 315; *BFHE* 140, 404; *Nassal,* NJW 1986, 168 f; zu den Auswirkungen der §§ 850 ff. ZPO auf § 400 BGB: vgl. *Walker,* FS Musielak, S. 656 ff.

[2] Das Vollstreckungsgericht *(AG),* vgl. § 828 II ZPO, entscheidet in der Regel durch den Rechtspfleger (§ 20 Nr. 17 RPflG). Näher: Stein/Jonas/*Brehm,* § 828 Rn. 1–3.

[3] Dieser Beschluß besteht eigentlich aus zwei Beschlüssen: Der Pfändungsbeschluß bewirkt die Verstrickung (o. Rn. 388 Fn. 2), der Überweisungsbeschluß dient der

Vollstreckungsgläubigers. Er muß gemäß §§ 829 II, III, 835 III ZPO zugestellt werden[4]. – Der Erlaß eines Pfändungs- und Überweisungsbeschlusses dauert regelmäßig einige Zeit. Um *sofort zuzugreifen,* gibt es die Möglichkeit, daß der Gläubiger den Schuldner und Drittschuldner von der bevorstehenden Pfändung benachrichtigt (§ 845 I ZPO, „*Vorpfändung*"). Dies ist vor allem wegen der Wahrung des Ranges vorteilhaft; nach § 845 II ZPO hat nämlich diese Benachrichtigung die Wirkung eines Arrestes (§ 930 ZPO), sofern die gerichtliche Pfändung innerhalb eines Monats bewirkt wird[5].

(3) Die *Beteiligten* sind Vollstreckungsgläubiger und Vollstreckungsschuldner sowie derjenige Dritte, gegen den sich der gepfändete Anspruch wendet: der Drittschuldner[6].

(4) *Gegenstand* der Vollstreckungsmaßnahme ist die (angebliche) Forderung[7] des Vollstreckungsschuldners gegen den Drittschuldner; sozialpolitisch wichtig sind hierbei die Pfändungsfreigrenzen, um eine „Kahlpfändung" des Vollstreckungsschuldners zu vermeiden[8].

Beispiel 131: Im Beispiel 130 (o. Rn. 391) haben die Vollstreckungsmaßnahmen des Gerichtsvollziehers *Streng* nicht zur vollen Befriedigung der *Allerlei GmbH* geführt: *Gammler* schuldet immer noch den Restbetrag von 175 Euro. Die *Allerlei GmbH* möchte wissen, in welcher Weise sie einen Lohnanspruch des *Aloys Gammler* gegen *Sebastian Metzger* oder das Guthaben auf dem Lohnkonto des *Aloys Gammler* bei der *X-Bank* pfänden kann (o. Rn. 354 Beispiel 117, Fragen 4 und 7).

Antwort: Die *Allerlei GmbH* stellt beim Vollstreckungsgericht *(AG)* den Antrag, aufgrund des (in vollstreckbarer Ausfertigung mit Zustellungsnachweis) beigefügten Urteils zu ihren Gunsten einen Pfändungs- und Überweisungsbeschluß zu erlassen. Dabei hat sie die zu pfändende Forderung nach Gläubiger, Schuldner und Entstehungsgrund genau zu bezeichnen. Die *Allerlei GmbH* muß also angeben, daß die *Lohnforderung* des *Gammler* gegen *Metzger* aus dem Arbeitsverhältnis unter Berücksichtigung der Freigrenzen (§§ 850ff. ZPO: *Gammler* ist seiner Frau und den zwei Kindern unterhaltspflichtig![9]) in Höhe des Restbetrages von 175 Euro gepfändet wer-

---

Verwertung. Nur der Einfachheit halber werden beide Beschlüsse in einem Beschluß zusammengefaßt. Zur Vertiefung: *Brox/Walker,* Rn. 605–607; *Gerhardt,* VR, § 9 I 4; *Rosenberg/Gaul/Schilken,* § 54. Eine Ausnahme von dem „kombinierten Pfändungs- und Überweisungsbeschluß" gibt es nur beim Vollzug des Arrestbefehls, bei dem nur der *Pfändungsbeschluß* ergehen darf. Die Überweisung der Forderung ist erst aufgrund eines Zahlungstitels zulässig, da der Arrest nur zur Sicherung des Arrestgläubigers führen soll, nicht zu seiner Befriedigung.
Ein *Formblatt für einen Pfändungs- und Überweisungsbeschluß* ist abgedruckt bei *Brox/Walker,* Rn. 505.

4 Wichtig ist § 829 III ZPO: Dem Drittschuldner muß der Beschluß zugestellt sein, andernfalls ist die Pfändung unwirksam. Auf eine Zustellung an den Vollstreckungsschuldner und auf eine Mitteilung an den Vollstreckungsgläubiger kommt es nicht an! Zur Zustellung bei Pfändung eines Gesellschaftsanteils *BGHZ* 97, 392 (395).

5 Zum Fall des § 720a ZPO *BayObLG,* Rpfleger 1995, 305.

6 Zum Drittschuldner o. Rn. 354 Fn. 6; zu den Pflichten des Drittschuldners nach Kenntniserlangung von der Pfändung vgl. *BGH* NJW 1989, 905.

7 Instruktiv *BGHZ* 100, 36 (43f.) für den Fall, daß die Pfändung ins Leere geht.

8 Oben Rn. 354 Fn. 7.

9 Da dem Gläubiger oft die Unterhaltsverpflichtungen des Schuldners unbekannt sind, läßt § 850c III 2 ZPO es genügen, daß im Pfändungsbeschluß lediglich auf die dem Gesetz beigefügte Pfändungstabelle verwiesen und die Ermittlung des pfänd-

den soll. Der zu erlassende Pfändungsbeschluß enthält neben der Anordnung der Pfändung der genau bezeichneten Lohnforderung *Gammlers* das Verbot für den Drittschuldner *Metzger*, an *Gammler* zu zahlen (§ 829 I 1 ZPO: *„arrestatorium"*) und das Gebot an *Gammler*, sich jeder Verfügung über die Lohnforderung zu enthalten (§ 829 I 2 ZPO: *„inhibitorium"*); der Beschluß ergeht ohne Anhörung des Vollstreckungsschuldners *Gammler* (vgl. § 834 ZPO). Die *Allerlei GmbH* beantragt weiterhin die Überweisung zur *Einziehung* (§ 835 I ZPO)[10] und zweckmäßigerweise die Weitergabe des Pfändungs- und Überweisungsbeschlusses an den Gerichtsvollzieher (§§ 191, 192 III ZPO), der ihn dem Drittschuldner *Metzger* und dem Vollstreckungsschuldner *Gammler* zustellt (§§ 829 II, III, 835 III ZPO).

Wenn die *Allerlei GmbH* den Anspruch aus dem Guthaben auf dem Lohnkonto des *Aloys Gammler* bei der *X-Bank* pfänden und sich zur Einziehung überweisen läßt, dann muß *Aloys Gammler*, wenn er in Höhe des unpfändbaren Teils des Arbeitslohns über das Konto verfügen will, beim Vollstreckungsgericht beantragen, die Pfändung insoweit aufzuheben, § 850k I ZPO. Die *X-Bank* darf frühestens nach 2 Wochen an die *Allerlei GmbH* aus dem Guthaben zahlen, § 835 III 2 ZPO.

III. Die Verwertung gepfändeter Forderungen und anderer Vermögensrechte

396 Durch den Pfändungs- und Überweisungsbeschluß wird der Vollstreckungsgläubiger ermächtigt, anstelle des Vollstreckungsschuldners die Forderung (das andere Vermögensrecht) gegenüber dem Drittschuldner geltend zu machen (§ 836 I ZPO). Eine „Versteigerung" der Forderung findet also nicht statt.

Beispiel 132: Im soeben behandelten Beispiel 131 hat die *Allerlei GmbH* den Lohnanspruch des *Aloys Gammler* gegen *Sebastian Metzger* pfänden und sich zur Einziehung überweisen lassen.

Fragen: Welche Maßnahmen wird die *Allerlei GmbH* jetzt ergreifen? Was macht sie, wenn *Metzger* sich nicht meldet? Welche Gefahren bestehen für *Metzger*, falls er dem *Gammler* nichts schuldet und er sich gegenüber der *Allerlei GmbH* überhaupt nicht äußert?

Antworten: Die *Allerlei GmbH* wird an den Drittschuldner *Metzger* herantreten und Zahlung an sich verlangen (§ 836 I ZPO). Meldet sich *Metzger* auf die Zahlungsaufforderung hin nicht, kann die *Allerlei GmbH* von *Metzger* durch nachträgliche, gesonderte Zustellung durch den Gerichtsvollzieher die Auskunft verlangen, ob er die Forderung als begründet anerkenne und zur Zahlung bereit sei (§ 840 I ZPO), sofern das Auskunftsverlangen nicht schon in der Zustellungsurkunde enthalten war, § 840 II 1 ZPO. Läßt *Metzger* weiterhin nichts von sich hören, steht es der *Allerlei GmbH* frei, ihn nach Ablauf der 2-Wochen-Frist (§ 840 I ZPO) auf Erteilung der

---

baren Teils des Arbeitseinkommens, insbesondere die Berücksichtigung der Unterhaltsberechtigten, dem Drittschuldner überlassen wird, sogenannter *„Blankettbeschluß"*. Dem Drittschuldner ist dies in der Regel durch Befragung des Schuldners und aufgrund der Lohnsteuerkarte, die die Unterhaltsverpflichtungen nachweist, möglich. Dazu: Stein/Jonas/*Brehm*, § 850c Rn. 21ff.; zur Vertiefung über den sozialen Pfändungsschutz: *Rosenberg/Gaul/Schilken*, ZwVR, § 56.

[10] Die Überweisung der Forderung an *Zahlungs Statt* ist der *Allerlei GmbH* nicht zu empfehlen, da diese Art der Überweisung Erfüllungswirkung hat (§ 835 II ZPO) und die *Allerlei GmbH* dann das Risiko trägt, die Forderung nicht realisieren zu können. Näher: *Gerhardt*, VR, § 9 II 1 a) und b).

Auskunft zu verklagen[11]. Eine direkte Vollstreckung gegen *Metzger* auf Zahlung des gepfändeten Arbeitslohns ist nicht möglich, da ihm gegenüber kein Titel besteht (§ 750 ZPO). Die *Allerlei GmbH* kann aber im Wege des Mahnverfahrens (§§ 688 ff. ZPO) oder sogleich auf dem Klageweg (vor dem Arbeitsgericht[12]) gegen *Metzger* vorgehen und den gepfändeten und ihr überwiesenen Anspruch des *Gammler* im eigenen Namen geltend machen; sie ist aber nicht Inhaberin der Forderung geworden[13]. Dem *Gammler* muß bei einer Klage der Streit verkündet werden (§ 841 ZPO; zur Streitverkündung schon o. Rn. 97 ff.). Schuldet *Metzger* dem *Gammler* nichts und schweigt er dennoch, läuft er Gefahr, nach § 840 II 2 ZPO auf Schadensersatz[14] in Anspruch genommen zu werden, z. B. wegen der Kosten der von der *Allerlei GmbH* gegen ihn vergeblich erhobenen Zahlungsklage.

2. Unterkapitel. Typische Fragestellungen und Schwierigkeiten bei der Vollstreckung wegen Geldforderungen

Bei der Vollstreckung wegen Geldforderungen gibt es eine Reihe von 397
immer wiederkehrenden Fragen und einige typische Schwierigkeiten. Mit ihnen sollte man sich rechtzeitig vertraut machen.

§ 84. Erster Problemkreis: Die Rechtszuständigkeit (vor allem die Eigentumslage)

Literatur: Verzeichnis der abgekürzt zitierten Literatur (S. XXIII).

Fünf Fragen gehören zu diesem Problemkreis: 398

(a) Wer ist Eigentümer der Sache nach der Pfändung?
(b) Wer ist Inhaber der Forderung (des Vermögensrechtes) nach Pfändung und Überweisung?
(c) Wer ist Eigentümer der Sache nach dem Zuschlag?
(d) Wer ist es nach der Ablieferung?
(e) Wer ist Eigentümer des bei der Versteigerung erzielten Erlöses?

---

[11] Dies ist str.; vielfach wird der Vollstreckungsgläubiger auf die direkte Leistungsklage gegen den Drittschuldner verwiesen. Zur Vertiefung: *BAG* SAE 1974, 226–228 mit Anm. *Ekkehard Schumann,* S. 228–232 (sub 2), *BGHZ* 91, 126 (128 f.); vgl. auch *BGHZ* 86, 23 (26 f.).

[12] Mahnverfahren und Klage gehören vor das Arbeitsgericht (§ 2 I Nr. 3 lit. a ArbGG), denn durch eine Pfändung wird die sachliche (und örtliche) Zuständigkeit nicht berührt. Der kraft Pfändungs- und Überweisungsbeschlusses Einziehungsermächtigte ist Rechtsnachfolger im Sinn von § 3 ArbGG.

[13] Der *Allerlei GmbH* steht ein Verfügungsrecht in Gestalt eines Einziehungsrechtes zu, § 835 ZPO. Da sie die alleinige Empfangszuständigkeit besitzt, der Schuldner aber Inhaber der Forderung bleibt (unten Rn. 400), ist in Wissenschaft und Praxis umstritten, ob es sich um die Geltendmachung eines eigenen materiellen Rechts oder um den Fall einer Prozeßstandschaft handelt; vgl. Stein/Jonas/*Bork,* Rn. 43 vor § 50 und *Stein/Jonas/Brehm,* § 835 Rn. 25.

[14] Dazu *BGHZ* 98, 291 (294). Vertiefend zu den Verteidigungsmöglichkeiten des Drittschuldners *Becker,* S. 52 ff.

399 a) Am häufigsten übersehen die Bearbeiter, daß sich durch die Pfändung an der *Eigentumslage nichts ändert.* Eigentümer bleibt diejenige Person, die es schon vorher war; das Eigentum wird lediglich mit einem Pfändungspfandrecht (§ 804 I ZPO) belastet, aber nicht übertragen.

Beispiel 133: Die vielen Fehler, die im Anschluß an die Pfändung immer wieder gemacht werden, kann der Leser am besten selbst einmal feststellen, wenn er im Bekanntenkreis das Beispiel 117 (o. Rn. 354) schildert und hinzufügt, daß vom Gerichtsvollzieher sämtliche dort aufgeführten Sachen gepfändet wurden. Auf seine Frage, wem wohl die Sachen „jetzt gehören", wird er immer wieder hören: „Der *Allerlei GmbH:* Sie hat doch die Sachen pfänden lassen!" Aber selbst diejenigen, die diese falsche Antwort nicht geben, erwidern häufig: „Die Sachen gehören weiterhin dem *Aloys Gammler.*" Freilich ist auch dies falsch.

Die **richtige Antwort** kann nur lauten, daß die Sachen weiterhin denjenigen Personen gehören, in deren Eigentum sie *vor* der Pfändung standen: Die Tiefkühltruhe also dem Elektrohändler *Blitz,* die Kinderzimmereinrichtung und die Briefmarkensammlung dem *Aloys Gammler,* das Fernsehgerät der *Allerlei GmbH*[1], die Bügelmaschine *Frau Gammler.*

400 b) Auch die *Inhaberschaft an der Forderung* wird durch den Pfändungs- und Überweisungsbeschluß (bei der regelmäßig vorliegenden, vgl. o. Rn. 395 Fn. 10, Überweisung zur Einziehung) nicht geändert.

Wenn im Beispiel 131 (o. Rn. 395) die *Allerlei GmbH* die Forderungen des *Gammler* gegen *Metzger* aus dem Arbeitsverhältnis gepfändet hat, kann sie nicht etwa dem *Metzger* gegenüber den Erlaß der Forderung (§ 397 BGB) aussprechen. Der *Allerlei GmbH* ist dies deshalb verwehrt, weil Inhaber der Forderung weiterhin *Gammler* ist und die *Allerlei GmbH* nach § 835 ZPO nur zur Einziehung, nicht aber zum Erlaß oder zu einer anderen Verfügung über die Forderung berechtigt ist. Weder die *Pfändung* (§ 829 ZPO) noch die Überweisung (die bereits eine Verwertung darstellt) machen die *Allerlei GmbH* zur Inhaberin der Forderung.

401 c) Über die Eigentumsverhältnisse *nach dem Zuschlag* herrscht nicht selten Unklarheit. Anders als bei der Versteigerung von Grundstücken (§ 90 I ZVG) erwirbt der Ersteher bei der Versteigerung von körperlichen Sachen das Eigentum nicht schon mit dem Zuschlag[2].

402 d) Erst mit der *Ablieferung der ersteigerten Sache* durch den Gerichtsvollzieher an den Ersteher (§ 817 II ZPO) erwirbt dieser das Eigentum an der Sache kraft Hoheitsaktes. Keine Rolle spielt es dabei, ob der Vollstreckungsschuldner Eigentümer war. Auch die schuldnerfremde Sache geht ins Eigentum des Erstehers über, und zwar selbst dann, wenn er „bösgläubig" ist, also weiß, daß der Vollstreckungsschuldner nicht Eigentümer der Sache ist[3]. Der frühere Eigentümer verliert sein Eigen-

---

[1] Anders ist es nur, wenn man in der Pfändung der eigenen Sache durch die *Allerlei GmbH* den Verzicht auf das Eigentum sieht, wie das früher das *RG* angenommen hat (vgl. Rn. 417 Fn. 1).

[2] *Jauernig,* ZwVR, § 18 IV A und zur Vertiefung: Stein/Jonas/*Münzberg,* § 817 Rn. 19–28.

[3] Zur Vertiefung: *BGHZ* 100, 95 = JuS 1987, 655 Nr. 4; *BGHZ* 119, 75 (76); Stein/Jonas/*Münzberg,* § 817 Rn. 21.

tum, so daß er keinen Herausgabeanspruch gem. § 985 BGB gegen den Ersteher hat. Da der Ersteher mit Rechtsgrund Eigentum erwirbt, scheidet gegen ihn auch ein Kondiktionsanspruch (§ 812 BGB) des früheren Eigentümers aus. Der frühere Eigentümer kann jedoch vom *Vollstreckungsgläubiger* nach den Grundsätzen der Eingriffskondiktion den Erlös herausverlangen (§ 812 I 1 2. Alt. BGB). Denn durch den einheitlichen Vorgang der Auszahlung des Erlöses an den *Vollstreckungsgläubiger* verliert der (frühere) Eigentümer sein Recht – das sich gem. § 1247 Satz 2 BGB zunächst am Erlös fortsetzte – endgültig. Gegen den *Vollstreckungsschuldner* besteht kein Anspruch aus ungerechtfertigter Bereicherung, selbst wenn durch die Herausgabe des Erlöses der versteigerten schuldnerfremden Sache an den *Vollstreckungsgläubiger* seine Schuld getilgt wurde.

Beispiel 134: Im Beispiel 130 (o. Rn. 391) wird die Tiefkühltruhe versteigert. Den Zuschlag erhält bei 160,– € Herr *Wurm;* er bezahlt diese Summe an den Gerichtsvollzieher und verläßt daraufhin mit der Tiefkühltruhe den Versteigerungssaal.

Frage: Wem gehört der Erlös? Wem gehört die Sache?

Antwort: Da der Erlös an die Stelle der Sache tritt (Surrogation, vgl. §§ 1247 Satz 2, 1287 BGB) und diese dem Elektrohändler *Blitz* gehörte, ist Eigentümer des Erlöses *Blitz.* Eigentümer der Tiefkühltruhe ist *Wurm* durch Ablieferung der Sache an ihn geworden.

Zusatzfrage: Wem gehört der Erlös, wenn er vom Gerichtsvollzieher *Streng* dem Geschäftsführer der *Allerlei GmbH* (als Vollstreckungsgläubigerin) übergeben wurde?

Antwort: Erst jetzt erwirbt die *Allerlei GmbH* das Eigentum an dem Erlös[4].

§ 85. Zweiter Problemkreis: Die Pfändungspfandrechtstheorien

Literatur: Verzeichnis der abgekürzt zitierten Literatur (S. XXIII).

Einen der bekanntesten Streitpunkte aus dem Vollstreckungsrecht bil- 403
den die Theorien über das Pfändungspfandrecht. Es geht um die Frage, unter welchen Voraussetzungen die Pfändung an dem gepfändeten Gegenstand ein Pfandrecht entstehen läßt. Zwei Theorien stehen sich gegenüber: Die öffentlich-rechtliche Theorie und die gemischte Theorie (die rein privatrechtliche Theorie wird heute nirgends mehr vertreten).

Das Gesetz gibt keine eindeutige Auskunft. Nach § 804 I ZPO erwirbt der Gläubiger „durch die Pfändung“ … „ein Pfandrecht“. Soll das heißen, daß die *bloße Beschlagnahme* der körperlichen Sache (§§ 808 I, II, 809 ZPO), der Forderung (§§ 829 I, 846 ZPO) oder des anderen Vermögensrechtes (§§ 857 I mit 829 I ZPO) ausreicht, wie die Vertreter der *öffentlich-rechtlichen Theorie* meinen?

Oder ist den Anhängern der *gemischten* (privatrechtlich/öffentlich-rechtlichen) *Theorie* zu folgen, die sich auf den Wortlaut des § 804 II ZPO berufen: Das Pfandrecht „gewährt dem Gläubiger im Verhältnis

[4] Näher hierzu: *Jauernig,* ZwVR, § 18 IV C; Stein/Jonas/*Münzberg,* § 819 Rn. 9.

zu anderen Gläubigern dieselben Rechte wie ein durch Vertrag erworbenes Faustpfandrecht"? Nach dieser Meinung ist für die Entstehung eines Pfändungspfandrechtes *zusätzlich zur wirksamen Beschlagnahme* vor allem eine Forderung des Vollstreckungsgläubigers (§§ 1204, 1250, 1252 BGB) und die Zugehörigkeit des Pfandgegenstandes zum Vermögen des Vollstreckungsschuldners erforderlich (vgl. §§ 1205, 1207 BGB).

In der Praxis hat dieser Streit keine große Bedeutung, obgleich die Theorien im Einzelfall entscheidungserheblich sein können[1]. So ergeben sich z.B. unterschiedliche Lösungen, wenn man Fragen der Heilung (o. Rn. 371) bei fehlerhaften Vollstreckungsmaßnahmen nach den verschiedenen Theorien durchspielt.

Auch im Examen taucht der Theorienstreit immer wieder auf. Nicht selten sieht sich der Bearbeiter beim Vollstreckungsfall vor ein Problem gestellt, das nur bei Anwendung einer bestimmten Theorie auftritt, während es sich für die Anhänger der anderen Lehrmeinung nicht stellt. Unter examenstechnischen Gesichtspunkten sollte man mit dem Meinungsstreit vertraut sein, um jeweils die Theorie anwenden zu können, die für den konkreten Fall die besten Entwicklungsmöglichkeiten bietet (zu dieser Technik o. Rn. 39).

Beispiel 135: Folgt man der *öffentlich-rechtlichen* Theorie, die ein Pfändungspfandrecht auch an der schuldnerfremden Sache entstehen läßt, eröffnen sich keine Probleme, wenn im Beispiel 133 (o. Rn. 399) die *Zusatzfrage* gestellt wird: „Welche Pfändungspfandrechte bestehen an den gepfändeten Gegenständen?"

Die Antwort lautet dann nämlich einheitlich, daß an allen Sachen ein Pfändungspfandrecht der *Allerlei GmbH* besteht.

Examenstechnisch viel besser ist es bei solch einer Frage, der öffentlich-rechtlichen Theorie nicht zu folgen und sich der *Gegenmeinung* – also der gemischten Theorie – anzuschließen, nach der das Pfändungspfandrecht nur an den eigenen (dem Vollstreckungsschuldner gehörenden) Sachen entsteht. Dementsprechend wird die *Antwort* differenzierter lauten, und der Bearbeiter erhält die Möglichkeit zu unterscheiden, daß ein Pfändungspfandrecht zwar an der Kinderzimmereinrichtung und an der Briefmarkensammlung besteht, nicht aber an der Tiefkühltruhe, dem Fernsehgerät und der Bügelmaschine, wobei der Bearbeiter dann noch das Sonderproblem des Pfändungspfandrechts an eigener Sache (Fernsehgerät) untersuchen kann[2].

§ 86. Dritter Problemkreis: Anwartschaftsrecht

Literatur: Verzeichnis der abgekürzt zitierten Literatur (S. XXIII) sowie *H. Brox/W.-D. Walker,* Allgemeines Schuldrecht, 30. Aufl., 2004; *W. Fikentscher,* Schuldrecht, 9. Aufl., 1997; *U. Haas/T. Beiner,* Das Anwartschaftsrecht im Vorfeld des Eigentumserwerbs, JuS 1998, 846–853; *M. Karallus,* Grundfälle zum Verbraucherkreditgesetz, JuS 1993, 651–654, 820–825; *H. Konzen,* Das Anwartschaftsrecht des Auflassungsempfängers in der Judikatur des Bundesgerichtshofs, FG BGH, Band I, 871–895; *W. Krüger,* Das Anwartschaftsrecht – ein Faszinosum, JuS 1994, 905–909; *K. Larenz,*

---

[1] Vgl. die Übersicht bei *Jauernig,* ZwVR, § 16 III B; zur Vertiefung *Lippross,* Rn. 228ff.

[2] Zur Pfändung eigener Sachen u. Rn. 417.

Lehrbuch des Schuldrechts, Band II/1, Besonderer Teil, 13. Aufl., 1986; *S. Leible/Olaf Sosnitza,* Grundfälle zum Recht des Eigentumsvorbehalts, JuS 2001, 341–347; *Münchener Kommentar zum BGB,* 4. Auflage, 2003; *E. Schumann,* Vorbehaltseigentum und Anwartschaftsrecht in der Mobiliar-Zwangsvollstreckung, JA 1970, 579–584; *H. Weber,* Kreditsicherheiten, 7. Aufl., 2002.

In Praxis und Prüfung bereitet die vollstreckungsrechtliche Behandlung **404**
von Anwartschaftsrecht, Vorbehalts- und Sicherungseigentum sowie die Pfändung der eigenen Sache Schwierigkeiten. Ein Blick auf die wirtschaftliche Ausgangslage erleichtert das Verständnis:

Der Käufer teurer Güter verfügt vielfach nicht über die zur Bezahlung notwendigen Geldmittel. Will er trotzdem das Wirtschaftsgut erwerben, bietet sich als „klassischer Weg" an, die Anschaffung erst einmal zurückzustellen und den erforderlichen Kapitalbetrag anzusparen. Dieser Weg ist allerdings mit Nachteilen verknüpft: Der Käufer kommt erst später in den Besitz der Kaufsache, obwohl er sie vielleicht dringend benötigt (z.B. den neuen Wagen, nachdem der alte unbrauchbar geworden ist). Außerdem bereitet es psychologisch immer wieder Schwierigkeiten, eine feste Summe freiwillig zu sparen und nicht für andere Anschaffungen sofort zu verwenden. Handel und Industrie mit ihrem Absatzinteresse verlangen andererseits nach dem kauflustigen und kaufkräftigen Kunden, der nicht nur mit Eigenmitteln seine Anschaffungen finanziert. Seit vielen Jahrzehnten haben sich deshalb Rechtsformen entwickelt, in denen sich der Käufer verschuldet, um sofort die Nutzung des Kaufgegenstandes zu erhalten. Dieser Vorteil ist freilich mit einem großen wirtschaftlichen Risiko verbunden, das gerade bei dem hier in Betracht kommenden Personenkreis naheliegt: Die Verschuldung ist größer als die Leistungsfähigkeit, d.h. Verpflichtungen werden eingegangen, die später nicht mehr erfüllt werden können. Dabei ist es häufig nicht nur der eine Gläubiger, dessen Ansprüche der Schuldner nicht mehr zu befriedigen vermag; der Verpflichtete kommt vielmehr allseits in Verzug. Jetzt beginnt ein „Krieg aller gegen alle". Jeder Gläubiger versucht, eine möglichst günstige vollstreckungsrechtliche Position zu erhalten.

Beispiel 136: Am Ausgangsbeispiel 117 (o. Rn. 354) läßt sich die rechtliche Problematik eines solchen Konfliktfalles aufzeigen: Die *Allerlei GmbH* wird durch den Zugriff auf möglichst viele Gegenstände versuchen, ihren Zahlungsanspruch zu realisieren. Pfändet sie hierbei das von ihr unter Eigentumsvorbehalt an *Gammler* gelieferte Fernsehgerät, entsteht die typische Vollstreckungsfrage der Pfändung der eigenen Sache und des § 503 II 4 BGB (o. Rn. 354 Lösung des Beispiels 117, Frage 5, und unten Rn. 418). In Widerstreit mit anderen Gläubigern des *Gammlers* gerät die *Allerlei GmbH* sofort, wenn sie Sachen pfändet, die von diesen Personen unter Eigentumsvorbehalt geliefert wurden, etwa die Tiefkühltruhe, die dem Elektrohändler *Blitz* gehört. Jetzt erhebt sich die Frage, ob das Vorbehaltseigentum des *Blitz* der *Allerlei GmbH* entgegengehalten werden kann (o. Rn. 354 Lösung des Beispiels 117, Frage 1).

Unter Fortführung der Lösung des Beispiels 117 ist aber auch an das *Anwartschaftsrecht* zu denken. Die *Allerlei GmbH* wird sich überlegen, ob sie nicht das dem *Gammler* zustehende Anwartschaftsrecht an der

Tiefkühltruhe pfänden sollte. *Blitz* wird daran denken, das dem *Gammler* zustehende Anwartschaftsrecht an dem von der *Allerlei GmbH* gelieferten Fernsehgerät pfänden zu lassen.

I. Klarheit über die schuld- und sachenrechtliche Lage

405 Die Probleme aus notleidenden Kaufverträgen lassen sich auch im vollstreckungsrechtlichen Bereich nur lösen, wenn sich der Verfasser über die materiell-rechtliche Lage klar geworden ist: Ein Anwartschaftsrecht kann er nur bejahen, wenn ein Eigentumsvorbehalt vorliegt oder ein auflösend bedingtes Sicherungseigentum vereinbart worden ist (u. Rn. 410 Fn. 14). Das Sicherungseigentum der Bank darf der Bearbeiter nicht mit dem Eigentumsvorbehalt des Verkäufers verwechseln. Die Problematik des § 503 II 4 BGB wird nur ausgelöst, wenn der Kauf ein Teilzahlungsgeschäft im Sinn von § 499 II BGB darstellt oder falls § 503 II 5 BGB einschlägig ist.

II. Der Unterschied zwischen Ratenkauf und fremdfinanziertem Kauf

406 Entscheidend für die richtige schuldrechtliche Beurteilung vieler vollstreckungsrechtlicher Fälle ist die Klarheit über die zwei Grundtypen: Ratenkauf (Rn. 407) und fremdfinanzierter Kauf (Rn. 409). Liegt ein Ratenkauf vor, muß vom Bearbeiter zusätzlich geprüft werden, ob ein Teilzahlungskauf (Rn. 408) gegeben ist.

1. Erster Typ: Ratenkauf

407 a) *Schuldrechtliche* Komponente[1]: Der Käufer verschuldet sich beim Verkäufer, indem er (mit dessen Einverständnis: § 266 BGB) den Kaufpreis nur teilweise entrichtet.

b) *Sachenrechtliche* Komponente[2]: Das Eigentum geht regelmäßig noch nicht über; der Verkäufer behält es sich vielmehr bis zur vollständigen Bezahlung des Kaufpreises vor, § 449 I BGB *(Eigentumsvorbehalt, Vorbehaltseigentum*[3]*)*. Der Käufer erlangt jedoch eine (bei eigener Vertragstreue unentziehbare, §§ 160 I, 161 I BGB) Rechtsposition, die als

---

[1] Zur Vertiefung: *Fikentscher,* Rn. 756–758.

[2] Zur sachenrechtlichen Behandlung: *Krüger,* JuS 1994, 907 ff.

[3] Immer wieder wird übersehen, daß ein *Eigentumsvorbehalt* auch bei nur einmaliger Zahlung möglich ist, also *keinen Ratenkauf voraussetzt.* So wird in der Regel die Ware unter Eigentumsvorbehalt geliefert, wenn sie nicht vorher schon bezahlt ist. Damit besteht auch bei fehlendem Ratenkauf erst einmal ein Eigentumsvorbehalt, mag auch der Käufer den gesamten Kaufpreis nunmehr unverzüglich zahlen. Deshalb darf der Bearbeiter einen Eigentumsvorbehalt nicht einfach deshalb verneinen, weil es am Ratenkauf fehlt. Entscheidend ist vielmehr, ob der Verkäufer (Eigentümer) den *Eigentumsübergang* von der *Zahlung des Kaufpreises abhängig* gemacht hat.

Anwartschaftsrecht bezeichnet wird. Ratenweise zahlt der Käufer den Kaufpreis ab; der Wert des Anwartschaftsrechts wird hierdurch immer höher. Mit Zahlung der letzten Rate (erlischt und) erstarkt das Anwartschaftsrecht zum Vollrecht, d.h. das Eigentum geht *automatisch* auf den Käufer über, weil die aufschiebende Bedingung für den Eigentumserwerb (§§ 449 I, 929 Satz 1, 158 I BGB) eingetreten ist.

2. Unterfall des Ratenkaufes: Teilzahlungskauf

Ein Unterfall des Ratenkaufes ist der Teilzahlungskauf. Ein solcher liegt 408
vor, wenn der Kauf ein Teilzahlungsgeschäft im Sinn des § 499 II BGB ist. Das Teilzahlungsgeschäft ist näher geregelt in §§ 501 bis 504 BGB.

3. Zweiter Typ: Fremdfinanzierter Kauf

a) *Schuldrechtliche* Komponente[4]: Der Käufer verschuldet sich bei 409
einem Kreditinstitut, das ihm ein (Verbraucher-)Darlehen (§§ 488, 491 BGB) gewährt. Dieses Darlehen dient der sofortigen und vollständigen Bezahlung des Kaufpreises. Ratenweise zahlt der Käufer (in seiner Eigenschaft als Kreditnehmer) dieses Darlehen ab.

b) *Sachenrechtliche* Komponente: Zur Sicherung des Rückzahlungsanspruches aus dem Darlehen wird der Bank häufig gemäß §§ 929, 930, 868 BGB *Sicherungseigentum* an der gekauften Sache eingeräumt; dieses Sicherungseigentum kann auf zusätzlichen Vereinbarungen zwischen Kreditinstitut und Verkäufer hinsichtlich eines unmittelbaren Eigentumsübergangs vom Verkäufer auf das Institut beruhen (Folge: kein Durchgangseigentum des Käufers) oder es entsteht, wie beim Kleinkredit bei der eigenen Bank, durch Übertragung des Eigentums, sobald es der Käufer vom Verkäufer erworben hat (Folge: Durchgangseigentum des Käufers). Mit Zahlung der letzten Darlehensrate geht je nach Vereinbarung das Eigentum entweder *automatisch* auf den Käufer über[5] oder er hat nunmehr einen (Rück-)Übereignungsanspruch aus dem Sicherungsgeschäft gegen das Kreditinstitut[6].

Sowohl der Ratenkauf als auch der fremdfinanzierte Kauf treten in der Praxis in einer Reihe von Unterfällen auf, die meist keine besonderen Probleme aufweisen[7]. Schwie-

---

[4] Noch mehr als beim Ratenkauf empfiehlt sich äußerste Vorsicht in der Terminologie. Dies liegt daran, daß die Bezeichnungen im Rahmen der Fremdfinanzierung unterschiedlich und mit verschiedenen Bedeutungen behaftet sind. Um durch den unterschiedlichen Sprachgebrauch nicht Fehler zu begehen, kann nur empfohlen werden, möglichst unspezifisch von einem „fremdfinanzierten" Kauf zu sprechen (im Anschluß an die Wortwahl bei *Medicus,* Rn. 776), wenn nicht der Verkäufer – wie in Rn. 407 – den Kauf finanziert.

[5] Dann besteht *vor* der Zahlung des Kaufpreisrestes ein Anwartschaftsrecht des Käufers, u. Fn. 14.

[6] Dann hat der Käufer kein Anwartschaftsrecht (dies ist der Regelfall in der wirtschaftlichen Praxis).

[7] So z. B. der Mietkauf: Der „Käufer" mietet die Sache, und bei einem etwaigen Kauf wird der Mietzins voll angerechnet; entschließt sich der Mieter zum Kauf, liegt un-

rig zu beurteilen sind jedoch immer wieder Vertragsgestaltungen des fremdfinanzierten Kaufs, bei denen die Kreditgewährung wirtschaftlich so eng mit dem Kaufvertrag verknüpft ist, daß §§ 358, 359 BGB zur Anwendung kommen[8]. Bei der Feststellung dieser wirtschaftlichen Einheit (§ 358 III 2 BGB)[9] muß der Bearbeiter auf drei Umstände sein Augenmerk richten, falls der Unternehmer nicht selbst die Gegenleistung des Verbrauchers finanziert (vgl. § 358 III 2 [1. Alternative] BGB):

(1) Die gleichzeitige Errichtung von Urkunden über den Kauf und das Darlehen – meist in den Räumen des Verkäufers – ist Indiz einer solchen Einheit; also etwa das Ausfüllen und Unterschreiben des Kaufvertrags sowie die Unterzeichnung eines Darlehensangebots an die vom Verkäufer benannte Bank, insbesondere wenn der Verkäufer dabei im Auftrag oder als Vertreter der Bank handelt[10].

(2) Die direkte Überweisung des Darlehensbetrags durch die Bank an den Verkäufer zum Zwecke der Entrichtung des Kaufpreises deutet darauf hin, daß direkte Beziehungen zwischen Bank und Verkäufer bestehen[11].

(3) Dauernde Geschäftsbeziehungen zwischen Verkäufer und Bank oder das Bestehen eines Rahmenvertrages sprechen für die Anwendung von §§ 358, 359 BGB[12].

III. Die Pfändung des Anwartschaftsrechts

410 Das beim Kauf unter Eigentumsvorbehalt[13] und bei der auflösend bedingten Sicherungsübereignung[14] entstandene Anwartschaftsrecht des

---

bestritten ein Raten- und meist ein Teilzahlungskauf (§ 499 II BGB) vor. Oder der Kreditkartenkauf: Der Käufer läßt durch sein Kreditinstitut an den Verkäufer den Kaufpreis zahlen; es liegt ein fremdfinanzierter Kauf vor, und zwar in der Regel kein finanzierter Kauf im engeren Sinn (o. Fn. 4), sondern ein Bank- oder Personalkredit.

[8] Der Käuferschutz ergibt sich für Störungen aus dem Kreditverhältnis aus § 498 BGB (bei einem Teilzahlungsgeschäft zusätzlich auch aus § 503 II BGB), für solche aus dem Kaufverhältnis aus §§ 358, 359 BGB. Zum Überblick, allerdings zum früheren VerbrKrG, das aber inhaltlich insofern mit den neuen BGB-Vorschriften übereinstimmt: *Medicus,* Rn. 776 ff. mit weiterführenden Hinweisen.

[9] Lesenswert hierzu: *BGHZ* 83, 301 (303–307); Fallbeispiele: *Karallus,* JuS 1993, 820 ff.

[10] So lassen *Brox/Walker,* Allg. SchuldR, § 19 Rn. 42, Beispiel Fall d, bereits die Unterzeichnung beider Formulare genügen, um die Einheit zu begründen. Instruktiv auch Palandt/*Heinrichs,* § 358 Rn. 10 ff.

[11] Die direkte Überweisung ist immer dann bedeutsam, wenn *kein gleichzeitiger Abschluß* von Kauf und Darlehen vorliegt. Dies kann daher rühren, daß der Käufer zunächst den Kaufvertrag schließt und auch eine Anzahlung leistet, aber später eine Finanzierung sucht, wobei er eine Bank findet, die in einer entsprechenden Geschäftsbeziehung mit dem Verkäufer steht, vgl. MüKo/*Habersack,* § 358 Rn. 47 ff.

[12] MüKo/*Habersack,* § 359 Rn. 79.

[13] Nochmals ist darauf hinzuweisen, daß der Eigentumsvorbehalt keinen Ratenkauf voraussetzt und umgekehrt (o. Rn. 407 Fn. 3).

[14] Häufig wird übersehen, daß nicht nur der Kauf unter Eigentumsvorbehalt, sondern auch die Vereinbarung eines Sicherungseigentums, das *automatisch* an den Sicherungsgeber zurückfällt, wenn er seine Zahlungen geleistet hat (auflösend bedingtes Sicherungseigentum), ein Anwartschaftsrecht entstehen läßt. Lesenswert: *Medicus,* Rn. 458, 498, 504 und *Baur/Stürner,* Sachenrecht, § 57 Rn. 10, 45. In der Praxis ist ein solches Anwartschaftsrecht aber selten (o. Rn. 409 Fn. 6).

Käufers (bzw. des Darlehennehmers[15]) wird von der h.M. als echtes Vermögensrecht angesehen. Es ist deshalb übertragbar[16] und pfändbar. Umstritten ist aber die Durchführung der Pfändung, da das Schrifttum vier verschiedene Wege anbietet. Es ist zwar – wie bei den Pfändungspfandrechtstheorien – letztlich jede der Theorien bei in sich schlüssiger Begründung vertretbar; doch gibt es Fallgestaltungen, die sich sinnvoll nur bei der Zugrundelegung *einer* der Theorien lösen lassen. Dominierend ist die in der Praxis geübte *Doppelpfändung* (näher sogleich Rn. 411); von dieser Lehre sollte sich ein Bearbeiter nicht ohne gute Gründe und Begründungen abwenden. Bisweilen mag es aber examenstechnisch günstiger sein, einer der anderen Theorien zu folgen, sei es der Lehre von der reinen Rechtspfändung (Rn. 412), der Meinung von der analogen Anwendung der Sachpfändung (Rn. 413) oder der Ansicht über die reine Sachpfändung (Rn. 414).

1. *Doppelpfändung* heißt: Es wird vorgegangen sowohl im Wege der Rechtspfändung nach §§ 857 I, 829, 835 ZPO (sogleich a) als auch im Wege der Sachpfändung nach §§ 808ff. ZPO (sodann b). 411

   a) Die *Rechtspfändung* (o. Rn. 393ff.) ist notwendig, um vom Drittschuldner (Vorbehalts- oder Sicherungseigentümer) Auskünfte über die Höhe der noch ausstehenden Zahlungen nach § 840 ZPO zu erhalten und um den etwaigen Widerspruch des Anwartschaftsrechtsinhabers nach § 267 II BGB gegen eine Zahlung des Restkaufpreises durch den Vollstreckungsgläubiger an den Dritten zu unterbinden (denn der Widerspruch wäre eine Verfügung im Sinne von § 829 I 2 ZPO). Der Restkaufpreis muß gezahlt werden, damit der Vorbehaltsverkäufer bzw. der Sicherungseigentümer sein Eigentum verliert und damit die Möglichkeit zur Drittwiderspruchsklage aufgrund dieses Eigentums (§ 771 ZPO) einbüßt.

   b) Die *Sachpfändung* (o. Rn. 390ff.) ist erforderlich, da es keine dingliche Surrogation in dem Sinne gibt, daß ein Pfändungspfandrecht am Anwartschaftsrecht zum Pfändungspfandrecht am Vollrecht erstarkt, wenn der Vollstreckungsschuldner das Eigentum erwirbt.

   Demgemäß muß, wenn der Gläubiger geschützt sein soll, sowohl ein Pfändungs- und Überweisungsbeschluß erlassen werden als auch der Gerichtsvollzieher die Sache pfänden[17].

2. *Reine Rechtspfändung* bedeutet: Es wird *nur* im Wege der Rechtspfändung nach §§ 857 I, 829, 835 ZPO vorgegangen. Kraft dinglicher Surrogation verwandelt sich nach dieser Ansicht das Pfändungspfandrecht am Recht in ein Pfändungspfandrecht 412

---

[15] Bei einem fremdfinanzierten Kauf erfüllt der Käufer seine Verpflichtungen aus dem Kaufvertrag sofort. Die Raten dienen der Tilgung des Darlehens, nicht der Kaufpreisschuld, o. Rn. 409 sub a).

[16] Hierzu: *BGHZ* 20, 88–102. In dieser grundlegenden Entscheidung bejaht der *BGH* den Direkterwerb des Dritten, dem das Anwartschaftsrecht von dessen Inhaber übertragen wurde, mit vollständiger Zahlung des Kaufpreises (also kein Durchgangseigentum in einer „logischen Sekunde"!).

[17] Die h.M. folgt dieser Lehre: Instruktiv hierzu und auch heute noch gültig: *BGH* NJW 1954, 1325–1328 sowie *Baur/Stürner,* Fälle, Fall 9, wo von der *BGH*-Entscheidung ausgegangen wird und sämtliche Theorien behandelt sind. *Baur/Stürner* sind aber Anhänger der reinen Rechtspfändung. Einen guten Einstieg bieten *Haas/Beiner,* JuS 1998, 848; vertiefend zur Doppelpfändungslehre: *Jauernig,* ZwVR, § 20 III 2.

an der Sache, wenn der Vollstreckungsschuldner das Eigentum erwirbt (und das Anwartschaftsrecht erlischt)[18].

413 3. Bei der *analogen Anwendung der Sachpfändung* wird ebenfalls nur *ein* Weg gegangen; es wird (wie bei der reinen Rechtspfändung) nur das Anwartschaftsrecht gepfändet, jedoch unter analoger Anwendung der Vorschriften über die Sachpfändung (§§ 808 ff. ZPO)[19].

414 4. *Reine Sachpfändung* bedeutet: Es wird nur die Sache gepfändet (nach §§ 808 ff. ZPO). Die Pfändung der Sache ergreift auch das Anwartschaftsrecht.

415 Während andere zivilprozessuale Theorien (wie z. B. die Streitgegenstandstheorien oder die unterschiedlichen Ansichten zu den Pfändungspfandrechten) keine sehr große praktische Bedeutung haben, können sich die unterschiedlichen Theorien zur Pfändung des Anwartschaftsrechtes in der Praxis stärker auf die Entscheidung von Vollstreckungsfällen auswirken:

Beispiel 137: Am 1. Februar erläßt das Vollstreckungsgericht einen Pfändungs- und Überweisungsbeschluß, mit dem das Anwartschaftsrecht des *Gammler* an der Tiefkühltruhe, die er unter Eigentumsvorbehalt bei *Blitz* gekauft und noch nicht abbezahlt hat, zugunsten der *Allerlei GmbH* gepfändet und ihr zur Einziehung überwiesen wird (vgl. auch Beispiel 136, o. Rn. 404). Am 15. Februar pfändet der Gerichtsvollzieher durch Anlegen eines Pfandsiegels im Auftrage des Uhrmachers *Zeiger* die Tiefkühltruhe. Am 1. März wird für die *Allerlei GmbH* die Tiefkühltruhe im Wege der Anschlußpfändung gepfändet (§ 826 ZPO). Am 1. Mai zahlt *Gammler* an *Blitz* den Restkaufpreis für die Tiefkühltruhe.

Aufgrund der Pfändung der *Allerlei GmbH* wird die Tiefkühltruhe versteigert. Der erzielte Erlös reicht nicht aus, um sowohl die *Allerlei GmbH* als auch *Zeiger* zu befriedigen (§ 827 II ZPO). Im Verteilungsverfahren über den Erlös (§§ 872 ff. ZPO) beansprucht *Zeiger* den Vorrang vor der *Allerlei GmbH.*

Frage: Mit Recht?

a) *Die Lösung nach der Doppelpfändungslehre* (o. Rn. 411) ist eindeutig:
Die Pfändung des Rechts zugunsten der *Allerlei GmbH* am 1. Februar setzt sich nicht dinglich an der Sache fort. Als am 1. Mai *Gammler* das Eigentum (durch Zahlung des Restkaufpreises) erwarb, ging das Anwartschaftsrecht unter; die Rechtspfändung wurde gegenstandslos. An der Sache sind (spätestens[20]) mit ihrem Erwerb durch *Gammler* zwei Pfändungspfandrechte (Pfändungen am 15. Februar und 1. März) entstanden. Ihr Rang richtet sich gemäß dem Prioritätsprinzip des § 804 III ZPO nach der zeitlichen Reihenfolge der Pfändungen. *Zeiger* geht deshalb der *Allerlei GmbH* vor. Anders wäre es nur, wenn die *Allerlei GmbH* schon am 1. Februar und nicht erst am 1. März auch die Sache gepfändet hätte. *Zeiger* hat also recht.
Die *Lösung* aufgrund der anderen Lehren kommt zu unterschiedlichen Ergebnissen:

b) *Bei reiner Rechtspfändung* (o. Rn. 412) setzt sich das Pfändungspfandrecht an dem Recht als Pfändungspfandrecht an der Sache fort. Das am 1. Februar zugunsten der *Allerlei GmbH* entstandene Pfändungspfandrecht am Anwartschaftsrecht ist jetzt

---

[18] Zu dieser Ansicht: *Baur/Stürner,* Sachenrecht, § 59 Rn. 41 und *Medicus,* Rn. 485 f.

[19] So *Leible/Sosnitza,* JuS 2001, 344.

[20] Das hängt von der Pfändungspfandrechtstheorie ab, die der Bearbeiter vertritt. Nach der öffentlich-rechtlichen Theorie bestand auch an der schuldnerfremden Sache ein Pfändungspfandrecht, nach den anderen Lehren ist es erst mit dem Eigentumserwerb des *Gammler* entstanden (o. Rn. 403).

ein Pfändungspfandrecht an der Sache. Es geht nach § 804 III ZPO dem Pfändungspfandrecht des *Zeiger* an der Sache vor. Die zusätzliche Sachpfändung der *Allerlei GmbH* vom 1. März war überflüssig. *Zeiger* hat also unrecht.

c) *Bei analoger Anwendung der Sachpfändung* (o. Rn. 413) könnte die *Allerlei GmbH* nur dann den Vorrang mit ihrer Pfändung vom 1. Februar begründet haben, wenn diese Pfändung im Wege der Sachpfändung nach §§ 808 ff. ZPO durchgeführt worden wäre. Da dies nicht der Fall ist, geht der Beschluß vom 1. Februar ins Leere. Jetzt erhebt sich die Frage, ob die beiden Sachpfändungen Pfändungspfandrechte begründet haben. Die Pfändung kann auf das Anwartschaftsrecht beschränkt werden, indem mit rangwahrender (rückwirkender) Kraft im Pfändungsprotokoll der Zusatz eingefügt wird, es sei nicht die Sache, sondern die Anwartschaft gepfändet worden. Dann hat *Zeiger,* da sich das Pfandrecht am Anwartschaftsrecht an der Sache fortsetzte, den Vorrang vor der *Allerlei GmbH* und damit recht.

d) *Für die Ansicht von der reinen Sachpfändung* (o. Rn. 414) ist ebenfalls die Pfändung vom 1. Februar nicht geeignet, ein Pfändungspfandrecht zu begründen. Es kommt vielmehr allein auf Sachpfändungen an. Dies ist die Pfändung des *Zeiger* vom 15. Februar, die der späteren Pfändung durch die *Allerlei GmbH* vorgeht (§ 804 III ZPO).

Bettet man dieses Beispiel in eine Anwaltsklausur ein, zeigt sich, wie erfolgreich derjenige Bearbeiter sein wird, der die unterschiedlichen Theorien kennt. Die Fragestellung lautet dann nämlich etwa: „Was wird die *Allerlei GmbH* ausführen, um einen Vorrang vor *Zeiger* zu begründen?" Die Antwort kann hierbei nur aus den Argumenten der Lehre von der reinen Rechtspfändung bestehen. Alle anderen Theorien geben *Zeiger* den Vorrang. Umgekehrt müßten diese anderen Lehrmeinungen vorgetragen werden, wenn es um eine Argumentation des *Zeiger* geht. Dabei hat es der Bearbeiter insofern leicht, als er sich im Ergebnis zwischen diesen Theorien nicht entscheiden muß. Denn sowohl nach der Theorie der Doppelpfändung, als auch nach den Lehren der reinen bzw. analogen Sachpfändung, ist für die *Rangwahrung* (§ 804 III ZPO) allein die Sachpfändung maßgeblich.

Daneben kann es aber im Rahmen einer Richterklausur Fallgestaltungen geben, bei denen sich der Bearbeiter mit jeder der Ansichten auseinandersetzen muß:

Beispiel 137 a: In dem soeben behandelten Beispiel 137 lehnt der Rechtspfleger als Vollstreckungsgericht (§ 828 ZPO, § 20 Nr. 17 RPflG) den Antrag der *Allerlei GmbH* auf Erlaß eines Pfändungs- und Überweisungsbeschlusses mit der Begründung ab, für die Pfändung eines Anwartschaftsrechts sei allein der Gerichtsvollzieher zuständig. Dagegen wendet sich die *Allerlei GmbH* mit einer sofortigen Beschwerde gemäß § 11 I RPflG, § 793 ZPO.

Frage: Ist die sofortige Beschwerde begründet?

Anwort: Legt man die Ansicht der reinen bzw. der analogen Anwendung der Sachpfändung zu Grunde, ist die sofortigen Beschwerde unbegründet; denn in diesem Fall ist der Gerichtsvollzieher für die Pfändung gemäß § 808 ZPO zuständig. Folgt man dagegen der Theorie der reinen Rechtspfändung, dann kann die Pfändung nur durch das Vollstreckungsgericht (§§ 857 I, 828 ZPO) erfolgen. Nach der Doppelpfändungslehre ist *auch* eine Zuständigkeit des Vollstreckungsgerichts gegeben. Nach diesen Ansichten wäre die sofortige Beschwerde somit begründet.

Jetzt ist der Bearbeiter aufgerufen, zwischen den verschiedenen Ansichten zu entscheiden[21]. Die gängigen Argumente des Pro und Contra müssen ihm also bekannt sein[22].

416 Zu den typischen Fehlern gehört es, wenn ein Bearbeiter nicht folgerichtig die von ihm bejahte Theorie durchhält. So kommt es immer wieder vor, daß Anhänger der Doppelpfändungslehre das Fehlen der Sach- oder der Rechtspfändung übersehen, oder es wird die reine Rechtspfändungstheorie für richtig gehalten, dann aber zusätzlich eine Sachpfändung als notwendig angesehen.

§ 87. Vierter Problemkreis: Die Pfändung der eigenen Sache des Vollstreckungsgläubigers

Literatur: Verzeichnis der abgekürzt zitierten Literatur (S. XXIII) sowie *K. Larenz,* Lehrbuch des Schuldrechts, Band II/1, Besonderer Teil, 13. Aufl., 1986; *Münchener Kommentar zum BGB,* 4. Auflage, 2004.

I. Ausgangslage

417 Häufig bildet eine im fremden Eigentum stehende Sache, die etwa unter Eigentumsvorbehalt geliefert oder zur Sicherheit übereignet wurde, den einzigen Vermögenswert beim Vollstreckungsschuldner. Der Gerichtsvollzieher wird also nicht selten auf diesen Gegenstand zugreifen, auch wenn er einen Vollstreckungsauftrag ausführt, den der Eigentümer dieses Gegenstands erteilt hat. Möglicherweise hat er sogar ausdrücklich die Weisung des Eigentümers, in dessen Sache zu vollstrecken.

Bei der Pfändung eigener Sachen ergibt sich eine Reihe von Problemen: Verzichtet der (die Zwangsvollstreckung betreibende) Eigentümer hiermit auf sein Eigentum? Entsteht, wenn dies nicht der Fall sein sollte, ein Pfändungspfandrecht an der eigenen Sache? Welche Auswirkungen haben solche Vollstreckungsmaßnahmen im Hinblick auf § 503 II 4 BGB?

Im Gegensatz zu früheren Ansichten wird heute in der Pfändung einer eigenen Sache des Vollstreckungsgläubigers nicht mehr der Verzicht auf das Eigentum gesehen[1]. Da die Pfändung das Eigentum nicht antastet, erhebt sich die Frage, ob durch sie ein Pfändungspfandrecht begründet wird. Das hängt davon ab, ob man der öffentlich-rechtlichen Theorie zum Pfändungspfandrecht folgt (dann entsteht an der schuldnerfremden und damit auch an der eigenen Sache ein Pfandrecht) oder andere Lehrmei-

---

[21] Oben Fn. 17.

[22] Hierzu (vom Standpunkt der Doppelpfändungslehre): *Schumann,* JA 1970, 579.

[1] So die sog. „Verzichtstheorie", die auch das *RG* vertrat und die heute vereinzelt auch noch Anhänger hat (z. B. *Larenz,* § 43 II c, der sie unzutreffend als h. L. bezeichnet). Zur Vertiefung: *RGZ* 66, 344 (348–350); 79, 241 (245 f.). Neben der Verzichtstheorie wurden früher auch noch zwei weitere Ansichten vertreten: Die Pfändung eigener Sachen sei unzulässig und damit unwirksam, weil sich Vollstreckungsmaßnahmen nur auf das Vermögen des Vollstreckungsschuldners, nicht des Vollstreckungsgläubigers beziehen dürften (Unwirksamkeitstheorie). Andere versuchten über § 1256 II BGB in diesem Fall zu einem Pfändungspfandrecht an der eigenen Sache zu kommen.

nungen für richtig hält (dann entsteht an der Sache zwar kein Pfändungspfandrecht, wohl aber besteht die Verstrickung)[2].

Während die Bearbeiter diese Aspekte der Pfändung der eigenen Sache in der Regel erkennen, beachten sie häufig die in § 503 II 4 BGB enthaltene Rücktrittsfiktion nicht. Hier liegen die schwierigeren Seiten dieses Pfändungsproblems, weil § 503 II 4 BGB seinem Wortlaut nach auf Vollstreckungsmaßnahmen nicht anzuwenden ist. Dabei ist zu beachten, daß zu einem wirksamen Rücktritt auch ein Rücktrittsgrund nach §§ 503 II 1, 498 I BGB vorliegen muß, da die Fiktion nur die Rücktrittserklärung ersetzt[3].

1. Stufe: Pfändung unter Belassung der Sache

Die *bloße Pfändung (Beschlagnahme) der Sache* unter Belassung des 418
unmittelbaren Besitzes löst die Rücktrittsfiktion des § 503 II 4 BGB nicht aus.

Beispiel 138: Im Beispiel 136 (o. Rn. 404) pfändet der Gerichtsvollzieher bei *Gammler* im Auftrag der *Allerlei GmbH* das (von ihr gelieferte und ihr gehörende) Fernsehgerät. Daraufhin schreibt *Gammler* an die *Allerlei GmbH,* daß die *Allerlei GmbH* mit der Pfändung den Rücktritt (nach § 503 II 4 BGB) ausgeübt habe. Die im rechtskräftigen Titel zugesprochene Kaufpreisforderung sei hiermit erloschen. Schon aus diesem Grunde dürfe die *Allerlei GmbH* nicht mehr die Vollstreckung betreiben. Im übrigen werde er, *Gammler,* nunmehr Vollstreckungsgegenklage gemäß § 767 ZPO erheben.

Frage: Was ist zu den Ausführungen *Gammlers* zu sagen?

Antwort: Richtig ist, daß bei Erlöschen der Kaufpreisforderung die Vollstreckungsgegenklage gemäß § 767 ZPO (u. Rn. 441) statthaft ist; richtig ist auch, daß eine Rücktritts*erklärung* oder auch die Rücktritts*fiktion* des § 503 II 4 BGB zum Erlöschen der Kaufpreisforderung führen würde, sofern ein Rücktrittsgrund besteht. Eine Rücktrittserklärung der *Allerlei GmbH* liegt aber nicht vor, so daß nur die Rücktrittsfiktion nach § 503 II 4 BGB eingreifen könnte. Die bloße Pfändung unter Belassung des unmittelbaren Besitzes (§ 808 II ZPO = Siegelung) löst aber die Wirkung des § 503 II 4 BGB nicht aus[4]. Sie ist ohnehin nur eine vorbereitende, nicht endgültige Maßnahme; sie soll nur die Verwertung vorbereiten. Jederzeit kann sie vom Vollstreckungsgläubiger aufgegeben oder auch vom Vollstreckungsgericht aufgehoben werden. Sie ist in derartigen Fällen häufig nur ein Druckmittel, um den Vollstreckungsschuldner *(Gammler)* zur weiteren Ratenzahlung anzuhalten. Eine vorschnelle Anwendung des § 503 II 4 BGB würde dem Vollstreckungsschuldner schaden, weil ihm die Möglichkeit versperrt wäre, durch Zahlung des Restkaufpreises doch noch das Eigentum zu erwerben; § 503 II 4 BGB (der den Verbraucher schützen soll) wäre in sein Gegenteil verkehrt. *Gammler* hat also unrecht.

---

2 Zu den Pfändungspfandrechtstheorien o. Rn. 403. Speziell zum vorliegenden Problem: Stein/Jonas/*Münzberg,* § 804 Rn. 13 (vom Standpunkt der öffentlich-rechtlichen Theorie).

3 *BGH* WM 1976, 583 (585) zu § 5 AbzG; Palandt/*Putzo,* § 503 Rn. 6, 12. Einen Rücktrittsgrund für nicht erforderlich hält MüKo/*Habersack,* § 503 Rn. 47.

4 Zur Vertiefung: *BGH* WM 1962, 1263 (Leitsatz 3 und 1264 sub 7). Diese Entscheidung erging zu § 5 AbzG, der insoweit mit § 503 II 4 BGB übereinstimmt.

2. Stufe: Pfändung unter Wegnahme der Sache

419 Diese Pfändung schafft gleichfalls keine vollendeten Tatsachen. Dem Vollstreckungsschuldner (Teilzahlungskäufer) soll nämlich immer noch die vertragsgemäße Zahlung des Restkaufpreises möglich sein. Deshalb kann auch in diesem Stadium die Anwendung des § 503 II 4 BGB nicht bejaht werden[5].

3. Stufe: Versteigerung der Sache

420 Mit der *Versteigerung der Sache und dem Eigentumserwerb des Erstehers* ist ein Eigentumserwerb des Vollstreckungsschuldners an der gekauften Sache nicht mehr möglich. Jetzt ist eine *endgültige* Situation entstanden, die die Wirkung des § 503 II 4 BGB auslöst, sofern der betreibende Vollstreckungsgläubiger der Kreditgeber ist[6]. *Auf die vollstreckungsrechtliche Verwertung der Sache ist § 503 II 4 BGB analog anzuwenden*[7]. § 503 II 4 BGB will verhindern, daß ein Teilzahlungskäufer zur Zahlung des Kaufpreises verpflichtet bleibt, obwohl der Verkäufer sich die Sache wieder verschafft hat und ein Eigentumserwerb des Käufers ausscheidet. Der „Wiederansichnahme" im Sinn von § 503 II 4 BGB ist deshalb die Versteigerung gleichzusetzen. Auch bei ihr kommt ein Eigentumserwerb des Käufers nicht mehr in Betracht und auch bei ihr macht sich der Verkäufer den Sachwert der verkauften Sache zu eigen, sei es, daß er die Sache selbst ersteigert[8], sei es, daß er den Erlös für sie erhält[9].

Alternative: Auch wenn die Sache nicht versteigert wird, sondern gemäß § 825 ZPO (o. Rn. 392) eine andere Verwertungsart gewählt wird, liegt ein Fall der Endgültigkeit vor, so daß auch hier § 503 II 4 BGB eingreift. Insbesondere der freihändige Verkauf an Dritte oder an den Vollstreckungsgläubiger fällt hierunter[10].

II. Sonderprobleme

Mit den vorstehenden Problemen der Pfändung der eigenen Sache werden nicht selten folgende Fallgestaltungen verbunden, auf die man vorbereitet sein sollte:

1. § 811 I ZPO bei Pfändung der eigenen Sache?

421 Die Frage, ob § 811 I ZPO auch bei der Pfändung der eigenen Sache eingreift, hat der Gesetzgeber durch Einführung des § 811 II ZPO ge-

---

5 *BGHZ* 39, 97 zu § 5 AbzG; für eine Anwendung des § 503 II 4 BGB auf dieser Stufe Palandt/*Putzo*, § 503 Rn. 14 und MüKo/*Habersack*, § 503 Rn. 56.

6 Lesenswert die grundlegenden Entscheidungen *BGHZ* 3, 257 und *BGHZ* 39, 97 zu § 5 AbzG.

7 Dazu *BGHZ* 15, 171; 15, 241 zu § 5 AbzG.

8 So im Fall *BGHZ* 15, 171 zu § 5 AbzG.

9 So im Fall *BGHZ* 55, 59 (lesenswert!) zu § 5 AbzG.

10 So im Fall *BGHZ* 15, 241 zu § 5 AbzG.

klärt. *Keinen* Pfändungsschutz hat der Vollstreckungsschuldner in den Fällen des § 811 I Nr. 1, 4, 5–7 ZPO, sofern der Vollstreckungsgläubiger (Verkäufer einer Sache) wegen einer durch (einfachen) Eigentumsvorbehalt gesicherten Geldforderung aus dem Verkauf der Sache in diese Sache vollstreckt. In den übrigen Fällen des § 811 I ZPO kann sich der Vollstreckungsschuldner auf die Unpfändbarkeit berufen, selbst wenn sich der Gegenstand im Eigentum des Vollstreckungsgläubigers befindet (näher o. Rn. 387).

2. § 503 II 4 BGB bei Eigentumsverzicht des Vorbehaltseigentümers (Teilzahlungsverkäufers)?

Der Vollstreckungsgläubiger (Kreditgeber, Verkäufer) erklärt, bevor er **422** Vollstreckungsmaßnahmen einleitet, den Verzicht auf das Vorbehaltseigentum und läßt anschließend den verkauften Gegenstand pfänden und verwerten; tritt auch jetzt die Rücktrittsfiktion des § 503 II 4 BGB ein[11]?

3. § 503 II 4 BGB bei Herausgabevollstreckung?

Bei Vollstreckungen im Zusammenhang mit Kreditgeschäften ist beson- **423** ders wichtig, daß sich der Bearbeiter an die Eingangsfrage erinnert, weswegen vollstreckt wird[12]. Das Problem der Pfändung der eigenen Sache tritt nämlich nur dann auf, wenn der Verkäufer (Vorbehaltseigentümer) die Kaufpreisklage erhoben hat und aus dem Urteil auf Zahlung des Kaufpreises („wegen einer Geldforderung") vollstreckt. Nicht selten ist der Käufer aber so vermögenslos oder die Sache ist so neuwertig, daß eine Kaufpreisklage wenig sinnvoll erscheint. Dann wird der Verkäufer die *Herausgabe der Sache* verlangen. Jetzt stellt sich zwar nicht das Problem der Pfändung der eigenen Sache, wohl aber die Frage des § 503 II 4 BGB, ob nämlich bereits die Erhebung der Herausgabeklage die Wirkung des § 503 II 4 BGB auslöst (so die h.M.)[13] oder erst die Herausgabevollstreckung (so die Gegenmeinung)[14]. Folgt der Bearbeiter nicht der h.M., muß er sich fragen, ob etwa im Herausgabeverlangen die schlüssige Rücktrittserklärung liegt. Wird dies verneint, so muß beachtet werden, daß der *BGH* ein rein sachenrechtliches Vorgehen (aus dem Vorbehaltseigentum) ohne Rücktritt grundsätzlich nicht zuläßt[15].

Wie auch sonst (o. Rn. 39) soll der Verfasser nach klausurtaktischen Gründen entscheiden, ob er der dargelegten herrschenden Meinung oder der Gegenmeinung folgt.

---

[11] Ja! Wichtig *BGHZ* 19, 326 zu § 5 AbzG. Jede Art von Wegnahme löst den Rücktritt aus, so auch wenn z.B. überhaupt kein Eigentumsvorbehalt bestand.

[12] Oben Rn. 359.

[13] *RGZ* 144, 62 (64). Zur Vertiefung: *BGH* NJW 1965, 2399f. und (die strafrechtliche Entscheidung) *BGH* NJW 1955, 638 (639), sämtliche zu § 5 AbzG; MüKo/*Habersack*, § 503 Rn. 51, 53.

[14] Palandt/*Putzo*, § 503 Rn. 14.

[15] Oben Rn. 312 Fn. 6 und Rn. 359 Fn. 4.

Für die herrschende Meinung (Fn. 13) spricht eine weite Auslegung des Begriffs des „Wiederansichnehmens". Für die Gegenmeinung (Fn. 14) sprechen dieselben Gründe wie für eine möglichst späte Anwendung des § 503 II 4 BGB bei der Pfändung einer Sache (o. Fn. 4 und 5). Allerdings wird durch eine frühe Anwendung des § 503 II 4 BGB das Interesse des Käufers am Erwerb der Sache nicht zu stark beeinträchtigt, da neben der Fiktion des § 503 II 4 BGB auch noch ein Rücktrittsgrund vorliegen muß[16].

§ 88. Fünfter Problemkreis: Das Treuhandverhältnis (insbesondere das Sicherungseigentum) in der Zwangsvollstreckung

Literatur: Verzeichnis der abgekürzt zitierten Literatur (S. XXIII) sowie *H. F. Gaul,* Dogmatische Grundlagen und praktische Bedeutung der Drittwiderspruchsklage, FG BGH, 521–567; *J. Wittschier,* Die Drittwiderspruchsklage gemäß § 771 ZPO, JuS 1998, 926–930; *ders.,* Der praktische Fall – Vollstreckungsrechtsklausur: Die vollstreckungsfeste Treuhand, JuS 1999, 1216–1221.

424 Beim Treuhandverhältnis ist zu unterscheiden zwischen der eigennützigen (Sicherungs-)Treuhand und der uneigennützigen (Verwaltungs-) Treuhand[1]. Dabei entscheidet die *Sicht des Treuhänders* (nicht des Treugebers); es kommt darauf an, ob die Treuhand im Interesse des Treuhänders (dann eigennützig) oder des Treugebers (dann uneigennützig) besteht. So ist das Sicherungseigentum einer Bank, mit der sie sich einen Kredit sichert, im Interesse der Bank (= Treuhänder) eingerichtet; das Sicherungseigentum ist also eine eigennützige Treuhand. Hingegen stellt das Anderkonto eines Rechtsanwalts (sogleich Fn. 3) eine Treuhand zu Gunsten des Treugebers (des Mandanten) dar; das Anderkonto ist also eine uneigennützige Treuhand.

Bei der Lösung von Aufgaben aus diesem Bereich muß sich der Bearbeiter vor Augen halten, daß in allen Treuhandfällen der Treuhänder im Außenverhältnis eine größere Rechtsmacht hat, als er sie nach den Parteivereinbarungen im Innenverhältnis auszuüben berechtigt ist: Er ist Eigentümer (Inhaber), aber eben doch nur „Sicherungseigentümer", der bei Wegfall des Sicherungszwecks das Eigentum zurückzugeben hat[2]. Diese Beschränkung des formalen Vollrechts wirkt sich in aller Regel bei der Pfändung des Treuguts (Sicherungseigentums) in der Weise aus, daß sich nicht die abstrakte Rechtsposition, sondern der wirtschaftliche Gehalt durchsetzt. Um hierbei richtig zu entscheiden, sind drei Fragen zu überprüfen:

(1) Befindet sich der Vollstreckungsgegenstand (das Treugut) in eigennütziger oder uneigennütziger Treuhand?

---

[16] Oben Rn. 417 Fn. 3.

[1] *Brox/Walker,* Rn. 1414 ff. und allgemein zur Treuhandproblematik *Medicus,* Rn. 488 ff.

[2] Wenn das Eigentum bei Tilgung der gesicherten Forderung nicht schon *automatisch* an den Sicherungsgeber zurückfällt, vgl. o. Rn. 410 Fn. 14.

(2) Wer betreibt die Vollstreckung: Ein Vollstreckungsgläubiger des Treugebers oder des Treuhänders?

(3) Bei eigennütziger Treuhand: In welchem *Stadium* befindet sich das Treuhandverhältnis: Ist *erstens* der Sicherungszweck noch gegeben oder ist er *zweitens* weggefallen oder ist *drittens* der Verwertungsfall eingetreten?

I. Erster Falltyp: Uneigennützige Treuhand (Verwaltungstreuhand)

Beispiel 139: Rechtsanwalt *Klug* unterhält ein Girokonto für seine Mandantengelder[3]. 425
Das Guthaben des Mandanten *Victor* wird von *Klobig,* einem Gläubiger *Klugs,* und von *Vitus,* einem Gläubiger *Victors,* gepfändet[4].

Frage: Welche Rechtsbehelfe stehen *RA Klug* und *Victor* gegen die Pfändungen zu?

Antwort: Das gepfändete Guthaben *(Vollstreckungsgegenstand)* gehört wirtschaftlich nicht zum Vermögen des *RA Klug;* es wird nur von *RA Klug* treuhänderisch verwaltet, weil der Anwalt zwar Inhaber der Forderung gegen die Bank, aber nicht *wirtschaftlich* Berechtigter ist. Die Treuhand dient dem Mandanten *Victor,* aber nicht dem Treuhänder *RA Klug;* sie ist also *uneigennützig;* denn es entscheidet die Sicht des *Treuhänders: RA Klug* ist Treuhänder nicht im eigenen, sondern im fremden Interesse.

Für die Frage nach dem Rechtsbehelf kommt es darauf an, *wer* die Pfändung vorgenommen hat. Gegenüber der Pfändung durch *Klobig* als Gläubiger des *Treuhänders Klug* ergibt sich der Einwand, daß *RA Klug* wirtschaftlich nicht der Inhaber der Forderung ist. Aus diesem Grunde wird dem „wahren" Forderungsinhaber, dem Mandanten *Victor,* die Drittwiderspruchsklage (§ 771 ZPO)[5] zugebilligt[6].

Gegen die Pfändung durch *Vitus* als Gläubiger des *Treugebers Victor* besteht das Bedenken, daß der „formal" betroffene Anwalt *Klug* nicht Schuldner des Vollstreckungsgläubigers *Vitus* ist. Denn im Regelfall ist die Pfändung schuldnerfremden Vermögens unzulässig, so daß *RA Klug* Erinnerung nach § 766 ZPO und die Klage aus § 771 ZPO erheben könnte. Jedoch kommt es hier darauf an, daß *RA Klug* als uneigennütziger Treuhänder wirtschaftlich betrachtet nicht Inhaber der Forderung ist. Also gibt es keinen Rechtsbehelf für *RA Klug*[7].

---

[3] Sog. *Anderkonto.* Der Rechtsanwalt ist standesrechtlich (§ 43a V 2 BRAO) verpflichtet, fremde Gelder unverzüglich an den Empfangsberechtigten weiterzuleiten. Anderenfalls müssen sie auf ein Anderkonto eingezahlt werden, soweit nichts anderes vereinbart ist. Die Notwendigkeit dieser Einzahlung auf ein Anderkonto ergibt sich schon daraus, daß vor dem Zugriff der persönlichen Gläubiger des Rechtsanwalts nicht dessen Bankkonten, wohl aber seine Anderkonten geschützt sind. Dazu: *BGH* NJW 1971, 559f.

[4] Gepfändet wird der Anspruch des *Klug* gegen die Bank auf Gutschrift aus einem Girovertrag (§ 676f Satz 1 [2. Variante] BGB) nach §§ 829, 835 ZPO (zur Forderungspfändung o. Rn. 393ff.).

[5] Näher: Stein/Jonas/*Münzberg,* § 771 Rn. 24ff.; *Baur/Stürner,* ZwVR, § 46.7.

[6] Daneben haben der Treuhänder *RA Klug* und der Treugeber *Victor* die Möglichkeit der Erinnerung (§ 766 ZPO), da die Forderung des Rechtsanwalts *Klug* aus dem Anderkonto gegen die Bank *offensichtlich* nicht zum Vermögen des Vollstreckungsschuldners Rechtsanwalt *Klug* gehört und deswegen nicht gepfändet werden durfte.

[7] Näher: Stein/Jonas/*Münzberg,* § 771 Rn. 26 bei Fn. 177; *Baur/Stürner,* ZwVR, § 46.7. Anders nur, wenn der Vollstreckungstitel nicht gegen den Treugeber *Victor,*

II. Zweiter Falltyp: Eigennützige Treuhand (Sicherungstreuhand)

426 **Beispiel 140:** Uhrmacher *Zeiger* benötigt einen Kredit für die Finanzierung des Ladenumbaus. Von der *Glocken AG* erhält er ein günstiges Darlehen. Zur Sicherung des Rückzahlungsanspruchs übergibt und übereignet er der *Glocken AG* eine Sammlung kostbarer alter Taschenuhren. Die *Glocken AG* ist zur Rückübereignung der Sammlung verpflichtet, sobald *Zeiger* das Darlehen zurückgezahlt hat. Die *Glocken AG* gerät in finanzielle Schwierigkeiten. Eines Tages erscheint in ihren Geschäftsräumen der Gerichtsvollzieher *Streng* und pfändet aufgrund eines vollstreckbaren[8] Titels gegen die *Glocken AG* die Uhrensammlung. *Zeiger* ist der Ansicht, daß er mit Erfolg die Klage nach § 771 ZPO erheben kann.

Frage: Hat *Zeiger* recht, wenn
(1) er *vor* der Pfändung das Darlehen zurückgezahlt hatte?
(2) er das noch *nicht fällige* Darlehen noch nicht zurückgezahlt hat?
(3) das Darlehen *längst fällig* ist, aber *Zeiger* kein Geld besaß, es zurückzuzahlen?

Antwort: Die Uhrensammlung (Vollstreckungsgegenstand) dient dem Sicherungsinteresse der *Glocken AG.* Also liegt eine *eigennützige* (eine Sicherungs-)Treuhand (da es auf die Sicht des Treuhänders ankommt) vor. Die Vollstreckung wird von einem *Gläubiger* des *Treuhänders (*nicht des Treugebers *Zeiger)* betrieben. Die Frage nach der Zulässigkeit der Vollstreckung beantwortet sich möglicherweise verschieden, je nachdem in *welchem Stadium* sich das Treuhandverhältnis befindet:

Zu Frage (1): Der Sicherungszweck ist durch die Rückzahlung des Darlehens entfallen. *Zeiger* ist als der wirtschaftlich Berechtigte zur Klage nach § 771 ZPO befugt[9].

Zu Frage (2): In diesem Fall besteht das Sicherungsbedürfnis noch. Da *Zeiger* seiner Rückzahlungsverpflichtung genügen kann, steht ihm auch hier die Klage nach § 771 ZPO zur Verfügung[10].

Zu Frage (3): Hier ist der Verwertungsfall eingetreten[11]. Da jetzt die *Glocken AG* berechtigt wäre, den Wert der Sammlung zu realisieren, steht *Zeiger* kein die Veräußerung hinderndes Recht mehr zu. Nach dem Sicherungsvertrag ist die *Glocken AG* mit Eintritt der Verwertungsreife nicht mehr in ihrem Verwertungsrecht gegenüber *Zeiger* eingeschränkt. *Zeiger* hat damit keine Aussicht, über § 771 ZPO zum Erfolg zu kommen[12].

Nicht viel anders gestaltet sich der Fall, wenn ein *Gläubiger des Treugebers* in das eigennützige *Treuhandeigentum* vollstreckt. Im Regelfall wird dies allerdings nur dann möglich sein, wenn das Sicherungsgut dem Treugeber belassen wurde (§ 808 ZPO):

---

sondern gegen einen Dritten gerichtet ist, denn dann verteidigt *RA Klug* das Treugut (Stein/Jonas/*Münzberg* a. a. O. [bei Fn. 178]).

[8] Nicht vergessen: Die Vollstreckbarkeit hängt nicht von der Rechtskraft des Titels ab, o. Rn. 368!

[9] Zu dieser ganz h. M. *Jauernig,* ZwVR, § 13 IV 1 a; *Baur/Stürner,* § 46.8.

[10] Da somit *Zeiger* wieder Eigentümer werden kann, muß das Ergebnis mit dem bei (1) übereinstimmen, vgl. insoweit o. Fn. 9.

[11] Dabei ist streitig, ob für den Verwertungsfall bloße Fälligkeit der gesicherten Forderung ausreicht oder auch Verzug (§ 286 BGB!) des Sicherungsgebers vorliegen muß.

[12] Sehr lesenswert: *BGHZ* 72, 141. Der Fall wäre ebenso zu beurteilen, wenn *Zeiger* und die *Glocken AG* eine – in ihrer rechtlichen Zulässigkeit sehr umstrittene – *Verfallklausel* vereinbart hätten, d. h. daß das Eigentum an der Uhrensammlung automatisch mit Eintritt des Verwertungsfalles in das Vermögen des Sicherungsnehmers, der *Glocken AG,* übergehen sollte.

Beispiel 141: In Abwandlung des soeben besprochenen Beispiels 140 ist davon auszugehen, daß die Uhrensammlung bei *Zeiger* verblieben ist. Ein Gläubiger des *Zeiger* pfändet die Sammlung.

Frage: In welchen Stadien (oben Beispiel 140 Ziffer 1–3) ist der *Glocken AG* Drittwiderspruchsklage nach § 771 ZPO anzuraten?

Antwort:

Zu (1): Das Sicherungseigentum muß nach Erfüllung des Sicherungszwecks zurückübertragen werden. Der *Glocken AG* steht ein die Veräußerung hinderndes Recht wirtschaftlich nicht mehr zu; § 771 ZPO scheidet aus[13].

Zu (2): Das Sicherungsbedürfnis besteht noch; der Verwertungsfall kann noch eintreten. Die *Glocken AG* ist berechtigt, nach § 771 ZPO vorzugehen[14].

Zu (3): Der Verwertungsfall ist eingetreten. Die *Glocken AG* vermag ihr nunmehr auch wirtschaftlich vollgültiges Eigentum über § 771 ZPO geltend zu machen.

An den *Beispielen 140 und 141* wird folgendes Prinzip deutlich: Sobald sich das Treuhandverhältnis endgültig stabilisiert hat, setzt sich die *wirtschaftliche* Position, ohne Rücksicht auf die formale Zuordnung, durch. Ist der Sicherungszweck weggefallen, kann der Treugeber das Treugut als sein Eigentum verteidigen, oben jeweils (1). Ist der Verwertungsfall eingetreten, vermag der Treuhänder das Treugut als sein Eigentum durchzusetzen, oben jeweils (3). Hingegen können beide (Treugeber und Treuhänder) in der *labilen* Situation des noch nicht endgültig abgewickelten Treuhandverhältnisses das Treugut jeweils gegenüber den Gläubigern des anderen Partners für sich reklamieren[15].

III. Der Rückübertragungsanspruch als Pfändungsobjekt

Im Blickpunkt des Pfändungszugriffs stand bisher die zur Sicherung **427**
übereignete Sache. Nunmehr muß auch an diejenige Position gedacht werden, die dem Sicherungsgeber schon während des Sicherungsverhältnisses zusteht.

1. Der Zugriff bei Bestehen eines Anwartschaftsrechts

Keine Besonderheiten treten auf, wenn ein *automatischer* Rückfall des **428**
Sicherungseigentums bei Wegfall des Sicherungszwecks (z.B. bei Zahlung der letzten Darlehensrate) vereinbart worden ist. Denn dann hat der Sicherungsgeber einen derartig unentziehbaren Rückübertragungsanspruch, daß man von einem *Anwartschaftsrecht* spricht (o. Rn. 409 Fn. 6 und 410 Fn. 14). Seine Gläubiger können deshalb dieses Anwart-

---

13 Die *Glocken AG* darf nicht besser stehen, als wenn das Eigentum an der Uhrensammlung mit der Tilgung des Darlehens automatisch an *Zeiger* zurückgefallen wäre.
Hinweis: Der Treugeber *(Zeiger)* ist nach Zahlung so zu behandeln, als wäre er Eigentümer, auch wenn er es noch nicht geworden ist (*Medicus*, Rn. 513).

14 So die h.M. Nach anderer Meinung soll der *Glocken AG* lediglich ein Recht auf vorzugsweise Befriedigung nach § 805 ZPO zustehen. – Zum Streitstand: *Jauernig*, ZwVR, § 13 IV 1a.

15 *Wittschier*, JuS 1998, 929.

schaftsrecht nach denselben Grundsätzen pfänden wie ein Anwartschaftsrecht eines Vorbehaltskäufers (o. Rn. 410). In aller Regel wird also der *Rückübertragungsanspruch* im Wege der *Doppelpfändung* (o. Rn. 411) gepfändet.

2. Der Zugriff bei Fehlen eines Anwartschaftsrechts

429 In der Praxis wird ein automatischer Rückfall des Eigentums am Sicherungsgut selten vereinbart (o. Rn. 410 Fn. 14). Deshalb ist auch ein Anwartschaftsrecht bei Sicherungsübereignungen nicht gerade häufig anzutreffen. Trotzdem stellt der (aufschiebend bedingte) *Rückübertragungsanspruch (Rückübereignungsanspruch),* den der Sicherungsgeber gegen den Sicherungsnehmer hat[16], einen eigenen wirtschaftlichen Wert dar. Ein vollstreckungsrechtlicher Zugriff ist deshalb möglich und vielfach sehr sinnvoll, wobei die Drittwiderspruchsklage des Sicherungsnehmers dann nicht befürchtet werden muß, wenn das Sicherungsinteresse entfällt oder in absehbarer Zeit entfallen wird. Es fragt sich nur, wie ein Gläubiger vorgehen muß, um diesen Rückübertragungsanspruch zu pfänden. Dies hängt von der Gewahrsams(Besitz-)lage ab:

a) Der Sicherungsnehmer hat den Gewahrsam

430 Wenn – wie im Beispiel 140, Rn. 426 – der Sicherungsgeber *(Uhrmacher Zeiger)* den Gegenstand (seine *Uhrensammlung)* dem Sicherungsnehmer *(Glocken AG)* übergeben hat, wird der Rückübertragungsanspruch im Wege der *Herausgabeanspruch-Pfändung* nach §§ 846, 829, 835, 847 ZPO gepfändet[17]. In einem Pfändungs- und Überweisungsbeschluß wird der Herausgabeanspruch des Sicherungsgebers (= Vollstreckungsschuldners, hier *Zeiger)* gegen den Sicherungsnehmer (= Drittschuldner,

---

[16] Rechtsgrundlage für den Rückübertragungsanspruch ist meist die im Sicherungsvertrag enthaltene Verpflichtung des Sicherungsnehmers, nach Wegfall des Sicherungszwecks das Eigentum an den Sicherungsgeber zurückzuübertragen. Fehlt eine solche Abrede, ergibt sich der Anspruch aus § 812 BGB.

[17] Hier heißt es, *genau zu unterscheiden:* Bei dieser Vollstreckung handelt es sich nicht um die Vollstreckung zur Herausgabe einer bestimmten Sache gemäß § 883 ZPO (o. Rn. 375); denn der Vollstreckungsgläubiger will nicht vom Vollstreckungsschuldner *(Uhrmacher Zeiger),* daß er ihm eine bestimmte Sache herausgibt. Sondern *wegen einer Geldforderung* nimmt der Vollstreckungsgläubiger Zugriff auf einen Herausgabeanspruch des Vollstreckungsschuldners (= Sicherungsgebers, hier: *Uhrmacher Zeiger),* den dieser gegen eine andere Person (= Drittschuldner, hier: *Glocken AG)* hat, damit diese Sache an den Gerichtsvollzieher herausgegeben wird und vom Gerichtsvollzieher so verwertet werden kann, als ob sie von vornherein beim Vollstreckungsschuldner *(Uhrmacher Zeiger)* vorgefunden und gepfändet worden wäre. Es wird also, um dies noch einmal deutlich zu betonen, bei *dieser* Vollstreckung kein Anspruch auf Herausgabe einer bestimmten Sache vollstreckt, sondern ein solcher Anspruch wird gepfändet, um eine *Geldforderung* zu vollstrecken. Die Rechtslage ist also ganz anders als bei der Briefmarkensammlung des *Sokrates* (o. Beispiel 127, Rn. 383), die *Sokrates* von *Xanthippe* herausverlangen darf und die sich nicht bei ihr befindet. Zur Vertiefung deshalb lesen o. Rn. 384!

hier *Glocken AG)* gepfändet und dem Vollstreckungsgläubiger zur Einziehung[18] überwiesen sowie angeordnet, daß die herauszugebende Sache *(Uhrensammlung)* an den Gerichtsvollzieher herauszugeben (§ 847 I ZPO) ist. Mit der Übergabe der Sache an den Gerichtsvollzieher entsteht an ihr das Pfändungspfandrecht; jetzt kann die Verwertung beginnen, als ob die Sache von vornherein beim Vollstreckungsschuldner gepfändet worden sei (§ 847 II ZPO). Man gelangt also von der Forderungsvollstreckung zur Vollstreckung in körperliche Sachen[19]. *Eine Doppelpfändung ist nicht notwendig;* die *Pfandrechte* bestehen vielmehr (nicht nebeneinander, sondern) *hintereinander:* Zunächst existiert das Pfändungspfandrecht am Herausgabeanspruch, dann an der Sache[20].

b) Der Sicherungsgeber hat den Gewahrsam behalten

Anders muß vorgegangen werden, wenn das Sicherungsgut beim Sicherungsgeber *(Uhrmacher Zeiger)* verblieb, wie dies im Beispiel 141 (Rn. 426) angenommen wurde. Ein Herausgabeanspruch besteht dann nicht *(Zeiger* ist ja im Besitz der *Uhrensammlung),* wohl aber hat er einen (aufschiebend bedingten) Anspruch auf Rückübereignung. Dieser Anspruch kann im Wege der Rechtspfändung nach §§ 857 I, 829, 835 ZPO (Drittschuldner ist auch hier der Sicherungsnehmer, also die *Glokken AG)* gepfändet werden. Da die Rechtspfändung nach h.M. aber nicht auch die Sache ergreift (o. Rn. 411), ist der Vollstreckungsgläubiger gehalten, auch die Sache selbst zu pfänden[21]. So zeigt sich ein verblüffendes Ergebnis: *Auch bei fehlendem Anwartschaftsrecht ist im Wege der Doppelpfändung* vorzugehen, sofern die sicherungsübereignete Sache beim Sicherungsgeber verblieb[22]. Examenstechnisch ist dieses Er- 431

[18] Eine Überweisung an Zahlungs Statt ist nach § 849 ZPO nicht zulässig.

[19] Wie schon in Rn. 382 zeigt es sich auch hier, daß die Vollstreckungsarten ineinandergreifen können. Hier ist es der Wechsel innerhalb der Vollstreckung „wegen Geldforderungen" (§ 803 – § 882a ZPO), und zwar von der Vollstreckung „in Forderungen und andere Vermögensrechte" (§ 828 – § 863 ZPO) zur Vollstreckung „in körperliche Sachen" (§ 808 – § 827 ZPO).

[20] Zur Vertiefung: Die Vollstreckung nach § 846 ZPO umfaßt alle mit einem Herausgabeanspruch zusammenhängenden Ansprüche, also bei einem Rückübertragungsanspruch auch den Anspruch *(des Zeiger)* auf dingliche Willenserklärung des Sicherungsnehmers *(der Glocken AG),* daß er das Eigentum an den Sicherungsgeber *(Zeiger)* zurückübertrage. Eine zusätzliche Pfändung und Überweisung des Anspruchs auf Abgabe dieser dinglichen Willenserklärung ist deshalb nicht erforderlich. Weigert sich die *Glocken AG,* die Sache herauszugeben und die Rückübereignung zu erklären, dann kann sie vom Vollstreckungsgläubiger aufgrund des Pfändungs- und Überweisungsbeschlusses (bezüglich des Herausgabeanspruchs) zur Abgabe der Willenserklärung (Vollstreckung nach § 894 ZPO, o. Rn. 374) und Herausgabe gemäß § 847 I ZPO an den Gerichtsvollzieher (Vollstreckung *dieses* Anspruchs nunmehr nach § 883 ZPO, o. Rn. 375) verklagt werden.

[21] So zutreffend die auch heute noch aktuelle Entscheidung *OLG Celle* NJW 1960, 2196.

[22] Zur Vertiefung: Stein/Jonas/*Brehm,* § 857 Rn. 2, § 847 Rn. 11–17. Ob gegen die Pfändung der Sache *(Uhrensammlung)* der Sicherungsnehmer *(Glocken AG)* im

gebnis für den Bearbeiter immer dann günstig, wenn nicht deutlich ist, ob die Vertragsparteien ein Anwartschaftsrecht vereinbart haben; er kann dann dessen Bestehen dahinstellen, weil stets im Wege der Doppelpfändung vorzugehen ist, sofern das Sicherungsgut beim Sicherungsgeber geblieben ist.

Wege der Drittwiderspruchsklage vorgehen kann, hängt vom Stand des Sicherungsverhältnisses ab (o. Rn. 426 Beispiel 141): Die *Glocken AG* hat mit ihrer Klage jedenfalls dann Erfolg, wenn das *Sicherungsinteresse* noch besteht, wenn also das Darlehen noch nicht in voller Höhe zurückgezahlt worden ist. Dabei darf aber nicht übersehen werden, daß es dem *Vollstreckungsgläubiger* möglich ist, das Ende des Sicherungsverhältnisses durch Zahlung des noch ausstehenden Restbetrags herbeizuführen. Denn in entsprechender Anwendung der Grundsätze zur Doppelpfändung des Anwartschaftsrechts (o. Rn. 411) kann ein etwaiger Widerspruch des *Zeiger* nach § 267 II BGB durch die Rechtspfändung (§ 829 I 2 ZPO!) unterbunden werden. Eine Drittwiderspruchsklage der *Glocken AG* ist damit nur dann erfolgreich, wenn eine Rückzahlung des Darlehensbetrages weder vorliegt, noch in absehbarer Zeit zu erwarten ist (Vollstreckungsgläubiger ist nicht bereit, den restlichen Darlehensbetrag zu zahlen).

6. Kapitel. Die Rechtsbehelfe im Vollstreckungsfall

§ 89. Die Bedeutung der Rechtsbehelfe

Literatur: Verzeichnis der abgekürzt zitierten Literatur (S. XXIII).

Die Rechtsbehelfe des Zwangsvollstreckungsrechts haben eine außergewöhnlich große Bedeutung. In den Prüfungsordnungen wird dieser Tatsache dadurch Rechnung getragen, daß sie ausdrücklich als Prüfungsstoff angeführt sind (o. Rn. 2, 357 und 361). Fälle aus dem Vollstreckungsrecht treten deshalb sehr häufig in Form einer Rechtsbehelfsklausur auf. 432

„Rechtsmittel" werden nur diejenigen Rechtsbehelfe genannt, die erstens den Eintritt der formellen Rechtskraft hemmen *(Suspensiveffekt)* und die zweitens zur Nachprüfung der angefochtenen Entscheidung durch ein höheres Gericht führen *(Devolutiveffekt)*. „Rechtsmittel" sind deshalb nur: Berufung, Revision, sofortige Beschwerde und Rechtsbeschwerde[1]. Die vielfältigen anderen Möglichkeiten, ein Urteil oder einen anderen Hoheitsakt anzugreifen, werden unter dem unspezifischen Begriff „Rechtsbehelf" zusammengefaßt. „Rechtsmittel" und „Rechtsbehelf" sind kein Gegensatz; vielmehr ist „Rechtsbehelf" der Oberbegriff. Typische Rechtsbehelfe, die keine Rechtsmittel sind, stellen z.B. die Vollstreckungserinnerung nach § 766 ZPO (u. Rn. 434) und die Klauselerinnerung nach § 732 ZPO (u. Rn. 436) dar, wie auch der Einspruch gegen das Versäumnisurteil (o. Rn. 323) oder gegen den Vollstreckungsbescheid (o. Rn. 129).

§ 90. Die einzelnen Rechtsbehelfe

Literatur: Verzeichnis der abgekürzt zitierten Literatur (S. XXIII) sowie *D. Brand/ T. Fett,* Vollstreckungsgegenklage bei Wegfall der Einwendung aus § 407 I BGB? – BGH, NJW 2001, 231, JuS 2002, 637–640; *H. Jäckel,* Rechtsbehelfe im Klauselverfahren, JuS 2005, 610–615; *R. Lackmann,* Probleme der Klauselumschreibung auf einen neuen Gläubiger, FS H.-J. Musielak, 2004, 287–316; *K. Schmidt,* Vollstreckungsgegenklage – Prozeßrecht und materielles Recht in der Bewährung, FG BGH, 491–519; *E. Schumann,* Der Einfluß des Grundgesetzes auf die zivilprozessuale Rechtsprechung, BGH-Festgabe, 2–41; *M. Vollkommer,* Zur Einführung der Gehörsrüge in den Zivilprozeß, FS E. Schumann, 2001, 507–534, *ders.* Erste praktische Erfahrungen mit der neuen Gehörsrüge gemäß § 321 a ZPO, FS H.-J. Musielak, 2004, 619–654; *T. Wetzel,* Grundfälle zu den Klagen und Rechtsbehelfen im Zwangsvollstreckungsrecht, JuS 1990, 198- 204, 469–474; *J. Wittschier,* Die Vollstreckungsgegenklage gem. § 767 ZPO, JuS 1997, 450–453; *ders.,* Die Vollstreckungserinnerung gem. § 766 ZPO, JuS 1999, 585–590; *ders.,* Der praktische Fall – Vollstreckungsrechtsklausur: Der „clevere" Schuldner, JuS 2000, 173–178.

---

[1] *Jauernig,* ZPR, § 72 I (S. 286).

433 Der Examenskandidat sollte sich rechtzeitig einen Überblick verschaffen, in welchen Situationen die einzelnen Rechtsbehelfe möglich sind. Am leichtesten gewinnt man diesen Überblick, wenn man die einzelnen Vollstreckungssituationen in verschiedene Fallgruppen unterteilt und die dann jeweils möglichen Rechtsbehelfe betrachtet:

I. Erste Fallgruppe: Fehlen der Vollstreckungsvoraussetzungen: § 766 I ZPO

434 Fehlt auch nur eine der allgemeinen Vollstreckungsvoraussetzungen des § 750 I ZPO – Titel, Klausel und Zustellung (o. Rn. 366 ff.) – und nimmt das Vollstreckungsorgan trotzdem Vollstreckungsakte vor, steht dem Vollstreckungsschuldner[1] und eventuell betroffenen Dritten[2] die *Erinnerung nach § 766 I ZPO* zu.

Die in § 766 I ZPO genannten „Anträge, Einwendungen und Erinnerungen" werden üblicherweise als „Erinnerung" bezeichnet. Funktionell zuständig für die Entscheidung ist das Vollstreckungsgericht und dort der Richter, nicht der Rechtspfleger (§ 20 Nr. 17 RPflG). Dieser Rechtsbehelf ist eine Art Gegenvorstellung und an keine Form oder Frist gebunden[3], allerdings erst zulässig, wenn ein Vollstreckungsakt vorgenommen wurde oder wenigstens unmittelbar droht. Unzulässig ist er, wenn die Zwangsvollstreckung beendet ist, es sei denn, Vollstreckungsmaßnahmen können noch aufgehoben werden (z. B. Kostenansatz des Gerichtsvollziehers, § 766 II ZPO).

Als „verzwickt" wird das Verhältnis der Erinnerung zu anderen Rechtsbehelfen empfunden. Hier muß man deutlich unterscheiden:

1. Geht die Vollstreckungsmaßnahme ausnahmsweise vom *Prozeßgericht* oder vom *Grundbuchamt* aus, sind spezielle Rechtsbehelfe eingeräumt[4].
2. Selbst wenn aber diese Ausnahme nicht eingreift, ist nicht immer § 766 ZPO gegeben. Die Erinnerung *scheidet aus* gegen alle *Entscheidungen* des Richters oder Rechtspflegers (sogleich näher 4.).

---

[1] Zur prozeßrechtlichen Begriffsbildung o. Rn. 363 und dort Beispiel 121 sowie Rn. 354 Fn. 2–6.

[2] Zur Vertiefung: Stein/Jonas/*Münzberg*, § 766 Rn. 33; *Wittschier*, JuS 1999, 587.

[3] Zu § 766 ZPO: *Jauernig*, ZwVR, § 11 I, II; *Brox/Walker*, Rn. 1160 ff.; *Wittschier*, JuS 1999, 585 ff.

[4] Dem *Prozeßgericht* sind Vollstreckungsmaßnahmen bei der Vollstreckung zur Erwirkung von Handlungen und Unterlassungen nach §§ 887, 888 und § 890 ZPO übertragen (o. Rn. 376 bis 379). Gegen die hierbei vom *Prozeßgericht* erlassenen Beschlüsse (§ 891 Satz 1 ZPO) ist nur die sofortige Beschwerde statthaft (§ 793 ZPO), also § 567 I Nr. 1 ZPO anzuwenden. – Dem *Grundbuchamt* ist in § 867 ZPO die Vollstreckung übertragen. Die gegen seine Handlungen eingreifenden Rechtsbehelfe müssen nur den Bearbeitern bekannt sein, die diejenige Wahlfachgruppe gewählt haben, zu der die freiwillige Gerichtsbarkeit gehört; sie sollten wissen, daß hier das Grundbuchamt in einer Doppelfunktion tätig wird: als Vollstreckungsgericht und als Organ der freiwilligen Gerichtsbarkeit. An diese Doppelfunktion knüpft sich ein Streit über die statthaften Rechtsbehelfe: Sofortige Beschwerde nach § 793 ZPO oder einfache Beschwerde nach § 71 GBO evtl. in Verbindung mit § 11 I RPflG (so die h. M.)? Hierzu *Brox/Walker*, Rn. 1294 ff. und 1166.

3. Damit ist die Erinnerung *möglich* gegen:
   a) alle Handlungen des Gerichtsvollziehers (vgl. § 766 ZPO),
   b) alle Unterlassungen, Ablehnungen, Verzögerungen des Gerichtsvollziehers (vgl. § 766 II ZPO),
   c) die Pfändungs- und Überweisungsbeschlüsse des Vollstreckungsgerichts[5].
4. Unproblematisch ist also der Angriff gegen Maßnahmen des *Gerichtsvollziehers;* er wird ohne jede Einschränkung im Wege des § 766 ZPO geführt. Anders ist es gegenüber dem Vollstreckungsrichter (Rechtspfleger). Der maßgebliche Abgrenzungsbegriff ist hierbei die „Entscheidung" (oben 2.), weil gegen sie *keine* Erinnerung eingelegt werden darf, sondern nur die sofortige Beschwerde eingeräumt ist (§ 793 ZPO, evtl. in Verbindung mit § 11 I RPflG). Als „Entscheidung" sind folgende drei Maßnahmen anzusehen:

Erstens: Die Entscheidung im engeren Sinne, die *nach tatsächlicher Anhörung des Gegners* erfolgt, auch wenn er nicht angehört werden mußte (hier wird zwischen verschiedenen Standpunkten „entschieden").

Zweitens: Die Entscheidung im *normativen* Sinn, d.h. diejenige Maßnahme, die erst nach Anhörung des Gegners getroffen werden darf, auch wenn er nicht angehört wurde.

Drittens: Die *Ablehnung* von Vollstreckungsmaßnahmen durch den Richter oder den Rechtspfleger[6].

Falls diese Möglichkeiten verneint werden, ist die Erinnerung zulässig[7], z.B. also gegen (in der Regel) ohne Anhörung des Vollstreckungsschuldners (§ 834 ZPO) ergangene Pfändungs- und Überweisungsbeschlüsse des Rechtspflegers[8].

II. Zweite Fallgruppe: Beseitigung der Vollstreckungsvoraussetzungen

Anders gestalten sich die Rechtsbehelfe, wenn der *Vollstreckungsschuldner* die Vollstreckungsvoraussetzungen beseitigen will. Hier bieten sich *Klausel* und *Titel* als Angriffsobjekt an. 435

---

[5] Zur Frage, ob durch Richter oder Rechtspfleger: o. Rn. 395 Fn. 2. Pfändungs- und Überweisungsbeschlüsse sind nur dann „Entscheidungen", wenn sie ausnahmsweise (§ 834 ZPO!) nach Anhörung des Vollstreckungsschuldners ergehen, z.B. bei § 850b III, § 844 II ZPO, sogleich Ziffer 4: Dann scheidet die Erinnerung aus.

[6] Nach h.M. stellt eine solche Ablehnung eine Entscheidung dar (so etwa: *OLG Koblenz* NJW-RR 1986, 679; Stein/Jonas/*Münzberg,* § 766 Rn. 11; Zöller/*Stöber,* § 766 Rn. 2; *Brox/Walker,* Rn. 1178; *Wittschier,* JuS 1999, 586), a.M. aber etwa: *Baur/Stürner,* ZwVR, § 43.4; *Baumbach/Lauterbach/Albers/Hartmann,* § 766 Rn. 6.

[7] Die Kontrollfragen sollten also lauten: Hat ein anderes Vollstreckungsorgan als der Gerichtsvollzieher oder das Vollstreckungsgericht (Richter bzw. Rechtspfleger) gehandelt? Liegt ein Handeln von Rechtspfleger (Richter) des Vollstreckungsgerichts als *Entscheidung* vor? – Wird eine dieser Fragen bejaht, ist die Erinnerung (§ 766 ZPO) nicht statthaft.

[8] Die Erinnerung nach *§ 766 I ZPO* findet also nicht nur gegen *Vollstreckungsmaßnahmen* des Richters statt, sondern auch gegen solche *des Rechtspflegers.* Gegen *Entscheidungen* des Rechtspflegers wäre dagegen die sofortige Beschwerde nach *§ 11 I RPflG, § 793 ZPO* der statthafte Rechtsbehelf (vgl. dazu: *Thomas/Putzo,* § 766 Rn. 2; Zöller/*Stöber,* § 766 Rn. 3).

1. Unterfall: Angriff gegen die Klausel (§ 732 ZPO)

436 Gegen die Erteilung der Vollstreckungsklausel gibt es den speziellen Rechtsbehelf der *Klauselerinnerung nach § 732 ZPO.* Sie wird der *Vollstreckungsschuldner* einlegen, wenn er der Ansicht ist, daß die Voraussetzungen für die Erteilung der Klausel gefehlt haben[9].

Bisweilen wird bei der Klauselerinnerung des § 732 ZPO übersehen, daß über sie das *Prozeßgericht* entscheidet. Denn § 732 I 1 ZPO benennt als zuständig dasjenige Gericht, dessen Geschäftsstelle die Klausel erteilt hat. Dies kann also nur das Prozeßgericht sein (vgl. § 724 II ZPO). Dieses Ergebnis folgt auch aus der Systematik des Zivilprozeßrechts: Die Klauselerteilung gehört – auch wenn sie im Achten Buch geregelt ist – noch nicht zur Zwangsvollstreckung, also muß das Prozeßgericht zuständig sein. Insofern unterscheidet sich diese Klauselerinnerung von der soeben in Rn. 434 behandelten Vollstreckungserinnerung (§ 766 ZPO) erheblich; über letztere entscheidet das Vollstreckungsgericht (§ 766 I 1 ZPO)[10].

Nur selten wird die *Klauselabwehrklage* (§ 768 ZPO) im Examen behandelt. Sie ist für „verzwicktere" Klauselfälle gedacht und an andere Voraussetzungen geknüpft[11].

2. Unterfall: Angriff gegen den Titel

Es gibt beim Angriff gegen den Titel vier verschiedene Ziele mit sehr unterschiedlichen prozessualen Wegen:

a) Verfahrensziel: Beseitigung des noch nicht rechtskräftigen Titels durch Anhörungsrüge, Einspruch oder Rechtsmittel

437 Da aus einem noch nicht rechtskräftigen Titel vollstreckt werden kann (o. Rn. 368), bieten sich bei der Vollstreckung aus einem solchen Titel als Rechtsbehelfe für den *Vollstreckungsschuldner* diejenigen Möglichkeiten an, mit denen der Eintritt der formellen Rechtskraft (o. Rn. 353) verhindert und – im Rahmen des weiteren Prozesses – eine Beseitigung des Titels erreicht werden kann.

438 Von großer Bedeutung ist die in § 321 a ZPO verankerte *Anhörungsrüge.* Mit ihr kann die durch ein Urteil erster Instanz beschwerte Partei eine Verletzung des Grundrechts auf Gehör (Art. 103 I GG) geltend machen[12]. Ist die Anhörungsrüge begründet, wird der Prozeß trotz des ergangenen Urteils fortgesetzt (§ 321 a V 2 ZPO). Ähnlich ist es bei einem Versäumnisurteil oder einem Vollstreckungsbescheid – nach *Einspruch* wird der Prozeß zurückversetzt (näher o. Rn. 323 und Rn. 129). Bei einer Vollstreckung aus einem Endurteil kommen, soweit statthaft,

---

9 Rn. 363 Beispiel 121 und dort Fn. 4.

10 Als Rechtsbehelf gegen die Entscheidung des *Prozeßgerichts* über die Klauselerinnerung darf deshalb auch keinesfalls ein vollstreckungsrechtlicher Rechtsbehelf (etwa § 793 ZPO) empfohlen werden (häufiger Fehler!).

11 Näher zu ihr *Thomas/Putzo,* § 768 Rn. 1–11, § 732 Rdnr 8 f.; *Brox/Walker,* Rn. 141 ff.

12 Die Anhörungsrüge ist allerdings ausgeschlossen, wenn das Urteil der Berufung unterliegt oder sonst ein Rechtsbehelf gegeben ist (§ 321 a I Nr. 1 ZPO). Vertiefend zur Anhörungsrüge: *Vollkommer,* FS Schumann, S. 507 ff. und FS Musielak, S. 619 ff.

auch die *Berufung* (§ 511 ZPO) und die *Revision* (§ 542 ZPO) in Betracht.

Bei der *Anhörungsrüge* muß sich der Bearbeiter vergegenwärtigen, daß sie zur Entlastung des Bundesverfassungsgerichts eingeführt wurde. Sie gehört zur Erschöpfung des Rechtsweges *(*§ 90 II 1 BVerfGG; sog. *Rügeobliegenheit).* Erhebt eine Partei diese Anhörungsrüge nicht, ist eine auf der Verletzung des Rechts auf Gehör gegründete Verfassungsbeschwerde unzulässig[13].

b) Verfahrensziel: Beseitigung eines rechtskräftigen Titels (§ 578, § 233 ZPO).

Hier steht die *Wiederaufnahmeklage* (§§ 578ff. ZPO, o. Rn. 227 Fn. 4) **439**
im Vordergrund; zudem ist an die Durchbrechung der Rechtskraft über § 826 BGB zu denken (o. Rn. 352). Wichtig ist aber auch die *Wiedereinsetzung in den vorigen Stand* (§ 233 ZPO), mit der (rückwirkend) die formelle Rechtskraft beseitigt werden kann, so daß eine Änderung in der Prozeßsituation eintritt: Die Vollstreckung aus einem bislang *rechtskräftigen* Titel wird zu einer Vollstreckung aus einem *noch nicht rechtskräftigen* Richterspruch, und aus dem hier behandelten Verfahrensziel springt die Bearbeitung zu dem zuvor unter a) besprochenen Verfahrensziel über[14].

c) Verfahrensziel: Änderung des Wiederkehrtitels für die Zukunft (§ 323 ZPO).

Titel, die zu wiederkehrenden Leistungen verurteilen, können für die **440**
Zukunft vom Vollstreckungsschuldner[15] über die *Abänderungsklage* (§ 323 ZPO) beseitigt werden, wenn wesentliche Änderungen der für die Verurteilung maßgeblichen Umstände seit der letzten mündlichen Tatsachenverhandlung eingetreten sind. In der Regel wird ein solcher Titel rechtskräftig sein; wenn er es jedoch nicht ist, ergibt sich bisweilen das Problem der Wahl zwischen dem normalen Rechtsbehelf und der Abänderungsklage[16]. Daneben tritt die Abgrenzungsfrage zwischen § 323 und § 767 ZPO auf[17].

---

[13] Näher *Schumann,* FG BGH, 32f.

[14] Hierzu u. Rn. 470 Beispiel 149.

[15] § 323 ZPO darf aber nicht nur aus der Perspektive des verurteilten Beklagten *(*und späteren *Vollstreckungsschuldners)* gesehen werden. Im Gegensatz zu § 767 ZPO ist § 323 ZPO auch dem früheren Kläger (und späteren *Vollstreckungsgläubiger*) eingeräumt. In Zeiten einer Geldentwertung ist sogar eine Abänderungsklage des früheren Klägers (z.B. auf Erhöhung seiner Unfallrente) typischer als eine Klage des früheren Beklagten!

[16] § 323 II ZPO zwingt den durch Versäumnisurteil oder Vollstreckungsbescheid Verurteilten zur Einlegung des Einspruchs. Die Hinweise u. Rn. 467 im Beispiel 147 Fn. 5 gelten auch hier.

[17] Eingehender zu dieser wichtigen Frage u. Rn. 469 Fn. 8 und *Thomas/Putzo,* § 323 Rn. 2.

d) Verfahrensziel: Beseitigung der Vollstreckbarkeit eines Titels (§ 767 ZPO).

441 Einer der wichtigsten Rechtsbehelfe des Vollstreckungsschuldners ist die Vollstreckungsabwehrklage (Vollstreckungsgegenklage). Mit dieser Klage kann der Vollstreckungsschuldner[18] die nach der letzten mündlichen Tatsachenverhandlung eingetretenen Umstände zur Geltung bringen, die im Urteil nicht mehr berücksichtigt werden konnten. Solche Umstände sind insbesondere die Zahlung der Klageforderung durch den Vollstreckungsschuldner oder deren Stundung durch den Vollstreckungsgläubiger sowie z.B. der Eintritt der Rücktrittsfiktion des § 503 II 4 BGB (Beispiel 138, o. Rn. 418), wenn sie nach der letzten mündlichen Tatsachenverhandlung eingetreten sind[19]. Ob auch Gestaltungsrechte hierunter fallen, die der Vollstreckungsschuldner im Vorprozeß hätte geltend machen können, ist bekanntlich umstritten, näher o. Rn. 261.

III. Dritte Fallgruppe: Angriff gegen einzelne Vollstreckungsmaßnahmen

442 In den in Rn. 434 und 435ff. dargestellten Fallgruppen soll *die Vollstreckung insgesamt* unterbunden werden. Häufig ist jedoch gegen die Vollstreckung als solche nichts einzuwenden; nur die *Einzelmaßnahme* wird bekämpft. Der Grund hierfür kann *entweder* in prozessualen (vollstreckungsrechtlichen) Mängeln bestehen *oder* auf materiell-rechtlichen Vorschriften beruhen.

1. Unterfall: Vollstreckungsrechtliche Unzulässigkeit

443 Nimmt ein Organ des Vollstreckungsgerichts[20] eine Handlung vor, die unzulässig erscheint, stehen die sofortige Beschwerde nach § 793 ZPO (bei Handeln des Rechtspflegers in Verbindung mit § 11 I RPflG, o. Rn. 434 Fn. 8) und die Erinnerung nach § 766 ZPO zur Verfügung.

Für die Abgrenzung der Erinnerung (§ 766 ZPO) von der sofortigen Beschwerde (§ 793 ZPO) gelten die schon bekannten Kriterien:

a) Alle Handlungen des *Gerichtsvollziehers* (auch Unterlassungen!) und alle *Vollstreckungsakte* des Vollstreckungsgerichts, also alle Maßnahmen, die *keine* Entscheidungen sind, sind mit der Erinnerung angreifbar[21].

---

[18] Im Gegensatz zur Abänderungsklage (§ 323 ZPO) ist die Vollstreckungsabwehrklage *nur dem Vollstreckungsschuldner* eingeräumt, o. Rn. 440 Fn. 15.

[19] Zu Einzelheiten der Vollstreckungsabwehrklage u. Rn. 467 Beispiel 147. Vertiefend zur Anwendbarkeit der Vollstreckungsabwehrklage bei Abtretung der eingeklagten Forderung durch den Gläubiger vor Schluß der mündlichen Verhandlung und bei Kenntnis des Schuldners hiervon nach diesem Zeitpunkt *Brand/Fett,* JuS 2002, 637ff.

[20] Also nicht bei den Maßnahmen des *Prozeßgerichts,* o. Rn. 434 Fn. 4.

[21] Hierzu eingehend o. Rn. 434 a.E. Gegen die Pfändung von Gegenständen durch den Gerichtsvollzieher (z.B. Kinderzimmereinrichtung) ist deshalb die Erinnerung gegeben, mit der die Unpfändbarkeit nach § 811 I Nr. 1 ZPO geltend gemacht wer-

b) Besteht die *Vollstreckungsmaßnahme des Richters oder Rechtspflegers* dagegen in einer Entscheidung (d.h. wird sie nach gebotener oder tatsächlicher Anhörung des Gegners erlassen, o. Rn. 434 sub 4), darf unter keinen Umständen die Erinnerung eingeräumt werden (häufiger Fehler!). Statthafter Rechtsbehelf ist vielmehr die *sofortige Beschwerde* (§ 793 ZPO).[22]

2. Unterfall: Materiell-rechtliche Einwendungen

Da der Zugriff auf die beim Vollstreckungsschuldner vorhandenen Vermögenswerte ohne Rücksicht auf die sachenrechtliche Zuordnung (insbesondere ohne Rücksicht auf die Eigentumslage[23]) erfolgt, entstehen immer wieder Situationen, in denen die Vollstreckungsorgane zwar prozessual (vollstreckungsrechtlich, also nach der ZPO) einwandfrei vorgehen, jedoch dritte Personen materiell-rechtliche Einwendungen erheben können. Sie machen entweder ihr Eigentum (z.B. auch als Treuhand- oder Vorbehaltseigentum, o. Rn. 424) geltend oder beanspruchen ein besseres Recht an der Sache. Die Wege hierzu sind die *Drittwiderspruchsklage* (§ 771 ZPO) und die *Klage auf vorzugsweise Befriedigung* (§ 805 ZPO), die bisher schon sehr oft angesprochen wurden[24]. Es sind die typischen Rechtsbehelfe *dritter Personen,* nicht etwa des Vollstreckungsschuldners. **444**

Der Bearbeiter sollte auch das bei der Pfändung einer Sache durch mehrere Vollstreckungsgläubiger stattfindende *Verteilungsverfahren* (§§ 872ff. ZPO) kennen (Beispiel 137, o. Rn. 415).

---

den kann (o. Rn. 354, Lösung des Beispiels 117, Frage 2). Dieser Rechtsbehelf ist ferner eingeräumt, wenn der *Vollstreckungsschuldner* einen Pfändungs- und Überweisungsbeschluß aus dem Grund angreift, weil die gepfändete Forderung unpfändbar sei (o. Rn. 434 bei Fn. 5). Für den *Vollstreckungsgläubiger* ist die Erinnerung gegeben, wenn z.B. der Gerichtsvollzieher einen pfändbaren Gegenstand nicht pfändet, weil er diesen für unpfändbar hält (vgl. § 766 II ZPO).

22 So ist die Zulassung der Austauschpfändung nach § 811a II ZPO eine solche Entscheidung, weil sie nach Anhörung des Vollstreckungsschuldners durch das Vollstreckungsgericht erfolgt (vgl. u. Rn. 462 das Beispiel 145). Sehr wichtig ist ferner, daß gegen die *Ablehnung des Vollstreckungsakts* durch den Richter oder Rechtspfleger keinesfalls die Erinnerung (§ 766 ZPO) gegeben ist (schon o. Rn. 434 vor Fn. 6). Daher wird z.B. die *Ablehnung eines Pfändungs- und Überweisungsbeschlusses* durch den Rechtspfleger gemäß § 793 ZPO, § 11 I RPflG angegriffen, während der *Erlaß* dieses Beschlusses mit der Erinnerung (§ 766 ZPO) bekämpft wird: Der Erlaß des Beschlusses ist ein reiner Vollstreckungsakt, der in der Regel keine Entscheidung ist, o. Rn. 434 Fn. 5.

23 Ausnahme: Offenkundigkeit des fehlenden Eigentums, o. Rn. 354 Fn. 9.

24 Oben Rn. 354, Lösung des Beispiels 117, Fragen 1 und 3, sowie Rn. 404, 425, 426 Beispiele 136, 139, 140 und 141. Lesenswert zur Klage auf vorzugsweise Befriedigung: *Brox/Walker,* Rn. 1451ff.

IV. Vierte Fallgruppe: Rechtsbehelfe zur Herbeiführung der Vollstreckungsvoraussetzungen und einzelner Vollstreckungsmaßnahmen

445 Wie in der Praxis, so stehen auch in der Prüfung die Rechtsbehelfe des Vollstreckungsschuldners und dritter Personen im Vordergrund. Immer wieder muß sich aber auch der *Vollstreckungsgläubiger* mit einem Rechtsbehelf wehren, wenn sich seinem Ziel (der Vollstreckung) Hindernisse in den Weg stellen. Hier sollte man zwischen zwei Unterfällen differenzieren:

1. Unterfall: Rechtsbehelfe zur Herbeiführung der Vollstreckungsvoraussetzungen

446 Erwähnenswert für das Examen ist hier nur die *Klauselerteilungsklage* des § 731 ZPO[25], mit der der *Vollstreckungsgläubiger* im Wege des Verfahrens vor dem *Prozeßgericht* die Erteilung der zur Vollstreckung erforderlichen (§ 750 I ZPO) Klausel zu erreichen versucht.

2. Unterfall: Rechtsbehelfe zur Herbeiführung von Einzelmaßnahmen

447 Wenn der *Gerichtsvollzieher* eine Einzelmaßnahme unterläßt, ist immer die *Erinnerung* statthaft. Anders ist es jedoch beim Unterlassen durch den Rechtspfleger oder Richter. Die *Ablehnung des Vollstreckungsakts* wird, da sie eine *Entscheidung* darstellt, nicht durch Erinnerung, sondern durch sofortige Beschwerde bekämpft (o. Rn. 434 bei Fn. 7f. und Rn. 443 Fn. 22).

§ 91. Allgemeine Ratschläge zur Behandlung der einzelnen Rechtsbehelfe

Literatur: Verzeichnis der abgekürzt zitierten Literatur (S. XXIII).

448 Die Vielzahl der Rechtsbehelfe führt von selbst zu der Frage, in welcher Weise der Bearbeiter vorgehen soll, wenn er einen Vollstreckungsfall untersucht. Zwei Arbeitsweisen sind möglich: Entweder man prüft den Fall aus der Sicht der Rechtsbehelfe *(„von den Rechtsbehelfen her“)*, d.h. die – nicht schon offensichtlich erfolglosen – Rechtsbehelfe werden nacheinander erwogen. Oder der Bearbeiter geht von der jeweiligen Verfahrenssituation und den vorhandenen (behaupteten) Mängeln aus und fragt, welcher Rechtsbehelf in dieser Situation eingreift *(„von den Mängeln her“)*.

Die erstgenannte Technik ist bei Vollstreckungsfällen sehr verbreitet. Sie fällt dem Anfänger leichter, weil sie sich an die Darstellungen in den Lehrbüchern anlehnt, die ja auch die Rechtsbehelfe nacheinander abhandeln. Dieser Arbeitsweise haften aber

[25] Zum Verhältnis von Klauselerteilungsklage und Erinnerung: Stein/Jonas/*Münzberg*, § 731 Rn. 4; vertiefend zu Klauselumschreibung und Klauselerteilungsklage *Lackmann*, FS Musielak, S. 287ff.

erhebliche Nachteile an. Sie verführt zu Langatmigkeit und zur Erörterung überflüssiger Probleme, weil der Bearbeiter all sein Wissen über die „zur Hand genommenen Werkzeuge“ in der Regel auch schriftlich an den Mann bringen will, selbst wenn dies für die Lösung nebensächlich oder abwegig ist. Weiterhin begünstigt diese Arbeitsweise den gefährlichen Schema-Kult (o. Rn. 42 und u. Rn. 457) und verführt zur einseitigen Konzentration auf vollstreckungsrechtliche Fragen und damit zum Übersehen allgemeiner Rechtsbehelfe. Letztlich haftet ihr der große Nachteil an, daß in der Praxis nur die zweite Arbeitsweise üblich ist; denn sie ist schnell und treffsicher. Trotzdem sollte derjenige Bearbeiter der erstgenannten Technik folgen, der im Vollstreckungsrecht kaum zuhause ist; lieber diese Technik als gar keine Methode! Ferner eignet sie sich als *Kontrollprogramm,* d.h. wenn der Bearbeiter den Lösungsweg und das Ergebnis konzipiert hat, sollte er jetzt (aber möglichst erst jetzt) noch einmal alle Rechtsbehelfe an seinem geistigen Auge vorbeiziehen lassen.

Wegen der geschilderten Nachteile kann nur dringend empfohlen werden, der zweiten Arbeitsweise zu folgen, d.h. *„von den Mängeln her“* zu prüfen. Dabei wird die Darstellung der vier Fallgruppen des vorhergehenden Paragraphen als Richtschnur für die gedankliche Arbeit gewählt.

Daher sollte man zwischen den typischen Verfahrenssituationen unterscheiden:

(1) Es wird die *Vollstreckung bekämpft,* weil die allgemeinen Voraussetzungen für eine Vollstreckung fehlen (o. Rn. 434).

(2) Die (vorhandenen) *Vollstreckungsgrundlagen* sollen *beseitigt* werden mit dem Ziel der Beendigung der Vollstreckung (o. Rn. 435–441).

(3) *Einzelne* Vollstreckungsmaßnahmen werden *bekämpft,* weil zwar die allgemeinen Vollstreckungsvoraussetzungen vorliegen, die Einzelmaßnahme aber mit der ZPO oder dem materiellen Recht unvereinbar ist (o. Rn. 442–447).

(4) Die Vollstreckung soll nicht – wie in den Fällen (1) – (3) – bekämpft werden, sondern die Vollstreckung soll
a) *eingeleitet* werden, indem die (fehlenden) Vollstreckungsgrundlagen vervollständigt werden (o. Rn. 446).
b) *durchgeführt* werden, weil die Unterlassung der ZPO widerspricht (o. Rn. 447).

§ 92. Die Arbeitstechnik bei Rechtsbehelfsfällen aus dem Vollstreckungsrecht

Literatur: Verzeichnis der abgekürzt zitierten Literatur (S. XXIII).

Eine *besondere* Arbeitstechnik verlangen Rechtsbehelfsfälle aus dem 449
Vollstreckungsrecht nicht. Nicht die Methode, wohl aber die Materie ist anders. Die Schwierigkeiten derartiger Fälle liegen vor allem in der Vielzahl der vollstreckungsrechtlichen Rechtsbehelfe und in der Grenzziehung zwischen den verschiedenen Rechtsbehelfen.

I. Schwierigkeiten bei der Richterklausur

Tritt der vollstreckungsrechtliche Rechtsbehelfsfall als Richterklausur 450
auf, muß der Bearbeiter die Zulässigkeit und Begründetheit von eingelegten Rechtsbehelfen untersuchen.

Beispiel 142: *Gammler* schuldet der *Allerlei GmbH* den Restkaufpreis aus dem Kauf eines Fernsehgeräts und ist deshalb zur Zahlung verurteilt worden (o. Rn. 354, Beispiel 117). Die *Allerlei GmbH* hat bei *Gammler* aufgrund des vollstreckbaren Urteils eine Reihe von Gegenständen durch den Gerichtsvollzieher pfänden lassen. Gegen diese Pfändungen haben mehrere Personen Rechtsbehelfe eingelegt.

Frage: Welche der folgenden Rechtsbehelfe sind erfolgreich:

(1) *Drittwiderspruchsklage* (§ 771 ZPO) des Elektrohändlers *Blitz*, in dessen Vorbehaltseigentum die gepfändete Tiefkühltruhe steht?

(2) *Erinnerung* (§ 766 ZPO) des *Gammler* und seiner Kinder wegen Pfändung der Kinderzimmereinrichtung, die nach § 811 I Nr. 1 ZPO unpfändbar sei?

(3) *Klage auf vorzugsweise Befriedigung* (§ 805 ZPO) des Vermieters von *Gammler*, da er wegen der noch ausstehenden und wegen künftiger Mietzahlungen ein vorrangiges Pfandrecht (§ 562 BGB) an der gepfändeten Briefmarkensammlung des *Gammler* habe?

(4) *Vollstreckungsabwehrklage* (§ 767 ZPO) des *Gammler* gegen die *Allerlei GmbH*, weil durch die Pfändung des von der *Allerlei GmbH* gelieferten Fernsehgeräts die Rücktrittsfiktion des § 503 II 4 BGB ausgelöst worden und damit der Kaufvertrag mitsamt der Kaufpreisrestforderung nach der letzten mündlichen Tatsachenverhandlung weggefallen sei?

(5) *Drittwiderspruchsklage* (§ 771 ZPO) der *Ehefrau* des *Gammler* wegen der Pfändung der ihr gehörenden Bügelmaschine?

Lösung:

(1) Die *Drittwiderspruchsklage* des *Blitz* ist erfolgreich, da sein Vorbehaltseigentum „ein die Veräußerung hinderndes Recht" im Sinn des § 771 I ZPO darstellt.

(2) Die *Erinnerung* des *Gammler* und der Kinder *Gammlers* ist zulässig und begründet, weil der Gerichtsvollzieher die Vollstreckungsschutzvorschrift des § 811 I Nr. 1 ZPO nicht beachtet hat, § 766 I ZPO (o. Rn. 354, Lösung des Beispiels 117, Frage 2).

(3) Die *Klage auf vorzugsweise Befriedigung* (§ 805 ZPO) des Vermieters, der keinen Besitz an der Briefmarkensammlung hat, ist erfolgreich (o. Rn. 354, Lösung des Beispiels 117, Frage 3).

(4) Die *Vollstreckungsabwehrklage* (§ 767 ZPO) des *Gammler* ist zwar zulässig, aber nicht begründet. Die Pfändung der eigenen Sache durch den Vorbehaltsverkäufer *(Allerlei GmbH)* löst (noch) nicht die Rücktrittsfiktion des § 503 II 4 BGB aus (o. Rn. 418 Beispiel 138). Aus diesem Grunde besteht der Kaufvertrag noch. Nach der letzten mündlichen Tatsachenverhandlung ist also kein Ereignis eingetreten, das den im Urteil zuerkannten Kaufpreisanspruch berührt.

(5) Die *Drittwiderspruchsklage* (§ 771 ZPO) von *Frau Gammler* ist zulässig. Sie ist begründet, wenn es ihr gelingt, die Eigentumsvermutung des § 1362 BGB zu widerlegen (o. Rn. 354, Lösung des Beispiels 117, Frage 6).

Solch ein einfacher Fall läßt sich relativ schnell und ohne Spezialkenntnisse lösen. Schwieriger hingegen sind Richterklausuren, in denen der Aufgabentext den eingelegten Rechtsbehelf nicht beim Namen nennt und die erste Prüfungsleistung darin besteht, den Rechtsbehelf richtig zu qualifizieren. So könnte das Beispiel 142 dadurch schwieriger gestaltet werden, daß bei den einzelnen Anträgen (Fragen 1–5) jede Bezeichnung und Paragraphenangabe weggelassen würde. Als komplizierter gelten auch Fälle, in denen z.B. der Kläger zwar einen erfolgversprechenden Rechtsbehelf erhebt, jedoch die von ihm hierzu vorgetragenen

Gründe falsch sind. Der Weg zur zutreffenden Klausurlösung führt hierbei über das „Hindernis" unrichtiger Argumentation innerhalb des Aufgabentextes:

Beispiel 143: In Abwandlung des Beispiels 142, Frage 1, klagt der Elektrohändler *Blitz* gegen die *Allerlei GmbH* mit folgender Begründung: Sein Vorbehaltseigentum an der Tiefkühltruhe werde durch die Pfändung der *Allerlei GmbH* beeinträchtigt. Er gehe deshalb aus § 1004 I 1 BGB vor.

Frage: Ist die Klage erfolgreich?

Lösungsweg: Der Bearbeiter muß in den Vordergrund stellen, daß gegen die Pfändung eines nicht im Eigentum des Vollstreckungsschuldners stehenden Gegenstandes der Eigentümer nur gemäß § 771 ZPO vorgehen darf[1]. Der (in seinem Eigentum durch die Pfändung beeinträchtigte) Dritte[2] kann deshalb nur mit dieser prozessualen Rechtsgestaltungsklage vorgehen, nicht aber mit Klagen aus dem Eigentum[3], etwa aus § 1004 I 1 BGB. Aus diesem Grunde versagt die Berufung des *Blitz* auf diese Vorschrift.

Doch mit diesem Ergebnis darf sich die Lösung nicht begnügen. Das Begehren des *Blitz* muß – wie auch sonstige Klagen – unter allen rechtlichen Gesichtspunkten geprüft werden: *iura novit curia*[4]. Es zeigt sich dann, daß die Klage des *Blitz* als Drittwiderspruchsklage nach § 771 ZPO zu qualifizieren ist. Diese Klage wird erfolgreich sein.

An diesem Beispiel wird deutlich, daß sich der Verfasser unter keinen 451
Umständen in die Rechtsansichten der Fallbeteiligten verbeißen darf. Oft geben zwar solche Rechtsmeinungen einen gewissen Hinweis auf den richtigen Lösungsweg[5]. Nicht selten sind sie aber auch böse Fallgruben, in die diejenigen Bearbeiter fallen, die nicht gelernt haben, eine Aufgabe unabhängig von den Rechtsansichten der Beteiligten zu lösen. Aus dem Katalog solcher „Fallgruben" sind hier etwa zu nennen:

(1) Bei der Pfändung eines mit einem vorrangigen Pfandrecht belasteten Gegenstandes 452
enthält der Aufgabentext nur Argumente aus dem Bereich des § 771 ZPO; viele Bearbeiter übersehen deshalb den zutreffenden, aber nicht erwähnten § 805 ZPO.

---

1 Zur Konkurrenz des § 771 ZPO mit anderen Rechtsbehelfen: *Thomas/Putzo,* § 771 Rn. 2–5. Zur Vertiefung: Stein/Jonas/*Münzberg,* § 771 Rn. 78ff.

2 Zu der wichtigen Gruppe der „dritten" Personen im Zwangsvollstreckungsrecht o. Rn. 354 bei Fn. 4–7.

3 Zur Vertiefung: *Baur/Stürner,* ZwVR, § 46, insbesondere § 46.28 und aus der Rechtsprechung: *RGZ* 108, 260 (262) und *BGHZ* 58, 207 (214).

4 Zu den Sätzen „iura novit curia" und „da mihi factum, dabo tibi ius": *Blomeyer,* § 18 II. Häufig werden diese Sätze nur im Hinblick auf das anzuwendende materielle Recht zitiert. Sie gelten aber auch für die Anwendung von Prozeßrecht: Es reicht deshalb, wenn der Drittwiderspruchskläger die seine Klage rechtfertigenden Tatsachen vorträgt; ja es schadet ihm nicht einmal, wenn er diese Tatsachen rechtlich falsch würdigt, z.B. also eine Drittwiderspruchsklage als „Vollstreckungsabwehrklage" bezeichnet. Da in der Praxis derartig unzutreffende Rechtsausführungen nicht selten sind, wird der Examenskandidat bereits in der Prüfung mit dieser Situation konfrontiert: Er muß lernen, sich seine Rechtsansicht losgelöst von den vorgetragenen Meinungen zu bilden.

5 *Baumgärtel/Laumen/Prütting,* ZPR-Fall, Kapitel II § 2 sub 2, Kapitel II § 5 sub 2.

453 (2) Ein Vollstreckungsschuldner wendet sich mit einer Klage gegen die Vollstreckung und beruft sich hierzu auf die Lehre von der „Durchbrechung der materiellen Rechtskraft gemäß § 826 BGB“[6]: Er habe nach Rechtskraft gezahlt und daher sei die Vollstreckung sittenwidrig. Sein Gegner spricht von einer nicht zulässigen „Wiederaufnahmeklage“. Die nicht erwähnte und sogar erfolgreiche Vollstreckungsabwehrklage nach § 767 ZPO wird von zahlreichen Bearbeitern übersehen!

454 (3) Ein Vollstreckungsschuldner macht mit Erinnerung nach § 766 ZPO geltend, daß die bei ihm gepfändete Kücheneinrichtung nicht ihm gehöre; der Vollstreckungsgläubiger erwidert, zur Klärung der Eigentumsverhältnisse sei § 766 ZPO nicht geeignet: hierzu sei § 771 ZPO eingeräumt[7]. Die richtige Lösung wird häufig übersehen: Die Erinnerung ist aus einem anderen Grund erfolgreich. Die Kücheneinrichtung ist nach § 811 I Nr. 1 ZPO unpfändbar.

II. Schwierigkeiten bei der Anwaltsklausur

455 Examenskandidaten halten die Anwaltsklausur für schwieriger als eine Richterklausur. Im allgemeinen haben sie damit recht (o. Rn. 21).

Der Unterschied zwischen den Klausurtypen zeigt sich bei einem Vergleich: Die *Richterklausur* des Beispiels 142 (o. Rn. 450) ist deutlich leichter zu bearbeiten als das Ausgangsbeispiel 117 (o. Rn. 354), das in der Art einer *Anwaltsklausur* gestaltet ist. Zwar sind in beiden Beispielen die vollstreckungsrechtlichen Probleme identisch. Doch stehen bei der Richterklausur des Beispiels 142 die eingelegten Rechtsbehelfe, die am Verfahren beteiligten Personen und die zu überprüfenden Vollstreckungsmaßnahmen fest. Damit bewegt sich die Fallbearbeitung in einem festen Rahmen. Anders ist es bei einer Anwaltsklausur wie im Beispiel 117: Hier muß der Bearbeiter selbst den Rahmen finden: Welche Vollstreckungsmaßnahmen sollen angegriffen werden? Welcher Rechtsbehelf kommt in Betracht? Wer sind die zu beteiligenden Personen?

Die besondere Gefahr bei einer Anwaltsklausur liegt darin, daß der Bearbeiter den Einstieg in den Fall nicht findet. Häufig ist nämlich der Aufgabentext mit Anhaltspunkten sehr zurückhaltend. Er schildert den Fall nur so, wie ihn der Nicht-Jurist sieht und überläßt – vergleichbar der späteren Anwaltstätigkeit – jede juristische Bewertung dem Bearbeiter.

Beispiel 144: Bei Rechtsanwalt *Klug* erscheint Frau *Gammler.* Sie erzählt, ihr Mann sei vom *AG* vor zwei Tagen zur Zahlung von 1000,– € an die *Allerlei GmbH* verurteilt worden. Dies sei der Rest des Kaufpreises für ein von ihrem Mann bei der *Allerlei GmbH* unter Eigentumsvorbehalt gekauftes Farbfernsehgerät. Heute früh sei der Gerichtsvollzieher erschienen, habe ihr das Urteil übergeben und sodann Zahlung verlangt. Als sie (Frau *Gammler*) nicht gezahlt habe, habe er eine Reihe von Sachen gepfändet, darunter die Kinderzimmereinrichtung und das Farbfernsehgerät. Soeben habe sie bei der *Allerlei GmbH* die 1000,– € einschließlich der Verfahrenskosten gezahlt. Der Geschäftsführer der *Allerlei GmbH* habe ihr danach gesagt, daß die *Allerlei GmbH* trotzdem die Zwangsvollstreckung weiter aus dem amtsgerichtlichen Urteil betreiben und den Gerichtsvollzieher dementsprechend anweisen werde. Als sie dagegen protestiert habe, sei sie aus den Geschäftsräumen „geworfen“ worden. Zum Glück habe sie aber noch eine vom Geschäftsführer unterzeichnete Quittung erhalten.

---

6 Zu dieser Lehre o. Rn. 352.

7 Dieser Einwand ist an sich richtig, o. Rn. 354 Lösung des Beispiels 117, Frage 1.

Frage: Welche prozessualen Schritte wird *RA Klug* erwägen und welche sind erfolgversprechend?

Lösung: *RA Klug* wird folgende Rechtsbehelfe erwägen:

I. Rechtsbehelfe wegen fehlender allgemeiner Voraussetzungen der Zwangsvollstreckung

Die gegen *Gammler* durchgeführte Zwangsvollstreckung ist nur zulässig, wenn die allgemeinen Vollstreckungsvoraussetzungen (§ 750 I ZPO) vorgelegen haben (Titel, Klausel, Zustellung, o. Rn. 366ff.). Fehlt auch nur *eine* dieser Voraussetzungen, ist die Erinnerung nach § 766 ZPO erfolgreich. Da im Zweifel ein prozeßordnungsgemäßes Verhalten des Gerichtsvollziehers anzunehmen ist (o. Rn. 38), muß davon ausgegangen werden, daß der Gerichtsvollzieher Titel und Klausel vorliegen hatte. Über die Zustellung spricht der Sachverhalt: Aus ihm geht hervor, daß das Urteil *vor* den Vollstreckungsmaßnahmen im Wege der Ersatzzustellung nach § 178 I Nr. 1 ZPO durch Übergabe an die Ehefrau zugestellt wurde. Die Zustellung kurz vor Beginn der Vollstreckung ist zulässig (o. Rn. 370 Fn. 9). Somit verspricht eine Erinnerung wegen fehlender allgemeiner Voraussetzungen der Zwangsvollstreckung keinen Erfolg.

II. Rechtsbehelfe wegen der Mängel einzelner Vollstreckungshandlungen

RA Klug wird nunmehr prüfen, ob die einzelnen vom Gerichtsvollzieher vorgenommenen Vollstreckungsmaßnahmen fehlerhaft sind:

1. Pfändung der Kinderzimmereinrichtung.

Die Kinderzimmereinrichtung gehört zu den nach § 811 I Nr. 1 ZPO unpfändbaren Gegenständen. Ihre Pfändung bekämpft *RA Klug* durch Erinnerung gemäß § 766 ZPO. Er wird sie zweckmäßigerweise einlegen, sowohl im Namen des Vollstreckungsschuldners *Gammler* als auch im Namen der Kinder, die durch die Schuldnerschutzvorschriften geschützt und zu Rechtsbehelfen im *eigenen* Namen berechtigt sind (o. Rn. 354 Fn. 7).

2. Pfändung des Farbfernsehgeräts.

a) Das Farbfernsehgerät steht nicht im Eigentum des *Gammler.* Die Überlegung von *RA Klug* wird sich also auf die Möglichkeit richten, wegen der Pfändung einer schuldnerfremden Sache einen Rechtsbehelf einzulegen. Dabei käme nicht die Erinnerung in Betracht, wohl aber die Drittwiderspruchsklage nach § 771 ZPO. Diese Klage ist jedoch nur dem Dritten, nicht dem Vollstreckungsschuldner eingeräumt (näher zu diesen Fragen u. Rn. 462 Beispiel 145), so daß *Gammler* nicht in der Lage ist, sich wegen der Schuldnerfremdheit der gepfändeten Sache gegen die Pfändung einer ihm nicht gehörenden Sache zu verwehren.

b) Damit kommt die Bearbeitung zum Problemkreis der Pfändung der eigenen Sache (o. Rn. 417). Eine solche Pfändung ist zulässig, so daß sich wegen der Pfändung des Farbfernsehgeräts durch den Eigentümer keine Fehlerhaftigkeit der Vollstreckungsmaßnahme feststellen läßt, § 766 I ZPO.

c) Letztlich erhebt sich die Frage der Unpfändbarkeit des *Farb*fernsehgeräts (§ 811 I Nr. 1 ZPO). Diese wird aber von § 811 II ZPO beantwortet, so daß *RA Klug* keine Erinnerung nach § 766 ZPO erheben wird. § 811 II ZPO macht eine bedeutende Ausnahme von dem Grundsatz, daß es bei § 811 ZPO auf die Eigentumslage nicht ankommt.

III. Rechtsbehelfe zur Beseitigung der Vollstreckungsvoraussetzungen

Da die allgemeinen Vollstreckungsvoraussetzungen gegeben sind, wird sich *RA Klug* überlegen, ob *Gammler* Rechtsbehelfe zur Verfügung stehen, die die Vollstreckung insgesamt unterbinden können. An zwei Möglichkeiten wird er hierbei denken: An das Rechtsmittel der Berufung sowie an den Rechtsbehelf der Vollstreckungsabwehrklage.

1. Berufung gegen das amtsgerichtliche Urteil.
Die Berufungsfrist (§ 517 ZPO) gegen das erst vor zwei Tagen ergangene amtsgerichtliche Urteil ist noch nicht abgelaufen. Mit einer erfolgreichen Berufung würde es *RA Klug* gelingen, den Titel gegen *Gammler* zu beseitigen. Eine Berufung wäre erfolgreich, wenn *Gammler* der *Allerlei GmbH* nichts schulden würde. Im Zeitpunkt der Klageerhebung schuldete *Gammler* aber den Kaufpreis; erst jetzt ist er (durch Zahlung an die *Allerlei GmbH*) nichts mehr schuldig. So kann zwar *Gammler* nicht mehr verurteilt werden, aber an eine Klageabweisung oder gar eine Zurücknahme der Klage durch die *Allerlei GmbH* ist deshalb nicht zu denken, weil diese in der Berufungsinstanz die Hauptsache für erledigt erklären wird (o. Rn. 341). *Gammler* müßte nicht nur die Kosten für die erste Instanz, sondern auch für die Berufungsinstanz tragen, so daß *RA Klug* diesen Weg nicht beschreiten wird.

2. Vollstreckungsabwehrklage.
Da nach der letzten mündlichen Tatsachenverhandlung Umstände (die Tilgung der Forderung) eingetreten sind, die den Bestand der Kaufpreisforderung betreffen, wird *RA Klug* § 767 ZPO prüfen. Aus der Äußerung des Geschäftsführers der Vollstreckungsgläubigerin *(Allerlei GmbH)* geht hervor, daß sie auch weiterhin die Vollstreckung betreiben will. Angesichts dieser Äußerung wird *RA Klug* die Vollstreckungsabwehrklage mit Aussicht auf Erfolg erheben.

3. Einstellung nach § 775 ZPO.
Gleichzeitig wird *RA Klug* überlegen, ob er nicht unter Vorlage der Quittung nach § 775 Nr. 4 ZPO direkt beim Gerichtsvollzieher die einstweilige Einstellung der Zwangsvollstreckung zu erreichen vermag. Dies ist zu verneinen, da bei § 775 Nr. 4 und Nr. 5 ZPO auf Antrag des Gläubigers weiter vollstreckt werden muß. Der richtige Behelf ist § 769 ZPO (u. Rn. 467 Fn. 3).

IV. Ergebnis

RA Klug wird Vollstreckungsabwehrklage (§ 767 ZPO) erheben und gemäß § 769 I ZPO beim Prozeßgericht die Einstellung der Vollstreckung erreichen. Eine endgültige Entscheidung ergeht auf die Vollstreckungsabwehrklage hin. Über die Erinnerung (§ 766 ZPO) wegen der Pfändung der Kinderzimmereinrichtung wird wahrscheinlich sehr schnell entschieden werden, so daß *RA Klug* auch diesen Rechtsbehelf einlegen wird, um jedenfalls die Pfändung der Kinderzimmereinrichtung beseitigt zu erhalten.

Bei der gedanklichen Vorbereitung der Lösung muß der Bearbeiter zwei Regeln im Auge behalten:

1. Erste Regel: Auch naheliegende Rechtsbehelfe, die nicht erfolgversprechend sind, müssen bei einer Anwaltsklausur erörtert werden.

456 Der Bearbeitervermerk[8] weist den Verfasser auf diese Erste Regel ausdrücklich hin, wenn es etwa heißt: „Welche prozessualen Schritte wird *RA Klug* erwägen und welche sind erfolgsversprechend?“ Doch auch ohne einen solchen Vermerk darf in aller Regel eine Lösung nicht zu Rechtsbehelfen schweigen, die jedenfalls nicht schon auf den ersten Blick erfolglos sind. In diesem Punkt unterscheidet sich die Richterklausur deutlich von der Anwaltsklausur. Die Lösung einer Richterklausur wird nur selten Anlaß haben, andere Rechtsbehelfe zu behandeln, als von den Parteien eingelegt wurden; eine solche Lösung folgt ja der Ar-

---

[8] Zur Bedeutung des Bearbeitervermerks o. Rn. 5.

beitsweise des Richters, der ebenfalls nur die Erfolgsaussichten des erhobenen Rechtsbehelfs prüft. Anders ist es jedoch in der *Anwaltsklausur:* Hier soll der Bearbeiter die einschlägigen Rechtsbehelfe erörtern und ferner begründen, aus welchen Gesichtspunkten bestimmte Rechtsbehelfe nicht eingelegt werden sollen, andere aber zu erheben sind. Der Leser sieht sogleich, welche Schwierigkeiten dieses Arbeitsprinzip im Examen mit sich bringt. Einerseits sind auch Rechtsbehelfe zu behandeln, die nicht erfolgversprechend sind; andererseits soll die Lösung über offensichtlich erfolglose Rechtsbehelfe schweigen. Wo liegt die Grenze? Die Antwort auf diese Frage wird den Leser nicht befriedigen. Sie lautet nämlich: Die Grenze ergibt sich aus der jeweiligen Fallgestaltung.

Mit dieser Antwort steht vor allem fest, daß auch bei der vollstrek- **457**
kungsrechtlichen Anwaltsklausur vor der geistlosen Verwendung von *Klausurschablonen dringend gewarnt* werden muß. Solche Schema-Listen können hilfreich sein, um in die gedankliche Bearbeitung hineinzufinden, oder sind bisweilen als Kontrolle („check-Liste") gegenüber dem gefundenen Ergebnis sinnvoll (näher o. Rn. 146). Die endgültige schriftliche Bearbeitung darf sich aber unter keinen Umständen inhaltlich oder auch nur im Aufbau an solchen Listen orientieren, weil sonst in den meisten Fällen nebensächliche oder sogar abwegige Fragen erörtert werden (dies ist nicht nur ein Fehler, sondern kostet auch wertvolle Zeit!). Im Vollstreckungsrecht sind ferner die Fallgestaltungen so variabel, daß ihre Vielfalt in derartigen Listen nicht untergebracht werden kann. Wer dann das Arbeiten mit solch einem Schema gewohnt ist, gerät vor unüberwindliche Hindernisse, wenn der Fall einen unüblichen Verlauf nimmt[9]. Statt sich an solche Schablonen zu klammern, sollte der Bearbeiter einige Faustregeln kennen, die ihm in vielen Fällen sagen, ob er Rechtsbehelfe erörtern soll.

a) Vier Faustregeln

Erste Faustregel: Wenn der Aufgabentext einen Rechtsbehelf ausdrück- **458**
lich nennt, geht der Aufgabensteller sichtlich davon aus, daß sich der Bearbeiter in der schriftlichen Lösung mit ihm beschäftigen sollte, selbst wenn es sich um einen erfolglosen Rechtsbehelf handelt.

Zweite Faustregel: Rechtsbehelfe, die zulässig und begründet sind, müs- **459**
sen immer erörtert werden, auch wenn sie vom Bearbeiter aus bestimmten Gründen nicht empfohlen werden[10].

---

[9] So wird in derartigen Schablonen die im Beispiel 144 (o. Rn. 455) enthaltene Konkurrenz von Berufung und Vollstreckungsabwehrklage kaum angesprochen. Ähnlich ist es, wenn der Aufgabentext neben oder anstelle von vollstreckungsrechtlichen Argumenten mit Gesichtspunkten des BGB arbeitet, wie im Beispiel 143 (o. Rn. 450).

[10] Der Bearbeiter darf aber nicht dem Fehler verfallen, *jeden* erfolgversprechenden Rechtsbehelf auch zu empfehlen. So läßt sich häufig über die Erinnerung nach § 766

460 *Dritte Faustregel:* Befristete Rechtsbehelfe, deren Frist noch nicht abgelaufen ist, sollten immer behandelt werden, weil auch in der Praxis wegen des bevorstehenden Fristablaufs immer gefragt werden muß, ob noch ein Rechtsbehelf einzulegen ist[11].

461 *Vierte Faustregel:* Eine Reihe von Rechtsbehelfen wird sozusagen immer „in einem Atemzug" genannt. Dies geschieht deshalb auch in der Fallbearbeitung: Wer die Klage nach § 805 ZPO empfiehlt, geht regelmäßig vorher auf § 771 ZPO ein. Wenn bei einer Verurteilung zu wiederkehrenden Leistungen die Vollstreckungsabwehrklage (§ 767 ZPO) empfohlen wird, sollte vorher § 323 ZPO erörtert werden und umgekehrt: Wer bei einer solchen Verurteilung § 323 ZPO bejaht, hat vorher § 767 ZPO zu behandeln[12]. Bei der Pfändung einer dem Ehegatten des Vollstreckungsschuldners gehörenden Sache ist zweckmäßigerweise die Drittwiderspruchsklage (§ 771 ZPO) erst zu erörtern, nachdem die Aussichtslosigkeit der Erinnerung (§ 766 ZPO) des Ehegatten dargelegt wurde[13].

b) Das Arbeitsprinzip: „wo kein Kläger, da kein Richter"

462 Zu diesen vier Faustregeln gesellt sich ein weiteres wichtiges Arbeitsprinzip: Der Bearbeiter darf nur die Erfolgsaussichten zugunsten solcher Personen untersuchen, die Rechtsschutz haben wollen. Der Satz: „Wo kein Kläger, da kein Richter" (o. Rn. 45) gilt auch hier. Deshalb darf der Verfasser niemals den Bearbeitervermerk aus dem Auge lassen. Bisweilen fragt der Vermerk ganz allgemein nach möglichen Rechtsbehelfen, ohne die Personen einzugrenzen[14]. Häufiger jedoch sind Vermerke, die nur Rechtsbehelfe zugunsten bestimmter Personen betreffen[15]; dann ist es fehlerhaft, Rechtsbehelfe von Personen zu erörtern, die gar nicht Rechtsschutz beanspruchen.

Dieser Fehler wird besonders im Verhältnis zwischen einem Dritten und dem Vollstreckungsschuldner begangen: Wurde das Vorbehaltseigentum des *Dritten* gepfändet und nach dessen Rechtsbehelfen gefragt, ist es unerheblich, daß der Vollstreckungsschuldner inzwischen die Forderung beglichen hat (und deshalb mit Erfolg nach § 767 ZPO vorgehen könnte). Es wäre ein Fehler, in der Lösung darzulegen, daß der *Vollstreckungsschuldner* mit diesem Rechtsbehelf erfolgreich wäre. Umgekehrt gilt dasselbe: Wenn in einem solchen Fall nach den Rechtsbehelfen des *Vollstreckungsschuldners* gefragt wird, darf nicht auch ausgeführt werden, daß eine Drittwiderspruchsklage (§ 771 ZPO) des *Dritten* erfolgversprechend ist.

ZPO ein so schneller Sieg erringen, daß die gleichzeitig erfolgversprechende Vollstreckungsabwehrklage nur anzuraten ist, wenn der Vollstreckungsgläubiger mit weiteren Pfändungsmaßnahmen droht (o. Rn. 455, Beispiel 144, insb. die Lösung sub III 2).

[11] Oben Rn. 437f.

[12] Zum Verhältnis von § 323 ZPO zu § 767 ZPO u. Rn. 469 Fn. 8.

[13] Oben Rn. 354, Lösung des Beispiels 117, Frage 6.

[14] Oben im Ausgangsbeispiel 117, o. Rn. 354.

[15] So im Beispiel 144 (o. Rn. 455): Gefragt ist nur nach Rechtsbehelfen des Vollstreckungsschuldners *Gammler* und seiner Familienangehörigen.

Beispiel 145: Die *Allerlei GmbH* hat bei *Gammler* die dem *Blitz* gehörende Tiefkühltruhe gepfändet.

Frage: *Gammler* möchte wissen, welche Rechtsbehelfe er gegen die Pfändung ergreifen soll.

Bei der *Antwort* darf auf etwaige Rechtsbehelfe des *Blitz* nicht eingegangen werden; nach ihnen ist nicht gefragt. Zweckmäßigerweise empfiehlt es sich sogar, zu Beginn kurz auf die eingegrenzte Fragestellung hinzuweisen.

Bei der Behandlung möglicher Schritte des *Gammler* sollte mit seinem fehlenden Eigentum begonnen werden. Jetzt wird die Drittwiderspruchsklage (§ 771 ZPO) erörtert, die in solchen Situationen der typische Rechtsbehelf ist. Sie ist aber nur dem Dritten, nicht dem Vollstreckungsschuldner eingeräumt. *Gammler* als Vollstreckungsschuldner wird mit ihr keinen Erfolg haben.

Deshalb kommt die Lösung nunmehr auf die Frage der Unpfändbarkeit zu sprechen (o. Rn. 354 Fn. 8). Die Tiefkühltruhe ist unpfändbar (§ 811 I Nr. 1 ZPO), wenn kein Kühlschrank in der Wohnung vorhanden ist; dann hat eine Erinnerung *Gammlers* (§ 766 ZPO) Aussicht auf Erfolg. Eine (mögliche) Austauschpfändung muß die *Allerlei GmbH* beantragen (§ 811a II ZPO), nicht *Gammler.* Bis zu ihrer Zulassung durch den Rechtspfleger (§ 20 Nr. 17 RPflG) ist Unpfändbarkeit gegeben. Sollte jedoch in der Wohnung ein Kühlschrank vorhanden sein, hat eine Erinnerung des *Gammler* keine Aussicht auf Erfolg.

An diesem Beispiel wird deutlich, daß solche Erörterungen nur zulässig sind aus der Sicht der „rechtsbehelfswilligen" Partei. Jetzt wird die feine Grenze zwischen fehlerhafter und richtiger Bearbeitung sichtbar: So falsch es wäre, eine von *Blitz* nicht erhobene Drittwiderspruchsklage (§ 771 ZPO) auf ihre Erfolgsaussichten zu untersuchen, so richtig ist es, bei der Erörterung der Rechtsbehelfschancen des *Gammler* auch die Drittwiderspruchsklage zu erwähnen.

c) Die kontrastierende Arbeitsmethode

Sehr viele Rechtsbehelfsklausuren sind darauf angelegt, daß der Bear- **463**
beiter den schließlich behandelten (und meist erfolgreichen) Rechtsbehelf vorher kontrastiert mit (erfolglosen) Rechtsbehelfen, die nur einer *bestimmten* Person eingeräumt sind, aber von dieser nicht eingelegt werden.

(1) Bei der Frage nach Rechtsbehelfen für den von der Vollstreckung betroffenen *Dritten*[16] ist häufig in den Aufgabentext eingestreut: Der gepfändete Gegenstand sei unpfändbar, der Vollstreckungsschuldner habe inzwischen die Forderung durch Zahlung getilgt oder ihm sei Stundung durch den Vollstreckungsgläubiger gewährt worden. Derartige Angaben offenbaren die Erwartung des Aufgabenstellers, daß sich die Lösung mit ihnen auseinandersetzen wird. Solche Erwartungen sollte ein Examenskandidat zwar nicht enttäuschen. Zugleich sollte er aber dem Aufgabensteller auch nicht dadurch in die Falle laufen, daß er nunmehr Rechtsbehelfe des *Vollstreckungsschuldners* behandelt (o. Rn. 462 Kleindruck nach Fn. 15). Vielmehr beschränkt sich die Lösung auf die Ausführung, daß bei Unpfändbarkeit bzw. Tilgung oder Stundung dem *Vollstreckungsschuldner* die Erinnerung nach § 766 ZPO bzw. die Vollstreckungsabwehrklage nach § 767 ZPO eingeräumt ist, nicht aber dem *Dritten.* Da

---

[16] Das sind in der Regel Drittwiderspruchsklage nach § 771 ZPO oder Klage auf vorzugsweise Befriedigung nach § 805 ZPO.

nur nach Rechtsbehelfen des *Dritten* gefragt ist, bleibt *dahingestellt*, ob der Vollstrekkungsschuldner Erfolg hätte; jedenfalls hat der *Dritte* mit solchen Rechtsbehelfen keinerlei Erfolg. Danach geht die Bearbeitung zur Drittwiderspruchsklage nach § 771 ZPO oder zur Klage auf vorzugsweise Befriedigung nach § 805 ZPO über.

(2) Wie schon das Beispiel 145 (o. Rn. 462) zeigte, ist auch die umgekehrte Aufgabenstellung möglich: Es ist nach den Rechtsbehelfen des Vollstreckungsschuldners gefragt, zugleich sind Umstände genannt, die nur für Rechtsbehelfe eines Dritten bedeutsam sind (nach dessen Rechtsbehelfen ist aber nicht gefragt).

2. Zweite Regel: Der Aufbau folgt möglichst der „dramatischen Methode"

464 Manchmal bereitet es den Verfassern Schwierigkeiten, den richtigen Aufbau einer Anwaltsklausur zu finden. Sind Rechtsbehelfe zugunsten verschiedener Personen zu prüfen, ergibt sich zwar ohne weiteres eine Unterteilung nach Beteiligten[17]. Unproblematisch ist auch die Gliederung, wenn die Mängel von Vollstreckungshandlungen, die mehrere Gegenstände betreffen, zu untersuchen sind; die Unterteilung nach den einzelnen Gegenständen (z.B. Kinderzimmereinrichtung, Farbfernsehgerät, o. Rn. 455, Beispiel 144, Lösung) bietet sich von selbst an. Jedoch zeigen sich Unsicherheiten beim Aufbau der Rechtsbehelfe: Erst Erinnerung oder zunächst Vollstreckungsabwehrklage? Soll die Berufung zuletzt geprüft werden? § 805 ZPO vor § 771 ZPO oder umgekehrt? Beginnt man mit § 323 ZPO oder besser mit § 767 ZPO?

Ebensowenig wie es eine feste Prüfungsreihenfolge der Sachurteilsvoraussetzungen gibt (o. Rn. 226), existiert eine Skala, an der sich die richtige Anordnung der Rechtsbehelfe in der Fallbearbeitung ablesen läßt. Entscheidend ist vielmehr in der Regel die *examenstechnische* Zweckmäßigkeit. Dabei hat sich die *„dramatische Methode"*[18] sehr bewährt: Der Bearbeiter erörtert zunächst diejenigen Rechtsbehelfe, die *nicht* erfolgversprechend sind. Damit steigert er das Interesse des Lesers. Erst am Schluß wird der schließlich erfolgreiche Rechtsbehelf behandelt.

Mit dieser Technik weicht der Bearbeiter der Prüfungsbemerkung „überflüssig" aus. Dies zeigt ein Beispiel: Hat er die Klage auf vorzugsweise Befriedigung des Vermieters gemäß § 805 ZPO bejaht und kommt er anschließend auf die Drittwiderspruchsklage nach § 771 ZPO zu sprechen, so wirkt die Darstellung besonders gequält, wenn er sagen muß, daß dieser Rechtsbehelf für den Vermieter ausscheidet. Ganz anders ist es aber, wenn er zunächst die Drittwiderspruchsklage untersucht, hierbei deren Erfolglosigkeit feststellt und nunmehr § 805 ZPO prüft. Dies gilt als elegant, obwohl sich gegenüber der erstgenannten Lösung nur der Aufbau, nicht der Inhalt geändert hat. Nicht anders ist es beim Verhältnis von § 323 ZPO zu § 767 ZPO, bei der Konkurrenz zwischen Rechtsmitteln und § 767 ZPO, beim Nebeneinander von Erinnerung des Dritten und seiner Drittwiderspruchsklage. Im allgemeinen sollte der erfolglose Rechtsbehelf vorrangig bearbeitet werden.

---

[17] Schon im Fall aus dem Erkenntnisverfahren muß der Bearbeiter die verschiedenen Parteien genau auseinanderhalten (o. Rn. 84). Im Vollstreckungsfall macht die Vielzahl von Beteiligten zusätzliche Schwierigkeiten (o. Rn. 354). Hier hilft nur eine klare Trennung nach Personen.

[18] Zu ihr o. Rn. 226.

Nachdrücklich muß aber vor einer Verabsolutierung der „dramatischen Methode" gewarnt werden. Sie versagt mit Sicherheit in zwei wichtigen Fallgruppen:

a) Wenn *sämtliche* Rechtsbehelfe erfolglos sind, sollte der Bearbeiter mit dem einfacheren Rechtsbehelf beginnen, also etwa mit der Erinnerung *vor* einer Klage. Bei der Konkurrenz zwischen Rechtsbehelfen im anhängigen Erkenntnisverfahren und vollstreckungsrechtlichen Behelfen sollte zuerst auf die Anfechtungsmöglichkeiten im anhängigen Prozeß eingegangen werden: Also Einspruch, Berufung, Revision, Wiedereinsetzung *vor* den vollstreckungsrechtlichen Rechtsbehelfen.

b) Behandelt das Prozeßrecht einen Rechtsbehelf als *subsidiär* gegen- **465**
über einer anderen verfahrensrechtlichen Möglichkeit, dann ergibt sich aus Rechtsgründen ein klarer Aufbau: Zuerst ist diese andere Möglichkeit zu untersuchen, erst danach der subsidiäre Rechtsbehelf.

Beispiel 146: Gegen den Vollstreckungsschuldner wird aus einem Versäumnisurteil oder aus einem Vollstreckungsbescheid vorgegangen. Die im Titel zugesprochene Forderung hat er inzwischen getilgt. Er möchte wissen, ob er Einspruch oder Vollstreckungsabwehrklage erheben soll.

Der Aufbau ist durch § 767 II (2. Voraussetzung) ZPO vorgezeichnet: Die Vollstreckungsabwehrklage scheidet aus, wenn ein Einspruch zulässig ist[19]. Deshalb muß zuerst der Einspruch (§§ 338, 700 I ZPO) behandelt werden. Hier steht also der erfolgreiche Einspruch im Aufbau *vor* der erfolglosen Vollstreckungsabwehrklage.

Wem dieser Aufbau nicht einleuchtet, verfaßt am besten einmal eine Lösung, in der er zuerst die Vollstreckungsabwehrklage behandelt. Er wird sehr schnell merken, daß er eine sog. „Wasserkopflösung" anbietet: Im Rahmen der Vollstreckungsabwehrklage muß nämlich (wegen § 767 II ZPO) die Zulässigkeit des Einspruchs erörtert werden. Damit schiebt sich in die Darstellung der Vollstreckungsabwehrklage ein Fremdkörper ein. Denn wegen der Zulässigkeit des Einspruchs muß die Vollstreckungsabwehrklage abgelehnt werden. Daraufhin kommt die Lösung auf den Einspruch zu sprechen. Aber zu irgendwelchen neuen Ausführungen ist kein Anlaß, weil zum Einspruch bereits im Rahmen der Abwehrklage alles gesagt wurde. So wiederholt sich die Lösung (und wirkt langatmig) oder sie verweist auf die bisherigen Ergebnisse (das macht sie nicht nur „dünn", sondern auch unübersichtlich). Im übrigen wäre ein solcher Aufbau alles andere als „dramatisch". Denn auch bei ihm muß spätestens bei der Behandlung des § 767 II ZPO die „Katze aus dem Sack gelassen werden": Der Einspruch ist erfolgreich, also ist es die Vollstreckungsabwehrklage nicht.

§ 93. Typische Fehler bei Rechtsbehelfsfragen

Literatur: Verzeichnis der abgekürzt zitierten Literatur (S. XXIII) sowie *M. Huber,* Der praktische Fall – Vollstreckungsrecht: Vorrang des Vermieterpfandrechts?, JuS 2003, 568–572; *K. Schmidt,* Verbraucherschützende Widerrufsrechte als Grundlage der Vollstreckungsgegenklage nach neuem Recht – Zur Bedeutung des neuen § 361 a BGB für den prozessualen Rechtsschutz des Schuldners, JuS 2000, 1096–1099.

---

[19] Vgl. sogleich u. Rn. 467 Fn. 5.

466 Prüfung und Praxis zeigen immer wieder typische Fehler bei der Antwort auf Rechtsbehelfsfragen.

I. Erster Fehler: Übersehen der Besonderheiten des Vollstreckungsrechts

a) Beispiel: Übersehen des § 767 ZPO:

467 **Beispiel 147:** *Gammler* schuldet der *Allerlei GmbH* den Restkaufpreis aus dem Kauf eines Farbfernsehgeräts (o. Rn. 354 Beispiel 117). Die *Allerlei GmbH* verklagt *Gammler* auf Zahlung. Am 1. März ist mündliche Verhandlung vor dem AG. Obwohl das Gericht nicht sofort entscheidet (sondern Termin zur Verkündung einer Entscheidung auf 8. März bestimmt), ist *Gammler* nach dieser mündlichen Verhandlung klar geworden, daß er verurteilt werden wird. Er zahlt daraufhin am 3. März den Restkaufpreis. Am 8. März ergeht das Urteil des AG, in dem *Gammler* zur Zahlung des Restkaufpreises an die *Allerlei GmbH* verurteilt wird.

Schon wenige Tage nach Urteilserlaß erscheint bei *Gammler* der Gerichtsvollzieher *Streng* und will aufgrund des für die *Allerlei GmbH* ergangenen Urteils pfänden[1]. Da *Gammler* den Einzahlungsschein des Postamts vorzeigt, nimmt *Streng* (wie er sagt: „ausnahmsweise") keine Pfändung vor[2].

Welche Schritte sind *Gammler* anzuraten, um weitere Vollstreckungsmaßnahmen zu verhindern, nachdem die *Allerlei GmbH* erklärt hat, sie werde aus dem Urteil ohne Rücksicht auf die Bezahlung auch weiterhin vollstrecken und den Gerichtsvollzieher *Streng* dementsprechend anweisen[3]?

---

1 **Frage:** Kann die *Allerlei GmbH* aus einem offensichtlich noch nicht rechtskräftigen Urteil vollstrecken? **Antwort:** Auch aus einem noch nicht rechtskräftigen, aber für vorläufig vollstreckbar erklärten Urteil findet die Zwangsvollstreckung statt (o. Rn. 368).

2 **Frage:** Darf er dies? **Antwort:** Nach § 775 Nr. 5 ZPO ist bei Vorlage eines „Postscheins" die Zwangsvollstreckung durch das Vollstreckungsorgan einstweilen einzustellen, wenn die Summe nach Erlaß des Urteils (= Verkündung, § 310 ZPO) bei der Post eingezahlt wurde. Dies ist hier nicht der Fall (3. März: Einzahlung, 8. März: Urteilserlaß). Insofern weicht § 775 Nr. 5 ZPO erheblich von § 767 II ZPO ab, der auf den Zeitpunkt der letzten mündlichen Verhandlung abstellt. Dies erklärt sich wie folgt: Das Prozeßgericht, das über die Klage nach § 767 ZPO entscheidet, hat die Akten des Prozesses und kann deshalb den Tag der letzten Tatsachenverhandlung feststellen. Dem Gerichtsvollzieher, der über die Einstellung nach § 775 ZPO befindet, ist dies nicht so leicht möglich. Er benötigt eine „handfeste" Zeitgrenze, dies ist der Urteilserlaß. Ergebnis: Der Gerichtsvollzieher hätte pfänden müssen!

3 Weist die *Allerlei GmbH* den *Streng* an, trotz des vorgelegten Postscheins weiterhin zu vollstrecken, so muß er die Weisung befolgen und Vollstreckungsmaßnahmen vornehmen. Ihm steht es nämlich nicht zu, den Streit über eine etwaige Tilgung des Anspruchs zu entscheiden. Hierfür ist das Prozeßgericht und nicht der Gerichtsvollzieher zuständig. Das Prozeßgericht muß von *Gammler* mit der Vollstreckungsabwehrklage angerufen werden, wobei er die einstweilige Einstellung der Zwangsvollstreckung gemäß § 769 ZPO erlangen kann (o. Rn. 455, Beispiel 144, Lösung sub III 3). An dieser Rechtslage würde sich auch nichts ändern, wenn *Gammler* erst nach Urteilserlaß gezahlt hätte. Denn in den Fällen des § 775 Nr. 4 oder 5 ZPO muß dem Antrag des Vollstreckungsgläubigers gefolgt werden, wenn er die Vollstreckung unbedingt betreiben will. Er trägt dann das Risiko der reinen

Zu den typischen Fehlern bei der Lösung dieses Falles gehört es, *Gammler* zu raten, Berufung gegen das Urteil einzulegen. Es folgt dann in der Regel der weitere Hinweis, daß *Gammler* in der Berufungsinstanz das Erlöschen des Kaufpreisanspruchs vortragen solle, um zu erreichen, daß die *Allerlei GmbH* die Hauptsache für erledigt erkläre, da die Klage der *Allerlei GmbH* nach Rechtshängigkeit erfolglos (nämlich unbegründet) geworden sei.

Die richtige Lösung besteht aber im Rat, Vollstreckungsabwehrklage gemäß § 767 ZPO zu erheben, da nach der letzten mündlichen Tatsachenverhandlung (§ 767 II ZPO) Gründe entstanden sind, die das Urteil haben unrichtig werden lassen. Diese Klage ist für *Gammler* erfolgreich, so daß er auch nicht die Kosten dieses Rechtsstreits zu tragen haben wird, während er bei einer Berufung nicht nur die Kosten erster Instanz, sondern auch die der Berufung tragen müßte. Der Rat lautet deshalb, das Urteil nicht durch Berufung anzufechten, sondern rechtskräftig werden zu lassen[4]. Ein Zwang zur Einlegung der Berufung ergibt sich aus § 767 II ZPO nicht[5].

b) Beispiel: Übersehen des § 805 ZPO

Neben der Vollstreckungsabwehrklage gemäß § 767 ZPO wird sehr häufig auch die *Vorzugsklage gemäß § 805 ZPO* übersehen. Dies gilt besonders beim Vermieterpfandrecht: 468

Verursachungshaftung nach § 717 II ZPO. Zur Vertiefung: Stein/Jonas/*Münzberg*, § 775 Rn. 41.

4 Schon o. Rn. 455 Beispiel 144, Lösung sub III 2. Zur Frage, wie Einwendungen nach § 767 II ZPO zu behandeln sind, die sich erst nach Ausübung eines Gestaltungsrechts (z.B. Aufrechnung, Rücktritt, Anfechtung, Widerruf) ergeben, also ob bereits auf die *Gestaltungslage* oder erst auf die *Gestaltungserklärung* abzustellen ist, o. Rn. 261 Fn. 14.

5 **Zur Vertiefung:** Der letzte Teil von § 767 II ZPO: ... „und durch Einspruch nicht mehr geltend gemacht werden können" birgt zwei Fragenkreise:
Erster Fragenkreis: Wird „Einspruch" streng im Sinn der ZPO verwendet? *Antwort:* Ja (dies zeigt der Vergleich mit einer ähnlichen Vorschrift, nämlich § 582 ZPO), so daß also nur der Einspruch gegen das Versäumnisurteil (§ 338 ZPO) und der Einspruch gegen den Vollstreckungsbescheid (§ 700 ZPO) in § 767 II ZPO angesprochen werden; die Berufung oder die Revision sind also keineswegs gemeint (zum Parallelfall des § 323 ZPO o. Rn. 440 Fn. 16).
Zweiter Fragenkreis: Was heißt „nicht mehr geltend gemacht werden können"? Kommt es darauf an, daß *jetzt* nicht mehr der Einspruch offensteht oder ist (wie bei § 582 ZPO) darauf abzustellen, daß der Vollstreckungsabwehrkläger mit Einspruch diese Einwendungen *hätte geltend machen können*? Anders als beim ersten Fragenkreis kann hier der Bearbeiter zwischen *zwei* unterschiedlichen *Meinungen* wählen: Ein Teil der *Wissenschaft* stellt auf den Wortlaut ab und schließt nur denjenigen Vollstreckungsabwehrkläger aus, der tatsächlich jetzt noch mit Einspruch diese Gründe geltend machen kann (hierzu Stein/Jonas/*Münzberg*, § 767 Rn. 40). In der *Rechtsprechung* herrscht hingegen die Ansicht vor, daß die Vollstreckungsabwehrklage gegen einen Vollstreckungsbescheid oder gegen ein Versäumnisurteil ausgeschlossen ist, wenn der Vollstreckungsabwehrkläger Einspruch hätte einlegen können (*BGH*, NJW 1982, 1812). Sicher sprechen verschiedene Gründe, die bei Stein/Jonas/*Münzberg* a.a.O. aufgeführt sind, für die erstgenannte Auffassung; der Bearbeiter sollte aber diejenige Ansicht wählen, die zur Lösung der ihm gestellten Aufgabe prüfungstaktisch am günstigsten ist (zu dieser Arbeitsmethode o. Rn. 39).

Beispiel 148: Anders als soeben im Beispiel 147 hat Gerichtsvollzieher *Streng* bei *Gammler* trotz dessen Protestes ein Tonbandgerät gepfändet. Das Tonbandgerät gehört *Gammler.* Als der Vermieter *Gammlers* von der Pfändung erfährt, möchte er wissen, welche Rechtsbehelfe er besitzt, da *Gammler* seit mehreren Monaten die Miete nicht gezahlt hat.

Ein solches Beispiel wird immer wieder mit der Bejahung der Drittwiderspruchsklage gemäß § 771 ZPO gelöst. Dies ist ein Fehler. Ein besitzloses Pfandrecht an einer Sache ist kein die Veräußerung hinderndes Recht, wie dies § 771 ZPO voraussetzt. Das Pfandrecht gibt lediglich einen besseren Rang: Deshalb muß der Vermieter gemäß § 805 ZPO vorgehen, nicht nach § 771 ZPO[6].

II. Zweiter Fehler: Übersehen anderer als vollstreckungsrechtlicher Rechtsbehelfe

469 Viele Bearbeiter von Vollstreckungsfällen kennen zwar die vollstreckungsrechtlichen Rechtsbehelfe, übersehen aber, daß *andere* (allgemeine) Rechtsbehelfe mit vollstreckungsrechtlichen Rechtsbehelfen konkurrieren können. Daher sollte bei jeder Bearbeitung von Rechtsbehelfen aus dem Zwangsvollstreckungsrecht die Kontrollfrage gestellt werden, ob nicht (auch) Rechtsbehelfe des allgemeinen Prozeßrechts eingreifen können. Eine solche Konkurrenz zwischen verschiedenen Rechtsbehelfen zeigten bereits die Beispiele 144 (Rn. 455) und 147 (Rn. 467): Das (allgemeine) Rechtsmittel der Berufung konkurriert mit dem Rechtsbehelf gemäß § 767 ZPO. In diesen Beispiel en war es richtig, die Vollstreckungsabwehrklage (§ 767 ZPO) zu empfehlen. Bisweilen kann aber auch der Rat, die Berufung einzulegen und nicht gemäß § 767 ZPO zu klagen, richtig sein[7]. Bei der Verurteilung zu wiederkehrenden Leistungen wäre es falsch, nur die Vollstreckungsabwehrklage zu behandeln und nicht auf die Klage nach § 323 ZPO einzugehen[8].

---

[6] Näher o. Rn. 452 und 450 Beispiel 142 Lösung (3). Instruktiv *Huber,* JuS 2003, 568 ff.

[7] Eine Veränderung des Beispiels 147 (in Rn. 467) zeigt dies deutlich: Wenn *Gammler* noch vor Klageerhebung den Restkaufpreis zahlt, ist die später erhobene Klage der *Allerlei GmbH* von vornherein unbegründet. Wird *Gammler* trotzdem verurteilt, ist für ihn nur die *Berufung* hilfreich. Denn sein Ziel ist es ja, ein von *vornherein* unrichtiges Urteil anzufechten, nicht aber Einwendungen anzubringen, die er in der letzten mündlichen Tatsachenverhandlung (§ 767 II ZPO) nicht vortragen konnte, weil sie damals noch nicht bestanden. – Soll ein Urteil als bei der letzten Tatsachenverhandlung unrichtig aufgehoben werden, ist die Berufung anzuraten. Wird jedoch das Urteil als zu diesem Zeitpunkt richtig angesehen, soll aber die weitere Vollstreckung aus ihm verhindert werden (weil z. B. durch Zahlung nach diesem Zeitpunkt die Klageforderung erloschen ist), dann muß der Verurteilte die Vollstreckungsabwehrklage erheben!

[8] **Beispiel:** *Schnell* ist verurteilt worden, an *Arm* eine lebenslange Rente in Höhe von 800,– € monatlich wegen dessen fünfzigprozentiger Erwerbsminderung zu zahlen. Nach einigen Jahren wird *Arm* durch ein neues medizinisches Verfahren wieder so hergestellt, daß er ohne jede Beeinträchtigung einer Arbeit nachgehen kann. *Arm*

Das Übersehen allgemeiner Rechtsbehelfe ist besonders in denjenigen Fällen zu beobachten, in denen ein Urteil formell rechtskräftig geworden und deshalb mit Rechtsmitteln nicht mehr angreifbar ist.

Beispiel zur Wiedereinsetzung in den vorigen Stand

Beispiel 149: Im Prozeß *Arm* gegen *Schnell* wird *Schnell* durch einen Rechtsanwalt vertreten. *Schnell* wird zur Zahlung von 1000,– € verurteilt. Der Rechtsanwalt entschließt sich, Berufung einzulegen. Er diktiert und unterschreibt die Berufungsschrift. Durch ein Versehen seiner sonst sehr ordentlichen Sekretärin wird dieser Berufungsschriftsatz nicht bei Gericht eingereicht. Das Urteil wird rechtskräftig. *Arm* geht nunmehr im Wege der Zwangsvollstreckung gegen *Schnell* vor. Hat *Schnell* irgendwelche Rechtsbehelfe? **470**

Hier wäre es falsch, nach typisch vollstreckungsrechtlichen Rechtsbehelfen zu fragen. Vielmehr bietet sich für diesen Fall die Wiedereinsetzung in den vorigen Stand an, mit der es *Schnell* gelingt, die eingetretene Rechtskraft des Urteils zu beseitigen und doch noch fristgemäß Berufung einzulegen (§§ 233 ff. ZPO)[9]. Das Gericht kann schon nach Ein-

---

verlangt trotzdem von *Schnell* weiterhin Zahlung, da das Urteil „ja rechtskräftig" sei.

Frage: Hat *Schnell* Rechtsbehelfe?

Antwort: Bei Dauerschuldverhältnissen ist auch § 323 ZPO zu prüfen. Dessen Voraussetzungen liegen hier vor, so daß § 767 ZPO als Rechtsbehelf ausscheidet. Dementsprechend ist *Schnell* die Erhebung der Abänderungsklage nach § 323 ZPO zu empfehlen. *Zur Vertiefung:* § 767 ZPO und § 323 ZPO sind nicht leicht abzugrenzen. Empfehlenswert erscheint folgende Fragestellung: Liegt eine rechtsvernichtende (z. B. Zahlung, Aufrechnung, Erlaß) bzw. eine rechtshemmende Einwendung (z. B. Stundung) vor? Wenn ja, dann ist § 767 ZPO der zutreffende Rechtsbehelf, weil diese Einwendungen die Richtigkeit des Urteils zum Zeitpunkt der letzten Tatsachenverhandlung nicht antasten, sondern nur die weitere Vollstreckbarkeit verhindern wollen. Wendet jedoch der Kläger ein, daß sich der rechtsbegründende Tatbestand durch Änderung der *wirtschaftlichen Verhältnisse* geändert hat, ist stets § 323 ZPO gegeben. – Umstritten ist lediglich, wie solche Umstände zu berücksichtigen sind, die zwar zum rechtsbegründenden Tatbestand gehören, aber nicht als Änderung der wirtschaftlichen Verhältnisse anzusehen sind. Der Bearbeiter kann sie über § 323 ZPO (so z. B. *Thomas/Putzo,* § 323 Rn. 2) oder über § 767 ZPO (so Stein/Jonas/*Leipold,* § 323 Rn. 44–46) abwickeln.

[9] Die Wiedereinsetzung ist nur bei Versäumung der in § 233 ZPO genannten Fristen zulässig (vor allem einer Notfrist, vgl. o. Rn. 139 Fn. 4; nur die im Gesetz als *„Notfrist"* bezeichneten Fristen gehören hierzu, § 224 I 2 ZPO). Ferner muß die Partei *„ohne ihr Verschulden"* (§ 233 ZPO) verhindert gewesen sein, die Frist einzuhalten. Schließlich verlangt die Wiedereinsetzung einen (gegebenenfalls stillschweigenden) *Antrag* (§ 233 ZPO) innerhalb der *Frist* des § 234 ZPO und – vor allem! – die *Nachholung der versäumten Prozeßhandlung* (§ 236 II 2 [1. Halbsatz] ZPO). Bei rechtzeitiger Nachholung dieser Prozeßhandlung kann das Gericht sogar von Amts wegen die Wiedereinsetzung gewähren (§ 236 II [2. Halbsatz] ZPO), z. B. wenn ihm der Wiedereinsetzungsgrund bekannt ist. – Wird die Wiedereinsetzung gewährt, gilt die versäumte Prozeßhandlung als rechtzeitig vorgenommen, so daß z. B. das wegen Fristablaufs formell rechtskräftig gewordene Urteil nicht mehr als rechtskräftig anzusehen ist, weil die (eigentlich verspätete) Berufung nach Gewährung der Wiedereinsetzung jetzt als fristgerecht gilt (o. Rn. 439).

gang des Wiedereinsetzungsantrags auf Antrag die Vollstreckung einstweilen einstellen (§ 707 I ZPO). Wird über den Wiedereinsetzungsantrag vorab und nicht erst im Urteil über das Rechtsmittel entschieden und die Wiedereinsetzung gewährt, kann das Berufungsgericht nach §§ 719 I, 707 I ZPO die Einstellung aufrecht erhalten.

471 Neben der Möglichkeit, durch Wiedereinsetzung in den vorigen Stand die formelle Rechtskraft zu beseitigen, ist auch an die *Wiederaufnahmeklage* (§§ 578ff. ZPO)[10] sowie an die von der Rechtsprechung bejahte Möglichkeit zu denken, über *§ 826 BGB* gegen ein rechtskräftig gewordenes Urteil vorzugehen[11].

---

[10] Oben Rn. 227 Fn. 4.

[11] Hierzu o. Rn. 352.

Sachverzeichnis

Nur die Hauptfundstellen sind angegeben.
Die Zahlen nennen die Randnummern, „Fn." verweist auf Fußnoten.